FD-3c-De-1995

Grundlagen der Kommunikation und Kognition
Foundations of Communication and Cognition

Herausgeber/Editors
Roland Posner, Georg Meggle

Bernhard Debatin

Die Rationalität der Metapher

Eine sprachphilosophische und
kommunikationstheoretische Untersuchung

Walter de Gruyter · Berlin · New York
1995

∞ Gedruckt auf säurefreiem Papier, das die US-ANSI-Norm über Haltbarkeit erfüllt.

Printed on acid-free paper which falls within the guidelines of the ANSI to ensure permanence and durability

Die Deutsche Bibliothek − CIP-Einheitsaufnahme

> **Debatin, Bernhard:**
> Die Rationalität der Metapher : eine sprachphilosophische und kommunikationstheoretische Untersuchung / Bernhard Debatin. − Berlin ; New York : de Gruyter, 1995
>   (Grundlagen der Kommunikation und Kognition)
>   Zugl.: Berlin, Techn. Univ., Diss., 1994
>   ISBN 3-11-014708-4

© Copyright 1995 by Walter de Gruyter & Co., D-10785 Berlin
Dieses Werk einschließlich aller seiner Teile ist urheberrechtlich geschützt. Jede Verwertung außerhalb der engen Grenzen des Urheberrechtsgesetzes ist ohne Zustimmung des Verlages unzulässig und strafbar. Das gilt insbesondere für Vervielfältigungen, Übersetzungen, Mikroverfilmungen und die Einspeicherung und Verarbeitung in elektronischen Systemen.
Printed in Germany
Druck: Werner Hildebrand, Berlin
Buchbinderische Verarbeitung: Lüderitz & Bauer-GmbH, Berlin

Meinen Eltern gewidmet

*Die Metapher ist viel klüger
als ihr Verfasser
und so sind es viele Dinge.*

G. Chr. Lichtenberg

Vorwort

Das vorliegende Buch wurde im Wintersemester 1993/1994 vom Fachbereich Kommunikations- und Geschichtswissenschaften der Technischen Universität Berlin als philosophische Dissertation angenommen. Für die Veröffentlichung wurde die Arbeit geringfügig aktualisiert und ergänzt.

Für die umfangreiche Unterstützung, Förderung und Ermutigung, die ich bei meiner Arbeit von vielen Seiten erfahren habe, möchte ich allen Beteiligten danken. Besonders zu danken habe ich meinen beiden Betreuern, Professor Hans Poser und Professor Christoph Hubig, die mich mit wohlgesonnener Kritik begleitet haben. Wichtige Anregungen und Hinweise erhielt ich auch aus zahlreichen Diskussionen mit Freunden und Kollegen; hier gilt mein Dank vor allem Professor Dieter Hirschfeld, Professor Hans Julius Schneider, Dr. Stefan Wolf, Dr. Eva Jelden, Lukas Trabert, Nicole Hochleitner, und besonders Patricia Stokes, die mich nicht nur kritisch beraten, sondern auch in allen Stadien der Arbeit liebevoll unterstützt hat.

Berlin-Schöneberg, im September 1995   Bernhard Debatin

Inhalt

Vorwort IX

Einleitung:
Aufgaben und Probleme einer synthetischen Metapherntheorie 1

Teil I Hinführung:
Voraussetzungen zur Untersuchung der Rationalität der Metapher
Methodische Vorbemerkung 13

1 Die Metapher und das Rationale 14
 1.1 Die ambivalente Bestimmung der Metapher bei Aristoteles 15
 1.2 Die Rhetoriktradition und die irrationale Metapher 22
 1.3 Kritik der Metaphernkritik I: Giambattista Vico 32
 1.4 Kritik der Metaphernkritik II: Friedrich Nietzsche 40
 1.5 Resümee: Die drei metaphorologischen Diskurslinien 48

2 Rationalitätsbegriff und Metaphorologie 52
 2.1 Erträge aus der Rationalitätsdiskussion 55
 2.2 Zur Rekonstruktion der Rationalität 64
 2.3 Kommunikative Rationalität 70
 2.4 Zwischen Universalismus und Kontextualismus 75
 2.5 Resümee: Rationalitätskriterien für die Metaphorologie 85

Teil II Hauptteil:
Ansätze zu einer synthetischen Metapherntheorie
Methodische Vorbemerkung 93

1 Theorie der metaphorischen Bedeutung:
 Die Logik des Unerhörten 97
 1.1 Die Netzwerktheorie der Bedeutung 106
 1.2 Kognitiver Gehalt oder überraschendes Geräusch? 112
 1.3 Die duale Struktur der Metapher 121
 1.4 Die fünf Polaritäten der Metapher 126
 1.5 Resümee: Die Metapher als rationaler Vorgriff 133

2 Metapher und Wahrheit: Zur Metapher in der Wissenschaft	138
2.1 Metapher und Modell	139
2.2 Theoriekonstitutive Metaphern	143
2.3 Erklärung als metaphorische Neubeschreibung	150
2.4 Resümee: Rationaler Vorgriff und Metaphernreflexion	154
3 Theorie der materialen Metaphorik: Die Metapher im semantischen Raum	169
3.1 Der Mythos als große Metapher	183
3.2 Isotopie, Bildfeldsystem und synchrones Katachresennetz	191
3.3 Metaphorische Präzedenzen und historische Bildfelder	204
3.4 Daseins-, Hintergrund- und absolute Metaphern	214
3.5 Resümee: Die topisch-orientierende Kraft der Bildfelder	222
4 Metapher und Erfahrung: Zur Synthesiskraft der Metapher	232
4.1 Erfahrung und Ikonizität	236
4.2 Metaphern als Erfahrungskonzepte	243
4.3 Die Metapher als neuronale Holographie	251
4.4 Resümee: Die Metapher als Konstellation	256
5 Theorie der metaphorischen Kommunikation: Kontext und Situation	262
5.1 Symboltheorie und anaphorische Referenz	268
5.2 Sprechakttheorie und Metapher	278
5.3 Intention und Relevanz	287
5.4 Hintergrundwissen und metaphernvermittelte Kommunikation	298
5.5 Resümee: Die Metapher als genuine Verständigungsform	312
Teil III Zusammenfassender Ausblick: Grundriß einer synthetischen Theorie der Metapher	327
Literatur	343
Personenregister	367
Sachregister	372

Einleitung: Aufgaben und Probleme einer synthetischen Metapherntheorie

Angesichts einer inflationären Zunahme von metapherntheoretischen Untersuchungen scheint die Frage berechtigt, ob heute überhaupt noch etwas Neues zur Metapher gesagt werden kann. Zwar können Metapherntheorien immer noch prinzipiell danach unterschieden werden, ob sie eher substitutions- und vergleichstheoretisch orientiert sind oder eher der interaktionstheoretischen Richtung zuneigen,[1] ein Blick in neuere Bibliographien zeigt jedoch, daß sich die metaphorologische Literatur nicht nur in alle denkbaren Richtungen ausdifferenziert hat, sondern auch aufgrund ihrer Menge und der Schnelligkeit von Neuerscheinungen für den einzelnen schlichtweg unübersehbar geworden ist.[2] Die Unübersichtlichkeit des Gegenstandes und die Flut an metaphorologischen Veröffentlichungen führen zu verständlichem (und oft zu hörendem) Unmut,[3] jedoch kann gerade dieser allgemein beklagte Umstand auch zum Vorteil gewendet werden. Das beim Studium diverser metapherntheoretischer Ansätze sich einstellende „Gefühl der Wiederholung"[4] ist nämlich, wie ich meine, als ein Indiz dafür zu werten, daß in der gegenwärtigen Metaphorologie eine Situation eingetreten ist, die es überhaupt erst ermöglicht, ein synoptisches Resümee aus den verschiedenen bestehenden Ansätzen zu ziehen: Nach einer Periode der intensiven Entwicklung neuerer sprachphilosophischer Ansätze und der darauf aufbauenden Ausdifferenzierung der modernen Metaphorologie scheint nun ein Zustand der *Sättigung* erreicht zu sein, der die Abwendung von der am einzelnen theoretischen Ansatz orientierten Studie und die Hinwendung zu einer die Vielfalt der Ansätze integrierenden Theorie der Metapher ebenso möglich wie notwendig macht. Die philosophische Metaphorologie steht

---

1   Die Unterscheidung geht auf Black (1962) zurück.
2   Vgl. die einschlägigen Bibliographien von Shibles (1971), Pausch (1976), van Noppen/de Knop/Jongen (1985) und van Noppen/Hols (1991).
3   Die unübersichtliche Forschungslage beklagt zu Anfang der siebziger Jahre bereits Pausch (1976:5). Ende der siebziger Jahre wurde die Situation mit der ironischen Bemerkung kommentiert, daß bei gleichbleibender Wachstumsrate von Metapherntheorien die Anzahl der Metaphernforscher die der Weltbevölkerung eines Tages überschreiten könnte (vgl. Danesi 1989a:73). Ende der achtziger Jahre sieht der Forscher sich einer chaotischen Situation gegenüber (vgl. Schöffel 1987:1) und zu Beginn der neunziger Jahre wird schließlich lakonisch festgestellt, daß nun kaum noch Relevantes zum Thema gesagt werden kann (vgl. Strub 1991:19).
4   Vgl. Strub 1991:19.

damit heute vor der Aufgabe, die vielen verschiedenen metapherntheoretischen Ansätze und Einzelstudien in systematischer Weise aufzuarbeiten und in eine *synthetische Metapherntheorie* zu überführen.

Diese These findet Bestätigung, wenn man die Forschungslage zur Metapherntheorie im deutschen Sprachraum während der letzten drei Jahrzehnte betrachtet. Zwar fehlt es in diesem Zeitraum nicht an Versuchen, verschiedene methodische Ansätze zu berücksichtigen, jedoch sind diese Versuche meist durch die Privilegierung einer Theorie oder eines Theoriestranges gekennzeichnet. Eine wichtige Rolle spielt dabei mit Sicherheit die Ende der sechziger Jahre einsetzende Rezeption der verschiedenen Varianten der analytischen Sprachphilosophie, die zu Recht auch im deutschsprachigen Bereich einen großen und dauerhaften Einfluß auf die Theoriebildung in der Metaphorologie gewonnen hat. Viele der in den letzten drei Jahrzehnten entstanden Metapherntheorien sind Anwendungen, Kombinationen und Weiterentwicklungen semantischer und pragmatischer Ansätze aus dem Bereich der sprachanalytischen Philosophie. Hermeneutische Ansätze wurden dabei eher selten zur Kenntnis genommen, während die struktural-linguistische Metaphorologie vorwiegend dem ästhetischen Bereich (vor allem der Texttheorie) zugeschlagen wurde. So herrschten zwischen den sich mit der Metapher beschäftigenden Disziplinen „fast hermetische Rezeptionsschranken".[5] Die Idee, eine synthetische Metapherntheorie zu entwickeln, in der semantische, pragmatische, wissenschaftstheoretische, kognitionswissenschaftliche, strukturalistische und hermeneutische Theoriestränge kritisch zusammengeführt werden, ist überhaupt erst in den letzten Jahren aufgekommen, obwohl die häufig hervorgehobene *Multidimensionalität* der Metapher einen solchen interdisziplinär-synthetischen Zugang eigentlich nahelegt.[6]

Im Blick auf die deutschsprachige Forschungssituation unterscheide ich drei Typen metaphorologischer Studien: (1) traditionell geprägte Ansätze, die vor der Rezeption der analytischen Sprachphilosophie entwickelt wurden; (2) sprachanalytisch orientierte Ansätze, in denen semantische oder pragmatische Metapherntheorien entwickelt werden; sowie (3) integrative Ansätze, die auf die kritische Kombination von verschiedenen Theoriesträngen abzielen. Die folgende kurze Darstellung von repräsentativen Monographien zur Metapher ist an dieser Typologie orientiert:

(1) Noch unbeeinflußt von der analytischen Sprachphilosophie und für den Stand der damaligen Metapherndiskussion kennzeichnend, sind die

---

5 Schöffel 1987:1.
6 Vgl. hierzu etwa die Aufsatzsammlung in Radman et. al. 1991 sowie Köller 1986 und Scheffler 1979.

Studien von Meier (1963), Lieb (1964) und Ingendahl (1971):[7] Die Arbeit von Meier (1963), die die immer noch wichtige Differenzierung zwischen „vorlinguistischen" und „linguistischen" Metapherntheorien einführt, liefert zunächst eine Bestandsaufnahme von Metapherntheorien seit der Antike und entwickelt dann vor allem auf der Basis von de Saussures Sprachtheorie und im Durchgang durch moderne linguistische Theorien eine umfassende *semantische Übertragungstheorie* der Metapher, die insbesondere von der Semantiktheorie Ullmanns profitiert. — Die klassische Untersuchung von Lieb (1964) über den Umfang des historischen Metapherbegriffes versucht die unter dem Begriff der Metapher versammelten Vorstellungen und Bedeutungen systematisch abzustecken, um so aus der Summe dieser Bedeutungen den historischen Begriff der Metapher zu gewinnen. Lieb weist dabei vierzehn historische Begriffstypen nach, die er auf drei Funktionstypen relationaler bzw. attributiver Metaphern reduziert. — Ganz anders ist dagegen die der Sprachtheorie von Weisgerber verpflichtete synchronische Metapherntheorie von Ingendahl (1971) angelegt, in der die Metapher im Hinblick auf ihre sprachlichen Prozesse und Funktionen analysiert und nach Gestalt, Inhalt, Leistung und Wirkung unterschieden wird. Ingendahl betont die *kommunikativen Leistungen* der Metapher indem er zeigt, daß die Fähigkeit zur Metaphorisierung ein unersetzbares gestaltbildendes und -veränderndes Potential darstellt, er vernachlässigt jedoch die metakommunikative und reflexive Dimension der Metapher.

(2) Ab den siebziger Jahren entstehen metapherntheoretische Monographien, in denen vor allem Ansätze aus dem sprachanalytischen Paradigma kritisch aufgearbeitet und metaphorologisch ausdifferenziert werden, wobei semantische und pragmatische *Bedeutungstheorien* der Metapher im Mittelpunkt des Forschungsinteresses stehen. Aufgrund der Vielfalt innerhalb der sprachanalytischen Philosophie sind die Arbeiten hier recht heterogen, in der Regel jedoch auch dann noch auf einen bestimmten Theoriebereich eingegrenzt, wenn mehrere Theorien miteinander verbunden und verglichen werden: So führt Borgis (1972) einen Theorievergleich zwischen merkmalssemantischen, ikonischen sowie kontradiktions- und interaktionstheoretischen Ansätzen durch, wobei sie feststellt, daß das Metaphernproblem hier aufgrund des Festhaltens an einer Wörtlichkeitssemantik nur ein Scheinproblem ist, und schließlich als Ausweg eine am späten Wittgenstein orientierte *Kontexttheorie* der Bedeutung vorschlägt, bei der auch die Metapher eine Funktion des jeweiligen Gebrauchs innerhalb eines Kontextes ist. — Im Gegensatz dazu definiert Lüdi (1973) die Metapher auf der Basis von *wortsemantischen* Kontexttheorien als Funktion von Ana-

---

7 Zur genaueren Darstellung und Einschätzung des Forschungsstandes bis Ende der sechziger Jahre vgl. Pausch 1976 sowie zum damaligen Stand der metaphorologischen Auseinandersetzung auch die Bochumer Diskussion 1968.

logie und Inkongruenz, bringt also das Ähnlichkeits- mit dem Anomalieprinzip zusammen. Die Metapher enthält ihm zufolge immer eine Analogieanweisung an den Interpreten, durch die zum einen nichtanaloge Merkmale getilgt, zum anderen bestehende Bildtraditionen aktualisiert und zum dritten verschiedene Hierarchien von Sinneseindrücken synästhetisch vereinigt werden. — Vom Anomaliebegriff geht auch Kubczak (1978) aus, der anhand der Erörterung des Verhältnisses zwischen Intension und Extension metaphorische Ausdrücke als sprachliche Inkomparabilitäten analysiert, die sich (im Unterschied zu sinnlosen Sätzen) durch die intensionale Identifikation nichtidentischer Denotata auszeichnen. Ohne die mit seiner *intensionalen Semantik* verbundenen Schwierigkeiten zu diskutieren führt er die Metapher dann auf ein tertium comparationis zurück, das die vergleichstheoretische Umdeutung von wörtlicher in metaphorische Bedeutung erlaubt. — In einer Kombination von substitutionstheoretischer Rhetorik und konventionalistischer Gebrauchstheorie diskutiert Berg (1978) das Metaphernproblem, wenn er die Metapher als eine uneigentliche Handlung auszeichnet, mit der anderes gemeint als gesagt wird. Mit dieser *Nahelegungstheorie* der Metapher kann er zwar die Schwächen merkmalstheoretischer Ansätze aufdecken, bleibt jedoch zugleich den Annahmen der intentionalistischen Semantik verhaftet. — Ausgehend von dem Problem der Textferne vieler Metapherntheorien untersucht Kügler (1984) in seiner *pragmatischen Theorie*, die substitutions- und interaktionstheoretische Motive verbindet, die Leistungen neuerer linguistischer und sprachanalytischer Ansätze in der direkten Analyse von metaphorischen Texten. Der Anspruch der Textnähe wird jedoch durch eine die Verhältnisse komplizierende semiotische Terminologie eher konterkariert. — Mit seiner an die konventionalistische Gebrauchstheorie anknüpfenden Studie entwirft Keller-Bauer (1984) eine Theorie des metaphorischen Verstehens auf der Grundlage einer *Präzedenztheorie* der Metapher, wobei er allerdings einen vergleichstheoretischen Metaphernbegriff vertritt, da er Metaphernverstehen entweder als Aktualisierung der Bildfeldgeschichte oder als Rekurs auf gemeinsame Merkmale zwischen konventioneller und metaphorischer Verwendungsweise bestimmt. — Aus ethnomethodologischer und kommunikationstheoretischer Perspektive entwirft Emonds (1986) eine *Theorie der Metaphernkommunikation*, bei der die Untersuchung verständnissichernder und metakommunikativer Mechanismen für das Verstehen von metaphorisch verwendeten Ausdrücken im Mittelpunkt steht. Emonds faßt dabei die Metapher als einen impliziten Vergleich auf, der ohne Verluste in einen wörtlichen Ausdruck überführt werden kann, und favorisiert damit eine substitutionstheoretische Position, bei der die Spezifität der Metapher verloren geht. — Dagegen zeigt Hülzer-Vogt (1991) in ihrer Analyse *metaphernbedingter Kommunikationskonflikte*, daß in Anknüpfung an ethnomethodologische, kognitionslinguistische und sprachanalytische Modelle durchaus eine interaktionistische Theorie der Metaphernkommunikation gewonnen werden kann, in der die Metapher einerseits als Gegenstand von Metaphernkonflikten, andererseits aber auch als ein innovatives und unersetzbares Mittel der Verständigung analysiert wird. — Den Zusammenhang von *Metapher und Argumentation* untersucht Pielenz (1993) in Anknüpfung an die Argumentationstheorie von Toulmin und an die aristotelische Topik. Er zeigt dabei, daß die Metapher argumentationstheoretisch als ein 'Bündel' von impliziten Schlußpräsuppositionen beschrieben werden kann, das seine Geltungsgarantien aus lebensweltlichen Sinnzusammenhängen bezieht. Die Metapher erweist sich dabei als unverzichtbares Mittel der sozialen Argumentationspraxis. Aufbauend auf der kognitionslinguistischen Metapherntheorie von Lakoff/Johnson beschränkt Pielenz seine Analyse allerdings vorwiegend auf den Bereich konventioneller Metaphorik und bekommt die kommunikationsreflexiven Eigenschaften der Metapher nicht in den Blick.

(3) Neben diesen analytisch zwar sehr ergiebigen, in ihrer methodischen und theoretischen Reichweite jedoch begrenzten Ansätzen sind immer wieder auch Metapherntheorien entwickelt worden, in denen ganz verschiedene theoretische Traditionen zu einer integrativen Metaphorologie vereinigt werden. Diese Theorien reichen von der reinen Bestandsaufnahme der Forschungssituation bis hin zu holistischen Entwürfen. Einen solchen Entwurf erarbeitet Köller (1975), indem er die Metapher aus *semiotischer Perspektive* unter den Dimensionen Syntax, Semantik und Pragmatik diskutiert und dabei im kritischen Anschluß an Konzepte aus dem Bereich von Grammatik- und Bedeutungstheorien sowie an kybernetische und systemtheoretische Kommunikationsmodelle einen funktional-instrumentellen Begriff der Metaphernkommunikation entwickelt, bei dem die Metapher als semantische Anomalie mit kommunikativer und metakommunikativer Funktion gefaßt wird. Mit der Rückführung der Metapher auf die Anomalie wird allerdings das in der pragmatischen Analyse kritisierte Primat der Wörtlichkeit wieder etabliert. — Dagegen will Nieraad (1977) keine eigene Theorie entwerfen, sondern einen *kritischen Überblick* über gängige Theorien in thematischer Anordnung geben (Rhetorik, Literatur, Linguistik, Wissenschaftstheorie, Psychologie und -analyse). Mit seiner Materialsichtung aus der Perspektive einer interdisziplinären und historisch reflektierenden Bestandsaufnahme weist Nieraad den Weg zu einem integrativen Ansatz, der die Binnenperspektive der Einzelforschung überschreitet und so die verschiedenen Dimensionen des Metaphernproblems in den Blick bekommt. — Villwock (1983a) untersucht in seiner Metaphorologie in historischer und systematischer Hinsicht die sprachphilosophischen, hermeneutischen, ästhetischen und logischen Aspekte des Metaphernbegriffs. Insbesondere durch die *transzendentalhermeneutische Perspektive* können dabei die fundamentale Rolle der Metapher als reflexive Sprachform erkannt und analysiert sowie die Vernunftleistungen der Metapher sinn- und geltungskritisch her-

ausgearbeitet werden. Villwocks Metaphorologie kann deshalb als eine starke, wenn auch implizite Analyse der Rationalität der Metapher verstanden werden, die allerdings mit ihrer Konzentration auf transzendentalphilosophische Fragestellungen keine synthetische Metapherntheorie darstellt. — Mit dem *historisch-epistemologischen* Ansatz von Schöffel (1987) wird erstmals der Versuch gemacht, eine synthetische Metapherntheorie zu entwickeln, die nicht nur die Metapher, sondern auch den historischen Diskurs über die Metapher als ein Problem der Metaphorologie reflektiert. Schöffel sieht eine Spaltung des metaphorologischen Diskurses in einen kontinuistischen und einen diskontinuistischen Teildiskurs, die sich in der modernen Konfrontation zwischen Substitutions- und Interaktionstheorie fortsetzt. Eine Überwindung dieser Spaltung kann nur dann gelingen, wenn die gegenstandskonstituierende Perspektivität des jeweiligen Standpunktes und damit auch seine Erklärungsleistung mitreflektiert wird, so daß die verschiedenen metaphorologischen Ansätze in einen übergeordneten Zusammenhang gebracht werden können. Unklar bleibt allerdings bisweilen der Stellenwert der mit Zustimmung oder Kritik vorgetragenen Theorien für die Schöffelsche Metaphorologie. — Ebenfalls mit synthetischen Ansprüchen tritt die *sprachanalytisch-holistische* Metapherntheorie von Strub (1991) auf, in der die Historizitätsthese von Schöffel aufgenommen und gezeigt wird, daß die klassische Substitutionstheorie auf konsistente Weise eine auf dem Analogieprinzip beruhende „Metapher$_1$" konstruiert, wohingegen die moderne Unersetzbarkeitstheorie einen davon verschiedenen Gegenstand „Metapher$_2$" konstruiert: Erst unter den Bedingungen der Moderne kann die Metapher$_2$ zu einem die Kontingenz sprachlicher Kategorien reflektierenden Prinzip werden. Problematisch bleibt in Strubs ansonsten sehr differenzierter Metapherntheorie jedoch die Einschränkung auf den sprachanalytischen Ansatz, da durch diese Restriktion die kommunikativ-hermeneutische Dimension und damit auch die Bedeutung von Verstehens- und Verständigungsprozessen im Blick auf die Metapher nur unzureichend erfaßt werden können.

Betrachtet man auf diese Weise die metaphorologische Forschungslandschaft, so zeigt sich, daß einerseits in der Tat eine gewisse Sättigung in bezug auf die kritische Aufarbeitung einzelner Ansätze und Theorietraditionen besteht, andererseits aber die verschiedenen integrativen Metapherntheorien von einer synthetischen Theorie noch weit entfernt sind, da sie entweder keine eigene Theoriebildung betreiben oder mit der Präferenz eines Ansatzes zu starke vereinheitlichende Ansprüche an ihre Theorie stellen. Eine synthetische Theorie muß also über die reine Bestandsaufnahme hinaus eine kritisch-synthetische Aufarbeitung der verschiedenen Einzelansätze und Theorietraditionen leisten, ohne diese dabei in das Korsett eines vorab bestimmten Ansatzes zu zwängen. Dies kann nur durch eine *rekonstruktiv verfahrende synoptische Untersuchung* geschehen, bei der die einzelnen Ansätze auf ihre Erklärungsleistungen hin untersucht und als einander ergänzende Theoriebestandteile zusammengefügt werden. Die grundlegende Voraussetzung einer tatsächlich synthetisch verfahrenden Theorie besteht deshalb darin, daß die verschiedenen metapherntheoretischen Ansätze und Richtungen auf ihre Ergänzungs- und Anschlußmöglichkeiten hin untersucht werden müssen und nicht von vorne herein als einander ausschließende Paradigmata betrachtet werden dürfen. Erst dann nämlich können nicht nur ein neuer Überblick, sondern auch substantiell neue Einsichten in das Metaphernproblem gewonnen werden.

Die von mir hier vorgelegte *synthetische Theorie der Metapher* ist ein Versuch, eine solche, die grundlegenden Ansätze rekonstruktiv integrierende Metaphorologie zu entwickeln,[8] um dabei zugleich eine zufriedenstellende Antwort auf eine Frage zu finden, die seit der Antike immer wieder gestellt wurde: Die Frage nach der *Rationalität* der Metapher. Diese Frage dient mir zugleich als interesseleitender Gesichtspunkt bei der Entwicklung meiner synthetischen Theorie, so daß hier nicht durch die Präferenz einer Theorie, sondern durch die Orientierung an einem Problem, nämlich dem Rationalitätsproblem, eine vereinheitlichende und zugleich theorienübergreifende Perspektive erreicht wird.

Tatsächlich befriedigende Antworten sind auf die Frage nach der Rationalität der Metapher bislang nicht gegeben worden, da entweder immer nur Teilaspekte der Metapher diskutiert wurden und man die Metapher dann vehement der *pro* oder *contra* Position zuschlug oder – wenn die Metapher umfassend behandelt wurde – die Antwort mit einem entschiedenen „Jain" ambivalent ausfiel.[9] Wie ich in dieser Arbeit zeigen möchte, kann die Frage jedoch durch eine umfassende Untersuchung der Metapher befriedigend beantwortet werden: Meine grundlegende These lautet, daß der Metapher die *Funktion eines rationalen Vorgriffs* zukommt, wobei die Rationalität dieses Vorgriffs nicht an irgendwelchen inhärenten Eigenschaften der Metapher zu messen ist, sondern nur durch die *sinn- und geltungskritische Reflexion* der Metaphernverwendung bestimmt werden kann. Die Rationalität der Metapher ist damit, wie ich zeigen werde, in besonderer Weise an die Bedingungen der Kommunikation gebunden. Da diese Funktion des rationalen Vorgriffs in allen denkbaren Verwendungszusammenhängen der Metapher erfüllt werden kann, ist mit ihr zum einen eine fundamentale Funktion der Metapher gefunden und zum anderen eine allgemeine Antwort auf die Frage nach der Rationalität der Metapher möglich geworden.

---

8   Neben den aus dem deutschen Sprachraum stammenden Ansätzen haben mich dabei insbesondere die Arbeiten von Scheffler (1979), Kittay (1987) und Ricœur (1988) zur Ausarbeitung meiner Studie angeregt.
9   Eine Ausnahme ist hier die Arbeit von Villwock (1983a), die aber, wie bereits erwähnt, keine eigentlich synthetische Metapherntheorie darstellt.

Meine Untersuchung zur Rationalität der Metapher führe ich in einem Hinführungs- und einem Hauptteil durch. In der *Hinführung* behandele ich die Voraussetzungen meiner Analyse, nämlich zum einen (im ersten Kapitel) historische Metapherntheorien und ihre Stellung zur Rationalität der Metapher und zum anderen (im zweiten Kapitel) die Problematik des Rationalitätsbegriffs. Im *Hauptteil* arbeite ich dann Ansätze zu einer synthetischen Metaphorologie aus, indem ich Metapherntheorien aus den unterschiedlichsten Bereichen unter der Leitfrage nach der Rationalität der Metapher rekonstruktiv zusammenführe und zur Klärung von fünf aufeinander aufbauenden Problemfeldern verwende: Im ersten Kapitel untersuche ich das Problem der metaphorischen Bedeutung, im zweiten das der Wahrheit von Metaphern, im dritten Kapitel die Frage nach der Orientierung durch Metaphern, im vierten Kapitel den Zusammenhang von Metapher und Erfahrung und im fünften Kapitel schließlich den Problemkomplex der metaphorischen Kommunikation. Die Reihenfolge ist dabei nicht zufällig gewählt, sondern ergibt sich aus dem inneren Zusammenhang zwischen den einzelnen Problemfeldern. In einem *abschließenden Ausblick* fasse ich schließlich die Ergebnisse meiner Studie zusammen und skizziere die Grundlinien meiner synthetischen Metapherntheorie.

Eine synthetische Theorie der Metapher, die in rekonstruktiver Weise einzelne Ansätze der Metapherntheorie integriert, wird möglicherweise den Vorwurf des Eklektizismus auf sich ziehen. Dieser Vorwurf, der zunächst berechtigt erscheint, weil Theorien aus ganz disparaten Bereichen zusammengebracht werden, kann jedoch insofern abgewiesen werden, als die einzelnen Theorien durch die von mir gewählte Perspektive, nämlich die Frage nach der Rationalität der Metapher, in einen übergreifenden theoretischen Zusammenhang gestellt werden. Diese organisierende und integrierende Perspektive ist stark genug, um *Kohärenzkriterien* zu genügen: Die einzelnen Theorien werden daraufhin befragt, ob und wie sie unter dem Gesichtspunkt der Rationalität der Metapher zusammenpassen und inwiefern sie selbst zu diesem Gesichtspunkt etwas sagen. Es geht also nicht um ein eklektizistisches „Zusammenbasteln" von Theorien und Modellen, sondern um eine *interdisziplinär ansetzende Rekonstruktion* von Theorien unter einem problemorientierten Hinblick. Sicherlich ist mit dieser Perspektive eine über diese Integrationsleistung hinausgehende letztbegründete Theoriefundierung nicht möglich. Dies ist aber auch gar nicht beabsichtigt, denn die synthetische Theorie der Metapher ist in erster Linie eine *Metatheorie*, die die einzelnen Theorien und Disziplinen in ihrem relativen Recht respektiert, um dann den eigentlichen Gehalt der synthetischen Theorie auf metatheoretischer Ebene zu entwickeln. Dieser Anspruch drückt sich in formaler Hinsicht darin aus, daß die Aussagen und Schlußfolgerungen meiner synthetischen Metapherntheorie vorwiegend in den Einleitungs- und Resümeeabschnitten der einzelnen Kapitel zu finden sind, während die

Aufgaben und Probleme einer synthetischen Metapherntheorie

anderen Abschnitte der Darstellung, kritischen Rekonstruktion und Vergleichung der behandelten Theorien dienen.

In diesem Zusammenhang will ich noch darauf hinweisen, daß ich in meiner Untersuchung (außer zu Beispielzwecken) keine eigenen Studien an konkreten Metaphern vornehme, obwohl auch dies eigentlich zu den Aufgaben einer Metaphorologie gehört. Diese Aufgabe ist jedoch der synthetischen Metapherntheorie insbesondere von der materialen Metaphorologie bereits abgenommen, da diese einen überaus reichen Schatz an konkreten Metaphernstudien vorweisen kann.[10] Hervorheben möchte ich auch, daß ich in der vorliegenden Arbeit angesichts der ohnehin bestehenden Materialfülle die an die Thematik der Metapher angrenzenden Problemfelder der Allegorie und des Symbols nicht eigens behandelt habe.[11] Die Allegorie findet allerdings indirekt Berücksichtigung, insofern sie als *metaphora continuata* ein Bildfeld konstituiert.[12]

Ebenfalls nur am Rande vorzukommen scheint in meiner Arbeit die in vielen metaphorologischen Untersuchungen zu findende Vielfalt verschiedenster Einzelfunktionen der Metapher.[13] Die Analyse solcher Einzelfunktionen ist in konkreten Metaphernstudien notwendig und gerechtfertigt, im Rahmen einer synthetischen Theorie der Metapher kommt es jedoch eher darauf an, Gemeinsamkeit und Unterschiede all dieser Funktionen herauszuarbeiten: Wie ich zeigen werde, ist es sinnvoll, die verschiedenen Metaphernfunktionen unter drei Funktionen zusammenzufassen, nämlich der *kreativ-kognitiven*, der *orientierend-welterschließenden* und der *kommunikativ-evokativen* Funktion. Diese drei Funktionen können ihrerseits auf die Grundfunktion des *rationalen Vorgriffs* zurückgeführt werden. Wie wir aber sehen werden, kommt im rationalen Vorgriff die Klugheit der Metapher allererst zum Vorschein.

---

[10] Vgl. dazu unten, Kap. II-3.
[11] Zur Differenz zwischen Metapher, Allegorie und Symbol vgl. Kurz 1988.
[12] Vgl. hierzu unten, Kap. II-3. Wie unscharf die Übergänge zwischen Metapher, Bildfeld und Allegorie sind, zeigt sich daran, daß Weinrich (1976e) einen Text von Walter Benjamin („Möwen") rein metapherntheoretisch untersucht, während Kurz (1988: 28ff.) den selben Text als Beispiel für eine Allegorie analysiert.
[13] In der Literatur werden v.a. immer wieder aufgeführt: emotive, expressive, kognitive, heuristische, modellhafte, anthropomorphe, verlebendigende, welterschließende, welterschaffende, pädagogische, substitutive, veranschaulichende, ikonische, ästhetische, imaginative, kreative, poetische, indexikalische, normative, moralische, mythische, religiöse, rhetorische, narrative, kommunikative, argumentative, paradigmatische, reflexive und rekombinierende Funktionen.

Teil I

Hinführung:
Voraussetzungen zur Untersuchung der Rationalität der Metapher

Methodische Vorbemerkung

An den Anfang meiner Untersuchung der Rationalität der Metapher stelle ich ein Problem, das sich als Vorüberlegung aus dem avisierten Untersuchungsgegenstand selbst ergibt: Wenn hier das Verhältnis von Metapher und Rationalität analysiert werden soll, dann kann diese Auseinandersetzung nicht mit der Unterstellung einer *tabula rasa* beginnen. Sowohl das Problem der Metapher als auch das der Rationalität sind nahezu immer schon Gegenstand des philosophischen Diskurses über Denken, Erkennen, Sprache und Handeln gewesen. Dieser Diskurs, in dem um Vernunft und Irrationalität, Wahrheit und Irrtum, Richtigkeit und Täuschung gestritten wird, muß bei einer solchen Untersuchung nicht nur en passant berücksichtigt, sondern – als Grundlage und Voraussetzung dieser Analyse – selbst Gegenstand der Reflexion sein. Der Diskurs über die Metapher kann hier natürlich nicht in seiner ganzen philosophiehistorischen Breite dargestellt werden – dies wäre Aufgabe einer metaphorologischen Theoriegeschichte,[1] aber er läßt sich, wie ich meine, im Sinne *paradigmatischer Positionen* rekonstruieren. In dieser idealtypisch-historischen Rekonstruktion werde ich aufbauend auf der aristotelischen Philosophie drei verschiedene 'Theoriestränge' unterscheiden, in denen das Verhältnis von Metapher und Rationalität je verschieden bewertet wird und die den metaphorologischen Diskurs bis heute entscheidend prägen. Dabei wird darüber hinaus auch der zu Beginn gleichsam naiv unterstellte Begriff der Rationalität zunehmend fragwürdig: Die Frage nach der Rationalität der Metapher wird auch zu einer Frage nach der Metapher (bzw. dem Begriff) der Rationalität. Deshalb werde ich nach der eher philosophiehistorisch orientierten Rekonstruktion des metaphorologischen Diskurses (Kap. I-1) eine eher systematische Rekonstruktion des Begriffs der Rationalität vornehmen (Kap. I-2). Der auf diese Weise philosophisch begründete Begriff der Rationalität kann dann zum Ausgangspunkt für die Bestimmung von formalen Rationalitätskriterien für die weitere metaphorologische Analyse werden.

---

[1] Eine solche ist bislang noch Desiderat der Forschung. Für einen knappen historischen Abriß der Theorien zur Metapher seit der Antike vgl. aber Meier 1963:7-17; für eine Systematisierung der Metaphernbegriffe vgl. Lieb 1964.

Kapitel 1: Die Metapher und das Rationale

Der Streit um die Metapher ist so alt wie die philosophische Auseinandersetzung über die Sprache. Die ontologisch orientierte Philosophie der Antike sah in der Sprache oft ein mehr oder minder genaues Abbild der Wirklichkeit, wobei sie von einer vorsprachlichen Seinsordnung der Dinge ausging. Die Aufgabe der Sprache sollte dieser Auffassung nach darin bestehen, diese Ordnung möglichst genau in sich aufzunehmen und darzustellen. Wenn somit jedes Ding einen richtigen, 'eigentlichen' Namen und feststehende Eigenschaften besitzt, dann müssen Metaphern als Fehlprädikationen, als 'uneigentlicher' Wortgebrauch erscheinen - und dementsprechend wurde die Metapher in der Antike auch definiert. Diese Situation verschärft sich noch, sobald allein die wörtliche Sprache für den Bereich des Rationalen reserviert wird. Der Metapher kommt dann ein rein parasitärer Status zu: Sie ist entweder 'uneigentliche', rein ornamentale *Paraphrase* eines 'eigentlichen' Ausdrucks und damit prinzipiell überflüssig und vollständig ersetzbar oder sie ist als *Katachrese* ein zunächst „uneigentlicher" Wortgebrauch, der durch Bezeichnungsnot motivierte Lücken im Vokabular füllt und dann zu einem 'eigentlichen' Ausdruck wird. Sowohl als Paraphrase wie auch als Katachrese ist die Metapher damit bloßer Ersatz. Mit dieser heute meist als *Substitutionstheorie* bezeichneten Auffassung, die die Diskussion über die Metapher bis in die Gegenwart hinein entscheidend beeinflußt, ist die grundsätzliche Annahme verbunden, daß der Metapher per se etwas Irrationales anhaftet. Insbesondere das neuzeitliche Rationalitätsideal der „idea clara et distincta" zieht eine scharfe Grenzlinie zwischen dem rationalen, auf wörtlich-eindeutigen Begriffen basierenden Diskurs der Wissenschaft und der irrational-metaphorischen Vieldeutigkeit der Alltagssprache, der Rhetorik und der Poetik.

Dennoch ist die Metapher von Anbeginn der Diskussion über sie immer auch als Ausdruck und Vermögen einer spezifischen Rationalität betrachtet worden. Dies zeigt sich bereits in der Philosophie des Aristoteles, mit der grundlegende metapherntheoretische Kategorien entwickelt wurden, die auch in der gegenwärtigen Diskussion noch von Bedeutung sind. Die aristotelische Metapherntheorie, die im Kapitel I-1.1 behandelt wird, ist dabei durchaus ambivalent: Einerseits hebt sie die schöpferische und kognitiv-praktische Erkenntnisfunktion und damit einen zentralen rationalen Aspekt der Metapher hervor, andererseits hat sie mit der Eingrenzung der Metapher auf den Bereich der Rhetorik und der Ästhetik und mit ihrer ontologischen Wortsemantik die Um- und Abwertung der Metapher und ihren späteren Ausschluß aus dem rationalen Diskurs möglich gemacht.

Im Kapitel I-1.2 soll zunächst diese mit der rhetorischen Tradition verbundene Umbewertung der Metapher zur bloßen Trope und dann die Abwertung von Rhetorik und Metapher durch den neuzeitlichen Rationalismus nachgezeichnet werden. Die Metapher gerät dabei unter den doppelten Bann, sowohl unnötig als auch irrational zu sein, weshalb sie durch Prozeduren der Abgrenzung und des Ausschlusses aus dem Feld der Rationalität ferngehalten werden soll.

Diese Auffassung ist jedoch immer auch als problematisch betrachtet worden: Sobald nämlich die Metapher als genuine Sprachform anerkannt wird, ist es nicht mehr damit getan, sie einfach nur aus dem rationalen Diskurs auszuschließen. Die Anerkennung der prinzipiellen Metaphorizität der Sprache ist zum einen, wie in Kapitel I-1.3 gezeigt wird, durch eine auf Vico zurückgehende mythisch-romantische Theorie der Metapher motiviert. Hier wird die Metapher von Haus aus als Basis der Sprache und zugleich als kreativ-kognitives Instrument verstanden, das auch im rationalen Diskurs unverzichtbar ist.

Zum anderen aber wird die Metapher im Rückgang auf Nietzsche zwar als unvermeidbar und ursprünglich, zugleich aber auch als wesentlich irrational verstanden. Die Irrationalität des Diskurses der Wahrheit wird auf die ebenso allgegenwärtige wie täuschende Metapher zurückgeführt. Diese skeptizistisch-nihilistische Position, die in Kapitel I-1.4 herausgearbeitet wird, räumt damit der Metapher zwar einen ursprünglich-notwendigen Stellenwert ein, führt aber zugleich die Möglichkeit der Rationalität ad absurdum.

Damit ergibt sich die Situation, daß die Metapher aus drei unterschiedlichen Perspektiven, die ich als paradigmatische Theoriestränge in der metaphorologischen Diskussion vor dem 'linguistic turn' (Rorty) auffasse,[2] entweder als irrational und überflüssig, als notwendig und rational oder notwendig und irrational betrachtet wird. Die Unterschiede und Konsequenzen dieser drei Perspektiven im metaphorologischen Diskurs sollen in Kapitel I-1.5 zusammengefaßt werden.

1.1 Die ambivalente Bestimmung der Metapher bei Aristoteles

Zwar erfährt die Metapher durch Aristoteles nicht zum ersten Mal philosophische Beachtung, jedoch verdankt sie ihm die erste grundlegende und

---

2   Zur Unterteilung der Metaphorologie in vorlinguistische und linguistische Theorien vgl. Meier 1963.

systematische Analyse und in diesem Sinne muß eine philosophische Metapherntheorie mit Aristoteles beginnen:

> ... für jeden Diskurs über die Metapher gibt es einen Code oder ein Programm – eine Rhetorik, wenn man so will: üblicherweise muß man als erstes die Aristotelische Definition (...) ins Gedächtnis rufen. (...) Gewiß, Aristoteles hat weder das Wort noch den Begriff der Metapher erfunden. Er scheint jedoch eine erste systematische Richtlinie aufgestellt zu haben, jedenfalls Richtlinien, die als solche in Erinnerung geblieben sind und die die einschneidensten historischen Auswirkungen gehabt haben.[3]

Aristoteles behandelt die Metapher als Redefigur der *lexis*,[4] deren außerordentliche Bedeutung für die Sprache darin besteht, daß sie „in größtem Umfang Deutlichkeit, Annehmlichkeit und Fremdartigkeit" besitzt und „nicht von etwas anderem abgeleitet werden" kann.[5] Zum einen erfüllt sie damit die Forderung, durch figurative Verfremdung Wohlgefallen zu erzeugen und doch zugleich klar und prägnant zu sein, und zum anderen wird sie damit als eine originäre Sprachform ausgezeichnet. Dabei taucht die Metapher in zwei verschiedenen Bereichen auf: In der *Poetik* ist sie das wichtigste ästhetische Mittel zur Veredlung der dichterischen Rede durch ungewöhnlichen Wortgebrauch. Dieser ungewöhnliche Wortgebrauch besteht in der Verbindung von Dingen, die normalerweise unverbunden sind und die deshalb nur metaphorisch, nicht aber 'wörtlich' zusammengebracht werden können.[6] In der *Rhetorik* dient die metaphorische Rede der Überzeugung mit den Mitteln der geschickten Argumentation. Auf diese Weise kann der Redner seinen Worten Esprit verleihen und dem Zuhörer sein Anliegen durch Veranschaulichung, Vergegenwärtigung und Verlebendigung geistreich und eindrucksvoll vor Augen führen.[7]

Das Grundprinzip der Metapher ist, wie die klassische Definition der Metapher aus der Poetik zeigt, die Ersetzung eines üblichen Wortes durch ein fremdartiges und die Bewegung dieses fremden Wortes von seinem 'eigentlichen' Platz an einen anderen: „Metapher ist die Übertragung eines fremden Nomens, entweder von der Gattung auf die Art oder von der Art auf die Gattung oder von einer Art auf eine andere oder gemäß der Analogie."[8] Die (selbst schon metaphorische[9]) Bestimmung der Metapher als

---

[3] Derrida 1988:224.
[4] Insofern wird die Metapher schon bei Aristoteles der Ebene der Redeakte, d.h. dem *kommunikativen* Bereich zugerechnet; vgl. hierzu auch meine Ausführungen weiter unten in Kapitel II-5.
[5] Aristoteles, Rhetorik: III.2, 1405a/8.
[6] Vgl. Aristoteles, Poetik: 1458a/22
[7] Rhetorik: III.10, 1410b und 1411a.
[8] Poetik: 1457b/21
[9] Auf die Unvermeidbarkeit metaphorischer Metapherndefinitionen wird häufig verwiesen, am konsequentesten bei Derrida (1988:224ff.), der diese Definition einerseits als „philosophische These über die Metapher" liest und andererseits als einen philoso-

Übertragung beruht, wie Kurz[10] hervorhebt, auf einem 'topo-logischen Sprachmodell', demzufolge jedes Wort eine feste Bedeutung und damit einen festen Ort in der Sprache besitzt. Diese Auffassung, die als eine ontologische Wortsemantik bezeichnet werden kann, begreift die Metapher nur als *Abweichung* vom üblichen und alltäglichen Wortgebrauch; allerdings muß Aristoteles selbst zugeben, daß die Metapher gerade nicht nur in der Poesie und der Rhetorik, sondern auch in der Umgangssprache ständig auftaucht, „denn alle Menschen gebrauchen in der Unterredung Metaphern, eigentümliche und allgemein gebräuchliche Ausdrücke".[11] Darüber hinaus erscheint die Metapher hier nur unter dem Aspekt der Bedeutungsveränderung und des Austausches eines Wortes, nicht aber des Satzes, des Kontextes oder des Textes, in dem sie verwendet wird. Mit dieser aus heutiger Perspektive als Substitutionstheorie bezeichneten Auffassung sind die Weichen gestellt für die allerdings erst mit der *verbum proprium* Lehre der lateinischen Rhetorik aufkommende Abwertung der Metapher zur uneigentlichen Sprachform und zum gefälligen Redeschmuck.[12]

Gleichzeitig hat die Metapher jedoch in dieser Definition auch eine bedeutsame Doppelrolle inne: Einerseits ist sie als *Analogie* Metapher im engen Sinne, - in dieser Weise wird in der späteren Rhetorik die 'eigentliche Metapher' begriffen.[13] Andererseits liegt sie durch den Bezug auf den *Mechanismus der Übertragung* überhaupt auch den rhetorischen Tropen wie Synekdoche, Metonymie und Vergleich zugrunde. Da Aristoteles die Metapher in dieser Doppelrolle bestimmt, ist es ihm möglich, sie nicht auf den Kanon bloß rhetorischer Kunstgriffe zu begrenzen, sondern sie auch als ein grundsätzliches Prinzip sprachlicher Kreativität und erkenntnispraktischer Rationalität auszuzeichnen: Das (Er-)Finden von guten Metaphern ist nämlich Ausdruck des glücklichen Talents, *Ähnlichkeiten* zwischen unverbundenen Dingen wahrnehmen zu können.[14] Damit kommt der Metapher, wie

---

phischen Diskurs, „dessen gesamte Oberfläche von einer Metaphorik gestaltet wird" (vgl. hierzu auch unten, Kap. II-3.4).

10 Vgl. Kurz 1988:9; vgl. auch Barthes 1988:87. Es ist fraglich, ob man wie Schöffel (1987:17) die aristotelische Semantik tatsächlich „ohne weiteres im Sinne des modernen Begriffs der 'usuellen Bedeutung'" verstehen kann. Später kritisiert Schöffel eine ähnliche Aristoteles-Interpretation von Ricœur selbst mit dem zutreffenden Hinweis einer unangemessenen Modernisierung (ebd.:26).
11 Rhetorik: III.2. 1404b/6.
12 Vgl. hierzu das folgende Kapitel I-1.2.
13 Gleichwohl wird erst Kant die Pointe der Analogiemetapher formulieren, nämlich daß sie „eine vollkommene Ähnlichkeit zweier Verhältnisse zwischen ganz unähnlichen Dingen bedeutet" (Prolegomena: § 58, 327/358). Erst damit wird die Metapher von dem ontologischen Gebot befreit, eine Ähnlichkeit der Dinge selbst wiederzugeben, und statt dessen der Hinblick, das „Sehen-als" zum entscheidenden Metaphernkriterium (vgl. hierzu weiter unten, Kap. II-1.3 bis -1.5 und II-2).
14 Vgl. Poetik: 1459a/22.

Bremer feststellt, in der aristotelischen Philosophie eine genuine Erkenntnisfunktion zu:

> Die Erkenntnisleistung der Metapher beruht also auf ihrer synthetisierenden Kraft, verschiedene Sachen oder Sachverhalte durch Ähnlichkeiten zusammenzuschauen und als bezeichnete Sachverhalte erkennbar zu machen. Diese Leistung ist als kreative Fähigkeit zur sprachlichen Innovation unableitbar, d.h. nicht von anderen zu empfangen, und ursprünglich, d.h. Zeichen natürlicher Begabung.[15]

Nach Aristoteles versetzt der spezifische *Rätselcharakter* einer gelungenen Metapher den Hörer in eine lustvolle Verstehens- und Lernsituation, bei der auf eine kurze Verwunderung ein 'Aha-Erlebnis' folgt. Die Metapher erleichtert das Lernen, weil sie das Neue und Fremde durch Analogie und Übertragung auf angenehme Weise verständlich macht, wobei sie gegenüber dem umständlich-langen Vergleich den Vorteil aufweist, daß sie durch ihre Kürze unmittelbar einleuchtet.[16] Allerdings muß die Metapher dafür gut gewählt sein, denn auch wenn die Fähigkeit zur Metaphernbildung von der Begabung abhängt, so lassen sich doch Kriterien angeben, nach denen Metaphern als gelungen beurteilt werden können. Aristoteles nennt hier vor allem die *Angemessenheit* als Maßstab: Wenn sie im Bezug auf ihren Gegenstand unpassend, aufdringlich oder zu zahlreich verwendet werden, wenn sie zu erhaben, zu tragisch oder zu weit hergeholt sind, werden Metaphern als lächerlich oder frostig (im Sinne von abgeschmackt) empfunden. Außerdem müssen gute Metaphern gemäß ihrer Analogierelation umkehrbar sein[17] und im Textzusammenhang – um Bildbrüche und schiefe Bilder zu vermeiden – auch untereinander zusammenpassen.[18]

Der von Aristoteles aufgezeigte interne Zusammenhang von Rätselhaftigkeit und Evidenzerlebnis, von Nichtgesagtem und doch Verstandenem und von innerer Stimmigkeit und äußerer Wirkung ist für die Bestimmung der Metapher bis heute von großer Bedeutung geblieben. Vor allem aber hat Aristoteles mit der Betonung der Synthesiskraft der Metapher und des ihr zugrundeliegenden Prinzips der Ähnlichkeit das spezifisch kreative Ingenium der Sprache benannt und so auch noch für die moderne Diskussion über die kognitive Funktion der Metapher grundlegende Stichworte geliefert.

---

15 Bremer 1980:356.
16 Vgl. Poetik: 1448b; 1458a/22; Rhetorik: III.2, 1405b sowie III.9/10, 1410 bis 1512. Die Lust an der Metapher wird hier auf zwei mimetische Quellen zurückgeführt: Zum einen auf die Lust zur Nachahmung, die sich der metaphorischen Ähnlichkeit zeigt, zum anderen an die Lust am Bild, die in der metaphorischen Bildhaftigkeit erscheint. Similarität und Ikonizität sind damit als Wurzeln des Metaphorischen bestimmt (vgl. hierzu auch meine Behandlung der Similarität in Kap. II-1 und der Ikonizität in II-4).
17 Die Umkehrbarkeit gilt allerdings ausschließlich für die substitutive Analogiemetapher, von der Aristoteles hier auch ausgeht.
18 Vgl. Rhetorik III.2 und III.3, 1405a-1406b, Poetik 1458b/22. Das Zusammenpassen der Metaphern diskutiere ich weiter in Kap. II-3 bei der Untersuchung der Zugehörigkeit einzelner Metaphern zu Bildfeldern und Bildfeldsystemen.

Auch meine Behandlung der modernen Metapherntheorien in Teil II wird sich an diesen Grundbegrifflichkeiten immer wieder orientieren und dabei insbesondere der Frage nach den Erkenntnis- und Synthesisleistungen der Metapher nachgehen.[19]

Es ist jedoch hervorzuheben, daß Aristoteles – hauptsächlich wohl aufgrund seiner ontologisch motivierten Unterscheidung zwischen dem Unveränderlichen und dem Veränderlichen und der parallelen logischen Unterscheidung zwischen dem Notwendigen und dem nur Möglichen – der Metapher *keine* über den Bereich der Rhetorik und der Poetik hinausgehende Erkenntnisfunktion zuerkennt: Die Metapher kann ihm zufolge keine Erkenntnis des Unveränderlichen und Notwendigen, also keine wissenschaftliche Wahrheit liefern und so bleibt dieser Bereich der philosophischen Logik und der 'reinen' Erkenntnislehre vorbehalten.[20] Die metaphorische Rede und die ihr zugrundeliegende Erkenntnisleistung wird damit in die ästhetische, ethische und praktische Erkenntnis verwiesen, die in der Poetik und der Rhetorik unterschiedlichen Ausdruck findet:

Die aristotelische *Poetik* soll die Dichtkunst zur wahrheitsgetreuen und glaubwürdigen Darstellung des menschlichen Daseins anleiten.[21] Indem die Dichtkunst die Tragödie des handelnden und in Schuld verstrickten Menschen mimetisch konstruiert (Ricœur) und daraus einen in sich abgeschlossenen, stimmigen Mythos formt, führt sie dem Zuschauer die Realität des menschlichen Daseins in ihrer ethischen Dimension prototypisch vor Augen. Nur wenn dieser mimetische Prozeß gelingt, kann die Tragödie ihre kathartische Funktion der Selbst- und Welterkenntnis erfüllen. Dabei kommt der Metapher die *ontologische* Funktion zu, mit Hilfe des Prinzips der Ähnlichkeit die „Menschen als handelnde" und die „Dinge als wirkende" darzustellen.[22] Wie Ricœur hervorhebt, steht die Metapher in der *Poetik* durch ihren Bezug auf den Mythos in der doppelten Spannung, zugleich Wahrheit und Dichtung, Nachahmung und Überhöhung zu sein. Diese doppelte Spannung und die genuine Fähigkeit der metaphorischen Verfremdung zur Veredlung der Rede heben die Metapher aus der Willkür einer

---

19 Trotzdem kann deshalb die moderne Metapherntheorie nicht einfach aus der aristotelischen Philosophie abgeleitet werden, wenn man letztere nicht ahistorisch modernisieren will (vgl. Schöffel 1987:28ff.).
20 In der philosophischen Rede verbreitet die Metapher nämlich nur Undeutlichkeit und Doppeldeutigkeit (vgl. Topik: 139b-140a und 158b). Zur aristotelischen Grenzziehung zwischen philosophisch-theoretischer und rhetorisch-praktischer bzw. poetischer Erkenntnis vgl. auch die ausführliche Analyse von Ricœur 1988:13ff. Diese Grenzziehung und die wissenschaftliche Behandlung der Rhetorik kann im historischen Kontext auch als Aristoteles' Antwort auf die Herausforderung der Rhetoren interpretiert werden (vgl. Fuhrmann 1984:30ff.) Im systematischen Kontext zeigt sie sich jedoch als Versuch, „Zufluchtsstätten der Wahrheit und der Eigentlichkeit" in der prinzipiell metaphorischen Sprache zu schaffen (vgl. Derrida 1988: 236).
21 Vgl. zum folgenden Ricœur 1988:44ff.
22 Vgl. Ricœur 1988:55.

bloß zufällig-schmückenden Substitution eines Wortes heraus und verleihen ihr eine *eigene Rationalität* mythisch-ästhetischer Sinnstiftung:

> Wenn diese Interpretation stichhaltig ist (...), so müßte man sich fragen, ob nicht das Geheimnis der Metapher als Sinnverschiebung auf der Ebene des Wortes in der Erhöhung des Sinnes auf der Ebene des *mythos* liegt. Wenn man das annehmen dürfte, wäre die Metapher nicht bloß eine Abweichung im Verhältnis zur gewöhnlichen Sprache, sondern dank dieser Abweichung das bevorzugte Mittel zur Sinnerhebung, in der die *mimesis* besteht.[23]

Diese mimetisch vermittelte Sinnstiftung kann die Metapher hier erfüllen, da sie im Aktivieren von Bildern eine substanzontologische Ähnlichkeit zwischen Mythos und Dasein herstellt. Im Mythos werden Substanzbegriffe qua ikonologischer Teilhabe metaphorisiert und so der empirischen Willkür enthoben, wodurch sie die Notwendigkeit und Orientierungskraft des mythischen Sinns gewinnen.[24]

Die *Rhetorik* dagegen ist bei Aristoteles Teil einer *praktischen Handlungsrationalität*, die den Bereich der menschlichen Handlungen einer rationalen Beratung und Entscheidung durch die Entwicklung überzeugender Argumente zugänglich macht: Aristoteles geht - in der Tradition der sokratisch-platonischen Kritik an der Sophistik[25] - von der „Wahrheitsfähigkeit praktischer Fragen" (Habermas) aus und sieht im öffentlichen Streit um das politisch und ethisch richtige Tun den Anwendungsbereich der Rhetorik. Die *phrónesis*, die situationsangemessene Klugheit des Bürgers der Polis, muß sich in der öffentlichen Beratung beweisen und sie bedarf dazu einer diskursiven Hermeneutik, die in der sich wechselseitig belehrenden Erörterung verwirklicht werden kann. Die Rhetorik ist deshalb mehr als nur wohlgesetzte Rede: als Teil der praktischen Klugheitslehre dient sie der diskursiven Ermittlung der praktischen Wahrheit durch das (Er-)Finden von einleuchtenden Beweisen. Dabei ist sie an „scharf fixierte Voraussetzungen", insbesondere die Institutionalisierung des öffentliche Streits, gebunden, also an „bestimmte staatliche Institutionen, die sich bemühten, durch Rede und Gegenrede, zu einer möglichst sachgerechten Lösung der je anstehenden Probleme zu gelangen".[26]

Eine gute Rhetorik hat - im Gegensatz zur bloßen Sophistik - dementsprechend nicht die Aufgabe zu *überreden*, sondern zu *überzeugen*, indem

---

23 Ricœur 1988:52.
24 Der hier gemeinte existentiell-primäre Mythos ist von dem erkenntnistheoretisch-sekundären Mythos abzuheben, wobei allerdings beiden eine reifizierend-ontologisierende Kraft zukommt (vgl. hierzu unten, Kap. II-2.4).
25 Vgl. dazu Villwock 1983a:23ff. und Fuhrmann 1983:30ff.
26 Fuhrmann 1983:11. Vgl. hierzu den Aufsatz „Die klassische Lehre von der Politik in ihrem Verhältnis zur Sozialphilosophie" in Habermas 1971a:48-88, v.a. S. 83; und zu dem hier verfolgten Gedanken einer argumentativ-rationalen Rhetorik: Kopperschmidt 1973 und 1989, Bornscheuer 1976, Nieraad 1977 und Perelman 1980.

Die ambivalente Bestimmung der Metapher bei Aristoteles 21

sie „untersucht, was an jeder Sache Glaubwürdiges vorhanden ist".[27] Die rhetorische Erörterung operiert dabei auf der Basis einer *topischen Logik*[28] des Wahrscheinlichen, der Gemeinplätze und der heuristischen Aspekte. Die Topik eröffnet mit ihren *topoi* Perspektiven, Aspekte, Sichtweisen auf einen Gegenstand und konstituiert damit zugleich den Horizont der besonderen Relevanz des Gegenstandes.[29] Das auf der Grundlage der Topik operierende rhetorische Beweisverfahren des *Enthymems* wird von Aristoteles im Einleitungsteil der Rhetorik als Analogon zur Dialektik, also als rationale, wenn auch nicht-epistemische Schlußweise aufgefaßt.[30] Der Syllogismus dieses Schlußverfahrens beruht auf einer Regel und der stillschweigenden Voraussetzung einer Prämisse, auf deren Grundlage der jeweilige Fall in eine Konklusion überführt wird. Die Prämisse aber kann gerade deshalb stillschweigend vorausgesetzt werden, weil sie topisch-selbstverständlich ist: Die Topik bietet hinreichende Garantie dafür, daß die in Anspruch genommene Prämisse in das intersubjektiv geteilte Hintergrundwissen und den gemeinsamen kulturellen Horizont eingeordnet werden kann:

> Das Enthymem (...) schließt eine komplexe Wechselbeziehung zwischen dem Verfasser und dem Leser des Enthymems ein. Letzterer muß die vom Verfasser bewußt offengelassene Lücke schließen. Er muß das Fehlende ergänzen und seine eigenen Schlußfolgerungen ziehen („seine eigenen Schlußfolgerungen" sind die, die „jeder" ziehen würde).[31]

Es liegt auf der Hand, daß die Kunst der Rede sich dann vor allem darauf richten muß, die Evidenz ihrer impliziten Prämissen besonders wirkungsvoll und überzeugend in Szene zu setzen. Dieser Umstand aber – so meine These – erklärt auch, warum die aristotelische Rhetorik notwendigerweise,

---

27 Vgl. Rhetorik: I.1, 1355b/14. Dabei bindet Aristoteles die Qualität der Rhetorik in Analogie zur Medizin, die auch nicht vom Gesundungserfolg her zu bestimmen ist, nicht an ihren empirischen Erfolg, sondern nur an ihre theoretischen Gelingensbedingungen.
28 In der Topik entwickelt Aristoteles eine Methode, „nach der wir über jedes aufgestellte Problem aus wahrscheinlichen Sätzen Schlüsse bilden können und, wenn wir selbst Rede stehen sollen, in keine Widersprüche geraten." (Topik: 100a/ 18; vgl. auch Rhetorik: I.2, 1358a/21 und II.26, 1403a/1).
29 Vgl. Villwock 1983a:56/57. Zum Verhältnis von Metapher und Topik vgl. ebd. Teil I/ Kap.III, sowie Pielenz 1993, Kap. 4. Zum Verhältnis von Rhetorik und Topik vgl. v.a. Bornscheuer 1976:37 ff. Ricœur (1988:39) weist allerdings darauf hin, daß gerade die Bindung der Rhetorik an die Topik allgemein geltender Vorstellungen ihren Verfall mitverursachte, da sie auf diese Weise zur Populärwissenschaft mit unkritischen Inhalten wurde. Dieser Prozeß wird bei Bornscheuer jedoch erst mit der ciceronischen Umdeutung der Topik in die Lehre des *locus communis* angesetzt.
30 Vgl. Rhetorik: I.2, 1357a/14. Die Korrespondenz bezieht sich, wie der Übersetzer Sieveke in seiner Anm. 19 erklärt, zum einen auf die Entsprechung zwischen rhetorischem Indiz und Notwendigem in der Dialektik und zum anderen auf die Korrespondenz zwischen dem Wahrscheinlichen in der Rhetorik und dem, was sich - in der Dialektik - „für gewöhnlich so verhält".
31 Danto 1984:259.

und nicht nur aus Gründen der Ausschmückung, mit Redefiguren wie Metapher, Metonymie, Ironie, Nahelegung, Synekdoche, Hyperbel etc. operieren muß: Die *Evidenz der impliziten Prämisse* wird durch die lexikalischen Tropen – auf ihre je verschiedenen Weisen des elliptisch-nahelegenden Nicht- und Anderssagens – hervorgehoben und verdeutlicht.

Die rhetorische Metapher, als wichtigstes figuratives Mittel, leistet dies aufgrund ihrer veranschaulichenden, vergegenwärtigenden und verlebendigenden Eigenschaften. Ihre besondere Bedeutung erhält die Metapher dabei durch ihre Synthesiskraft und ihren Evidenzcharakter, sie ist gleichsam ein *Enthymem in nuce*[32] und kann deshalb eine heuristische Funktion erfüllen: Indem sie zwei eigentlich getrennte Dinge zusammenschaut, setzt die Metapher die *stille Prämisse*, daß diese Dinge bzw. ihr Verhältnis unter einem bestimmtem Hinblick ähnlich sind. Die dabei zur Anwendung kommende Ähnlichkeitsregel kann sie aus der topischen Ordnung der Dinge, aus der allgemeinen Geltung der Allgemeinplätze ableiten und voraussetzen. Im unmittelbaren Einleuchten der gelungenen Metapher erweist sich die Evidenz der Prämisse und die Schlagkraft des rhetorischen Arguments. Die Metapher, die durch ihren Rätselcharakter stets ein luststeigerndes Motiv für die Interpretationsanstrengung[33] beinhaltet, besitzt durch ihre immanente Evidenz zugleich auch den Schlüssel zu ihrem Verstehen. Die hierzu notwendige Aktivierung des Lesers bzw. Zuhörers verweist zugleich auf die kommunikative und hermeneutische Bedeutung der Metapher.

1.2 Die Rhetoriktradition und die irrationale Metapher

Folgt man der hier entwickelten Argumentation, so wird deutlich, daß die aristotelische Metapherntheorie ebenso wie seine Rhetorik nicht umstandslos, wie dies in der Regel aus der Perspektive heutiger Rhetoriktheorie geschieht, in eine kaum differenzierte Reihe der 'antiken Rhetorik' eingeordnet werden kann.[34] Aus dieser Sicht gilt Aristoteles lediglich als Begründer einer wissenschaftlich-praktischen Rhetorik, die nach einem vorübergehenden Niedergang von den großen Rhetoren der römischen Antike, vor allem von Cicero und Quintilian, aufgenommen und weiterentwickelt wurde. Dementsprechend wird auch die Erklärung der Metapher in undifferen

---

32 Ähnliche Folgerungen ziehen auch Danto 1984:260ff. und Pielenz 1993:147ff.; vgl. hierzu auch meine Interpretation der Metapher als Abduktion in Kap. I-1.3, sowie meine Ausführungen zur argumentativen Rolle der Metapher in Kap. II-5.4.
33 „Die sparsame Entfaltung des in der Metapher versteckten Syllogismus, der theoretischen Wahrnehmung von Ähnlichkeit, wird also durch einen Bonus an Freude belohnt." (Derrida 1988:231).
34 So z.B. Fuhrmann 1984, Eisenhut 1974, Schlüter 1974 sowie Lausberg 1960 und 1971.

zierter Weise meist auf – wie Schöffel es ausdrückt – einen imaginären Autor namens „Aristoteles-Cicero-Quintilian" zurückgeführt.[35]

Allerdings hatte die aristotelische Begrenzung der Metapher auf das Feld der Rhetorik und der Poetik in der Tat die „folgenschwere Konsequenz" (Schöffel), daß die Metapherntheorie lange Zeit auf die Betrachtung der ästhetischen und der persuasiven Rede begrenzt blieb und die philosophische Metapher weitgehend ignoriert wurde.[36] Dieser Befund ist insofern zutreffend, als die bereits erwähnte ontologisch motivierte Einteilung der aristotelischen Philosophie die Metapher auf den rhetorisch-poetischen Bereich einschränkt. Fraglich ist jedoch, ob damit auch die Vernachlässigung der philosophischen Metapher und die Nichtbeachtung oder Ablehnung kognitiver, modellhafter und epistemischer Funktionen der Metapher direkt auf Aristoteles zurückgeführt werden können. Wenn nämlich, wie Bornscheuer betont, die Philosophie nach Aristoteles für das Auffinden ihrer Prämissen auf die Topik verwiesen ist und darüber hinaus nicht etwa der deduktive Syllogismus, sondern die problemorientierte topische Dialektik und Rhetorik die 'eigentliche Denkform' des aristotelischen Philosophierens darstellen,[37] dann ermöglichen Topik, Rhetorik und Dialektik hier nicht nur die Erkenntnis praktischer Wahrheit, sondern sie stellen gleichsam den in der Lebenspraxis wurzelnden Rahmen, *innerhalb dessen* dann erst eine Philosophie mit dem ihr eigenen Bereich der notwendig-unveränderlichen Wahrheit abgegrenzt werden kann.

Die eigentliche Problematik der antiken Metapherntheorie, so meine These, scheint deshalb weniger die Begrenzung der Metapher auf die Rhetorik und die Poetik zu sein, sondern der *Verlust ihrer Wahrheitsfähigkeit*. Für diesen Verlust ist jedoch nicht Aristoteles, sondern der *Funktionswandel* der Rhetorik in der nacharistotelischen Zeit und die damit verbundene Entwicklung der griechisch-römischen Rhetoriktradition verantwortlich.[38] Hatte nämlich Aristoteles, wie im vorigen Abschnitt gezeigt wurde, die Metapher noch als zentralen Bestandteil einer praktisch-argumentativen

---

35 Vgl. Schöffel 1987:21ff. Als typisches Beispiel sei etwa Lausbergs Definition erwähnt: „Die metaphora (translatio...) ist der Ersatz (immutatio...) eines verbum proprium ('Krieger') durch ein Wort, dessen eigene proprie-Bedeutung mit der des ersetzten Wortes in einem Abbild-Verhältnis (similitudo...) steht ('Löwe'...). Die Metapher wird deshalb auch als 'gekürzter Vergleich' definiert, in dem das Verglichene mit dem Abbild in eins gesetzt wird." (1971:78) Zur speziellen Kritik dieser Definition vgl. Kügler 1984:5ff.
36 Vgl. Schöffel 1987:15.
37 Vgl. Bornscheuer 1976:52ff. und 77. Ähnlich betont auch Villwock (1983a:68ff.) den Universalitätsanspruch und den induktiven Charakter der aristotelischen Topik. Zum Stellenwert der Topik vgl. auch Hubig 1990:134f. und Pielenz 1993:119ff.
38 Vgl. Fuhrmann 1983:12f und 23. Fuhrmann unterscheidet hier zwischen der „Hauptfunktion" der Rhetorik als Anleitung zum öffentlichen Dialog unter der Voraussetzung eines freien Staatswesens und der „abgeleiteten Funktion" der Rhetorik als von der Staatsverfassung unabhängige, allgemeine Stil- und Ausdruckslehre.

Rhetorik gesehen, deren Hauptziel die überzeugende *Begründung* eines öffentlich erhobenen Geltungsanspruches ist, so kommt es mit der nacharistotelischen Rhetorik zu einer spezifischen Verengung der Rhetorik auf eher psychologische und ornamentale *Wirkungen*. Die Hauptfunktion dieser Rhetorik besteht darin, daß der Redner gut zu (über-)reden versteht und seinen kunstvollen Redefluß über jedes beliebige Thema mit Eleganz und Fülle zu gestalten vermag.[39] Mit dieser Auffassung, die auch heute oft noch als eigentlicher Kern der Rhetorik gilt,[40] wird die Metapher ihrer Wahrheitsfähigkeit beraubt und – neben ihrer katachretischen Funktion – auf suggestive und schmückende Aspekte reduziert. Sie gerinnt dabei, vorbereitet durch die Tropenlehre der nacharistotelischen Schulrhetorik und gefestigt durch Cicero und Quintilian, zum festen Element im Katalog der Tropen und gehört von nun an nur noch zum *ornatus* der Rede.[41] Als *verbum translatum* wird die Metapher dabei gemäß der *verbum proprium* Lehre meist auf das Einzelwort begrenzt[42] und als reine Wortsubstitution eines eigentlichen, direkten Ausdruckes durch einen uneigentlichen, übertragenen verstanden. Sie wird - anderes als bei Aristoteles - nun aus dem Vergleich abgeleitet,[43] weshalb ihr immer eine offenkundige Ähnlichkeit als *tertium comparationis* zugrunde liegen muß. Diese Position wird in der modernen Metaphorologie als *Vergleichstheorie* bezeichnet.[44]

Mit dieser Reduktion sowohl der Rhetorik als auch der Metapher treten die Unterschiede zur aristotelischen Auffassung deutlich zutage. Insbeson-

---

39 Vgl. Cicero, de oratore: 1,21.
40 So z.B. Schlüter (1974:22) im „Grundkurs der Rhetorik": „'Reden' im Sinne der Rhetorik bedeutet so viel wie 'überreden'. 'Rhetorisch' ist nur die auf praktische Wirkung, d.h. die auf Auslösung einer Handlung gerichtete Rede. Rhetorik dient weniger der Information als der Suggestion." Vgl. dagegen aber: Kopperschmidt 1973 und 1989.
41 Eisenhut (1974:83) erklärt, ohne hier jedoch zwischen den verschiedenen Ausprägungen der antiken Rhetorik zu unterscheiden, zu der Rolle der „Schmuckstücke" in der Rede: "Deren alleiniger Zweck ist es, durch das Unerwartete, Ungewöhnliche, man könnte sagen, durch „Verfremdung" das Interesse zu wecken und wachzuhalten, Langeweile und Überdruß nicht aufkommen zu lassen." Ähnlich auch Lausberg 1971: 59ff.
42 Vgl. Cicero, de oratore: 3,39.157. Dagegen erklärt jedoch Quintilian: „(Es) ... scheinen mir jedoch diejenigen einer falschen Definition zu folgen, die als Tropen nur solche Wendungen gelten lassen, in denen ein Wort durch ein Wort ersetzt wird." (Ausbildung des Redners: 8,6.3). Insofern ist „die" Substitutionstheorie nie nur am Einzelwort orientiert.
43 „Sie ist die auf ein einziges Wort zusammengezogene Kurzform eines Gleichnisses" (Cicero, de oratore: 3,157; ähnlich auch Quintilian, Ausbildung des Redners: 8,6.8).
44 Strub (1991:287ff.) zeigt, daß die Vergleichstheorie konsistent ist, solange die Metapher als reine Ersetzungsfigur im System der Tropen behandelt wird - ähnlich wie in der *Neuen Rhetorik* der Lütticher Gruppe (vgl. Dubois et al 1974:176ff.) - als doppelte Synekdoche aufgefaßt wird (vgl. auch unten, Kap. II-3.1). Allerdings verliert die Metapher dabei zugleich das, was sie schon bei Aristoteles auszeichnet: ihre über den bloßen Schmuck hinausgehende kognitive und kreative Kraft und ihren Wahrheitsanspruch.

dere wird mit der Rhetorik Ciceros und Quintilians die bei Aristoteles noch bestehende systematische Verbindung zwischen Philosophie und Rhetorik, zwischen theoretisch-notwendiger und praktisch-einleuchtender Wahrheit, zwischen *epistéme* und *phrónesis* zerstört; die praktisch-rationale Argumentationstopik des Enthymems weicht der strategisch-instrumentellen Argumentationspsychologie des *locus communis*:[45]

> Cicero löst das – durch die Argumentationstopik gegebene – Band, mit dem Aristoteles die Rhetorik an die Dialektik geknüpft und beide in den Dienst der Erkenntnisgewinnung und -vermittlung gestellt hatte, auf und begründet ein Rhetorikideal, durch das die Sprache gewissermaßen in ein „unmittelbares" Verhältnis zur Sache gesetzt wird.[46]

Die Entwicklung einer rhetorischen Kunstlehre sui generis, mit der die nacharistotelische Rhetorik erstmals wieder eine eigene Dignität erhält,[47] bezahlt Cicero mit ihrer Abtrennung von der rationalen Argumentationspraxis, auch wenn der Zielbereich der Rhetorik nach wie vor die Politik bleibt. Die Metapher wird dabei zwar von Cicero wie auch von Quintilian hochgeschätzt,[48] mit der Suspendierung ihres Wahrheitsanspruches und ihrer Reduktion zum Ornament wird sie nun aber in der Hauptsache zur Erzeugung von gefälligem Redeschmuck und von psychologisch-affektiver Wirkung instrumentalisiert: der Zuhörer soll ergötzt und gerührt, erschüttert und (vor-)eingenommen werden. Bornscheuer spricht in diesem Zusammenhang von einer „amplifikatorischen Überwältigungsrhetorik" Ciceros, die in den Krisenzeiten des römischen Imperiums „nicht einem

---

[45] Gegen diese – v.a. auf Habermas, Kopperschmidt, Bornscheuer und Perelman gestützte – Interpretation (vgl. oben Anm. 26) wendet allerdings Dockhorn (1977) ein, daß die Rhetorik stets auf der Dreiheit von sittlich-moralischen, emotional-affektiven und logisch-plausiblen Gründen beruht hat und deshalb bei Aristoteles nicht auf eine vernünftige Argumentationsrhetorik und bei Cicero nicht auf Wirkungspsychologie reduziert werden könne. Dockhorn übersieht dabei jedoch, daß die *Gewichtung* dieser Dreiheit und der jeweilige kulturell-soziale Hintergrund der Rhetorik – wie oben dargelegt – bei Aristoteles und der späteren Rhetorik sehr unterschiedlich ist.

[46] Bornscheuer 1976:72f.

[47] Denn es ging „Cicero um die Eigenkraft des rednerischen Ausdrucksvermögens als einer höchsten menschlichen Kunst und Leistung" (Bornscheuer 1976:77). Sobald Cicero unter diesem Aspekt, und nicht mehr im Hinblick darauf betrachtet wird, daß er Vertreter der Substitutionstheorie und einer manipulativen Rhetorik ist, kann er durchaus als „humanistischer Sprachtheoretiker" gelten, weil er „Aufgabe und Leistung der Rede beim Aufbau der menschlichen Welt untersucht" (Schöffel 1987:87). Vgl. auch Apel 1963:141ff., der Ciceros Sprachtheorie und besonders seine neoaristotelische Topik (als der Kunst des Findens) sogar im transzendentalhermeneutischen Sinn interpretiert.

[48] Allerdings in ambivalenter Weise: Weinrich (1976c:295f.) stellt den „forensischen" Cicero, der die Metapher eher zu vermeiden empfahl, den „philosophischen" Cicero gegenüber, der die „aristotelische Ingenium-Psychologie" und mit ihr die kühne Metapher „in der römischen Welt bekannt machte". Ähnlich Quintilian, der vor der kühnen Metapher warnt und gleichwohl - allerdings auf der problematischen Grundlage seines geschlossenen ontologischen Sprachsystems - die kanonische Typologie der kühnen Übertragungsmöglichkeiten nach den oppositionellen Merkmalen belebt/unbelebt entwickelt (vgl. Kurz/Pelster 1976:27ff.).

Interesse an demokratischer Sachargumentation und politischer Aufklärung, sondern einem gesteigerten Drang nach öffentlicher Geltung und politischem Führungsanspruch" entsprang.[49] Erst in dieser Funktion bekommt die Rhetorik einen moralisch problematischen Status: Zwar haftet die „merkwürdige Ambivalenz von Überreden und Überzeugen" (Habermas) der Rhetorik von Anbeginn an – Rhetorik kann ebenso der Aufklärung wie der „vernebelnden Agitation" dienen –, wo aber das sokratisch-platonisch-aristotelische Prinzip des Dialogs an die Strukturen praktisch-rationaler Argumentation im öffentlichen Streit gebunden ist, da ist die nacharistotelische Rhetorik vornehmlich psychologisch-autoritäre Wirkungslehre, die wegen ihres manipulativen Charakters auch zum moralischen Problem wird.[50]

Der Übergang ins christliche Mittelalter bedeutet für die Rhetorik einen erneuten *Funktionswandel*: Sie gilt nun als Element des christlichen Bildungskanons und dient innerhalb des Systems der sieben freien Künste als propädeutisches Instrumentarium für das Bibelverständnis und als instruktives Training für die Predigt. Eine wichtige Funktion bekommen Metapher und Analogie darüber hinaus durch die Scholastik, derzufolge alle Dinge der Welt durch Analogie- und Korrespondenzbeziehungen miteinander verbunden sind und auf diese Weise am absoluten Sein teilhaben (Prinzip der *analogia entis*).[51] Das der Metapher zugrundeliegende Prinzip der Ähnlichkeit hat seitdem und bis zum Ende des 16. Jahrhunderts in der europäischen Kultur eine zentrale Rolle gespielt:[52] Die Auslegung und das

---

[49] Bornscheuer 1976:90; ebenso Villwock (1983:18ff.), der den Niedergang der argumentativen Rhetorik ebenfalls mit dem autoritären römischen Kaiserstaat in Verbindung bringt, in dem die öffentliche Meinung ihre Relevanz verlor, weshalb die Rhetorik sich nun am formalen und psychologischen Gelingen orientierte. Vgl. auch die allgemeine Hypothese von Kopperschmidt (1973:111ff.), derzufolge dem Strukturwandel der Öffentlichkeit immer auch ein Strukturwandel der Rhetorik entspricht.

[50] Vgl. Habermas 1973a:267f. Fuhrmann (1983:24) hebt zum moralischen Problem der Überredung hervor: „Nur die zu dialogischer Beredsamkeit anleitende Rhetorik ist gegen den Vorwurf gefeit, daß sie moralisch bedenklich sei, da sie lehre, wie man die Wahrheit entstelle oder an Emotionen appelliere: der einzelne Redner eines freien Staates darf subjektiv sein, weil das Prinzip von Rede und Gegenrede die beste Gewähr dafür bietet, daß sich seine Perspektive nicht schädlich auswirkt, und er darf an Emotionen appellieren, weil auch hier das jeweils zuträgliche Maß der Kontrolle des Gegners und darüber hinaus der gesamten Zuhörerschaft unterliegt."

[51] Vgl. Poser 1989:149ff. und Köller 1975:235ff. Diese auch als *Signaturenlehre* bezeichnete Auffassung geht von der Existenz einer höheren Ordnung in der Natur aus, die durch eine sympathische Magie alles miteinander verbindet: „Alles in der Natur harmoniert miteinander und steht über feingesponnene Netze miteinander in Verbindung. Alles ist Kongruenz und Schein" (Gélis 1989:28).

[52] Vgl. Foucault 1971:46. Foucault nennt hier vier essentielle Ähnlichkeitstypen: Die convenientia (Nachbarschaft von Orten), die aemulatio (Ähnlichkeit durch Reduplikation und Reflex), die Analogie (Verhältnisähnlichkeiten) und Sympathien (Ähnlichkeit durch Assimilation des Getrennten).

Verstehen der nicht mehr nur religiösen Texte basieren wie die Organisation der Symbolsysteme und die Erkenntnis der Dinge auf Ähnlichkeitsverhältnissen. Dementsprechend beruht die Hermeneutik als „Gesamtheit der Kenntnisse und Techniken, die Zeichen sprechen zu lassen und ihren Sinn zu entdecken"[53] auf einer *ontologischen Semiologie des Ähnlichen*.

Mit dem in der Neuzeit erwachenden Interesse an der Antike und der Wiederentdeckung antiker Rhetorik (z.B. durch die Auffindung der Quintilianischen Texte) bekommt die klassische Rhetorik zwar den Rang eines Bildungsgutes,[54] womit der Platz der Rhetorik bis ins 18. Jahrhundert hinein gesichert ist, allerdings wiederum nur im eingeschränkten Kontext ihrer psychologischen und ästhetischen Funktionen:

> Ein reiches System von Argumentationsstrukturen, Kommunikationsstrategien und handlungsanalytischen Sätzen – fundamentaler Bestandteil im Bildungskanon der Antike und des Mittelalters – wird reduziert auf ein tradiertes Reservoir stilistisch-dekorativer und persuasiv-manipulatorischer Redekniffe. Denn in dieser Reduktion hat die Rhetorik überlebt - als Dekor mit didaktischen Endzwecken lebte sie in Barock und Aufklärung fort...[55]

Die Metapher, eingebunden in die rhetorisch-poetische Disziplin und reduziert auf ihre ästhetisch-persuasiven Momente, bleibt dabei ebenso wie das Nachdenken über sie für lange Zeit weitgehend auf die Tropenlehre und auf ihre Wirkungsaspekte beschränkt: Als 'uneigentliche' Rede im Modus des bloßen Vergleiches kann ihr keine *theoretische* Wahrheit zukommen und sie wird deshalb in logischer Hinsicht als irrational behandelt:

> Noch heute verstehen manche die Metapher mit Quintilian als „verkürztes Gleichnis". Das ist eine schlechte Definition, die alle Prioritäten umkehrt. Aber es ist eine bequeme Definition. Denn wenn die Metapher ein verkürztes Gleichnis ist, braucht man einen metaphorischen Satz nicht mehr auf seinen Wahrheitsgehalt zu prüfen. Er ist dann weder wahr noch falsch, sondern - poetisch.[56]

Als Redeornat und Suggestivum hat sie auch ihre *praktische* Wahrheitsfähigkeit und damit ihren Platz in der Handlungsrationalität verloren; sie wird nun auch von den Ethikern übergangen bzw. allenfalls als manipulativ geschmäht.

Erst vor dem Hintergrund des hier angedeuteten Funktionswandels der Rhetorik, der Trennung zwischen Philosophie und Rhetorik sowie der rhetorikinternen Abwertung der Metapher, kann in einem zweiten Schritt und

---

53 Vgl. Foucault 1971:60.
54 Vgl. Fuhrmann 1983:13ff. Zur genaueren Darstellung der Entwicklung der Rhetorik ab dem Mittelalter vgl. v.a. Ueding/Steinbrink 1986.
55 Nieraad 1977:10. Allerdings setzt Nieraad (unter Übergehung der römischen Rhetoriktradition und des Funktionswandels der Rhetorik!) den Niedergang der Rhetorik und den Verlust ihrer „eigentlichen Funktion, die der argumentativen Prüfung und damit der Rationalisierung des praktischen Lebens" erst mit dem Beginn der Neuzeit an (vgl. ebd.).
56 Weinrich 1976d:317.

im Zuge des rationalistischen Erkenntnisideals der Neuzeit die Ausgrenzung von Rhetorik und Metaphorik aus dem Bereich des *rationalen Diskurses* erfolgen.[57] Die Entwicklung der neuzeitlichen Wissenschaft ist verbunden mit einer umfassenden Kritik der Umgangssprache, die aufgrund ihrer Ungenauigkeit und Bildhaftigkeit den neuen Anforderungen einer klaren und differenzierten Naturerkenntnis nicht entspricht. Metapher und Analogie werden nun als Ausdruck einer falschen, magischen Sprache oder eines scholastisch-religiösen Atavismus betrachtet: Schon Bacon kritisiert das mythisch-mimetische Prinzip der Ähnlichkeit, bringt also Ähnlichkeit und Mythos ganz im Sinne der aristotelische Poetik zusammen, und verwirft die aus ihm entspringenden Götzenbilder (*Idola*) der Höhle, des Theaters, des Stammes und des Marktes, die als Sinnestäuschungen den Geist verwirren.[58] Diese Kritik wird, so Foucault, vor allem vom cartesianischen Rationalismus des 17. Jahrhunderts aufgenommen und in eine allgemeine Abwertung des Ähnlichkeitsprinzips überführt:

> Das Ähnliche, das lange Zeit eine fundamentale Kategorie des Wissens (*savoir*) gewesen war – zugleich Form und Inhalt der Erkenntnis –, findet sich in einer in Termini der Identität und des Unterschiedes erstellten Analyse aufgelöst. (...) Die Ähnlichkeit ist nicht mehr die Form des Wissens, sondern eher die Gelegenheit des Irrtums, die Gefahr, der man sich aussetzt, wenn man den schlecht beleuchteten Ort der Konfusionen nicht prüft.[59]

Damit ist zugleich die Entwicklung der rationalistischen Sprachkritik verbunden: Die Erkenntnis der „nackten Wahrheit" erfordert die *Ent*-deckung der Dinge aus ihrer sprachlichen Verhüllung.[60] Der Rationalismus, ob in seiner skeptizistischen oder seiner empiristischen und sensualistischen Spielart, versucht unter dem Eindruck der metaphern- und anspielungsreichen Sprache des Barocks die Unklarheiten der Sprache durch die Bildung einer eigenen und eindeutigen Terminologie mit wörtlich-eigentlichen Bedeutungen zu beseitigen. Thomas Hobbes zählt im 'Leviathan' die Metapher zusammen mit der Bedeutungsschwankung, der Täuschung und der Beleidigung zu den Formen sprachlichen Mißbrauchs. Als Schlußform hält er die Metapher im rationalen Diskurs für ungeeignet, da sie zu absurden Konklusionen führt. Er fordert deshalb, die Sprache von figurativen und persuasiven Elementen freizuhalten und eine unzweideutige, wörtliche Sprache zu gebrauchen, da nur so Wissen erworben und kommuniziert

---

[57] „Unter den Erschütterungen, welche die Rhetorik im Verlauf ihres Bestehens erlebt hat, war wohl die vom cartesischen Ideal zweifelsfreier Gewißheit ausgehende die schwerwiegendste. Die strenge Evidenzforderung bedeutete eine radikale Einschränkung des Sinnes argumentativer Bemühungen um intersubjektive Anerkennung." (Villwock 1983a:19).
[58] Vgl. Foucault 1971:84ff. und Horkheimer/Adorno 1969:7ff.
[59] Foucault 1971:87 und 83.
[60] Ein metaphorologisch gut untersuchter Topos, vgl. etwa Blumenberg 1960, Kap. 3.

werden kann.⁶¹ Daran anschließend erklärt John Locke in seiner Untersuchung 'Über den menschlichen Verstand', daß die Sprache unvollkommen ist, da sie auf zweifelhaften, dunklen und zweideutigen Bedeutungen und Ideen beruht. Er trennt deshalb zwischen der *bürgerlichen* (heute würde man sagen: umgangssprachlichen), d.h. ungenauen und mehrdeutigen Verwendung der Wörter und dem *philosophischen* Gebrauch der Sprache, der „dazu dient, uns die genauen Begriffe von den Dingen zu vermitteln und in allgemeinen Sätzen sichere und zweifellose Wahrheiten auszudrükken, auf die der Geist sich verlassen kann und mit denen er sich auf seiner Suche nach Erkenntnis zufrieden geben kann."⁶²

Dementsprechend ist in der Wissenschaft auf einen möglichst genauen und klaren Gebrauch der Wörter zu achten und insbesondere die *mißbräuchliche* Verwendung⁶³ der Wörter zu vermeiden. Als Mittel zur Behebung der Unvollkommenheit und des Mißbrauches der Sprache empfiehlt Locke (in Buch III,11) die klare Trennung zwischen Rhetorik und Philosophie, da eine allgemeine Sprachreform bedauerlicherweise kaum durchführbar wäre. Der *wissenschaftliche* Wortgebrauch soll dann ganz klar und deutlich, so genau wie möglich und streng definitorisch sein, sowie in präziser Entsprechung zu den Dingen stehen und auf konstanten Bedeutungen beruhen. Dem bildlichen Ausdruck und dem Wortspiel gesteht Locke dabei zwar einen gewissen Witz zu, weshalb sie ihm allgemein nicht als Mißbrauch gelten, wohl aber in der philosophischen Sprache. Der Redeschmuck soll nämlich nur zum Vergnügen und zur Erheiterung, nicht aber zu Zwecken der Belehrung und Erkenntnis verwendet werden. Gemäß seiner Unterscheidung zwischen Umgangssprache und Wissenschaftssprache erklärt Locke kategorisch, daß Wahrheit und Erkenntnis sich mit der Rhetorik, dem „mächtigen Werkzeug des Irrtums und Betrugs", nicht vertragen. Dabei spricht er der Rhetorik und der Metaphorik nicht allein ihre Wahrheitsfähigkeit ab, vielmehr gelten sie ihm geradezu als eigentliche Ursache von Unwahrheit und Täuschung:

Wollen wir indessen von den Dingen reden, wie sie sind, so müssen wir zugeben, daß alle Kunst der Rhetorik, soweit sie nicht durch Ordnung und Klarheit gefordert ist, und alle gesuchten und bildlichen Redewendungen, die die Beredsamkeit ersonnen hat, keinem anderen Zweck dienen, als falsche Ideen unbemerkt einzuführen, die Leidenschaften zu erregen und dadurch das Urteil irrezuleiten. In der Tat also sind bildliche Ausdrücke vollkommener Betrug.⁶⁴

---

61 Vgl. Hobbes, Leviathan, Teil I, Kap. 4 und 5.
62 Locke, Über den menschlichen Verstand, III,9/3.
63 Locke (a.a.O.: III,10) versteht unter Sprachmißbrauch v.a. inhaltslose Ausdrücke, Unbeständigkeit im Wortgebrauch, erkünstelte Dunkelheit, Verwechslung von Wort und Ding, Fehlprädikationen, fälschliche Unterstellung fester Bedeutung und schließlich auch die metaphorische Rede.
64 Locke a.a.O.: III,10/34.

Die Abwertung von Rhetorik und Metapher ist damit beschlossene Sache, wenn auch zu dieser Zeit durchaus nicht durchgesetzt: Die Sprachkritik des Rationalismus ist zunächst noch nur programmatische Forderung gegen eine allgemein herrschende Hochschätzung von Rhetorik und Metaphorik. So schreibt Locke noch aus dem Bewußtsein einer Minderheitenposition heraus, daß die Rhetorik „stets in großem Ansehen" stand und ihm deshalb seine Kritik an ihr wohl als „Unverschämtheit" ausgelegt werde, denn „die Beredsamkeit besitzt wie das schöne Geschlecht zu starke Reize, als daß sie einen Tadel gestatten könne".[65]

In ähnlicher Weise - und deshalb soll dies hier auch nicht weiter ausgeführt werden[66] - kritisieren etwa auch Galilei, Montaigne, Descartes, Bayle, Harvey und Leibniz die Redekunst und die Metapher - ohne freilich ihrerseits die metaphorische Sprache vermeiden zu können,[67] so daß die Zuflucht in der *Begrenzung* der Metapher auf ihre pädagogischen und veranschaulichenden Funktionen gesucht wird. Noch John Stuart Mill versucht diese Trennung plausibel zu machen, indem er der Metapher einerseits eine pädagogisch-persuasive Nützlichkeit bei der Argumentation zuspricht, ihr aber andererseits eine eigene argumentative Kraft abspricht.[68] Der seitdem immer wieder zu findende emphatische Ikonoklasmus und die damit verbundene Forderung nach einer von Metaphorik 'gereinigten', eigentlichen Sprache sind bis in die gegenwärtige Sprachphilosophie und die moderne Linguistik wirksam: Die Fixierung auf das Ideal wörtlicher Eindeutigkeit und die Kritik an der Uneigentlichkeit der metaphorischen Sprache ist nicht nur zum philosophischen Allgemeinplatz seit der Neuzeit geworden, son-

---

65 Locke a.a.O.: III,10/34. Der moderne Geschlechterkampf zwischen 'männlichem' Wissenschaftsdiskurs und 'weiblicher' Rhetorik und Alltagsrede ist hier schon antizipiert. De Man (1978:15) bemerkt treffend dazu: "Nothing could be more eloquent than this denunciation of eloquence. It is clear that rhetoric is something one can decorously indulge in as long as one knows where it belongs to. Like a woman, which it resembles (..), it is a fine thing as long as it is kept in its proper place...". Daß Lockes Ansicht kein „Ausrutscher", sondern gängige Meinung einer männlich dominierten Wissenschaft ist, zeigt Friedman 1987, v.a. 65.

66 Vgl. hierzu z.B. Nieraad 1977:Kap.4.2.1 und Kurz/Pelster 1976:31ff.

67 „Auch im 17. Jahrhundert, dem Zeitalter der Proklamation jener metapherngesäuberten Begriffssprache, denken selbst die erbittertsten Bilderstürmer unter den Wissenschaftlern in Metaphern." (Ledanff 1979:284; vgl. auch Perelman 1980:126f. und Nieraad 1977:88ff.). Im Zusammenhang mit Lockes (Wasser-)leitungsmetaphorik für Sprache macht De Man (1978:16) darauf aufmerksam, daß man sich gerade hier fragen muß, "whether the metaphors illustrate a cognition or if the cognition is not perhaps shaped by the metaphors" (vgl. zu diesem Problem auch weiter unten, Kap. II-2). Dies und die Einsicht, daß Lockes Sprachtheorie eine von ihm selbst unerkannte Metapherntheorie ist, machen, so De Man, gerade Lockes Kapitel über „Heilmittel" gegen den Sprachmißbrauch schwach und unglaubwürdig.

68 „A Metaphor, then, is not to be considered as an argument, but as an assertion that an argument exists; that a parity subsists between the case from which the metaphor is drawn and to which it is applied." (John S. Mill, A System of Logic, Book V, Chapter V, §7; Torontoer Ausgabe von 1974:801).

dern auch zum beständigen Motiv für Versuche, idealsprachliche Kalküle und 'Wörtlichkeitssemantiken' an die Stelle der Umgangssprache zu setzen.[69]

Die Schärfe, mit der die Metapher in der Wissenschaft abgelehnt und ausgegrenzt wird, ist aber vielleicht erst dann zu verstehen, wenn man retrospektiv mit Foucault die Herausbildung der neuzeitlichen Wissenschaften in Zusammenhang mit der Entwicklung von Disziplinen und der Organisation von je eigenen Diskursen sieht:[70] Gegen den ungezügelten *Diskurs der Ähnlichkeit*, dessen „endloses Wuchern" seinen unzähligen metaphorisch-analogischen Anknüpfungsmöglichkeiten entspringt, setzt der *rationalistische Diskurs* das Prinzip von Identität und Unterschied sowie Prozeduren der Ausschließung, der Verknappung und der Kontrolle. Indem 'wahre' von 'falschen', 'zulässige' von 'unzulässigen' und 'rationale' von 'irrationalen' Diskursen abgegrenzt werden, entsteht ein normiertes *Tableau der Erkenntnis*, das alle Phänomene mit Hilfe dieser Kategorien entweder als vernünftig oder als außerhalb des Vernünftigen und damit als irrational, setzt. An die Stelle der ontologischen Unterscheidung zwischen unveränderlicher Wahrheit und wechselnder Wahrscheinlichkeit tritt nun die subjektphilosophische Identifikation von Wahrheit und Vernunft und darauf aufbauend die Opposition zwischen der Wahrheit und dem Irrationalen. Die Konstituentien der Wahrheit sind somit gleichzeitig auch Ausschliessungsmechanismen; das Sprechen der *wahren Sprache*, die Regeln des geltenden Diskurses sind Kriterium dafür, ob ein Sprecher sich „im Wahren" befindet oder ob er - unabhängig von der möglichen Plausibilität seiner Rede - einfach als irrational, wahnsinnig, abweichend, monströs, delinquent etc. ausgegrenzt wird.[71]

Der rationalistische *Diskurs der Wahrheit*, so läßt sich vor diesem Hintergrund zusammenfassend feststellen, wehrt die Metapher aus immanenten Gründen ab: Indem die Erkenntnis sich selbst als rational bestimmt, ihre formalen Kriterien auf Begriff und logisches Urteil reduziert und sich

---

69 Vgl. Weinrich 1980 und Ricœur 1988; sowie unten, Kap. I-2.1 und II-2.
70 Vgl. hierzu v.a. Foucault 1971 und 1977.
71 Foucault (1977:24f.) erinnert an das Beispiel Mendels, der mit seiner Vererbungslehre schlicht ignoriert wurde, weil er „nicht 'im Wahren' des biologischen Diskurses seiner Epoche (war): biologische Gegenstände und Begriffe wurden nach ganz anderen Regeln gebildet". Damit wird zugleich deutlich, daß es bei der Formation von Diskursen, insbesondere beim Diskurs der Wahrheit, eher um Identität und Macht der Disziplin, geht als um die 'richtige' Erkenntnis. Daneben wird an diesem Beispiel aber auch der Selbstwiderspruch des Foucaultschen Relativismus' sichtbar: Von welchem Ort aus könnte Foucault noch über Mendel argumentieren, wenn er ihm und sich selbst nicht doch eine die raum-zeitlichen Kontexte der jeweiligen Diskursformation überschreitende Wahrheit zubilligen würde? Zum Relativismusproblem vgl. auch weiter unten, Kap. I-2.4 und I-2.5.

zugleich als materiale Diskursformation entwickelt, muß sie Metapher, Analogie und Ähnlichkeit als irrational ausschließen.[72] Insofern kann der rationalistische Ikonoklasmus auch als Ausdruck einer Krise gedeutet werden: Indem mit dem Beginn der Neuzeit die analogische Ontologie des Ähnlichen zerfällt, muß die Metapher bekämpft werden, da in der neuen rationalistischen Ontologie (noch) kein Platz für metaphorische Sprache existiert. Erst die skeptische Selbstreflexion des Rationalismus[73] kann eine Antwort auf diese ontologische Krise geben und - selbst noch einmal kritisch reflektiert - dabei zugleich eine neue, nämlich *reflexive* Funktion der Metapher erkennen.[74] Genau in dieser reflexiven Funktion liegt auch, wie ich im Hauptteil dieser Arbeit zeigen werde, der Unterschied zwischen den modernen, interaktionstheoretisch aufgefaßten Metapher und der klassischen, substitutionstheoretisch verstandenen Metapher.

1.3 Kritik der Metaphernkritik I: Giambattista Vico

Der Ausschluß der Metapher aus dem Bereich des Rationalen ist allerdings nie gelungen. Vielmehr ist die Metaphernkritik der Neuzeit, der Aufklärung und der Moderne stets selbst Gegenstand der Kritik gewesen. Allein für den deutschen Sprachraum sind mit Hamann, Herder, Jean Paul, Humboldt, Nietzsche, Mauthner und Cassirer ganz unterschiedliche Geister benannt, die doch alle die Reflexion auf die Sprache mit der Reflexion auf ihr metaphorisches Wesen und auf ihre ursprüngliche Bildlichkeit verbinden. Die ausgeprägte Tradition einer kühnen Metaphernpraxis, die sich vom Barock über die Romantik und den Symbolismus des ausgehenden 19. Jahrhunderts bis hin zur spontan-expressiven Metaphorik der ästhetischen Moderne zieht, stand immer auch in Wechselwirkung mit den sprachkritischen Reflexionen über die Metapher.[75]
Eine wegweisende Position nimmt hier Giambattista Vico, der in der Tradition des Renaissancehumanismus stehende Philosoph der italienischen Aufklärung, ein. Vico ist nicht nur der erste Geschichtsphilosoph und Völkerpsychologe, sein Werk kann auch als Beginn der modernen Sprachphilosophie und als Wende- und Angelpunkt in der Metaphorologie gelten.

---

72 Daß jedoch der Kampf gegen die Metapher auch noch eine andere Funktion hat, nämlich durch die Konstitution der basalen Differenz wörtlich/metaphorisch den rationalistischen Diskurs von der Umgangssprache abzuheben, zeige ich im Einzelnen in Kap. II-3.4.
73 Vgl. meine Ausführungen zur gegenwärtigen Rationalitätsdiskussion in Kap. I-2, sowie weiter unten Kap. II-3.5 und Teil III.
74 Strub (1991:471ff.) sieht die Metapher „als sprachlichen Kern einer nachanalogischen Ontologie der Moderne", in der die Kontingenz der ontologischen Einteilungen und Kategorien gewußt und mittels der Metapher reflektiert wird.
75 Vgl. z.B. Kurz/Pelster 1976:29ff und Ledanff 1981.

Die besondere Bedeutung der Philosophie Vicos für die Metaphorologie besteht darin, daß er mit seiner emphatischen Verteidigung der Rhetorik gegen ihre rationalistischen Gegner zugleich die *genuin schöpferische Kraft* der Metapher herausgearbeitet hat:

> Während empiristische sowohl als rationalistische Erkenntnislehren Metapher, Symbol und Analogie im Namen der Evidenz und Deduktion stets zu Randerscheinungen abdrängten, ist die Einschätzung des Eigenrechts der symbolischen Phänomene eine Errungenschaft geschichtsphilophisch-sprachhermeneutischen Denkens. Als dessen Vorläufer kann Giambattista Vico gelten, sofern er in Metaphorik das Zentralelement einer Sprache der Einbildungskraft erkannte und ihr in geschichtlicher Perspektive die primäre, für alle spätere Begriffsfestlegung vorauszusetzende Weltentdeckung überantwortete...[76]

Neben der Rhetoriktradition kann deshalb die Philosophie Vicos als Beginn einer eigenständigen Linie in dem von Aristoteles eröffneten metaphorologischen Diskurs angesehen werden. Die Autoren, die sich auf Vico berufen, richten ihre Aufmerksamkeit dabei besonders auf Vicos metaphorologische Sprachursprungstheorie und auf seine Betonung des innovativen und kognitiven Potentials der Metapher: So betrachtet etwa Alfred Biese Vico als denjenigen, der als erster die Metapher als Quelle des Mythos und der Sprache, sowie als „notwendige Form der Anschauung" begriffen hat. Biese entwickelt daraus seine 'Philosophie des Metaphorischen', in der die anthropozentrische Metapher zur fundamentalen Anschauungsform wird, die zwischen der Innen- und Außenwelt vermittelt und sogar noch den Formen Raum und Zeit zugrundeliegt.[77] Fritz Mauthner (der allerdings im gleichen Atemzug die erkenntnistheoretische Dimension Vicos bestreitet) sieht „eines der wichtigsten Ergebnisse unserer Sprachkritik, daß nämlich alle Entwicklung der Sprache auf metaphorischem Wege vor sich gehe" durch Vico „in erstaunlich kühner Weise vorweggenommen".[78] Ernst Cassirer betont, daß Vicos metaphorologische Sprachtheorie im ganzen betrachtet einen „wichtigen und fruchtbaren Keim" enthalte und insbesondere für die späteren Sprachursprungstheorien von Rousseau über Hamann bis hin zu Herder und Schlegel richtungsweisend und wirksam bleibe.[79] Karl-Otto Apel betrachtet Vicos Philosophie als 'Abschluß' des Humanismus, „wahrhaft die Eule der Minerva der italienischen Renaissancekultur",[80] zugleich aber auch als Anfang der modernen Sprachphilosophie überhaupt und er erkennt in Vicos Theorie der metaphorisch-mythischen Sprachschöpfung transzendentalhermeneutische Züge und die „Vorwegnahme

---

[76] Villwock 1983a:185.
[77] Vgl. Biese 1893; ähnlich übrigens auch Arendt 1971:110ff.
[78] Mauthner 1982/II:483.
[79] Cassirer 1977/I:90ff.
[80] Apel 1963:320f.

einer zugleich seins- und sprachhermeneutischen Philosophie".[81] Donald Ph. Verene betont Vicos Verdienst, die Rhetorik in eine poetische Erkenntnistheorie transformiert zu haben, in der die Metapher zur „Basis des Denkens", zum „fundamentalen geistigen Prinzip" wird, wodurch Vico einen „neubestimmten Ursprung" der Philosophie im Bild, in der Phantasie und in der Imagination findet.[82] Georg Schöffel sieht Vico schließlich als Begründer einer metaphorologischen Traditionslinie, in der allererst der rhetorische Aufbau der Welt und eine „konstitutive Kraft der Metapher" zum Vorschein kommt.[83]

Indem Vico derart als Begründer und Vorläufer der modernen Metaphorologie in Anspruch genommen wird, entsteht aber auch das Problem, daß die Philosophie Vicos nicht unabhängig und außerhalb dieser teleologischen Konstruktion einer Traditionslinie verstanden werden kann. Die sehr eigenen und eigentümlichen mythischen, barocken, griechisch-römischen und poetischen Elemente in Vicos Denken werden dementsprechend auch häufig mit Befremden registriert und als unbrauchbar ausgesondert[84] oder einfach übergangen. Autoren, die dieses Problem bedenken, sind rar.[85] Ebenso selten ist der Versuch, Vicos Metaphorologie nicht nur allgemein der humanistischen Tradition zuzuordnen, sondern auf spezifische Vorläufer zurückzuführen: Lediglich Ernesto Grassi macht deutlich, daß eine der zentralen Ideen Vicos, nämlich die Erschließung des historisch-metaphorischen Charakters der Welt durch das Ingenium, auf Collocio Salutati zurückgeht.[86] Wenn also im folgenden Vicos metaphorologische Philosophie skizziert wird, dann in dem Bewußtsein, daß gerade hier eine spezifische Interpretationstradition das Verständnis von Vicos Philosophie erst ermöglicht, aber zugleich auch determiniert hat.[87]

Die Philosophie Vicos kann zunächst als Antwort auf den cartesischen Rationalismus verstanden werden, indem Vico gegen die abstrakte Logik des Begriffes und der Gesetzeserkenntnis die 'poetische Logik' des Bildes und der Situationserkenntnis stellt. In seiner Frühschrift 'Vom Wesen und Weg der geistigen Bildung' differenziert Vico – Aristoteles' Unterscheidung zwischen *phrónesis* und *epistéme* aufgreifend – zwischen der prakti-

---

[81] Vgl. Apel 1963:66, ähnlich 102f. und ausführlich ebd. in Kap.XII (318ff.).
[82] Vgl. Verene 1987, v.a. Kap. 3 und 6.
[83] Vgl. Schöffel 1987:84ff.; vgl. zu ähnlichen Einschätzungen etwa auch Berggren 1963: 237, Meier 1963:14f.
[84] Vgl. z.B. Cassirer 1977/I:93.
[85] So z.B. Verene (1987, Kap. 1), der in diesem Zusammenhang betont: „Die Praxis, Vicos Denken zugunsten des jeweils eigenen zu verdrehen, stellt eine Gefahr dar, der eine Vielzahl seiner Interpreten erlegen sind; Vicos Schiff ist unter vielen Flaggen gesegelt..." (ebd.:19).
[86] Vgl. Grassi 1992:28ff.
[87] Mein eigener Zugang ist da keine Ausnahme, ich selbst stütze mich v.a. auf die Ausführungen von Apel 1963, Verene 1987 und Schöffel 1987:87ff.

schen Klugheit, durch topische und rhetorische Verfahren kontextrelative und situative Wahrscheinlichkeiten zu erkennen, und der Wissenschaft, die durch analytische Kritik zu zeitloser, also situationsunabhängiger Wahrheit gelangen kann:

> Und darin besteht eigentlich der Unterschied zwischen Wissenschaft und Klugheit, daß in der Wissenschaft diejenigen groß sind, die von einer einzigen Ursache möglichst viele Wirkungen in der Natur ableiten, in der Klugheit aber diejenigen Meister sind, die für eine Tatsache möglichst viele Ursachen aufsuchen, um dann zu schließen, welche die Wahre ist.[88]

Da die analytisch-wissenschaftliche Kritik aber immer nur aus Vorgegebenem ableiten kann, sind ihre Prämissen letztlich (wie schon bei Aristoteles) nur durch eine Topik auffindbar. Aus diesem Grunde muß die Topik der Kritik vorgeordnet sein.[89] Praktische Klugheit und Wissenschaft verweisen aufeinander, aber die „Richtung ihrer Denkbewegung" (Schöffel) ist entgegengesetzt: Das wissenschaftliche Denken deduziert Konklusionen aus Prämissen und Gesetzen und erfordert *analytische* Fähigkeiten, dagegen verlangt das praktische Handeln die Fähigkeit, heterogene Dinge miteinander in Verbindung zu bringen, also ein *synthetisches* Vermögen. Hinter diesem Vermögen steht nach Vico das *Ingenium* als die grundlegende „Fähigkeit des Verstandes, Auseinanderliegendes rasch, passend und glücklich zu vereinigen".[90] Diese Synthesisleistungen entsprechen denen der Metapher – auch sie verbindet Heterogenes zu einer neuen Einheit.[91] Daher gilt die Bildung von Metaphern Vico als diejenige geistige Aktivität, durch die Neues überhaupt erst entstehen kann, und gerade dadurch wird sie zugleich, wie bei Aristoteles, in ethischer wie in theoretischer Hinsicht relevant: Sie erbringt im praktischen Bereich neue Orientierung und im theoretischen neue Erkenntnis.[92]

Die Metapher ist bei Vico jedoch nicht nur innovative Kraft, sondern zugleich auch Basis des Denkens und der Sprache überhaupt. In diese Doppelfunktion gerät sie deshalb, weil sie – im Gegensatz zur aristotelischen Definition der Metapher – nicht als bloße Analogie, sondern als *Identität*

---

[88] Vico, Vom Wesen und Weg der geistigen Bildung: 61.
[89] Vgl. Vico, Vom Wesen und Weg der geistigen Bildung: 29 sowie Vico, Prinzipien einer neuen Wissenschaft: §498.
[90] Vico, Vom Wesen und Weg der geistigen Bildung: 71/73.
[91] Vgl. Vico, Vom Wesen und Weg der geistigen Bildung: 43. Apel interpretiert die Stelle folgendermaßen: „Die Rede ist für Vico das 'Medium' der Argumentation schlechthin, sofern sie dem Philosophen dazu verhilft, 'bei weit auseinanderliegenden und verschiedenen Dingen die Analogien zu bemerken'. Dies geschieht durch die Kraft der Metapher, die 'bei scharfgeschliffenen Aussagen im Vordergrund steht'. (...) Es ist diese *blitzartige Zweilinienkonstellation* der analogischen Andeutung, durch die die Sprache der Phantasie nach Vico den Horizont des Weltverstehens zuerst aufreißt." (Apel 1963:341; Hervorhebung von mir).
[92] Vgl. Meier 1963:109.

aufgefaßt wird.⁹³ Die Metapher bringt also allererst nicht ein Ähnlichkeitsverhältnis, sondern ein Identitätsverhältnis zum Ausdruck; die Metapher ist kein Vergleich von Ähnlichem, sondern eine Prädikation, durch die Verschiedenes gleichgesetzt wird. Die Identität beruht dabei auf der Beseelung der sinnlich-mythischen Primärerfahrungen von Natur und menschlicher Existenz durch die *imaginativen* oder *phantasiegeschaffenen* Universalien:

> Vicos Entdeckung des imaginativen Universale ist die Entdeckung eines Identitätsprinzips, das mit dem Begriff der Metapher als fundamentalem epistemologischem Element verbunden ist. Die Metapher ist dasjenige Moment, durch das in der Wahrnehmung auf ursprüngliche Weise Identität gewonnen wird. Sie ist die Form, in der sich Wahrnehmung am unmittelbarsten ausdrückt. Die Metapher ist die grundlegende geistige Operation beim Wissensakt.⁹⁴

Am Ursprung der Sprache steht also die Metaphorik der phantasiegeschaffenen Universalien, die „poetische Verwandlung" der Dinge durch anthropomorphe Personifikation, durch die „phantastische Sprache beseelter Substanzen".⁹⁵ Die phantasiegeschaffenen Universalien der ersten, natürlichen Sprache stellen so gleichsam *transzendentale Bedingungen* der Erkenntnis überhaupt dar. Die figurative natürlich-ursprüngliche Sprache der ersten Menschen, in der jede Metapher ein 'kleiner Mythos' ist, wird in der historischen Zeit durch die Entstehung einer zweiten, nämlich der philosophisch-abstrakten Sprache ergänzt, wodurch die ursprüngliche Metaphorik sich in eine reflektierte verwandelt, in eine rhetorische Figur als paradigmatische Opposition zur abstrakten Sprache.⁹⁶ Die Übertragungsrichtung der *allegorisch-reflektierten* Metaphorik der historischen Zeit verläuft entgegengesetzt zu der *mythisch-ursprünglichen* Metaphorik der ersten Menschen: Sie ist nicht archaische Beseelung der Dinge, sondern nachträgliche, aber notwendige Veranschaulichung, Vergegenwärtigung und Verlebendigung der abstrakten Begriffe, denn „sobald wir aus dem Verstand geistige Dinge hervorziehen wollen, müssen wir von der Phantasie unterstützt werden, um sie darstellen zu können".⁹⁷ Der metaphorische Prozeß verläuft also von der ursprünglich-anthropomorphen Beseelung der Dinge der

---

93 Hier gleicht Vicos Konzeption übrigens der Metaphernauffassung von Empedokles - vgl. Bremer 1980; sowie zur modernen prädikationsorientierten Metaphorologie: Ricœur 1988. In diesem Sinne ist auch die Interpretation von Strub (1991:481ff.) unzutreffend, derzufolge Vico nur die ältere Tropenlehre auf der Basis der Vergleichstheorie reformuliert habe.
94 Verene 1987:71. An anderer Stelle bemerkt Verene (ebd.:162) dazu: „"...es ist ein Skandal der Logik, daß sie über die eigentliche Basis, aufgrund derer ein logisches Urteil selbst überhaupt erst möglich ist (nämlich das Identitätsprinzip, B.D.), keinerlei Aufschluß geben kann. Vico hat uns mit seiner Theorie der imaginativen Universalien eine solche Basis zur Verfügung gestellt."
95 Vgl. Vico, Prinzipien einer neuen Wissenschaft: §§ 400ff.
96 Vgl. Barthes 1988:92.
97 Vico, Prinzipien einer neuen Wissenschaft: § 402; vgl. auch Apel 1963:341 und 352.

Natur, die damit zu sprachlichen Zeichen und Dingen des Geistes werden können, zur reflektiert-anthropomorphen Beseelung der Dinge des Geistes, damit diese wieder in die Welt 'passen'. Der Mensch macht erst sich „zur Regel des Weltalls", um dann „aus sich selbst eine ganze Welt" zu machen. Das Identitätsprinzip bleibt dabei Grundlage der metaphorischen Prädikation, aber in der allegorischen Metaphorik kann es reflektiert werden, sobald man mit Vicos „Metaphysik der Phantasie" das Wesen der Anthropomorphisierung durchschaut. Vico geht damit – modern ausgedrückt – in die Richtung einer historischen und konstruktivistischen Erkenntnistheorie.[98] Die Logik der „poetischen Verwandlung" der Dinge ist dem Mythos dabei vorgeschaltet: Es ist nicht mehr der Mythos, durch den die Ähnlichkeit qua ontologischer Teilhabe immer schon vorgegeben ist, sondern durch das anthropomorphisierende Prinzip der Ähnlichkeit wird der Mythos allererst gestiftet.[99] Das seit Aristoteles geltende ontologische Prinzip vorgegebener Ähnlichkeit wird hier durch das konstruktivistische Prinzip *praktisch erzeugter Ähnlichkeit* ersetzt - ein Prinzip, an dem sich, wie ich in Kapitel II-1 zeigen werde, jede moderne Metapherntheorie messen lassen muß.

Damit kommt der Metapher, so kann aus heutiger Perspektive gesagt werden, in der Philosophie Vicos gleichermaßen eine transzendental-hermeneutische Funktion der schöpferischen *Welterschließung* wie auch eine kognitiv-imaginative Funktion der *Welterkenntnis* zu – zwei zentrale Funktionen der Metapher, die unten im zweiten Teil noch genauer untersucht werden. Eine weitreichende Konsequenz hieraus ist, daß auch wissenschaftliche Innovation nur durch die Synthesisleistungen des metaphorischen Denkprozesses hervorgebracht werden kann. Da nach Vico die poetische Logik der Metapher ebenso der Topik wie der Sprache und dem Denken zugrundeliegt, kann sie als „das Paradigma für Erzeugung überhaupt" sowohl im praktischen wie auch im theoretischen Handeln verstanden werden.[100]

---

[98] Vgl. Vico, Prinzipien einer neuen Wissenschaft: §405; sowie unten, Kap. 2.3.1. Vico hebt sich damit auch von seinen Epigonen, z.B. Biese, ab. Letzterer erklärt nämlich die Metapher zur naturnotwendigen und durch Reflexion nicht überwindbaren Projektion der Innen- auf die Außenwelt (vgl. Biese 1893, v.a Einleitung und 145ff.); – „Vicos geschichtsphilosophischer Ansatz und der Versuch einer historischen Anthropologie ist völlig verloren", so kritisiert Schöffel (1987:101) zu recht Bieses Metaphorologie.
[99] Vgl. Hubig 1988:165ff.
[100] Vgl. Schöffel 1987:96. Verene (1987:163) führt hierzu aus: „Erst durch sie (d.h. die Metapher, B.D.) wird ein Topos ursprünglich gebildet. Sie ist das zugrundeliegende Bild, von dem aus der Mensch erst zu sprechen beginnen kann. Der Sprechakt der ersten Menschen hat sich, insofern er aus diesen Topoi hervorgegangen ist, nicht aus den Elementen einer logischen Struktur entwickelt. Er ist vielmehr aus Redefiguren bzw. Tropen erwachsen, die sich zur poetischen bzw. rhetorischen Sprache zusammenfügen".

Dieses Verhältnis zwischen metaphorischem Denkprozeß, Wissenschaft und Innovation ist deshalb von besonderem Interesse, da es im Hinblick auf meine Diskussion der Rationalität der Metapher folgende Überlegung begründet: Indem Vico die Metapher der Topik, und diese der Kritik voranstellt, wird der Bereich der Wahrheit zu einem Teil des Wahrscheinlichen und das Wahrscheinliche wird seinerseits wahrheitsfähig. Wahrscheinlichkeit ist somit nicht *irrationaler Gegensatz* zur Wahrheit, sondern als eine Kategorie situativ-praktischer Wahrheit die *rationale Grundlage* der allgemein-theoretischen Wahrheit.[101] Die mit gegebenen Gesetzmäßigkeiten operierende analytische Kritik ist auf die synthetischen Innovationsleistungen der praktischen Klugheit angewiesen.[102] Modern ausgedrückt: die deduktive Methode der Wissenschaft steht in einem systematischen Bedingungsgefüge mit den synthetischen Schlußmethoden der Induktion und Abduktion. Denn durch die *Deduktion* kann nichts Neues in Erfahrung gebracht werden, die *Induktion* dagegen kann, da sie den Einzelfall betrachtet, neue Ergebnisse zutage fördern - „darum ist der sichere Rat, den Einzelerscheinungen nachzugehen".[103] Besonders wichtig aber ist die *Abduktion*, als die der – von Vico am Beispiel der ärztlichen Heilkunst verdeutlichte – Schluß von (unklaren und vieldeutigen) Symptomen auf den jeweiligen (Krankheits-) Fall bezeichnet werden kann.

Meine These ist nun, daß bei Vico die Funktionsweise der Metapher nach dem Muster eines Abduktionsprozesses im Sinne von Peirce zu verstehen ist. Wie nämlich die Metapher für Vico das Paradigma für Erzeugung ist, so ist für Peirce die Abduktion das Paradigma für heuristische Wissensgewinnung.[104] Dabei lassen sich zwei Arten von Abduktion unterscheiden: Bei der einen kann durch eine bereits vorausgesetzte Regel eine Wissenserweiterung im Blick auf den Fall vorgenommen werden,[105] bei der anderen wird nicht nur auf den Fall, sondern zugleich auch auf die zugrundelie-

---

[101] Vico spricht davon, daß die Wissenschaft auf die obersten (summa) und die Klugheit auf die untersten (infima) Wahrheiten blickt (in: Vom Wesen und Weg der geistigen Bildung: 61).

[102] Dies hat auch ethische Konsequenzen: Wenn nämlich umgekehrt die wissenschaftliche Rationalität sich über die Klugheit erhebt und damit den Rückbezug der theoretischen zur imaginativ-praktischen Dimension durchstreicht, besteht die Gefahr der „Barbarei der Reflexion", einer übermäßigen Intellektualisierung, die aus Eigennutz die praktischen Grundlagen der Gesellschaft, das gegenseitige Vertrauen, zerstört. – Eine vichianische Kritik der instrumentellen Vernunft! (Vgl. Vico: Prinzipien einer neuen Wissenschaft: § 1106 sowie Verene 1987: 181ff.)

[103] Vico, Vom Wesen und Weg der geistigen Bildung: 57.

[104] Vgl. Peirce, Collected Papers § 5.272ff., § 2.619-2.644 sowie § 5.161-5.174 und § 5.180-5.212.

[105] „Die Abduktion besteht im (synthetischen) Schließen vom Resultat unter der *vorausgesetzten Geltung einer Regel* auf den Fall..." (Hubig 1991:158, Hervorh. im Original).

gende Regel geschlossen.[106] Die Abduktion hat damit zum einen wissenserweiternde, zum anderen aber auch innovative Funktionen. Diese beiden heuristischen Funktionen lassen sich auch bei der Metapher finden: Im aristotelischen, sich auf Gemeinplätze beziehenden Verständnis des metaphorischen Schlusses als *Enthymem* findet eine Wissenserweiterung, im vicianischen, sich auf die konstruktiv-imaginativen Synthesisleistungen der Metapher beziehenden Verständnis findet eine Wissensinnovation statt. Während die wissenserweiternde Metapher von der Geltung topisch-ontologischer Ähnlichkeitsregeln ausgehend auf den jeweiligen Fall schließen kann, bringt die innovative Metapher heterogene Dinge allererst zusammen, indem sie sie unter bestimmtem Hinblick als ähnlich bzw. identisch setzt. Wie die Abduktion konfrontiert sie also mit einem überraschenden Resultat, für das zugleich die geeignete Regel – nämlich die Hinsicht oder die Relation, unter welcher die Dinge identisch sind – gesucht werden muß, damit auf die Bedeutung der Metapher, und damit auf den konkreten Fall geschlossen werden kann. Im Zusammenspiel von Rätselhaftigkeit und Evidenz, durch das die stille Prämisse verstanden und als richtig erkannt wird, zeigt sich der abduktive Charakter der Metapher. Eine unmittelbar einleuchtende Metapher kann deshalb als eine gelungene Abduktion bezeichnet werden: Das Finden einer geeigneten Hypothese durch einen abduktiven Schluß und das Gelingen einer Metapher beruhen auf dem gleichen schöpferischen Vermögen.

Zusammenfassend läßt sich nun feststellen: Wenn Vico von einem an die aristotelische Philosophie anknüpfenden, dialektischen Verhältnis zwischen Wissenschaft und Klugheit ausgeht und damit den von der cartesianischen Wissenschaft beanspruchten Vorrang unterläuft,[107] so geht er mit seiner Metapherntheorie noch einen entscheidenden Schritt weiter und über Aristoteles hinaus, indem er der Metapher nicht nur Wahrheitsfähigkeit zugesteht, sondern ihr *den* zentralen Platz bei der Sprachentstehung und bei kognitiv-kreativen Prozessen zuweist. Die Synthesiskraft der Metapher wird bei ihm nicht nur auf den rhetorischen Bereich praktischer Argumentation beschränkt, sondern als grundsätzliche innovative und kognitive Kraft gleichermaßen auf das praktische wie auf das theoretische Handeln bezogen. Vico kann insbesondere deshalb zu dieser Auffassung kommen, weil er aus seiner humanistischen Tradition heraus die Rolle der Sprache neu bewertet, indem er diese, aufbauend auf der Metaphorik der phantasiegeschaffenen Universalien, als das welterschließende und -interpretierende

---

[106] „Ausgehend von einem (überraschenden) Resultat suchen wir eine Regel, mit deren Hilfe wir auf den Fall schließen können" und „die eigentümliche Leistung der Abduktion besteht deshalb im Auffinden und Erfinden einer geeigneten Hypothese, die diesen Schluß von Resultat und Gesetz auf den Fall erlaubt." (Habermas 1968b:147; vgl. auch ebd., 143ff. und 165).
[107] Vgl. Habermas 1971a:51ff. und Apel 1963:321ff.

Medium schlechthin begreift und nicht nur - wie Aristoteles - als ein bloßes Werkzeug zur Übertragung von Gedanken. Darüber hinaus wird mit Vico erstmals die Anthropomorphisierung als Prinzip der Metapher reflektiert. Nicht mehr die analogisch-ontologische Übertragung zwischen Gattung und Art oder zwischen Lebendigem und Nichtlebendigem, sondern die anthropomorph-projektive Kategorisierung der Welt durch die Konstitution von Ähnlichkeit wird hier erstmals thematisiert.[108] Vico ist so nicht nur für die moderne Sprachphilosophie, sondern auch für die Diskussion über die Erklärung des metaphorischen Prozesses und die Funktionen und Leistungen der Metapher – und d.h. im Kontext dieser Arbeit über ihre Rationalität – von zentraler Bedeutung: Wenn sich, wie eingangs erwähnt, viele moderne Metapherntheoretiker in die Tradition der Philosophie Vicos stellen, dann deshalb, weil das von Vico begründete Verständnis der Metapher für einen großer Teil der modernen Metaphorologie tatsächlich richtungsweisend und paradigmatisch ist.

1.4 Kritik der Metaphernkritik II: Friedrich Nietzsche

Richtungsweisend ist auch die Metapherntheorie Nietzsches, jedoch in anderer Hinsicht. Ist Vicos Metapherntheorie eine in 'vorkritischer' Zeit entwickelte transzendentalphilologische und transzendentalhermeneutische Theorie der poetischen Erkenntnis, so ist Nietzsches Metaphorologie eine radikale Erkenntniskritik, die durch die Beschäftigung mit Rhetorik und Sprachwissenschaft aus der kritischen Philosophie Kants und aus Hegels Kantkritik „skeptische Konsequenzen zieht".[109] Nietzsches Einfluß auf die Philosophie und insbesondere die Sprachphilosophie und die Linguistik braucht nicht hervorgehoben zu werden: Auch wenn er häufig nicht direkt als Vorgänger und Begründer zitiert oder als Gegner kritisiert wird, wirkt seine Philosophie doch bei vielen teils als bewußter,[110] teils als unbefragter[111] Hintergrund. In der gegenwärtigen Philosophie sind vor allem die

---

[108] Vgl. Meier 1963:181f. Gerade darin liegt auch die „Modernität" Vicos. Bei Vico ist die Metapher erstmals als Prinzip der Generierung von Kategorien begriffen, die nicht mehr der vorgegebenen Ontologie folgen, sondern kontingenter anthropomorpher Ähnlichkeitsprojektion. Deshalb scheint mir auch Strubs Einschätzung, derzufolge Vico auf der Basis der Tropenlehre nur ältere Einsichten reformuliert, nicht zuzutreffen (vgl. Strub 1991:480ff.).

[109] Vgl. Villwock 1983a:286, sowie Lévesque 1989.

[110] So etwa bei Vaihinger (1924:345ff.) und bei der *Frankfurter Schule*, v.a. bei Walter Benjamin und Theodor W. Adorno.

[111] So z.B. bei Fritz Mauthner (1982/II:449-534), der sich zwar sehr auf Nietzsche bezieht, jedoch dessen Aufsatz „Über Wahrheit und Lüge..." anscheinend nicht kannte (oder nur nicht ausweist?) und immer wieder betont, daß Nietzsche keine eigentliche Sprachkritik entworfen hätte. Dementsprechend verkennt er auch den sprachkritischen Charakter anderer Schriften Nietzsches, zu denen etwa Habermas (1971b:253) sagt,

pragmatisch-konventionalistische Sprachphilosophie, der Strukturalismus und die poststrukturalistische Theorie ohne Nietzsche kaum denkbar – entsprechend groß ist auch sein Einfluß auf die gegenwärtige Metaphorologie.[112] Wie im Falle von Vico ist also der Diskurs über Nietzsche selbst entscheidend vorgeprägt durch die paradigmatischen Wirkungen von Nietzsches Philosophie.[113]

Mit dem Aufsatz 'Über Lüge und Wahrheit im außermoralischen Sinn' skizziert Nietzsche diese neue, sprachkritisch-metaphorologisch orientierte Erkenntnistheorie erstmals.[114] Er beginnt die Abhandlung mit einer metaphorischen Fabel über die Selbstüberschätzung des „erkenntnisfähigen Tieres Mensch" im unendlichen Kosmos, um sofort die Unangemessenheit dieser Metapher zu betonen, die noch nicht genügend illustriert, „wie schattenhaft und flüchtig, wie zwecklos und beliebig sich der menschliche Intellekt innerhalb der Natur ausnimmt".[115] Der Intellekt als Erkenntnisvermögen bewirkt diese Täuschung des Menschen über sich selbst, als Mittel der Verstellung und der Naturbeherrschung dient er aber zugleich auch der Selbstbehauptung. Indem die Erkenntnis auf diese Weise umstandslos in den Dienst des *Interesses* am Überleben und am Besserleben gestellt wird, kann auch die Wahrheit als ein aus dem Trieb zur Selbsterhaltung geborener Trieb erkannt werden: Da der Mensch sich „aus Not und Langeweile" vergesellschaftet, muß er „eine gleichmäßig gültige und verbindliche Bezeichnung der Dinge" erfinden, also *Sprachkonventionen* aufstellen. Mit dem sprachlichen „Kontrast von Wahrheit und Lüge" entsteht die Möglichkeit der Wahrheit – und zwar als ein grammatisches, nicht ontologisches Phänomen: 'Wahr' oder 'falsch' ist, mit Wittgenstein gesprochen, eine Frage der Grammatik des Sprachspiels, in dem wir uns befinden, nicht der Sachverhalte, die wir damit beurteilen.[116] Alle Begriffe, alle sprachlichen Eintei-

---

daß sie den Versuch darstellen, „Kants transzendentale Bewußtseinskritik sprachlogisch zu wiederholen und zu revidieren" und „die Kategorien sprachtranszendental abzuleiten". (Ähnlich auch Vaihinger 1924:346, 364 und 351f.) Die große Nähe der Mauthnerschen Sprachkritik zu Nietzsches Sprachphilosophie ist daher um so auffälliger.

[112] Zentral beziehen sich beispielsweise so unterschiedliche Autoren wie Paul de Man (1978 u. 1988), Richard Rorty (1989), Paul Ricœur (1988) und Jaques Derrida (1988) auf Nietzsches Metaphorologie. Villwock (1983a:280) sieht Nietzsche gleichsam als oberen Durchgangspunkt jeder Metaphorologie, die sich vom metaphysischen Dualismus und der aus der Trennung zwischen eigentlich/uneigentlich folgenden Abwertung der Metapher zum Sekundären befreien will.

[113] Ich selbst stütze mich im folgenden v.a. auf Abel 1984, ferner auf Habermas 1971b: 239-263, Villwock 1983a:280-291, Schöffel 1987:101-109 und Rorty 1989.

[114] In: Nietzsche, Werke/IV:541-554.

[115] Nietzsche, Werke/IV:541.

[116] „Innerhalb dieses Würfelspiels der Begriffe heißt aber 'Wahrheit', jeden Würfel so zu gebrauchen, wie er bezeichnet ist, genau seine Augen zählen, richtige Rubriken zu bilden und nie gegen die Kastenordnung und die Reihenfolge der Rangklassen verstossen." (Nietzsche, Werke/IV:547). Wittgensteins Metapher des *Sprachspiels* mag hier

lungen sind Resultat unserer 'Perspektiven-Optik' auf die Dinge, sie bezeichnen nur „die Relationen der Dinge zu den Menschen und er nimmt zu deren Ausdruck die kühnsten Metaphern zu Hilfe".[117] Diese Hilfsfunktion der Metapher ist jedoch nicht im Sinne einer *Substitution* (Metaphern anstelle des Eigentlichen), sondern als *Konstitution* (Metaphern als das Ursprüngliche) zu denken. Dem gesamten kognitiven Apparat des Menschen liegen nach Nietzsche die 'fundamentalen Anschauungsmetaphern' zugrunde: schon die Transformation von Nervenreizen in Sinneswahrnehmungen und die weitere Umwandlung dieser Wahrnehmungen in begriffliches Denken ist Metaphernbildung. Der „Trieb zur Metaphernbildung" aber gilt Nietzsche als Fundamentaltrieb, den zu leugnen das Menschliche am Menschen leugnen hieße; die Bildung von Metaphern ist deshalb „Urvermögen menschlicher Phantasie", kreatives Potential des immer schon „künstlerisch-schaffenden Subjektes".[118] Sprache und Wahrheit beruhen deshalb *prinzipiell* auf der ständigen Bildung von Metaphern, die im Laufe des Sprachgebrauchs sich einschleifen und ihren metaphorischen Charakter dadurch vergessen machen:

> Was also ist Wahrheit? Ein bewegliches Heer von Metaphern, Metonymien, Anthropomorphismen, kurz eine Summe von menschlichen Relationen, die, poetisch und rhetorisch gesteigert, übertragen, geschmückt wurden und die nach langem Gebrauch einem Volke fest, kanonisch und verbindlich dünken: die Wahrheiten sind Illusionen, von denen man vergessen hat, daß sie welche sind, Metaphern, die abgenutzt und sinnlich kraftlos geworden sind, Münzen, die ihr Bild verloren haben und nun als Metall, nicht mehr als Münzen in Betracht kommen.[119]

Indem die vieldeutig-metaphorischen Bedeutungen sich vereindeutigen, die Metaphern erstarren und in feste Sprachkonvention gegossen werden, bildet sich Wahrheit im Sinne einer Korrespondenz zwischen Begriff und Gegenstand erst als Resultat eben dieser grammatischen Konventionen. Nietzsche entlarvt damit alle korrespondenztheoretische Sprachontologie als Selbsttäuschung, als Schein, denn Wahrheit ist nun nur noch eine Frage des jeweiligen Satzes an eingeschliffenen 'usuellen Metaphern', die bloße Tatsache der Erstarrung einer Metapher liefert jedoch keine Garantie für ihre Berechtigung.[120]

---

seine Wurzel haben, wie wohl auch die Metapher der *Familienähnlichkeit* erstmals von Nietzsche (in „Jenseits von Gut und Böse", Werke/IV:170) verwendet wurde.
[117] Nietzsche, Werke/IV:544. Zum Verhältnis von Perspektive und Grammatik vgl. v.a. auch „Jenseits von Gut und Böse" (Werke/IV: z.B. 165ff., 180ff.).
[118] Vgl. Nietzsche, Werke/IV:448f. und 551; sowie Abel 1984:144f. und 253.
[119] Nietzsche, Werke/IV:546; vgl. hierzu auch Rorty 1989 v.a. 58ff.
[120] Hierin gründet auch Nietzsches *Sprachrelativismus*: „Welche willkürlichen Abgrenzungen, welche einseitigen Bevorzugungen bald der, bald jener Eigenschaft eines Dinges! Die verschiedenen Sprachen, nebeneinandergestellt zeigen, daß es bei Worten nie auf die Wahrheit, nie auf einen adäquaten Ausdruck ankommt: denn sonst gäbe es nicht so viele Sprachen." (Nietzsche, Werke/IV:544).

Nietzsches Perspektivismus hängt eng mit seiner Theorie der sprachlichen Metaphorizität zusammen: Es gibt keinen 'objektiven' Standort, von dem aus die Wahrheit der usuellen Metaphern – und damit die Wahrheit überhaupt – geprüft werden könnte, da jeder andere Standort nur auf anderen usuellen Metaphern beruht. Begriffe, die einer Sache korrespondieren, sind das Ergebnis der spezifisch menschlichen Abstraktionsfähigkeit, „die anschaulichen Metaphern zu einem Schema zu verflüchtigen, also ein Bild in einen Begriff aufzulösen".[121] Und selbst im Begriff bleibt noch die prinzipielle Metaphorizität der Sprache sichtbar, denn jede Anwendung eines Begriffs ist ein „Gleichsetzen des Nichtgleichen", sofern er über die bloße Tautologie hinausgeht und etwas (das immer etwas anderes als der Begriff selbst ist) tatsächlich bezeichnet. Diese Kritik des Begriffs, die später von der kritischen Theorie mit der Kritik des identifizierenden Denkens aufgenommen wird,[122] interpretiere ich in der Weise, daß Nietzsche hier – ähnlich wie Vico – das Identitätsprinzip als Skandal der (Begriffs-)logik betrachtet. Indem er das Identitätsprinzip (zumindest implizit) zum Grundprinzip der Metapher macht, ist die Metapher als anthropomorphe Projektion immer eine Identifikation eines Gegenstandes *als etwas anderes*, wobei in der Metapher das Anderssein sichtbar und bewußt bleibt. Das Vergessen dieser primären Metaphorizität verdeckt dieses Anderssein und behauptet tautologische Identität, indem die – nun usuellen – Metaphern als die Dinge selbst genommen werden.[123] Erst dieses Vergessen der vorgängigen 'primitiven Metaphernwelt' ermöglicht den Anschein des Wörtlich-Eindeutigen und bringt so „einige Ruhe, Sicherheit und Konsequenz" in das Leben. Indem Nietzsche auf diese Weise die Metapher vor den Begriff und die ungeordneten Bewegungen der Sprache und der Dinge vor ihre Ordnung stellt, deutet er „das zu Erkennende als 'Chaos' und den Bezug des Erkennenden zu ihm als ein 'Schematisieren', das er dem im Sinne von Abbildung verstandenen 'Erkennen' gegenüberstellt. Regularität und Formen werden dem Chaos auferlegt nach Maßgabe unseres praktischen Bedürfnisses."[124]

Die Korrespondenztheorie der Wahrheit wird dadurch in eine Theorie der interessengeleiteten Sprachkonventionen umgedeutet: Kriterium des Für-wahr-Haltens, für die Korrespondenz zwischen Gegenstand und Bezeichnung, ist die aus anthropomorpher Perspektive gewonnene jeweilige

---

[121] Vgl. Nietzsche, Werke/IV:547.
[122] Vgl. Adorno 1966, v.a. 164ff.
[123] „Die Degradation der Metapher zu buchstäblicher Bedeutung wird nicht verurteilt, weil sie das Vergessen einer Wahrheit wäre, sondern weil sie vielmehr die Unwahrheit vergißt, die Lüge, die die Metapher zuerst war. Der Glaube an die eigentliche Bedeutung der Metapher ist naiv, weil ihm das Bewußtsein von der problematischen Natur ihrer faktischen, referentiellen Begründung fehlt." (De Man 1988:154).
[124] Villwock 1983a:282.

Ordnung der Sprache „auf dem Boden der Metaphern". Wahrheit und Sprache geben damit ihre Verankerung im menschlichen Interesse zu erkennen,[125] allerdings kann und will Nietzsche einen über diese Diagnose hinausgehenden Begriff der Wahrheit nun selbst nicht mehr philosophisch einholen:

> Aus der Reduktion von Wahrheit auf Lebensdienlichkeit folgert Nietzsche nicht nur die Unbrauchbarkeit des Korrespondenzbegriffs der Wahrheit, sondern des Wahrheitsbegriffs als solchen. (...) Wir können nur Interpretationen geben, deren Geltung auf eine in Wertschätzungen ausgedrückte „Perspektive" bezogen, also grundsätzlich relativ ist.[126]

Die mit Nietzsches Perspektivismus verbundenen Probleme und Folgen möchte ich nun anhand von drei miteinander zusammenhängenden Fragestellungen diskutieren: Erstens soll die Frage nach den Konsequenzen von Nietzsches Beschäftigung mit der *Rhetorik* gestellt werden, zweitens soll Nietzsches Wende zur *Ästhetik* nach ihrem Lösungspotential befragt werden und drittens soll dann die Frage nach der *Reflexivität* seiner Sprach- und Metaphernkritik untersucht werden.

Ad 1: Als Altphilologe ist Nietzsche im Gegensatz zu den meisten seiner philosophischen Kollegen der Neuzeit und der Moderne nicht an Logik und Begriff, sondern an Grammatik und Rhetorik orientiert. Seine intensive Beschäftigung mit der Rhetorik kommt nicht nur in der Schrift 'Über Lüge und Wahrheit...', sondern auch in seinen Baseler Vorlesungen zur Rhetorik, im sogenannten 'Philosophenbuch' und in den Aphorismen zum Ausdruck.[127] Indem Nietzsche Sprache als prinzipiell rhetorisch und metaphorisch begreift, und so die ständig aus der menschlichen Phantasie „hervorströmende Bildermasse" vor den vernünftig-abstrakten Begriff stellt, wird die Wahrheit, wie bereits gezeigt, zu einer von der rhetorischen Sprache abhängigen Größe. Da auch die Philosophen in den „Netzen der Sprache eingefangen" sind und die Sprache zur Übermittlung von Wahrheit prinzipiell untauglich ist, können nur noch verschiedene Abstufungen von *Wahrscheinlichkeit*, nicht aber *die* Wahrheit erkannt werden.[128] Wahrheit ist dann, wie in 'Über Lüge und Wahrheit...' vorgeführt, nur noch ein Sekundäres, eine metonymische Abstraktion des ursprünglich Metaphorischen, der Gebrauch von eingeschliffenen Metaphern nach den geltenden Sprachkonventionen. Diese Wahrheit ist als anthropomorphe Projektion nur „von begrenztem Wert", d.h. sie ist nicht allgemein und vom Menschen

---

125 Vgl. Habermas 1971b:243, sowie ders 1968a:146-167 und ders. 1968b.
126 Habermas 1971b:256f.
127 Vgl. hierzu Rupp 1980 und De Man 1988:146-163 (Rhetorik der Tropen).
128 Der Gegensatz zwischen Wahrscheinlichkeit und Wahrheit ist freilich bereits bei Vico mit dem Konzept von Wahrscheinlichkeit als *situativ-praktischer* Wahrheit aufgelöst worden (vgl. oben,.S. 38).

unabhängig gültig, aber sie ist wahr „innerhalb des Vernunftbezirks", also in einem jeweiligen Begriffssystem, solange sie mit diesem kohärent ist.[129]

Obwohl Nietzsche damit modernen Kohärenz- und Konsenstheorien der Wahrheit sehr nahe steht, zieht er keine entsprechenden wahrheitstheoretischen Konsequenzen aus seinem Perspektivismus. Hierfür bieten sich zwei zunächst gegensätzliche, aber auf die gleiche Lösung zulaufende Interpretationsvarianten an:

Die eine Variante lautet, daß Nietzsche mit seiner Destruktion des metaphysisch-korrespondenztheoretischen Begriffs der Wahrheit die Vorstellung der Wahrheit selbst überwindet und sie so in das perspektivische Interpretationsgeschehen auflöst. Damit fällt „die Interpretations-Wahrheit (...) explizit unter das von ihr selbst formulierte Kriterium. Sie steht zu sich selbst und ihren Implikationen."[130] Ein derart konsequent zu Ende gedachter Relativismus kann auch für sich selbst keinen Begriff absoluter oder allgemeiner Wahrheit in Anspruch nehmen. Wahrheit als Interpretation ist damit einerseits an jeweilige Definitions- und Interpretationsmacht gebunden, sie ist aber andererseits auch als ein pragmatisches Phänomen verstanden, das als Resultat des welterschließend-praktischen Lebensvollzuges entsteht.

Die andere Variante geht von der Annahme aus, daß Nietzsche trotz und hinter allem Perspektivismus doch immer noch an einem – allerdings nur noch als negative Folie dienenden – ontologischen Begriff der Wahrheit festhält.[131] Nietzsche operiert dann, wie Schöffel bemerkt, mit einem doppelten Wahrheitsbegriff: Die 'konventionelle' Wahrheit, die in den sprachlichen Urteilen zum Ausdruck kommt und als nur relative Wahrheit eine „vergessene Illusion" von absoluter Wahrheit ist, und die ontologische Wahrheit „an sich", die als absolute unerreichbar und insofern Quelle des illusionären Wahrheitsglaubens ist.[132] Mit seiner Kritik am illusionären Schein der Wahrheit gerät Nietzsche nun selbst in den Bann dieses Scheins und damit in die Aporie seines eigenen Wahrheitsbegriffs: Vor dem Hintergrund des Dualismus von 'Welt an sich' und 'Welt für uns', aber ohne Kants transzendentalphilosophische Annahme allgemein-subjektiver Bedingungen der Erkenntnis zu teilen, werden bei Nietzsche die Bedingungen der Erkenntnis zu kontingenten Perspektiven unter dem Regulativ des Selbsterhaltungsgebots.

In beiden Varianten wird mit der Annahme der Relativität der Erkenntnisbedingungen jede Erkenntnis auf bloß kontingente Interpretation, hinter der sich letztlich der Wille zur Macht verbirgt, reduziert und der Begriff

---

[129] Vgl. Nietzsche, Werke/IV:548.
[130] Abel 1984:156.
[131] So die These von Schöffel 1987:104ff, vgl. auch Habermas 1971b:260ff.
[132] Vgl. Schöffel 1987:107f.

der Wahrheit zumindest im emphatischen philosophisch-wissenschaftlichen Sinn aufgegeben. Wenn mir auch die zweite Variante plausibler erscheint, so sind doch beide mit Nietzsches Lösung vereinbar: Die absurd gewordene Wahrheit kann nicht mehr allgemein-theoretisch eingeholt, sondern nur noch in der Lebenspraxis konkret und ästhetisch vollzogen werden, denn

> zwischen zwei absolut verschiedenen Sphären, wie zwischen Subjekt und Objekt, gibt es keine Kausalität, keine Richtigkeit, keinen Ausdruck, sondern höchstens ein *ästhetisches* Verhalten, ich meine eine andeutende Übertragung, eine nachstammelnde Übersetzung in eine fremde Sprache: wozu es (...) einer frei dichtenden und frei erfindenden Mittelsphäre und Mittelkraft bedarf.[133]

Die Mittelkraft für dieses ästhetische Verhalten beruht aber auf dem Fundamentaltrieb und schöpferischen Urvermögen des Menschen zur Metaphernbildung, die ästhetisch-künstlerische Aktivität wird durch den vor dem begrifflichen Denken liegenden Prozeß der Metaphorisierung konstituiert.[134] Die Metapher erscheint damit wieder in einer Doppelfunktion: Die *erstarrte, usuelle* Metapher ist reine Täuschung und Illusion, sie ermöglicht es, „herdenweise in einem für alle verbindlichen Stil zu lügen".[135] Die *neue, künstlerische* Metapher hingegen besitzt ein ästhetisch-kognitives Potential: Einerseits werden durch die originalen Anschauungsmetaphern die Grundsteine für die späteren wörtlich-sprachlichen Kategorien gelegt, andererseits werden diese dann zu usuellen Metaphern erstarrten „Grenzsteine der Abstraktion" selbst auch wieder durch neue „verbotene Metaphern" und „unerhörte Begriffsfügungen" verrückt und überwunden. Dennoch bleibt auch die Metapher dem Schein verhaftet. Sie ist im klassischen Sinne nicht wahrheitsfähig, sondern – dem mythisch-mimetischen Bereich der Verstellung (Schauspielkunst) und der Täuschung (Erzählkunst) entstammend – selbst Schein und zwar, wie Villwock vermerkt,[136] im doppelten Sinne: Als usuelle Metapher ist sie bloßer Schein, als künstlerische ist sie „Vorschein der neuen Möglichkeiten" und Interpretationsangebot, über dessen Sinn und Wert in der Lebenspraxis selbst entschieden wird.

Gegenüber dem „vernünftigen Menschen", der die Sicherheit der zu festen Begriffen und Kategorien erstarrten Metaphern sucht und dann eben in der Illusion der Wahrheit leben kann und muß, kann der „intuitive Mensch" ästhetisch-schöpferisch mit diesem Begriffsgerüst spielen, indem er „es zerschlägt, durcheinanderwirft, ironisch wieder zusammensetzt, das Fremdeste paarend und das Nächste trennend"[137], kurz: indem er schöpferisch metaphorisiert. Die dabei zum Vorschein kommende intuitive Wahrheit – eine „fortwährend einströmende Erhellung, Aufheiterung, Erlö-

---
[133] Nietzsche, Werke/IV:549 (Hervorhebung im Original).
[134] Vgl. Abel 1978:177f.
[135] Nietzsche, Werke/IV:546.
[136] Vgl. Villwock 1983a:285.
[137] Nietzsche, Werke/IV:553

sung"[138] – bezieht ihre Kraft nicht aus der intersubjektiven Übereinstimmung von Urteilen, sondern aus der *subjektiven Authentizität der Intuition*. Auch die neuen Metaphern, mit denen der intuitive Mensch die „Begriffsschranken verhöhnt und zertrümmert", sind somit keine allgemeinen Werkzeuge der Wahrheit, keine zuverlässigen Erkenntnismittel, sondern – wie die usuellen Metaphern des vernünftigen Menschen – nur Ausdruck kontingenter Wertschätzungen aus der Perspektiven-Optik des intuitiven Menschen, der dem Vernunftmenschen durch seine neuen, unerhörten Metaphern die Kontingenz der geltenden Kategorien und Begriffe in ironisierender Weise vor Augen führt.

Ad 2: Für Nietzsches *ästhetische Wende* will ich vor dem Hintergrund der zweiten Variante die folgende Interpretation vorschlagen: Aus dem Bewußtsein der Aporie seines Wahrheitsbegriffs heraus versucht Nietzsche diesen, weil er an ihm als ontologischer, wenn auch prinzipiell unerkennbarer Basis festhält, mit einem *evidenztheoretischen* Begriff ästhetisch-intuitiver Wahrheit zu unterfüttern, um diese dann als 'eigentlich'-gewisse Wahrheit der 'uneigentlich'-illusorischen Wahrheit der Sprachkonventionen entgegenzuhalten. Interessanterweise, da konträr zur gesamten rhetorisch-metaphorologischen Tradition, wird damit die Eigentlichkeit mit der neuen, lebendigen Metapher und die Uneigentlichkeit mit der zur Wörtlichkeit erstarrten Metapher verbunden. Allerdings kann der Rückzug auf die ästhetisch-intuitive Gewißheit den Begriff der Wahrheit nicht retten: Als Evidenztheoretiker kann Nietzsche nämlich über den *geltungslogischen* Status der Wahrheit seiner eigenen Aussage keine Auskunft mehr geben,[139] sondern – auf der Basis einer metaphysisch gewissen Sonderwahrheit – nur noch den Willen zur Macht zum Garanten seines Geltungsanspruches erheben.[140] Die sich hieran anschließende Umwertung der Werte und der Kult des ästhetisch-wertentbundenen Übermenschen seien als sich anschließende Folgeprobleme hier nur erwähnt.[141]

Ad 3: Nietzsches Hinwendung zu einem evidenztheoretischen Wahrheitsbegriff ist in enger Weise mit dem (im Zusammenhang mit der Fragestellung meiner Arbeit sehr wichtigen) Problem verflochten, daß Nietzsche – wie Villwock feststellt – trotz seiner Hochschätzung der künstlerisch-kreativen Metapher keine Überlegungen zum *Reflexionspotential* der Metapher wie auch der Sprache überhaupt anstellt:

> Eine Eigentümlichkeit von Nietzsches Sprachkritik besteht darin, daß sie den Unterschied zwischen Metaphorik als Ausgangspunkt der Verstellung und Metaphorik als

---
138 Nietzsche, Werke/IV:554.
139 Zur Problematik evidenztheoretischer Wahrheitsbegriffe vgl. den Aufsatz „Wahrheitstheorien" von Habermas (in ders. 1984:127-183, hier v.a. 137-149).
140 Vgl. Habermas 1985:120 und Villwock 1983a:289.
141 Vgl. hierzu ausführlich: Habermas 1985, v.a. Kap. IV.

Anhalt für deren Aufdeckung nicht eigens hervorhebt. Die bewußte Erzeugung und Verwendung von Metaphern erfährt keine Auszeichnung als Probe auf die Kraft der Reflexion, Vergessen aufzuheben und Täuschungen aufzudecken, eine Kraft, der doch auch jene Sprachkritik selbst allererst ihre Möglichkeit verdankt. Sprache als Basis von Schein und Sprache als Grundlage von Reflexion werden nicht voneinander abgehoben.[142]

Wenn nämlich die theoretische Reflexion zugunsten der ästhetisch-intuitiven Evidenz aufgegeben wird, dann ist das reflexive Potential der Metapher über das Ironisieren, Überschreiten und Zertrümmern der Begriffsgerüste hinaus nicht von Interesse, dann ist auch die Reflexion auf die Bedingungen der Sprache als Bedingung der Reflexion überflüssig. Metapher und Sprache überhaupt können deshalb für Nietzsche nur *irrational* sein: Die wörtliche Sprache der erstarrten Metaphern, weil sie den unkünstlerisch-vernünftigen Menschen in illusionärer Sicherheit des Wahren wiegt, die figürliche Sprache der lebendigen Metaphern, weil sie Ausdruck des ästhetischen Spiels des intuitiv-unvernünftigen Menschen ist. Daß Nietzsches Metaphorntheorie so sich selbst gegenüber eigentümlich reflexionslos bleibt, liegt aber wohl weniger darin, daß Nietzsche diese Dimension der Reflexion nicht hätte wahrhaben wollte oder durch eigenen Systemzwang[143] gehindert worden wäre, sondern eher in dem Umstand, daß sich seine Kritik der Rhetorik in einer „unendlichen Reflexion" (De Man) verfängt: Indem sie „den Fallgruben der Rhetorik dadurch zu entkommen sucht, daß (sie) sich der Rhetorizität der Sprache vergewissert" ist sie zugleich „unfähig ist, dem rhetorischen Trug zu entfliehen, den sie denunziert",[144] so daß sie zur Aporie wird. Einen Ausweg aus dem pragmatischen Selbstwiderspruch bietet nur seine Überführung in die *ästhetisch-ironische* Position.

1.5 Resümee: Die drei metaphorologischen Diskurslinien

Mit dem aristotelischen Metaphernbegriff ist in der Philosophie ein metaphorologischer Diskurs in systematischer Weise eröffnet worden. Aristoteles entwirft ein ambivalentes Bild der Metapher, indem er einerseits ihre kognitiven, kreativen und argumentationspraktischen Funktionen hervorhebt, sie aber andererseits auf den rhetorisch-poetischen Bereich einschränkt. Vor dem Hintergrund der aristotelischen Philosophie und seiner

---

142 Villwock 1983a:289. Ähnlich Mauthner (1982/I:367) der hervorhebt, daß Nietzsche „zwischen der Sprache als Kunstmittel und der Sprache als Erkenntniswerkzeug nicht deutlich genug unterschieden" habe. Vgl. auch Habermas 1971b:262.
143 „Nietzsches Werk ist gewiß kein System im herkömmlichen Sinne, (...) Es ist aber auch kein Nicht-System. Vielmehr kann man es, nach Benjamin, mit den Fragmenten der Frühromantiker und mit Hegels Begriff insofern vergleichen, als es auf eine System zustrebt, den Kern eines Systems jeweils enthält." (Dittberger 1980:30)
144 De Man 1988:153 und 159.

Resümee: Die drei metaphorologischen Diskurslinien

Ausführungen zu Rhetorik, Poetik und Metaphorik entwickelt sich in der abendländischen Philosophie ein metaphorologischer Diskurs, der sich im Hinblick auf die Frage nach der Rationalität der Metapher drei Grundpositionen reduzieren läßt. Die in den vorangegangenen Abschnitten behandelten klassischen Theorien zu Rhetorik und Metapher können als drei *paradigmatische Traditionslinien* im metaphorologischen Diskurs verstanden werden, die auf je verschiedene Weise auf den aristotelischen Metaphernbegriff zurückverweisen und drei unterschiedliche Sichtweisen auf die Rationalitätsfrage begründen:

Die *erste* Traditionslinie kann durch die auf die Rhetoriktradition und den neuzeitlichen Rationalismus zurückgehende Auffassung gekennzeichnet werden, in der die Metapher – zusammen mit der Rhetorik – zunehmend fragwürdig wird, um dann, in ihrer Funktion auf Ornament und Manipulation reduziert und an den 'uneigentlichen Rand' der Sprache gedrängt, schließlich aus dem rationalen Diskurs ausgeschlossen zu werden. Rationalität kann hier schließlich nur noch die abstrakte, von ihrer Bildhaftigkeit gereinigte Sprache der Begriffslogik beanspruchen. Die Auswirkung dieses Diskurses ist bis heute von Bedeutung: Vor allem im theoretisch-wissenschaftlich-technischen Bereich kann die Auffassung, derzufolge die Metapher ebenso irrational wie überflüssig ist, nach wie vor als etabliert gelten. Metaphorologisch gesehen ist diese Linie jedoch eher uninteressant. Die Metapher gilt hier als nur sekundäre Störung der primär nichtmetaphorischen Sprache, so daß spezifische Eigenschaften der Metapher erst gar nicht in den Blick kommen können. Dies zeigt sich auch noch bei heutigen Substitutionstheorien der Metapher: Vor allem die strukturale Linguistik und die Merkmalssemantik, die die Metapher nur negativ als Abweichung identifizieren, können über eigene Funktionen und Eigenschaften der Metapher keine befriedigende Auskunft geben. Da die Metapher hier allein aus dem Blickwinkel der Substitution betrachtet wird, sind diese Ansätze zwar im Bereich struktureller Analysen von Mythen und Metapherntraditionen fruchtbar,[145] im Hinblick auf die innovative, lebendige Metapher kommen sie jedoch häufig nicht über das Bilderverbot im wissenschaftlichen und die Feststellung ornamental-emotiver Wirkungen im ästhetischen und rhetorischen Diskurs hinaus.[146]

Die Stigmatisierung der Metapher zum 'verbotenen Wort' (Foucault) und ihr Ausschluß aus dem rationalen Diskurs ist allerdings nie vollständig gelungen. Als das 'Andere' des rational-eigentlichen Diskurses blieb sie in diesem stets präsent, sei es durch ihre beständige Thematisierung in der ikonoklastisch erzwungenen Abwesenheit, sei es durch ihre faktische An-

---

145 Näheres hierzu unten in den Kapiteln II-3.1 und II-3.2.
146 Vgl. hierzu etwa Ricœur 1988:56-94, Nieraad 1977:55-64 und Schöffel 1987: 32ff. Zur Funktion des Bilderverbots vgl. auch meine Ausführungen in Kap. II-3.5

wesenheit aufgrund ihrer epistemologischen Unvermeidbarkeit. Nicht nur hat die Metapher immer eine grundlegende Rolle in der Theoriesprache ihrer Gegner gespielt, sondern auch im Diskurs der Metaphorologie selbst hat es immer Verfechter der These gegeben, daß die Metapher sowohl unvermeidbar wie auch unverzichtbar ist: Für sie ist die Allgegenwart und die Notwendigkeit der Metapher keine Frage, sondern evidente Prämisse. Nicht mehr Versuche einer Reinigung der Sprache von Metaphorik, sondern die Konsequenzen, die sich aus der *prinzipiellen Metaphorizität* der Sprache ergeben, stehen nun im Mittelpunkt der Überlegungen. Allerdings handelt es sich hierbei keineswegs um einen einheitlichen, auf identischen Ansichten beruhenden Diskurs. Vielmehr lassen sich retrospektiv zwei verschiedene Diskurse rekonstruieren, die um die beiden Gravitationszentren Vico und Nietzsche kreisen.

Hier zeigt sich die *zweite*, auf Vicos mythisch-romantische Metaphorologie zurückgehende Traditionslinie, in der vor allem die spezifischen kreativen und kognitiven Funktionen der Metapher hervorgehoben werden: Zum einen gilt die Metapher hier als Musterbeispiel für das sprachliche Ingenium, die Fähigkeit der Erzeugung von Neuem durch die Verbindung von ungewöhnlichen, auseinanderliegenden Vorstellungen. Zum anderen wird die Metapher hier als das der Sprache überhaupt zugrundeliegende Element und als Bedingung der Möglichkeit von Erkenntnis angesehen. Die Metapher hat hier den Stellenwert eines notwendigen und zugleich rationalen Instrumentes der Welterschließung und der Welterkenntnis. Allerdings wird damit zugleich auch der enge Rationalitätsbegriff des abendländischen Rationalismus in Frage gestellt. Das Problem der Rationalität der Metapher zeigt sich damit als ein Problem mit zwei Unbekannten: Nicht nur ist zu bestimmen, was die Metapher, sondern auch, was Rationalität ist. Wenn die Grundlage des Denkens und Sprechens der poetisch-rhetorische Aufbau der Welt nach Maßgabe der metaphorisch-imaginativen Universalien ist, dann kann die cartesianische Rationalität des logisch-begrifflichen nur ein Teil dieser umfassenderen Handlungsrationalität sein. Hier deutet sich ein Rationalitätsbegriff an, der auf die Metapher als zentrales Moment verweist und – im Rückgang auf die aristotelische Unterscheidung zwischen *phrónesis* und *epistéme* – die praktische Klugheit des konkret Wahrscheinlichen vor die theoretische Logik des abstrakt Wahren stellt. Zugleich deutet sich hier ein 'moderner' Metaphernbegriff an, der erstmals in der Metapher das Prinzip der *anthropomorphen Ähnlichkeitsprojektion* erkennt und damit (aus heutiger Perspektive formuliert) die Metapher als reflexives Mittel der Kategorisierung und Rekategorisierung begreift.

In der *dritten* Traditionslinie, die auf die skeptizistisch motivierte Position Nietzsches zurückbezogen wurde, ist die Metapher als zwar unvermeidlicher und allgegenwärtiger, aber auch als irrationaler Grundtatbestand der Sprache aufgefaßt. Da alle Sprache metaphorisch ist, und alle ihre Einteilungen kontingent sind, kann es keine Wahrheit und auch keine Kriterien für rationale Metaphorik geben. Der in der anthropomorphisierenden Projektion enthaltene Relativismus wird also verabsolutiert und damit selbstwidersprüchlich: Indem Nietzsche in aporetischer Weise den metaphorischen Anthropomorphismus als die *Bedingung der Unmöglichkeit* für wahre Erkenntnis erkennt, wird auch die Möglichkeit von Rationalität überhaupt zweifelhaft. Im sprachlichen Relativismus ist die Rationalität selbst in ihrem Wesen als irrational entlarvt – die Kritik der Metapher und der Sprache ist intern mit der radikalen Vernunftkritik verwoben.[147] Der einzige Ausweg aus der Aporie der Vernunft liegt für Nietzsche deshalb in ihrer Ersetzung durch die Ästhetik, die der Rationalität den ironischen Spiegel vorhält und ihre Begriffe und Kategorien als kontingente Metaphern entlarvt.

Wird mit Vico der auf Begriffslogik verengte Rationalitätsbegriff durch den Bezug auf eine umfassendere poetisch-praktische Vernunft in Frage gestellt, so wird mit Nietzsche der Rationalitätsbegriff, mit dem die Metapher vorher positiv assoziiert oder von dem sie dissoziiert wurde, selbst so problematisch, daß eine sprachkritische Theorie der Metapher nicht mehr nur gleichsam naiv nach der Rationalität der Metapher, sondern auch nach der Metapher der Rationalität fragen muß: Wofür steht Rationalität? Wie kann sie überhaupt noch sinnvoll – oder neu – bestimmt werden? Gibt es Auswege aus der Aporie der radikalen Vernunftkritik, die den Rationalitätsbegriff nicht aufgeben müssen? Meine Auseinandersetzung mit der dem Problem der Rationalität wie auch mit der Metaphorologie wird sich dementsprechend vorwiegend auf die zweite, auf Vico zurückgehende sowie die dritte, auf Nietzsche verweisende Diskurslinie konzentrieren.

---

[147] „Die Thematisierung der Metapher besitzt ebenso wie die Reflexion auf Sprache eine ihrer genealogischen Voraussetzungen in der durch Nietzsche wirksam gewordenen Erschütterung der Selbsteinschätzung des Logos, sofern diese ausschließlich an Begriff und Urteil orientiert gewesen war." (Villwock 1983a: 286).

Kapitel 2: Rationalitätsbegriff und Metaphorologie

Eine Studie, die die Rationalität der Metapher zu untersuchen und zu bestimmen sucht, muß sich – so hat das letzte Kapitel gezeigt – nicht nur der geschichtlichen Dimension des Nachdenkens über die Metapher vergewissern, sondern sie muß sich auch Klarheit über den von ihr in Anspruch genommenen *Begriff der Rationalität* verschaffen. Wenn hier die Rationalität der Metapher geklärt werden soll, dann kann dies nur vor dem Hintergrund einer Rationalitätstypologie geschehen, die es ermöglicht, verschiedene Rationalitätsformen bei der Verwendung von Metaphern aufzuweisen und voneinander abzugrenzen. Dadurch können zum einen die unterschiedlichen Funktionen der Metapher als rationale Verwendungsweisen charakterisiert werden, zum anderen wird es möglich, Rationalitätskriterien zur Beurteilung der Angemessenheit von Metaphern zu entwickeln. Zur Entwicklung von Rationalitätstypen und Rationalitätskriterien, mit deren Hilfe die Metapher philosophisch analysiert und bewertet werden soll, bedarf es deshalb der näheren Betrachtung philosophischer Rationalitätsbegriffe. Die philosophische Diskussion über das Rationale ist allerdings ebenso umfangreich wie kontrovers und dementsprechend konkurrieren auch die dabei in Anschlag gebrachten Rationalitätsbegriffe miteinander.[1]

Spätestens mit und seit der Hegelschen Philosophiekritik sind positive oder substantielle Rationalitätsbegriffe grundsätzlich suspekt geworden. Rationalität kann in der Moderne nicht mehr objektiv-zeitlos vorausgesetzt oder subjektiv-transzendental deduziert werden, sondern sie wird selbst Teil und Resultat der Geschichte. Jedoch bleibt auch ihre Historisierung im Sinne einer Selbstentfaltung des objektiven bzw. absoluten Geistes unbefriedigend, denn „diese Historisierung der Vernunft verlangt selbst einen Standpunkt der Reflexion, der von solchen Kontingenzbedingungen ausgenommen ist"[2] Dies ist aber nur Ausdruck des Problems, dem jeder Rationalitätsbegriff sich nun zu stellen hat, nämlich einen Ausweg aus der aporetischen Zange von bloßer Kontingenz und allgemeinem Geltungsanspruch zu

---

[1] Zum Überblick vgl. Lenk (1986a:20ff.), der in seinen Überlegungen zu „Typen und Systematik der Rationalität" einundzwanzig verschiedene Rationalitätsbegriffe unterscheidet; sowie Elster 1982, der in einem synoptischen Artikel zu gegenwärtigen Rationalitätskonzepten über 25 verschiedeneAnsätze aus der theoretischen und praktischen Philosophie sowie den Gesellschafts- und Wirtschaftswissenschaften referiert.
[2] Poser 1982:8.

finden. Das Problem läuft damit auf die Frage zu, ob und auf welche Weise Rationalität sich selbst erschließen und begründen kann. Mit Schopenhauer und Nietzsche, Kierkegaard und Heidegger, Freud und Lacan (die Liste wäre in die aktuelle 'postmoderne' Diskussion hinein verlängerbar) ist die radikale Vernunftkritik zum prominenten Gegenstand der philosophischen Reflexion geworden. In vielen Auseinandersetzungen pendelt der Diskurs zwischen Überbietungssemantik (wer liefert die radikalste Vernunftkritik?) und hartnäckigem Beschwören von womöglich substantiell-traditionalen Rationalitäten,[3] so daß Versuche, Rationalismus und Irrationalismus nicht bloß gegeneinander auszuspielen, eher selten sind.[4] Vor diesem Hintergrund lassen sich für die Gegenwart drei grundsätzliche Positionen[5] in der Auseinandersetzung um das Rationale unterscheiden:

Zum einen die Position der *prinzipiellen Abkehr* von der Vernunft – eine 'Metaphysik des Irrationalen' (Schnädelbach), die als radikaler Skeptizismus die Rationalität nur als Ausdruck oder Erscheinungsform eines tieferliegenden irrationalen Willens zur Macht, eines unverfügbaren Seinsgeschicks oder eines naturalistisch-biologisch erklärten Evolutions- und Triebprinzips begreift:

Die Vernunft wird nicht geleugnet oder pauschal abgewertet, sie rückt nur ins zweite Glied; sie ist nicht mehr Kern oder das Wesen, sondern Oberfläche, Symptom, Epiphänomen, abhängige Variable, Funktion dessen, was wesentlich nicht Vernunft ist.[6]

Zum anderen die Position der *Vernunftkritik mit den Mitteln der Vernunft* – eine „Entmythologisierung der Vernunft" (Schnädelbach), die im exzessiven instrumentellen Vernunftgebrauch und in der mythischen Überhöhung der Vernunft die selbstbezügliche Figur einer Dialektik der Aufklärung erkennt. Trotz (und im klaren Bewußtsein) der Aporie,[7] die eigenen normativen Grundlagen des zur Vernunftkritik in Anspruch genommenen Rationalitätsbegriffs nicht hinreichend aufweisen zu können, beansprucht diese Position die Aufklärung rational über sich selbst aufzuklären, um durch kritische Reflexion die Rationalität selbst zur Vernunft im umfassenden Sinne zu bringen: „Die ihrer selbst mächtige, zur Gewalt wer-

---

[3] Luhmann (1984:640) kommentiert diese 'Transformation der Rationalitätssemantik' mit der Bemerkung. „Es scheint mit zu den eigentümlichen Ambivalenzen gesellschaftlicher Selbstreflexion zu gehören, daß die moderne Gesellschaft sich in besonderem Maße für rational hält und die dafür in Betracht kommende Semantik ruiniert."
[4] Vgl. hierzu etwa die Aufsatzsammlungen in Lenk 1986 und in Duerr 1981, Bd. 2, sowie die Arbeit von Hübner 1985.
[5] Vgl. zum folgenden v.a. Schnädelbach 1991 und Apel 1984. Die hier unterschiedenen Positionen sind zugespitzte Typisierungen zu analytischen Zwecken. Sie lassen sich deshalb sicherlich nicht einfach und bruchlos auf einzelne Positionen übertragen.
[6] Schnädelbach 1991:278
[7] Vgl. Horkheimer/Adorno 1969:3.

dende Aufklärung selbst vermöchte die Grenzen der Aufklärung zu durchbrechen."[8]

Aufbauend auf dieser Position hat sich in der Gegenwart – für die deutsche Philosophie etwa markiert mit Philosophen wie Schnädelbach und Habermas – der Versuch entwickelt, die Aporien der rationalen Vernunftkritik zu lösen, ohne dabei den kritischen Reflexionsanspruch aufzugeben.

Schließlich kommt als dritte Position eine *ungebrochene Rationalitätsgläubigkeit* in der Tradition des okzidentalen Rationalismus und des empiristischen und positivistischen Wissenschaftsideals der Neuzeit und der (unreflektierten) Aufklärung hinzu, die sich im Bewußtsein des technischwissenschaftlichen Fortschritts auf die Erfolge der instrumentellen Vernunft berufen kann.[9] Dieser radikale Rationalismus fand lange Zeit in der modernen Wissenschaftstheorie seinen philosophischen Ausdruck,[10] wobei ihm die beiden anderen Positionen als irrational und ideologieverdächtig gelten.[11] Er selbst dagegen wird von diesen als Ausdruck der anhaltenden Hybris der Vernunft kritisiert.

Der Konflikt zwischen den drei Positionen zur Rationalität kennzeichnet – wenn auch mit wechselnden Schwerpunkten – nach wie vor die philosophische Auseinandersetzung über die Rationalitätsproblematik. In der modernen Rationalitätsdebatte läßt sich eine Linie ausmachen, die sich insbesondere dadurch auszeichnet, daß immer wieder versucht wird, die Grenzen dessen, was als rational gelten kann und soll, in Frage zu stellen und neu zu bestimmen. Dabei scheint mir im Hinblick auf die Bestimmung des Begriffs der Rationalität vor allem die zweite Position, also die der kritischen Entmythologisierung der Vernunft mit rationalen Mitteln, von Bedeutung, da diese weder Begriff und Anspruch der Rationalität preisgibt, noch einem affirmativ-positivistischen Rationalitätsideal anhängt und darüber hinaus dazu in der Lage ist, die Rationalität mit ihren eigenen Mitteln zu erschließen. Der Schwerpunkt meiner Auseinandersetzung wird deshalb auf der Herausarbeitung dieser zweiten Position und ihrer Abgrenzung gegenüber den beiden anderen Positionen liegen.[12]

---

8 Horkheimer/Adorno 1969:186
9 Vgl. hierzu auch meine obigen Ausführungen über den Diskurs des Rationalismus im Kapitel I-1.2.
10 So die These Schnädelbachs (in: ders. 1984:11).
11 Vgl. z.B. Albert 1971.
12 Die Diskussion des Rationalitätsbegriffs ist, wie bereits vermerkt, Voraussetzung, nicht aber eigentlicher Gegenstand dieser Arbeit. Insofern kann eine grundlegende und umfassende Diskussion des Rationalitätsproblems hier nicht geleistet werden. Ich beziehe mich deshalb vorwiegend auf die in der Literatur zum Rationalitätsproblem geführte Auseinandersetzung.

Es ist kein Zufall, daß diese drei Grundpositionen zur Rationalität in den drei bereits skizzierten Haltungen zur Metapher eine Entsprechung finden, denn das Problem der Metapher wurde stets vor dem Hintergrund dieser drei Positionen und im Zusammenhang mit ihnen diskutiert. Natürlich ist diese Zuordnung nicht in jedem Einzelfall zutreffend – jeder Fall enthält andere Überschneidungen, aber sie bezeichnet idealtypische Tendenzen: Während der empiristisch-positivistische Rationalismus traditionell die ebenso ersetzbare wie 'irrationale' Metapher bekämpft und dem Traum der von Metaphern gereinigten Idealsprache nachhängt, wird von der Position der „Metaphysik des Irrationalen" aus die Metaphorik der Sprache als unüberwindliche, in ihrem Kern irrationale Grundbedingung der Sprache betrachtet. Einig sind sich Rationalismus und Skeptizismus jedoch darin, daß sie beide die Metapher als irrational beurteilen. Im Gegensatz dazu läßt sich, wie ich zeigen will, von der Position der kritischen Rationalitätsreflexion aus die Metapher als unersetzbare und auch rationale Sprachform auszeichnen: Die Metapher – so möchte ich vorgreifend auf meine Untersuchung im zweiten Teil zusammenfassen – ist eine *rationale Sprachform*, da durch sie die Ordnung der Sprache reflektiert und rekategorisiert wird und neue Kognitionen und Orientierungen, sowie intersubjektive Verständigung ermöglicht werden.

Im folgenden werde ich zunächst einige (vorwiegend auf den deutschen Sprachraum eingegrenzte) philosophiehistorische Positionen der Rationalitätsdiskussion des 20. Jahrhunderts skizzieren, die sich vor allem um das Problem wissenschaftlicher Rationalität drehen (Kap. I-2.1), um dann Problem und Möglichkeit der Rekonstruktion von formalen Rationalitätstypen und -kriterien zu behandeln (Kap. I-2.2) und daran anschließend den Begriff der kommunikativen Rationalität als fundamentalen Rationalitätstypus zu diskutieren (Kap. I-2.3). Nach der Erörterung des Allgemeinheitsanspruchs der kommunikativen Rationalität im Spannungsfeld zwischen Universalismus und Kontextualismus (Kap. I-2.4) werde ich schließlich den Konsequenzen der Rationalitätsdiskussion für die Frage nach der Rationalität der Metapher nachgehen (Kap. I-2.5).

2.1 Erträge aus der Rationalitätsdiskussion

Mit dem von Max Weber in der ersten und zweiten Dekade des 20. Jahrhunderts angefachten Werturteilsstreit[13] wurden insofern entscheidende

---

[13] Vgl. Weber 1973 sowie zum Überblick über den Werturteilsstreit: Albert/Topitsch 1971. Nicht zu vergessen ist dabei, daß Weber sich hier ursprünglich und eigentlich gegen die damals vorherrschenden normativ-teleologischen Auffassungen in den Geschichts- und Wirtschaftswissenschaften wandte.

Koordinaten für die wissenschaftstheoretische Rationalitätsdiskussion gesetzt, als es seit diesem Streit um die Frage ging, inwiefern Rationalität auf der Grundlage eines szientistischen Rationalitätsideals und unter Ausklammerung der Handlungsrationalität definiert wird und definiert werden darf. Die Rekonstruktion dieser vorwiegend wissenschaftstheoretischen Diskussion[14] ist hier von besonderem Interesse, weil zum einen an ihr Karriere und Problematik eines auf instrumentelle Zwecksetzungen verkürzten Rationalitätsbegriffes nachverfolgt werden kann und zum anderen sich in der Kritik dieses Rationalitätsbegriffes selbst ein umfassender Rationalitätsbegriff exemplifiziert, in dessen Zentrum die Reflexion auf die eigenen Bedingungen steht.[15]

Max Weber bestimmt Rationalität vor allem als *Zweckrationalität*, d.h. als die Angemessenheit der für einen gegebenen Zweck eingesetzten Mittel. Die Wahl der Mittel erscheint dabei als rational begründbares Kalkül, wohingegen die Zwecke und Ziele in den Bereich des reinen Werturteils fallen und insofern vom 'Wertehimmel' des einzelnen abhängen.[16] Die beim Werturteil wirksam werdende *materiale* oder *Wertrationalität* bezieht sich also nicht auf die Generierung von Werten als Urteilsgründen, sondern vielmehr auf die Art der Reflexion auf die (vorreflexiv) zugrundeliegenden Werte. Damit ist für Weber die Interpretation der Werte und ihr konstitutiver Bezug auf die Erkenntnisinteressen zwar von grundlegend ethischer und wissenschaftstheoretischer Bedeutung,[17] jedoch ist es allein die Zweckrationalität, die wirklich rationale Entscheidungs- und Begründungskalküle zu liefern im Stande ist, denn nur sie beruht auf der *formalen Rationalität* der Berechenbarkeit von Handlungen. Allerdings erkennt Weber in eben dieser Zweckrationalität und in dem von ihr in Gang gesetzten Prozeß der gesellschaftlichen Rationalisierung und Säkularisierung auch diejenige Kraft, die durch zunehmende Technisierung und Bürokratisierung die Menschen in das 'stählerne Gehäuse' eines immer unerträglicher werdenden Sinn- und Freiheitsverlustes sperrt. Damit ist bei Max Weber die Zweckrationalität als eigentlicher Kern der Rationalität bestimmt, gleichzeitig aber auch ihre Problematik artikuliert.

---

14 In diesem Abschnitt will ich nur einige grundlegende Positionen ins Gedächtnis rufen, weshalb ich auf eine systematische und umfassende, den Rahmen dieser Arbeit ohnehin sprengende Auseinandersetzung verzichte und statt dessen einige Erträge dieser Diskussion darstelle.
15 Zur Rationalität der Reflexion vgl. auch Schnädelbach 1977 und Hubig 1985a.
16 Dieser normative Privatismus macht auch die Problematik der Weberschen Verantwortungsethik aus. Zum Verhältnis von Moral und Rationalität vgl. auch Apel 1990:247-269, v.a. 250ff.
17 Vgl. hierzu v.a. Webers Aufsatz „Der Sinn der 'Wertfreiheit' in der Sozialwissenschaft" (in: Weber 1973:263-310).

Im Anschluß an Webers Begriffe der Wert- und Zweckrationalität unterscheidet Max Horkheimer[18] in den vierziger Jahren zwischen objektiver und subjektiver Vernunft, wobei er „den Prozeß der Subjektivierung der Vernunft als den Weg zu ihrer vollständigen Instrumentalität"[19] nachzeichnet. Die nur subjektive, *'instrumentelle'* Vernunft als erfolgreiche Selbstbehauptungsstrategie spreizt sich dabei zu 'falscher Allgemeinheit' auf, indem sie die Wahl von Zwecken und Zielen als irrational denunziert, einzig die Beurteilung der Zweck-Mittel-Relation als rational gelten läßt und damit schließlich sowohl die Mittel zu Zwecken verkehrt *(Logik des Machbaren)* als auch Zwecke zum notwendigen Resultat von existierenden Mitteln herabstuft *(Logik des Sachzwanges)*. Die eigentümliche Dialektik der Aufklärung besteht also für Horkheimer darin, daß die von allgemeinverbindlicher, wertrationaler Erwägung praktisch-sinnvoller Ziele abgekoppelte instrumentelle Vernunft zu einer irrationalen Totalität wird, die Anspruch und Ziele der Aufklärung liquidiert, noch bevor sie verwirklicht sind. Gleichzeitig sieht Horkheimer den Weg zu einer substantiell-materialen, objektiven Vernunft, die auf nichtfundamentalistische Weise wertrational wirksam werden könnte, in der Folge des Enttraditionalisierungs- und Entmythologisierungsprozesses als versperrt an. Dieser Umstand führt in der 'Dialektik der Aufklärung' zu der bereits erwähnten Aporie, bei der allerdings nicht wie bei Nietzsche die Vernunft selbst einfach aufgegeben, sondern *negativ* – als Negation der herrschenden Negation von Vernunft – bestimmt wird.[20]

Horkheimers Kritik der instrumentellen Vernunft bezieht sich auch auf die Frage nach der Rationalität der Wissenschaft:[21] Da unter dem Primat der Praxis jedes Handeln interessengebunden ist, muß auch die erkenntnistheoretisch-transzendentale Dimension der Wahrnehmung und des Denkens auf die materielle und historische Vergesellschaftung der Gattung zurückgeführt werden. Das Kantische transzendentale Subjekt wird also im Sinne einer 'allgemeinen Subjektivität' als Produkt menschlicher Tätigkeit eines gleichsam transzendentalen Gesellschaftsprozesses umgedeutet. Dies führt Horkheimer zur Kritik des Postulats der wert- und interessefreien Erkenntnis und der traditionellen Wissenschaft(stheorie) sowie zur Forderung einer kritischen Wissenschaft auf der Basis einer 'Kritischen Theorie', die

---

18 Vgl. Horkheimer 1967 sowie Horkheimer/Adorno 1969.
19 Schnädelbach 1991:279.
20 Die Versuche Horkheimers und Adornos, in ihrer Spätphilosophie einen normativ gehaltvollen und fundamentalen Vernunftbegriff zu entwickeln, enden bekanntlich in einer negativen Metaphysik Schopenhauerschen Typs bzw. in einer Ästhetisierung der Vernunft. Diese Konzepte bleiben allerdings – so Habermas 1981/I:522ff. – den Aporien der subjektzentrierten Vernunft verhaftet. Zur ausführlichen Auseinandersetzung vgl. auch Habermas 1985, Kap. V.
21 Vgl. hierzu v.a. den Aufsatz „Traditionelle und Kritische Theorie" (in Horkheimer 1968:521-584).

von einem *emanzipatorischen Erkenntnisinteresse* geleitet ist. Die Rationalität der Wissenschaft kann deshalb nicht allein im deduktiv-identifizierenden Denken, das den logischen Kern der instrumentellen Vernunft ausmacht, liegen: Vielmehr ist sie an ihrer Fähigkeit und ihrem Willen zur kritischen Selbstreflexion zu bemessen.

Im sogenannten Positivismusstreit[22] der sechziger Jahre werden diese Fragestellungen im Hinblick auf die Logik der Sozialforschung wieder aufgenommen; insofern geht es hier um mehr als eine bloße sozialwissenschaftliche Methodendiskussion. Dem vom 'Kritischen Rationalismus' vertretenen Begriff objektiver wissenschaftlicher Gültigkeit, der sich methodisch am deduktiv-nomologischen Modell der Erkenntnis orientiert, stellt die 'Frankfurter Schule' das dialektische Modell einer kritischen Selbstreflexion entgegen, das die Fundierung jeder Wissenschaft und jeglichen Verstehens in der gesellschaftlichen Praxis geltend macht. Dementsprechend wird vor allem das positivistische Postulat der wissenschaftlichen Wertfreiheit von Seiten der Kritischen Theorie angegriffen:

> Weil in der Methodologie der Erfahrungswissenschaft ein alle übrigen Interessen ausschließendes technisches Erkenntnisinteresse ebenso stillschweigend wie zuverlässig begründet ist, können unter dem Titel der Wertfreiheit alle anderen Bezüge zur Lebenspraxis abgeblendet werden.[23]

Während dabei die Kritische Theorie den 'positivistisch halbierten Rationalismus' Poppers und Alberts kritisiert, werfen die Kritischen Rationalisten Adorno und Habermas einen totalitären 'dialektischen Vernunftmythos' vor. Gleichzeitig findet jedoch im Verlauf des Positivismusstreites unter der Hand eine starke inhaltliche Annäherung der zunächst gegensätzlichen Positionen statt, so daß am Ende die Trennschärfe der Argumente zuweilen nicht mehr recht bestimmbar ist: Zum einen werden die von Habermas angegriffenen 'positivistischen Verbotsnormen', die die wissenschaftliche Reflexion auf die Grenzen des empirisch-analytischen Bereichs beschränken sollen, vom Kritischen Rationalismus selbst in Frage gestellt und damit aufgeweicht,[24] zum anderen stimmen in der Bewertung von Begriff und Funktion der Kritik die Kontrahenten sogar grundsätzlich überein.[25] Im Hinblick auf die Rationalitätsfrage läßt sich deshalb der Positivismusstreit rückblickend als *produktive Erweiterung des Rationalitätsbegriffs* deuten: Mit der Aufweichung der 'Verbotsnormen' wird die Unvermeidbarkeit des Wertbezuges in den rationalen Diskurs einbezogen und mit der gemein-

---

22 Vgl. Adorno 1969 und Topitsch 1971.
23 Habermas 1971a:317.
24 Vgl. die Einleitung in Adorno 1969:77, sowie ebd. die Aufsätze „Gegen einen positivistisch halbierten Rationalismus" von Habermas (235-266, v.a. 235ff.) und „Im Rücken des Positivismus?" von Albert (267-305, v.a. 268f.).
25 Vgl. die Einleitung in: Adorno 1969:31 sowie ebd. den Aufsatz „Zur Logik der Sozialwissenschaften" von Popper (103-123, v.a. 119).

samen Hochschätzung der Kritik wird die argumentative (Selbst-) Reflexion auch in den sogenannten 'Mainstream-Wissenschaften' als grundlegendes Rationalitätskriterium anerkannt.[26]

Nach dem Positivismusstreit stehen sich ein hermeneutisch-kritisch 'geläuterter' neopositivistischer Rationalismus und eine neopragmatisch und sprachanalytisch 'belehrte' Kritische Gesellschaftstheorie sehr viel näher als zuvor: Mit Habermas' Übernahme des Fallibilismus-Prinzips halten kritisch-rationalistische Kriterien der wissenschaftlichen Wahrheit Einzug in die Kritische Theorie. Gleichzeitig wird das Popper-Albertsche Modell der Einheitswissenschaften spätestens durch die Theorie der fundamentalen Erkenntnisinteressen[27] grundsätzlich in Frage gestellt. Gegen den wert- und interessenfreien Objektivitätsanspruch der Wissenschaft stellt Habermas die an Nietzsche und Horkheimer anschließende These, daß alle Erkenntnis auf ein ihr zugrundeliegendes Interesse zurückgeführt werden kann.[28] Dementsprechend müssen wissenschaftliche Theorien und die aus ihnen abgeleiteten Aussagen vor dem Hintergrund ihrer jeweiligen Erkenntnisinteressen verstanden werden:

> Sobald die Aussagen relativ zu dem vorgängig eingesetzten Bezugssystem verstanden werden, zerfällt der objektivistische Schein und gibt den Blick auf ein erkenntnisleitendes Interesse frei.[29]

Nach Habermas lassen sich drei fundamentale Arten von Erkenntnisinteressen aufweisen, die mit drei grundsätzlichen *Handlungsrationalitäten* und drei darauf aufbauenden Kategorien wissenschaftlicher Forschung verbunden sind: Das Interesse an *technischer Verfügung* über die natürliche Umwelt ist auf instrumentellem Handeln begründet und bringt die empirisch-analytischen Wissenschaften hervor, das *praktische* Interesse an Sinnverstehen und Verständigung gründet auf kommunikativem Handeln und wird in den historisch-hermeneutischen Wissenschaften wirksam und das *emanzipatorische* Interesse an Mündigkeit beruht schließlich auf Reflexion und liegt den Handlungs- bzw. Sozialwissenschaften zugrunde. Diese Einteilung nimmt deutlichen Bezug auf Kants drei Kritiken, jedoch unterscheidet sich die Theorie der fundamentalen Erkenntnisinteressen vom

---

26 Zum Einfluß der kritischen, hermeneutischen, phänomenologischen und sprachphilosophischen Theorien auf die Entwicklung von Rationalitätsstandards in den 'Mainstream-Wissenschaften' vgl. auch die Analyse von Bernstein 1978.
27 Vgl. den Aufsatz „Erkenntnis und Interesse" (in: Habermas 1968a:146-168) sowie das gleichnamige Buch (Habermas 1968b).
28 So etwa in seinem Nachwort zu Nietzsches erkenntnistheoretischen Schriften: „Reine Theorie, die, aller praktischen Lebensbezüge entbunden, die Strukturen der Wirklichkeit in der Weise erfaßt, daß theoretische Sätze wahr sind, wenn sie einem Ansichseienden korrespondieren, ist Schein. Denn die Akte der Erkenntnis sind in Sinnzusammenhänge eingelassen, die sich in der Lebenspraxis, im Sprechen und Handeln bedürftiger Wesen, erst konstituieren." (Habermas 1971b:244).
29 Habermas 1968a:155.

Kantischen Transzendentalismus insbesondere darin, daß sie nicht im 'transzendentalen Subjekt', sondern – wie schon in der Theorie Horkheimers – in geschichtlich-empirischen Subjekten als quasianthropologischer Konstante verortet wird. Damit sind diese 'Gattungsinteressen' zwar einerseits als erkenntniskonstitutive Bedingungen postuliert, andererseits aber sind diese Bedingungen selbst im Verlauf der Gattungsgeschichte erst noch zu entfalten und insofern abhängig von historischen Kontingenzen.

Die damit angezielte Einheit von Erkenntnis und Interesse beruht jedoch, wie in der Folge kritisiert wurde,[30] auf einer unvermittelten Geschichtsteleologie, weshalb Habermas seine Theorie einer entscheidenden Revision unterzog:[31] Die beiden 'unteren' Erkenntnisinteressen (nämlich das technische und das praktische) können zwar weiterhin als 'anthropologisch tiefsitzend' gerechtfertigt werden, aber sie sind nicht dazu in der Lage, den Übergang zwischen Theorie und Praxis, also die Einheit von Erkenntnis und Interesse, herzustellen. Dagegen wird das emanzipatorische Interesse, das per se auf die Einheit von Erkenntnis und Interesse abzielt, als ein nachgeordnetes, geschichtlich sich erst ausbildendes (und auszubildendes!) gekennzeichnet. Zugleich unterscheidet Habermas nun zwischen der Selbstreflexion, die zwar praktisch, aber nicht begründend ist, und rationaler Nachkonstruktion, die zwar begründend, aber theoretisch verfährt. Dies bedeutet, daß Habermas die subjektphilosophische Begründungsfigur des selbstreflexiven Geistes und einer Selbstreflexion (die paradigmatisch am Modell der Psychoanalyse gewonnen wurde) verläßt und auf die *reflexive Rekonstruktion* intersubjektiver Universalien und impliziter Kompetenzen setzt. Mit dieser Relativierung entfernt Habermas sich von der 'strengen' Version der Erkenntnisinteressen qua unvermeidlichem Weltbezug und wendet sich einer kommunikationsreflexiven Begründung der Kritischen Theorie zu. Die Entwicklung des Begriffes der kommunikativen Rationalität – der für meine weiteren Überlegungen eine zentrale Rolle spielt (vgl. Kapitel I-2.3) – beruht auf dieser Reorientierung.

Auch die beiden größeren wissenschaftstheoretischen Debatten der siebziger Jahre, die 'Erklären/Verstehen-Kontroverse'[32] und die sogenannte 'Finalisierungsdebatte'[33] können als produktive Fortsetzung der im Positivismusstreit und in der Diskussion um die Erkenntnisinteressen erreichten Differenzierungen interpretiert werden: Im ersten Fall wird das – schon von Max Weber als Rationalitätsform in Anspruch genommene – geistes-

---

30 Vgl. v.a. die Aufsätze „Zur Geltung des emanzipatorischen Interesses" von Böhler 1974 und „Wissenschaft als Emanzipation" von Apel 1970.
31 Vgl. die Einleitung zur Neuausgabe von „Theorie und Praxis" (Habermas 1971a: 9-47).
32 Vgl. Apel 1979.
33 Vgl. Starnberger Studien I 1978 und Hubig/v. Rhaden 1978.

und sozialwissenschaftliche *Sinnverstehen* gegenüber dem naturwissenschaftlich-kausalen *Erklären* abgegrenzt und als eigene wissenschaftliche Rationalität behauptet: Das Sinnverstehen ist als interpretativer Nachvollzug an die vorgängige Teilnahme an und die Zugehörigkeit zu einer Lebenswelt gebunden und kann deshalb nicht auf dieselbe distanziert-deskriptive Weise wie ein methodisch kontrolliertes naturwissenschaftliches Experiment durchgeführt werden. Hier stehen sich die rekonstruktionslogische Rationalität sinnadäquaten Verstehens und die rekonstruktionslogische Rationalität kausaladäquaten Erklärens als zwei Kategorien wissenschaftlicher Vernunft gegenüber.[34] — Bei der Finalisierungsdebatte wird der gesellschaftliche Wertbezug der technischen und Naturwissenschaften diskutiert und für eine (über die wissenschaftsimmanenten Normen hinausgehende) *gesellschaftliche Orientierung* des technisch-wissenschaftlichen Fortschritts plädiert.[35] Mit dem Bezug auf das Sinnverstehen wird ebenso wie mit dem Wertebezug die Kategorie praktischer Vernunft als eigene Rationalitätsform in Anspruch genommen. In beiden Debatten werden also bestehende Rationalitätsstandards als unzureichend kritisiert, dabei reformuliert und auf den Bereich der Handlungsrationalität ausgedehnt, dem vorher – durch die zweckrationale Reduktion der Rationalität auf logisch-begriffliche und wissenschaftlich-technische Vernunft – die Rationalität abgesprochen wurde.

Am deutlichsten zeigt schließlich die der angelsächsischen Diskussion entstammende postempirische Wissenschaftstheorie, daß die empirisch-analytischen Wissenschaften von gesellschaftlichen Interpretationsmustern und von vor- und außerwissenschaftlicher Rationalität bestimmt werden.[36] Mit dem Scheitern der Konstruktion einer idealen Sprache zerfällt auch der Schein einer neutralen, wertfreien und objektiven Wissenschaft. Die fundamentale Sprachabhängigkeit jeder Theorie verankert diese in den je unterschiedlichen *Sprachspielen* und *Metaphern* einer 'scientific community', einer Gesellschaft, einer Epoche. Auch die klare Trennung zwischen Theorie- und Objektsprache, die die Objektivität der Naturwissenschaft zu garantieren schien, kann nun nicht mehr aufrecht erhalten werden, denn die von unhintergehbaren Metaphern und Paradigmata geprägte Theoriesprache konstituiert zugleich die Beschreibungen ihrer objektsprachlichen

---

[34] Vgl. Acham 1984.
[35] Eine Forderung, die zunächst als Zumutung empfunden wurde, dann aber – vor allem auch unter dem Druck der Umwelt- und Ressourcenproblematik – zunehmend Eingang in die Diskussion fand und heute unter dem Stichwort 'ökologische Orientierung' von Wissenschaft und Technik ein, wenn auch nicht verwirklichtes, so doch wirksames 'Muß' geworden ist (vgl. Beck 1986).
[36] Vgl. etwa Kuhn 1977, Lakatos/Musgrave 1974 und Feyerabend 1981, für die deutsche Diskussion z.B. Knorr-Cetina 1984 und Lueken 1992.

Daten mit.[37] Indem sich auf diese Weise auch das kausaladäquate Erklären als letztlich sprach- und interpretationsabhängig zeigt, hat der – schon im Positivismusstreit behauptete[38] – unvermeidbar interpretativ-gesellschaftliche Zugang zum Objekt wissenschaftlicher Erfahrung auch eine wissenschaftstheoretische Anerkennung gefunden.

Im Hinblick auf die Diskussion um den *Rationalitätsbegriff* verdeutlicht diese Skizze der modernen Rationalitätsdiskussion, daß ein Vorrang der zweckrationalen Vernunft nicht sinnvoll zu begründen ist. So wenig aber aus ihren technisch-wissenschaftlichen Erfolgen sich eine logisch-kategorielle Vorrangstellung ableiten läßt, so wenig kann ihre Tendenz zur irrationalen, blinden Vorherrschaft zum Argument gegen Vernunft überhaupt werden. Insofern ist es nur folgerichtig, daß in der zeitgenössischen Rationalitätsdebatte den analytischen, instrumentellen und technischen Aspekten der Vernunft zunehmend die hermeneutischen, kommunikativen und reflexiven Aspekte des Rationalen gegenüber- wenn nicht sogar sogar vorangestellt werden, und daß gegenüber dem deduktiven und dem induktiven Verfahren die Abduktion als fundamentale, in der lebenspraktischen Handlungsrationalität verankerte Schlußform ausgezeichnet wird.[39]

Mit der These von der Fundierung der Wissenschaft in der vorwissenschaftlichen Hermeneutik des lebensweltlichen Verstehens ist zunächst die Problematik eines auf seine empirisch-analytischen Aspekte beschränkten wissenschaftlichen Rationalitätsbegriffs deutlich geworden. Mit der Einsicht in die Sprachabhängigkeit jeder Theorie und – zugespitzt – mit Mary Hesses These von der *Metaphorizität der Wissenschaftssprache* ist aber auch die Brisanz der Metaphorologie für die Wissenschafts- und Rationalitätsdiskussion zum Vorschein gekommen. Indem nämlich die Abhängigkeit der wissenschaftlichen (und auch anderer) Rationalität von grundlegenden sprachlichen Mustern aufgezeigt wird, werden Rationalitätsstandards zu einer Frage nach dem Satz von Metaphern, der das Denken, Erkennen und Handeln in einem jeweiligen Bereich paradigmatisch prägt. Die fundamentale Rolle der Metapher ist damit auch im Bereich des

---

37 Vgl. hierzu meine Diskussion in Kap. II-2 sowie Hesse 1966 und 1973; Kuhn 1967; und Arbib/Hesse 1986. Daß die Theorie bis in die Erhebung empirischer Daten hineinreicht, da schon dies ein Prozeß *interpretativer* Beobachtung ist, war ja bereits von Adorno und Habermas im Positivismusstreit vertreten worden. Aus wissenschaftstheoretischer Perspektive zeigen dies auch Poser 1992 und Lueken 1992.

38 Habermas machte dies an der Abhängigkeit der Basissätze von vorgängig existierenden Zuordnungsregeln deutlich: „Basissätze können freilich nicht nahtlos auf der Erfahrung aufsitzen; denn keiner der in ihnen auftretenden universellen Ausdrücke könnte durch noch so viele Beobachtungen verifiziert werden. Annahme oder Ablehnung von Basissätzen beruhen in letzter Instanz auf Entscheidung (...) in Übereinstimmung mit Regeln." (in: Adorno 1969:242).

39 Vgl. Hubig 1991 sowie meine Ausführungen oben in Kapitel I-1.3.

wissenschaftlichen Diskurses nicht nur behauptet, sondern auch Gegenstand der wissenschaftlichen Reflexion selbst geworden.[40] Erneut durchdringen sich so die Frage nach der Rationalität der Metapher und die Frage nach der Metaphorik des Rationalen wechselseitig. Die Rationalität der Metapher kann deshalb, wie schon hier deutlich wird, nur im Rahmen einer Metaphorologie geklärt werden, die ihre eigenen Standards und Maßstäbe reflektiert.

Mit dieser Einsicht wird allerdings der Begriff der Rationalität erneut problematisch. Wenn nämlich Rationalität sich als eine abhängige Variable von Metaphern und Paradigmata zeigt, die sich *historisch kontingent* ausbilden und jeweiligen Rationalitätsbegriffen zugrundeliegen, dann bewegt sich diese Rationalitätskritik in die Richtung der „Metaphysik des Irrationalen": Gerade aufgrund der Metaphorizität der Sprache kann es dann, wie schon bei Nietzsche, keine 'wahre' Sprache, keine 'richtige' Perzeption, keine 'reine' Vernunft geben. Rationale Begriffe wie Vernunft und Wahrheit entpuppen sich dann als von historisch wechselnden Machtverhältnissen abhängige Sprachkonvention:

> Wahrhaft zu sein, das heißt, die usuellen Metaphern zu brauchen, also, moralisch ausgedrückt: von der Verpflichtung, nach einer festen Konvention zu lügen, herdenweise in einem für alle verbindlichen Stile zu lügen.[41]

Die festen Konventionen, nach denen ein bestimmter Satz von Metaphern als gültig und wahr und andere Metaphernsysteme als unwahr und verwerflich ausgezeichnet werden, sind ihrerseits Resultat des (vor- oder irrationalen) *Willens zur Wahrheit*, der Nietzsche als Ausdruck, Verbündeter und erfolgreichste Form des Willens zur Macht gilt.[42] So entsteht erneut das Dilemma, daß nun zwar einerseits die grundlegende Rolle der Metapher für Denken, Erkennen und Handeln deutlich ist, es andererseits aber unter diesen Umständen sehr schwierig wird, einen sinnvollen Begriff der Rationalität zu entwickeln. Und in der Tat drehen sich immer noch viele Diskussionen über die Metapher um dieses Dilemma, das meist nicht gelöst, sondern nur durch eine dezisionistische Parteinahme für oder gegen die Metapher und gleichzeitig gegen oder für die Vernunft beendet wird. Ich werde jedoch zu zeigen versuchen, daß dieses Dilemma sich vermeiden läßt, sobald man mit einem reflexiv gefaßten Vernunftbegriff die falsche Alternative zwischen absolutem Universalismus und relativistischem Kontextualismus verläßt.

---

40 Der hier nur angedeutete Zusammenhang zwischen Paradigma, Modell und Metapher, der ein wichtiges Motiv für diese Untersuchung zur Rationalität der Metapher ist, wird v.a. unten im Kapitel II-2 ausführlich behandelt.

41 So Nietzsche (Werke IV:546) in dem oben in Kap. I-1.4 bereits behandelten Abschnitt aus „Über Wahrheit und Lüge...".

42 In dieser Tradition wäre z.B. auch die Foucaultsche Diskurstheorie zu sehen (vgl. Foucault 1971).

2.2 Zur Rekonstruktion der Rationalität

Bevor ich weitere Überlegungen zum Verhältnis von Rationalität und Metapher anstelle, will ich zunächst zum Problem des Rationalitätsbegriffes zurückkehren. Auf der Basis der vorangegangenen philosophiehistorischen Überlegungen zur Rationalitätsdebatte sollen nun in systematischer Hinsicht die Probleme der Bildung eines Rationalitätsbegriffes erörtert werden.

Dem Begriff der Rationalität bleibt nach dem Zerfall substantieller und materialer Rationalitätsbegriffe die *formale* Eigenschaft, daß er notwendig sich selbst unterstellt, da er rational gebildet werden muß. Unter dem Postulat der formal-logischen Zirkelschlußfreiheit muß ein solcher Rationalitätsbegriff dann als *petitio principii* oder als paradoxe Definition gelten. Dieses Argument verliert jedoch seine Kraft, wenn an die Stelle der logischen Deduktion die Besinnung auf die Bedingungen der Möglichkeit von Rationalität tritt und somit der paradoxe Zirkel der Begründung in einen hermeneutischen Zirkel der *Rekonstruktion* überführt wird.[43] Rationalität setzt sich damit selbst nicht als formal-logisches 'Letztelement', sondern als quasi-transzendentales pragmatisches Sinnkriterium voraus, das wir 'immer schon' unterstellen müssen, wenn wir sinnvoll über Rationalität reden wollen.[44] Rationalität ist aus diesem Grunde immer schon mit der *Reflexion* verbunden, wobei diese jedoch nicht im Sinne einer ursprünglichen (Voraus-)Setzung, sondern als eine Reflexions*handlung* zu verstehen ist, deren Struktur sukzessive im Rekonstruktionsprozeß selbst erst zu bestimmen ist.[45]

Tritt man in einen solchen Prozeß der rekonstruktiven Rationalitätsreflexion ein, so läßt sich, wie Schnädelbach gezeigt hat, ein erstes, grundlegendes Rationalitätsmerkmal aus der Tatsache des 'reflexiven Habens' von Sprache, Denken und Handeln gewinnen. Aus dieser dem menschlichen Denken, Sprechen und Handeln zugrundeliegenden Disposition, dem 'Vermögen zum Vernünftigsein' also, können dann zum einen allgemeine Rationalitätsmerkmale wie *Selbstreferentialität* und *sprachliche Kommunikabilität* abgeleitet und zum anderen normative Maßstäbe der Rationalität, mit denen wir die Rationalität selbst beur-teilen, gebildet werden.[46] Die Rekonstruktion dieser Disposition mit Hilfe der philosophischen Reflexion und die hermeneutisch-rekonstruktive Anknüpfung an Rationalitätskonzeptionen aus anderen Wissenschaften ermöglichen dann die Bildung, Untersuchung und Bewertung von spezifischen Rationalitätstypen. Dabei kann jedoch keine systematisch-geschlossene Rationalitätstheorie ausgebildet werden,

---

43 Vgl. Schnädelbach 1991.
44 Vgl. Apel 1984.
45 Vgl. Hubig 1985a:11ff.
46 Vgl. Schnädelbach 1991:292f. und 1992:73ff.

denn Rekonstruktionen können immer nur fallible Annäherungen an die Regeln des rekonstruierten Gegenstandes liefern und keine apriorischen Gewißheiten. Deshalb können nur offene Rationalitätskonzeptionen auf der Basis von Typen entwickelt werden, die die Dinge ordnen, „ohne daß damit beansprucht wäre, sie stellten die Ordnung der Dinge selbst dar".[47] Mit einer solchen Typologie ist zweierlei gewonnen: *Erstens* wird es möglich, Rationalität mit rationalen Mitteln zu bewerten, also eine normative philosophische Rationalitätskritik zu formulieren, die nicht notwendig im Selbstwiderspruch[48] endet:

> Als Gegenmittel (zum Selbstwiderspruch, B.D.) bietet sich hier eine interne Differenzierung des Vernunftkonzeptes mit typologischen Mitteln an, denn sie ermöglicht es, globale Rationalitätsdenunziationen als *pars pro toto* zurückzuweisen und gleichzeitig – nach dem Vorbild aller Aufklärungsphilosophie – die Vernunftkritik im Bereich der Vernunft selbst anzusiedeln.[49]

Zweitens können die diversen Rationalitätstypen und die ihnen zugrundeliegenden Kriterien als Maßstab zur Beurteilung von Handlungen, Normen, Kommunikationen etc. dienen. Diese zweite Möglichkeit interessiert im Hinblick auf das Thema dieser Arbeit natürlich besonders. Wenn hier die Rationalität der Metapher geklärt werden soll, dann kann dies nur vor dem Hintergrund einer Rationalitätstypologie geschehen, die es ermöglicht, verschiedene Rationalitätsformen bei der Verwendung und der Interpretation von Metaphern aufzuweisen und voneinander abzugrenzen. Dadurch können zum einen die unterschiedlichen Funktionen der Metapher als rationale Verwendungs- und Interpretationsweisen charakterisiert werden, zum anderen ist es möglich, Rationalitätskriterien zur Beurteilung der Angemessenheit von Metaphern zu entwickeln.

Bei der Erstellung einer solchen Typologie bieten sich zwei Verfahrensweisen an: (1) Die Aufstellung einer *deskripitiven* Typologie, die etwa bestehende Rationalitätskonzepte auflistet und sie nach ihren Relationen dichotomisch klassifiziert. (2) Die Entwicklung einer *normativen* Typologie, bei der die Typen nicht nur voneinander abgegrenzt, sondern auch in eine begründete hierarchische Beziehung gesetzt werden.

Ad 1: Eine *deskriptive*, aus einer Auflistung gängiger Theorien zur Rationalität gewonnene Typologie ließe sich etwa so vornehmen, daß zwischen *Verhaltensrationalität* (rational behaviour) und Rationalität als Zustand des Geistes (rational states of mind) im Sinne des philosophischen Begriffs der *Vernunft* unterschieden wird.[50] Während Verhaltensrationa-

---

47 Schnädelbach 1991:291.
48 Deshalb muß Rationalitätskritik dann auch nicht notwendigerweise in der „Ruinierung der Rationalitätssemantik" (Luhmann 1984:640) gipfeln.
49 Schnädelbach 1984:12; vgl. auch ders. 1991:292.
50 Vgl. Elster 1982, der einen solchen deskriptiven Überblick über gegenwärtige wissenschaftliche Rationalitätskonzepte vorlegt.

lität als – sei es evolutionäre, sei es intentional herbeigeführte – optimale Umweltanpassung betrachtet werden kann, bezieht sich die Vernunftrationalität auf die Bedingungen rationalen Handelns, wobei hier zwischen Effizienz- und Konsistenzrationalität unterschieden werden kann. Die Effizienz spielt insbesondere bei der – bereits behandelten – Zweckrationalität eine zentrale Rolle, wohingegen sich Konsistenz als allgemeines Kriterium für rationales Handeln eignet. Hierbei ist nochmals zu differenzieren zwischen interner Konsistenz im Sinne des zu vermeidenden Selbstwiderspruchs und externer Konsistenz im Sinne der Universalisierbarkeit von Handlungsweisen und -normen.[51] So plausibel jedoch diese oder eine andere Klassifizierung sein mag, sie ist problematisch, solange sie nicht auf ihre eigenen Grundlagen reflektiert, insofern eigens begründet und normativ gefaßt wird. Eine rein deskriptive Typologie bleibt damit immer hinter dem Stand der mit dem Reflexionsbegriff verbundenen Rationalitätsdiskussion zurück.

Ad 2: Erst eine *normative* Typologie erlaubt die Bildung von hierarchischen Rationalitätstypen, wobei hier natürlich unterschiedliche theoretische Prämissen und Perspektiven zu verschiedenen Grundunterscheidungen führen. Die Frage wäre hier, ob und wie sich ein umfassender, grundlegender Rationalitätstyp bestimmen läßt, zu dem sich die anderen Typen wie Teilmengen oder wie abhängige Unterklassen verhalten. Die Beantwortung dieser Frage ist sicherlich weder wert- und interessenfrei, noch aus gesicherter Position heraus zu haben. Vielmehr kann auch hier erst eine „wechselseitige Hermeneutik von rekonstruierender und rekonstruierter Rationalität" (Schnädelbach) die normativen Fundamente freilegen, auf denen ein grundlegender Rationalitätstyp und daraus ableitbare Typen bestimmbar werden.

Nun können im Rahmen dieser Begriffsklärung die vielen normativen Theorien zur Rationalität nicht erschöpfend behandelt werden, weshalb ich mich auf die Diskussion zweier grundsätzlicher Perspektiven beschränken möchte, nämlich auf den *systemtheoretischen* und auf den *handlungstheoretischen* Ansatz. In der Gegenüberstellung dieser beiden Perspektiven findet sich zum einen, wie sich zeigen wird, die bei Elster getroffene Grundunterscheidung zwischen Verhaltens- und Vernunftrationalität wieder, zum anderen sind diese Perspektiven aber auch flexibel genug, daß sie zumindest einen Großteil der hier getroffenen Klassifizierung abdecken und begründen können.[52] Aus diesem Grund wird auch auf die Reichweite dieser beiden Perspektiven besonders einzugehen sein.

---

51 Vgl. Elster 1982:120ff. und v.a. 126f.
52 Zu dieser aus offensichtlichen Gründen häufig zu findenden Gegenüberstellung vgl. z.B. auch die Diskussion verschiedener Rationalitätstypen und -hierarchien bei Acham 1984.

Aus einer systemtheoretischen Perspektive läßt sich die Fundamentierung von Rationalität in einem allgemeinen Begriff ökologischer Rationalität[53] damit begründen, daß letztlich alle Lebewesen und im weiteren Sinne auch alle Systeme überhaupt ihre Existenzfähigkeit aus der Angemessenheit des Verhältnisses zwischen ihren internen Vorgängen und den Umweltkontakten bzw. -relationen beziehen. Rationales Verhalten wäre damit alles, was der optimalen Umweltanpassung dient. Solch ein kybernetisch-biologistisch gefaßter Rationalitätsbegriff ist jedoch unbefriedigend und ethisch problematisch.[54]

Ein nicht-biologistischer und philosophisch anspruchsvoller Zugang zur Rationalitätsproblematik wird dagegen mit der *Theorie sozialer Systeme* entworfen, bei der der Schwerpunkt von vorne herein auf der Analyse gesellschaftlicher Prozesse liegt.[55] Diese Theorie orientiert sich an der Leitdifferenz zwischen System und Umwelt und an der Funktionalität des jeweiligen Systems in Bezug auf seine Umwelt. Kriterium der Rationalität ist aus dieser Sicht, inwieweit es möglich ist, „Funktionssysteme dazu zu bringen, die von ihnen praktizierte Differenz von System und Umwelt als Einheit zu reflektieren".[56] Dadurch nämlich werden Funktionen und Bestand des Systems in seiner System/Umwelt-Differenz für das System als eigenes Systemproblem erkennbar und im Austausch mit der Umwelt rational bearbeitbar. Der grundlegende Rationalitätstypus wäre damit die *Systemrationalität*. Die Systemrationalität baut ihrerseits auf drei verschiedenen Formen der Selbstreferenz – basale Selbstreferenz, Reflexivität und Reflexion – auf.[57] Von diesen drei Formen der Selbstreferenz interessiert hier vor allem die systemische *Reflexivität*, denn sie liefert für die Analyse des Metaphernproblems, insbesondere für die Untersuchung von kommunikati-

---

53 Vgl. hierzu Bateson 1985.
54 Erinnert sei nur an sozialdarwinistische und krude rassistische Theorien, die – ausgehend von den zweifelhaften Annahmen der naiven Selektionstheorie: Evolution als und durch 'natürliche Auswahl' der Stärksten – das Konzept biologischer Umweltanpassung in ein Konzept sozialer Umweltanpassung im Lebenskampf umdeuten. Vgl. hierzu auch Demandt (1978:93ff.), der solche Konzepte unter dem Titel 'Biologistische Kulturtheorien' in drei Formen einteilt: sozialdarwinistische Rassetheorien (H.S. Chamberlain, A. Hitler), ökologische Kulturtheorien (J.v. Uexküll, K. Lorenz) sowie morphologische Kulturtheorien (L. Frobenius, K. Lamprecht, O. Spengler). In all diesen Konzepten werden naturanaloge Normalverläufe geschichtlicher Entwicklung unterstellt, wobei das Konzept der Natur seinerseits meist aus impliziten Annahmen über die Geschichte ('Daseinskampf', 'Recht des Stärkeren') gewonnen wird.
55 Ich beziehe mich hier v.a. auf Luhmann 1984.
56 Luhmann 1984:599. Ein *rationales* System muß also nicht nur die System/Umwelt-Differenz in die eigene Differenzierung wiedereinführen, um reflexive Prozesse der Selbstbeobachtung durchführen zu können, sondern es muß diese Differenz auch selbstreferentiell benutzen, um so seine Operationen an der Einheit der Differenz von System und Umwelt zu orientieren.
57 Vgl. Luhmann 1984, Kap. 11, v.a. 600ff.

ver Funktion, Leistung und Binnenstruktur der Metapher einen grundlegenden Maßstab:

> Reflexiv sind Prozesse, die auch auf sich selbst angewandt werden können. Im Fall von Kommunikation heißt dies: daß über Kommunikation kommuniziert werden kann. (...) Erst Sprache sichert Reflexivität im Sinne einer jederzeit vorhandenen, relativ problemlos verfügbaren, nicht weiter erstaunlichen Möglichkeit, den Kommunikationsprozeß auf sich selbst zurückzuziehen.[58]

Hier wird nämlich die Frage zu untersuchen sein, welche Rolle die Metapher bei solchen Reflexionsprozessen spielt und inwiefern ihr dabei eine spezifische Reflexivität und damit auch eine eigene Rationalität zukommt.[59]

Allerdings enthält eine solche – hier nur skizzierbare – systemtheoretische Fundierung des Begriffs der Rationalität zwei grundsätzliche, miteinander zusammenhängende Probleme: Einerseits ist sie im Blick auf den Anspruch eines umfassenden Rationalitätsbegriffs *nicht* allgemein genug, andererseits ist sie jedoch in normativer Hinsicht *zu* allgemein. Zum einen bleibt nämlich der systemtheoretische Rationalitätsbegriff dem Subjekt-Objekt-Schema im Sinne des erfolgreichen instrumentellen Handelns verhaftet, denn

> ... die Systemtheorie ersetzt 'Subjekt' durch 'System', 'Gegenstand' durch 'Umwelt' und bringt die Fähigkeit des Subjekts, Gegenstände zu erkennen und zu behandeln, auf den Begriff von Systemleistungen, die darin bestehen, die Komplexität der Umwelt zu erfassen und zu reduzieren. Wenn Systeme darüber hinaus lernen, sich auf die Einheit des eigenen Systems zu beziehen, so ist das nur ein weiterer Schritt, die eigene Komplexität zu steigern, um der überkomplexen Umwelt besser gewachsen zu sein – auch dieses 'Selbstbewußtsein' bleibt im Banne der Logik der Bestandssicherung von Systemen.[60]

Der Rationalitätsbegriff der Systemtheorie beruht so letztlich auf einer die Vernunft instrumentalisierenden Strategie der Selbstbehauptung. Das uneingestandene Paradigma dieses Rationalitätsbegriffs wäre damit aber die zweckrationale Vernunft, deren oben (in I-2.1) analysierte Partikularität die Fundierung eines umfassenden Rationalitätsbegriffs konterkariert.[61]

---

[58] Luhmann 1984:210 bzw. 211. Reflexivität als zentrales Kriterium nennt – wenn auch aus anderem Blickwinkel – auch Apel (1984:21f.). Reflexivität und Selbstbezüglichkeit sind darüber hinaus auch entscheidende Merkmale der Sprechhandlung, auf denen die Doppelstruktur der Rede beruht (vgl. Habermas 1984:404ff.; auch behandelt oben in Kap. I-2.3).

[59] Vgl. hierzu unten, v.a. Kap. I-2.5, II-1.5, II-2.4 und II-5.5.

[60] Habermas 1981/I:529f., vgl. auch ders. 1985:426-445. Zur weiteren Kritik vgl. Hubig 1985a:203-212.

[61] Die zweckrationale Vernunft tritt nach Habermas in der Systemtheorie unter dem Aspekt einer 'funktionalistischen Vernunft' in Erscheinung, bezogen auf die gesellschaftliche Realität als pathologische Übergriffe der Funktionssysteme auf die Lebenswelt ('Kolonialisierung der Lebenswelt'). Deshalb stellt Habermas in Anknüpfung an Horkheimers „Kritik der instrumentellen Vernunft" den zweiten Band seiner Theorie des Kommunikativen Handelns unter den Titel einer „Kritik der funktionalistischen Vernunft". Kneer (1992:98) weist jedoch darauf hin, daß diese Kritik für die neueren

Zum anderen aber ist der von der Systemtheorie formulierte Rationalitätsbegriff auch zu allgemein gehalten, um eine normativ gehaltvolle Fundierung der Rationalität zu erlauben. Wenn nämlich einzig die funktionale Angemessenheit des Verhältnisses zwischen System und Umwelt als normative Bezugsgröße existiert, dann kann mit diesen Kategorien zwar alles beschrieben, aber kein über die Systemfunktionalität hinausgehender normativer Gehalt gewonnen werden. Insofern kann systemtheoretisch auch alles gerechtfertigt werden, solange nur das Verhältnis zwischen dem jeweiligen System und seiner Umwelt systemfunktional ist. Funktionalistische Rationalität erlaubt aus systematischen Gründen keine Hierarchiebildung zwischen Systemen, da mit einer Systemhierarchie implizite normative Gehalte eingeführt würden, die durch den Maßstab der Funktionalität allein nicht hinreichend abgedeckt sind: Luhmann betont, daß funktionale Systemdifferenzierung keinen übergeordneten rationalen Standort der Reflexion erlaubt, „denn das hieße, daß die Gesellschaft selbst nochmals in der Gesellschaft vorkommt".[62] Die Ausbildung einer systemübergreifenden, d.h. die Partikularität der Einzelsysteme selbst noch einmal reflektierenden gesellschaftlichen Rationalität ist damit systematisch ausgeschlossen. Damit aber entsteht wieder das oben bereits diskutierte Problem, daß das – normativ immunisierte[63] – Funktionsgefüge von Mittel und Zweck zur Verkehrung von Zweck und Mittel führen kann und dann die Bestimmung der Zwecke durch die Mittel rechtfertigt.

Inzwischen gibt es allerdings auch Versuche, die Möglichkeit von gesellschaftlicher Rationalität in systemtheoretische Konzeptionen im Stile Luhmanns einzubauen, indem man das Konzept der Beobachtung zweiter Ordnung als intersystemischen Reflexions- und Beeinflussungsmechanismus auffaßt.[64] Gesellschaftliche Rationalität würde sich dann im „rekursiven Zusammenspiel vieler Teilsysteme", also im „Zusammenspiel und der wechselseitigen Beeinflussung der einzelnen Teilsystemrationalitäten" ausbilden.[65] Auch Luhmann erkennt dieses Problem im Begriff der Systemra-

---

Konzeptionen Luhmanns nicht mehr ganz zutrifft: „Die technokratisch ausgerichtete Rationalitätskonzeption weicht einer eher 'ökologischen'. Systemrationalität zielt (...) auf ein sensibles, angemessenes System-Umwelt-Verhältnis." (vgl. hierzu auch weiter unten die Anmerkungen 65 und 66).

62 Luhmann 1984:645.
63 Vgl. hierzu etwa die Kritik von Apel (1990:270-305) an der normativ neutralisierten funktionalen Systemrationalität am Beispiel des Wirtschaftssystems.
64 Vgl. Kneer 1992.
65 Kneer 1992:111 und 109. Eine solche Konzeption würde nicht ohne den Begriff der Öffentlichkeit auskommen. Öffentlichkeit als Mechanismus der Selbst- und Fremdbeobachtung ist meines Erachtens dann als Netzwerk von innersystemischen Teilöffentlichkeiten aufzufassen, d.h. als „eine Art Superstruktur, ein Netzwerk von regulative Überlagerungen über den Teilsystemen und durch sie hindurch (aufbaut). Letzter Bezugspunkt (wäre dann) nicht mehr das System, sondern ein Netzwerk von Teilsystemen und Systemüberlagerungen..." (Debatin 1989:61).

tionalität zunehmend an und tut es nicht mehr nur unter dem affirmativen Titel der „Kosten gesellschaftlicher Differenzierung" ab, sondern spricht in diesem Zusammenhang von einer „Utopie der Rationalität", an der sich zu orientieren von Nutzen sei.[66] Damit kommt es, wie Kneer feststellt, zu einer deutlichen Annäherung zwischen der Systemtheorie Luhmanns und der Gesellschaftstheorie von Habermas:

> Der Versuch der Explikation eines erweiterten Rationalitätsbegriffs, der gegenüber realen gesellschaftlichen Verhältnissen als Utopievorstellung fungiert, erinnert in vielerlei Hinsichten an ähnliche Bestrebungen innerhalb des Projekts kritischer Gesellschaftstheorie.[67]

2.3 Kommunikative Rationalität

Auch eine *handlungstheoretische* Fundierung des Begriffs der Rationalität sieht sich wie die Systemtheorie dem Vorwurf des Partikularen ausgesetzt, solange sie lediglich nach dem Zweck-Mittel-Verhältnis von Handlungen fragt. Die seit Weber gängige Unterscheidung zwischen objektiv-zweckrationalem und subjektiv-wertrationalem Handeln, die auch heute häufig zu finden ist,[68] führt zu dem bereits diskutierten Begründungsproblem und in letzter Konsequenz zur Aporie einer totalen zweckrationalen Vernunft. Die Frage ist also, ob es andere, tragfähige Grunddifferenzierungen gibt, die eine handlungstheoretische Begründung des Rationalitätsbegriffs erlauben. Ein möglicher Ausweg aus dieser Aporie ist der Versuch, das wertrationale Handeln nicht im subjektiv-dezisionistischen Werturteil oder in metaphysisch-objektiver Vernunft zu verankern, sondern in der *intersubjektiven Alltagspraxis des kommunikativen Handelns*. Durch diesen Perspektivenwechsel innerhalb der Handlungstheorie ist es – so zumindest der Anspruch von Habermas – möglich, einen normativ gehaltvollen und zugleich allgemein-formalen Begriff der Rationalität zu entwickeln.[69]

Die Theorie des kommunikativen Handelns[70] beschäftigt sich zentral mit der Entwicklung eines solchen prozedural-formalen Begriffs *kommunikativer Rationalität*. Mit dem kommunikationstheoretisch fundierten Rationalitätsbegriff können nach Habermas drei Grundprobleme, die sich bei der

---

66 Vgl. Kneer 1992:111f.
67 Kneer 1992:111f.
68 Vgl. Acham 1984.
69 Sicherlich stehen auch andere Wege der handlungstheoretischen Begründung eines umfassenden Rationalitätsbegriffes offen (vgl. z.B. Hubig 1985a), diese will ich hier jedoch nicht weiter verfolgen, da mir im Zusammenhang mit der Metapherndiskussion eine kommunikationstheoretische Fassung des Rationalitätsbegriffes besonders ergiebig scheint.
70 Habermas 1981/ Bd. I und II. Vgl. v.a. auch Habermas 1984, Habermas 1985, Kap. XI und XII, sowie Habermas 1988.

Entwicklung einer Rationalitätstheorie stellen, gelöst werden: *Erstens* ist es möglich, einen allgemeinen und formalen Rationalitätsbegriff zu entwickeln, ohne dabei auf metaphysische oder ursprungsphilosophische Begründungen angewiesen zu sein.[71] *Zweitens* kann dieser Rationalitätsbegriff als umfassender Rationalitätstypus ausgewiesen werden, ohne die totalitären und totalisierenden Züge der instrumentellen Vernunft anzunehmen.[72] *Drittens* enthält dieser an die normativen Strukturen der kommunikativen Alltagspraxis gebundene Rationalitätsbegriff hinreichenden normativen Gehalt, der dann auch zur Grundlage einer formalen Ethik werden kann, wobei sowohl der Rigorismus transzendentaler Pflichtethiken als auch der Dezisionismus traditionaler Sittlichkeitsethiken vermieden wird.[73]

Ausgangspunkt des kommunikationstheoretischen Rationalitätsbegriffs ist der enge Zusammenhang zwischen Rationalität, Wissen, Handlung und Sprache. Rationalität wird – wie schon bei Schnädelbach gesehen – als Disposition sprach- und handlungsfähiger Subjekte aufgefaßt, die ihre kommunikativen oder instrumentellen Handlungen nötigenfalls durch sprachliche Äußerungen *rational* rechtfertigen und begründen können. Rationalität ist damit intern mit guten Gründen und der Verständigung über diese verknüpft, also mit dem Erheben, Begründen und Einlösen von *Geltungsansprüchen*:

> Sie (i.e. Rationalität, B.D.) äußert sich in Verhaltensweisen, für die jeweils gute Gründe bestehen. Das bedeutet, daß rationale Äußerungen einer objektiven Beurteilung zugänglich sind. Das trifft für alle symbolischen Äußerungen zu, die mindestens implizit mit Geltungsansprüchen verbunden sind (oder mit Ansprüchen, die in einer internen Beziehung zu einem kritisierbaren Geltungsanspruch stehen). Jede explizite Überprüfung verlangt die anspruchsvolle Form einer Kommunikation, welche die Voraussetzungen der Argumentation erfüllt.[74]

Die Rekonstruktion der *Geltungsbasis der Rede*, also derjenigen allgemeinen und unvermeidlichen Bedingungen, die eine Verständigung überhaupt erst möglich machen, ist deshalb zentrales Ziel der Theorie des kommunikativen Handelns. Mit Hilfe der formalpragmatischen Präsuppositionsanalyse[75] läßt sich die formale Geltungsbedingung der Rede auf vier Kategorien von Geltungsansprüchen zurückführen: Den Anspruch auf *Verständlichkeit*, der als Grundbedingung jeder Kommunikation nur sprachimmanent eingelöst werden kann; den Anspruch auf *Wahrheit*, der mit

---

71 Vgl. Habermas 1981/I Kap. I: „Zugänge zur Rationalitätsproblematik".
72 Vgl. Habermas 1985 Kap. XII, v.a. 395.
73 Vgl. Habermas 1983, v.a. Kap.3 und 1992.
74 Habermas 1981/I:44.
75 Vgl. hierzu die erste Zwischenbetrachtung in Habermas 1981/I, den Aufsatz „Was heißt Universalpragmatik?" in Habermas 1984:353-440 sowie die zusammenfassenden Aufsätze „Handlungen, Sprechakte, sprachlich vermittelte Interaktionen und Lebenswelt" und „Zur Kritik der Bedeutungstheorie" (beide in Habermas 1988:63-104 bzw. 105-135); des weiteren meine Darstellung in Debatin 1989:29-39.

'Begründungsverpflichtungen' verbunden ist; den Anspruch auf *Richtigkeit*, der 'Rechtfertigungsverpflichtungen' nach sich zieht; und den Anspruch auf *Wahrhaftigkeit*, dessen 'Bewährungsverpflichtungen' aber nicht kommunikativ, sondern nur durch konsistentes Verhalten eingelöst werden können. In einem ernst gemeinten Sprechakt wird mindestens einer dieser Geltungsansprüche als illokutionärer Bestandteil der Rede unvermeidlicherweise erhoben. Mit der impliziten oder expliziten Äußerung eines Geltungsanspruches motiviert der Sprecher den Hörer rational zur Stellungnahme, also zur Annahme oder Ablehnung, zur Anerkennung oder zum Bestreiten des erhobenen Geltungsanspruches.[76] Dabei ist zu unterscheiden zwischen dem *kommunikativen Handeln* und dem *Diskurs*: Im kommunikativen Handeln, das der einvernehmlichen Koordination von Handlungen dient, werden Geltungsansprüche nebenbei und stillschweigend als erfüllbar bzw. einlösbar unterstellt. Wenn aber ein Geltungsanspruch problematisch, also nicht mehr durch den handlungsbegleitenden Hintergrundkonsens getragen wird, kann das brüchig gewordene Einverständnis im argumentativen Diskurs zum Gegenstand der Diskussion werden. Kommunikation wird dann als Kommunikation über Kommunikation reflexiv. Dabei treten die spezifischen prozeduralen Eigenschaften der kommunikativen Rationalität hervor:

> Die kommunikative Vernunft findet ihre Maßstäbe an den argumentativen Verfahren der direkten oder indirekten Einlösung von Ansprüchen auf propositionale Wahrheit, normative Richtigkeit, subjektive Wahrhaftigkeit und ästhetische Stimmigkeit.[77]

Die Möglichkeit des Diskurses gründet ebenso wie das einvernehmliche kommunikative Handeln auf der wechselseitigen Unterstellung von Zurechnungsfähigkeit, d.h. der unter den Bedingungen der doppelten Kontingenz reziprok verschränkten Erwartung von *Intentionalität* und *Legitimität* der Interagierenden.[78] Diese idealisierende Unterstellung kann sich erst im

---

[76] Die zentrale Bestimmung aus der Theorie des kommunikativen Handelns lautet dazu: „Ein Sprecher kann einen Hörer zur Annahme seines Sprechaktangebotes (...) rational motivieren, weil er aufgrund eines internen Zusammenhanges zwischen Gültigkeit, Geltungsanspruch und Einlösung des Geltungsanspruchs die Gewähr dafür übernehmen kann, erforderlichenfalls überzeugende Gründe anzugeben, die einer Kritik des Hörers am Geltungsanspruch standhalten. So verdankt ein Sprecher die bindende Kraft seines illokutionären Erfolges nicht der Gültigkeit des Gesagten, sondern dem Koordinationseffekt der Gewähr, die er dafür bietet, den mit seiner Sprechhandlung erhobenen Geltungsanspruch gegebenenfalls einzulösen." (Habermas 1981/I:406; vgl. auch ders. 1988:70f.).

[77] Habermas 1985:366. Habermas behandelt hier übrigens zu recht ästhetische Stimmigkeit und subjektive Wahrhaftigkeit als unterschiedliche Sphären. Allerdings können sie m.E. als zwei Spielarten des Wahrhaftigkeitsanspruches auf *Authentizität* zurückgeführt werden.

[78] Vgl. Habermas in: Habermas/Luhmann 1971:119. Intentionalität wird in der Theorie des kommunikativen Handelns unter dem Paradigma der doppelten Perspektivenverschränkung von vorne herein als 'gleichursprünglich' mit der intersubjektiven Bedeutung betrachtet (vgl. Habermas 1984:332) und nicht – wie in der intentionalistischen

Verlauf der Kommunikation als berechtigt oder als verfehlt herausstellen: Es besteht immer auch die Möglichkeit, daß anstelle von einvernehmlicher Kommunikation bzw. rationalen Diskursen offenes oder verdecktes strategisches Handeln praktiziert wird (Sanktion, Lüge, Betrug, Täuschung) oder daß die Kommunikation abgebrochen wird (Verweigerung, Umschalten auf Gewalt- und Machtmechanismen). Diese Umstellung auf das zweckrationale Kalkül impliziert jedoch zugleich den Verzicht auf die Möglichkeit zwangloser Verständigung.[79] Daß strategisches Handeln aber weder eine praktische Dauerlösung noch ein theoretisch sinnvoller Grundbegriff sein kann, zeigt sich in der Verknüpfung von Formalpragmatik und Lebensweltanalyse, bei der die *quasi-transzendentale* Unvermeidlichkeit der verständigungsorientierten Kommunikation zum Vorschein kommt: In den lebensweltlichen Zusammenhängen der kommunikativen Alltagspraxis zeigt sich eine kooperative, verständigungsorientierte Einstellung als *praktisch* unhintergehbar – strategisches Handeln ist immer nur als temporäre und gleichsam parasitäre Form sozialen Handelns möglich.[80] Kommunikative Rationalität ist auf der Basis der kommunikativen Kompetenz der Subjekte in diesem Sinne 'immer schon' in die Strukturen des kommunikativen Handelns 'eingebaut' – und da sie zur erfolgreichen Koordination von sozialem Handeln ebenso wie zur symbolischen Reproduktion von Persönlichkeit und Gesellschaft unvermeidlich ist, kann die kommunikative Rationalität gegenüber der Zweckrationalität als vorrangig betrachtet werden: Die „rational motivierende Kraft von Verständigungsleistungen" durch das vorbehaltlose Verfolgen illokutionärer Ziele liegt – so Habermas – dem zweckrationalen Handeln zugrunde und geht ihm voraus. Mit dieser Fundierung der Rationalität in der kommunikativen Alltagspraxis ist zugleich die Verabschiedung 'reiner' Vernunftbegriffe verbunden:

Philosophie – unter den Primat intentionaler Bewußtseinszustände von isolierten Subjekten gebracht, die erst in einem zweiten Schritt anderen Subjekten diese Zustände zu verstehen geben (zum Intentionalismus vgl. etwa Hörmann 1978, Grice 1979a/b, Searle 1987, Dennett 1987).

[79] „Das kommunikative Handeln unterscheidet sich also vom strategischen in der Hinsicht, daß sich eine erfolgreiche Handlungskoordinierung nicht auf die Zweckrationalität der jeweils individuellen Handlungspläne stützt, sondern auf die rational motivierende Kraft von Verständigungsleistungen, auf eine Rationalität also, die sich in den Bedingungen für kommunikativ erzieltes Einverständnis manifestiert." (Habermas 1988:70)

[80] „Aus der Sicht der Kommunikationstheorie können (...) strategische Interaktionen nur innerhalb des Horizonts andernorts bereits konstituierter Lebenswelten auftreten – und zwar als Alternativen für versagende kommunikative Handlungen. Sie besetzen gleichsam nachträglich soziale Räume und historische Zeiten, also Abschnitte in Dimensionen einer vorgängig durch kommunikatives Handeln konstituierten Lebenswelt." (Habermas 1988:97; vgl. auch ders 1983:111f., ders. 1984: 488, sowie ders. 1988: 63-104).

> Es gibt keine reine Vernunft, die erst nachträglich sprachliche Kleider anlegte. Sie ist eine von Haus aus in Zusammenhängen kommunikativen Handelns wie in Strukturen der Lebenswelt inkarnierte Vernunft.[81]

Dieser quasi-transzendentale Status der kommunikativen Rationalität kann nun auch zur Begründung einer Typenhierarchie herangezogen werden: Wenn nämlich auf diese Weise Rationalität intern mit den formalpragmatischen Strukturen der Kommunikation verbunden ist, dann kann die kommunikative Vernunft in der Tat als ein 'Basistypus' der Rationalität ausgezeichnet werden, der einen umfassenden und formalen Rationalitätsbegriff zu formulieren erlaubt und von dem aus andere Rationalitätstypen der normativen Beurteilung unterzogen werden können.[82] Entsprechende *Rationalitätskriterien* lassen sich aus der strukturellen Unhintergehbarkeit der Kommunikation – und d.h. ihrer Geltungsbasis – gewinnen:

> Wer immer sich auf Kommunikation einläßt, und gemäß der paradigmatischen Grundannahmen der Sprachphilosophie ist ein Austritt aus dem 'Gespräch', das wir nach Gadamer 'sind', konstitutiv gar nicht möglich, läßt sich auch auf einen minimalen Bestand nicht-verwerfbarer kommunikativer Regeln ein.[83]

Dies heißt: wer ernsthaft am Sprachspiel der Kommunikation teilnehmen will, erkennt mit einer gleichsam transzendentalen Nötigung diese Regeln als sinnvoll und vernünftig an. Die entscheidende rationale Grundregel sowohl des kommunikativen Handelns wie des argumentativen Diskurses ist dabei die Vermeidung pragmatischer Inkonsistenzen, also die Vermeidung von performativen Widersprüchen zwischen dem geäußerten Geltungsanspruch als illokutionärem Bestandteil eines Sprechaktes und dem propositionalen Gehalt desselben Sprechaktes. Mit dieser seit Kants kategorischem Imperativ prominent gewordenen, aber sprachphilosophisch transformierten *konsistenzlogischen Bestimmung* der Vernunft werden interne und externe Konsistenz (als zentrale Rationalitätskriterien, vgl. oben I-2.2) systematisch miteinander verbunden: Die interne Angemessenheit des Handelns bzw. Kommunizierens kann am selbstreferentiellen Maßstab der Vermeidung pragmatischer Selbstwidersprüche beurteilt werden und zugleich dient dieses Kriterium als Universalisierungsregel im Sinne der externen

---

[81] Habermas 1985:374.
[82] Vgl. Schnädelbach 1991:292 und oben Kap. I-1.2 sowie zur transzendentalpragmatischen Begründung einer Theorie der Rationalitätstypen: Apel 1984. Fraglich bleibt aber, ob Apels apriorischer Letztbegründungsanspruch auf der Basis seiner Transzendentalpragmatik notwendig und sinnvoll ist. Der Sinngehalt der Apelschen Argumentation läßt sich auch ohne den transzendentalphilosophischen Letztbegründungsballast mit den Mitteln der formalpragmatischen Rekonstruktion aufzeigen (vgl. Habermas 1981/II:586ff. und Gripp 1984). Deshalb auch Habermas' Bemühen, nicht am Spezialfall der rationalen Argumentation, sondern in der kommunikativen Praxis überhaupt ein Fundament der Rationalität zu gewinnen. Vgl. hierzu auch die schon bei Habermas 1973:152f. entwickelten Argumente.
[83] Gripp 1984:132.

Konsistenz.[84] Als grundlegendes Rationalitätskriterium der kommunikativen Vernunft ist damit die *Orientierung an der pragmatischen Konsistenz von Äußerungen* zu bestimmen. Aus diesem allgemeinen pragmatischen Kriterium ergeben sich für die Analyse der Metapher wichtige Konsequenzen, die ich in Kapitel I-2.5 diskutieren werde.

2.4 Zwischen Universalismus und Kontextualismus

Der hier dargelegte Begriff der kommunikativen Rationalität ist – abgesehen von anderen Einwänden, die mehr die soziologische Diskussion betreffen[85] – innerhalb der gegenwärtigen Rationalitätsdebatte vor allem im Hinblick auf seinen Geltungs- und Allgemeinheitsanspruch umstritten. Hier stehen sich universalistische und kontextualistische Ansätze gegenüber, wobei sich zwischen starkem Universalismus, vorsichtigem Universalismus, gemäßigtem Kontextualismus und starkem Kontextualismus graduelle Unterschiede, aber auch Ähnlichkeiten ausmachen lassen. Ich will deshalb im folgenden diskutieren, inwieweit diese Positionen aufeinander bezug nehmen und inwiefern sie sich untereinander vermitteln lassen.

Mit der Philosophie von Jürgen Habermas ist – vor allem im universalpragmatischen Programm, das Habermas jedoch aus prinzipiellen Bedenken gegenüber dem starken Universalismus selbst in einen 'schwächeren' formalpragmatischen Ansatz überführt hat – ein eher universalistischer Anspruch verknüpft: Da Geltungsansprüche ein alle raum-zeitlichen Kontexte transzendierendes „Moment der Unbedingtheit" enthalten, kann für den Begriff der kommunikativen Vernunft zunächst ein allgemeiner, kulturell und geschichtlich ungebundener Anspruch erhoben werden. Demgegenüber faßt Richard Rorty[86] in der Tradition Nietzsches Rationalität als kontingente und kontextabhängige (Sprach-) Spielregel auf, die mit dem Wechsel des Kontextes selbst auch ihre Gültigkeit verliert. Für einen solchen *starken Kontextualismus* kann es keine allgemeine und zentrale Instanz namens 'Vernunft' geben. Dies bedeutet nicht, daß der Begriff der Rationalität deshalb für Rorty sinnlos wäre: Rationalität gilt ihm (etwa in seiner Freudinterpretation) als ein Anpassungsmechanismus, der Idiosynkrasien und Kontingenzen verstehen und bewältigen hilft, d.h. als eine „Strategie

---

[84] Auf der Regel der pragmatischen Konsistenz bauen Begründung und Verfahren der formal- bzw. transzendentalpragmatischen Diskursethik auf (vgl. Habermas 1983 und 1992; Apel 1990) und z.B. auch die Begründung der Ethik institutionellen Handelns (vgl. Hubig 1982).
[85] Zu solchen Einwänden gegen die Theorie des kommunikativen Handelns, die hier nicht weiter verfolgt werden, vgl. Honneth/Joas 1986.
[86] Vgl. Rorty 1989.

des Umgangs mit Kontingenzen".[87] Rorty kann und will also keine allgemeinen Rationalitätskriterien begründen; für ihn besteht die Vernunft theoretischer Erkenntnis und praktischer Solidarität in der Fähigkeit zur Wahrnehmung von Ähnlichkeiten und Unterschieden, die ihrerseits wiederum vom jeweils geltenden Vokabular – d.h. vom historisch kontingenten Satz an usuellen Metaphern – und vom Verwendungszusammenhang abhängen. Die Entstehung von gruppenspezifischer Übereinstimmung, aufgrund derer sich ähnliche Vorstellungen herausbilden (etwa darüber, wer zu 'uns' gehört und deshalb unsere Solidarität genießen kann), wird als geschichtlicher Zufall ohne verallgemeinerbaren Gehalt gedeutet: „Eine solche Übereinstimmung hat keine (Habermas möge verzeihen) ahistorischen Bedingungen der Möglichkeit, sondern sie ist einfach ein glückliches Erzeugnis bestimmter historischer Umstände."[88]

Gerade im Herausstellen dieser Zufälligkeiten sieht Rorty die Aufgabe einer der Aufklärung verpflichteten, aber skeptischen Philosophie, die sich des Anthropo- und Ethnozentrismus der okzidentalen Rationalität bewußt ist. Eine Philosophie, die auf einem derart ausgeprägten *Kontingenzbewußtsein* beruht, kann allerdings weder Allgemeingültigkeit noch Allgemeinbegriffe anerkennen. Dementsprechend zeigt sich auch Rortys Sprachphilosophie als spätwittgensteinscher Kontextualismus mit nominalistischen, behaviouristischen und instrumentalistischen Zügen.[89] Im Hinblick auf die Metapher bedeutet dies, daß es für Rorty – angesichts von kontingent einander ablösenden metaphorischen Beschreibungen der Welt – keine Kriterien zur Entscheidung zwischen alternativen Metaphern geben kann,[90] also über das oben erwähnte Kriterium der Anpassung an Kontingenz hinaus auch keine Rationalitätskriterien aus Rortys Philosophie zu gewinnen sind. Wie in Nietzsches Philosophie wird daher die Metapher hier zwar als unvermeidlich, aber zugleich, da Ausdruck geschichtlichen Zufalls, letztlich als irrational verstanden. Und wie in Nietzsches Philosophie bleibt auch für Rorty konsequenterweise nur noch der Ausweg in die *Ironie*, die eine dauernde Brechung scheinbar abgeschlossener Vokabulare durch Ironisierung und metaphorische Neubeschreibungen gewährleistet, wobei „das Ziel ironistischer Theorie ist (...), den metaphysischen Drang, den Drang zum Theoretisieren, so gut zu verstehen, daß man vollkommen frei von ihm wird".[91]

---

87 Vgl. Rorty 1989:52-83.
88 Rorty 1989:315.
89 In der Tradition des angelsächsischen Naturalismus stehend geht Rorty von einem instrumentellen Werkzeugmodell der Sprache aus, das er mit den behaviouristischen Annahmen Quines und Davidsons verknüpft. Die sich daraus ergebenden metapherntheoretischen Probleme behandele ich in Kapitel II-1.2.
90 Vgl. Rorty 1989:48 und 128.
91 Rorty 1989:163.

Die Ironie ist also mehr als eine theoretische Position, sie ist zugleich Lebensstil:

> ...nie ganz dazu in der Lage sein, sich selbst ernst zu nehmen, weil immer dessen gewahr, daß sich die Begriffe, in denen sie sich selbst beschreiben, Veränderungen unterliegen; immer im Bewußtsein der Kontingenz und Hinfälligkeit ihrer abschliessenden Vokabulare, also auch ihres eigenen Selbst.[92]

Das in der Ironie derartig reflexiv gewordene Kontingenzbewußtsein ist gleichsam die Subjektseite des Kontextualismus, d.h. unter der Bedingung eines starken Kontextualismus ist die Ironie die einzig verbleibende Haltung – und man ist versucht zu sagen: die einzig *vernünftige* Haltung, womit wieder implizit auf einen umfassenden Rationalitätsbegriff Bezug genommen würde. Rorty gerät selbst in diesen Zirkel, wenn er zum einen die kontextinterne Anpassung an Kontingenzen, zum anderen die kontextsprengende Kraft der Ironie und zum dritten das überkontextuelle, gleichsam transzendente Ethos der Solidarität und des Mitleids (im Schopenhauerschen Sinne) proklamiert.[93]

Das Grundproblem eines solchen starken Kontextualismus besteht allerdings darin, auch die von ihm selbst in Anspruch genommenen Rationalitätsmaßstäbe als kontingent setzen zu müssen. Ein unbegrenzter Kontextualismus, der jederzeit alles als revidierbar setzt, zerstört jedoch, wie Hilary Putnam einwendet, spätestens mit seiner Selbstanwendung die Basis auch seiner eigenen Aussagen:

> Derartige Revisionen können nicht grenzenlos sein, sonst hätten wir keinen Begriff mehr von etwas, das wir noch als *Rationalität* bezeichnen können, aber es ist uns im allgemeinen nicht möglich, diese Grenzen zu formulieren.[94]

Ähnlich verhält es sich nach Putnam mit der auf dem kontextualistischen Konzept aufbauenden These einer prinzipiellen Inkommensurabilität verschiedener wissenschaftlicher Paradigmata und epochaler Diskurse. Eine prinzipielle Inkommensurabilität würde uns gar nicht ermöglichen, über andere Auffassungen sinnvoll zu sprechen: Sie würde auf eine Unübersetzbarkeit dieser Auffassungen hinauslaufen, da man als rein externer Beobachter mit opaken und unverständlichen Bedeutungen zu rechnen hätte. Bei einer solchen prinzipiellen Unübersetzbarkeit aber könnten wir gar nicht sagen, inwiefern sich diese Auffassungen von unseren oder anderen unterscheiden. Deshalb muß es – wenn es auch keine Synonymität zwischen den Begriffen verschiedener Sprachspiele geben kann – so doch immerhin einiges geben, das kommensurabel und insofern interpretierbar und ver-

---

[92] Rorty 1989:128.
[93] Die Nähe zwischen Rorty und Habermas ist hier möglicherweise größer, als beide zuzugeben bereit wären (vgl. zu dieser Lesart auch Horster 1991).
[94] Putnam 1982:117 (Hervorhebung im Original).

ständlich ist.⁹⁵ Insofern wird, so kann man auf der Basis der Putnamschen Überlegungen fortfahren, entgegen der Meinung Nietzsches und Rortys nicht nur einfach ein ethnozentrisch motivierter Satz von Metaphern gegen einen anderen ausgetauscht, sondern es gibt, gestützt durch den Prozeß der Geschichte und die wechselseitige Unterstellung von Rationalität, nicht nur synchrone, sondern auch diachrone Übersetzungs- und Verstehensmöglichkeiten verschiedener epochaler Metaphern und Paradigmata. Dabei wird nicht nur einfach 'unsere' Sprache in eine andere übersetzt, vielmehr muß hier ein *wechselseitiger* Lernprozeß stattfinden, der eine 'Horizontverschmelzung' erst möglich macht.⁹⁶ Eine Überwindung der Inkommensurabilität ist deshalb nur durch *praktische Verständigungsprozesse*, und nicht durch theoretische Vergleiche oder einen inkommensurabilitätsneutralen 'Metarahmen' zu erreichen.⁹⁷

Das von Putnam hierbei in Anschlag gebrachte Rationalitätsargument einer *transzendentalen Sinnkritik* beruht wieder auf dem Sinnkriterium der Vermeidung von pragmatischer Selbstwidersprüchlichkeit, also auf der Forderung nach pragmatischer Konsistenz: Wir können nicht sinnvoll argumentieren, wenn wir dabei nicht ein Mindestmaß an Rationalität – das 'minimale Widerspruchsprinzip', das von der generellen Revidierbarkeit auszunehmen ist⁹⁸ – unterstellen. Rationalität hat also nach Putnam mit der Möglichkeit und der Fähigkeit zu tun, in einer argumentativen Auseinandersetzung etwas über die Grenzen des jeweiligen kulturellen Kontextes hinaus als rational zu akzeptieren:

> Falls es so etwas wie Rationalität überhaupt gibt – und indem wir uns auf die Tätigkeit des Sprechens und der *argumentativen Auseinandersetzung* einlassen, legen wir uns darauf fest, daß wir an irgendeinen Rationalitätsbegriff glauben – ist es selbstwidersprüchlich, zugunsten der Position zu *argumentieren*, die Rationalität sei identisch mit (oder eine echte Teilmenge von) etwas, das durch die institutionalisierten Normen unserer Kultur als Exempel der Rationalität bestimmt wird. Denn kein derartiges Argument läßt sich ausschließlich durch diese Normen als korrekt oder auch nur als wahrscheinlich erweisen.⁹⁹

Im internen Realismus Putnams sind deshalb Geltungsbegriffe wie 'Begründen', 'Wahrheit' und 'Referenz' nicht kontextualistisch, sondern allgemein

---

95 Vgl. Putnam 1982:154ff.
96 Vgl. Gadamer 1960:250-290. Dazu bemerkt Habermas: „Die Verschmelzung der Interpretationshorizonte, auf die nach Gadamer jeder Verständigungsprozeß abzielt, bedeutet keine Assimilation an 'uns', sondern immer eine durch Lernen gesteuerte Konvergenz 'unserer' und 'ihrer' Perspektiven – gleichviel ob 'sie' oder 'wir' oder beide Seiten die bloß üblichen Rechtfertigungspraktiken mehr oder weniger reformieren müssen." (Habermas 1988:178).
97 Vgl. Lueken 1992, der eine ausführliche Darstellung dieses inkommensurabilitätsüberwindenden *praktischen* Lernprozesses gibt. Zur Kritik an Putnam vgl. ders. v.a. S 125ff.
98 Vgl. Franzen 1985:192.
99 Putnam 1982:152 (Hervorhebungen im Original).

gefaßt.[100] So wie 'Begründen' zum Sprachspiel der Argumentation gehört, dessen Rationalität nicht zur Disposition steht, sondern im Vollzug der Argumentation unvermeidlicherweise in Anspruch genommen wird, so ist auch 'Wahrheit' als Teil dieses Sprachspiels zu begreifen: Eine Aussage für wahr zu halten bedeutet, daß sie rational akzeptierbar, also innerhalb eines (kohärenten und angemessenen) Begriffssystems kohärent und angemessen ist. Ähnlich wie in der Habermasschen Konsensustheorie ist 'Wahrheit' im Sinne und unter dem kontrafaktischen Regulativ einer *idealen Rechtfertigung* zu verstehen.[101] Gibt es verschiedene oder gar unvereinbare Wahrheitsversionen, die gleichwohl rational akzeptierbar sind, so ist dies nicht als Argument für einen prinzipiellen Relativismus zu bewerten, sondern als Ausdruck dafür, daß die in Frage stehen Tatsachen 'weich', also interessen- und interpretationsabhängig sind. Die Bestimmung von 'Referenz' ist dabei „gesellschaftlich und nicht individuell bedingt": Referenzbeziehungen werden durch den praktischen Umgang, also den jeweiligen Handlungszusammenhang bestimmt, der selbst wieder ein Netz aus kohärenten Bezügen bildet.[102]

Über diese formale Bestimmung hinaus läßt sich allerdings Rationalität nach Putnam nicht weiter allgemein und positiv bestimmen, da kein 'neutraler' Standort existiert, von dem aus eine solche Bestimmung vorgenommen werden könnte. Konkrete Rationalität und darauf aufbauende jeweilige Rationalitätsstandards sind für Putnam immer ein Resultat der geschichtlichen, kulturellen und gesellschaftlichen Entwicklung. Einem Unternehmen des Habermasschen Typs, das formale Präsuppositionen der kommunikativen Vernunft herauszuarbeiten beansprucht, steht Putnam deshalb mit zunehmender Sympathie gegenüber, zumal Habermas, wie erwähnt, seinen anfänglich starken Universalitätsanspruch zugunsten eines rekonstruktiv-formalen Ansatzes aufgegeben hat.[103] Insbesondere teilt Putnam mit Habermas die Auffassung, daß es einen nicht zur Disposition stehenden Kernbe-

---

100 Vgl. zum folgenden auch Franzen 1985:170ff.
101 Vgl. Putnam 1982:83 und Habermas' „Wahrheitstheorien" (in 1984:127-183)
102 So zumindest Putnams Auskunft im ersten Kapitel von „Vernunft, Wahrheit und Geschichte". Damit setzt er sich auch gegenüber der in Putnam 1979 vertretenen kausalen Referenztheorie ab (vgl. Franzen 1985:176ff.). Zu den daraus folgenden ethischen Konsequenzen vgl. Putnam 1982 Kap. IX.
103 So zitiert und kommentiert Habermas zustimmend folgende Passage von Putnam: „»Diese kommunikative Vernunft ist 'immanent', nämlich außerhalb konkreter Sprachspiele nicht zu finden, und zugleich transzendent – eine regulative Idee an der wir uns orientieren, wenn wir unsere Tätigkeiten und Einrichtungen kritisieren.« Um es in meinen eigenen Worten zu sagen: Die für Propositionen und Normen beanspruchte Geltung transzendiert Räume und Zeiten, aber der Anspruch wird jeweils hier und jetzt, in bestimmten Kontexten erhoben und mit faktischen Handlungsfolgen akzeptiert oder zurückgewiesen." (Habermas 1988:179)

reich des Rationalen gibt und daß dieser universell gültige Bereich intern mit den Strukturen des Sprachspiels 'Argumentation' verbunden ist.[104]

Putnams Position eines *vorsichtigen Universalismus* trifft sich gleichzeitig in einigen Punkten auch mit der *schwachen Version des Kontextualismus*: Nelson Goodman und Catherine Elgin versuchen mit ihrer allgemeinen Symboltheorie einen nichtrelativistischen Kontextualismus zu begründen, der der Kontingenz und der Verschiedenartigkeit von Symbolsystemen Rechnung trägt und zugleich noch allgemeine Aussagen zuläßt. Dazu unterziehen sie herkömmliche Geltungsbegriffe einer Revision und schlagen vor, den Begriff der Wahrheit durch den der Richtigkeit (in Bezug auf die jeweilige Verwendung eines Symbols oder eines Symbolsystems), den Begriff der Gewißheit durch das Konzept der Übernahme (von Gewohnheiten, Strategien, Symbolen etc.) und ebenso den Begriff des Wissens durch den des Verstehens (als einem kognitiven Vermögen zur Welterzeugung und -deutung) zu ersetzen, da diese revidierten Konzepte eine größere Reichweite aufweisen.[105] Mit dieser „Neufassung der Philosophie" wird – so Goodman und Elgin – nicht mehr das unbedingte, wahre Wissen über die eine Welt angestrebt, sondern ein Verstehen verschiedener Weltversionen und ihrer Symbolsysteme. Dennoch ist damit keine relativistische Position bezogen, sondern vielmehr eine *konstruktivistische Perspektive*: Das Erzeugen, die Interpretation und der Gebrauch von verschiedenen Weltversionen durch Symbolsysteme in unterschiedlichen Kontexten wird als grundlegende, schöpferische Fähigkeit des Menschen aufgefaßt. Bei der Unterscheidung zwischen diesen Versionen als 'richtigen' und 'falschen', 'gelungenen' und 'mißlungenen' oder 'wahren' und 'unwahren' ist die *interne Angemessenheit* im Hinblick auf den Gebrauchszusammenhang des Symbolsystems das entscheidende Kriterium für Richtigkeit. Dies gilt für die Richtigkeit von Handlungen ebenso wie für ästhetische Gebilde und auch für die Frage nach der Wahrheit:

> ... selbst dort, wo Wahrheit gesucht wird, da ist dies keine transzendente, das Jenseitige betreffende Wahrheit, sondern immanente Wahrheit, die das betrifft, was die zur Prüfung anstehende Version erzeugt und worauf sie Bezug nimmt.[106]

Vor allem bei dem Begriff der Richtigkeit besteht zwischen der Putnamschen Auffassung und der von Goodman und Elgin eine große Nähe: Wie bei Putnam die rationale Akzeptierbarkeit allgemein von ihrem 'Passen' in ein Begriffssystem abhängt, so ist für Goodman und Elgin das Problem, wie 'Richtigkeit' festzustellen ist, durch das allgemeine Kriterium ihres

---

[104] Dementsprechend wird Putnam von Habermas auch als Beispiel für eine kluge Verteidigung universalistischer Positionen herangezogen (vgl. Habermas 1988: 175ff. und 277).
[105] Vgl. hierzu Goodman/Elgin 1989, v.a. Kap.X.
[106] Goodman/Elgin 1989:214.

„Passens in einen Kontext oder Diskurs oder einen bestehenden Komplex aus anderen Symbolsystemen"[107] zu lösen. Damit 'Richtigkeit' eine Wirkung entfalten kann, muß sie ihrerseits in ein Symbolsystem übernommen werden, wobei die 'Übernahme' selbst auch wieder nach Kriterien der Richtigkeit beurteilt wird:

> Übernahme hat es mit dem Ingangsetzen einer Wirkung, mit dem Erzeugen oder dem Versuch zur Erzeugung eines Passens zu tun. Ein Symbol zu übernehmen bedeutet, es in den Apparat im Gebrauch, in das fertige Gefüge, in das im Entstehen befindliche Werk zu inkorporieren.[108]

Die prominente Stellung des Begriffs der Übernahme ist intern verknüpft mit der herausragenden Stellung der *Metapher* in der Symboltheorie: Die Metapher ist – so ließe sich der symboltheoretische Ansatz zusammenfassen[109] – der entscheidende sprachliche Mechanismus, durch den das Netzwerk der Sprache verändert wird und durch den neue Bedeutungen in die verschiedenen Symbolsysteme übernommen werden. Gegen die beharrende Kraft des Hintergrundes (tradierte Selbstverständlichkeiten, Gewohnheiten, stabile Überzeugungen etc.), der die Übernahme von wörtlichen, also etablierten Bedeutungen favorisiert, stellt die Metapher die innovative Kraft des jeweiligen Kontextes, durch die neue, ungewohnte Bedeutungen erzeugt und in ein Symbolsystem eingepaßt werden. In der Theorie Goodmans und Elgins ist die Metapher damit sowohl als grundlegendes Prinzip der Sprache als auch als ein rationaler Mechanismus ausgezeichnet. — Die Konsequenzen dieses Ansatzes werden zentraler Punkt meiner Auseinandersetzung im zweiten Teil sein.

Welche Folgerungen ergeben sich nun aus diesen Überlegungen für den Begriff der kommunikativen Rationalität im Hinblick auf seinen Geltungs- und Allgemeinheitsanspruch? Zunächst ist mit Rorty die bedeutsame Rolle der Kontingenz deutlich geworden. Die Geschichtlichkeit des Menschen bedeutet auch sein Geworfensein in je kontingente Umstände mit je unterschiedlichen Werten, Sprachformen, Metaphern, Weltdeutungen und Idiosynkrasien. Dieses *Kontingenzproblem* ist v.a. in den nachgereichten Kommentaren zur Theorie des kommunikativen Handelns von Habermas selbst immer stärker thematisiert und in der Auseinandersetzung mit Rorty und dem Kontextualismus berücksichtigt worden.[110]

Auf geltungslogischer Ebene hat jedoch Putnam gegen Rorty den sinnkritischen Vorbehalt stark gemacht, daß ein allgemeiner Relativismus sich an der Inkonsistenz des eigenen Geltungsanspruches ad absurdum führt. In diesem Sinne ist ein Kernbestand der kommunikativen Rationalität 'immer

---

[107] Goodman/Elgin 1989:208 (Hervorhebung im Original).
[108] Goodman/Elgin 1989:210.
[109] Vgl. hierzu weiter unten, v.a. Kap. II-1 und II-5.1.
[110] Vgl. Habermas 1985 und 1988.

schon' in Anspruch genommen, wenn sinnvoll argumentiert wird. Die scheinbare Unüberwindbarkeit unterschiedlicher Paradigmata, die Kontingenz usueller Sätze von Metaphern findet ihre Grenze an dieser *formalen* Rationalitätsunterstellung. Diese Unterstellung kann, jenseits konkreter Rationalitätsausprägungen, nach Habermas als universell an- und eingesehen werden:

> ...Konzepte wie Wahrheit, Rationalität oder Rechtfertigung spielen in jeder Sprachgemeinschaft, obwohl sie verschieden interpretiert und nach verschiedenen Kriterien angewendet werden, dieselbe grammatische Rolle.[111]

Allerdings setzt eine solche quasi-transzendentale Bezugnahme auf eine formalpragmatische Konsistenzlogik der Vermeidung performativer Widersprüche, wie Martin Jay[112] zeigt, einige theoretische Vorentscheidungen voraus: Sprache darf dann nicht – wie etwa im Begriff der *langue* des Strukturalismus und in Foucaults Diskurstheorie – allein außerhalb und unabhängig von den Subjekten gedacht werden; auch muß sie – entgegen der dekonstruktivistischen Auffassung – zumindest mit *pragmatisch-logischen* Kategorien erfaßbar sein, und der performative Widerspruch darf nicht – wie in De Mans Nietzsche-Interpretation – als allgemeines und immanentes Prinzip der Sprache aufgefaßt werden. Die Begründung dieser Vorannahmen nimmt in der Theorie Habermas' einen entsprechenden Raum ein, ihre schließliche Evidenz läßt sich letztlich nur durch die *praktische Entscheidung* zur Teilnahme an einer vernünftigen, intersubjektiven Argumentation aufweisen.[113] In diesem Sinne sind wir nach Putnam auch „aufgefordert, uns an einem wahrhaft menschlichen Dialog zu beteiligen, an einem Dialog, der das Kollektive mit der Verantwortung des Einzelnen verbindet".[114]

Darüber hinaus ließe sich aber auch einwenden, daß diese formal-prozedurale kommunikative Rationalität durchaus noch nicht allgemein begründet ist, denn sie könnte ja ebensogut eine nur historische und damit kontingente Ausprägung von Rationalität darstellen, womit ihr Allgemeinheitsanspruch erheblich eingeschränkt würde. Eine solche *Historizität der Rationalität* wird von Habermas jedoch gar nicht abgestritten, vielmehr zeigt er in der Theorie des kommunikativen Handelns, daß die Ausdifferenzierung von Geltungssphären mit dementsprechenden Diskurstypen und Geltungsansprüchen das Resultat eines evolutionären, historischen Rationalisierungs-

---

[111] Habermas 1988:178.
[112] Vgl. Jay 1989
[113] Vgl. zur *theoretischen* Begründung die erste und zweite Zwischenbetrachtung in Habermas 1981 sowie die Texte in Habermas 1984 (v.a. „Was ist Universalpragmatik?") und Habermas 1985. Zur *ethischen* Begründung vgl. v.a. Habermas 1983 und 1992.
[114] Putnam 1982:285; ähnlich auch Habermas (1973:194), der die Notwendigkeit einer 'Parteilichkeit für Vernunft' hervorhebt.

prozesses ist, der erst in der Moderne ein – dann allerdings unumkehrbares und insofern allgemeines – Niveau von formaler Kommunikationsrationalität erreicht.[115] Damit ist tatsächlich nur noch ein formaler Rationalitätsbegriff begründbar, weshalb Habermas sich stets in zwei Richtungen zu verteidigen genötigt sieht:

> Aus der Sicht des metaphysischen Einheitsdenkens ist der Verfahrensbegriff der kommunikativen Vernunft zu schwach, weil er alles Inhaltliche in den Bereich des Kontingenten entläßt und sogar erlaubt, die Vernunft selbst als kontingent entstanden zu denken. Zu stark wiederum ist er aus kontextualistischer Sicht, weil sich im Medium sprachlicher Verständigung noch die Grenzen angeblich inkommensurabler Welten als durchlässig erweisen.[116]

Die Theorie des kommunikativen Handelns bietet, so ließe sich resümieren, wie die Putnamsche Sprachphilosophie im Mittelweg zwischen Relativismus und Metaphysik die Möglichkeit, mit dem Begriff der formalprozeduralen kommunikativen Vernunft einen 'skeptischen und nachmetaphysischen, aber nicht-defaitistischen Vernunftbegriff' (Habermas) zu begründen.

In ähnlicher Weise wie die Überlegungen Putnams können auch die symboltheoretischen Überlegungen von Goodman und Elgin eher als Ergänzung denn als Negation des Begriffs der kommunikativen Vernunft verstanden werden: Gegenüber der Habermasschen Dreiteilung von theoretischem, praktischem und ästhetischem Diskurs mit drei scharfgeschnittenen, diskursiven Geltungsansprüchen entwickelt die allgemeine Symboltheorie die Idee vielfältiger sprachlicher und nichtsprachlicher Symbolsysteme in ganz verschiedenen Kontexten, die gleichwohl mit einem Anspruch auf Geltung verbunden sind, nämlich dem der Richtigkeit im Sinne von *innerer Stimmigkeit*. Dies bedeutet dann nicht unbedingt einen Gegensatz zur Theorie von Habermas, wenn man die allgemeine Symboltheorie als eine Erweiterung des Begriffs der kommunikativen Rationalität auf nichtdiskursive Sphären betrachtet. Die Geltungskriterien werden dann aufgrund des nichtpropositionalen Charakters dieser Sphären entsprechend 'weicher' sein müssen, aber dafür eine größere Reichweite aufweisen. Diese Erweiterung ist, wie ich meine, schon in der Differenz zwischen kommunikativem Handeln und Diskurs angelegt: Der Diskurs ist die Sphäre der rationalen explizit-prozeduralen Begründung, in dem Geltungsansprüche und -kriterien problematisiert und argumentativ reflektiert werden. Im Gegensatz dazu findet sich im kommunikativen Handeln eine *Rationalität des lebensweltlichen Vorgriffs* auf die Möglichkeit vernünftiger Begründung, die mit jeder impliziten, also unproblematischen Anerkennung eines Geltungsanspruches kontrafaktisch unterstellt wird. Diese Vorgriffsstruktur ist auch auf das

---

[115] Vgl. Habermas 1981/I und II, v.a. Kap. II und Kap. V, sowie Habermas 1976.
[116] Habermas 1988:154.

symbolische Handeln in nichtdiskursiven Sphären übertragbar. Die Ausdehnung des kommunikativen Rationalitätsbegriffs auf nichtdiskursive Sphären ist aber für die Analyse und die Bewertung der Metapher gerade deshalb von Bedeutung, da diese oftmals über das Feld des Begrifflichen hinaus ins Bildlich-Vorbegriffliche, ins Imaginative und Implizite reicht. Gleichzeitig ist es, wie wir im zweiten Teil dieser Arbeit sehen werden, gerade die Metapher, die aufgrund der ihr eigenen *rationalen Vorgriffsstruktur* die Rationalität dieser Ausdehnung garantiert.[117]

Die entscheidende Gemeinsamkeit zwischen der Putnamschen Version des Universalismus, dem symboltheoretischen Kontextualismus und der Theorie des kommunikativen Handelns besteht insgesamt gesehen darin, daß ein handlungsrationaler Begriff der Vernunft im Zusammenhang mit der Praxis der Argumentation bzw. der Symbolverwendung im weiteren Sinne entwickelt wird. Rationalität, so scheint es, ist auf interne Weise mit der intersubjektiv geteilten Sprach- und Symbolverwendung verbunden. Der Geltungs- und Allgemeinheitsanspruch der kommunikativen Rationalität kann so, zumindest von den Positionen eines gemäßigten Kontextualismus und eines vorsichtigen Universalismus aus, akzeptiert werden. Erleichtert wird diese Akzeptanz vor allem auch durch den Verzicht des formalpragmatischen Begriffs der kommunikativen Vernunft auf den Fundamentalismus einer metaphysischen oder transzendentalpragmatischen *Letztbegründung*. Argumentation und Geltungsansprüche werden vielmehr als unvermeidlicher 'grammatischer Sachverhalt' eines fallibilistischen Sprachspiels interpretiert:

> Das Moment Unbedingtheit, das in den Diskursbegriffen der fehlbaren Wahrheit und Moralität aufbewahrt ist, ist kein Absolutes, allenfalls ein zum kritischen Verfahren verflüssigtes Absolutes.[118]

Die falsche Alternative zwischen Absolutismus und Relativismus läßt sich also überwinden, sobald man statt eines universalistischen und letztbegründeten Vernunftbegriffs einen in Praxiszusammenhängen verwurzelten Begriff reflexiver Kommunikationsrationalität entwickelt, der zwar einerseits kontextübergreifende und formale Minimalbedingungen angibt, andererseits jedoch die inhaltliche Seite dieser Rationalität in die Kontingenz

---

[117] Allerdings müssen aus der Sicht einer Theorie der kommunikativen Vernunft – und damit wäre der Kontextualismus Goodmans und Elgins normativ eingeschränkt – die nichtdiskursiven Sphären auf diskursive Sphären rückbeziehbar sein: Das symbolische Handeln muß zumindest im Prinzip sinnvoll und insofern begründbar sein (vgl. dazu auch obige Anmerkung 74) und die Metapher muß sich zumindest im Prinzip in der *Metaphernreflexion* als rational erweisen können (vgl. hierzu weiter unten, v.a. Kap. II-2).
[118] Habermas 1988:184; vgl. dazu auch Habermas' Kritik der transzendentalpragmatischen Letztbegründung (z.B. in 1973:152f., 1986:349ff. und 1988:276f.)

historischer Kontexte verweist.[119] Es wird eine Aufgabe der in Teil II folgenden Kapitel (und dabei vor allem des Kapitels II-5) sein, die analytischen Möglichkeiten, die evaluativen Potentiale und die geltungslogischen Grenzen des Begriffs der kommunikativen Vernunft in der konkreten Auseinandersetzung mit der Theorie der Metapher auszuloten. Dabei wird sich, soviel sei hier vorausgeschickt, nicht nur die Brauchbarkeit des Konzeptes der kommunikativen Vernunft erweisen, sondern es wird sich auch zeigen, daß die Metapher durch ihre spezifischen Eigenschaften ihrerseits die Plausibilität und die Tragfähigkeit dieses Konzeptes stützt.

2.5 Resümee: Rationalitätskriterien für die Metaphorologie

Meine Diskussion des Rationalitätsbegriffes hat zunächst gezeigt, daß der auf den okzidentalen Rationalismus zurückgehende Begriff der zweckrationalen Vernunft, ob in seiner instrumentellen oder seiner strategischen Ausprägung, reduktionistisch ist, in die Aporie der radikalen Vernunftkritik führt und zur Grundlegung eines umfassenden Rationalitätsbegriffs nicht geeignet ist. Nachdem gleichzeitig materiale Wertrationalität aus sich allein heraus als nicht begründungsfähig gelten muß, bleibt als Ausweg nur die *kritische Rationalitätsreflexion* und eine formale Bestimmung der Rationalität: Rationalität kann formal als eine allgemeine menschliche Disposition zu vernünftigem Handeln, Denken, Sprechen und Erkennen aufgefaßt werden. Diese scheinbar tautologische Definition erweist sich bei näherem Hinsehen als hermeneutisch unvermeidbarer Zirkel der Reflexionshandlung mit den Mitteln der Vernunft auf die Bedingungen der Vernunft: Rationalität kann nur reflexiv rekonstruiert werden, weil sie sich in ihrem Begriff und in ihrer Operation stets selbst voraussetzen muß. Dabei kommen als allgemeine Rationalitätsmerkmale *Selbstreferentialität* und *Kommunikabilität* zum Vorschein. Schon diese beiden sehr allgemeinen Rationalitätsmerkmale können in sinnvoller Weise auf die Metaphorologie übertragen werden: Mit der Frage nach dem selbstreferentiellen Potential und der kommunikativen Funktion der Metapher sind zwei grundlegende Kriterien für die Analyse der Rationalität der Metapher benannt, die als Leitkriterien meiner metaphorologischen Erörterung dienen können.

Diese formale Bestimmung der Rationalität ermöglicht auch die Bildung und die Beurteilung von Rationalitätstypen, so daß eine hierarchische Rationalitätstypologie selbst rational begründet werden kann. Dabei bieten sich, wie gesehen, systemtheoretische und handlungs- bzw. kommunikationstheoretische Typenbildungen an. Aus der systemtheoretischen Perspektive ist die *funktionale Angemessenheit* der Systemoperationen im Hinblick

---

119 Zur weiteren Begründung einer solchen Konzeption vgl. auch Wellmer 1986.

auf den Selbst- und Umweltbezug das allgemeine Rationalitätsmerkmal, von dem aus die Rationalität der Operationen einzelner Systeme beurteilt werden können: Rationalitätskriterien sind dabei Selbstreferentialität, Reflexivität und Reflexion des Systems; Rationalität entsteht, sobald das System sich an der durch die Reflexion in das System wiedereingeführte Differenz von System und Umwelt als Einheit dieser Differenz orientiert. Hier scheint eine sinnvolle Übertragung in die Metaphorologie möglich: Bereits Aristoteles hatte, wie in Kapitel I-1.1 gezeigt wurde, die *Angemessenheit* als Kriterium zur Bestimmung einer gelungenen Metapher verwendet.[120] Angemessenheit, in der lateinischen Rhetoriktradition zum allgemeinen Redekriterium ('Aptum') aufgewertet, und bis in gegenwärtige kognitionspsychologische Diskussionen[121] verwendetes Kriterium, wurde immer funktional, nach dem (meist persuasiven) Zweck der Rede bestimmt. Dieses Kriterium ist jedoch nur bis zu einem bestimmten Punkt tragfähig. Dann ergibt sich freilich, wie auch beim systemtheoretischen Begriff der funktionalen Angemessenheit das Problem, daß ein solches Kriterium einerseits nicht allgemein genug ist, da es auf zweckrationalen Vorannahmen beruht, und andererseits zu allgemein ist, da normativ gehaltlos. Bezogen auf die Frage nach der Rationalität der Metapher: Eine Metapher müßte z.B. auch dann als funktional angemessen bewertet werden, wenn sie ein zu manipulativen Zwecken verwendeter, gelungener Euphemismus ist oder wenn sie im Rahmen demagogischer Rhetorik erfolgreich eingesetzt wird. Eine über diese Bestimmung hinausgehende normative Kritik könnte auf der Grundlage des funktionalistischen Rationalitätsbegriffs nicht begründet werden. Angemessenheit – und ähnlich auch die von Goodman und Elgin vorgeschlagene interne Stimmigkeit – sind deshalb zwar *notwendige* Maßstäbe zur immanenten Beurteilung der Metapher, aber zur Bestimmung ihrer Rationalität sind sie nicht *hinreichend*. Darüber hinaus läuft die rein funktionale Bewertung immer auch Gefahr, das spezifische semantische 'Surplus' der Metapher, d.h. ihre bedeutungserzeugenden und imaginationsstimulierenden Eigenschaften, zu übersehen, da diese sich erst in der hermeneutischen Analyse zu erkennen gibt.

Neben der Angemessenheit wurde als zweites, spezifischeres Kriterium *Reflexivität* benannt: Hier ist zu bestimmen, inwieweit die Metapher reflexive Eigenschaften aufweist, die sie als Mittel zur Kommunikation *über* Kommunikation auszeichnen.[122] Mit der Frage nach den metakommunikativen bzw. kommunikationsreflexiven Funktionen der Metapher ist

---

[120] Zur metaphorologischen Diskussion des Kriteriums der Angemessenheit vgl. auch Villwock 1983a:87ff.
[121] Typisch z.B. der Aufsatz „Aptness in Metaphor" von Tourangeau/Sternberg 1981.
[122] Hieraus ergibt sich auch der entscheidende Stellenwert der *Metaphernreflexion* in meiner Untersuchung (vgl. Teil II, v.a. II-2-4, II-3.5 und II-5.5).

zugleich der Übergang zur kommunikationstheoretischen Bestimmung der Rationalität gegeben:

Als Alternative zum systemtheoretischen Ansatz wurde eine kommunikationstheoretische Fassung des Rationalitätsbegriffes untersucht, bei der die kommunikative Vernunft als Grundtypus der Rationalität gilt, von dem dann andere Typen wie zweckorientierte und funktionale Rationalität oder instrumentelle und strategische Vernunft abgeleitet werden können. Unter dem Paradigma der Verständigung kann Rationalität als dasjenige Verhalten bzw. Handeln begriffen werden, das mit guten Gründen rechtfertigungsfähig ist. Im Begriff der kommunikativen Rationalität ist daher das Erheben und Begründen von Geltungsansprüchen zentrales Rationalitätsmerkmal. Als Rationalitätskriterium zeigt sich hierbei wiederum eine selbstreferentielle Figur: die Erfüllung der formalen Geltungsbedingungen sinnvoller Kommunikation, also die *Vermeidung performativer Widersprüche*. Eine solche „pragmatische, reflexive und intersubjektive Widerspruchsfreiheit" kann, wie Hubig gezeigt hat, als Rationalitätskriterium einer Vernunftrationalität, die die Beschränkungen der bloß empirischen Verstandesrationalität überschreitet, ausgezeichnet werden.[123]

Dieses Rationalitätskriterium ist für meine Überlegungen zur Rationalität der Metapher von wesentlicher Bedeutung: Da nämlich Metaphern symbolische Äußerungen darstellen, die in kommunikativen Zusammenhängen und mit (noch näher zu erörternden) Verständigungsintentionen erscheinen, sind sie mit dem Erheben von Geltungsansprüchen verbunden und können mit Hilfe des Kriteriums der pragmatischen Konsistenz untersucht und beurteilt werden. Unter dem Verständigungsparadigma der Theorie des kommunikativen Handelns betrachtet ist die Metapher, wie ich im Verlauf meiner Studie zeigen will, nicht allein als semantische Abweichung[124] oder nur als Mittel der Überschreitung von geltenden Kategorien zu deuten, sondern – umfassender – als ein pragmatisches Phänomen eines selbstreferentiellen, oft paradox-ironischen Spiels mit kommunikativen Konventionen und Präsuppositionen. Gerade in der Metapher, so meine These, drückt sich das Kontingenzbewußtsein der Moderne aus, gerade in der Metapher wird aber auch die Möglichkeit und die Notwendigkeit einer Rückbindung an die Bedingungen der Reflexion und der Verständigung deutlich. Entscheidendes Kriterium ist hierbei die Differenz zwischen dem subjektiven Verstoß gegen die semantisch-pragmatische Konsistenz einer Äußerung einerseits und der in der kommunikativen Situation konstituierten Sinnerwartung andererseits. Damit aber rückt die *kommunikativ-*

---

[123] Vgl. Hubig 1985b.
[124] Dieser in der Metaphorologie häufig zu findende, jedoch problematische Ansatz wurde von Strub 1991 mit sprachanalytischen Mitteln sehr differenziert ausgearbeitet (zur Auseinandersetzung damit vgl. unten, v.a. Kap. II-1 und II-5).

hermeneutische Ebene der Metaphernverwendung in den Mittelpunkt der Untersuchung. Die Frage nach der Rationalität der Metapher läßt sich auf der Grundlage dieser Überlegungen als eine Frage nach der spezifischen *Verständigungsfunktion* von Metaphern in Sprechhandlungen formulieren. Diese Verständigungsfunktion läßt sich, wie ich in zeigen werde, in Anknüpfung an die geltungstheoretischen Prämissen der Theorie des kommunikativen Handelns analysieren.[125]

Allerdings sieht sich die Theorie des kommunikativen Handelns im Hinblick auf die Metapher einem schwerwiegenden Einwand ausgesetzt: Da Habermas von *wörtlichen* Sprechakten als dem 'Originalmodus' der Verständigung ausgeht, denen gegenüber indirekte Verständigungsformen wie Nahelegung und figurative Rede als 'parasitäre' Modi gelten müssen,[126] hat in seiner Theorie die Metapher zunächst einen problematischen Status: Sie erscheint als uneigentliche Rede, die der Erzielung *perlokutionärer Effekte* dient, nicht jedoch originär illokutionären Zielen. Als strategisch-rhetorische Redeform wäre die Metapher damit eher der zweckrationalen als der kommunikativen Vernunft zuzuordnen. Wenn sich diese Deutung bestätigte, wäre metaphorische Rede von vorne herein unter dem instrumentell-strategischen Gesichtspunkt erfolgreicher Persuasion, und nicht unter dem kommunikationsrationalen Hinblick gelingender Verständigung zu bewerten. Dieser Einwand ist jedoch nur von Gewicht, solange man die Metapher umstandslos unter die perlokutionären Effekte subsumiert. Dies scheint jedoch auch auf der Basis der Habermasschen Theorie nicht unbedingt notwendig. Vielmehr kann metaphorisches Sprechen – wie ich unten in Kapitel II-5.5 genauer erläutern werde – als eine *genuine Verständigungsform* aufgefaßt werden, ohne daß dadurch die geltungstheoretischen Prämissen der Theorie des kommunikativen Handelns verletzt werden. Damit ist die Möglichkeit, die Metapher auf der Basis des Begriffs der kommunikativen Vernunft als eine rationale Sprachform zu behandeln, nicht mehr von vorne herein durch die Vorannahme der Wörtlichkeit als sprachlicher Primärform verstellt.

In meiner Auseinandersetzung mit der Rationalität der Metapher werde ich im folgenden also auf der Grundlage des Rationalitätskriteriums der *Reflexivität* und des Begriffs *kommunikativer Rationalität* die semantische und pragmatische Struktur der Metapher und ihre Funktionen im Verständigungsprozeß untersuchen. Dies wird, wie schon in der Einleitung betont, jedoch nicht durch linguistisch-empirische Analysen konkreter Metaphernverwendung geschehen, sondern durch eine systematische rekonstruktive Analyse von metaphorologischen Theorien aus der Sprachphilosophie, der Wissenschaftstheorie, der linguistisch-strukturalen Analyse und der histo-

---

[125] Vgl. hierzu v.a. die Kapitel II-5.4 und II-5.5.
[126] Vgl. Habermas 1981/I:388ff.; zur Kritik dazu auch Seel 1990.

risch-hermeneutischen Tradition, sowie der Kognitionswissenschaft und der Kommunikationstheorie. Es geht also um den Versuch, Metapherntheorien aus den unterschiedlichsten Bereichen auf ihren Erklärungswert und ihren rationalen Gehalt hin zu untersuchen und sie dann als Teile einer synthetischen Metapherntheorie unter dem Gesichtspunkt der Rationalität der Metapher zusammenzuführen.

Teil II

Hauptteil:
Ansätze zu einer synthetischen Metaphorologie

Methodische Vorbemerkung

Die drei historischen Diskurslinien in der Metaphorologie bilden, wie in Teil I herausgearbeitet wurde, drei paradigmatische Auffassungen zur Metapher, die sich in je unterschiedlicher Weise auf die aristotelische Metapherntheorie zurückbeziehen. Sie stellen gleichsam drei Lesarten des mit Aristoteles eröffneten metaphorologischen Diskurses dar, die jeweils bestimmte Aspekte weiterführen und dafür andere Bereiche vernachlässigen. Diese Dreiteilung, die auf den verschiedenen Haltungen zur Unvermeidbarkeit und zur Rationalität der Metapher gründet, bildet die Ausgangslage für die weitere Behandlung der Frage nach der Rationalität der Metapher im Rahmen der modernen Metaphorologie.[1] Bei allen Unterschieden ist den drei Diskurslinien und der aristotelischen Metapherntheorie jedoch gemeinsam, daß sie gleichsam 'vorsemantische' und 'vorpragmatische' Theorien sind. Zwar finden insbesondere die auf die Unersetzbarkeit der Metapher abzielenden Impulse der durch Vico und durch Nietzsche gekennzeichneten Diskurslinien in die gegenwärtigen Metapherntheorien Eingang, jedoch werden sie mit dem 'linguistic turn' (Rorty) gleichsam sprachphilosophisch transformiert.[2] Seit der meist an Ivor A. Richards 'Philosophie der Rhetorik' festgemachten *Wende* in der Metaphorologie wird die Metapher schließlich als ein semantisches, kontextuelles und kommunikationstheoretisches Phänomen betrachtet, das vornehmlich sprachphilosophisch zu diskutieren ist.[3] Die modernen Metapherntheorien bedienen sich von nun an vor allem sprachanalytisch-semantischer, linguistisch-semiotischer und histo

---

1 Allerdings ist die Dreiteilung rekonstruktiv und unter der von mir gewählten Perspektive einer Rationalitätsdiskussion gewonnen worden, sie führt eigene Kontinuitäten und Brüche ein, die unter anderem Blickwinkel anders verlaufen würden. Zum Problem von Kontinuität und Bruch in der Metaphorologie vgl. auch Schöffel 1987:8ff und Strub 1991:29, Anm. 9.

2 Vgl. auch die Unterscheidung von Meier (1963) in vorlinguistische und linguistische Metapherntheorien; darauf bezugnehmend auch Schöffel (1987:32ff.). Hier wird deutlich, daß die Wurzeln der linguistischen Metaphernanalyse mit Autoren wie Reisig, Vossler, Darmester, Bréal und Wundt bis ins letzte Jahrhundert hinein reichen.

3 Am deutlichsten sichtbar schon im Konzept von Haverkamp 1983. Richards wird hier in der „historischen Vergegenwärtigung" als Gründungsvater der modernen Metaphorologie behandelt. Schöffel (1987:191) möchte sogar erst ab Richards überhaupt von einer Metaphorologie sprechen; Strub (1991) unterscheidet die klassisch-tropische von der modernen Unersetzbarkeitstheorie. Vgl. dagegen aber Birus/Fuchs 1986, die lediglich eine Modifikation (allerdings eine ziemlich umfangreiche, vgl. ebd.:160), nicht aber einen Paradigmenwechsel in der modernen Metaphorologie sehen.

risch-hermeneutischer Methoden zur Analyse metaphorischer Prozesse und Strukturen. Man könnte nun versucht sein, die mit der Rhetoriktradition, mit Vico und mit Nietzsche vorgeführten metaphorologischen Diskurslinien in den 'Paradigmen' der gegenwärtigen metaphorologischen Ansätze wiederzufinden. Ich glaube jedoch nicht, daß sich die drei metaphorischen Diskurslinien einfach auf drei modernen Paradigmen[4] abbilden lassen – zumal die Existenz solcher Paradigmen in der Metaphorologie zumindest fragwürdig ist[5] –, vielmehr finden sie sich *innerhalb* der gängigen methodischen Differenzierungen selbst. Wirklich miteinander unvereinbare Hintergrundannahmen im Sinne des Kuhnschen Paradigmenbegriffs scheinen außerdem allenfalls die substitutionstheoretischen bzw. die interaktionstheoretischen Fundierungen der verschiedenen Metapherntheorien zu sein.[6] Darüber hinaus ist sowohl die Differenz zwischen Substitutions- und Interaktionstheorie wie auch die Unterscheidung nach metaphorologischen Paradigmen für eine Zuordnung der einzelnen Metapherntheorien nicht unbedingt sinnvoll, da sie die jeweilige Theorie in ein Raster zwingt, dessen Grenzen relativ willkürlich und nach dessen Universalität zumindest gefragt werden müßte. Es scheint mir deshalb sinnvoller und fruchtbarer zu sein, für die weitere Klärung der Rationalität der Metapher die zu untersuchenden Metapherntheorien nicht nach möglichen Zugehörigkeiten zu Paradigmen oder Methoden zu ordnen, sondern sie im Zusammenhang mit spezifischen *Fragestellungen* einzuführen und auf ihre Erklärungskraft hin zu untersuchen. Das bedeutet auch, daß die betrachteten Ansätze nicht von vorne herein als einander ausschließende, sondern als sich möglicherweise ergänzende Theorien betrachtet werden, die zur Diskussion über die Rationalität der Metapher auf verschiedenen Ebenen unterschiedliche Beiträge liefern können. Allerdings ist es dazu notwendig, die gegenwärtigen Metapherntheorien kritisch zu sichten, zu revidieren und zu reorganisieren, um so eine *Rekonstruktion* der Metaphorologie unter dem Blickwinkel der Rationalität der Metapher zu erarbeiten. Der hier angestrebte Entwurf einer *synthetischen Theorie der Metapher* hat somit ein doppeltes Ziel:

---

4 Vgl. Haverkamp (1983:.2ff.), der vom sprachanalytischen, vom strukturalistischen und vom hermeneutischen Paradigma spricht. Ähnlich auch Strub (1991: 42ff.), der zwischen dem sprachanalytischen und dem strukturalistischen Paradigma unterscheidet und das hermeneutische nur wegen seiner Inhomogenität, nicht aber wegen prinzipieller Vorbehalte ablehnt.

5 Es ist nämlich fraglich, ob man hier überhaupt von verschiedenen Paradigmen sprechen sollte: Eine Grenzziehung zwischen hermeneutischen, strukturalistischen und sprachanalytischen Ansätzen fällt oftmals ebenso schwer wie die Zuordnung einzelner Autoren zu solchen Ansätzen. Anstatt des überfrachteten, falsche Erwartungen hervorrufenden Paradigmenbegriffs bevorzuge ich für die Metaphorologie deshalb den Begriff der *methodischen Differenzierung*.

6 Da beide Fundierungen auch in der Gegenwart eine Rolle spielen, kann hier aber auch nicht von einem Paradigmenwechsel, sondern höchstens von einer Paradigmenkonkurrenz gesprochen werden.

Methodische Vorbemerkung

Zum einen soll er einer metapherntheoretisch fundierten Bestimmung der Rationalität der Metapher dienen, zum anderen stellt er selbst eine (Meta-) Theorie der Metapher dar.

Bei der im folgenden vorgestellten Rekonstruktion der Metaphorologie werde ich mich auf drei Schwerpunkte konzentrieren, die ich unter dem Titel „Theorie der metaphorischen Bedeutung", „Theorie der materialen Metaphorik" und „Theorie der metaphorischen Kommunikation" verhandele. Zwischen diesen drei Kapiteln werde ich in zwei vertiefenden Betrachtungen den Problemfeldern „Metapher und Wahrheit" und „Metapher und Erfahrung" nachgehen.

Zunächst sollen im Kapitel II-1 („Theorie der metaphorischen Bedeutung") ausgehend von der sogenannten „Interaktionstheorie der Metapher" vorwiegend semantisch orientierte *Theorien der metaphorischen Bedeutung* analysiert werden. Im Mittelpunkt der Auseinandersetzung steht dabei die Frage nach der Unersetzbarkeit der Metapher, die sich zum einen im Problem der kreativ-kognitiven Funktion der Metapher und zum anderen im Problem der prinzipiellen Metaphorizität der Sprache stellt. Wenn sich eine eigene kreativ-kognitive Funktion der Metapher, also ihre irreduzible Eignung zur neuartigen Darstellung semantischer Gehalte, aufzeigen läßt und darüber hinaus auch die fundamentale Metaphorizität der Sprache begründet werden kann, dann sind dies starke epistemologische Argumente für die Begründung der Rationalität der Metapher: Die Metapher kann dann als *rationaler Vorgriff* bei kognitiven Prozessen analysiert werden.

Diese These des rationalen Vorgriffs wird im Kapitel II-2 („Metapher und Wahrheit") aufgegriffen und am Fall der Funktionen der Metapher in der Wissenschaft im Hinblick auf die *Wahrheitsfähigkeit* und damit auf die Rationalität der Metapher diskutiert. Mit dem Aufweis der konstitutiven Modellfunktion der Metapher in der Wissenschaft wird aber zum einen die Notwendigkeit der *Metaphernreflexion* deutlich werden und zum anderen wird sich dabei zeigen, daß die Rationalität der Metapher nicht allein am internen Verhältnis zwischen Metapher und metaphorisch Beschriebenem, sondern auch am (kulturellen und kommunikativen) Verwendungszusammenhang der Metapher zu bemessen ist.

Im darauf folgenden Kapitel II-3 („Theorie der materialen Metaphorik") wird die Frage erörtert, inwiefern kulturell fundierte metaphorische Strukturen und Traditionen das Sprachsystem grundlegend prägen. Hier stehen linguistisch-strukturale und historisch-hermeneutische Theorien zur *materialen Metaphorik* zur Diskussion, die durch die synchrone und diachrone Analyse von Metaphernfeldern, -netzen und -isotopien die erkenntnisleitende und handlungsorientierende Rolle kulturell tradierter Bildfelder und prägender Hintergrundmetaphorik betrachten. Hier wird auch die Ambivalenz historisch eingewöhnter Metaphern zur Sprache kommen: Einerseits kann die aus überlieferten Bildfeldern gewonnene, oft reifizierende und euphemistische Metaphorik zum Denkzwang werden, andererseits sind die aus den basalen Bildfeldern abgeleiteten Metaphern unverzichtbare rationale Mittel der *Orientierung* und der *Welterschließung*.

Die orientierend-welterschließende Funktion der aus dem kulturellen 'Bildervorrat' generierten Metaphern läßt sich auf der Subjektseite als eine Form der *Organisation von Erfahrung* beschreiben. Im Kapitel II-4 („Metapher und Erfahrung") wird deshalb das Verhältnis von Metapher und Erfahrungskonstitution untersucht. Dabei soll die These untermauert werden, daß Metaphern die Konzeptualisierung von Erfahrung nicht nur unterstützen, sondern daß sie auf vielen Ebenen konstitutiv für die Organisation von Erfahrung sind. Sie stellen damit aber zugleich auch unverzichtbare Medien der *Kommunikation* von Erfahrung dar.

Im abschließenden Kapitel II-5 („Theorie der metaphorischen Kommunikation") soll schließlich die Frage nach der *kontextuell-situativen Besonderheit* metaphorischer Kommunikation untersucht werden, um so auf der Basis von symbol-, sprechakt- und kommunikationstheoretischen Ansätzen die kommunikativ-evokative Funktion der Metapher zu erörtern. Die Rationalität.der Metapher, so soll hier gezeigt werden, kommt im Zusammenhang mit ihrer spezifischen Rolle als Mittel der Verständigung im Kommunikationsprozeß in besonderer Weise zum Tragen: Mit ihrer in lebensweltlichen Strukturen verankerten *Evokationsfunktion* bietet die Metapher die Möglichkeit, Hintergrundwissen und implizite Selbstverständlichkeiten kommunikativ zu aktualisieren. Durch die Erzeugung von vielfältigen Sinnbezügen stellt metaphorische Kommunikation eine besonders resonante Form der Verständigung dar, durch die die (verständigungsnotwendige) Verschmelzung der Interpretationshorizonte allererst möglich wird. Mit der Erörterung der kommunikativen Dimension wird aber nicht nur die kommunikative Rationalität der Metapher erörtert, sondern zugleich werden auch die in den vorherigen Kapiteln gewonnenen Einsichten auf sprachpragmatisch-kommunikationstheoretischer Ebene zusammengeführt.

Kapitel 1: Theorie der metaphorischen Bedeutung: Die Logik des Unerhörten

Der vielleicht einfluß- und folgenreichste metapherntheoretische Ansatz in der modernen Sprachphilosophie ist die sogenannte „Interaktionstheorie der Metapher", die vor allem auf Ivor Richards und Max Black,[7] aber auch auf Karl Bühler und die Weisgerberschule zurückgeht,[8] und die als theoretischer Hintergrund der weiteren Untersuchung hier zunächst betrachtet werden soll. Die grundlegende Einsicht der Interaktionstheorie besteht darin, daß sie die Metapher nicht als Phänomen des bloßen Wortaustauschs, also statisch betrachtet, sondern dynamisch, nämlich als Prozeß einer wechselseitigen Bedeutungserzeugung durch die Verknüpfung von verschiedenen 'semantischen Feldern' bzw. sprachlichen 'Sinnbezirken' oder durch die Mischung von 'Sphären'.[9] Mit der Interaktionstheorie verlagert sich die Untersuchung der Metapher von der Ebene des Wortes auf die Ebene von Sätzen, Äußerungen und Texten. Zum Verständnis der Funktionsweise der Metapher genügt es nicht, sie nur als Wortsubstitution oder als kurzen Vergleich zu definieren, denn damit lassen sich nur die eher uninteressanten, altbekannten und ornamentalen Metaphern erfassen. Will man dagegen die Strukturen und Funktionen der neuartigen, *lebendigen Metapher* (Ricœur) verstehen, muß die Metapher als prädikative Korrelation auf der Satz- bzw. Textebene analysiert werden. Die Bedeutung des metaphorischen Ausdrucks entsteht nach dieser Theorie aus der Wechselwirkung zwischen dem Satzkontext (bei Black: 'frame', bei Richards: 'tenor') und der metaphorischen Prädikation (Black: 'fokus', Richards: 'vehikel'):

> Auf die einfachste Form gebracht bringen wir beim Gebrauch der Metapher zwei unterschiedliche Vorstellungen in einen gegenseitigen aktiven Zusammenhang, unterstützt von einem einzelnen Wort oder einer einzelnen Wendung, deren Bedeutung das Ergebnis der Interaktion ist.[10]

---

[7] Vgl. Ivor A. Richards 1983 und Max Black 1983a und 1983b.
[8] Vgl. Ingendahl 1971 und Bühler 1982.
[9] Die Begriffe des *semantischen Feldes* und des *Sinnbezirks* entstammen den linguistischen Wortfeldtheorien Triers und Weisgerbers. Beide wurden von Weinrich explizit in die Metapherntheorie eingeführt (vgl. Weinrich 1976 sowie Blanke 1973:61ff.). Die Begriffe der *Sphäre* und der *Sphärenmischung* werden von Karl Bühler verwendet. Vgl. weiteres hierzu auch unten in Kap. II-3 und II-5.
[10] Richards 1983:34.

Dabei werden nicht einfach nur zwei Worte in einen Zusammenhang gebracht, sondern verschiedene „Systeme assoziierter Implikationen" (Black) rekursiv aufeinander übertragen, wobei die Implikationen zum einen dem Satzsubjekt oder 'Primärgegenstand' und zum anderen der metaphorischen Prädikation oder dem 'Sekundärgegenstand' entstammen.[11] Der Terminus des „Systems assoziierter Implikationen" entspricht dabei recht genau den semantiktheoretischen Begriffen der Konnotation[12] bzw. des Assoziationsfeldes.[13] Da die metaphorische Prädikation eine dynamisch-gerichtete Struktur hat, herrscht in der Interaktion zwischen Primär- und Sekundärgegenstand eine selektive Asymmetrie:

> Angenommen ich blicke durch ein rußgeschwärztes Glas, auf dem gewisse Linien durchsichtig geblieben sind, auf den Nachthimmel. Ich werde dann nur die Sterne sehen, die auf die vorbereiteten Linien gebracht werden können, und die Sterne, die ich so tatsächlich sehe, werden *von der Struktur des Filters organisiert* wahrgenommen. Man kann sich die Metapher als einen solchen Filter vorstellen und das System der 'assoziierten Gemeinplätze' des fokalen Wortes als das Netz der Linien darauf. Man kann sagen, der Hauptgegenstand 'wird durch den metaphorischen Ausdruck gesehen' – oder (...) der Hauptgegenstand wird auf das Feld des untergeordneten Gegenstandes 'projiziert'.[14]

Der Interaktionsprozeß zwischen den „Systemen assoziierter Implikationen", der bei der Produktion wie bei der Interpretation von metaphorischen Ausdrücken in Gang gesetzt wird, vollzieht sich genauer betrachtet in

---

[11] Die Systeme assoziierter Implikationen können sich dabei sowohl auf „bewährte Gemeinplätze" stützen als auch aus eigens konstruierten Implikationen bestehen (vgl. Black 1983a:74). Keller-Bauer (1984:78) weist darauf hin, daß zumindest die wörtlichen Implikationen recht gut mit dem Stereotypbegriff der Putnamschen Semantik analysiert werden können.

[12] Vgl. Beardsley (1983), der die Metapher als logische Abweichung von der Hauptbedeutung in das „Feld potentieller Konnotationen" erklärt („metaphorical twist"): „Wenn ein Wort mit einem anderen derart kombiniert wird, daß zwischen seiner Hauptbedeutung und den anderen Wörtern ein logischer Gegensatz entsteht tritt (...) jene Verschiebung von der Hauptbedeutung zur Nebenbedeutung ein, die uns anzeigt, daß wir das Wort metaphorisch verstehen sollen" (ebd.:129). Zum Verhältnis von Konnotation und Metapher vgl. auch Stierle 1975:131-151.

[13] Die klassische Definition von Ullmann (1973:302) lautet: „Unter dem 'Assoziationsfeld' eines Wortes haben wir uns also ein dichtes Geflecht von Assoziationen vorzustellen, von denen einige auf Ähnlichkeit, andere auf Berührung beruhen, von denen einige an den Sinn, andere an den Namen und wieder andere an beides anknüpfen. Das Feld ist definitionsgemäß offen, und die Assoziationen sind z.T. notwendig subjektiv, wenngleich die zentraleren für die meisten Sprecher weitgehend gleich sind. (...) Viele dieser Assoziationen hat die Bildersprache festgehalten: in Metaphern, Vergleichen, Sprichwörtern, idiomatischen Wendungen und dergleichen." (Vgl. auch Blanke 1973:114ff.).

[14] Black 1983a:72 (Hervorh. von mir). Vgl. auch Hörmann 1971:322. Die asymmetrische Struktur der Metapher arbeitet v.a. Strub (1991:171ff. und 362ff.) heraus, der allerdings die metaphorische Asymmetrie für unvereinbar mit der Interaktionstheorie hält (ebd.:173).

drei Phasen der Selektion und Projektion von Bedeutung:[15] Zunächst gibt der Primärgegenstand den Anreiz, Eigenschaften aus dem Implikationensystem des Sekundärgegenstandes zu suchen (Phase 1), mit denen man dann einen 'Implikationenzusammenhang', eine Strukturisomorphie, also eine Ähnlichkeit hinsichtlich bestimmter Strukturen, mit dem Primärgegenstand herstellen kann (Phase 2), und schließlich wirkt das so erzeugte neue Implikationensystem seinerseits auch wieder verändernd auf die Bedeutung des Sekundärgegenstandes zurück (Phase 3). Der Satz [1] „Der Mensch ist ein Wolf" ist also nicht einfach umkehrbar in [2] „Der Wolf ist ein Mensch", jedoch findet durch die Interaktion eine Annäherung zwischen den semantischen Gehalten der beiden Sätze statt: In dem Satz [1] „Der Mensch ist ein Wolf" werden nämlich nicht nur „wölfische" Eigenschaften auf den Menschen, sondern ebenso – wenn auch in geringerem Maß – „menschliche" Eigenschaften auf den Wolf projiziert.

Das entscheidende Element ist in der Interaktionstheorie die Ähnlichkeit zwischen Primär- und Sekundärgegenstand, aber sie wird nicht als ontologisch vorgegeben, sondern als *intentional geschaffen* angesehen: Weder die wechselseitige Verknüpfung, noch ihr Resultat müssen auf einer vorher bestehenden Ähnlichkeitsbeziehung beruhen, da die Ähnlichkeit erst durch die metaphorische Prädikation und unter einem bestimmten Hinblick, einer spezifischen Relevanzsetzung erzeugt wird. Damit wird der substitutions- und vergleichstheoretische Ähnlichkeitsbegriff [Ähnlichkeit$_{(1)}$], der auf der substanzontologischen These der Ersetzung eines Terms durch einen ähnlichen aufgrund bereits bestehender Ähnlichkeitsbeziehungen beruht, durch einen Begriff intentional *gesetzter Ähnlichkeit* [Ähnlichkeit$_{(2)}$] abgelöst, denn aus der Perspektive der Interaktionstheorie schaffen wir mit einer Metapher eine neue Ähnlichkeit zwischen vorher Unähnlichem.[16] In einer Art von „stereoskopischem Sehen"[17] werden bei der Bildung einer neuen Metapher vorher disparate Elemente miteinander verbunden und in eine neue Bedeutung überführt. In dieser (von Vico bereits postulierten) *Synthesiskraft* der Metapher liegt die besondere heuristische, kognitive und kreative Bedeutung des metaphorischen Prozesses: Durch die Schaffung neuer Ähnlichkeiten erzeugen lebendige Metaphern semantische Innovationen, mit ihnen werden die Dinge auf andere Weise als zuvor gesehen und beschrieben. Solche Metaphern haben immer einen doppelten Erkenntnis-

---

15 Vgl. Black 1983b:393.
16 Im Gegensatz zu Strub (1991), der den metaphorologischen Ähnlichkeitsbegriff aufgibt, scheint mir gerade das *Erzeugen von neuer Ähnlichkeit* auf der Basis alter, anderer Ähnlichkeiten und Unterschiede die entscheidende Leistung der modernen Metapher. Vgl. hierzu v.a. auch Ricœur 1988:181ff. sowie Berggren 1963:241ff.
17 Die Metapher „stereoscopic vision" zur Beschreibung des metaphorischen Prozesses wurde von Stanford eingeführt und von Wheelwright und Berggren übernommen (vgl. Berggren 1963:243 und 250f. sowie Stierle 1975:181).

wert: Indem sie durch die Erzeugung einer neuen Ähnlichkeit einen Zusammenhang neuartig beschreiben, stellen sie zugleich die alte(n) Beschreibung(en), also die alte semantische Ordnung in Frage. In dieser reflektierenden und rekategorisierenden Funktion liegt die besondere Bedeutung der Metapher in der Moderne.[18]

Die spezifische heuristische, kognitive und kreative 'Kraft' der Metapher läßt sich auf zwei grundlegende Merkmale zurückführen: Ihre *Nichtersetzbarkeit* und ihre *Vielschichtigkeit*. Black bezeichnet Metaphern, bei denen weder eine Variation noch eine Paraphrase ohne Sinnverlust möglich ist, als *emphatische* Metaphern. Die Emphase wäre also als das Maß[19] der Nichtaustauschbarkeit einer Metapher – und d.h. ihrer Nichtparaphrasierbarkeit – zu bezeichnen. Damit ist die Grundannahme der Substitutions- und Vergleichstheorie in Frage gestellt, nämlich daß Metaphern prinzipiell durch andere, 'eigentliche' Ausdrücke ersetzbar sind:

> Die relevante Schwäche der wörtlichen Paraphrase ist nicht darin zu suchen, daß sie bis zur Ermüdung umständlich oder bis zur Langeweile explizit sein kann (oder auch stilistisch mangelhaft); als Übersetzung ist sie deshalb ein Fehlschlag, weil sie nicht dieselbe Einsicht vermittelt wie die Metapher.[20]

Die Perspektivität der metaphernverwendenden Personen und ihr jeweiliger Relevanzhorizont sowie der raum-zeitliche Bezug einer Situation und der je unterschiedliche semantische Kontext einer Metapher bewirken nämlich, daß jede Wiederholung und jeder Übersetzungsversuch den ursprünglichen Gehalt der Metapher nicht mehr genau trifft.[21]

Von der Emphase einer Metapher ist der Aspekt ihrer Reichweite zu unterscheiden, also die Vielschichtigkeit möglicher Interpretationen. Metaphern, die eine große Menge an Implikationen induzieren, zu immer neuer Interpretation anregen und dabei immer neue Hintergrundimplikationen freisetzen, nennt Black *resonante Metaphern*. Die Resonanz läßt sich als das Maß der möglichen Implikationen einer Metapher auffassen. Der Interaktionsprozeß läßt sich dabei metaphorisch als eine unabgeschlossene Resonanz beschreiben, bei der die gekoppelten semantischen Felder sich wechselseitig

---

18 Vgl. hierzu auch meine abschließenden Bemerkungen in Teil III.
19 Dieses Maß ist natürlich nur relational zu bestimmen und es läßt sich keine feste Skalierung angeben, nach der hier zu messen wäre.
20 Black 1983a:79; vgl. auch Berggren 1963:243ff. und Wheelwright 1962:154ff. In Black (1979:142) findet sich der wichtige Hinweis, daß die interpretierende *Explikation* einer Metapher durchaus nicht mit dem Versuch ihrer Übersetzung in eine *Paraphrase* gleichzusetzen ist. In der Paraphrase geht vor allem das verloren, was in der Metapher implizit und mit „suggestive indefiniteness" ausgedrückt wird, die Paraphrase führt daneben zum Verlust des mit der Metapher verbundenen Gefühls der Gegenwärtigkeit. Villwock (1983a:297ff.) zeigt, daß Paraphrasen die Metapher nie ersetzen können, sondern immer nur zur *Umschreibung* ihres Sinnganzen beitragen und der Interpretation eine Richtung verleihen können. Strub (1991:411ff.) spricht im Anschluß daran von der Differenz zwischen *Ersetzung von* und *Kommentar zu* einer Metapher.
21 Vgl. hierzu genauer: Kap. II-1.1, II-1.3 und Kap. II-5.

Die Logik des Unerhörten

in Schwingung versetzen und so ein neues „Schwingungsfeld" mit einem neuen Bedeutungszusammenhang[22] erzeugen. Dabei enthält das mit einer Metapher erzeugte neue „Schwingungsfeld" durch die Überlagerung zweier unterschiedlicher semantischer Resonanzfelder eine unauflösbare Dissonanz, die auf unaufgedeckte Hintergrundimplikationen verweist und zur Interpretation motiviert. Die eigentümliche *Kreativität* des metaphorischen Prozesses, die in Kreativitätstechniken systematisch nutzbar gemacht wird, hat in der Resonanz ihre Wurzel.[23]

Auf der Grundlage der bisherigen Bestimmungen läßt sich nun die folgende Metapherntypologie aufstellen:
(1) Metaphern, die keine oder nur geringe Resonanz und Emphase besitzen, werden als *lexikalisierte, erloschene* oder *tote* Metaphern bezeichnet, und sie haben eine verfestigte, also 'wörtlich' erscheinende Bedeutung. Sie kommen im Vokabular als Klischees oder als Katachresen vor, können aber durch neuartige Verwendung stets 'wiederbelebt' werden.
(2) Metaphern, die von mittlerer Resonanz und Emphase sind oder nur in einer der beiden Ausprägungen einen hohen Wert aufweisen, sind *konventionelle* oder *schwache* Metaphern, da sie als metaphorische Termini bekannt und geläufig sind, aber je nach Verwendung, Situation und Interpretation ihren Bedeutungszusammenhang verändern, also keine eindeutige Bedeutung besitzen.[24] Konventionelle Metaphern können mit Wheelwright auch als *epiphora*[25] bezeichnet werden, da sie oft auf bestehenden Ähnlichkeiten beruhen und diese analog auf Unbekanntes übertragen. In diesem

---

[22] Ich spreche statt von metaphorischer Bedeutung lieber von *Bedeutungszusammenhang*, da gerade die resonante Metapher eine offene, von jeweiligen Kontexten abhängige und auf Interpretationsprozesse angewiesene Bedeutung hat, die insbesondere mit einem auf Abgeschlossenheit und Eindeutigkeit abzielenden semantischen Bedeutungsbegriff nicht erfaßt wird (vgl. auch unten, Kap. II-3). Ähnlich auch die folgende Bemerkung von Black (1983b:395): „Da wir notwendigerweise „hinter den Wörtern" lesen müssen, können wir den zulässigen Interpretationen keine Grenzen setzen: Vieldeutigkeit [ambiguity] ist eine notwendige Nebenerscheinung der Beziehungsvielfalt [suggestiveness] der Metapher." Vgl. des weiteren auch Kurz 1988:16.
[23] Kurz (1988:23) charakterisiert den Prozeß folgendermaßen: „Der oszillierende, schweifende, etwas unbestimmte Charakter der metaphorischen Bedeutung ist im Resultat der Verstehensbewegung, die sie in Gang setzt: Die Prädikation trifft zu, sie trifft nicht zu, und sie soll doch zutreffen." Ähnlich auch Wittgenstein in den *Philosophischen Untersuchungen* (§112). - Zur Rolle der Metapher in kreativen Prozessen vgl. Black 1983b:384f. und 404ff., Dörner 1979, Cohen 1986 und Huges 1991:83ff. Zum systematischen Einsatz von Metaphern in Kreativitätstechniken wie *Brainstorming* und *Synektik* vgl. Seiffge-Krenke 1974, Sikora 1976, Patzak 1982:185-260, Weisberg 1989 und Weinert 1991.
[24] Unten in Kap. II-3 werden die konventionellen Metaphern näher bestimmt als aus tradierten Bildfeldern generierte Metaphern.
[25] Vgl. Wheelwright 1962:72ff.

Bereich finden sich also häufig Substitutions- und Vergleichsmetaphern.[26]
Dabei ist nochmals zu unterscheiden zwischen
- Metaphern, die zwar emphatisch, aber kaum resonant sind. Sie haben einen kleinen Anwendungsbereich, innerhalb dessen sie allerdings unverzichtbar sind. Solche stark emphatischen Metaphern werden benutzt, um etwa persönliche Erfahrungen und Emotionen zu beschreiben, oder um z.b. das Lernen mit Hilfe von metaphorischen 'Eselsbrücken' zu erleichtern.
- Metaphern, die wohl resonant, aber wenig emphatisch sind. Sie finden sich vor allem bei ironischer und anspielungsreicher Metaphorik, aber auch bei eingewöhnten, aber nach wie vor anregenden, also implikationsreichen Metaphern, die in Alltags- und Fachsprache zur Veranschaulichung, Verlebendigung und Vereinfachung von komplexen Zusammenhängen benutzt werden.

(3) Bei Metaphern, die sowohl sehr resonant als auch sehr emphatisch sind, können vielfältige, immer neue und überraschende Bedeutungszusammenhänge entstehen und sie drücken etwas aus, das anders (noch) nicht artikulierbar ist. Sie werden als 'starke Metaphern' (Black) oder auch als *innovative* Metaphern bezeichnet. Da sie auf nichtsubstituierbare Weise neue Ähnlichkeiten schaffen und so ganz neuartige Aspekte zeigen, besitzen sie eine spezifische *kognitive* Funktion: je mehr Implikationen Metaphern hervorrufen und je weniger sie durch andere Worte oder Ausdrücke ersetzbar sind, umso stärker ist ihr metaphorisches Potential und umso mehr eignen sie sich als „kognitive Instrumente, (...) die unerläßlich sind zur Wahrnehmung von Verbindungen".[27] Diese Metaphern, die durch die Interaktion von zuvor Unähnlichem neue Ähnlichkeit schaffen, also durch die Kombination von Disparatem neue Bedeutung synthetisieren, können mit Wheelwright auch *diaphora* genannt werden.[28]

---

[26] Die Interaktionstheorie leugnet durchaus nicht das Vorkommen solcher Metaphern, sie sind aber im Hinblick auf kognitiv-kreative Prozesse und Innovationen nicht besonders interessant. Die Substitutions- und Vergleichstheorie kann nur schwache, auf bestehenden Ähnlichkeiten beruhende Metaphern analysieren, nicht aber das sinnerzeugende Potential lebendiger Metaphern, das im Prozeß der Interaktion aufgesucht werden muß (vgl. auch Villwock 1983a:298).

[27] Black 1983b:409. Ähnlich auch Weinrich, der zu dem Schluß kommt, „daß unsere Metaphern gar nicht, wie die alte Metaphorik wahrhaben wollte, reale oder vorgegebene Gemeinsamkeiten abbilden, sondern daß sie ihre Analogien erst stiften, ihre Korrespondenzen erst schaffen und somit demiurgische Werkzeuge sind." (Weinrich 1976c: 309).

[28] „There the „movement" (*phora*) is „through" (*dia*) certain particulas of experience (actual or imagined) in a fresh way, producing new meaning by *juxtaposition alone*." (Wheelwright 1962:78; vgl. auch Berggren 1963:241ff.). Allerdings ist zu bedenken, daß Wheelwrights Unterscheidung von Epiphor und Diaphor in anderer Hinsicht zu der Unterscheidung konventionell/innovativ quersteht, etwa wenn er der Epiphor die Funktion der kognitive Objekterfassung und der Diaphor die der emotiven Suggestivität zuschreibt.

Die innovativen Metaphern sind metaphorologisch betrachtet von besonderem Interesse: Erst durch die *Koppelung von Resonanz und Emphase* können die semantische Innovation und das spezifische metaphorische Potential, das die Metapher zu einer eigenständigen, irreduziblen Sprachform mit kreativ-kognitiven Funktionen macht, entstehen. Denn wie die Emphase alleine noch keine semantische Innovation erzeugt (Unersetzbarkeit kann bei konventionellen Metaphern z.B. auch aus emotiven Gründen gegeben sein), so macht die Resonanz aus der Metapher noch keine eigenständige Sprachform (auch Ironie und Anspielungen sind resonante Sprachformen). Nur wenn bei einem metaphorischen Ausdruck ein hochresonanter Interaktionsprozeß und eine gleichzeitige Unersetzbarkeit besteht, Resonanz und Emphase also gekoppelt sind, können sich die kreativen und kognitiven Funktionen der Metapher entfalten. Aus diesem Grunde tendieren Theorien, die alleine auf die *Emphase* abstellen, auch dazu, das Phänomen der metaphorischen Bedeutung zu leugnen oder doch zu vernachlässigen.[29] Dagegen ignorieren Theorien, die allein auf die *Resonanz* orientiert sind, häufig das innovative Element der Metapher und richten ihre Aufmerksamkeit nur auf die konnotativen Strukturen des Sprachsystems und auf eingeschliffene Metapherntraditionen.[30] Eine die intentionale Setzung von Ähnlichkeit erklärende Metapherntheorie muß deshalb mit einem Resonanz und Emphase integrierenden, interaktionstheoretischen Ansatz operieren.

Da Resonanz und Emphase jedoch nur graduelle Maßstäbe sind, ist auch die Differenz zwischen innovativen und konventionellen Metaphern nur graduell zu bestimmen.[31] Auch den konventionellen Metaphern wohnt noch eine kleine semantische Innovation inne; als lebendige Metaphern weisen konventionelle wie innovative Metaphern im Moment ihres Erscheinens immer ein Element des Neuen, Unkalkulierbaren und Provokanten auf:

> Erst in der Erzeugung eines neuen Satzes, in einem Akt *unerhörter Prädizierung*, entsteht die lebendige Metapher wie ein Funke, der beim Zusammenstoß zweier bisher voneinander entfernter semantischer Felder aufblitzt. In diesem Sinne existiert die Metapher

---

29 Für ersteres vgl. die Theorie von Davidson und Rorty, von mir genauer behandelt in Kap. II-1.2; für letzteres paradigmatisch: Strub (1991) der allein in der *Unersetzbarkeit* das basale Kriterium für die moderne Metaphorologie sieht (vgl. z.B. ebd.:26). Indem er jedoch auf diese Weise die Diskussion über die Interaktionstheorie und die Metaphorologie überhaupt auf die binäre Opposition Ersetzbarkeit vs. Unersetzbarkeit verengt, verliert er die hermeneutisch-interpretative Dimension der Metapher weitgehend aus den Augen.

30 Vgl. meine Ausführungen zur Bildfeldtheorie unten in Kap. II-3.

31 So betont auch Wheelwright (1962:90ff.), daß die meisten Metaphern eher eine Kombination von epiphorischen und diaphorischen Elementen darstellen und sogar gerade dadurch zum Erkenntnisinstrument werden. Dieser Gedanke wird unten in Kap. II-1.3 unter dem Aspekt der Gegenstandsdarstellung und Perspektiveneröffnung modifiziert aufgenommen.

nur in dem Augenblick, in dem das Lesen dem Zusammenstoß der semantischen Felder neues Leben verleiht und die impertinente Prädikation erzeugt.[32]

Die Metapher wird hier, wie schon bemerkt, entgegen den Auffassungen der rhetorischen Tradition, wo die Metapher allenfalls als Vergleich oder Wortersetzung betrachtet wird, als *Prädikation* verstanden. Die metaphorische Prädikation folgt nicht dem 'üblichen' logischen Kalkül, da sie häufig Dinge in ein Identitätsverhältnis setzt, die logisch-semantisch nicht identisch sind, weshalb Ricœur hier von einer *impertinenten* Prädikation spricht.[33] Unter der Norm logisch-semantischer Widerspruchsfreiheit betrachtet muß die Metapher deshalb als paradoxe Prädikation und als semantische Anomalie erscheinen, weshalb sie oft als paralogisches, alogisches oder irrationales Phänomen behandelt wird, ohne daß man damit ihre Funktionsweise erklären könnte.[34]

Zum angemessenen Verständnis der metaphorischen Prädikation ist es nach Alleman nun nötig, „eine Logik der dichterischen Sprache zu entwickeln, die sich von der mathematischen Logik befreit hat, ohne deswegen gleich in Irrationalismus umzuschlagen".[35] Eine solche Logik, so Allemann im weiteren, müßte das „Spannungsfeld" zwischen den an einer metaphorischen Prädikation beteiligten Begriffen ausleuchten und den Blick auf die durch die interaktive Assoziation hervorgerufenen impliziten Bedeutungen richten.[36] Von der interaktionstheoretischen Seite wurde hierzu die Erklärung entwickelt, daß die lebendige Metapher durch die Konstruktion neuer Ähnlichkeiten gegen gängige semantische Kategorien verstößt und somit als ein „kalkulierter Kategorienfehler" analysiert werden kann.[37]

---

[32] Ricœur 1988: Vorwort zur deutschen Ausgabe, S. VI (Hervorhebung von mir).

[33] Aus diesem Grund scheint die Kritik von Strub (1991:362f., Anm.114) nicht stichhaltig, derzufolge Ricœur das „Faktum der Asymmetrie" leugnet, denn Ricœur betont mit dem Terminus der impertinenten Prädikation gerade die unauflösbare Differenz zwischen metaphorischem Term und Satzkontext – und damit ihre Asymmetrie (vgl. hierzu auch Krämer 1990).

[34] Vgl. Allemann 1968. Weinrich (1976d:317) bemerkt hierzu: „Noch heute verstehen manche die Metapher mit Quintilian als „verkürztes Gleichnis". Das ist eine schlechte Definition, die alle Prioritäten umkehrt. Aber es ist eine bequeme Definition. Mit ihrer Hilfe konnten sich die Logiker leicht des ganzen Metaphernproblems erwehren. Denn wenn die Metapher ein verkürztes Gleichnis ist, braucht man einen metaphorischen Satz nicht mehr auf seinen Wahrheitsgehalt zu prüfen. Er ist dann weder wahr noch falsch, sondern - poetisch."

[35] Allemann 1968:41.

[36] Allemann (1968:40 und 42) kommt dabei der Interaktionstheorie sehr nahe, wenn er von einer „beweglichen und rapiden Konfrontation von Wörtern und Bedeutungen" aus verschiedenen Bereichen spricht, die „in einer Relation zueinander (stehen); sie beeinflussen einander gegenseitig, und diese Art von Übertragung und gegenseitigem Austausch öffnet eine Dimension, in der sich überhaupt erst unser Verständnis der Wortfügung entfalten kann."

[37] Diese semantische „Spannungstheorie" (Berggren) der Metapher entwickelt Ricœur (1988:187ff:) im Anschluß an Ryles Begriff des „category-mistake" und an die Metapherndefinition von Turbayne (1970:12) als kalkuliertem Kategorienfehler. Ähnlich

Betrachtet man die Struktur des kalkulierten Kategorienfehlers genauer, dann geschieht dabei folgendes: Indem die Metapher disparate semantische Felder miteinander verbindet, ruft sie als Überschreitung von üblichen Kategorisierungen auf den ersten Blick häufig die Irritation einer semantischen Anomalie (auf der Ebene der 'wörtlichen' Bedeutung) hervor, die dann in einem zweiten Schritt zur Interpretation des metaphorischen Bedeutungszusammenhanges hinleitet.[38] Diese spezifische Logik der Metapher nenne ich in Anlehnung an Grassi und Ricœur eine *Logik des Unerhörten*,[39] da die metaphorische Prädikation als ein kalkulierter Kategorienverstoß eine Provokation gegen die gängige Logik eingefahrener Kategorisierung darstellt. Diese Logik beruht nicht auf formalem Kalkül, Widerspruchsfreiheit und Deduktion, sondern auf dem Prinzip der Setzung von Ähnlichkeit und Differenz.[40]

Das *Unerhörte* der metaphorischen Prädikation ist hier in dreifacher Bedeutung zu verstehen: (1) Die lebendige Metapher ist neuartig, sie bringt bislang Disparates unerhört und unvermutet zusammen, sie ist neu, weil sie *so noch nie gehört* wurde. (2) Diese Neuartigkeit ist aber auch eine *unerhörte Provokation* gegen gängige Kategorien, sie „schlägt Funken", ruft Erstaunen und vielleicht auch Empörung hervor: Um zu gelingen, muß die lebendige Metapher „zünden". (3) Schließlich ist die lebendige Metapher unerhört, da sie im Moment ihres Erscheinens rätselhaft und *noch nicht „erhört"*, noch unverstanden ist. Die Metapher ist Ausdruck einer Differenzerfahrung und Setzung einer Differenz, die gegenüber den eingewöhn-

---

auch Berggren 1963:237ff. und Goodman 1968:82. Vgl. ausführlich auch Strub 1991:79ff., der seine Metapherntheorie ganz vom Konzept der kalkulierten semantischen Absurdität aus entwirft. - Zur Problematik dieses Ansatzes vgl. auch die folgende Anmerkung.

[38] Allerdings ergeben weder *syntaktische* noch *semantische* Abweichung bzw. Überschreitung ein notwendiges und hinreichendes Metaphernkriterium, wenn man die Metapher nicht im Vorab - also zirkulär! - bereits als Anomalie definiert hat (zur syntaktischen Metapher vgl. auch Schneider 1993). Die Stilisierung der semantischen Abweichung zum Metaphernkriterium ist schon deshalb problematisch, da Metaphern durchaus neben ihrer metaphorischen auch ihre wörtliche Bedeutung behalten können, womit dann gar keine semantische Absurdität vorliegt. Dies mag bei Negationsmetaphern wie „kein Mensch ist von Natur aus Wolf" noch bestreitbar sein (vgl. Strub 1991:239), gilt aber ganz offensichtlich für ambige Ausdrücke des Typs „Berlin hat ein rauhes Klima" (nämlich meteorologisch wie politisch). Vgl. hierzu auch Black 1983b: 401ff. und Cohen 1981:191ff. sowie meine Ausführungen weiter unten in Kap. II-5.3 und II-5.5.

[39] Vgl. Grassi 1992 und das obige Zitat von Ricœur (Anm. 32).

[40] „Nun ist es die Metapher, die die logischen Strukturen des „Ähnlichen" zutage bringt, weil das „Ähnliche" in der metaphorischen Aussage *trotz* der Differenz, *ungeachtet* des Widerspruchs wahrgenommen wird. Die Ähnlichkeit ist damit die logische Kategorie, die dem prädikativen Vorgang entspricht, in dem das „Nahebringen" auf den Widerstand des „Entferntseins" trifft; mit anderen Worten, die Metapher zeigt das Wirken der Ähnlichkeit." (Ricœur 1988:186.) Für weitere Ausführungen zum Ähnlichkeitsbegriff vgl. unten, Kap. II-1.1.

ten Wahrnehmungsrastern zunächst noch neu, rätselhaft und provokativ ist, und die Mitteilung einer solchen Metapher treibt deshalb zur Interpretation: Die unerhörte Metapher führt einen Verweis auf einen neuen, noch unaufgedeckten Implikationenzusammenhang mit sich. Die Kraft des Unerhörten, die beim blitzartigen[41] Zusammenprall zweier semantischer Felder Funken schlägt, tritt im hermeneutischen Prozeß bei dem schon von Aristoteles hervorgehobenen „aufblitzenden Verstehen" und „unmittelbaren Einleuchten" einer Metapher zu Tage.[42] Durch den Verstehensprozeß einer Metapher wird zugleich die Realität neu interpretiert, ein neuer Wirklichkeitsbezug etabliert, werden neue Welten erschlossen.[43]

Die Logik des Unerhörten als spezifische Logik des metaphorischen Prozesses soll im folgenden nun näher betrachtet werden. Dabei wird aufbauend auf der Interaktionstheorie in Kapitel II-1.1 eine *Netzwerktheorie* der Bedeutung vorgestellt, in der die kognitive Funktion der Metapher weiter herausgearbeitet und die schon von Nietzsche aufgestellte These von der prinzipiellen Metaphorizität der Sprache mit semantischen Mitteln gefestigt wird. In dem sich daran anschließenden Kapitel II-1.2. werden aus der Perspektive einer *Stimulustheorie* der Metapher Einwände gegen die These der kognitiven Funktion der Metapher – und damit ihrer Rationalität – diskutiert und auf ihre Reichweite hin untersucht. Im darauffolgenden Kapitel II-1.3 soll dann die *duale Struktur* (nämlich: kognitiver Stimulus und kognitiver Gehalt) der Metapher als Grundstruktur des metaphorischen Prozesses behandelt werden. Im Kapitel II-1.4 wird schließlich die duale Struktur der Metapher in *fünf Polaritäten* ausdifferenziert, die auf verschiedenen Ebenen den metaphorischen Prozeß kennzeichnen. Zusammenfassend werden dann im Kapitel II-1.5 die wichtigsten Ergebnisse der Auseinandersetzung noch einmal miteinander in Verbindung gebracht, wobei die lebendige Metapher aufgrund ihrer kreativ-kognitiven Funktion als *rationaler Vorgriff* charakterisiert wird.

1.1 Die Netzwerktheorie der Bedeutung

Die Erklärung des metaphorischen Prozesses mit Hilfe der Interaktionstheorie hat in der gegenwärtigen philosophischen Diskussion weithin Anerkennung gefunden. Die Vielfalt der Ansätze, die auf der Interaktionstheorie

---

41 Die Blitzhaftigkeit der metaphorischen Interaktion ist zentrales Kennzeichen der Logik des Unerhörten. Zur Blitzmetapher als Metapher für den metaphorischen Prozeß vgl. auch Villwock 1983b:203.
42 Vgl. hierzu auch meine Untersuchung der kommunikativ-evokativen Funktion der Metapher in Kap. II-5 sowie Ricœur 1983, v.a. 379ff.
43 Vgl. auch unten, Kap. II-3.5 und Kap. II-4.

aufbauen oder sich mit ihr auseinandersetzen, ist derzeit kaum noch überschaubar.[44] Im Zusammenhang mit der Diskussion über die Rationalität der Metapher sind jedoch vor allem diejenigen Ansätze von Interesse, die die schon von Black hervorgehobene *kognitive Funktion* der Metapher untersuchen und mit bedeutungstheoretischen Mitteln begründen. Die kognitive Funktion der Metapher, so lautet meine These im Anschluß an Black, hängt eng mit ihrer Unersetzbarkeit und mit ihrer Resonanz zusammen. Exemplarisch soll deshalb im folgenden die Metaphorntheorie von Mary Hesse[45] dargelegt und interpretiert werden, da diese die kognitive Funktion der Metapher in den Mittelpunkt der Überlegungen stellt und zugleich eine bedeutungstheoretische Weiterentwicklung der Interaktionstheorie vornimmt.

Eine eingehende Behandlung des Bedeutungsproblems der Metapher nimmt Hesse in dem Aufsatz *Die kognitiven Ansprüche der Metapher* (1988) vor. In Anknüpfung an die Philosophie Wittgensteins und Quines und in Weiterführung der Interaktionstheorie der Metapher entwirft sie eine „Netzwerktheorie der Bedeutung", derzufolge die Bedeutungen der Wörter einer Sprache netzartig nach Kriterien der Familienähnlichkeit miteinander verwoben sind, wobei Bedeutung und Bedeutungsveränderungen als Resultat der Interaktionen innerhalb dieses Netzes durch den Gebrauch der Sprache begriffen werden:

> In dieser Theorie ist das Netzwerk gleichzeitig einschränkend und flexibel. Die Verwendung eines Prädikats in einer neuen Situation verschiebt im Prinzip, wie geringfügig auch immer, die Bedeutung jedes anderen Wortes und Satzes einer Sprache.[46]

Damit übernimmt und erweitert Hesse die Quinesche Netzwerktheorie, die zu Aussagen und Sätzen des Wissens und Glaubens ein ähnliches Bild der Verwobenheit und der wechselseitigen Abhängigkeit zeichnet:

> Die Gesamtheit unseres sogenannten Wissens oder Glaubens (...) ist ein von Menschen geflochtenes Netz, das nur an seinen Rändern mit der Erfahrung in Berührung steht. (...) Wenn wir eine Aussage neu bewertet haben, müssen wir einige andere neu bewerten, die entweder logisch mit der ersten verknüpft sind oder selbst Aussagen logischer Zusammenhänge sind.[47]

Die Bedeutung von Begriffen und ihre Anwendung hängen von ihrer Position in diesem Netzwerk ab und damit von der Wahrnehmung von Ähnlichkeiten. Unterschied und Ähnlichkeit werden hier als primäre, nicht weiter reduzierbare Relationen gesehen, die noch „vor der Anwendung selbst des einfachsten Prädikates stehen: Sie werden *gezeigt* und nicht *ge-*

---

44 Vgl. hierzu die bereits erwähnten Bibliographien von Shibles 1971, Pausch 1976, van Noppen/de Knop/Jongen 1985 und van Noppen/Hols 1991.
45 Vgl. Hesse 1966, 1987 und 1988.
46 Mary Hesse 1988:133; vgl. auch Wittgenstein 1984:§§65ff.
47 Quine 1979a:47.

sagt".[48] Mit dem Erwerb von Sprache, so Hesse, lernen wir unsere Ähnlichkeitswahrnehmungen zu strukturieren und zu klassifizieren, wobei – wie Quine schon für theoretische Sätze feststellt – unsere Klassifikationen, Schemata, Metaphern und Modelle durch die Welt unterdeterminiert sind.[49] Dies bedeutet, daß es keine eindeutigen, gleichsam durch die Natur vorgegebenen Kriterien der Ähnlichkeitsklassifikation geben kann. Der Bildung von distinkten Kategorien und logischen Klassen liegt deshalb ein metaphorischer Prozeß zugrunde, durch den semantische Felder nach Kriterien der Familienähnlichkeit gebildet und untereinander wiederum nach diesen Kriterium der Ähnlichkeit und des Unterschiedes miteinander vernetzt werden.[50] Das Kriterium für die Akzeptabilität der Klassifikationen ist dabei die nach Ähnlichkeitsrelationen organisierte innere Kohärenz und nicht eine ontologisch vorgegebene Klassenbildung, wobei die wiederkehrende Anwendung von 'wörtlichen' Prädikaten durch „lokale, verhältnismäßig stabile 'natürliche Arten', von denen wir in der Natur umgeben sind",[51] motiviert ist. An den 'Rändern' des Netzwerkes, also dort, wo aus der Konfrontation der Sprache mit der Erfahrung und aus neuartigem Gebrauch der Begriffe Unsicherheiten über die Kohärenz entstehen, finden die stärksten Bedeutungserweiterungen und -veränderungen statt. Im Fall von Metaphern kommt als Besonderheit mit hinzu, daß sie bei hoher Emphase und Resonanz ungewöhnliche Ähnlichkeiten setzen, also *ganz neue* Beziehungen von Ähnlichkeiten und Unterschieden innerhalb des sprachlichen Netzwerkes knüpfen. Lebendige Metaphern haben nach Hesse deshalb die Funktion der Einführung von neuen Ideen und Modellen: Sie stellen „metaphorische Neubeschreibungen" eines Gegenstandes dar.[52] Das Netzwerk der Sprache ist damit in ständiger Bewegung, der Gebrauch der Sprache ist ein Prozeß der steten Bedeutungsveränderung, in dem Verfestigung durch gleichen Gebrauch und Verflüssigung durch anderen, neuen Gebrauch einander ergänzen. Auch die Bildung und die Veränderung von

---

48 Hesse 1988:136. Gegen diese Auffassung einer noch *vor* jeder Prädikation liegenden Ähnlichkeit würde Nelson Goodman allerdings einwenden, daß auch nichtsprachliche „labels" wie sprachliche Prädikate fungieren, daß also auch nichtsprachliche, beispielsweise gezeigte Ähnlichkeit der Logik der Prädikation folgt. (vgl. Goodman 1968:57; ähnlich argumentieren auch Kamlah/Lorenzen 1973, die Zeigehandlungen als Prädikationen auffassen - vgl. hierzu auch meine Ausführungen in Kap. II-5).
49 Hesse 1987:305.
50 Die kategorienbildende Funktion des metaphorischen Prozesses betont auch Gadamer (1960:434f.): „[Die] Übertragung von einem Bereich in einen anderen hat nicht nur eine logische Funktion, sondern ihr entspricht die grundsätzliche Metaphorik der Sprache selbst. Die bekannte Stilfigur der Metapher ist nur die rhetorische Wendung dieses allgemeinen, zugleich sprachlichen und logischen Bildungsprinzips." Vgl. dazu auch Gadamer 1960:406ff. sowie Blumenberg 1957, 1971 und 1979, der die Metapher als Grundlage der Begriffsbildung bezeichnet.
51 Hesse 1988:130.
52 Vgl. Hesse 1966:157 sowie unten, Kap. II-2.

sprachlichen Kategorien sind durch den Mechanismus der metaphorischen Neubeschreibung erklärbar.[53] Die permanente Veränderung des sprachlichen Netzwerkes durch Ähnlichkeitsbildung beruht nach Mary Hesse auf der *prinzipiellen Metaphorizität* von Sprache überhaupt:

> Die Bedeutungserweiterungen, die durch Ähnlichkeiten und Unterschiede in Metaphern auftreten, sind im Grunde nur besonders augenfällige Beispiele dessen, was in dem sich verändernden, ganzheitlichen Netzwerk, das die Sprache ausmacht, unablässig vor sich geht. In diesem Sinne ist die metaphorische Bedeutung nicht als pathologisch anzusehen, sondern als normal, und einiges von dem Mechanismus der Metapher stellt sich als wesentlich für die Bedeutung beschreibender Sprache überhaupt dar. Dies meine ich mit der These, daß 'jegliche Sprache metaphorisch ist'.[54]

Die Konsequenz aus dieser Netzwerktheorie der Bedeutung ist, daß die Unterscheidung zwischen wörtlicher Bedeutung und metaphorischem Bedeutungszusammenhang nur noch in *pragmatischer* Hinsicht, also im jeweiligen Gebrauchskontext von Worten, sinnvoll ist. In Anlehnung an die auf Wittgenstein zurückgehende Gebrauchstheorie der Bedeutung postuliert Hesse, daß die wörtliche Bedeutung eines Wortes der in vertrauten Kontexten am häufigsten vertretene Gebrauch ist, also „der Gebrauch, der das Netzwerk von Bedeutungen am wenigsten stört. Daher ist der wörtliche Gebrauch am einfachsten zu handhaben, zu lehren und zu lernen."[55] Da die wechselseitige Konstitution von Bedeutung für die Sprache insgesamt und nicht nur für die Metapher gilt, ist eine prinzipielle semantische Trennung dieser Bereiche nicht konsistent zu vertreten. Damit geht Hesse weit über die von Max Black entwickelte Version der Interaktionstheorie hinaus, die die Unterscheidung wörtlich/metaphorisch auch im semantischen Bereich aufrechterhält. Schon in ihrer ersten Auseinandersetzung mit Black hatte Hesse diese Trennung kritisiert[56] und mit Wittgensteinschen Argumenten für eine nur *relative* Unterscheidung zwischen wörtlicher und metaphorischer Bedeutung plädiert: Da Metaphern und Modelle nicht bloß emotiven, subjektiven und ornamentalen Zwecken dienen, sondern in der *Kommunikation* als verstehbar intendiert werden, sind sie Teil der gemeinsamen Sprache und sie folgen intersubjektiven Regeln.[57] Daraus zieht Hesse den

---

[53] Das Konzept des kalkulierten Kategorienfehlers wird von Ricœur (1988:188ff.) in dieser Richtung gedeutet: „Kann man nicht sagen, daß die Sprachstrategie, die in der Metapher am Werk ist, darin besteht, die Grenzen der etablierten Logik zu verwischen, um neue Ähnlichkeiten sichtbar zu machen, die von der füheren Klassifizierung verdeckt wurden? Mit anderen Worten, die Gewalt der Metapher bestünde darin, eine frühere Kategorisierung zu brechen, um auf den Trümmern der älteren logischen Grenzen neue zu errichten." (Ähnlich auch Köller 1975:199; vgl. des weiteren unten, Kap. II-1.4).

[54] Hesse 1966:157.

[55] Ebd.

[56] Vgl. Hesse 1966, Kap. „The Explanatory Function of Metaphor".

[57] Diese Regeln sind jedoch nicht im Sinne allgemeiner Deduktionsregeln, sondern eher im Sinne des Wittgensteinschen Regelbegriffs als *Regularitäten* zu verstehen: Sie lie-

Schluß, daß sich eine prinzipielle Trennung zwischen wörtlicher und metaphorischer Bedeutung auch im Rückgriff auf linguistisch-semantische Regeln nicht begründen läßt, da bei metaphorischen Rede ebenso wie bei der wörtlichen Regeln befolgt werden müssen, sonst bliebe sie privatsprachlich unverständlich. Die Metapher kann also – so läßt sich Hesses Einwand weiterführen – nicht allein aus dem Konzept des Regelverstoßes, etwa der semantischen Anomalie, heraus erklärt werden, vielmehr muß bei einem Regelverstoß gegen die in einem Kontext jeweils als 'wörtlich' geltende Sprache (mindestens) eine andere Regularität gegeben sein, die die Reduktion des Regelverstoßes und damit die Interpretation der Metapher im Kontext ermöglicht.[58] Der metaphorologisch interessante, aber oft nicht berücksichtigte Punkt ist dann nicht die Erklärung der Metapher als semantische Abweichung, sondern die Erklärung des Umstandes, daß Sätze und Äußerungen produziert und verstanden werden, die zumindest teilweise *anderen* Regeln als denen der wörtliche Sprache folgen, wobei diese Regeln gleichwohl Regeln der öffentlichen Sprache sind.[59] Diese anderen Regeln sind Abduktionsregeln zur Regelreflexion: Mit der Metapher werden geltende Verwendungsregeln der Bedeutung reflektiert und in neue, andere Verwendungsregeln transformiert.[60]

Damit muß das in der Linguistik und Semantik weitverbreitete zweiteilige Sprachkonzept, nach dem es rein wörtliche und davon ganz abgetrennte, rein metaphorische Ausdrücke gibt, zugunsten eines historisch-dynamischen Konzeptes aufgegeben werden. An die Stelle der klaren Distinktion von wörtlich-dominanter und metaphorisch-abgeleiteter Bedeutung tritt eine nur relative, kontextspezifische Unterscheidung.[61] Mit der Netzwerktheorie wird die Vorstellung eines semantischen „Nullkontextes" oder einer eigentlichen, ursprünglichen Wortbedeutung außerhalb von Anwendungskontexten grundsätzlich verworfen. Schon deshalb *muß* die 'wörtliche' Paraphrase einer Metapher deren Bedeutungsgehalt verfehlen, da sie einerseits vergeblich versucht, auf neue Kontexte weiterhin alte Bedeutungen anzuwenden, und da andererseits jede Paraphrase auch selbst die Bedeutungen beeinflußt. Hesse präzisiert damit Blacks These der Nicht-

---

gen in Form von implizitem Regelwissen vor und können deshalb auch ihre Anwendung nicht determinieren, sondern müssen in der jeweiligen Situation spezifisch generiert werden. Einer Regel folgen bedeutet hier die Exemplifikation der Regel, nicht die Determination durch ein Kalkül. Vgl. Wittgensteins *Philosophische Untersuchungen* (in ders. 1984), v.a. §§ 197ff.

58 Oder, wie Strub (1991:98) formuliert: „Die Interpretation der Metapher ist die Anwendung dieser Regel".
59 Dies sind, wie ich in Kapitel II-5 genauer zeigen werde, meist formalpragmatische Regularitäten, die den Gang der Interpretation steuern und die selbst auch zum Gegenstand der kommunikativen Reflexion werden können.
60 Vgl. meine Ausführungen zur Metapher als Abduktion oben in Kap. I-1.3.
61 Vgl. Hesse 1966:166 sowie unten, Kap. II-5.5.

paraphrasierbarkeit, und sie betont, daß die Paraphrase den kognitiven Gehalt der Metapher und ihre Kreativität zerstört und statt dessen den Schein wörtlicher Allgemeinheit erzeugt. Jeder Versuch der Übersetzung einer Metapher in ein 'wörtliches' Äquivalent hat also mit dem Verlust des kognitiven Gehaltes zu rechnen, da sie den komplexen Bedeutungszusammenhang, den die Metapher stiftet, nicht trifft.

Betrachten wir die Interaktions- und die Netzwerktheorie nun unter dem Aspekt ihrer Bezüge zu den im ersten Teil analysierten drei metaphorologischen Diskurslinien, so finden wir hier vor allem Vicos Auffassung der Metapher als Musterbeispiel für das sprachliche Ingenium in der interaktionstheoretischen These wieder, daß der metaphorische Prozeß auf der oft innovativen Verbindung von semantischen Feldern beruht. Die Metapher besitzt einen *kognitiven Gehalt*, denn sie erschließt auf nichtersetzbare Weise neue Bedeutungskontexte, indem sie ungewöhnliche Ähnlichkeiten stiftet und darstellt. Daneben haben wir die Metapher bei Vico am Ursprung der Sprache gefunden, sie gilt ihm als Bedingung der Möglichkeit von Erkenntnis und Sprache. Dieser Aspekt wird insbesondere in der Netzwerktheorie in die These überführt, daß wörtliche und metaphorische Bedeutung auf den gleichen Prozeß der metaphorischen Relationenbildung nach Ähnlichkeitskriterien zurückgehen. Dies rechtfertigt die Annahme einer prinzipiellen Metaphorizität der Sprache. Mit dem Begriff der Metaphorizität ist auf semantischer Ebene das der Metapher (im engen Sinne einer Sprachfigur) zugrundeliegende Übertragungs-, Erweiterungs- und Überschreitungsprinzip bezeichnet.[62]

Durch die Analysen der Interaktions- und Netzwerktheorie, so läßt sich resümieren, werden diese beiden zentralen Aspekte der auf Vico zurückgehenden metaphorologischen Diskurslinie in die moderne sprachphilosophische Diskussion überführt und bedeutungstheoretisch begründet.[63] Die schon bei Vico postulierte Rationalität der Metapher läßt sich auf der Grundlage der Interaktionstheorie und der Netzwerktheorie der Bedeutung darin aufsuchen, daß die Metapher zum einen als grundlegender sprachlicher Mechanismus betrachtet werden kann und daß sie zum anderen eine kreativ-kognitive Funktion besitzt, die sie zur innovativen, nichtsubstituierbaren Sprachform macht.

---

62 Auf dieser prinzipiellen Metaphorizität beruht letztlich – in ähnlicher Weise übrigens wie bei Aristoteles (vgl. Poetik 1457b) – der in der modernen Metaphorologie üblich gewordene weite Metaphernbegriff (vgl. etwa Weinrich 1976a: 277). Der Mechanismus der Metaphorizität wird weiter unten (in Kap. II-5.1) mit symboltheoretischen Mitteln als *metaphorischer Schematransfer* analysiert.

63 Dies soll keine falschen Kontinuitäten unterstellen: Ich behaupte nicht, daß hier direkt und mit explizitem Bezug die Philosophie Vicos transformiert wurde, sondern daß der *Gehalt* seiner Metaphemtheorie mit den Mitteln der modernen Sprachphilosophie reformuliert wurde.

1.2 Kognitiver Gehalt oder überraschendes Geräusch?

Gegen die Netzwerktheorie der Bedeutung und die These des kognitiven Gehaltes der Metapher haben vor allem Donald Davidson (1978) und Richard Rorty (1987) eingewandt, daß Metaphern *keine* über ihre rein wörtliche Bedeutung hinausgehende Bedeutung und entsprechend auch keinen eigenen kognitiven Gehalt besitzen können.[64] Wenn nun aber der Metapher tatsächlich kein kognitiver Gehalt zukäme, wäre ihre Rationalität zumindest fragwürdig: Ohne eigenen kognitiven Gehalt wäre sie für Denk- und Erkenntnisprozesse entbehrlich, erneut würde sie damit zur bloß 'uneigentlichen' Sprachform, also auf ornamentale und persuasive Funktionen reduziert und aus dem rationalen Diskurs ausgeschlossen.

Davidson entwickelt seine Metapherntheorie auf der Basis einer als begriffsrealistisch und essentialistisch benennbaren Auffassung, nach der die Bedeutung allein durch die Referenz auf Welt konstituiert wird: Die Bedeutung von Ausdrücken ist für ihn durch die objektiven Bedingungen der Welt fixiert, also über die Extension, d.h. über Klassen von Entitäten, auf die ein Ausdruck sich bezieht. Er geht also von der nicht unproblematischen Voraussetzung[65] aus, daß die Semantik der Ausdrücke immer schon durch deren Extensionsbereich bestimmt ist. Dies führt ihn dann folgerichtig zu einer scharfen Trennung zwischen einer wörtlichen, eindeutigen Bedeutung (*meaning*) und dem jeweiligen Gebrauch (*use*) von Worten in spezifischen Kontexten:

> Literal meaning and literal truth conditions can be assigned to words and sentences apart from particular contexts of use. This is why adverting to them has genuine explanatory power.[66]

Dies heißt, daß Davidson hier offensichtlich einen anderen Begriff von „meaning" unterstellt als Hesse: Während bei Hesse „meaning" über den Gebrauch, über die Verwendung von Worten verstanden ist, wird bei Davidson „meaning" über die Extension definiert. Damit etabliert er die Vorstellung einer von der Praxis des Sprechens und Handelns abgezogenen und unabhängigen Zuordnung zwischen den Zeichen und Dingen. Die Bedeutung steht damit außerhalb von Gebrauchskontexten,[67]

---

[64] Damit schließen Davidson und Rorty an eine lange Tradition semantischer Theorien an, die Metapher vor dem Hintergrund einer wörtlichen Sprache mit klaren Bedeutungen immer als Ausnahme, als semantische Anomalie definieren und so die Metapher nur ex negativo begreifen können. Ich werde auf diese Ansätze nicht näher eingehen, da zu ihnen bereits ausführliche metaphorologische Kritiken vorliegen (vgl. z.B. Ricœur 1988:56-167; Schöffel 1987:32-53; Hörmann 1971).

[65] So die Kritik von Putnam (1979:80ff.).

[66] Davidson 1978:33.

[67] Daß aber die Idee eines solchen Nullkontextes nicht sinnvoll ist, habe ich oben in Kap. II-1.1 gezeigt. Vgl. hierzu auch Searles Abhandlung „Wörtliche Bedeutung" (in: Searle 1982:139-159).

eine Bedeutungsveränderung kommt dementsprechend auch nicht durch den Gebrauch, sondern durch Veränderungen im Extensionsbereich bzw. durch neue Erkenntnisse über den Extensionsbereich zustande, wodurch sich das „system of beliefs" und mit ihm dann auch die Bedeutung ändert.[68]

Eine solchermaßen von allen Kontexten gereinigte Wortsemantik kann in der Metapher keine eigene Bedeutung und keinen eigenen kognitiven Gehalt erblicken: Metaphern gehören nach Davidson ganz in die Sphäre des „use", und da „meaning" und „cognitive content" für ihn identisch sind, können Metaphern prinzipiell keinen kognitiven Gehalt haben. Daß Metaphern dennoch – wie er zugibt – bei der Erweiterung und Neugewinnung von Wissen eine wichtige Rolle spielen, erklärt er so, daß sie ähnlich wie überraschende Geräusche („surprising noises") oder wie plötzliche Ereignisse wirken: sie lenken die Aufmerksamkeit auf das Neue, Ungewohnte. Seiner Ansicht nach können sie nur gehaltvolle Gedanken provozieren – sie sind also nur in diesem Sinne eine unerhörte Prädikation –, bleiben aber selbst gehaltlos. Der Fehler aller Metapherntheorien, die der Metapher Bedeutung und kognitiven Gehalt zusprechen, besteht nach Davidson darin, daß sie Effekte mit Gehalt verwechseln. Metaphern sind nur *Stimuli*, sie bewirken etwas („like a bump on a head"), aber sie bedeuten nichts: Nach Davidson ist die Metapher – wie überhaupt die ganze Sphäre des „use" – prinzipiell nicht bedeutungsfähig; sie kann Dinge zu Bewußtsein bringen, die nichtpropositionalen Charakter haben und sie lenkt die Aufmerksamkeit auf *außersprachliche* Vorgänge in der Welt.[69] Die Trennung zwischen „linguistic meaning" und „context of use" setzt sich mit dieser Stimulustheorie der Metapher in eine prinzipielle Trennung zwischen Sprache und Welt fort.

Metaphern haben nach Davidsons Theorie damit nur die Bedeutung, die den in ihnen verwendeten Worten 'rein wörtlich' zukommt. Wenn es aber

---

[68] Damit wird auch Davidsons Berufung auf Wittgenstein problematisch: „Dieser Gegensatz zwischen Bedeutung und Gebrauch ist mit Wittgensteins Darstellung des Verhältnisses von Bedeutung und Gebrauch freilich nicht mehr in Einklang zu bringen." (Schulte 1990:109) Schulte unternimmt im Anschluß daran den Versuch, diesen Einklang wiederherzustellen, indem er Davidsons Auffassung in der Weise reformuliert, „daß sie besagt, die Metapher beruhe nicht auf der primären, sondern auf der sekundären Bedeutung, es sei kein primärer Gebrauch, der sie zuwege bringt, sondern eine sekundäre Verwendung" (ebd.). Da mit dieser Reformulierung aber die zentralen Kategorien Davidsons im Kern verändert werden, ist fraglich, inwieweit sie mit Davidsons Theorie noch etwas zu tun hat. – Zur weiteren Kritik der Annahme, daß die Bedeutung von der Extension her bestimmt wäre, sei auf die von Jelden (1994:137ff.) ausgeführte Argumentation verwiesen.

[69] In der Konfrontation dieser These mit Davidsons metaphorischem Eröffnungsstatement „metaphor is the dreamwork of language" zeigt Black (1979) in einer sehr stringenten Argumentationskette, daß Davidson sich hier zunehmend in Selbstwidersprüche verwickelt und schließlich gezwungen ist, zu seiner indexikalischen Vergleichtheorie (die Metapher verweist nur auf Ähnlichkeiten, ohne diese jedoch selbst darstellen zu können) Zuflucht zu nehmen.

nur wörtliche, und keine figurative, keine metaphorische Bedeutung gibt, dann sind die Gründe für die Nichtparaphrasierbarkeit der Metapher andere als die in der Interaktions- und Netzwerktheorie behaupteten:

> I agree with the view that metaphors cannot be paraphrased, but I think this is not because metaphors say something too novel for literal expression, but because *there is nothing* to be paraphrased.[70]

Davidson zweifelt also nicht an der Möglichkeit der Paraphrase an sich, sondern er wendet die Implikationen seiner Metapherntheorie nur konsequent auf die Frage der Paraphrasierbarkeit an: Es ist einfach sinnlos, etwas paraphrasieren zu wollen, das nichts bedeutet. Vor dem Hintergrund seiner Semantik impliziert diese Aussage aber zugleich die Möglichkeit der exakten Paraphrase von wörtlichen Bedeutungen. Letztlich unterstellt er damit *Synonymität* von Bedeutung – eine Annahme, die sich nach Quines Empirismuskritik[71] kaum mehr begründen läßt: Synonymität als Austauschbarkeit zweier Ausdrücke wäre doch immer noch insoweit nichtsynonym, als durch den Austausch in jedem Kontext der beteiligten Ausdrücke etwas verändert wird. Diese Überlegung war der Ausgangspunkt der Netzwerktheorie der Bedeutung, in der die Anwendung von Begriffen von ihrer Position im sprachlichen Netzwerk abhängt und jede Anwendung zugleich ihre Position modifiziert. Synonymität wird so zu einem prinzipiell unerreichbaren Grenzwert, sie ist nur noch in vager Weise als „Gleichheit hinsichtlich *relevanter Aspekte*" (Quine) – also als Ähnlichkeit – zu bestimmen.[72]

Dabei stützt aber gerade auch Davidson sich in seiner Bedeutungstheorie auf die Theorie von Quine,[73] wenn er etwa die Sprache als Netzwerk auffaßt, die immer als ganze (und nicht nur in einzelnen Beobachtungssätzen) dem „Tribunal der Erfahrung" ausgesetzt ist. Sein Netzwerkmodell steht jedoch der Netzwerktheorie Hesses diametral gegenüber. Der Kern ihrer Netzwerktheorie besteht, wie oben dargelegt, in der Dynamik und Flexibilität der Bedeutung, die sich – so die These von der Metaphorizität der Sprache – im Gebrauch, in der Praxis der Sprachspiele, permanent mehr oder weniger verändert. Bedeutung ist bei Hesse (wie beim späten Wittgenstein) mit dem Gebrauch zusammengedacht, sie hängt von situa-

---

[70] Davidson 1978:32 (Hervorhebung von mir).
[71] Vgl. Quine 1979a.
[72] Vgl. Quine 1979a und 1979b sowie Putnam 1979:83f. Synonymität läßt sich deshalb nur noch als intensionaler Begriff formulieren, so etwa Carnap: „Zwei Ausdrücke sind in der Sprache *L* für *X* zur Zeit *t synonym*, wenn sie in *L* für *X* zur Zeit *t* dieselbe Intension haben" (Carnap 1972:158). Quine lehnt jedoch aufgrund seiner Intensionalitätsskepsis, die von Davidson geteilt wird, diesen Weg ab.
[73] Putnam beurteilt in diesem Zusammenhang Davidsons Position folgendermaßen: „Quinescher Skeptizismus, der im Mäntelchen eines positiven Beitrags zur Bedeutungsanalyse daherkommt..." (Putnam 1979:84).

tiven Handlungskontexten ab, wobei sich der 'wörtliche' Gebrauch in der Kontinuität von ähnlichen, wiederkehrenden Situationen herauskristallisiert und stabilisiert. Dagegen kann Davidson mit seiner prinzipiellen Trennung von Bedeutung und Gebrauch nur ein Netzwerkmodell entwerfen, in dem die Sprache unter dem Diktat wörtlicher Eindeutigkeit steht und in lexikalischer Unbeweglichkeit verharrt. In der Konsequenz führt dies zu einer Aufwertung der 'objektiven', buchstäblichen Wissenschaftssprache und zu einer Abwertung der Umgangssprache.

Diese Tendenz, die Metapher an die 'Ränder' der (Wissenschafts-) Sprache zu verlagern und die wörtlich-eindeutige Sprache zu bevorzugen, findet sich bereits bei Quine: Die Wissenschaft ist für ihn der Ort, an dem die „metaphorische Unordnung" beseitigt werden kann,[74] aber er gesteht der Metapher immerhin eine kognitive Funktion und eine konstituierende Rolle in der Sprache zu, denn er sieht in ihr das Grundprinzip der „creative extension through analogy". Der bei Quine noch verdeckte Sprachszientismus tritt bei Davidson offen zutage, denn indem er Bedeutung mit Wörtlichkeit, und diese mit dem kognitiven Gehalt identifiziert, reduziert er Sprache auf den buchstäblich-propositionalen Gehalt, auf das, was urteilsförmig und in wissenschaftlich-eindeutiger Beobachtungs- oder Theoriesprache ausdrückbar ist – Davidson zeigt sich so als später Vertreter einer Philosophie der idealen Sprache.[75]

In ähnlicher Weise wie Davidson argumentiert auch Richard Rorty von einer Position der strikten Trennung von „meaning" und „use" aus: Nur in etablierten Sprachspielen kann es Bedeutung geben, da jedoch Metaphern als neuartiger Wortgebrauch per definitionem keinen festen Platz in Sprachspielen besitzen, können sie auch keine Bedeutung haben. Sie sind vielmehr als Störungen, Unterbrechungen oder Irritationen eines Sprachspiels aufzufassen, durch die die Aufmerksamkeit auf das Neue gelenkt und der Hörer oder Leser „Überraschungseffekten ausgesetzt", aber keine Bedeutung übermittelt wird.[76] Im Anschluß an Nietzsches Perspektivismus – also in der Traditionslinie des Nietzscheanischen Diskurses über die Metapher – und zusammen mit Davidson sieht Rorty Sprache als grundsätzlich metaphorisch an, wobei die jeweils wörtliche Sprache als historisch kontingent entstandener Satz an usuellen, also verfestigten Metaphern

---

[74] „The neatly worked inner streches of science are an open space in the tropical jungle, created by clearing the tropes away." (Quine 1978:162); vgl. dagegen aber unten in Kap. II-2 meine Analyse der konstitutiven Rolle von Metaphern und Modellen in der Wissenschaft.

[75] Die Nähe der Davidsonschen Theorie zu Wittgensteins idealsprachlichen Vorstellungen im „Tractatus" betont auch Schulte (1990:110f.), zur Kritik des Davidsonschen Ansatzes vgl. auch Strub 1991:408-413.

[76] Vgl. Rorty 1989:44ff. und 60f. Ähnlich auch Luhmann (1984:211), der Metaphern nur als „Kommunikationsstop" betrachtet (zur Kritik vgl. unten, Kap. II-5.5).

begriffen wird. Davidsons Leistung besteht für Rorty gerade darin, daß er der Metapher den Status der *Verursachung* („cause") von neuem Wissen, und nicht seines Ausdruckes, zuschreibt: Indem zur Beschreibung eines neuartigen Phänomens oder einer neuen Erfahrung eine neue Metapher verwendet wird, die in den eingeführten, wörtlichen Sprachspielen keinen Platz hat, wird das eingeführte Sprachspiel ironisch in Frage gestellt und eine *neue Perspektive* eröffnet. Dadurch ist die Möglichkeit zur Bildung eines neuen Satzes an usuellen Metaphern, einer neuen, sich dann wieder zu wörtlichen Sprache verfestigenden Sichtweise, gegeben. Neue Metaphern sind deshalb für den Erwerb von neuen Wissens – d.h. vor allem in der Wissenschaft – nicht nur wichtig, sondern unverzichtbar: Sie wirken als notwendige psychologische Stimuli für kognitive Prozesse. Rorty teilt also mit der Interaktionstheorie die These von der Unersetzbarkeit der Metapher, allerdings in einer sehr eigentümlichen Weise, da er der Metapher zugleich den kognitiven Gehalt abspricht.

Rorty gerät dabei jedoch in einen Widerspruch: Einerseits geht er mit Davidson davon aus, daß „meaning" und „cognitive content" identisch sind und daß Metaphern nur *Stimuli* für Kognitionen sein können, andererseits folgt er Hesse insoweit, daß er Metaphern als „Neubeschreibungen" auffaßt, die als solche eben nicht nur kognitive Effekte, sondern auch kognitiven Gehalt besitzen müssen. Rorty versucht diesen Widerspruch dadurch zu lösen, daß er den Unterschied zwischen „meaning" und „noise" als rein pragmatische Unterscheidung setzt, die sich auf die Vorhersagbarkeit, auf die Auftrittswahrscheinlichkeit eines Geräusches bezieht. Bedeutung hat, was immer wieder gleichartig erscheint, bloßes Geräusch ist, was nur vereinzelt und nichtvorhersehbar auftritt. Bedeutung wird so zur einer Frage der Redundanz, wobei jedoch rätselhaft bleibt, wie die scharfe Trennung zwischen „meaning" und „use" dann noch zu rechtfertigen ist – mit dieser pragmatischen Unterscheidung wird nämlich gleichzeitig ein *Kontinuum* zwischen beiden Bereichen unterstellt. Neue, lebendige Metaphern, die zunächst als bedeutungslose „unfamiliar noises" wirken, geraten in einen Prozeß der Trivialisierung und der pragmatischen Überzeugungsfestigung, wodurch sie zu Begründungen werden: „The process of becoming stale, familiar, unparadoxical and platitudinous is the process by which such noises cross the line from 'mere' causes of belief to reasons for belief."[77]

Rorty unterstellt, daß die Metapher, indem sie trivial und alltäglich wird, sich gleichsam mit Bedeutung auflädt. Wie jedoch diese Auflädung vonstatten gehen soll, kann er nicht erklären, vorwiegend scheint sie auf der Gewöhnung an das Ungewohnte zu beruhen, denn „each of these unfamiliar noises becomes more and more integrated into our practices, better and

---

[77] Rorty 1987:295.

better coped with".[78] Da Rorty aufgrund seiner Trennung von „meaning" und „use" nur ganz neue, ungewöhnliche Metaphern und trivialisierte, tote Metaphern – also verwörtlichte Begriffe – kennt, kann er das Kontinuum, das zwischen dem unvermuteten Auftreten einer neuen, noch bedeutungsoffenen Metapher und ihrer Erstarrung zur bedeutungstragenden, kognitiv gehaltvollen Ex-Metapher liegt, nur als ungeklärte Prämisse unterstellen. Er sieht zwar zwei *Zustände:* der eine bedeutungslos-metaphorisch, der andere bedeutungsvoll-wörtlich, er vermag aber nicht den *Prozeß* befriedigend zu erklären, durch den diese beiden Zustände miteinander verknüpft werden. Neue Metaphern werden damit aus dem sprachlichen Prozeß ausgegrenzt und konventionelle Metaphern einfach vernachlässigt, da mit den Mitteln dieser Theorie nicht klärbar.

Wir treffen damit wieder auf das Paradoxon der oben in Kapitel I-2.4 bereits behandelten Inkommensurabilitätsunterstellung: Solange man die Trennung zwischen „meaning" und „use" absolut setzt, kann es kein Kontinuum zwischen alter, wörtlicher und neuer, metaphorischer Sprache geben. Der Prozeß der Trivialisierung, ebenso wie die Entstehung von Bedeutung und kognitivem Gehalt, bleibt damit unerklärt. Sobald man aber diesen Prozeß durch Vorgänge wie 'Interpretieren' und 'Vertrautwerden' von neuem Sprachgebrauch zu erklären beginnt, kann die Trennung zwischen „meaning" und „use" ebensowenig aufrecht erhalten werden, wie die These, daß Metaphern nur als Stimuli wirken, nicht aber Bedeutung tragen und keinen eigenen kognitiven Gehalt besitzen. Die von Davidson und Rorty vertretene Stimulustheorie der Metapher läßt sich angesichts dieses Widerspruches nicht sinnvoll begründen. Hier zeigt sich klar, daß die *Unersetzbarkeit* als Metaphernkriterium und zur Erklärung des metaphorischen Prozesses nicht ausreicht: In der Stimulustheorie der Metapher wird ja durchaus eine Unersetzbarkeit der Metapher, nämlich in ihrer Stimulusfunktion für kognitive Prozesse, gesehen. Die Emphase der Metapher bestünde dabei nur in ihrer indexikalischen Funktion, in ihrem Hinweis auf die Eröffnung einer neuen Perspektive. Die Metapher erscheint also als reine semantische Anomalie, sie bedeutet nichts, ist resonanzlos und ohne kognitiven Gehalt – es gibt keine Brücke zwischen der Metapher als „ungewöhnlichem Geräusch" und dem bekannten wörtlichen Bedeutungsnetzwerk.

Aus der Perspektive der von mir hier vertretenen Interaktions- und Netzwerktheorie betrachtet, liegt der entscheidende Mangel der Stimulustheorie der Metapher darin, daß sie das Zusammenspiel von Resonanz und Emphase, das die semantische Innovation der Metapher ermöglicht und ihr Spezifikum ausmacht, verkennt. Der metaphorische Bedeutungszusammenhang entsteht auch bei der innovativen Metapher nicht ohne Hintergrund,

---

[78] Rorty 1987:294.

nicht aus heiterem Himmel, sondern er ist das Resultat der Interaktion der beteiligten semantischen Felder und ihrer Implikationenzusammenhänge. Während also eine lebendige Metapher eine Vielzahl von möglichen Bedeutungen und Implikationen hat, und in ihrem jeweiligen Verwendungskontext je neu interpretiert werden muß, hat sich bei einer toten Metapher eine der möglichen Bedeutung durch die Gebrauchsstabilisierung zur wörtlichen, tendenziell kontextungebundenen Bedeutung verfestigt: Ein bestimmter Bedeutungsaspekt des Implikationenzusammenhanges wurde mit dauerhafter Wirkung expliziert. Rorty verkennt aber auch diesen Zusammenhang zwischen dem Verfestigungsprozeß und der Explikation des Implikationenzusammenhanges einer Metapher.

Gleichzeitig gibt Rorty jedoch zu, daß man zu einer Netzwerktheorie der Bedeutung im Sinne Hesses kommen muß, wenn man „meaning" und „use" als identisch anerkennt. Er lehnt die Netzwerktheorie und die damit verbundenen kognitiven Ansprüche ab, da er hinter ihr ein metaphysisch-ontologisches Konzept vermutet, das mit „hidden frameworks" und metaphorischen Schemata eine metaphysische Ebene zwischen Sprache und Welt einzieht.[79] Dieser Vorwurf wird allerdings von Hesse mit dem Hinweis auf die *Unterdeterminiertheit* der Welt entkräftet, denn diese erst ermöglicht und erzwingt die Bildung von ganz verschiedenen Schemata, ohne daß damit metaphysische Konzepte verbunden wären:

> Schemes are as behavioural as any other features of languages – they are surface ways of classifying and ordering experience, part of the network of relatedness that should enter a full explanation of how language works.[80]

Damit lassen sich die Welt wie auch die Sprache durchaus als kontingent begreifen, aber die Kontingenz der sprachlichen Ordnungen und der Sätze usueller Metaphern impliziert nicht zugleich ihre Unübersetzbarkeit, vielmehr lassen sich die je verschiedenen Sprachspiele als Bestandteile des sich stetig verändernden, aber geschichtlich auch zusammenhängenden Netzwerkes der Sprache auffassen. Der oben bereits hervorgehobene *doppelte Erkenntniswert* der Metapher läßt sich nun, so wäre meine These im Anschluß an die Überlegung Hesses, in der Weise formulieren, daß durch metaphorische Neubeschreibungen einerseits die Kontingenz alter Sprachspiele und usueller Metaphern bewußt gemacht und andererseits neue Schemata und Kategorien angeboten werden, die – das Bewußtsein ihrer Metaphorizität vorausgesetzt – selbst als kontingent reflektiert werden können. Gerade in der Reflexion dieser Kontingenz liegt das spezifische Potential der Metapher in der Moderne.[81] Sobald diese reflexive Struktur der Meta-

---

79 Vgl. Rorty 1987:292.
80 Hesse 1987:306.
81 „Die Metapher ist in der modernen Auffassung (...) nicht mehr das Prinzip „der" Sprache qua Analogie, sondern das Prinzip der Sprache insofern, als es die historische

pher erkannt ist, relativiert sich auch Rortys Annahme, daß es aufgrund der in der Moderne aufgebrochenen Kontingenzen keine Kriterien zur Entscheidung zwischen alternativen Metaphern geben kann: Zwar lassen sich keine absoluten Kriterien entwickeln, wohl aber – in der Abwägung alter und neuer metaphorischer Beschreibungen – immanente Kriterien, die die Angemessenheit und Begründbarkeit der Beschreibung unter einem bestimmten Hinblick reflektieren.[82]

Daß die Auffassungen von Rorty und Davidson auf der einen und von Hesse und Black auf der anderen Seite hier so stark auseinandergehen, hat zum großen Teil auch damit zu tun, daß der Begriff der Metapher selbst verschieden verwendet wird und mit dem Begriff der Metapher jeweils verschiedene Hintergrundannahmen über Sprache und Wirklichkeit verbunden sind:[83] Hesse gebraucht den Begriff Metapher im weiten Sinne und meint damit alle Prozesse der Übertragung, Veränderung und Schöpfung von Bedeutung. Sie faßt Sprache als prinzipiell metaphorisch und in einem eher nominalistischen bzw. konstruktivistischen Sinn auf, so daß alle Kategorien, Schemata und Klassifikationen letztlich metaphorischen Charakter haben. Die Differenz wörtlich/metaphorisch ist dann nur in pragmatischer Hinsicht sinnvoll, nämlich als kontextrelative Unterscheidung zwischen eingewöhntem und neuartigem Wortgebrauch. Im Gegensatz dazu verwenden Rorty und Davidson den Begriff der Metapher in einem engen Sinn, nämlich nur auf die neue Metapher bezogen, und sie haben eine eher begriffsrealistische Auffassung, nach der nur der wörtlichen Sprache auch Bedeutung zukommen kann: Das wörtlich-statische Bedeutungssystem der Sprache, das extensional determiniert ist, steht dabei dem metaphorisch-dynamischen Gebrauch der Sprache unvermittelt gegenüber.

Zusammenfassend läßt sich mit Susan Haack[84] als Resultat der Diskussion festhalten, daß die Davidson-Rorty-These, nach der Metaphern zwar wichtig für die Wissenschaft sind, aber keinen kognitiven Gehalt besitzen, nicht konsistent zu begründen ist. Zwar ist es das Verdienst von Rorty und Davidson, die Dimension der Provokation, also des *appellativ-indexikalischen* Charakters der Metapher herausgearbeitet und insofern eine wichtige

---

Kontingenz der jeweiligen Analogieprinzipien in der entsprechenden Sprache selbst reflektiert" (Strub 1991:497f.). — Auf diese reflexive Funktion der Metapher werde ich v.a. in Kap. II-2.4, II-5.5 sowie in Teil III eingehen.

82 Eine genauere Betrachtung von Rortys Behauptung, „daß die Welt uns nicht mit Kriterien für die Entscheidung zwischen alternativen Metaphern ausstattet, daß wir Sprachen oder Metaphern nur miteinander vergleichen können, nicht mit einem Ding namens 'Tatsache' jenseits der Sprache" (Rorty 1989:49) zeigt, daß Rorty hier eigentlich nicht die Möglichkeit von Kriterien überhaupt bestreitet, sondern nur ihre Herleitung aus sprachunabhängigen Welttatsachen. Nur aus diesem Grund kann Rorty hier auch direkt an Goodman, Hesse und Putnam anschließen.
83 Vgl. hierzu auch das Schema von Haack 1987/88:301.
84 Vgl. Haack 1987/88.

Dimension der Logik des Unerhörten erfaßt zu haben. Indem jedoch Rorty und Davidson die Metapher nur unter dem Gesichtspunkt ihrer interpretationsstimulierenden Wirkung behandeln, aber die Möglichkeit ihrer Bedeutung leugnen, verkennen sie, daß Metaphern nicht nur auf etwas anderes hindeuten, sondern daß sie es auch bedeuten, weil sie aufgrund der (konstruierten) Ähnlichkeitsbeziehung zwischen Primär- und Sekundärgegenstand mit diesem anderen strukturisomorph sind. Metaphern besitzen deshalb auch einen kognitiven Gehalt, d.h. sie haben neben der wörtlichen Bedeutung spezifisch metaphorische Bedeutungen, die in der korrespondierenden Ähnlichkeit des Sekundärsystems zum Primärsystem liegen. In diesem Sinne ist die Metapher auch wahrheitsfähig, allerdings hat ihre Wahrheit einen *kontextabhängigen* Geltungsbereich, denn mit dem Wechsel des Kontextes wechselt auch die Bedeutung einer lebendigen Metapher: Da die metaphorische Bedeutung über die Konstruktion von Ähnlichkeitsbeziehungen entsteht, also im Hinblick auf bestimmte kontextspezifische Signifikanzen, muß man bei der Metapher im engen Sinne, wie Haack hervorhebt, eigentlich von einem graduellen kognitiven Gehalt[85] reden.

Diese eingeschränkte kognitive Signifikanz der Metapher erklärt Haack mit Hilfe einer metaphorischen Modifizierung der Netzwerktheorie: „Meaning" hängt ganz allgemein von den Vernetzungen zwischen Worten bzw. Sätzen einerseits und zwischen Sätzen und Erfahrung andererseits ab. 'Normale', also wörtlich zu nennende Sätze besitzen gleichsam eine große Anzahl von Strängen, durch die sie untereinander und mit der Erfahrung 'verhakt' sind. Bei metaphorischen Ausdrücken sind dagegen relativ wenige Haken an anderen Sätzen und Worten eingehängt. Dies erklärt ihre große Übertragbarkeit und Resonanz. Der Prozeß der Bedeutungsverfestigung von Metaphern ist hier so zu verstehen, daß immer mehr Haken eingehängt werden, ihre Verbindung fixiert und damit die Bedeutung immer mehr determiniert wird. Das Potential und die Aufgabe der Metapher besteht nun darin, neue Ähnlichkeiten zu zeigen und so neue Felder – etwa der Forschung – zu verhaken. Freilich sind Metaphern im engeren Sinne nicht das einzige Mittel der Innovation. Insofern ist die Metapher, wie Haack betont, zwar wichtig aber nicht unverzichtbar für Kognitionen. Allerdings hängt auch diese Aussage wiederum davon ab, wie weit der Metaphernbegriff gespannt wird: Wenn man, wie Hesse, unter dem Begriff der Metapher auch den Prozeß der Ähnlichkeitserzeugung selbst faßt und damit von einer Metaphorizität der Sprache ausgeht, dann ist der „cognitive claim of metaphor" (Hesse) zurecht erhoben. Es kann dann davon ausgegangen werden, daß Metaphern bei kognitiv-kreativen Prozessen nicht nur eine wichtige, sondern tatsächlich eine unverzichtbare Rolle spielen und insofern eine spezifische Rationalität besitzen. Die Metapher wird so von der uneigent

---

[85] Ähnlich auch Kittay 1987:301f.

lich-sekundären Sprachfigur zum primären und eigentlichen Sprachprinzip. An genau dieser Stelle überschneiden sich aber die Annahmen der sprachphilosophischen Semantik mit denen der hermeneutischen Sprachauffassung Gadamers:

> Wenn jemand die Übertragung eines Ausdrucks vom Einen auf das Andere vollzieht, blickt er zwar auf etwas Gemeinsames hin, aber das muß keineswegs eine Gattungsallgemeinheit sein. Er folgt vielmehr seiner sich ausbreitenden Erfahrung, die Ähnlichkeiten – seien es solche der Sacherscheinung, seien es solche der Bedeutsamkeit für uns – gewahrt. Darin besteht die Genialität des sprachlichen Bewußtseins, daß es solchen Ähnlichkeiten Ausdruck zu geben weiß. Wir nennen das seine grundsätzliche Metaphorik, und es kommt darauf an, zu erkennen, daß es das Vorurteil einer sprachfremden logischen Theorie ist, wenn der übertragene Gebrauch zum uneigentlichen Gebrauch herabgedrückt wird.[86]

1.3 Die duale Struktur der Metapher

Nach der oben geführten Auseinandersetzung ist deutlich geworden, daß mit dem Verhältnis von „meaning" und „use" nicht nur eine zentrale Frage der Bedeutungstheorie, sondern auch der Metapherntheorie berührt ist. Eine extensionale Bestimmung der Bedeutung, wie sie von Davidson und Rorty versucht wird, führt zu unlösbaren Widersprüchen und kann nicht erklären, warum man mit einer Metapher etwas meinen kann, obwohl man offensichtlich nicht die (oder eine) wörtliche Bedeutung im Sinn hat. Indem die Netzwerktheorie der Bedeutung „meaning" als eine vom Gebrauch abhängige Größe bestimmt hat, ist die pragmatische Dimension des Bedeutungsproblems deutlich geworden. Dies heißt, daß die Semantik der Metapher von den pragmatischen Umständen ihrer Verwendung abhängt: Man meint etwas unter bestimmten Umständen (und oft entgegen der wörtlichen Bedeutung) so und nicht anders. Meine These ist nun, daß in der Metapher die von Black und Hesse herausgearbeitete kognitive Funktion der Darstellung eines propositionalen Gehaltes und die von Rorty und Davidson betonte Funktion eines appellativ-indexikalischen Stimulus für Kognitionen auf eine bestimmte Weise miteinander verbunden sind: Die Metapher läßt sich nämlich als eine *Einheit von Gegenstandsdarstellung und Perspektiveneröffnung auf diesen Gegenstand* definieren. Dies bedeutet: Als metaphorische Neubeschreibung eines Gegenstandes besitzt sie nicht nur einen bestimmten kognitiven Gehalt, sondern sie eröffnet als kognitiver Stimulus auch eine neue Perspektive auf diesen Gegenstand. Die neue Perspektive ermöglicht es sogar erst, daß der Gegenstand auf die neue Weise beschrieben wird. Als Einheit von Perspektiveneröffnung und Gegenstandsdarstellung kommt der Metapher eine eigentümliche duale Struktur zu, die schon

---

[86] Gadamer 1960:433.

in den Begriffen Emphase und Resonanz anklang und deren Struktur im folgenden genauer analysiert werden soll.

Als allgemeiner bedeutungstheoretischer Ausgangspunkt zur Analyse der dualen Struktur der Metapher kann zunächst die von Carnap entwickelte pragmatische Interpretation des Verhältnisses von Extension und Intension dienen: Während die Extensionen eines Prädikates von der realen Existenz des prädizierten Gegenstandes bzw. einer Klasse von Gegenständen abhängt, kann die Intension eines Ausdrucks modal als ein von den pragmatischen Umständen abhängiger Wortgebrauch gekennzeichnet werden:

> Die Intension eines Prädikates „Q" für einen Sprecher X ist die allgemeine Bedingung, die ein Gegenstand y für X erfüllen muß, damit X willens ist, das Prädikat „Q" y zuzuschreiben.[87]

In einer solchen intensionalen Semantik[88] kann dann die Intension des Prädikates „Q" als eine Funktion f aufgefaßt werden, die dem Ausdruck „Q" in jeder möglichen Welt *(M)* die Extension y zuordnet. Damit werden Aussagen über fiktionale Gegenstände und nichtexistierende Situationen ebenso wie über subjektives Meinen und intentionale Zustände als intensionale Dispositionsprädikate beschreibbar. Allerdings entsteht damit zugleich das Problem der Bezugnahme auf nur *mögliche* Welten, deren Realitätsstatus äußerst fraglich ist.[89]

Gleichwohl läßt sich der Intensionsbegriff sinnvoll für die Analyse der Metapher verwenden, wenn man dabei auf das problematische Konzept der Referenz auf mögliche Welten verzichtet: Metaphern können mit Danto[90] als *intensionale Kontexte* bezeichnet werden, denn sie sind, wie alle intensionalen Kontexte, nicht ohne Bedeutungsveränderung oder -verlust durch koextensive Ausdrücke ersetzbar. Die Emphase einer Metapher, ihre Resistenz gegen Paraphrasierung, hängt also damit zusammen, daß die Metapher in einem ganz bestimmten Kontext einen ganz bestimmten Bedeutungszusammenhang haben soll, und daß – darauf hatten auch Black und Hesse verwiesen – jede Substitution durch koextensive Terme den intensionalen Kontext verändert und deshalb die metaphorische Bedeutung verfehlen muß. Anstatt nun aber Metaphern im Sinne der intensionalen Semantik als wörtliche Terme von möglichen Welten zu definieren und so wieder in die Problematik modaler Welten und des Wörtlichkeitsprimats zu geraten, schlägt Danto vor, intensionale Kontexte, und d.h. auch Metaphern, in der Weise zu verstehen,

---

87 Carnap 1972:157f.
88 Vgl. hierzu v.a. auch Montague 1974.
89 Vgl. Hubig 1978:17ff.; zur weiteren Kritik des Intensionalismus vgl. auch Putnam 1982:45ff.
90 Vgl. Danto 1984:272ff.

... daß die Wörter, von denen diese Sätze Gebrauch machen, nicht auf das Bezug nehmen, worauf sie in der normalen, nichtintensionalen Rede bezugnehmen. Vielmehr nehmen sie Bezug auf die *Form*, in der die Dinge dargestellt werden, auf welche diese Wörter normalerweise Bezug nehmen: Zu ihren Wahrheitsbedingungen gehört eine *Bezugnahme auf eine Darstellung.*[91]

Die Metapher kann in diesem Sinne als eine Form der Bezugnahme verstanden werden, bei der nicht nur auf einen Gegenstand referiert wird, sondern zugleich und notwendigerweise auch die Form, in der die Metapher ihn präsentiert, dargestellt wird. Es gehört nämlich zu den *konstitutiven Bedingungen* sowohl des Verstehens als auch der Wahrheit einer Metapher, daß die Präsentationsform, also die einzunehmende Sichtweise, durch sie selbst – gleichsam als „Stil" der Metapher – thematisiert wird. In diesem Sinne kommt der Metapher eine spezifische *Selbstreflexivität* zu. Eine Metapher ist wahr, wenn es sinnvoll und angemessen ist, den Gegenstand auf genau diese Weise zu präsentieren, wogegen eine andere Präsentationsform als falsch, schief oder oberflächlich gelten kann.[92] Der Maßstab für die Wahrheit ist dabei nicht die Korrespondenz zwischen Begriff und Referent, sondern die innere Stimmigkeit der metaphorischen Beschreibung, das Gefühl also, daß der Gegenstand durch die Metapher auf angemessene Weise in ein neues Licht gesetzt und zu recht anders als zuvor gesehen wird. Die ästhetische Stimmigkeit, so zeigt sich auch in Dantos Kennzeichnung der Metapher als kleines Kunstwerk und damit als der Angemessenheit des Verhältnisses zwischen Präsentationsform und Gegenstandsdarstellung, wird somit zum Wahrheitskriterium.[93]

Die Bezugnahme auf ihre Präsentationsform erreicht die Metapher dadurch, daß sie zwei unterschiedliche Vorstellungen prädikativ miteinander identifiziert und so eine spezifische Sichtweise erzeugt, die – in Blackschen Termini formuliert – durch die Interaktion der kulturell vorgeprägten Systeme assoziierter Implikationen ihren jeweiligen Bedeutungszusammenhang erhält. Gerade die neuartige Metapher, die auf provokative Weise Dinge in Verbindung bringt, die auf den ersten Blick nicht zusam-

---

[91] Danto 1984:275f. (Hervorhebung von mir). Die Ähnlichkeit zu Freges Begriff der Intension als „Art des Gegebenseins" ist offenkundig (vgl. Frege 1980:41), allerdings vermeidet Danto den Fregeschen Psychologismus eines intensionalen Reichs der Gedanken: Der intensionale Kontext ist Teil der öffentlichen Sprache und als solcher der sprachanalytischen Analyse zugänglich. Eine ähnliche Anknüpfung an Frege findet sich bei Stierle 1975:145 und auch bei Kubczak 1978.
[92] Vgl. Danto 1984:287.
[93] Ein Gedanke der schon Kants Einleitung zur „Kritik der Urteilskraft", in der Kant die ästhetische und die teleologische Urteilskraft (die beiden Teile der reflektierenden Urteilskraft) als *heautonome* Vermögen der Sinnerzeugung faßt. Die ästhetische Urteilskraft liefert dabei das *formale* Prinzip der Zweckmäßigkeit, das als konstitutives Prinzip der reflektierenden Urteilskraft im Bereich teleologischer Urteile dann auf *inhaltliche* Probleme anwendbar ist. Vgl. hierzu auch meine Ausführungen unten in Kap. II-4.

menpassen und so eine ganz neue Sichtweise *fordert*, hat diese starke determinierende Kraft. Weinrich spricht in diesem Zusammenhang von einer „Konterdetermination" durch die Metapher, die der wörtlichen Determinationserwartung entgegenläuft und so einen unerwarteten Kontext erzeugt.[94] Mit einer Metapher, so kann die These von der Metapher als intensionaler Kontext zusammengefaßt werden, wird ein bestimmter Zugang zu einem Gegenstand der Rede eröffnet und zugleich eine Ähnlichkeitsbeziehung konstituiert, durch die der Gegenstand dargestellt wird. Als intensionaler Kontext hat die Metapher eine spezifische duale Struktur, denn sie ist gleichermaßen *kontextartikulierend* wie *gegenstandsdarstellend*. Aufgrund dieser dualen Struktur unterscheidet sich die metaphorische von der wörtliche Rede in zwei Hinsichten: Zum einen ist sie im Gegensatz zu wörtlicher Rede oft hochgradig implizit – der Bedeutungszusammenhang einer Metapher muß durch die kontextuelle Konstruktion der Sichtweise und der interagierenden Implikationssysteme interpretativ erschlossen werden. Es bedarf also der hermeneutischen Anstrengung, die Metapher muß, wie oben schon betont, *erhört* und *erörtert* werden. Zum anderen ermöglicht die duale Struktur die Gleichzeitigkeit von Erzeugung und Gebrauch einer Sichtweise bzw. eines Kontextes, dagegen kann in wörtlicher Rede wohl über einen Gegenstand und auch über eine Sichtweise gesprochen werden, nicht aber beides in einem und nur in der Form einer Darstellung von Sachverhalten: „Eine Sichtweise als Sichtweise während der *Inanspruchnahme* dieser Sichtweise artikulieren, das vermag allein die figürliche, zum Beispiel die metaphorische Rede."[95]

Bleibt also die Metapher in bezug auf ihre Gegenstandsdarstellung häufig implizit, so ist sie im Gegensatz zur wörtlichen Rede in Bezug auf die Perspektivität ihrer Präsentationsform explizit, sie ist ein zum Ausdruck gebrachtes „Sehen als".[96] Gemäß den Prämissen der Interaktionstheorie ist dieses „Sehen als" ein durchaus wechselseitiger Prozeß, so daß die an der metaphorischen Prädikation beteiligten Elemente im Licht des je anderen

---

[94] Vgl. Weinrich 1966:42ff. und Weinrich 1976d:320. Diese Definition ist allerdings nicht unproblematisch, weil die Metapher hier noch zu sehr als rein wortsemantische Frage behandelt wird und die Determination bei Weinrich nicht asymmetrisch, sondern rein einseitig gedacht ist (vgl. hierzu unten, Kap. II-3).

[95] Seel 1990:252. Seel zieht dann aber den Fehlschluß, daß Metaphern nur kontextartikulierend, nicht aber gegenstandsdarstellend sind, womit er der Metapher ihre kognitive Funktion abspricht und sich um die Pointe seines Metaphernbegriffes – die Einheit von Darstellung und Sichtweise – bringt (vgl. Seel 1990:260 sowie meine Kritik in II-5.5).

[96] Vgl. Wittgensteins Beispiel eines Vexierbildes, das man als Hasen- und als Entenkopf sehen kann (Wittgenstein 1984:519ff.). Zum „als ob"-Charakter der visuellen Metapher vgl. Schuster/Wickert 1989, v.a.57ff. - Die metaphorologische Diskussion über das Problem „was heißt Sehen als" zeichnet Ricœur (1988:203ff.) nach; seine hierzu vertretene These, daß das „Sehen als" vorwiegend ein bildlich-ikonischer Prozeß der Ähnlichkeitskonstitution sei, vernachlässigt jedoch die eminente Bedeutung der Perspektivität.

gesehen werden. Gleichzeitig ist dieser Prozeß, darauf macht Villwock aufmerksam, jedoch auch als eine Einheit anzusehen:

> Die unter der Gestalt der Metapher zusammengesehenen und aufeinander zu interpretierenden Elemente, von denen jedes unter einem Doppelaspekt zu betrachten ist, treten in eine produktive Einheit zusammen, worin das eine als das andere und das andere als das eine schöpferisch erraten wird und so beide sich im Widerschein vom jeweils anderen her zeigen.[97]

Die Metapher lädt also zu einer neuen Perspektive ein und sie führt, indem sie zusammen mit dem Gegenstand auch die Sichtweise des jeweiligen Kontextes präsentiert, zugleich explizit vor Augen, daß alle Wahrnehmung ein „Wahrnehmen-als", alles Erkennen ein „Erkennen-als" ist.[98] Die Metapher thematisiert ihre eigene Perspektive, indem sie sie *als Perspektive* zu erkennen gibt.[99] Sie zeigt also, daß es ein „unschuldiges Auge" (Gombrich) nicht geben kann, denn jedes Sehen, jedes Erkennen ist schon durch den raum-zeitlichen Standort, die Individualität und die Geschichte des Beobachters Interpretation. Die Perspektivität des menschlichen Denkens und Erkennens, die im intentionalen Handeln zum Ausdruck kommt, scheint zwar durch die Objektivität der wörtlich-eindeutigen Rede neutralisiert, jedoch ist dieser Eindruck darauf zurückzuführen, daß bei wörtlichen Äußerungen ihre Aspekthaftigkeit nicht thematisch ist. – Das Auge sieht sein Sehen nicht und, wie Wittgenstein im *Tractatus* bemerkt, „nichts am Gesichtsfeld läßt darauf schließen, daß es von einem Auge gesehen wird".[100] Nur deshalb kann das Auge, kann das Denken seine Perspektivität vergessen. Die Metapher macht dieses epistemische Paradoxon sichtbar, sie ist – wie man seit Kant[101] und mit Vaihinger[102] sagen kann – eine explizite

---

[97] Villwock 1983b:217. Villwock verkennt hier allerdings die spezifische Asymmetrie der metaphorischen Prädikation – Primär- und Sekundärgegenstand vermischen sich nicht einfach als gleichberechtigte Teile und sind auch nicht symmetrisch umkehrbar.

[98] Mit Bateson (1985:542ff.) und Goffman (1980) kann die kontextartikulierende Funktion der Metapher auch als *Rahmungsphänomen* analysiert werden: die Metapher dient der Erzeugung eines Rahmens, eines metakommunikativen Kontextes, durch den die Unterscheidung wörtlich/metaphorisch überhaupt erst möglich wird. In diesem Sinne auch Köller (1986:392): „Die Metapher hat eine Fensterstruktur. Sie ist unbedingt notwendig, um bestimmte Phänomene zu sehen, sie macht aber immer zugleich auch deutlich, daß man diese Phänomene nur in einem bestimmten Rahmen sieht." Vgl. ähnlich auch Stierle 1975:179.

[99] In diesem Sinn nimmt auch Hörmann (1971:323) an, „daß eine Metapher Bewußtsein *schafft*, nämlich das Bewußt-Haben einer bisher nicht vorhandenen Denkperspektive" (Hervorh. im Original).

[100] Wittgenstein 1984 (Tractatus) §5.633.

[101] Kant behandelt dies z.B. in den *Prolegomena zu jeder künftigen Metaphysik* (§§57f.) und in der *Kritik der Urteilskraft* (§59) unter dem Begriff eines unvermeidlichen *symbolischen Anthropomorphismus*: „Wenn ich also sage: wir sind genötigt, die Welt so anzusehen, als ob sie das Werk eines höchsten Verstandes und Willens sei, so sage ich wirklich nicht mehr als: wie sich verhält eine Uhr, ein Schiff, ein Regiment zum Künstler, Baumeister, Befehlshaber, so ist die Sinnenwelt (oder alles das, was die Grundlage dieses Inbegriffes von Erscheinungen ausmacht) zu dem Unbekannten, das

„Als ob"-Prädikation, die die Identifikation durch die Prädikation unter dem Vorbehalt der Perspektivität als eine nur hypothetische Identität einklammert.[103] Die 'Synthesiskraft' der Metapher, die schon von Vico in den Mittelpunkt der metapherntheoretischen Überlegung gestellt wurde, liegt in dieser Einheit von Sichtweise und Gegenstandsdarstellung. Hinzu kommt, daß bei der innovativen Metapher diese Einheit von Perspektiveneröffnung und Gegenstandsdarstellung sich auf Phänomene richtet, die neuartig sind, für die es in der Sprache (noch) keinen Platz gibt. Die *metaphorische Neubeschreibung*, die entweder neue Aspekte an bekannten Dingen ins Bewußtsein hebt oder den Blick auf bislang unbekannte Phänomene richtet, kann nur aufgrund dieser Einheit sinnvoll und erfolgreich sein.

1.4 Die fünf Polaritäten der Metapher

Die Deutung der Metapher als intensionaler Kontext auf der Grundlage des interaktionstheoretischen Konzepts der „Systeme assoziierter Implikationen" bzw. mittels der These von der 'Konterdetermination' hat jedoch, wie Ricœur meint, einen entscheidenden 'Schönheitsfehler': Sie kann nicht hinreichend erklären, wie das Neue in der lebendigen Metapher entsteht, denn sie betrachtet die Metapher aus der Perspektive eingeschliffener Gemeinplätze, impliziter Topoi und erwartbarer Kontexte. Der Rückgriff auf *vorgängige* Elemente bedeutet, daß hier das Neue immer nur als Rekombination bestehender Implikationen begriffen wird. Es würden also nicht wirklich neue Ähnlichkeiten erzeugt, sondern nur alte Relationen neu kombiniert. Damit aber, so kritisiert Ricœur die Interaktionstheorie, „verbinden (wir) weiterhin den schöpferischen Prozeß der Metaphernprägung mit einem nichtschöpferischen Prozeß der Sprache".[104]

Um nun die lebendige Metapher angemessen beschreiben zu können, schlägt Ricœur vor, die Metapher analog zu Texten bzw. Diskursen zu analysieren. Dabei geht er davon aus, daß die Metapher fünf polare Eigenschaften besitzt, die sie mit dem Text bzw. der Rede (*discours*) teilt. Meine

---

ich hierdurch zwar nicht nach dem, was es selbst ist, aber doch nach dem, was es *für mich* ist, nämlich in Ansehung der Welt, davon ich Teil bin, erkenne." (Prolegomena §57; Hervorh. von mir) Vgl. hierzu auch unten, Kap. II-4.
102 Vgl. Vaihinger 1924. Vaihinger selbst stellt die Verbindung zwischen der Metapher und der Fiktion des „als ob" jedoch nicht her, da er von einem rhetorisch-vergleichstheoretischen Metaphernbegriff ausgeht (vgl. Vaihinger 1924:94ff).
103 Vgl. Villwock 1983a:274 und Ricœur 1988:303. Die Gleichsetzung von Verschiedenem als Skandal und ungelöstes logisches Problem der Prädikation hat, wie ich in Kapitel I-1 gezeigt habe, schon Vico und Nietzsche dazu geführt, das Identitätsprinzip als grundsätzlich metaphorisch anzusehen.
104 Vgl. Ricœur 1983:366.

These ist, daß diese fünf Polaritäten der Metapher als *Binnendifferenzierung* der dualen Struktur der Metapher betrachtet werden können.[105] Die fünf in Oppositionsbegriffen entfalteten Polaritäten sehen folgendermaßen aus:
- Die Bedeutung der Rede erscheint immer zugleich als vorübergehendes Ereignis und als statische, identifizierbare Bedeutung.
- Bedeutung zeigt sich als einzelne Identifizierung („dies S ist P") und als allgemeine Prädikation („x als y").
- Die Rede als Sprechhandlung teilt sich in die Opposition von propositionalem Gehalt und performativem Akt bzw. illokutionärer Rolle.
- Jede Rede weist die Polarität von Sinn (was wird gesagt?) und Referenz (worüber wird etwas ausgesagt?) auf.
- Sprache hat immer eine doppelte Referenz, nämlich gegenstandsbezogene Realitätsreferenz und textreflexive Selbstreferenz.

Im Hinblick auf die erste Polarität schlägt Ricœur eine Ergänzung der Interaktionstheorie vor, bei der die Metapher unter dem Blickwinkel der momentanen, kontextuellen semantischen Innovation, d.h. als aktuelle Sprachschöpfung ohne vorgegebenen Status und Ort in der Sprache zu betrachten sei. Eine echte, lebendige Metapher vereinigt nämlich die Dimension des 'Ereignisses' und die der 'Bedeutung' zur jeweiligen metaphorischen Bedeutung in sich. Ähnlich wie in der Netzwerktheorie der Bedeutung wird bei Ricœur die Ebene des Sprachsystems (*langue*) und mit der Ebene der Sprachverwendung (*parole*) in eine bedeutungskonstituierende Wechselwirkung gebracht. Gleichzeitig trägt Ricœur aber seinen Vorbehalten gegen die Interaktionstheorie Blacks Rechnung, daß – trotz aller Abhängigkeit von Kontext und Intention – in Blacks Metapherntheorie immer auf *präformierte* Faktoren zurückgegriffen wird. Solange man wie Max Black mit dem Begriff des „Systems assoziierter Gemeinplätze" von vorgängigen, konnotativen Implikationssystemen ausgeht, läuft man Gefahr, den schöpferischen Prozeß der semantischen Innovation und die behauptete Nichtsubstituierbarkeit von Metaphern nicht angemessen erklären zu können.[106] Aus diesem Grund faßt Ricœur das Innovationspotential der neuen Metapher mit dem Begriff der Ereignishaftigkeit:

> ...wenn man sagt, daß eine neue Metapher *überhaupt nirgendwoher genommen* wird, dann erkennt man sie damit als das an, was sie wirklich ist, nämlich eine momentane Sprachschöpfung, eine semantische Innovation, die in der Sprache keinen bereits bestehenden Status hat, weder als Bezeichnung, noch als Konnotation.[107]

---

[105] Auch Ricœur geht von der Doppelstruktur der Metapher (Perspektiveneröffnung und Gegenstandsdarstellung) aus, etwa wenn er sagt: „If there are two thoughts in one in a metaphor, there is one which is intended; the other is the concrete aspect under which the first is presented." (Ricœur 1978:149).
[106] Vgl. Ricœur 1988:161ff.
[107] Ebd.:366.

Im Mittelpunkt des Interesses steht damit die situativ-schöpferische Bedeutungskonstruktion, die als Schnittpunkt mehrerer semantischer Linien zu einem bedeutungsvollen *Ereignis* verstanden wird. Die metaphorische Bedeutung ist das Resultat eines hermeneutischen Konstruktionsprozesses, der vom Sprecher (bzw. Autor) ebenso vollzogen werden muß wie vom Hörer (bzw. Leser) einer Metapher: „Der entscheidende Punkt bei dieser Erklärung ist die Konstruktion des Interaktionsnetzes, die aus diesem Kontext einen aktuellen und einmaligen Kontext macht."[108]

An die Stelle der bei Black noch einseitigen, vom Primärsystem aus gedachten Interaktion mit dem Sekundärsystem tritt bei Ricœur das Netz von Wechselwirkungen, durch das das semantische Ereignis erst seine schöpferische, überschreitende Kraft entfalten kann. Die scharfe Trennung zwischen „linguistic meaning" und „context of use" wird damit aufgehoben, denn die Einmaligkeit einer neuen Metapher, also ihre Wirkung als „unfamiliar noise" (Rorty), ist immer schon verbunden mit und Resultat von der Konstruktion eines aktuellen Bedeutungszusammenhanges. Gleichzeitig aber kann Ricœur durch diese Dialektik von 'Ereignis' und 'Bedeutung' auch das Problem des Bedeutungswandels dadurch erklären, daß sich die auf der synchronischen Achse einmalige, lebendige Metapher zu einer metaphorischen Bedeutung auf der diachronischen Achse konventionalisiert. Der semantischen Innovation einer singulären, zum ersten Mal vernommenen Metapher steht so die Möglichkeit gegenüber, daß diese Metapher immer wieder von vielen Sprechern gebraucht und von vielen Hörern vernommen wird, so daß eine allmähliche diachronische Verfestigung des metaphorischen Bedeutungszusammenhanges bis hin zur Erstarrung der Metapher eintreten kann. Der metaphorische Bedeutungszusammenhang sinkt dabei gleichsam in den Bodensatz der Sprache ab und gehört dann zu den Gemeinplätzen der Sprache, die mit dem Erwerb der Sprache schon gewußt werden und nicht mehr in der Verwendungssituation einer Metapher je neu interpretatorisch konstruiert werden müssen.[109]

Die zweite Polarität der Metapher, die Vereinigung von einzelner Identifikation (des Primärgegenstandes) und allgemeiner Prädikation (durch den Sekundärgegenstand), hat ihre Besonderheit darin, daß sie eine Art der Abweichung (*deviance*) gegenüber der normalen, 'wörtlichen' Prädikation darstellt. Diese Abweichung ist allerdings nicht eine bloße semantische Anomalie, vielmehr geschieht bei der metaphorischen Prädikation ein doppelter *semantic twist*:[110] Zunächst verstößt die Metapher gegen den Code

---

[108] Ebd.:367.
[109] Hier ist eine wichtige Anschlußstelle zu der unten in Kap. II-3 behandelten Bildfeldtheorie zu finden.
[110] Vgl. Ricœur 1978:145f. Ähnlich verweist auch Weinrich (1976c) darauf, daß die Metapher zwar eine „widersprüchliche Prädikation" ist, woraus jedoch nicht folgt, daß ihre Anomalie möglichst groß sein muß: „Wenn aber eine Wortfügung *um ein geringes*

der Relevanz oder Angemessenheit (*pertinence*), der die normale Prädikation regelt. Diese syntagmatische Devianz reduziert die Metapher durch die Konstruktion einer neuen semantischen *pertinence*; die damit gesetzte Abweichung von der lexikalischen Bedeutung erzeugt jedoch gleichzeitig eine paradigmatische Devianz. Mit anderen Worten: Die spürbare semantische Impertinenz der Metapher wird durch die Interaktion von Primär- und Sekundärgegenstand in eine semantische Pertinenz überführt, zugleich wird die syntagmatische Abweichung des metaphorischen Prädikates zur paradigmatischen Devianz der nichtlexikalischen, eben metaphorischen Bedeutung. Die paradigmatische Devianz der metaphorischen Bedeutung beruht also auf der Reduktion der syntagmatischen Devianz der lexikalischen Bedeutung. Metaphorische Bedeutung ist damit nicht als aus der wörtlichen Bedeutung abgeleitet verstanden, sondern als ein *Emergenzphänomen* betrachtet, das wohl aus der wörtlichen Bedeutung hervorgeht, aber diese in einem qualitativen Schritt weit übersteigt:

> The sense of a novel metaphor (...) is the emergence of a new semantic congruence or pertinence from the ruins of the literal sense shattered by semantic incompatibility or absurdity.[111]

Der interpretationsstimulierende Stachel der Metapher ist letztlich in diesem „semantic twist" zu finden, der zwischen disparaten Bereichen eine *neue Ähnlichkeit* trotz der und gerade durch die Differenz der interagierenden Implikationensysteme erzeugt: „The insight into likeness is the perception of the conflict between the previous incompatibility and the new compatibility."[112]

Wiederum wird hier also nicht die Ähnlichkeit einfach vorausgesetzt, sondern als eine erzeugte verstanden, die das zuvor Unähnliche und Disparate in eine Ähnlichkeitsbeziehung setzt. In einer so verstandenen Konstitution neuer Ähnlichkeiten werden Differenzen gewahrt und zugleich überschritten, neue Kategorien und Konzepte auf der Grundlage der alten gebildet.[113] Hier kommt das Konzept der *kalkulierten Kategorienüberschreitung*

---

von den Erfahrungen der sinnlich erfahrbaren Realität abweicht, dann nehmen wir den Widerspruch stark wahr und empfinden die Metapher als kühn. ... Die Kühnheit liegt (...) in der *geringen* Bildspanne, die uns zur Wahrnehmung der Widersprüchlichkeit zwingt." (ebd. 305 und 312; Hervorh. von mir).

[111] Ricœur 1978:153. Zur metaphorischen Emergenz vgl. auch Wheelwright (1962:70-91): „The essential possibility of diaphor lies in the broad ontological fact that new qualities can *emerge*, simply come into being out of some hitherto ungrouped combination of elements" (ebd.:85; Hervorhebung von mir).

[112] Ricœur 1978:148.

[113] Dieser Prozeß wird von der (unten im Kap. II-5.1 näher behandelten) Symboltheorie als die Reapplikation eines Etiketts mitsamt seines impliziten Schemas bezeichnet. Goodman/Elgin (1989:32) beschreiben den Prozeß dann folgendermaßen: „Die Metapher versetzt uns in die Lage, uns der organisierenden Kräfte eines Systems zu bedienen und gleichzeitig die Grenzen des Systems zu überschreiten."

zum tragen, wobei allerdings, wie schon hervorgehoben, die Beschränkung des Abweichungsbegriffs auf die semantische Ebene fragwürdig ist.[114]

Zur dritten Polarität, die die Metapher unter dem Aspekt der Sprechhandlung betrachtet, stellt Ricœur fest, daß „ihr eine entscheidende Rolle (zufällt), wenn wir die Metapher in der konkreten Umgebung etwa eines Gedichts, eines Aufsatzes oder eines fiktionalen Textes zu ersetzen haben".[115] Der illokutionäre Modus wird damit auf die *Aussageweise von Texten* ausgedehnt: wir können einen Text als eine Sprechhandlung, die auf je bestimmte Weise gemeint ist, auffassen – und dementsprechend unterschiedlich sind die im Text verwendeten Metaphern zu verstehen. Wie in einem Sprechakt mit der gleichen Metapher je nach illokutionärem Modus verschiedene metaphorische Bedeutungen erzeugt werden können, so wirken sich auch die verschiedenen Textsorten mit ihren jeweiligen Geltungsansprüchen auf die Bedeutung der in ihnen verwandten Metaphern aus. Ein wissenschaftlicher Text stellt z.B. an die Erklärungskraft und die Realitätsadäquatheit der Metapher ganz andere Ansprüche als etwa ein expressiver oder ein fiktiver Text.[116]

Die Polarität zwischen Sinn und Referenz besteht für Ricœur im Unterschied zwischen der textimmanenten Bedeutung und der darüber hinausgehenden, auf die Welt und den Text *als* Text referierenden Bedeutung. Da, wie schon bei der ersten Polarität deutlich wurde, die semantische Innovation einer Metapher nicht nur als Ereignis, sondern auch als Bedeutung identifiziert werden soll,[117] muß die Gesamtbedeutung eines Textes oder einer metaphorischen Aussage in ihrer Besonderheit vom Leser/Hörer 'konstruiert' werden. Dabei speist sich die Konstruktion aus textuellen und kontextuellen Indizien und Wahrscheinlichkeitsannahmen: Soweit es um die textimmanente Bedeutung geht, muß der Interpret nach dem Relevanzaspekt der *Kongruenz* verfahren, d.h. der Text als „Kette von Bedeutungen" und die Elemente der Bedeutungskonstruktion müssen zueinander passen. Die Konstruktion der referentiellen Bedeutung auf die Welt muß sich an

---

[114] Vgl. obige Anm. 38.
[115] Ricœur 1983:359.
[116] Ich folge hier der oben in Kap. I-2.3 bereits behandelten Theorie des kommunikativen Handelns, nach der die illokutionären Modi sich auf drei universale Geltungsansprüche (Wahrheit, Richtigkeit und Wahrhaftigkeit) zurückführen lassen, die den *formalen Weltbezügen* der sachlich-objektiven Natur, der normativ-praktischen Intersubjektivität und der ästhetisch-expressiven Subjektivität entsprechen. Auf das Verhältnis von Illokution und Metapher werde ich in Kap. II-5.4 zurückkommen.
[117] Umgekehrt erklärt dies auch die *Produktion* von Metaphern: „Man muß den Standpunkt des Hörers oder Lesers einnehmen und die Innovation einer neu entstehenden Bedeutung als das - vom Autor stammende - Gegenstück zu der Konstruktion seitens des Lesers auffassen." (Ricœur 1983:366; Hervorh. von mir)

dem Relevanzaspekt der *Reichhaltigkeit*, nach dem alle passenden Bedeutungen berücksichtigt werden sollen, orientieren.[118]

Die Opposition von Realitäts- und Selbstreferenz schließlich bezieht sich auf die vom jeweiligen Text oder von der Metapher 'entfaltete Welt'. Erst die Konstruktion der Referenz führt zu einer Einsicht, die über die bloße Einfühlung in 'Gemeintes' hinaus eine Horizontaneignung und -erschliessung beinhaltet und so einen neuen Blick auf die Welt eröffnet. Damit kommt die *hermeneutische Dimension* des kognitiven Gehalts der Metapher zum tragen:

> The word „insight", very often applied to the *cognitive* import of metaphor, conveys in a very appropriate manner this move from sense to reference, which is no less obvious in poetic discourse than in so-called descriptive discourse.[119]

Dabei nimmt die Realitätsreferenz aufgrund der Relation zwischen Zeichenbedeutung und Zeichenreferent auf Dinge in der realen Welt bezug, wogegen die Selbstreferenz durch innertextuellen Vor- und Rückbezug und durch die Bezugnahme auf die in der Sprache erzeugten Bedeutungszusammenhänge fiktive Welten und Orientierungsweisen[120] aufschließt. Im Gegensatz zur wörtlichen Referenz, die entweder eindeutig ist oder im Fall der Ambiguität mehrere gleichberechtigte 'Kandidaten' der Bezugnahme besitzt, gibt es jedoch bei der metaphorischen Referenz ein zusätzliches *referential paradox*, das dem bereits diskutierten *semantic twist* entspricht: Die wörtliche oder übliche Referenz wird in der Metapher gleichsam suspendiert und diese Suspension ist „the negative condition of a second-order-reference, of an indirect reference built on the ruins of the direct reference".[121] Die Besonderheit der Metapher liegt hier also darin, daß sie neben dem Zusammenspiel von Realitäts- und Selbstreferenz eine Einheit von direkter und indirekter Referenz, die Ricœur *split reference* nennt, etabliert. Diese Einheit von direkter und indirekter Referenz führt gleichsam immer einen „Als ob"-Index mit sich, Ricœur bezeichnet deshalb Metaphern auch als „heuristische Fiktionen", die aber, indem sie sich zu einem Metaphernnetz formieren, eine eigene Referenzfunktion bekommen:[122] Da die *split reference* der lebendigen Metapher nicht nur textintern, sondern auch auf die Welt Bezug nimmt, kann sie eine heuristische

---

[118] Vgl. Ricœur 1983:367ff. Das Prinzip der Relevanz wird in II-5.3 analysiert. Vorgreifend kann hier gesagt werden, daß Kongruenz und Reichhaltigkeit sich als aus dem Prinzip der Relevanz abgeleitete *Selektionskriterien* zeigen, mit deren Hilfe sowohl die Bedeutung eines Textes im ganzen als auch die einer Metapher im einzelnen konstruiert wird.
[119] Ricœur 1978:152.
[120] Vgl. hierzu meine Überlegungen zur orientierend-welterschließenden Funktion der Metapher in den Kapiteln II-3 und II-4.
[121] Ricœur 1978:153.
[122] Vgl. Ricœur 1988:209-251, zur Referenzfunktion des Metaphernnetzes ebd.: 234. Zur Bildung von Metaphernnetzen und -feldern vgl. auch unten, Kap. II-3.

und modellhafte *Neubeschreibung* der Wirklichkeit liefern, die über die bloße Immanenz von Text und Sprache hinausgeht. Mit dieser spezifischen Referenzfunktion der Metapher wird zugleich auch eine neue und wichtige Dimension ihrer Rationalität sichtbar: Als Mittel zur Neubeschreibung der Wirklichkeit hat die Metapher eine *horizonteröffnende Vorgriffsstruktur* und sie kann deshalb der Schaffung und der Erkenntnis von neuen Wirklichkeiten dienen.[123] – Bedeutung und Leistung dieser horizonteröffnenden Vorgriffsstruktur wird im Zentrum meiner weiteren Überlegungen stehen.

Ricœur hat in seiner Metapherntheorie vor allem mit der Analyse der *split reference* das Feld für eine hermeneutische Analyse abgesteckt, innerhalb dessen die Frage nach der Bedeutung der Metapher in die Frage nach dem interpretativen und kommunikativen Konstruktionsprozeß metaphorischer Bedeutung überführt wird. Es gehört jedoch zu den Eigentümlichkeiten seiner Theorie, daß er den Versuch einer symbol- und kommunikationstheoretisch orientierten Analyse nicht unternommen hat. Indem Ricœur bei seiner Rekonstruktion der Metaphorologie die Metapher entlang der semiologischen Ordnung Wort-Satz-Text verfolgt, verliert er ihre kommunikative Dimension aus dem Auge: Ricœurs Hermeneutik des Textes ist eine Hermeneutik des einsamen Lesers, eine asymmetrische Rezeptionshermeneutik, die über Indizien und Annahmen ihre Interpretationen konstruieren muß.[124] Im Gegensatz dazu kann sich die *Hermeneutik des Dialogs* auf kommunikative Aushandlungsprozesse stützen, Interpretationsprozesse also, in denen Bedeutung interaktiv und rekursiv erzeugt wird. Ricœur bekommt jedoch auch dort, wo er explizit hermeneutisch argumentiert,[125] die kommunikative Dimension in ihrer fundamentalen Bedeutung nicht in den Blick. Mein Versuch, in Kap. II-5 eine symbol- und kommunikationstheoretische Metapherntheorie zu entwickeln und damit die kommunikativ-hermeneutische Dimension der Metapher herauszuarbeiten, ist wesentlich aus diesem Manko heraus inspiriert. Erst mit der Analyse des metaphorischen Kommunikationsprozesses kommt nämlich, wie ich weiter unten zeigen werde, die spezifische kommunikative Rationalität der Metapher zum Vorschein.

---

[123] Vgl. Ricœur 1983:369-375 und Goodman 1984.
[124] Ich beziehe mich hier auf Ricœurs metaphorologisches Hauptwerk „Die lebendige Metapher" (Ricœur 1988); zu einer ähnlichen, jedoch epistemologisch und nicht kommunikationstheoretisch-hermeneutisch motivierten Kritik vgl. auch Schöffel 1987: 21ff. und 173ff. Schöffel pointiert dies in der These, daß auch Ricœur den schöpferischen Aspekt der Metapher letztlich wieder auf einen Algorithmus reduziert: „Der hermeneutische Zirkel zwischen zwei Subjektivitäten verwandelt sich in eine Folge, deren Konvergenz nicht in der Annäherung an eine intendierte Bedeutung gemessen wird, sondern sich aus der Tatsache ergibt, daß das Resultat einer Konstruktion nur der Startpunkt für die nächste Stufe der regelgeleiteten Prozedur ist." (ebd.:176).
[125] So z.B. in Ricœur 1983.

1.5 Resümee: Die Metapher als rationaler Vorgriff

Der interaktionstheoretische Ansatz hat sich, so möchte ich meine Ausführungen in diesem Kapitel zusammenfassen, zur Analyse der Funktionsweise der lebendigen Metapher als ein erklärungskräftiges Modell gezeigt. In den substitutions- und vergleichstheoretischen Ansätzen kann die Metapher nur als Austausch eines Wortes auf der Basis eines gemeinsamen Merkmals bzw. als Vergleich zwischen bereits als ähnlich erkannten Dingen analysiert werden. Im Gegensatz dazu muß die Interaktionstheorie eine vorgängige Ähnlichkeit nicht unterstellen. Da hier nämlich die Interaktion zwischen disparaten semantischen Feldern als Grundstruktur der metaphorischen Prädikation gilt, liegt die Pointe der Metapher nicht in der Abbildung bestehender Ähnlichkeit$_{(1)}$, sondern in der *Schaffung neuer* Ähnlichkeit$_{(2)}$ im Sinne der Herstellung einer Isomorphiebeziehung zwischen semantischen Feldern. Damit kommt der Metapher eine genuine kognitive Funktion zu, die von substitutions- und vergleichstheoretischen Ansätzen systematisch weder erkannt noch erklärt werden kann.[126] Als notwendige Bedingung für die kognitive Funktion hat sich das gleichzeitige Auftreten von hoher Resonanz und hoher Emphase bei der Metapher gezeigt. Resonanz und Emphase sind deshalb für die Analyse der lebendigen, v.a. der innovativen Metapher Schlüsselbegriffe und sie stellen zugleich die entscheidenden Kriterien für eine erklärungskräftige Metapherntheorie dar. Auf der Basis dieser Kategorien läßt sich, wie ich gezeigt habe, eine sinnvolle Begründung der Typisierung in lexikalische, konventionelle und innovative Metapher entwickeln.

Zur weiteren Diskussion über den kognitiven Gehalt der Metapher und ihre innovative Kraft hatte ich im weiteren Verlauf dieses Kapitels vorwiegend semantisch orientierte Metapherntheorien diskutiert. Aus dieser Auseinandersetzung kann ich im Hinblick auf die Rationalität der Metapher zusammenfassend nun folgende Schlüsse ziehen:[127]

Erstens ist deutlich geworden, daß die lebendige Metapher als „unerhörte Prädikation" eingewöhnte Sprachspiele und habitualisierte wörtliche Bedeutung stört und so als *kognitiver Stimulus* wirkt, der auf etwas Neues aufmerksam macht. Dabei hat sich aber gezeigt, daß die These, derzufolge der Metapher als „unfamiliar noise" selbst keine eigene Bedeutung zukommen kann, sich nur aufrecht erhalten läßt, wenn man Bedeutung überhaupt mit wörtlicher Bedeutung gleichsetzt und so *context of use* und *linguistic meaning* als prinzipiell getrennte Bereiche behandelt. Nur unter dieser

---

[126] Vgl. Strub 1991:287ff.
[127] Aus *darstellungslogischen* Gründen habe ich in der Auseinandersetzung zunächst die Netzwerktheorie und dann die Stimulustheorie der Metapher behandelt, während ich hier in der Zusammenfassung aus *argumentationslogischen* Gründen die Reihenfolge umkehre.

Voraussetzung kann dann auch postuliert werden, daß Metaphern keinen kognitiven Gehalt besitzen. Diese Voraussetzung hat sich jedoch als unhaltbar erwiesen, da sie auf einer problematischen Theorie der idealen Sprache beruht und letztlich auf eine vergleichstheoretische Metaphorologie hinausläuft, die den metaphorischen Prozeß nicht befriedigend erklären kann.

Aus diesem Grund wurde dann zweitens der Netzwerktheorie der Bedeutung, die als historisch-dynamisches Konzept die Dimension der „langue" als Bedeutungssystem mit der Dimension der „parole" als (schöpferischem) Wortgebrauch integriert, der Vorzug gegeben: Bedeutung wird hier als Resultat eines dynamischen Netzwerkes von Relationen aufgefaßt, das sich aufgrund der fundamentalen *Metaphorizität der Sprache* in einem Prozeß ständiger Veränderung, Verfestigung und erneuter Verflüssigung befindet. Auf der Basis dieser Netzwerktheorie läßt sich dann auch plausibel machen, daß die lebendige Metapher durch die Konstruktion von Ähnlichkeitsbeziehungen das Neue auch darstellt, also Bedeutung und kognitiven Gehalt besitzt. Die Metapher kann also zu recht mit Max Black als kognitives Instrument bezeichnet werden, mit dessen Hilfe, nämlich durch *metaphorische Neubeschreibungen*, neue Kategorisierungen entstehen, neue Verbindungen sichtbar werden und neues Wissen erworben werden kann. Die „unerhörte Prädikation" durch die Metapher, so wurde hier deutlich, besteht auch darin, daß die lebendige Metapher durch die Überschreitung gängiger Kategorien in kreativ-innovativer Weise etwas Neues, so noch nicht Gehörtes darstellen kann.

Drittens wurden dann die beiden kognitiven Aspekte der Metapher – Stimulus und Medium für Kognitionen – als *duale Struktur* der Metapher bestimmt. Dabei habe ich die These vertreten, daß die Metapher als *intensionaler Kontext* nicht nur auf ihren Gegenstand, sondern auch auf dessen Präsentationsform bezug nimmt, indem sie durch die Interaktion von Primär- und Sekundärgegenstand eine spezifische Sichtweise erzeugt: Die an der metaphorischen Prädikation beteiligten Elemente zeigen sich im Licht des je anderen und rufen so einen neuen, eben metaphorischen Bedeutungszusammenhang hervor. Die Metapher zeigt sich hier als ein explizites „Sehen als", das die Perspektivität der Wahrnehmung und des Sprechens vor Augen führt. Die Metapher kann damit als eine reflexive „Als ob"-Fiktion aufgefaßt werden. Die Rationalität der Metapher läßt sich auf dieser Ebene so beschreiben, daß sie die Funktion der Stimulation zu neuen Kognitionen und die Funktion der Darstellung von kognitiven Gehalten in einer Einheit von Gegenstandsdarstellung und Perspektiveneröffnung, von Bedeutung und Hindeutung, integriert.

Viertens habe ich schließlich Ricœurs fünf metaphorische Polaritäten als Binnendifferenzierung der dualen Struktur der Metapher analysiert. Dadurch konnte zum einen, nämlich durch die hermeneutische Integration von Ereignis und Bedeutung und durch die Analyse des „semantic twist", die interaktionstheoretische Analyse ergänzt und präzisiert werden und zum anderen wurde (ohne daß dies allerdings bei Ricœur weiter ausgeführt ist) mit dem Verhältnis von propositionalem Gehalt und illokutionärem Modus die kommunikative Ebene des Metaphernproblems sichtbar. Darüber hinaus wurde die besondere Referenzfunktion der Metapher („split reference") herausgearbeitet, wodurch die These des kognitiven Gehalts der Metapher eine starke Unterstützung erfuhr: Durch *metaphorische Neubeschreibungen* können neue Wirklichkeiten geschaffen und erkannt werden, wodurch Metaphern der sprachlich vermittelten Welterschließung und Weltaneignung dienen können. Diese vorgreifend-welterschließende Funktion der Metapher ist jedoch, ebenso wie ihre Ereignishaftigkeit, nur auf der Basis einer hermeneutisch-kommunikativen Theorie zu verstehen: Die Metapher als unerhörte Prädikation muß „erhört" werden, sie kann nur in Interpretations- und Kommunikationsprozessen verstanden werden.

Insgesamt läßt sich festhalten, daß mit der dualen Struktur der Metapher ein grundlegender Rationalitätsbezug verbunden ist: Mit ihrer Stimulusfunktion kommt die Tatsache in den Blick, daß eine neue Metapher gegenüber den eingewöhnten Sprachspielen und usuellen Metaphern stets einen neuen Anspruch artikuliert. Indem nämlich die Verwendung einer neuen Metapher die Aufmerksamkeit auf etwas Ungewohntes lenkt und also eine neue Perspektive eröffnet, wird zugleich gegenüber der eingewöhnten Geltung ein Anspruch auf neue Geltung erhoben. Freilich kann dieses Erheben eines Geltungsanspruches nur dann mehr als bloßes ungewohntes Geräusch sein, wenn mit ihm zugleich die *Möglichkeit der Explikation und der Begründung* verbunden ist. Das zweite Moment in der dualen Struktur der Metapher, ihr kognitiver Gehalt, ermöglicht die sinnvolle Begründung des neuen Geltungsanspruchs durch die Bezugnahme auf eben diesen kognitiven Gehalt. Indem die Metapher nämlich nicht nur auf etwas Neues *hin*deutet, sondern dieses Neue auch darstellt und *be*deutet, ist mit der metaphorischen Neubeschreibung ein Anspruch auf Wahrheit bzw. auf Angemessenheit der Darstellung verbunden. Dieser Geltungsanspruch kann jedoch nur retrospektiv eingelöst werden, indem die metaphorische Neubeschreibung sich als angemessen bewährt: Lebendige Metaphern, so kann aus hermeneutischer Perspektive gezeigt werden, zeichnen sich durch eine *spezifische Vorgriffsstruktur* aus, da sie sich in vor- und übergreifender Weise auf das Neue, noch Unbekannte beziehen und so neue Horizonte eröffnen.[128] Diese Vorgriffsstruktur der Metapher, die sich in der semantischen Innovation

---

[128] Vgl. Ricœur 1983:369ff. und Blumenberg 1971:164ff. Letzterer pointiert dabei den Zusammenhang zwischen Metapher und Vorgriffsstruktur der Lebenswelt folgendermaßen: „Die Lebenswelt ist eine Welt auf Widerruf. Die Metapher manifestiert diesen unüberschreitbaren Sachverhalt exemplarisch. In ihr artikuliert sich der unbestimmte Erwartungshorizont erstmals." (ebd:170).

einer Kategorienüberschreitung und in der *second-order-reference* zeigt, ist konstitutiv für die welterschließende Funktion der Metapher und für die Erzeugung und Erkenntnis neuer Wirklichkeiten und neuer Welten durch metaphorische Neubeschreibungen.[129] Es ist das epistemische Paradoxon der Metapher, einen neuen Gegenstand zu identifizieren und zugleich durch eine „Als ob"-Einklammerung die Differenz zu ihm auszusprechen, das diesen *antizipierenden Weltbezug* ermöglicht. Damit wird in der Metapher zugleich das hermeneutische Paradoxon des Verstehens überhaupt sichtbar, nämlich seine spezifische Zirkelstruktur.[130] Umgekehrt betrachtet zeigt sich damit die metaphorische Logik des Unerhörten als eine *Logik des hermeneutischen Vorgriffs*. Villwock spricht in diesem Zusammenhang von der „hermeneutischen Logizität der Metapher", die – im Gegensatz zur abstrakten Geltungslogik – auf einer lebensweltlichen Logik der Sinnkonstitution und -auslegung beruht.[131]

Diese Vorgriffsstruktur tut auch der Wahrheitsfähigkeit der Metapher keinen Abbruch, besitzt doch spätestens seit der Popperschen Falsifikationstheorie die Wahrheit selbst nur noch hypothetische Gültigkeit. In dem von Habermas entwickelten konsenstheoretischen Begriff der Wahrheit ist diese schließlich selbst an die Bedingung eines Vorgriffs auf bestmögliches Wissen und auf die ideale Sprechsituation gebunden.[132] So wie jeder faktische Konsens über Wahrheit das Signum der Revidierbarkeit trägt, ohne damit schon seinen Anspruch auf unbedingte Gültigkeit zu verlieren, so hat die metaphorische Neubeschreibung den Status einer „Als ob"- Prädikation und doch kann sie Wahrheit (bzw. Richtigkeit oder Wahrhaftigkeit) für ihre Aussage beanspruchen: Die Metapher ist – wie Berggren im Anschluß an

---

[129] Vgl. Goodman 1984 und Goodman/Elgin 1989:15ff.
[130] Vgl. Gadamer 1960:250-291. In nuce lautet die Beschreibung des hermeneutischen Zirkels: „Wer einen Text verstehen will, vollzieht immer ein Entwerfen. Er wirft sich einen Sinn des Ganzen voraus, sobald sich ein erster Sinn im Text zeigt. Ein solcher zeigt sich wiederum nur, weil man den Text schon mit gewissen Erwartungen auf einen bestimmten Sinn hin liest. Im Ausarbeiten eines solchen Vorentwurfes, der freilich beständig von dem her revidiert wird, was sich bei weiterem Eindringen in den Sinn ergibt, besteht das Verstehen dessen, was dasteht." (ebd.:271).
[131] Vgl. Villwock 1983a:191ff. Dies hat auch Konsequenzen für den Begriff der Logik und des Rationalen: Die Differenz zwischen Geltung und Genesis entspricht damit nicht mehr der Differenz zwischen rationaler Begründung und irrationaler Entdeckung, vielmehr kann der Entdeckungsprozeß als schöpferischer Innovationsprozeß, als rationales Handeln auf der Grundlage der Logik des hermeneutischen Vorgriffs ausgezeichnet werden, womit Geltung und Genesis zwei verschiedenen Typen logisch-rationalen Handelns folgen.
[132] So zumindest in den „Wahrheitstheorien" (Habermas 1984:127-183). In den späteren diskurstheoretischen Fassungen seiner Wahrheitstheorie nimmt Habermas vor allem von der These des Vorscheins einer idealen Lebensform im Vorgriff auf die ideale Sprechsituation Abstand, behält jedoch das Prinzip bei, daß derjenige Konsens als gerechtfertigt gilt, der unter je bestmöglichen Argumenten und Bedingungen zustande gekommen ist (vgl. Habermas 1984:559f. und 1986a:351ff.).

Resümee: Die Metapher als rationaler Vorgriff

Paul Weiss sagt – „a counterfactual statement", dem „(an) implicit or possibly counterfactual truth" zukommt.[133] Als Maßstab für die Wahrheit der metaphorischen Neubeschreibung hat dabei ihre Adäquatheit zu gelten, die dadurch zu ermitteln ist, daß die neue Metapher zu den vorherigen Beschreibungen ins Verhältnis gesetzt und daraufhin befragt wird, ob sie neue Sichten und Einsichten vermittelt und ob sie sich im Wahrheitssprachspiel bewährt.[134]

Zusammenfassend möchte ich diese Überlegungen in die These kleiden, daß die lebendige Metapher ein *rationaler Vorgriff* ist, da sie lebensweltliche, oft vorbegriffliche Vorstellungen zum Ausdruck bringt und deren Sinn konstruiert, da sie fiktive, imaginäre und utopische Ideen entwirft und da sie als heuristisches Mittel zur Artikulation von neuen kognitiven Gehalten dient. Die metaphorische Neubeschreibung kann dabei als rationaler Vorgriff auf Wahrheit, Richtigkeit bzw. Wahrhaftigkeit verstanden werden, insofern sie an die formalen Bedingungen verständigungsorientierter Kommunikation – d.h. an das kontrafaktische Erheben von Geltungsansprüchen und die prinzipielle Möglichkeit ihrer argumentativen Einlösung – gebunden ist: Beim Vorgriff auf *Wahrheit* wäre dabei das formale Rationalitätskriterium der Metapher die angemessene Darstellung von Sachverhalten, beim Vorgriff auf *Richtigkeit* wäre es die gerechtfertigte Bezugnahme auf soziale Normen und beim Vorgriff auf *Wahrhaftigkeit* wäre es die stimmige Organisation des expressiv-ästhetischen Gehaltes.

Betrachten wir dergestalt die lebendige Metapher als rationalen Vorgriff, der in allen drei universalen Geltungssphären auftreten kann, so wird auch die Frage obsolet, ob die Metapher aus bestimmten Diskursen fernzuhalten sei. Vielmehr wird nun deutlich, daß die Metapher im theoretisch-wissenschaftlichen Diskurs ebenso zu Hause ist, wie im normativ-praktischen und im expressiv-ästhetischen. Die Frage ist nun vielmehr, welche Rolle Metaphern in der Argumentation spielen, welche Funktionen sie in Diskursen einnehmen, inwieweit sie die Geltungskriterien des jeweiligen Diskurses thematisieren, reflektieren und erfüllen, und schließlich inwiefern sie selbst sinn- und geltungskritisch reflektiert werden können.

---

[133] Vgl. Berggren 1963:240 und 253.
[134] Wie beim prozeßhaften pragmatischen Wahrheitsbegriff ist auch die Bestimmung der Wahrheit einer Metapher als Prozeß ihrer Auslegung retrospektiv orientiert: Wir können erst im nachhinein sagen, inwieweit die Wahrheit beanspruchende Aussage – sei sie wörtlich oder metaphorischer Natur – dauerhaft als wahr gelten kann, d.h. sich in the long run als wahr bewährt (vgl. hierzu unten, Kap. II-2).

Kapitel 2: Metapher und Wahrheit: Zur Metapher in der Wissenschaft

Wenn die lebendige Metapher wie im vorangegangenen Kapitel als *rationaler Vorgriff* ausgezeichnet wird, dann stellt sich die Frage nach ihrer Wahrheitsfähigkeit insbesondere im Zusammenhang mit ihrer Rolle im wissenschaftlichen Diskurs. Das nun folgende Kapitel soll dieses Problem näher beleuchten und vertiefen, und dabei zugleich die metaphorologische Auseinandersetzung über die Metapher in der Wissenschaft reflektieren.[1] Wie die wissenschaftstheoretische Diskussion der letzten Jahrzehnte deutlich gemacht hat, ist das Ideal einer von Mehrdeutigkeiten und Metaphern 'gereinigten' Wissenschaftssprache nicht einlösbar.[2] Damit aber stellt sich die Frage nach dem Status der Metapher in der Wissenschaft: Ist sie in Kauf zu nehmendes, notwendiges Übel, ist sie nur heuristisches Stimulus oder ist sie von grundlegender, konstitutiver Bedeutung?

Daß Metaphern in der Wissenschaft unvermeidbar sind und daß sie auch heuristischen Wert haben, wird meist umstandslos anerkannt. Eine mögliche *konstitutive* Rolle der Metapher,[3] die seit der interaktionstheoretischen Wende in der Metaphorologie zunehmend behauptet wird, ist dagegen umstritten. Ablehnenden Stellungnahmen – Metaphern verunklaren Sachverhalte, sind nicht wahrheitsfähig, haben keine kognitive, sondern höchstens heuristische Funktion und müssen im Dienst des wissenschaftlichen Fortschritts bekämpft werden[4] – stehen häufig affirmative Pauschalaussagen wie die folgende gegenüber: „Jede Theorie in Wissenschaft, Philosophie usw., basiert auf einer oder mehreren Metaphern oder Modellen..."[5]

---

1 Ich knüpfe hier an Überlegungen an, die ich zum Teil bereits an anderer Stelle dargelegt habe (vgl. Debatin 1990 und Debatin 1995).
2 Vgl. auch meine Ausführungen in Kap. I-2. Dieser Diagnose entspricht auf seiten der Sprachphilosophie, daß auch die Versuche einer Philosophie der idealen Sprache seit Wittgensteins Philosophie der normalen Sprache als gescheitert betrachtet werden müssen (vgl. Habermas 1981/I: 152ff.).
3 Gemeint ist damit die an Nietzsche anschließende Position, daß die Metapher dem Denken überhaupt (und damit auch dem wissenschaftlichen Denken, vgl. Burkhardt 1987) zugrundeliegt. Diese Problematik wird unter Titeln wie radikale Metapher (Cassirer 1977), Wurzelmetapher (Pepper 1935), absolute Metapher (Blumenberg 1960), konzeptueller Archetypus (Black 1962), Paradigma (Kuhn 1967), Grundmetapher (Shibles 1974) oder auch der Leitdifferenz (Luhmann 1984) verhandelt. Auf die Problematik dieser absoluten Metaphern werde ich in Kap. II-3.4 zurückkommen.
4 Vgl. hierzu etwa die Auflistung in Nieraad 1977:91.
5 Shibles 1974:6.

Diese zunächst plausible Feststellung zeigt sich jedoch bei näherer Betrachtung als höchst voraussetzungsreich und klärungsbedürftig: Zum einen wird ein Allgemeinheitsanspruch erhoben (jede Theorie), zum anderen ein Voraussetzungsverhältnis behauptet (basiert auf) und schließlich wird eine unscharfe Bestimmung verwendet, die die Differenz zwischen Metapher und Modell offen läßt (konjunktives oder disjunktives 'oder'). Die damit angedeuteten Problemlagen sollen im folgenden im einzelnen erörtert werden: In Kapitel II-2.1 wird zunächst das Verhältnis von Metapher und Modell geklärt werden, dann soll in Kapitel II-2.2 das Voraussetzungsverhältnis betrachtet werden, indem nach der theoriekonstitutiven Funktion der Metapher gefragt wird, und in Kapitel II-2.3 wird es um den Allgemeinheitsanspruch gehen, wobei dies anhand der Rolle metaphorischer Prozesse in der deduktiven Erklärung diskutiert wird. Die Erörterung dieser drei Problembereiche wird dann in Kapitel II-2.4 mit der Frage nach der Wahrheitsfähigkeit verbunden. Dabei wird es vor allem um die Notwendigkeit der Metaphernreflexion als Bedingung der Möglichkeit metaphorischer Wahrheit gehen: Der rationale Vorgriff muß sich im reflexiven Rückgriff legitimieren.

2.1 Metapher und Modell

In der metaphorischen Prädikation, so hatte sich oben in Kapitel II-1 gezeigt, wird unter einem bestimmten Hinblick eine strukturelle Isomorphie zwischen dem bezeichneten Objekt und dem metaphorischen Ausdruck hergestellt. Als eine solche Einheit von Perspektiveneröffnung und Gegenstandsdarstellung steht die Metapher dem Modell offensichtlich sehr nahe, denn auch das Modell ist dadurch gekennzeichnet, daß es bestimmte Eigenschaften des modellierten Objektes hervorhebt und andere vernachlässigt und damit eine Ähnlichkeitsbeziehung im Sinne einer strukturellen Isomorphie erzeugt. Allerdings ist damit noch nichts über die Unterschiede zwischen Metapher und Modell in Erfahrung gebracht. Die grundsätzlichen Eigenschaften eines Modells lassen sich allgemein zunächst etwa folgendermaßen kennzeichnen:

> Modell wird allgemein definiert als ein Gegenstand, eine Theorie, ein System oder Symbol, das eine oder mehrere Eigenschaften des Originals darstellt und als vereinfachte, abstrahierte Form, Muster oder Plan das Original beschreibt.[6]

Im weiten Sinne werden also auch hier schon Symbole und Begriffe als Modelle verstanden, da sie wie Modelle einen Sachverhalt oder Ablauf in vereinfachter Weise unter einem bestimmten Aspekt darstellen. Im engeren Sinne sind Modelle Konstruktionen, die sich auf einen bestimmten Ausschnitt von Wirklichkeit beziehen und die beanspruchen, ihren Gegenstand

---

6   Rutz 1985:57.

mit einer Abstraktionsleistung unter einem bestimmten Hinblick (wie etwa Funktionsabläufe oder Struktureigenschaften) zu präsentieren. Wie die Metapher stellt damit also das Modell seinen Gegenstand unter einem spezifischen 'Als ob'-Vorbehalt dar. Mit Max Black[7] lassen sich drei Typen von Modellen und entsprechenden Metaphern unterscheiden:

(1) *Skalare Modelle* basieren auf einer ikonischen Beziehung zu ihrem Objekt, sie stellen, wie z.B. Landkarten oder konstruktionstechnische Drahtmodelle, ihren Gegenstand teilidentisch und in proportionaler Ähnlichkeit dar. Skalare Modelle stehen der Vergleichsmetapher sehr nahe: Ein bildhafter Vergleich oder eine Redeweise haben ähnliche Eigenschaften wie ein skalares Modell. Dabei sollte jedoch nicht übersehen werden, daß skalare Modelle wie auch Vergleichsmetaphern als ikonische Zeichen eigentlich nicht mit ihrem Referenzobjekt gemeinsame Eigenschaften teilen, sondern mit unserem Wahrnehmungsmodell des Objektes.[8]

(2) *Analoge Modelle* stellen ihren Gegenstand über eine strukturelle Isomorphie dar; dies ist z.B. bei der Projektion von Struktureigenschaften eines Gegenstandes oder Ablaufs auf ein neues Gebiet der Fall. Bei diesem 'metaphorical shift' (Mulkay) wird oftmals der Gegenstand bzw. Ablauf des Ausgangsgebietes zur 'residualen Hintergrundmetaphorik' (Blumenberg) oder zum 'impliziten Modell' (Schöffel) für das im Modell Repräsentierte.[9] Die Alltags- wie auch die Wissenschaftssprache ist voll von solchen 'schlafenden' Metaphern, die über Analogiebildung auf ein neues Gebiet projiziert wurden. So können beispielsweise soziale oder wirtschaftliche Prozesse nach dem Muster von chemischen oder physikalischen Prozessen als kybernetische Modelle in elektrischen Schaltkreisen modelliert werden. Sie erscheinen dann in Metaphern von Kreisläufen, Diffusionsprozessen, Bindungskräften, Erschütterungen oder Verwerfungen usw.

(3) *Theoretische Modelle* sind hypothetisch-deduktive Systeme, die bestimmte Zustände oder Prozesse theoretisch beschreiben oder erklären und oft zur Interpretation und Überprüfung der skalaren und analogen Modelle dienen. In diesem Sinne bilden sie Modelle über Modelle, indem sie – etwa als mathematisches Modell – die Eigenschaften und Funktionen eines skalaren oder analogen Modells theoretisch formalisieren und operationalisieren.[10] Theoretische Modelle können aber auch durch die Übertragung bestehender theoretischer Begriffe auf einen neuen Bereich entstehen. So

---

[7] Vgl. Black 1962 sowie Berggren 1963:451ff. und Bühl 1984:143ff.
[8] Vgl. Eco 1972:213 sowie Goodman/Elgin 1989:148ff.
[9] Vgl. Mulkay 1974, Blumenberg 1983:290f. und Schöffel 1987:219.
[10] Viele skalare oder analoge Modelle lassen sich überhaupt erst bilden, wenn ein theoretisches Modell dazu erarbeitet wird, etwa durch die Konstruktion eines mathematischen Modells zur Darstellung von Funktionen, Operationen und Beziehungen des modellierten Objektes. Die verschiedenen Modelltypen greifen also immer ineinander. So wären z.B. herkömmliche Rechenschieber skalare Modelle, elektronische Taschenrechner dagegen analoge Modelle, die auf einem spezifischen mathematischen Modell – einer Theorie – beruhen und mit denen bestimmte mathematische Operationen durchführbar sind.

ist bei der Übertragung von informationstheoretischen Begriffen auf neuere kognitionspsychologische Theorien die Computermetapher ein theoretisches Modell, aus dem dann Sätze und Untersätze für den neuen Bereich abgeleitet werden können. In ähnlicher Weise wäre etwa die Übertragung der physikalischen und biologischen Evolutionstheorie auf die Gesellschaftswissenschaften zu sehen.[11]

Insgesamt gesehen haben alle diese Modelltypen einen hypothetischen 'Als ob'-Charakter und sind in diesem Sinne notwendig metaphorisch, wobei ihre Metaphorizität in der Regel mit wachsender Habitualisierung in den Hintergrund tritt. Auch wenn sie also im Laufe des Wissenschaftsprozesses zu verschwinden scheint, so steht die Metapher doch am Beginn jeder wissenschaftlichen Modellbildung: Das Modell ist eine auf Dauer gestellte, systematisierte Metapher.[12] In einer späteren Erörterung bezieht sich Black erneut auf den Zusammenhang zwischen Modellen und Metaphern und bestimmt ihn in dem Sinn, daß Metaphern als *implizite Modelle* aufgefaßt werden können:

> Ich bin jetzt der Meinung, daß jeder 'Implikationszusammenhang', der vom Sekundärgegenstand einer Metapher gestützt ist, ein Modell der dem Primärgegenstand unterstellten Zuschreibungen ist: jede Metapher ist die Spitze eines untergetauchten Modells.[13]

Umgekehrt können, wie Georg Schöffel[14] im Anschluß daran gezeigt hat, Modelle als 'extended metaphors' oder als *explizierte Metaphern* begriffen werden. Modelle entfalten den impliziten Gehalt von Metaphern und lassen ihn so transparent werden. Sie sind also aufgrund ihrer Explizität und ihrer Tendenz zur Buchstäblichkeit eher transparent, sie beanspruchen, ihren Gegenstand mit einer bestimmten Abstraktionsleistung in einer bestimmten Hinsicht angemessen zu repräsentieren; dagegen vereinigt die Metapher, wie wir gesehen haben, als *intensionaler Kontext* die Gegenstandsdarstellung mit der Präsentationsweise, weshalb sie immer ein Stück weit implizit bleiben muß. Damit stehen Metapher und Modell in einem Kontinuum, sie bezeichnen verschiedene Aspekte der Darstellung eines Gegenstandes unter einem bestimmten Hinblick. Schöffel verdeutlicht dies exemplarisch an folgender Überlegung:

---

[11] Die Funktion dieser sogenannten 'theoriekonstitutiven Metaphern' werde ich im folgenden Kapitel II-2.2 näher betrachten.

[12] Vgl. Black 1962:236. Deshalb auch Blacks Folgerung: „Perhaps every science must start with metaphor and end with algebra; and perhaps without metaphor there would never had been any algebra." (Black 1962:242; vgl. auch Bühl 1984:149f. – vgl. auch das folgende Kapitel II-2.2).

[13] Black 1983b:396. Zur Problematik der hier von Black verwendeten Eisbergmetaphorik vgl. allerdings Blumenberg 1971:199ff. (Blumenberg: 'vollendete Suggestion von Evidenz').

[14] Vgl. Schöffel 1987:193ff.

Das Rutherfordsche Atommodell ist *Modell*, insofern es von der Struktur und dem Aufbau der Atome handelt; es ist eine *Metapher*, insoweit darauf bestanden wird, daß diese Theorie das Atom-als-Planetensystem präsentiert.[15]

In ähnlicher Weise fassen Carroll und Mack die Differenz zwischen Modellen und Metaphern darin, daß erstere eher explizit und richtig, letztere eher implikationenreich und nicht notwendigerweise valide sein sollen. Dementsprechend besteht für sie der entscheidende Unterschied darin, daß Modelle einen wesentlich strengeren *Adäquatheitsanspruch* als Metaphern zu ihrem Referenzobjekt erheben:

> Although models are necessarily selective and abstract, and accordingly to some extent incomplete, their incompleteness is not the same as that of metaphors. For while models are designed to represent some target domain, metaphors are chosen or designed to invite comparisons and implications which are not litarally true.[16]

Die Metapher wird also eher in einer hermeneutisch-interpretativen Funktion gesehen, wogegen dem Modell eher die Aufgabe der Repräsentation zukommt. Dennoch stehen sich Metapher und Modell nicht dichotomisch gegenüber, vielmehr bauen Modelle typischerweise auf einem 'metaphorischen Kern' auf, sie können auch nach Carroll/Mack als explizierte Metaphern verstanden werden.

Im Gegensatz hierzu sehen Martin und Harré die Differenz zwischen Metapher und Modell darin, daß Metaphern Sprachfiguren sind, wogegen Modelle nichtlinguistische Analogien und Relationen zwischen Objekten oder Zuständen bezeichnen.[17] Ihnen zufolge baut nicht das Modell auf einem metaphorischen Kern auf, sondern gerade umgekehrt werden Metaphern auf der Basis von Modellen gewonnen. So 'spinnt' etwa das Modell der Flüssigkeit eine Menge metaphorischer Begriffe 'aus sich heraus', mit deren Hilfe dann beispielsweise eine Theorie der Elektrizität formuliert werden kann.[18] Diese Fundierung der Metapher im Modell können Martin/Harré jedoch nur vornehmen, da sie die Metaphorizität des Modellbegriffs verkennen. Mit Weinrich kann das Modell nämlich selbst als *Bildfeld* aufgefaßt werden: Der Begriff des Bildfeldes bezeichnet einen metaphorischen Sinnbezirk, ein semantisches Feld also, aus dem heraus konkrete Metaphern jeweils generiert und interpretiert werden.[19] Ein als Bildfeld verstandenes Modell erfüllt sowohl die von Martin und Harré als auch die von Schöffel und Carroll/Mack beschriebenen Funktionen. Weinrich stellt Bildfeld und Metapher nicht einfach gegenüber, sondern er sieht sie in einem Wechselverhältnis: Einerseits stellt das Bildfeld die metaphorische Potentialität

---

15 Schöffel 1987:205 (Hervorh. von mir).
16 Carroll/Mack 1985:53.
17 Vgl. Martin/Harré 1982.
18 Vgl. Martin/Harré 1982:100f. Zur Flüssigkeitsmetaphorik in der Elektrizitätslehre vgl. auch Kuhn 1967:32ff. und 97ff.
19 Vgl. Weinrich 1976a-e. Der Begriff des Bildfeldes, den ich hier zunächst unbefragt übernehme, wird unten in Kapitel II-3 genauer untersucht.

bereit, aus dem die je konkrete Metapher aktualisiert wird, andererseits ist das Bildfeld als metaphorischer Sinnbezirk selbst Resultat eines metaphorischen Prozesses. Das Modell läßt sich deshalb in bezug auf die Metapher einerseits als ein explizites Bildfeld begreifen, das in der Tat eine Vielzahl von metaphorischen Begriffen 'aus sich heraus spinnt'; andererseits aber beruht das Modell wie jedes Bildfeld selbst auf metaphorischen Elementen. Gerade das Beispiel des Modells der Flüssigkeit, nach dem die verschiedensten physikalischen Phänomene erklärt werden, beruht auf der Hintergrundmetaphorik der Flüssigkeit. Im Sinne dieser beiden Bestimmungen ist der Begriff des Modells, wie im anschließenden Kapitel II-2.2 noch zu sehen sein wird, mit dem Begriff der 'theoriekonstitutiven Metapher' koextensiv. Gleichzeitig ist aber als Unterschied zur Metapher festzuhalten, daß der Adäquatheitsanspruch des Modells in bezug auf die Referenzobjekte und -zustände, die es repräsentiert, wesentlich strenger ist.

Der zu Beginn betrachtete Satz: „Jede Theorie in Wissenschaft, Philosophie usw., basiert auf einer oder mehreren Metaphern oder Modellen..." wäre nach dem bislang Erörterten nun so zu verstehen, daß Metaphern und Modelle als ähnliche, wenn auch nicht gleiche Phänomene aufzufassen sind, da jedes Modell einen metaphorischen Kern enthält und jede Metapher einen modellhaften Charakter hat, wobei Metapher und Modell sich aber hinsichtlich ihres Explizitheitsgrades und ihres Adäquatheitsanspruchs unterscheiden. Die Metapher liegt somit dem Modell zugrunde und sie konstituiert, wie im folgenden Abschnitt ausgeführt wird, damit auch die je zu einem Modell gehörige Theorie.

2.2 Theoriekonstitutive Metaphern

Metaphern kommen, wie sich an jedem beliebigen Text unschwer überprüfen läßt, in der Wissenschaftssprache ständig vor. Es gilt jedoch zu untersuchen, inwiefern sie dabei auch eine konstitutive Funktion erfüllen. Tatsächlich fehlt es nicht an Untersuchungen, die insbesondere die kognitiven Funktionen der Metapher in der Wissenschaft betrachten.[20] Die Leistung von Metaphern in der Wissenschaft besteht, wie Boyd gezeigt hat, vor allem darin, durch eine nichtdefinitorische Bezugnahme Begrifflichkeiten einzuführen, die sich auf Dinge beziehen, deren Eigenschaften ein komplexes, oft (noch) undurchschautes Beziehungsgeflecht aufweisen.[21] Metaphern *reduzieren Komplexität* durch ihre spezifische Perspektivität und ihre impliziten Bedeutungsgehalte, mit denen sie bestimmte Eigen-

---

[20] So z.B. Black 1962, Hesse 1966, Leatherdale 1974, Köller 1975, Ortony 1979, Miall 1982, Gerhart/Russell 1984, MacCormac 1985, Arbib/Hesse 1986, Kittay 1987 und Radman 1992.
[21] Vgl. Boyd 1979.

schaften des Gegenstandes summarisch erfassen. Boyd unterscheidet hierbei zwischen exegetischen bzw. pädagogischen und theoriekonstitutiven Metaphern. Erstere dienen im rhetorisch-didaktischen Bereich zur Erklärung und Darstellung von bereits anerkannten, buchstäblich ausformulierten Theorien.[22] Durch ihre Bildhaftigkeit und Anschaulichkeit haben sie einen starken Überzeugungsgehalt, sie sind jedoch durch wörtliche Paraphrasen (bei gleichzeitigem Verlust ihres didaktischen Wertes) oft ersetzbar. Theoriekonstitutive Metaphern zeichnen sich dagegen dadurch aus, daß sie innerhalb der 'linguistischen Maschinerie' einer wissenschaftlichen Theorie eine unersetzliche Rolle spielen; dies sind diejenigen Fälle, „in which there are metaphors which scientists use in expressing theoretical claims for which no adaequate literal paraphrase is known".[23] Ihre Nichtsubstituierbarkeit – mit Black: ihre Emphase – sichert der Metapher also eine *kognitive* Funktion auch in der Wissenschaft, die darin besteht, das anders nicht Ausdrückbare zu artikulieren und – bei genügender Resonanz – damit auch neue Interpretationen und neue Forschungen anzuregen.

Theoriekonstitutive Metaphern stehen deshalb meist am Anfang neuer Theorien, sie bilden die *Grundlage* für die Theorie und den *Rahmen*, innerhalb dessen dann die konkrete Forschungsarbeit abläuft. Theoriekonstitutive Metaphern sind ein Paradebeispiel für innovative Metaphern: Mit ihnen wird insbesondere bei bislang nur unvollständig erkannten Phänomenen eine neue Sichtweise, eine neue Terminologie und oft eine entsprechende Ontologie eingeführt, die dann der weiteren Theoriekonstruktion dienen. Damit steht die theoriekonstitutive Metapher in unmittelbarer Nähe zu dem wissenschaftstheoretischen Begriff des *Paradigmas*.[24] Thomas Kuhn versteht unter einem Paradigma zunächst die 'disziplinäre Matrix' als Summe aller Gruppenfestlegungen innerhalb einer wissenschaftlichen Gemeinschaft, also jene Selbstverständlichkeiten, Regeln und Sichtweisen, die den 'Normalbetrieb' der Wissenschaft prägen. Zu einer disziplinären Matrix gehören insbesondere symbolische Verallgemeinerungen, Modelle und Musterbeispiele. Die Musterbeispiele bezeichnen dabei eine zweite, grundsätzliche Bedeutung des Begriffs 'Paradigma'. Metaphern hängen sowohl mit Modellen wie mit Musterbeispielen eng zusammen: Zum einen sind sie (wie oben gesehen) auf konstitutive Weise im metaphorischen Kern von Modellen enthalten und werden aus dem – als Bildfeld verstandenen – Modell generiert; Metapher und Paradigma treffen sich also im Modell, insofern es um die metaphorische Prädikation auf der Grundlage eines spezifischen Bildfeldes geht. Zum anderen teilen theoriekonstitutive Meta-

---

22 Daß solche pädagogischen Metaphern bei kognitiven Lernprozessen eine sehr wichtige Rolle spielen können zeigen Carroll/Mack 1985 am Beispiel des Erlernens von Computerprogrammen.
23 Boyd 1979:360.
24 Vgl. Kuhn 1967 und ders. 1977. Strub (1991:468f.) weist darauf hin, daß Metaphern v.a. bei Paradigmenwechseln eine emphatische Funktion haben.

phern mit den Musterbeispielen den Umstand, daß sie paradigmatische Problemformulierungen und -lösungen darstellen. Dabei ist von entscheidender Bedeutung, daß die Neuapplikation von Modellen und Musterbeispielen ebenso wie die Verwendung von Metaphern über die Konstitution von Ähnlichkeit zustande kommt, denn es gibt – dies wird im folgenden Kapitel II-2.3 noch näher erläutert werden – keine deduktiven Zuordnungskriterien, durch die die Übertragung eines Modells oder eines Musterbeispiels auf einen neuen Bereich geregelt wäre. Dieser Prozeß der interaktiven Übertragung auf andere Bereiche ist vor allem bei wissenschaftlichen Innovationen und Entdeckungen von großer Bedeutung, er wird auch als *metaphorische Konzeptverschiebung* bezeichnet.[25] Wissenschaftliche Revolutionen, also die Neueinführung oder der Wechsel von Paradigmen, können dementsprechend auch als *metaphorische Revolutionen* betrachtet werden,[26] bei denen nicht nur neue Sichtweisen eingeführt, sondern auch alte Bedeutungskonzepte zerstört werden.[27]

Wie oben in Kapitel II-1 gezeigt wurde, eröffnen lebendige Metaphern die Möglichkeit einer nahezu unbegrenzten Interpretationsvielfalt. Damit aber entsteht das Problem, daß eine solche interpretatorische Offenheit zu Lasten der Wahrheitsfähigkeit der Metapher gehen kann. Dies mag für literarische Metaphern akzeptabel sein, da es dort weniger um 'objektive' Erkenntnis als um den Ausdruck von Stimmungen, Gefühlen und Situationen geht, dagegen gerät die in wissenschaftlichen Zusammenhängen gebrauchte Metapher in den Verdacht der Beliebigkeit, wenn sie unbegrenzt interpretierbar ist. Es stellt sich damit das Problem der 'Kontrolle' von Metaphern.[28] Zum Unterschied zwischen literarischen und theoriekonstitutiven Metaphern stellt Boyd deshalb die folgende Überlegung an:

Erstens haben literarische Metaphern einen bestimmten Platz und einen bestimmten Autor (etwa: die Metapher X im Gedicht Y des Autors Z) und sie können ihre metaphorische Kraft verlieren, wenn sie zu oft gebraucht werden und dann zum Klischee oder zur Katachrese erstarren. Im Gegensatz dazu wandern erfolgreiche wissenschaftliche Metaphern in die *scientific community* ein und werden dort systematisch durchvariiert und extensiv verwendet, ohne ihre interaktiven und metaphorischen Qualitäten einzubüßen, solange ihr forschungsanregender kognitiver Gehalt noch nicht ausgeschöpft ist.

Zweitens sind Autor und Leser, also Schöpfer und Interpret, im literarischen Bereich in der Regel verschieden, im wissenschaftlichen Bereich, und gerade bei den theoriekonstitutiven Metaphern, besteht diese Trennung nicht unbedingt:

---

25 Vgl. Mulkay 1974 und Knorr-Cetina 1984.
26 Vgl. Arbib/Hesse 1986:156.
27 Am Beispiel der Entwicklung der speziellen Relativitätstheorie von Einstein zeigen Gerhart/Russell (1984:132ff.), 'how the creation of a metaphor distorts our world of meanings so that our understandig of nature is radically changed'.
28 Vgl. hierzu auch Berggren 1963 und Nieraad 1977:26ff sowie unten, II-2.4.

> It is part of the task of scientific theory construction involving metaphors (or any other sort of theoretical terminology) to offer the best possible explication of the terminology employed. ...it is certainly the routine responsibility of working scientists.[29]

Drittens bleibt der kognitive Gehalt vieler literarischer Metaphern unparaphrasierbar, dagegen kann der wissenschaftliche Fortschritt durchaus dazu führen, daß eine 'complete explication' der theoriekonstitutiven Metapher möglich wird. Die Unersetzbarkeit solcher Metaphern ist also gleichsam zeitlich limitiert, da der Prozeß der Wissenschaft systematisch auf die Aufdeckung von unbekannten, impliziten und unerklärten Phänomenen zielt.

Insgesamt gesehen beruht die Differenz zwischen literarischen und wissenschaftlichen Metaphern nach Boyd auf unterschiedlichen Formen ihrer Unabgeschlossenheit ('open-endedness'): Literarische Metaphern besitzen eine *'conceptual open-endedness'*, sie laden den Rezipienten zur Interpretation ein, indem der prädizierte Gegenstand im Lichte der metaphorischen Prädikation gesehen wird. Dabei spielen das Vorverstehen und die 'associated commonplaces' eine entscheidende Rolle. Dagegen kann man bei wissenschaftlichen Metaphern von einer *'inductive open-endedness'* sprechen. Theoriekonstitutive Metaphern werden eingeführt, um auf noch nicht explizierte Analogien und Ähnlichkeiten hinzuweisen und entsprechende Forschungen anzuregen, sie eröffnen eine neue Sichtweise auf ein Problem, die es im Forschungsprozeß gleichsam auszubuchstabieren gilt.[30]

An dieser Unterscheidung ist jedoch problematisch, daß Boyd nur naturwissenschaftlich-technische Metaphern vor Augen hat. Metaphern liegen aber, wie Shibles herausstellt, den Natur- wie auch den Sozial- und Geisteswissenschaften zugrunde.[31] Das Verhältnis zwischen literarischen und wissenschaftlichen Metaphern gestaltet sich aber komplizierter, sobald man auch geistes- und sozialwissenschaftliche Metaphern in die Betrachtung einbezieht: Bei letzteren steht nämlich wie bei den literarischen Metaphern häufig das *hermeneutische Erschließen* eines Gegenstandes im Vordergrund, das per se nicht zu Ende zu bringen ist, da neue Erfahrungen der Subjekte jeweils neue Sinnzusammenhänge evozieren. Hier geht es um das Verstehen und Aneignen von Sinn in immer neuen Handlungs- und Erfahrungskontexten vor dem Hintergrund eines dynamischen, geschichtlichen und sozialen Geschehens. Im Gegensatz dazu geht es bei naturwissenschaftlich-technischen Metaphern weniger um Sinnverstehen, als um das *Erklä-*

---

[29] Boyd 1979:362.
[30] Ähnlich spricht Strub (1991:468) davon, daß die wissenschaftliche Metapher „die Aufgabe (stellt), ein theoretisches Modell für den von ihr eingegrenzten Strukturbereich zu erstellen, aber sie ist nicht dieses Modell, sie ist, positiv gewendet, eine *Anweisung*." Während aber Boyd von einem metaphorischen Kern des wissenschaftlichen Modell ausgeht, den es zu explizieren gilt, sieht Strub die Metapher nur im *Vorfeld* der Modellbildung: „Das Sterben der Restbestandsmetapher ist also die Geburt des Modells" (ebd.).
[31] Vgl. Shibles 1974:6. Deshalb können sie auch 'einzigartig vereinigend' wirken, also Übergänge zwischen Geistes- und Naturwissenschaften herstellen.

ren eines Objektbereiches durch Beobachtung und andere objektivierende Verfahren. Da jedoch natur- wie geistes- und sozialwissenschaftliche Theorien letztlich interpretationsabhängig sind,[32] befinden sich theoriekonstitutive Metaphern und literarische Metaphern eher in einer kontinuierlichen Beziehung: mit wachsender erfahrungsbezogenen Interpretationsabhängigkeit wächst auch die 'conceptual open-endedness' der Metapher, während bei eher erklärungsbezogenen Prozessen von einer 'inductive open-endedness' der Metapher gesprochen werden kann.

Die zeitliche Limitierung von theoriekonstitutiven Metaphern hat nun darin ihren Grund, daß die wissenschaftliche Tätigkeit systematisch darauf abzielt, den kognitiven Gehalt von theoriekonstitutiven (also innovativen) Metaphern auszuschöpfen, wodurch diese dann eine feste Bedeutung gewinnen und zur konventionalisierten, selbstverständlichen Fachterminologie werden. Dabei geschieht es oftmals, daß theoriekonstitutive Metaphern durch metaphorische Konzeptverschiebung aus 'benachbarten' Gebieten des neuen Bereiches kommen oder daß zur Formulierung einer neuen Theorie Metaphern aus dem Bereich neuer Technologien benutzt werden. Viele der in die Selbstverständlichkeit herabgesunkenen wissenschaftlichen Begrifflichkeiten erweisen sich so bei näherer Betrachtung als Resultat einer metaphorischen Konzeptverschiebung:

> Scientific language is full of sleeping metaphors, the residue of earlier displacements of theories from other areas of discipline. Consider phrases like 'biological transducer', 'atomic wind', 'genetic code', 'electromagnetic wave', 'radioactive decay', 'chemical linkage', 'electric reservoir', 'computer memory', 'voltage drop', 'sound adsorption'.[33]

Ein typisches Beispiel hierfür ist die in der kognitiven Psychologie theoriekonstitutive Metapher des Computers, die zur Bezeichnung spezifischer kognitiver Eigenschaften und Fähigkeiten des menschlichen Gehirns dient. Die theoriekonstitutive Metapher regt dann als *Bildfeld* zur Schöpfung weiterer Metaphern an, mit denen Teilphänomene des Objektbereichs bezeichnet werden.[34] Mit zunehmender Ausdifferenzierung der Theorie bekommen die aus der theoriekonstitutiven Metapher 'herausgesponnenen' Metaphern (Martin/Harré) eine immer festere Bedeutung, bis sie zu *Katachresen* werden. Sie bilden dann einen Teil der wissenschaftlichen Terminologie, wobei gerade auch bei einer ausgebildeten wissenschaftlichen

---

32 Vgl. auch meine Ausführungen zur Differenz zwischen Erklären und Verstehen sowie zur Interpretationsabhängigkeit jeder Theorie oben in Kapitel I-2.1.
33 Schön 1963:79.
34 So werden z.B. kognitive Prozesse mit Begriffen wie Lang- und Kurzzeitspeicher, Informationsverarbeitung, zentrale Verarbeitungseinheit, Repräsentation usw. bezeichnet. Zur Analyse dieser kognitionspsychologischen Metaphorik vgl. Kolers/Roediger 1984 und van Besien 1989:11ff. – Weizenbaum (1977:361) weist darauf hin, „daß der Computer eine mächtige neue Metapher ist, mit der wir viele Aspekte der Welt leichter verstehen können, der jedoch ein Denken versklavt, das auf keine anderen Metaphern und Hilfsmittel zurückgreifen kann". Vgl. hierzu auch die Untersuchungen zur theoriekonstitutiven Rolle der Computermetapher in der 'Künstlichen Intelligenz' von West/ Travis 1991a und 1991b.

Theorie die extensive Verwendung von Metaphern unproblematisch ist, da „die Wissenschaften wegen der stärkeren Kontextdetermination in ihren Texten Metaphernhäufungen besser vertragen als manche literarische Prosa".[35] Im Prozeß ihrer fortschreitenden Auslegung können theoriekonstitutive Metaphern dann so sehr 'gerinnen', daß ihre metaphorischen Eigenschaften nicht mehr bewußt sind, sie machen dann das Feld der *residualen Hintergrundmetaphorik*[36] aus. Es wäre jedoch verfehlt, die Rolle der Metapher in der Wissenschaft hauptsächlich im Füllen von lexikalischen Lücken durch Katachresenbildung zu sehen.[37] Das Wechselverhältnis zwischen theoriekonstitutiver Metapher und aus ihr entwickelten Erkenntnissen und Begrifflichkeiten ist in dieser Sichtweise stillgestellt, die Metapher wird dann nur noch ex post, als Lieferant von Katachresen, betrachtet und so in ihrer innovativen Wirkung verkannt.

Es ist also hervorzuheben, daß durch theoriekonstitutive Metaphern insbesondere beim metaphorischen Transfer von Konzepten eines Wissenschaftsbereichs in einen anderen – der 'metaphorical extension of ideas' (Mulkay) – der *kreativ-konstruktive* Aspekt des metaphorischen Denkens zum Tragen kommt. Dies zeigt, wie bedeutsam Metaphern auch in der Wissenschaft sind und wie sehr die Entwicklung von Theorien auf metaphorischen Prozessen aufbaut.[38] Der Gebrauch von Metaphern in der Wissenschaft bringt Phänomene in Ähnlichkeits- und Übereinstimmungsbeziehungen, die in ihrem wörtlichen semantischen Feld disparaten Kategorien angehören, so daß sie 'normalerweise' nicht in Zusammenhang gebracht würden.[39] Durch eine solche *konzeptuelle Wechselwirkung*

> zwischen bisher nicht miteinander verbundenen Ideen können die mit jedem dieser beiden Objekte verbundenen Wissens- und Glaubenssysteme wechselseitig zum Tragen gebracht werden und dadurch eine kreative Erweiterung des Wissens bewirken.[40]

---

35 Weinrich 1976c:334. Weinrich geht hier davon aus, daß wissenschaftliche Texte als 'methodisch gerichtete' Texte eine besonders starke Determinationskraft besitzen, „die für den Leser auch solche Metaphern (neutralisiert), die er bei gelockerter Kontextbindung vielleicht als kühn empfinden würde..." (ebd.).

36 Vgl. Blumenberg 1983:290f. sowie unten II-3.4 und II-3.5. Verwiesen sei hier beispielhaft auf die latente Raummetaphorik im Kantischen Zeitbegriff oder auf die implizite Gefäßmetaphorik in der Form/Inhalt-Unterscheidung.

37 So zu finden bei Martin/Harré 1982.

38 „... anzunehmen, Wissenschaft sei schlicht und einfach sprachlich, buchstäblich und denotativ, hieße zum Beispiel die häufig verwendeten Analoginstrumente zu übersehen, etwa die Metapher, die beim Messen eine Rolle spielt, wenn ein numerisches Schema in einer neuen Sphäre angewandt wird, oder die Rede von 'charm', 'strangeness' und Schwarzen Löchern in der heutigen Physik und Astronomie." (Goodman 1984:132).

39 Vgl. Köller 1975:264f.

40 Knorr-Cetina 1984:94. Wenn Knorr-Cetina im folgenden der Metapher wieder ihren innovativen Effekt abspricht, so deshalb, weil sie die Innovationsleistung nicht nach

Diese besondere Rolle der Metapher in der Wissenschaft läßt sich mit Kittay auch so kennzeichnen, daß sie einen *epistemischen Zugang* zum Neuen gewährt. So können Metaphern zum einen zu Dingen, über die wir bereits etwas wissen, einen neuen Zugang verschaffen, indem sie neue Aspekte des Gegenstandes beleuchten;[41] zum anderen kann die metaphorische Beschreibung aber auch zur Entdeckung eines ganz neuen Phänomens oder Gegenstandes führen. Wenn dieser Prozeß systematisch für Innovationsprozesse in der Wissenschaft ausgebeutet wird, dann kann die Metapher zum 'Hypothesengenerator'[42] werden. Damit ist nicht das bloße 'Ausdenken' von Hypothesen gemeint, sondern die systematische Erzeugung von Hypothesen in Prozessen konzeptueller Wechselwirkung durch die Analogisierung und den Transfer von Konzepten. Indem die Metapher hier theoriekonstitutiv ist, ist sie zugleich auch Bedingung und nicht nur Möglichkeit für Hypothesenbildung.[43] Analysiert man den Prozeß der Hypothesenbildung noch tiefergehend, so stößt man dabei auch auf eine nichtsubstituierbare *generative* Funktion von paradigmatischen Basismetaphern, die Weltbildcharakter haben und in diesem Sinne vorreflexiv sind.[44]

Metaphern treten damit in zweifacher Funktion auf: Als theoriekonstitutive Metaphern eröffnen sie einen epistemischen Zugang zu Phänomenen, die (noch) nicht besser oder anders beschrieben werden können. Sie dienen dann als Denk-[45] und Erklärungsmodelle[46], die auf paradigmatische Art einen neuen Gegenstandsbereich erschließen. Als Katachresen, die aus dem metaphorischer Kern des wissenschaftlichen Modell- und Theoriebestandes herausgesponnen werden, sind Metaphern in der Wissenschaft darüber hinaus Teil des terminologischen Regelwerkes, verblassende Metaphern im sich ausdifferenzierenden Theoriegebäude, deren Metaphorizität in den Hintergrund treten kann, bis sie schließlich – etwa im Zuge der Entwicklungen neue Metaphoriken im gleichen Anwendungsbereich – nicht

---

der Logik des Neuen, sondern nach dem empirischen Erfolg der Idee beurteilt (vgl. ebd.:123f.). Dies spricht aber nicht gegen die innovative und theoriekonstitutive Rolle der Metapher.

41 „The shift to a distinctive semantic field, and the use of its descriptive resources, its relations of contrast and affinity, provides epistemic access to the referent not otherwise available. It provides epistemic access to the referent through a different conceptual organization from the one through which we normally have access – if we have such literal descriptive access – to the referent." (Kittay 1987:313).

42 So formuliert Shibles (1974:1 und 6) „Durch anscheinend unvereinbare Gegenüberstellung wird neues Wissen erworben und werden aufschlußreiche Hypothesen angeregt" und „die Metapher kann als Grundhypothese (...) dienen... (und) in eine Weltanschauung, Philosophie oder Theorie erweitert werden."

43 Vgl. hierzu auch Poser 1989:154ff.

44 Vgl. hierzu Wolf 1994 sowie weiter unten in Kap. II-3.4 die Analyse der absoluten Metapher.

45 „Metaphern, zumal wenn sie in der Konsistenz von Bildfeldern auftreten, haben den Wert von (hypothetischen) *Denkmodellen*" (Weinrich 1976b:294, vgl. auch ders. 1976c:302).

46 „Die Metapher ist (...) mehr als ein bloßes Bild, sie liefert in gewisser Weise schon ein *Erklärungsmodell*" (Bühl 1984:145).

mehr wahrgenommen wird. Das häufige Auftreten von Katachresen ist zugleich ein Hinweis darauf, daß die jeweilige Theorie auf einer oder mehreren Metaphern beruht.[47] – Mit dem Aufweis der theoriekonstitutiven Metapher kann nun also in der Tat von einem Voraussetzungsverhältnis gesprochen werden: Theorien *beruhen* auf Metaphern, ungeklärt ist hingegen noch, ob und inwiefern dieses Voraussetzungverhältnis auch für *jede* Theorie gilt.

2.3 Erklärung als metaphorische Neubeschreibung

Die Bedeutung der Metapher für die Wissenschaft liegt nicht nur in ihrer gleichsam zufälligen Verwendbarkeit als theoriekonstitutives und terminologiebildendes Mittel, vielmehr sind, so soll nun gezeigt werden, metaphorische Prozesse *notwendig konstitutiv* für jede wissenschaftliche Erklärung. Der Zusammenhang von wissenschaftlicher Erklärung und metaphorischer Sprache wurde von Mary Hesse[48] auf die These gebracht, daß jede theoretische Erklärung als eine 'metaphorische Neubeschreibung' des zu erklärenden Phänomens anzusehen sei. Deshalb muß ihr zufolge auch das deduktiv-nomologische Modell wissenschaftlicher Erklärung modifiziert und ergänzt werden durch ein Modell der „theoretical explanation as *metaphoric redescription* of the domain of the explanandum".[49] Dabei schließt Hesse direkt an die von Max Black entwickelte Interaktionstheorie der Metapher an und zeigt, daß die Grundannahmen dieser Theorie auch für den Bereich wissenschaftlicher Erklärung gelten: Unter wissenschaftstheoretischen Gesichtspunkten läßt sich nämlich nach Hesse die von Black postulierte Interaktion zwischen primärem und sekundärem Gegenstand im Verhältnis von erklärungsbedürftigem Phänomen (Explanandum) und erklärenden Gesetzeshypothesen (Explanans) wiederfinden. So tritt im Beispielsatz 'sound is propagated by wave motion' das Explanans 'wave motion' als Bild- oder Modellspender für das Explanandum 'sound' auf, wobei die mit dem sekundären Gegenstand 'wave motion' und die mit dem primären Gegenstand 'sound' verbundenen Sets von Vorstellungen und Glaubenssätzen durch die Prädikation in eine bedeutungskonstituierende Interaktion treten. Die selektive Wirkung der Interaktion zwischen den Implikationssystemen führt schließlich dazu, daß sich die Bedeutungen *beider Systeme* leicht verändern, da sich ihre Bedeutungen im metaphorischen Prozeß wechselseitig affizieren. Auf diese Weise entsteht ein neuer, 'post-

---

[47] Bühl (1984:155ff.) zeigt am Beispiel der Metaphorik in der Soziologie, daß die jeweiligen Terminologien als Katachresen interpretiert und dann auf einige Grundmetaphern zurückgeführt werden können.
[48] Vgl. Hesse 1966 sowie Arbib/Hesse 1986:147-171.
[49] Hesse 1966:157, Hervorh. von mir.

metaphorischer Sinn' (Hesse) sowohl bei dem theoriesprachlichen Explanans als auch beim objektsprachlichen Explanandum:[50]

> Scientific data are initially described either in an 'observation' language or in the language of a familiar theory and then redescribed in terms of a theoretic model that allows two apparently disparate situations to interact in a novel way. (...) We recognize some positive analogy between the two systems, and the negative analogy creates a tension that can invest the phenomenon with new meaning.[51]

Die Parallele zum metaphorischen Prozeß ist hier unverkennbar; die metaphorische Neubeschreibung des Explanandums beruht auf dem gleichen Assimilationsprinzip, das nach Black der Beziehung zwischen primärem und sekundärem System in einem metaphorischen Ausdruck zugrundeliegt: Die Metapher bildet nicht einfach Ähnlichkeit ab, als 'framework', durch das das primäre System gesehen wird (Black), *konstituiert* sie eine Ähnlichkeit, wodurch nahezu jedes sekundäre System mit jedem primären verbunden werden kann. Ein neues Phänomen kann dann im 'metaphoric shift' im Licht eines bekannten gesehen werden:

> Metaphor causes us to 'see' the phenomena differently and causes the meanings of terms that are relatively observational and literal in the original system to shift toward the metaphoric meaning.[52]

Im Gegensatz aber zu der literarischen Metapher, die eine beliebige Paradoxie oder Absurdität im Verhältnis zwischen wörtlicher und metaphorischer Bedeutung verträgt, wird bei metaphorischen Neubeschreibungen in der Wissenschaft die *Adäquatheit* zum Referenzobjekt nach Maßstäben wie Kohärenz, Widerspruchsfreiheit und Wahrheit beurteilt. Von diesem Gedanken ausgehend weist Hesse – ähnlich wie ja schon Boyd im bezug auf die theoriekonstituierenden Metaphern – darauf hin, daß zwischen dem Explanans als metaphorischer Prädikation und dem Explanandum eine interne Angemessenheit bestehen muß. Wäre nämlich jedes beliebige Modell bzw. die aus ihm generierten Metaphern unterschiedslos mit jedem beliebigen Explanandum verbindbar, so würde dies auf eine Unwiderlegbarkeit von Modellen hinauslaufen. Wo also literarische Metaphern lediglich glücken oder mißlingen können, müssen wissenschaftliche Modelle und die daraus generierten Metaphern darüber hinaus zumindest prinzipiell falsifizierbar sein. Konkurrierende, widersprüchliche Modelle für ein und dasselbe primäre System wirken deshalb als Herausforderung, eines der beiden zu widerlegen. Mary Hesse zufolge sind deshalb die *Wahrheitskriterien* für wissenschaftliche Metaphern schärfer als für literarische Metaphern, denn erstere zielen auf eine 'perfect metaphor', deren Referent den Bereich des

---

50 Ähnlich argumentiert auch Berggren 1964:458ff.
51 Arbib/Hesse 1986:156.
52 Arbib/Hesse 1986:156.

Explanandum trifft.[53] Literarische Metaphern sollen zwar auch passend und erfolgreich sein, sie müssen jedoch weder in logischer Hinsicht widerspruchsfrei noch nach wissenschaftlichen Kriterien adäquat sein. Im Gegensatz dazu ist für die Brauchbarkeit der wissenschaftlichen Metapher eine hohe interpretatorische Resonanz bei gleichzeitiger interner Adäquatheit zum Gegenstand nötig.[54]

Faßt man also mit Hesse den Prozeß der wissenschaftlichen Erkenntnis als andauernde metaphorische Neubeschreibung auf, dann kann zwischen Explanans und Explanandum keine strikte Deduktionsbeziehung bestehen, sondern immer nur eine Annäherung an diese. Hesse zeigt damit, daß die wissenschaftstheoretische Forderung nach einem streng tautologischen Kalkül sich auch bei Deduktionen nicht erfüllen läßt.[55] Die Kriterien dafür, was als ausreichende Annäherung anzusehen ist, sind selbst nicht deduzierbar, sondern sie beruhen auf komplexen Kohärenzbeziehungen mit dem Rest des theoretischen Systems und den empirischen Anwendungsbereichen. Hierbei kann das, was für kohärent gehalten wird, je nach Hinblick und Zwecksetzung sehr unterschiedlich ausfallen, es lassen sich hier also keine allgemeinen Kohärenzregeln angeben. Dies bedeutet nun nicht, daß das Deduktionskonzept aufgegeben werden müßte. Vielmehr ist es nach Hesse in der Art zu modifizieren, daß das Explanans immer nur im idealen Sinn ein exakt deduzierbares Explanandum enthält und daß die tatsächlich abgeleiteten Explananda zu diesem Ideal nur in einer annäherungsweisen Ähnlichkeitsbeziehung stehen.[56] Dies heißt, daß ein Explanans E zwar nicht das exakte Explanandum D enthält, jedoch ein ähnliches Explanandum D', das zu D annäherungsweise äquivalent ist und eine größere Akzeptabilität (etwa bezüglich der Wiederholbarkeit, der Kohärenz oder der Störfaktorenidentifikation) aufweist als D. Solange D und D' als adäquate Beschreibungen des zu erklärenden Bereichs angesehen werden, kann zumindest das modifizierte Deduktionsmodell aufrechterhalten werden:

> What is relevant is that the non-deductibility of D from E does not imply total abandonment of the deductive model unless D is regarded as an invariant description of the explanandum, automatically rendering D' empirically false. That D cannot be so regarded has been amply demonstrated in the literature.[57]

Dies bedeutet, daß die Erklärung E das Explanandum D in D' verändert, daß also eine Interaktion zwischen Explanans und Explanandum stattfindet, die einen 'metaphoric shift' innerhalb des Explanandum bewirkt. Umgekehrt erfährt dann auch das Explanans durch die Veränderung des Expla-

---

[53] Vgl. Hesse 1966:169f.
[54] Vgl. Arbib/Hesse 1986:157.
[55] Mit Goodman könnte man auch sagen, daß statt einer Synonymie nur eine *extensionale Isomorphie* zwischen Explanans und Explanandum bestehen kann (vgl. Goodman 1984:124ff.).
[56] Vgl. Hesse 1966:170ff.
[57] Hesse 1966:173.

nandum eine Bedeutungsveränderung; die neuen Prädikate des Explanandum beeinflussen auch den Sinngehalt des Explanans. Als Konsequenz aus dieser Rückführung der Metaphorizität der Wissenschaftssprache bis in die Deduktionslogik hinein ergibt sich in wissenschaftstheoretischer Hinsicht, daß die methodisch unterstellte scharfe Trennung zwischen Beobachtungs- und Theoriesprache nunmehr ebensowenig aufrecht erhalten werden kann wie die Trennung zwischen wörtlich-eindeutiger und metaphorisch-perspektivischer Rede.

Diese Modifizierung des Deduktionskonzeptes führt jedoch zu der Frage, welchen *prognostischen Wert* Deduktionssysteme nun überhaupt noch haben können. Betrachtet man die Vorhersage als notwendige und zugleich hinreichende Bedingung für deduktiv-nomologische Erklärungen, so ergeben sich nach Hesse drei mögliche Versionen:

(1) Im trivialen Sinne enthalten alle allgemeinen Gesetze bislang unbeobachtete Momente, also eine prinzipielle, aber eher bedeutungslose Voraussagekapazität. Dies kann jedoch kaum als hinreichende Bedingung betrachtet werden.

(2) In einer schwachen Version lassen sich aus dem Explanans weitere allgemeine Gesetze ableiten, ohne daß den bestehenden Korrespondenzregeln etwas hinzugefügt würde – hier handelt es sich eher um bereichsinterne Applikationen als um tatsächliche Erweiterungen einer Theorie. Oder mit Goodman gesprochen: Hier geht es um das Problem der *Routineprojektion* auf neue Gegenstände.[58]

(3) In einer starken Version sind bei der Vorhersage *neue Beobachtungsprädikate* beteiligt und dementsprechend müssen neue Korrespondenzregeln gefunden werden, wofür es (wie oben ausgeführt) im rein deduktiven Modell keine rationale Methode gibt. Wo es also um neue und unbekannte Aspekte geht, um die Übertragung von theoretischen Erklärungen auf neue Gegenstandsbereiche, führt die tautologische Deduktion nicht weiter. Statt dessen muß hier auf die Erklärungskraft der Metapher zurückgegriffen werden, durch die erst die Anpassung der Sprache an die kontinuierliche Veränderung der Welt möglich wird:

> In the metaphoric view, on the other hand, since the domain of the explanandum is redescribed in terminology transferred from the secondary system, it is to be expected that the original observation language will both be shifted in meaning and extended in vocabulary, and hence that predictions in the strong sense will become possible.[59]

Gerade dann, wenn weitreichende, gehaltvolle Voraussagen getroffen werden, wenn also die Erfüllungsbedingungen des deduktiv-nomologischen Systems am meisten befolgt werden, geschieht dies im Rückgriff auf metaphorische Prozesse. Das heißt für Hesse jedoch nicht, daß alle Erklärungen und Voraussagen nun notwendigerweise konkrete Metaphern enthalten

---

[58] Vgl. Goodman/Elgin 1989:24-35.
[59] Hesse 1966:176.

müssen und auch nicht, daß Prognosen und Erklärungen des starken Typs (wie alle theoretischen Aussagen) nicht scheitern könnten. Es geht ihr vielmehr darum zu aufzuweisen, daß jede Erklärung auf *metaphorischen Prozessen* der Erweiterung und Erneuerung von Bedeutungen beruht. Die Metapher stellt damit ein konstitutives und unverzichtbares Element der Vermittlung zwischen Theorie und Empirie sowie zwischen Sprache und Welt dar.

Folgt man einer solchen '*Metapherntheorie der Wissenschaft*' (Bühl), dann erweist sich insgesamt betrachtet, daß *jede* Theorie, *jede* wissenschaftliche Erklärung auf Metaphern und metaphorischen Prozessen beruht. und

...daß die Metapher unüberwindbar ist, ja daß es vielmehr darauf ankommt, die Beobachtungssprache immer wieder durch einen metaphorischen Gebrauch auszudehnen und umzuorientieren, wenn der wissenschaftliche Prozeß nicht zum Stillstand kommen soll. In dieser Sicht ist die Metapher nicht nur *Anregung* zur wissenschaftlichen Erkenntnis, sondern der *Motor* des ganzen Prozesses in allen seinen verschiedenen Phasen.[60]

Der Positivismus des begrifflich-wörtlichen Denkens, der in der ikonoklastischen Forderung einer Sprachreinigung gipfelt, ist aus dieser Perspektive nicht lediglich in seinen 'Auswüchsen' zu begrenzen, sondern prinzipiell aufzugeben.[61]

2.4 Resümee: Rationaler Vorgriff und Metaphernreflexion

Metaphern, so haben wir gesehen, spielen in der Wissenschaft in *dreifacher* Hinsicht eine grundlegende Rolle: Zum einen sind sie als *implizite Modelle* zu betrachten, da sie mit dem Modell zwar einige grundsätzliche Eigenschaften teilen, im Gegensatz zu letzterem aber einen geringeren Exaktheitsanspruch erheben und sich gleichsam im Vorfeld der Modellbildung befinden. Dies heißt jedoch nicht, daß die Metapher mit der Ausbildung eines Modells einfach verschwindet, vielmehr bleibt die Metapher im Modell als metaphorischer Kern, aus dem eine Vielzahl von Metaphern herausgesponnen werden können, erhalten. Das Modell kann dabei als ein Bildfeld (Weinrich) verstanden werden, das einerseits durch seine metaphorische Potentialität aktuelle Metaphern zu generieren erlaubt und das andererseits als metaphorischer Sinnbezirk selbst auf einem metaphorischen Prozeß beruht.

Zum anderen können diejenigen Metaphern, die den metaphorischen Kern eines Modells oder einer Theorie ausmachen, als *theoriekonstitutive Metaphern* ausgezeichnet werden. Ihre Leistung liegt darin, neuartige und paradigmatische Problemformulierungen und -erklärungen zu liefern und so als Paradigmata (Kuhn) oder Denkmodelle (Weinrich) neue Forschun-

---

60 Bühl 1984:147.
61 Zum Ikonoklasmusproblem vgl. auch oben, I-2.1 sowie Abel 1984:176ff.

gen anzuregen. Dies geschieht insbesondere durch den Transfer von Konzepten aus dem einen in ein anderes Wissenschaftsfeld. Durch diese konzeptuelle Wechselwirkung ermöglichen theoriekonstitutive Metaphern und die aus ihnen herausgesponnenen Katachresen einen epistemischen Zugang zu neuen Phänomenen, so daß Metaphern systematisch als 'Hypothesengeneratoren' verwendet werden können.

Zum dritten konnte schließlich gezeigt werden, daß metaphorische Prozesse jeder theoretischen Erklärung bis hin zum deduktiv-nomologischen Verfahren zugrundeliegen, da jede theoretische Erklärung im Prinzip als eine *'metaphorische Neubeschreibung'* anzusehen ist. Die methodische Forderung nach tautologischen Deduktionsschritten kann im strengen Sinn nicht eingehalten werden, da das Verfahren der Deduktion gleichsam auf einer metaphorischen Induktion beruht, nämlich auf der Ersetzung des ursprünglichen Explanandum durch ein Modell dieses Explanandum, das auf der Grundlage des Explanans gebildet wird. In diesem Sinne vollzieht sich beim Explanandum (als Primärsystem im Sinne Blacks) ein 'metaphorical shift' durch die Interaktion mit dem Explanans (als Sekundärsystem im Sinne Blacks). Für die Beurteilung der prognostischen Kapazität von deduktiven Aussagen bedeutet dies, daß gerade dann, wenn weitreichende, gehaltvolle Voraussagen getroffen werden, also die Erfüllungsbedingungen des deduktiv-nomologischen Systems am meisten befolgt werden, metaphorische Prozesse stattfinden, die dem strikten Anspruch tautologischer Deduktion zuwiderlaufen. Aufgrund der hier unvermeidlich stattfindenden metaphorischen Interaktionsprozesse läßt sich die Forderung nach einer strikten Trennung zwischen Theorie- und Beobachtungssprache ebensowenig aufrechterhalten wie die Forderung nach rein wörtlicher Wissenschaftssprache.

Metaphern, so kann nun zusammenfassend gesagt werden, spielen also in der Wissenschaft eine grundlegend-konstitutive Rolle. Wissenschaftstheorie muß deshalb immer auch Metapherntheorie sein. Als *'metaphorische Methode'* (Shibles) dient sie dazu, die Möglichkeiten und die Grenzen der Metapher in der Wissenschaft zu untersuchen,[62] denn Metaphern stellen hier nicht nur Denkmodelle dar, sie können zugleich auch *Denkzwänge* erzeugen, sie können übergeneralisierend und überplausibilisierend die Erkenntnis einschränken[63] und sie können – ebenso wie wörtliche Sprache – auch falsch verwendet[64] werden. Damit aber stellt sich erneut das Problem der *Wahrheitsfähigkeit* von Metaphern. Zwar, so wurde deutlich, wird einerseits gerade mit theoriekonstitutiven Metaphern ein größerer Adäquatheitsanspruch erhoben, als mit literarischen oder pädagogisch-

---

62 Vgl. Shibles 1974 sowie meine Ausführungen weiter unten.
63 „...Metaphorik kann, wie man weiß, eröffnend und verstellend wirken. Metaphern fungieren als handlungs- und erkenntnisorientierende Modelle. Sie haben die Macht, neue Wirklichkeiten zu schaffen und unser Begriffssystem zu verändern." (Kurz 1988: 21).
64 Dies zeigt Goodman 1968:79 und 68ff. (vgl. dazu II-5.1).

exegetischen Metaphern, andererseits bleibt die Metapher aber gegenüber dem expliziten Modell notwendig implizit-vorgreifend, insofern unbestimmter und beliebiger als das methodisch entfaltete Modell.

Daß die Metapher aber nicht nur erkenntniseröffnend – im Sinne etwa des epistemischen Zugangs zur Welt -, sondern zugleich auch erkenntnisverschließend sein kann, hängt mit der Suggestivität der *metaphorischen Vorgriffsstruktur* zusammen. In seiner Betrachtung dieser Vorgriffsstruktur kommt Blumenberg deshalb zu einer ambivalenten, die Möglichkeit der Wahrheitsfähigkeit der Metapher eher zurückweisenden Einschätzung:

> Es ist in der Funktion der Metapher begründet, daß sie etwas Vorgreifendes, über den Bereich des theoretisch Gesicherten Hinausgehendes hat und diesen orientierenden, aufspürenden, schweifenden Vorgriff verbindet mit einer Suggestion von Sicherungen, die sie nicht gewinnen kann. Als Erklärung erscheint, was doch nur Konfiguration ist. Die Funktion der Metapher wird aus dieser Dualität von Risiko und Sicherung begreiflich. Sie nutzt die Suggestion der Anschaulichkeit und ist dadurch nicht nur *Vorstufe* oder *Basis* der Begriffsbildung, sondern *verhindert* sie auch oder *verleitet* sie in Richtung ihrer Suggestionen.[65]

Folgte man Blumenberg hier gänzlich, dann wäre meine Auszeichnung der Metapher als *rationaler Vorgriff* (vgl. Kap. II-1.5) ausgerechnet im Bereich der Wissenschaft nicht nur unbegründet, sondern schlicht unzutreffend. Die Rationalität dieses Vorgriffs ließe sich nur im lebensweltlichen Bereich im Sinne einer Sinnstiftung zugeben, in der Wissenschaft aber hätte die Metapher allenfalls einen *heuristischen* Wert,[66] sie wäre nur ein irrationales Hilfsmittel zur Anregung von rationalen, dann eben nichtmetaphorischen Prozeduren. Dementsprechend wäre Wissenschaft dann entweder (gemäß der bereits zitierten Bemerkung von Quine[67]) ein offener Raum im 'tropischen Dschungel', der aus der dauernden Reinigung der Wissenschaftssprache von ihren lebensweltlich-metaphorischen Restbeständen entsteht, oder – da unvermeidlicherweise metaphorisch – schon in ihrem Kern irrational, insofern der metaphorische Vorgriff selbst als irrational zu gelten hat.[68] Sogar die in das wissenschaftliche Erklärungsverfahren eingelassene prinzipielle Metaphorizität wäre dann nur Ausdruck dafür, wie tief die Irrationalität der Metapher in die Wissenschaft eindringt, also Bestätigung des Irrationalitätsverdachtes gegen die Wissenschaft.

Eine solche Interpretation kann allerdings nur unter der Voraussetzung aufrechterhalten werden, daß die Vorgriffsfunktion der Metapher prinzipiell irrational ist, daß es keine Möglichkeiten gibt, die vorgreifend-umherschweifende Funktion der Metapher methodisch zu kontrollieren und zu

---

65 Blumenberg 1971:212 (Hervorh. von mir).
66 Der ihr auch oft bereitwillig zugestanden wird, vgl. etwa Köller 1975:266f., Nieraad 1977:91, Kurz/Pelster 1976:74.
67 Vgl. Quine 1978:162 sowie oben, Kap. II-1.2.
68 Dieses Dilemma war ja die Ausgangssituation der oben diskutierten Rationalitätsproblematik in den Wissenschaften, vgl. Kap. I-2.1.

reflektieren. Es stellt sich damit die Frage, auf welche Weise die Rationalität des metaphorischen Vorgriffs in wissenschaftlichen Kontexten und mithin die Wahrheitsfähigkeit der Metapher begründet werden kann. Hier bieten sich zwei miteinander zusammenhängende Begründungsstrategien an: zum einen die *funktionale Rückbindung* der Metapher an ihren jeweiligen Kontext (1) und zum anderen die *systematische Metaphernreflexion* (2):

(1) Mary Hesse zufolge gibt es in der objektbezogenen, deskriptiven Umgangssprache *Rückkopplungsschleifen* von Vorhersage und Überprüfung, die dafür sorgen, daß Metaphern und Modelle auf die Welt bezogen bleiben und so ihre Angemessenheit an die natürliche Realität zeigen müssen.[69] Das 'pragmatic criterion' für Wahrheit und Akzeptabilität von (metaphorischen oder wörtlichen) Aussagen ist ihre prognostische Bewährung in der sozialen wie natürlichen Realität und ihre Angemessenheit innerhalb des je verwendeten sprachlichen Zusammenhangs:

> Scientific models are, in the end, intended to satisfy what we have called the pragmatic criterion; this satisfaction will generally require that their local applications can be expressed in locally stable and consistent language and, if necessary, in the form of deductive arguments.[70]

Das *Kriterium* für die Angemessenheit von Symbolen und Metaphern ist demzufolge – ähnlich wie in der Symboltheorie von Goodman und Elgin[71] – das ihres internen 'Passens' zu der Logik des sprachlichen Netzwerks oder Symbolsystems, innerhalb dessen sie benutzt werden. Je nach der Funktion, die sie erfüllen soll, folgt die Sprache verschiedenen Zwecken, so daß die Eigenlogik des jeweiligen Symbolsystems an diese Zwecksetzungen gebunden ist. Hesse und Arbib unterscheiden hier drei generelle Verwendungsformen von Sprache, nämlich die Form der naturwissenschaftlichen Vorhersage- und der Kontrollsysteme, die Form der gesellschaftlichen Überzeugungs- und Manipulationssysteme und die Form der kreativ-imaginativen Welterzeugungssysteme. Das jeweilige Angemessenheitskriterium hat sich dabei an seiner Funktionalität für das jeweilige System auszurichten.[72]

Es bleibt hier jedoch die Frage, ob die *interne Adäquatheit* alleine schon als Rationalitätskriterium für Metaphern ausreicht: Die interne Funktionalität mag wohl notwendige Bedingung sein, kann aber nicht als hinreichende Bedingung gelten (vgl. oben, Kap. I-2.5). Erst zusammen mit dem Kriterium der *Reflexivität* kann, wie ich im weiteren zeigen werde, von notwendigen und hinreichenden Rationalitätskriterien gesprochen werden. Dieser Zusammenhang ergibt sich im übrigen auch aus der weiteren Argumentation von Hesse und den daraus entstehenden Problemen: In Anknüp-

---

69 Vgl. Hesse 1988 und Arbib/Hesse 1986:7 und 154-161.
70 Arbib/Hesse 1986:157f.
71 Vgl. oben, Kapitel I-2.4 und I-2.5.
72 Vgl. Hesse/Arbib 1986:169f.

fung an Habermas' Theorie der *Erkenntnisinteressen* stellt Hesse hier fest, daß die Beobachtung von Naturphänomenen in der Regel unter einem *technischen Interesse* steht, das die Perspektive auf die technische Verfügbarkeit von Natur richtet. Sie postuliert deshalb einen Gegensatz zwischen den eher deskriptiven Metaphern im Umgang mit Naturphänomenen und den literarischen, religiösen und weltanschaulichen Metaphern, der darin besteht, daß letztere empirisch nicht falsifizierbar sind – sie werden nicht über 'natürliche' Rückkoppelungsschleifen, sondern nur durch ihren *sozialen Gebrauch* gerechtfertigt und können nur über diesen einen Wahrheitskonsens erreichen. Damit betont Hesse zwar einerseits die Wichtigkeit und Notwendigkeit der Metapher im sozialen Bereich,[73] andererseits führt sie jedoch mit dieser starken Trennung zwischen Sozialem und Natürlichem eine problematische Unterscheidung ein: Gegenüber den 'nur' *konsensabhängigen* sozialen Wahrheiten wird hiermit nämlich im natürlichen und naturwissenschaftlichen Bereich eine 'objektiv' fundierte, letztlich korrespondenztheoretische Wahrheit unterstellt. Dies gründet auf der impliziten Annahme einer substantiellen, vorgängig existierenden natürlichen Ähnlichkeit, wobei dann die 'Feststellung objektiver Ähnlichkeiten' als Referenzmechanismus dienen soll.[74] Eine solche letztlich korrespondenztheoretische Auffassung bezieht ihre Plausibilität daher, daß sie die lebensweltlichen Gewißheitserfahrungen im Umgang mit Objekten in die Erfahrungswissenschaften hinein verlängert und damit die Kluft zwischen dem Sinnlich-Gewissen und dem Begrifflich-Hypothetischen übersieht.[75] Die Gewißheiten und Selbstverständlichkeiten der Lebenswelt sind nämlich *a priori unproblematisch*, d.h. sie stellen sich gar nicht als Wahrheitsfragen – und umgekehrt lassen sich die in den Naturwissenschaften systematisch verfolgten Wahrheitsfragen nicht direkt und bruchlos an die Gewißheit und Unmittelbarkeit lebensweltlicher Erfahrung anschließen:

> Sobald aber Wahrheitsfragen auftauchen, ist auch der positivistische Glaube an eine unerschütterliche Basis der Erfahrung zerronnen; im selben Augenblick bewegen wir uns schon im Bannkreis der argumentativen Rede, wo im Prinzip nur noch Gründe zählen.[76]

Das bedeutet, daß die Wahrheit von Metaphern auch im gegenständlich-naturwissenschaftlichen Bereich sich nicht nach einer 'objektiv gegebenen' Ähnlichkeit richten kann, sondern nur nach den fallibeln Urteilen über eine

---

73 Vgl. hierzu auch weiter unten Kap. II-3.5.
74 Vgl. Hesse 1988:136. An anderer Stelle kritisiert Hesse allerdings selbst die Korrespondenztheorie der Wahrheit und führt sie auf die Aristotelische Lehre der natürlichen Arten ('natural kinds') und auf die Metapher des Buches der Natur zurück, aus der in der Neuzeit die Forderung nach einer wissenschaftlichen Idealsprache, „which corresponds exactly to the language in which nature itself is written", entsteht (vgl. Arbib/ Hesse 1986:149).
75 Vgl. hierzu Habermas 1984:555ff. Habermas bezieht sich dort zwar auf einen anderen Text von Hesse, aber auf das gleiche Problem.
76 Habermas 1984:557.

Ähnlichkeit zwischen der Metapher und dem internen Wahrnehmungsmodell des Gegenstandes. Die hierbei in Anschlag zu bringenden Ähnlichkeits- oder Korrespondenzregeln sind, wie Hesse schon für das Verhältnis zwischen Explanans und Explanandum gezeigt hat, selbst nicht wieder allgemein deduzierbar, sondern – wie es auch bei Metaphern im sozialen Bereich der Fall ist – nur am Maßstab einer je zu beurteilenden *Kohärenz* zu gewinnen. Die Wahrheit der Metapher, ob in sozialen oder in wissenschaftlichen Kontexten, kann somit aber stets nur eine Frage nach der intersubjektiven Geltung und Anerkennung der Gründe des mit ihnen erhobenen Wahrheitsanspruches sein. Der mit jeder neuen Metapher verbundene rationale Vorgriff ist nur ex post *im begründenden Diskurs* einholbar, nicht jedoch mit dem direkten Bezug auf eine natürliche Korrespondenz zwischen Gegenstand und Zeichen. Dies bedeutet aber auch, daß hier ein spezifischer Prozeß der *Metaphernreflexion* einsetzen muß, der die Rationalität der in Frage stehenden Metaphorik zum Gegenstand hat.

Die Problematik dieses Reflexionsprozesses hat Gaston Bachelard in seiner Epistemologie genauer untersucht.[77] Bachelard geht zunächst von dem Problem aus, daß Metaphern das Denken im Sinne einer paradigmatischen Orientierung ausrichten und damit eben auch beschränken. In der eingeschliffenen Metaphorik der Wissenschaft zeigt sich oftmals die Vorurteilsstruktur des Wissens und die Bequemlichkeit des Geistes, auf tradierte, abgegriffene Vorstellungen zurückzugreifen. Metaphern können also im Wissenschaftsprozeß die Ursache für Irrtümer und Fehlschläge sein, indem sie durch die Vermittlung von falschen Vorstellungen den Erkenntnisprozeß 'abbremsen': sie wirken dann als *Erkenntnishindernis*. Wissenschaftlicher Fortschritt besteht demgemäß in der Überwindung solcher epistemischer Hindernisse.[78] Bachelard richtet sich dabei vor allem gegen die vereinfachende, 'vorwissenschaftliche' Metaphorik, mit der das Neue lediglich durch Bekanntes 'wegerklärt' wird. So zeigt er am Beispiel der wissenschaftlichen Karriere der *Schwamm-Metaphorik*, wie komplexe Phänomene aller Art durch diese überplausible Metapher in falsche und unsinnige Erklärungsmuster gebracht werden:[79] Beispielsweise wurden die Wasseraufnahmefähigkeit von Luft, die elektrische Leitfähigkeit von Metallen, die optischen Eigenschaften von Glas und ähnlichen Stoffen mit dem Verweis auf die Schwammartigkeit der in Frage stehenden Phänomene 'erklärt'. Bachelard zeigt hier, daß dabei im Prinzip nichts anderes ge-

---

77 Vgl. Bachelard 1959, 1974 und 1978 sowie Schöffel 1987, Teil II.
78 Vgl. hierzu die These von Kuhn (1967), daß wissenschaftliche Revolutionen nur durch die Überwindung eines etablierten und ausgeschöpften Paradigmas zustande kommen.
79 Vgl. Bachelard 1974:188-194. Vgl. auch die 'Psychoanalyse des Feuers' (Bachelard 1959), in der die Funktion der Feuermetaphorik als universelles Erklärungsmuster untersucht und kritisiert wird.

schieht, als immer wieder die Schwammigartigkeit des Schwammes, nicht aber das eigentliche Phänomen zu erklären.[80]

Insgesamt gesehen wendet sich Bachelard jedoch durchaus nicht gegen den Gebrauch von Metaphern in der Wissenschaft, sondern gegen eine *substantialistische* und *animistische* Sprachauffassung, die die metaphorische Prädikation als wörtlich-eindeutige mißversteht.[81] Die Metapher wird dann nämlich zur *substantiellen Realität reifiziert*: Das Licht ist plötzlich ein Schwamm im ontologischen Sinne. Die bloße Substitution des unbekannten Phänomens durch ein Bekanntes ist ein konkretistischer Fehlschluß, der das Metaphorische an der Metapher nicht versteht.[82] Das Problem besteht nämlich, wie Schöffel hervorhebt, nicht darin, daß hier Metaphern verwendet werden, sondern daß sie 'noch nicht metaphorisch genug' sind.[83] Bachelard sieht deshalb die Aufgabe seiner Erkenntniskritik darin, diese substantialistischen Metaphern zu 'entrealisieren' und zu 'entkonkretisieren'. Dies bedeutet, daß man „die vertrauten Bilder der Psychoanalyse unterziehen (muß), um Zugang zu den Metaphern und besonders zu den Metaphern der Metaphern, zu gewinnen."[84] Die Differenz zwischen vorwissenschaftlichem Denken und methodenbewußtem, szientifischem Bewußtsein besteht für Bachelard deshalb darin, daß der Wissenschaftler die Umgangssprache und die in ihr liegende Metaphorik gleichsam in Anführungszeichen – im Sinne einer 'Als ob'-Einklammerung[85] – verwendet und sich ihres Transfers aus dem vorwissenschaftlichen in den wissenschaftlichen Bereich bewußt ist. Daraus aber ergibt sich die methodische Forderung nach einem *reflexiven Gebrauch von Metaphern*, der durch das wissenschaftliche Denken möglich geworden ist, denn erst und gerade die Wissenschaft versetzt die Sprache in den 'Zustand permanenter semantischer Revolution':

„Eine andauernde Transposition der Sprache zerbricht also die Kontinuität zwischen dem gewöhnlichen und dem wissenschaftlichen Denken. Unablässig müssen die neuen Ausdrücke in die Perspektive der Theorien zurückversetzt werden, welche von den Bildern und Formeln zusammengefaßt werden."[86]

Die Metaphorizität der Wissenschaftssprache wie der Sprache überhaupt steht also für Bachelard außer Frage, ihm geht es vielmehr darum, zu zeigen, daß erst ein *reflexives* (mit Bachelards Worten: wissenschaftliches)

---

[80] Nebenbei bemerkt liefert Bachelard mit dieser 'Schwammigkeitskritik' ungewollt eine gute Metapher für schlechte Metaphorik!

[81] Dies wird in der Folge der metaphernkritischen Äußerungen Bachelards oft verkannt (vgl. Schöffel 1987:228), statt dessen wird Bachelard dann einfach unter die Metapherngegner subsumiert (so z.B. bei van Besien 1989:10).

[82] Bachelard liefert damit ein wichtiges Argument gegen die Substitutionstheorie der Metapher.

[83] Schöffel 1987:283.

[84] Bachelard 1959:168.

[85] Den 'Als ob'-Charakter der Metapher habe ich oben in Kap. II-1.3 bereits herausgearbeitet; hier nun zeigen sich die epistemologischen Konsequenz der im Sinne einer 'Als ob'-Prädikation verstandenen Metapher.

[86] Bachelard 1974:208.

Bewußtsein in der Lage ist, den 'Als ob'-Charakter der Metapher gleichermaßen methodisch zu nutzen wie zu reflektieren. Die 'andauernde Transposition der Sprache' wird als ein reflexiver Innovationsprozeß verstanden, der deshalb auf eine methodisch kontrollierte Weise geschehen kann, weil wissenschaftliche Metaphern an ihren immer schon theoretisch vorstrukturierten Gegenstandsbereich sehr viel mehr gebunden sind als literarische Metaphern – wir stoßen hier wieder auf den Gedanken des *Adäquatheitsanspruches* von wissenschaftlichen Metaphern. Nur die Metaphern, die sich auf diese Weise 'oberhalb' von wissenschaftlichen Konzepten bewegen, sind als Denkmodelle nützlich. Sie stellen dann 'stillschweigend neudefinierte' Wörter dar, die nun selbst als Konzepte dienen, weil mit ihrer Hilfe komplexe Prozesse begriffen werden können, ohne daß es dabei zu falschen Reduktionen kommt.

Auf Bachelards Überlegungen aufbauend läßt sich nun erneut die These verteidigen, daß Metaphern und insbesondere auch die katachretisch verfestigten Terminologien der Wissenschaft nicht als plane Repräsentationen der Realität zu betrachten sind, sondern wie Modelle auf die Realität angewendet werden. Im Sinne der Hesseschen Netzwerktheorie wären alle Begriffe gleichsam mit einem Kantischen 'Als ob'-Vorbehalt ausgestattet, da auch sie Teil des prinzipiell metaphorischen und damit veränderlichen Netzwerkes von Bedeutungen darstellen: Die Bedeutung von Begriffen wie die von Metaphern kann ja (wie bereits in Kap. I-1.2 aufgewiesen) als das Resultat eines aktiven Konstruktionsprozesses verstanden werden, wobei 'wörtliche' Begriffsbedeutung durch Habitualisierung und Verfestigung von spezifischem Gebrauch entsteht. Aufgrund der grundlegenden Metaphorizität der Sprache und der daraus resultierenden gebrauchsabhängigen Transportabilität von Bedeutung ist die Metapher also nicht nur – wie bei Blumenberg – im *Vorfeld* des Begriffs anzusiedeln, vielmehr kann sie als der *Kern* und die *Grundlage* des Begriffs gelten.[87] Der im 'Als ob'-Prinzip der Metapher angelegte, reduktiv-modellhafte Charakter von Begriffen ist die Basis für die hohe Variabilität der Sprache, zugleich aber auch der Grund für die epistemisch wie epistemologisch unauflösliche Differenz zwischen Begriff und Wirklichkeit. Das Beharren auf eine unmittelbare begriffliche Abbildung der Wirklichkeit würde nämlich den unmittelbaren Zugang zur Wirklichkeit voraussetzen. Zwar sind wir durch unsere leibzentrierten Erfahrungen immer schon in einer konkret und scheinbar direkt erfahrbaren Welt, aber diese Erfahrungen und zumal ihre *Interpretation als* diese Erfahrungen sind zugleich Resultat einer gesellschaftlichen

---

[87] Vgl. Blumenberg 1957 und 1960. Blumenberg (1983:483) hat diese Festlegung auf das 'Vorfeld' allerdings revidiert und die Metapher als 'authentische Leistungsart der Erfassung von Zusammenhängen' anerkannt (vgl. hierzu auch meine Ausführungen in Kap. II-3.4).

Praxis und einer gemeinsamen Sprache.[88] Durch gesellschaftlich erzeugtes Wissen (Traditionen, kultureller Hintergrund, Selbstverständlichkeiten, soziale Erfahrungen etc.[89]) und die unvermeidbare Perspektivität und Abstraktion, die zumindest mit dem begrifflichen Denken und Sprechen verbunden ist, sind wir bereits auf der Ebene von Denken und Sprache immer schon mit Modellen konfrontiert.[90] Wenn nun allerdings bei der Identifikation eines Objektes als etwas die Differenz zwischen Begriff und Wirklichkeit, zwischen Zeichen und Bezeichnetem übergangen wird, verfestigen sich Begriff und Theorie zu einem (sekundären) Mythos:[91]

> Wenn das Bewußtsein des Als-ob-Charakters der wissenschaftlichen Hypothesen und Konstruktionen verlorengeht, wenn die Ergebnisse als endgültig und als Abbild der Wirklichkeit angesehen werden, dann wird die Wissenschaft selbst zum Mythos.[92]

Der Mythos ist hier verstanden als Resultat des Zu-wörtlich-Nehmens einer Metapher oder eines Modells, also ihrer *Reifizierung*, wodurch sie ihren hypothetischen 'Als ob'-Charakter verlieren und zu konkretistisch-eindeutigen Abbildern der Wirklichkeit, die sie doch nur perspektivisch bezeichnen, hochstilisiert werden. Die Metapher wird, so hat Berggren in seiner Studie über Ge- und Mißbrauch der Metapher[93] herausgearbeitet, in dem Moment zum Mythos, wo sie nicht als Katachrese in *eine* (d.h. fallible) wörtliche Wahrheit überführt wird, sondern als *die* wörtliche (d.h. unveränderliche) Wahrheit betrachtet wird, also wissentlich und willentlich so tief in die Überzeugung verankert wird, daß sie nicht mehr in Frage ge-

---

88 Aus diesem Grund vertritt z.B. Adorno (1966) in der 'Negativen Dialektik' die These, daß die durch das identifizierende Denken abgeschnittenen Aspekte des identifizierten Gegenstandes nur durch eine *sekundäre Reflexion* (und nicht durch den Rückgang auf Unmittelbarkeit oder Eigentlichkeit) zu ihrem Recht kommen können.
89 Vgl. hierzu auch Kap. II-3.5 und II-5.4.
90 Dies ließe sich in folgendem Gedankengang weiterführen: Indem wir ein Symbolsystem zur Anwendung bringen, also einen Begriff in einer bestimmten expliziten und impliziten Bedeutung verwenden, schaffen wir einen bestimmte Differenz, entlang der wir (zusammen und im Wechselspiel mit anderen Begriffen) die Realität organisieren. Anders ausgedrückt: Einen Begriff auf einen Sachverhalt anwenden heißt, als Beobachter eine Differenz zu konstituieren, mit Hilfe derer bestimmte Aspekte der Realität (bzw. ein bestimmter Realitätsausschnitt) identifiziert und konstruiert, andere ausgeblendet werden. Ein Prozeß, der dem Filtermodell der metaphorischen Interaktion (vgl. Kap. II-1) gleicht.
91 Der Mythos ist hier, wie Ricœur (1988:245) hervorhebt, in einem erkenntnistheoretischen, nicht ethnologischen Sinn zu verstehen. Es handelt sich deshalb um einen *sekundären Mythos*, also entweder eine Remythisierung unter Bedingungen einer vorherigen Entmythisierung oder um eine Mythisierung unter Bedingungen einer undurchschauten Metaphorik, die etwa Gegenstand der Schriften von Bachelard ist.
92 Bühl 1984:151. Diese Auffassung ist in der Metaphorologie weit verbreitet. Ähnlich, wenn auch mit unterschiedlichen Schwerpunkten, argumentieren etwa Berggren 1963: 245ff. und 450ff., Hesse 1966:167f., Turbayne 1970, Shibles 1974, Köller 1975: 281, Nieraad 1977: 26ff. und Ricœur 1988:245ff.
93 Vgl. Berggren 1963, hier: 244ff.

stellt wird.[94] Geltungstheoretisch gesehen handelt es sich hierbei um eine Verwechslung von Wahrheitsansprüchen mit Gewißheitserlebnissen: Die Evidenz der Metapher wird zur Wahrheit ihrer Aussage hypostasiert.[95]

In der Möglichkeit dieser Differenzierung zwischen wörtlichem und mythischem Symbolgebrauch liegt, so lautet meine These, die *Bedingung der Möglichkeit für die Metaphernreflexion*.[96] Die metaphorologisch eigentlich interessante Frage ist also nicht, ob ein Symbol wörtlich oder metaphorisch gebraucht wird, sondern ob sein 'Als ob'-Status zumindest im Prinzip erhalten bleibt oder ob es in die ontologische Unmittelbarkeit hinein (re-)mystifiziert wird.[97] Wird aber diese Ebenenunterscheidung schon von vorne herein nicht getroffen, dann ist die je wörtliche Sprache, wie etwa bei Nietzsche und Rorty, immer nur der je akzeptierte Mythos – „which would it make impossible to speak of abusing metaphor":[98] Aus einer solchen Position heraus kann man über Wahrheit oder Lüge der Metapher nicht mehr reden, ohne sich in einen pragmatischen Selbstwiderspruch zu verwickeln.[99]

Wenn nun die metaphorische Neubeschreibung nicht nur beliebiger Mythos oder heuristisches Hilfsmittel, sondern tatsächlich *rationaler Vorgriff* sein soll, dann hat sich ihre Rationalität nicht nur an ihrer internen Angemessenheit zu dem Symbolsystem, in dem sie verwendet wird, zu messen, denn schon dieses könnte bloßer Mythos oder Ideologie etc. sein. Vielmehr muß sie sich auch darin bewähren, daß das epistemische Paradox der metaphorischen 'Als ob'-Prädikation, d.h. ein Ding zu identifizieren und zugleich die Differenz zu ihm auszudrücken,[100] reflektiert wird und reflektierbar bleibt. Dies verweist, wie Ricœur bemerkt, zugleich auf das 'unüberwindliche Paradox', das in dem metaphorischen Wahrheitsbegriff liegt, daß es nämlich

---

[94] Daß gerade die dem Ideal rein denotativer Sprache nachhängende Wissenschaft anfällig für (Re-)mythisierung ist, begründet Köller (1975:224) damit, daß weder mythisches noch wissenschaftliches Sprechen sich 'durch metasprachliche Informationsstrukturen relativiert'.

[95] Vgl. Habermas 1984:145ff.

[96] Diese Differenz ist schon in Vicos Metapherntheorie (vgl. oben, Kap. I-1.2) enthalten, wenn er zwischen der mythisch-ursprünglichen und der allegorisch-reflektierten Metaphorik unterscheidet. Mit der allegorisch-reflektierten Metaphorik ist es möglich geworden, das Wesen der anthropomorphen Mythisierung zu durchschauen; zugleich ist Mythisierung nur noch als sekundärer Mythos möglich (vgl. auch obige Anmerkung 91).

[97] Vgl. Ricœur 1988:249ff.

[98] Berggren 1963:245.

[99] In diesem Dilemma befindet sich z.B. die Wissenschaftskritik von Wilson (1992). Der Autor sieht den militärisch-industriell-wissenschaftlichen Komplex in einem durch mythisch verfestigte Metaphern erzeugten 'Realitätstunnel' gefangen. Da er eine direkt an Nietzsche anschließende Metaphernauffassung vertritt, bleibt ihm jedoch folgerichtig nur die Position eines skeptizistischen Agnostizismus (vgl. hierzu auch meine Diskussion des Relativismusproblems oben in Kapitel I-2.4).

[100] Vgl. oben, Kap. II-1.5.

...keine andere Möglichkeit gibt, dem Begriff der metaphorischen Wahrheit gerecht zu werden, als die kritische Spitze des (wörtlichen) 'ist nicht' in die ontologische Vehemenz des (metaphorischen) 'ist' einzuschließen.[101]

Dies bedeutet aber, daß bei der Verwendung einer mit Wahrheitsansprüchen verbundenen Metapher die Notwendigkeit der Metaphernreflexion mitgesetzt ist.

Dieser Forderung kommt die besondere Struktur der lebendigen Metapher, also die Struktur einer spannungsvoll-unerhörten Prädikation, freilich entgegen, denn gerade in dieser Spannung liegt die „typisch metaphorische Weise einer 'Sprachreflexion'".[102] Mit der Metapher wird gegenüber der jeweils als wörtlich geltenden objektsprachlichen Ebene eine *metasprachliche* Ebene eingeführt, die die objektsprachliche Ebene auf spezifische Weise reflektiert; in diesem Sinne kann von einer *reflexiven Struktur* der Metapher gesprochen werden.[103] Metaphernreflexion bedeutet dann, diese reflexive Struktur auch *selbstbezüglich* werden zu lassen, d.h. mit der Metapher nicht nur den prädizierten Gegenstand in ein neues Licht zu setzen und so die alte, 'wörtliche' Sichtweise zu reflektieren, sondern zugleich auch die neue Sichtweise im Modus des 'Als ob' zu reflektieren.[104] Erst durch eine solche Reflexion des Sinnganzen der Metapher, durch die *gleichermaßen kontextbezügliche wie selbstbezügliche* Metaphernreflexion, kann die Wahrheit der Metapher aufgewiesen und der Gebrauch der Metapher rational legitimiert werden.[105] Diese reflexive Einholung der Metapher ist allerdings sowohl beim rationalen Vorgriff wie bei der Entmythisierung der Metapher immer nur im nachhinein und nur im Rahmen eines argumentativen Diskurses möglich.[106]

---

[101] Ricœur 1988:251.

[102] Ingendahl 1971:276.

[103] „Metaphern sind Formen des Metadiskurses. Die metaphorische Verdoppelung rückt ein Element des Diskurses in die Perspektive des 'Anderswo', von dem aus es kommentierbar wird." (Stierle 1975: 179). Vgl. hierzu auch Köller 1975:46ff. und 72ff. Die reflexive Struktur der Metapher kommt, wie Köller zeigt, insbesondere in der Kommunikation ebenso zum Vorschein wie zur Anwendung (vgl. unten, Kapitel II-5.5).

[104] Die vergleichs- und substitutionstheoretische Rede von der Uneigentlichkeit der Metapher findet hier ihr relatives Recht: In ihr spiegelt sich die intuitive Erkenntnis, daß die metaphorische Prädikation einen hypothetischen Vorbehalt enthält. Freilich vergißt diese Auffassung zugleich in ontologischer Naivität, daß die wörtliche Rede nicht weniger hypothetisch ist und daß es gerade die Metapher ist, die uns darauf aufmerksam macht (vgl. oben, Kap. II-1.3).

[105] „Der Sinn von Metaphern erfüllt sich im Kontext der Reflexion und ist daher als ein Sinn *zweiter Ordnung* zu qualifizieren, wobei die fragliche Reflexion sich weder nur auf den objektiven Bestand des sprachlichen Gebildes richtet noch allein auf die Bedeutung, sondern stets auf das Bezugsganze von Gegenstand, Zeichenrealität und Bedeutung..." (Villwock 1983a:297).

[106] Vgl. Bühl 1984:158.

Resümee: Rationaler Vorgriff und Metaphernreflexion

Eine Methode zur systematischen Metaphernreflexion kann aus der von Shibles vorgeschlagenen 'metaphorischen Methode' abgeleitet werden. Shibles führt insgesamt sechs verschiedene metaphorische Operationen an,[107] die sich, wie ich meine, auf eine hermeneutische Grundoperation zurückführen lassen. Ich bezeichne diese hermeneutische Grundoperation als *reflexive Metaphorisierung:*

> Unter reflexiver Metaphorisierung verstehe ich alle in metaphernkritischer Absicht durchgeführten Prozesse der Metaphernbildung, -erweiterung, -veränderung, -erschöpfung, -konfrontation und -historisierung, die der hermeneutischen Reflexion über einen metaphorischen oder einen (scheinbar) wörtlichen Ausdruck dienen. Indem Prozesse der reflexiven Metaphorisierung in Gang gesetzt werden, wird der in Frage stehende Ausdruck dekontextualisiert und damit ebenso aus seiner Eindeutigkeit wie aus seiner Evidenz herausgezogen und in Frage gestellt, also bewußt in die 'Als ob'-Perspektive gerückt.

Die hier genannten möglichen Prozesse überschneiden sich in der Regel, in analytischer Hinsicht und mit Blick auf ihren Erkenntniszweck können sie folgendermaßen unterschieden werden:

— Die (Re-)Metaphorisierung von wörtlichen Ausdrücken und von Katachresen zur Wiederbelebung ihres metaphorischen Potentials und zur Sichtbarmachung ihrer Hintergrundmetaphorik,[108]

— die metaphorische Erweiterung durch das systematische Aus- und Weiterspinnen einer Metapher zur Ergründung ihrer möglichen Bedeutungen und Bezüge,[109]

— die Veränderung der Metapher durch Prozesse der Umkehrung, Transformation und Abweichung zur Gewinnung neuer Perspektiven und Zusammenhänge,[110]

— die Erschöpfung der Metapher durch absichtliche Reifikation (gezieltes Wörtlichnehmen) oder Übergeneralisierung zur inneren Bestimmung ihrer Grenzen und ihres Geltungsbereiches,[111]

— die Metaphernkonfrontation durch die Bildung von Bildbrüchen, Alternativ- und Gegenmetaphern[112] und durch die Konstruktion von para-

---

[107] Vgl. Shibles 1974:8f. Shibles nennt hier ohne weitere Systematisierung: Die Metaphernerweiterung, die Metaphorisierung, die Konstruktion von Analogien, die Personifizierung und Desanthropomorphisierung, die Gegenüberstellung sowie die Krisenerzeugung durch ungewöhnliche Metaphern.

[108] Vgl. etwa Blumenbergs 'Beobachtungen an Metaphern' (1971) zur Schiffahrts-, Quellen-, und Eisbergmetaphorik.

[109] Vgl. z.B. die Ausdeutung der Landschaftsmetapher in Weinrich 1976b:317ff.

[110] Solche Prozesse gehören insbesondere zur strukturalistischen Methode, vgl. unten Kapitel II-3.1.

[111] Dies ist die Methode in Bachelards 'Psychoanalyse des Feuers' (1959).

[112] Vgl. die Gegenüberstellung soziologischer Metaphern bei Bühl 1984:155ff. sowie im folgenden die Anmerkungen 117ff.

doxer Metaphorik[113] zur externen Grenzbestimmung der Metapher (aber –
bei paradoxer Metaphorik – auch des zu Erkennenden)
— sowie die Historisierung der Metapher durch ihre Rückführung auf
sprachgeschichtliche Traditionen, Topoi und Bildfelder, wodurch ihr geschichtlich-kultureller Bedeutungshorizont klar wird.[114]
Durch solche Dekontextualisierungen und Hintergrundaufdeckungen
können neue Sichtweisen und Zusammenhänge eröffnet, neue Differenzen
sichtbar, implizite Gehalte transparent und die Grenzen der jeweiligen
Metaphorik eruiert werden. Es geht dabei also nicht um die 'Bekämpfung'
der Metapher mittels nichtmetaphorischer Sprache, sondern um die gezielte
Ausnutzung des metaphorischen Potentials zu Zwecken einer reflexiven
Hermeneutik der Metapher.
Nun ist der Metapher aber nicht nur eine eigene Reflexivität, sondern
aufgrund ihrer 'Evidenz und Suggestionskraft' (Blumenberg) auch eine
immanente Tendenz zur Mythifizierung zu eigen, weshalb Metaphernreflexion nicht allein eine wissenschaftstheoretische und metaphorologische Frage ist, sondern auch eine *wissenschaftspraktische Aufgabe*, denn „ohne das
Bewußtsein der Metapher und seiner eigenen Metaphern wird man von
denselben gefesselt".[115] Der metaphorinduzierte 'Denkzwang' kann auch
in der Wissenschaftspraxis nur durch den *reflexiven Umgang* mit der
Metaphorik aufgehoben werden.
Da jedoch schon aus Gründen des Zeit- und Arbeitsaufwandes im wissenschaftlichen Handeln ersichtlicherweise nicht jedesmal der gesamte Prozeß
der reflexiven Metaphorisierung durchlaufen werden kann, sollen hier nur
zwei normativ-praktische Prinzipien für den reflexiven Umgang mit Metaphern aufgestellt werden:
• Erstens muß die Anerkennung der Notwendigkeit und der Unumgänglichkeit von Metaphern in der Wissenschaft zugleich das Bewußtsein
darüber beinhalten, daß mit jeder Metapher aufgrund ihrer Selektivität
und ihrer Perspektivität nicht nur bestimmte Aspekte hervorgehoben,
sondern auch andere Aspekte abgeblendet werden. Es muß also beachtet
werden, daß diese Aspekte, insbesondere wenn eine Metaphorik sich zu
einem Paradigma verfestigt hat, auch dann verborgen bleiben können,
wenn sie für den Erkenntnisprozeß wichtig sind.[116] Um den unvermeidlichen 'blinden Fleck' der jeweiligen Metaphorik und eine darauf aufbauende mögliche Diskurshegemonie eingeschliffener metaphorischer
Semantiken zu überwinden, ist es notwendig, für die Beschreibung von
Phänomenen *alternative* Metaphern zuzulassen, selbst wenn dadurch die
Konsistenz und die Abgeschlossenheit der wissenschaftlichen Erklärung

---

[113] Vgl. Blumenbergs Begriff der Sprengmetaphorik (in 1960:131ff.).
[114] Vgl. hierzu ausführlich Kapitel II-3 (v.a. II-3.3 und II-3.4).
[115] Shibles 1974:3.
[116] Vgl. auch Wolf 1994.

in Mitleidenschaft gezogen wird.[117] Durch die Verwendung alternativer Metaphern im gleichen Bezugsfeld wird zugleich die habitualisierte Metaphorik wieder in den 'Als ob'-Status zurückversetzt und – sofern die neue Metaphorik bessere Erklärungsleistungen liefert – in ihrem Geltungsbereich eingeschränkt.
- Zweitens bedeutet dies, daß – zumindest in wissenschaftlichen Zusammenhängen – ein *methodisch kontrollierter Umgang* mit Metaphern gefordert ist. Die Forderung nach einer 'kontrollierten Metaphorik' ist keineswegs als Ruf nach ikonoklastischer Sprachreinigung zu verstehen, sondern als ein methodisch-systematischer Anspruch: Es geht darum, „die metaphorischen Modelle auf ihre *Offenheit* hin zu kontrollieren", wozu es einer „Bewußtmachung der in die Welthypothesen eingeschlichenen metaphorischen Vorlagen [bedarf], die ständig auf ihre Erkenntnisfunktion hin zu überprüfen sind: ob sie Wirklichkeit verschleiern oder neue Gesichtspunkte offenbaren".[118] Der methodisch kontrollierte Umgang mit Metaphern kann so als Teil der Normen wissenschaftlichen Arbeitens verstanden werden, die sich aus der Einsicht in die Unvermeidbarkeit der Metapher in der Wissenschaft ergeben.[119]

Eine Entscheidung darüber, wie intensiv und wie systematisch dabei das Verfahren der reflexiven Metaphorisierung anzuwenden ist, kann sicherlich nur kontext- und situationsbezogen getroffen werden. Jedoch zeigt beispielsweise die in den letzten Jahren entstandene Leitbildforschung, daß die prägenden Metaphern im Wissenschafts- und Technikdiskurs zunehmend selbst Gegenstand wissenschaftlicher Reflexion werden.[120] Eine Reflexion

---

[117] Vgl. Lakoff/Johnson 1980b:208. Eine solche Betrachtung alternativer Metaphern wird von West/Travis (1991a und b) am Fall der in der 'Künstlichen Intelligenz' (KI) dominanten Computermetapher systematisch vorgenommen: „We approach alternative metaphors as potential sources of insight into research problems resulting from blind spots caused by excessive dependence on the computational metaphor by AI researchers" (West/Travis 1991b:70). Sie untersuchen dann sieben alternative Metaphern bezüglich ihrer kognitiven Leistungen und Grenzen (die konnektionistische Metapher, die Drüsenmetaphorik, die Metapher der Gesellschaft, die Hologrammetapher, die Autopoiesismetapher, die Landschaftsmetapher und die Evolutionsmetapher). – Für eine Analyse alternativer ökonomischer Metaphern vgl. McCloskey 1986:69-86 und im Bereich organisations- und verwaltungstheoretischer Metaphorik vgl. Morgan 1980 und Morgan 1983.

[118] Ledanff 1979:285 (Hervorh. von mir); vgl. ähnlich auch Nieraad 1977:88f.

[119] So bemerkt McCloskey (1986:81) über ökonomische Metaphern: „Self-consciousness about metaphor in economics would be an improvement on many counts. Most obviously, unexamined metaphor is a substitute for thinking – which is a recommendation to examine the metaphors, not to attempt the impossible by banishing them." Vgl. auch Morgan 1983:601f. sowie die Kritik von Ropohl (1991) an der Maschinenmetapher.

[120] Vgl. Dierkes/Hoffmann/Marz 1992 und Mambrey/Tepper 1992. Als spekulativ muß derzeit sicherlich noch die Annahme gelten, daß durch ein 'Leitbild-Assessment' (Dierkes/Marz) die Technikgenese gesteuert werden kann, unbestreitbar ist jedoch, daß

und Evaluation der impliziten Metaphern und Leitbilder kann hier durchaus eine Neuorientierung der Zielvorstellungen innerhalb der Forschung in Gang setzen.[121]

Nur mit einem derart reflektierten Bewußtsein des konstruktiven 'Als ob'-Charakters jeder Metaphorik kann die Mythifizierung der Metapher und die Ausbildung substantialistischer Auffassungen vermieden werden. Indem wir den 'Als ob'-Vorbehalt mitdenken und so den Dingen keine Eigenschaften an sich selbst zuschreiben, vermeiden wir – mit Kant gesprochen – den 'dogmatischen Anthropomorphismus' und beschränken uns auf einen 'symbolischen Anthropomorphismus, der in der Tat nur die Sprache und nicht das Objekt selbst angeht'.[122] Die Metapher ist also notwendig anthropomorph und insofern auch in die Welt hinein vor- und ausgreifend, aber als reflektierter, auf das Symbolische beschränkter Anthropomorphismus verfällt sie nicht dem Mythos einer konkretistischen und substantialistischen Ontologie. Rationaler Vorgriff – und insofern auch wahrheitsfähig – kann die Metapher deshalb nur in der *Einheit von antizipatorischer Evidenz und rationaler Sinn- und Geltungsreflexion* sein. In diesem Sinne ist die Rationalität der Metapher nicht allein an ihren inneren Eigenschaften zu bemessen, sondern auch und vor allem an ihrem praktischen Verwendungszusammenhang – und das heißt die Rationalität der Metapher wird damit zu einer pragmatischen Frage.

Leitbilder als 'Synthese von Machbarkeits- und Wunschprojektion' etwa den kontroversen Positionen im KI-Diskurs zugrundeliegen, da sie eine starke 'Orientierungs-, Motivierungs- und Formierungskraft' ausüben (vgl. Dierkes/Marz 1992:24 und 15ff.).
[121] Vgl. hierzu auch meine Analyse der Partner- und der Mediumsmetapher in der Mensch-Computer-Interaktion (Debatin 1994).
[122] Kant, Prolegomena §57/Abs.15. Zu Kants Metaphernbegriff vgl. auch unten, Kapitel II-4.

Kapitel 3: Theorie der materialen Metaphorik: Die Metapher im semantischen Raum

Wurde die lebendige Metapher in der bisherigen Betrachtung vorwiegend als isoliertes Phänomen betrachtet, dessen Analyseschwerpunkt auf der Ereignishaftigkeit und Spontaneität der Metaphernbildung durch die intentionale Rede souveräner Subjekte lag, so soll das Augenmerk nun darauf gerichtet werden, daß die einzelne Metapher stets vor dem Hintergrund eines Sprachsystems entsteht und verwendet wird, innerhalb dessen spezifische *Metapherntraditionen* existieren, die ihrerseits prägende Wirkung auf den Bedeutungszusammenhang der je in Frage stehenden Metapher ausüben. In der Interaktionstheorie von Max Black wurde dieser Aspekt unter dem Titel des 'assoziierten Implikationenzusammenhanges' einer Metapher zwar erwähnt, jedoch nicht systematisch untersucht. Auch in der Theorie Hesses finden Metapherntraditionen nur insoweit Beachtung, als die Sprache selbst als prinzipiell metaphorisches synchron-diachrones Netzwerk gilt, während Ricœur den Bezug auf tradierte metaphorische Implikationen und Konnotationen sogar kritisiert, da dies die Innovationskraft der lebendigen Metapher nicht hinreichend erklären könne.[1] Daß jedoch zwischen der lebendigen Metapher und den vielfältigen Metapherntraditionen, die sich in toten Metaphern und metaphorischen Hintergrundvorstellungen kristallisieren, eine dialektische Beziehung besteht, hat gerade Ricœur herausgearbeitet.[2]

In diesem Zusammenhang möchte ich für die weitere Auseinandersetzung zunächst die Begriffe *semantischer Raum* und *semantische Tiefe* einführen: Unter einem semantischen Raum verstehe ich die Menge aller möglichen Bedeutungen, die von mindestens zwei miteinander gekoppelten semantischen Feldern gebildet wird. Eine formale Darstellung eines semantischen Raumes wäre durch die Aufstellung der Merkmalsmatrizen aller

---

[1] „Die Metapherntheorie muß sich direkt mit der neuen Metapher befassen und darf nicht mittels einer Erweiterung von abgegriffenen Metaphern zu neuen Metaphern erfolgen." (Ricœur 1983:361, Anm.1)

[2] So etwa bei der Betrachtung des Wiederbelebungsprozesses einer toten Metapher: „Im philosophischen Diskurs ist die Verjüngung der toten Metaphern besonders in dem Fall interessant, wo sie eine semantische Ersatzfunktion erfüllen; wird die Metapher neu belebt, so erfüllt sie wieder die Funktion einer Fabel und einer Neubeschreibung, wie sie für die lebendige Metapher kennzeichnend ist, und verläßt ihre bloße Ersatzfunktion auf der Ebene der Denomination." (Ricœur 1988:269; vgl. auch die oben in Kap. I-1.4 behandelte Definition der Metapher als Ereignis und Bedeutung).

beteiligten semantischen Felder sowie ihrer Relationen gegeben.[3] Bezogen auf die Metapher liegt der Vorteil des Begriffs eines semantischen Raumes darin, daß hier nicht einfach zwei semantische Felder gleichsam problemlos übereinandergelegt werden (wie etwa in Bühlers Begriff der metaphorischen Sphärendeckung impliziert[4]) oder eine gemeinsame Schnittmenge bilden (so in der semantischen Merkmalsanalyse[5]), sondern daß bei einer lebendigen Metapher *ein aus mindestens zwei verschiedenen semantischen Feldern bestehender mehrdimensionaler Raum möglicher Bedeutungen aufgespannt wird*.[6] Mit einer emphatischen Metapher wird ein spezifisch neuer und nichtparaphrasierbarer semantischer Möglichkeitsraum eröffnet, der Lücken und Leerstellen aufweist, die erst im Prozeß der Interpretation ausgefüllt werden können. Der Interpretationsprozeß, d.h. die Konstruktion eines konkreten Bedeutungszusammenhanges einer Metapher hängt von der *semantischen Tiefe* dieses Raumes ab, also davon wie groß seine Resonanz, seine Ausdeutbarkeit und seine Anknüpfbarkeit an andere Bedeutungen ist. Bei der semantischen Tiefe geht es darum wie reichhaltig und 'tief' die Hintergrundimplikationen und Konnotationen der semantischen Felder im semantischen Raum sind und darum, welche neuen Bedeutungen durch die Interferenzen und Interaktionen zwischen den beteiligten semantischen Feldern entstehen. Die Konstruktion eines aktuellen metaphorischen Bedeutungszusammenhanges läßt sich dabei als Bildung eines *komplexen Vektors* innerhalb des Raumes möglicher Bedeutungen vorstellen, der bei großer Resonanz aus sehr vielen Einzelvektoren und Vektorscharen besteht.[7] Unterschiedliche metaphorische Bedeutung läßt sich nun als Konstruktion unterschiedlicher 'komplexer Bedeutungsvektoren' innerhalb des von der

---

3 Aufgrund der Probleme, die mit der empirischen Erstellung semantischer Felder verbunden sind (historische und semantische Offenheit!), und wegen der schnell anwachsenden Komplexität bei der Kombination von mehreren semantischen Feldern (v.a. bei Texten!) ist eine solche formale Darstellung für natürliche Sprachen *faktisch* nicht sinnvoll, als *Modell* für den hier gemeinten Zusammenhang jedoch erhellend. Für einen metaphorologischen Ansatz, der auf der Theorie semantischer Felder aufbaut vgl. Kittay 1987, v.a. Kap. 6 und 7. Kittay zeigt hier auch, wie solche Merkmalsmatritzen vorzustellen sind. Zur Problematik der analytischen und Merkmalssemantik im Zusammenhang mit der Metapher vgl. auch Köller 1975:148-166., Weinrich 1976d:325f. sowie Hörmann 1971 und 1978.
4 Vgl. Bühler 1982:348.
5 Vgl. z.B. Weinrich 1976e:330ff. sowie Dubois et al. 1974 und Link 1975.
6 Kittay (1987:291) betont, daß im Fall der Metapher mindestens zwei verschiedene semantische Felder miteinander verbunden werden, während andere Bedeutungsveränderungen wie Hyperbel, Litotes, Ironie und Metonymie innerhalb eines Feldes geschehen können (vgl. ebd.:189f.).
7 Was Black (1983b:394ff.) als interaktive Bildung einer Isomorphie durch Projektionsbeziehungen zwischen Primär- und Sekundärsystem beschreibt, läßt sich mit meiner Vektorraummetaphorik als die Konstruktion von Einzelvektoren und Vektorscharen im semantischen Raum verbildlichen.

Metapher eröffneten Möglichkeitsraumes auffassen.[8] Da Konnotationen und Hintergrundimplikationen der semantischen Felder von vielen kontextuellen und situativen Faktoren abhängen[9] (also von vielen verschiedenen Einzelvektoren), wird eine starke Metapher bei ihrer Interpretation oft zu immer neuen, überraschenden Interpretationen (d.h. zu unterschiedlichen komplexen Bedeutungsvektoren) führen. Die Tatsache, daß mit Metaphern semantische Innovationen und nicht nur semantische Anomalien zustande kommen, läßt sich erst durch die Kombination von Eröffnung eines spezifisch neuen semantischen Raumes und seiner 'Ausfüllung' mit Sinn aufgrund der semantischen Tiefe erklären.

Der semantische Möglichkeitsraum und die semantische Tiefe einer Metapher sind immer in besonderer Weise bestimmt von den durch die Sprache vorgeprägten Strukturen der semantischen Felder und von den in einer Sprachgemeinschaft existierenden Hintergrundimplikationen. Zwar müssen diese Vorprägungen bei der Interpretation einer Metapher nicht jedesmal und nicht vollständig aktualisiert werden, ihre determinierende Kraft ist jedoch unübersehbar. Deshalb sollen nun Ansätze analysiert werden, die die Metapher vorwiegend als ein Produkt einer von den Subjekten unabhängigen, kulturell und historisch präformierten Sprachstruktur betrachten. Den dabei in Frage kommenden Theorien ist gemeinsam, daß sie den Blick vornehmlich auf diese Sprachstruktur richten und so die einzelne Metapher als Teil eines semantisch-historischen Metaphernsystems betrachten, das den metaphorischen Bedeutungszusammenhang zwar nicht vollständig determiniert, aber doch in einen festen bedeutungsstiftenden Hintergrund einordnet. Im Mittelpunkt dieser Ansätze steht deshalb auch nicht so sehr die neue und lebendige Metapher, als vielmehr die aus der Metapherntradition generierte Gebrauchs- oder konventionelle Metapher.

Als paradigmatisch für die hier zur Diskussion stehenden Ansätze kann die Metapherntheorie Harald Weinrichs[10] gelten, die deshalb für dieses Kapitel zugleich auch als theoretischer Hintergrund dienen soll. Weinrich verknüpft die aus der semantischen und strukturalen Linguistik stammenden Text- und Komponentenanalyse mit handlungstheoretischen und hermeneutischen Untersuchungen, um so die Mikrostruktur der Metapher ebenso wie ihre Struktur im Text herauszuarbeiten und zugleich ihre Herkunft und ihre Rolle im Kontext kulturell überlieferter und gesellschaftlich

---

8 Daß diese Vektormetaphorik gleichsam 'in der Luft liegt' zeigt sich daran, daß sich – unabhängig von meiner – bei Helm (1992:131ff.) eine ähnliche Metaphorik findet, die am Modell des Vektorraums im konnektionistischen System orientiert ist. Ein die Feldmetaphorik in eine Raummetaphorik überführendes Modell findet sich auch bei Hörmann (1971:326ff.), allerdings ist hier metaphorische Bedeutung nur mit dem Übergang von einer Bedeutungsebene auf die andere verbunden.
9 Vgl. hierzu auch Kap. II-5.
10 Vgl. hierzu Weinrich 1966, 1976 und 1980.

konsentierter Metaphorik zu analysieren, die sich in tradierten *Bildfeldern* kristallisiert.

Scheinbar ähnlich wie in der Interaktionstheorie findet sich bei Weinrich die zentrale Unterscheidung zwischen dem 'Bildempfänger' (der Satzkontext, in dem die Metapher erscheint) und dem 'Bildspender' (die eigentliche metaphorische Prädikation). Allerdings ist bei Weinrich die Trennung zwischen Bildspender und -empfänger nicht nur eine analytische, sondern auch eine *funktionale:* seine Theorie sieht eine wirkliche Interaktion zwischen den beiden systematisch nicht vor. Der Bildspender bleibt vom metaphorischen Prozeß unberührt, verändert wird allein der Bildempfänger, der 'gegen die Determinationserwartung' durch den Bildspender 'konterdeterminiert' wird.[11] Damit wird zwar einerseits die starke Bedeutung des Kontextes und der Sinnerwartung für die metaphorische Prädikation unterstrichen, andererseits aber wird die – von der Interaktionstheorie hervorgehobene – asymmetrische Struktur der Metapher hier so verabsolutiert, daß die Interaktion negiert und der metaphorische Prozeß gleichsam zu einer Einbahnstraße mit festgelegter Richtung wird:[12] Es ist die Bedeutungserwartung eines wörtlichen Kontextes, die zunächst den Sinn des Satzes orientiert, dann aber durch die Konterdetermination der metaphorischen Fügung enttäuscht und durch einen gegenläufigen, neuen Sinn ausgetauscht wird. Aufgrund dieser 'Einbahnstraßenstruktur' ist die Begrifflichkeit von Bildspender und -empfänger, wie ich meine, nur zu analytischen Zwecken sinnvoll, nämlich um zwischen den eher 'wörtlichen' und den eher 'metaphorischen' Anteilen eines Kontextes zu unterscheiden. Funktional gesehen stehen Bildspender und -empfänger in einer Interaktionsbeziehung, d.h. sie wirken aufeinander – wenn auch asymmetrisch – als Bildspender und sie sind zugleich auch füreinander Bildempfänger.[13] Betrachtet man dagegen das Verhältnis von Bildspender und -empfänger über die analytische Dimension hinaus als rein einseitig, dann kommt man zu einer textsemantisch modifizierten Version der Substitutionstheorie, die nicht nur aus theoretisch-analytischen, sondern auch moralisch-praktischen Gründen durchaus

---

11 „Wir wollen diesen Vorgang Konterdetermination nennen, weil die tatsächliche Determination des Kontextes gegen die Determinationserwartung des Wortes gerichtet ist." (Weinrich 1976d:320; vgl. auch ebd:317ff.; Weinrich 1966:37 und 42ff.; ferner auch Weinrich in: Bochumer Diskussion (1968:100).

12 Köller (1975:170) kritisiert die Theorie der Konterdetermination, 'weil sie die nicht haltbare Präsupposition impliziert, daß semantische Transfer- und Determinationsprozesse bei Metaphern in einer Richtung verlaufen und Metaphern folglich auch in einem Wort lokalisiert werden können.' Ingendahl (1971:331, Anm. 100) weist darauf hin, daß Weinrich mit der Konterdetermination eher den Fall der Ironie – etwas sagen und das Gegenteil meinen – beschreibt als den der Metapher. Ähnliche Kritik auch bei Beardsley 1983:128 und Kurz 1978:551f.

13 Vgl. hierzu meine Ausführungen in Kapitel II-1. Mit einem Hinweis auf Aristoteles' Postulat der grundsätzlichen Umkehrbarkeit von Metaphern korrigiert Weinrich später zumindest implizit seine Einbahnstraßentheorie (in: 1976c:315).

problematisch ist, da mit dem Bezug auf die einseitige Richtung der Metapher z.B. der Gebrauch von politisch und moralisch fragwürdigen Metaphern gerechtfertigt werden kann.[14]

In einem gewissen Widerspruch zu der Auffassung einer unidirektionalen Beziehung zwischen Bildspender und -empfänger steht die weitere These Weinrichs, daß bei einer Metapher 'zwei sprachliche Sinnbezirke durch einen sprachlichen Akt gekoppelt und analog gesetzt'[15] werden, da es bei diesem Prozeß eher zu einer Verschmelzung oder Amalgamierung der Sinnbezirke als zu einer Substitution des einen durch den anderen komme.[16] Gerade hierin aber liegt der für unseren Zusammenhang bedeutungsvolle Aspekt der Theorie Weinrichs: Durch die Koppelung der semantischen Felder von Bildspender und -empfänger

> treten nicht nur (...) Wörter zusammen, sondern diese Wörter bringen ein Bewußtsein ihrer Feldnachbarn mit, und über der aktuellen Metapher als Sprechakt entsteht in unserem Sprachbewußtsein ein *Bildfeld* als virtuelles Gebilde.[17]

Neben der syntagmatischen Textbewegung existieren zugleich auch immer paradigmatische Anordnungen von Wort- und Metaphernfeldern, die zwar nicht immer aktualisiert, aber doch potentiell wirksam sind, so daß die einzelne Metapher einem paradigmatischen Bildfeld zugeordnet werden

---

14 Drastisches Beispiel für die moralisch-praktische Problematik: Im Herbst 1988 kam es in der *'tageszeitung'* zu einer Debatte über die in einem Artikel verwendete Metapher einer *'gaskammervollen Disko'*. Leser und auch Redaktionsmitglieder hatten kritisiert, daß in dieser metaphorischen Prädikation nicht nur eine Diskothek als grauenhaft beschrieben wird, sondern implizit auch die Gaskammern verharmlost und ihre Opfer verhöhnt werden. Dagegen versuchte die Journalistin Riedle diese Metaphorik zu rechtfertigen, indem sie mit ausdrücklicher Bezugnahme auf Weinrichs Metapherntheorie behauptete, daß bei Metaphern eine Übertragung von Merkmalen nur in der Richtung vom Bildspender auf den Bildempfänger stattfinde. Deshalb müsse der Leser die Richtung seiner Assoziationen kontrollieren. Mit eindringlicher Rhetorik beschwört die Autorin dabei immer wieder, daß eine Interaktion der metaphorischen Elemente nicht stattfände und nicht stattfinden dürfe: „Bildspender ist die Gaskammer, Bildempfänger ist die Disko. Und nicht umgekehrt. Die Gaskammer verliert in dieser Metapher kein bißchen ihres Grauens, die Disko wird dafür um so grauenvoller. Ersetzt wird in der Metapher die Vorstellung von der netten Disko durch die Gaskammer, nicht umgekehrt." (Gabriele Riedle: Aus der Wunderwelt der Metapher. In: taz, 14.11.88) – Ein zum Scheitern verurteilter Abwehrversuch angesichts der unvermeidlichen Assoziationen, die sich beim Lesen dann doch einstellen: Zwar wird niemand einfach aus 'gaskammervolle Disko' eine 'diskomäßige Gaskammer' machen, aber in diese Richtung bewegen sich die Assoziationen: die metaphorische Interaktion verändert eben nicht nur den Primär- sondern ebenso (wenn auch in asymmetrischer Relation) den Sekundärgegenstand (vgl. oben, Kap. II-1). Riedles Fehler besteht hier in einer substitutionstheoretischen Interpretation Weinrichs.

15 Weinrich 1976a:283.

16 Dies bestätigt nebenbei bemerkt meine These, daß Bildspender und -empfänger nur als analytische Unterscheidungen sinnvoll sind.

17 Weinrich 1976d:326. Ähnlich spricht Köller (1975:194f.) von 'Metaphernfeldern mit einem ganz bestimmten Assoziationshorizont'; vgl. auch Kurz 1988:24f.

kann,[18] das alle Konnotationen der miteinander gekoppelten semantischen Felder enthält. Dabei 'stützen' die metaphorischen Bildfeldnachbarn die Richtung der Interpretation einer Metapher. Je dichter also die 'metaphorische Umgebung' einer Metapher ist, desto mehr wird diese Metapher durch sie determiniert.[19] Tatsächlich neue, innovative Metaphern sind nach Weinrich deshalb auch äußerst selten anzutreffen, denn 'wirklich schöpferisch ist nur die Stiftung eines neuen Bildfeldes'.[20]

Damit wird die metaphorologische Blickrichtung von der Analyse der Einzelmetapher hin zur Analyse von Bildfeldern und Metapherntraditionen gelenkt, denn ist erst das Bildfeld erkannt, bereitet das Verstehen der jeweiligen Metapher keine Mühe – aus einem etablierten Bildfeld kann eine Vielzahl von Metaphern generiert bzw. interpretiert werden:

> Die aktuell geprägte oder vernommene Metapher wird von einem in der sprachlichen und literarischen Tradition vorgegebenen Bildfeld getragen und daher sogleich mühelos verstanden. (...) Die Sprache selber, kraft der in ihr angelegten Bildfelder denkt uns solche Metaphern vor und legt sie uns in den Mund.[21]

Im Gegensatz zu der generellen Aussage, daß Metaphern immer einen Platz in einem Bildfeld besitzen, sofern sie nicht ganz neu sind, steht jedoch Weinrichs einschränkende Bemerkung, daß durchaus nicht jede Metapher in einem Bildfeld stehe, da im Prinzip jeder Term metaphorisierbar sei, ohne daß damit gleich ein Bildfeld verbunden sein müsse.[22] Hier zeigt sich, daß Weinrich implizit mit zwei verschiedenen Bildfeldbegriffen arbeitet: einerseits einem *semantischen*, demzufolge jede Metapher in einem Bildfeld steht, da durch die Verbindung von Bildspender und -empfänger immer ein Bildfeld erzeugt wird und andererseits einem *historischen*, der sich auf konkret etablierte und tradierte Bildfelder in einer Kultur bezieht, so daß einzelne Metaphern (wie etwa Dantes Sonnenmetapher für die Sprache) durchaus auch außerhalb dieser historischen Bildfelder stehen können.[23]

Diese bei Weinrich allerdings nicht explizit vorgenommene Unterscheidung zwischen semantisch-synchronem und historisch-diachronem Bildfeld

---

18 „Im Maße, wie das Einzelwort in der Sprache keine isolierte Existenz hat, gehört auch die Einzelmetapher in den Zusammenhang ihres Bildfeldes. Sie ist eine Stelle im Bildfeld." (Weinrich 1976a:283).
19 Vgl. Weinrich 1976c:311ff., vgl. auch Küster 1983:40.
20 Weinrich 1976a:288.
21 Weinrich 1976d:326.
22 Vgl. Weinrich 1976a:286.
23 Vgl. Weinrich 1976a:287. Es ist auch kaum denkbar, daß jede Metapher einem historischen Bildfeld angehört. Tatsächlich nennt Weinrich bei den historischen Bildfeldern selbst vorwiegend fundamentale und allgemeine Bildfelder wie Wortmünze, Welttheater, Staatsschiff, Textgewebe, Verstandeslicht, Tierreich, Lebensreise usw. Diese wiederum sind, darauf macht Schöffel (1987:80) aufmerksam, nicht nach ihrer geistesgeschichtlichen Entwicklungslogik, sondern nach ihrem synchronischen Vorkommen im Bewußtsein eines (gebildeten) Sprechers gedacht. Die Historizität der Bildfelder geht hier in ihrer Synchronizität auf.

scheint mir eine für die Konsistenz der Bildfeldtheorie notwendige Differenzierung zu sein.

Im einzelnen ergeben sich dabei folgende Möglichkeiten: In dem Satz [1] 'Die Regierung befand sich auf schlingerndem Kurs' entsteht zunächst ein *semantisches Bildfeld* durch die Koppelung der semantischen Felder von 'Regierung' und 'Schiff auf schlingerndem Kurs'. Die metaphorische Bedeutung ist auch ohne die Kenntnis des historischen Bildfeldes 'Staatsschiff' konstruierbar und verständlich, wenn auch nicht mit den Implikationen des *historischen Bildfeldes*. Ähnlich können z.B. auch die Sätze [2] 'Die Katze befand sich auf schlingerndem Kurs', [3] 'Die Vorbereitungen befanden sich auf schlingerndem Kurs', [4] 'Mein Leben befand sich auf schlingerndem Kurs' usw. zunächst auf der Ebene der semantischen Bildfeldkoppelung verstanden werden, soweit man weiß, was mit 'Katze', 'Vorbereitungen', 'Leben' und mit einem 'schlingernden Schiff' gemeint ist. Natürlich wird das Bildfeld um so reichhaltiger, je mehr Assoziationen und Hintergrundinformationen in den semantischen Feldern der beteiligten Worte enthalten sind. So kann in Satz [2] je nach Kontext etwa eine Katze als eigenwilliges, verspieltes Lebewesen oder ein Gerät (Laufkatze) mit einer technischen Störung gemeint sein. Im Fall der Sätze [1] und [4] hingegen kommen etablierte und tradierte historische Bildfelder als determinierende Komponenten für die semantischen Felder von Bildspender wie -empfänger mit hinzu: Die aktuelle Koppelung von Regierung und Schiff in Satz [1] wäre dann ein Metapherntoken des Bildfeldtypes 'Staatsschiff'; ähnlich wäre die aktuelle Koppelung von Leben und Schiff in [4] ein Metaphern*token* des Bildfeld*types* 'Schiffahrt des Lebens'. Anders verhält es sich mit Satz [3]: hier wird das historische Bildfeld der Lebensschiffahrt im semantischen Feld des *Bildspenders* wirksam werden – es werden dann z.B. Konnotationen wie Schiffbruch und Scheitern möglich, wogegen der Bildempfänger nur schwach (über die mögliche Verbindung 'Vorbereitung' – 'Menschliches Handeln' – 'Leben') durch dieses Bildfeld konnotiert ist. Umgekehrt kann aber auch ein Bildempfänger ein historisches Bildfeld enthalten und in den metaphorischen Prozeß einbringen:[24] In dem Satz [5] 'Das schlingernde Schiff bedarf einer starken Hand' kann die 'starke Hand' als (pars-pro-toto oder metonymische) Metapher für die funktionale Notwendigkeit einer energischen Steuerung, eines erfahrenen Steuermanns etc. interpretiert werden. Tritt zu dem bloß denotativen Ausdruck des schlingernden Schiffes die Konnotation des Staatsschiffes im semantischen Feld des Bildempfängers hinzu, dann wird die 'starke Hand' im Licht der autoritativen

---

[24] Dies ist wiederum ein wichtiges Argument gegen die bereits kritisierte Einbahnstraßentheorie der Metapher: hier wird deutlich, daß der analytisch bestimmte Bildempfänger *funktional* auch als Bildspender wirkt und also ein metaphorischer Interaktionsprozeß stattfindet.

Staatsschiffmetapher[25] *normativ* gedeutet: Das schlingernde Schiff ist nunmehr – in einer Rückprojektion des historischen Bildfeldes auf seinen ursprünglichen Bildspender – wie das führerlose Staatsschiff nur durch Führerbefehl und Kadavergehorsam zu lenken.[26]

Zwar wendet sich Weinrich vehement gegen eine metaphorologische Isolierung des Bildspenders oder -empfängers, denn die historisch tradierten Bildfelder wie Wortmünze, Welttheater, Staatsschiff, Textgewebe, Verstandeslicht, Tierreich, Lebensreise usw. sind selbst schon Resultate von metaphorischen Prädikationen durch die Koppelung der semantischen Felder von Bildspender und -empfänger.[27] In der aktuellen metaphorischen Prädikation aber kann, wie sich in den Beispielsätzen [3] und [5] zeigt, das jeweilige historische Bildfeld selbst in die Position des Bildspenders oder des Bildempfängers rücken.[28] Insofern ist die in der Metaphorologie häufig zu findende Konzentration auf die Bildspender nicht unberechtigt, zumal gerade die Verwendung eines eingeführten Bildfeldes als Bildspender in einem neuen Kontext, d.h. mit einem bildfeldfremden Bildempfänger oftmals interessante und überraschende metaphorische Bedeutungszusammenhänge hervorbringt.[29]

Als Zwischenergebnis möchte ich aus dem bislang Dargelegten folgende Schlußfolgerungen ziehen:

1.) Das Bildfeld kann als Koppelung der semantischen Felder von Bildspender und -empfänger im Sinne meiner oben eingeführten Terminologie als *semantischer Raum der Metapher* bestimmt werden. Der semantische Raum der Metapher umfaßt das semantisch-synchrone Bildfeld und das historisch-diachrone Bildfeld. Ein semantisches Bildfeld enthält durch die Koppelung der beiden semantischen Felder die konkrete Metapher sowie ihre impliziten paradigmatischen Alternativen, also ihre synchronen Feldnachbarn und deren Konnotationen. Während bei *jeder Metapher* ein semantisches Bildfeld aufgrund der Verbindung der semantischen Felder

---

[25] Vgl. z.B. Pross 1988:7, Kurz 1988:25 sowie ausführlich: Demandt 1978:190ff.

[26] Allerdings unterstützt die Metapher der 'starken Hand' mit Bildfeldkonnotationen wie Hand Gottes, Führerschaft, Hirte, 'invisible hand' usw. die Assoziation des Bildfeldes 'Staatsschiff'. Auch hier zeigt sich die Wirksamkeit des metaphorischen Interaktionsprozeß. – Weinrich (1976c:314ff.) untersucht einen ähnlichen Fall am Beispiel der Metapher 'Stundenholz' aus einem Gedicht von Celan, jedoch bleibt er dabei seinen terminologischen Zwängen verhaftet und kann keinen Interaktionsprozeß erkennen, sondern nur eine 'Schwebe, unentschlossen zwischen gegensinniger Dynamik', in der die Metapher 'zwischen den beiden Kräften ihrer grammatischen Form und der Kontextdetermination' verharrt (ebd.:316).

[27] Vgl. Weinrich 1976a:283ff.

[28] Diesen Prozeß werde ich in Kap. II-3.2 und II-3.3 näher betrachten.

[29] Bildempfängerorientiert arbeitet etwa Schlobach (1980), eher bildspenderorientiert sind z.B. die Analysen von Stierle 1982 und Demandt 1978.

existiert, ist von einem historischen Bildfeld nur dann zu reden, wenn eine Metapher in einem bestimmten, historisch-kulturellen Bedeutungszusammenhang etabliert, immer wieder gebraucht und tradiert wird, so daß dieser Bedeutungszusammenhang selbst zu einem verfestigten Bestandteil des metaphorischen Konnotationssystems wird. Historische Bildfelder können in diesem Sinne als *'starre Bedeutungsvektoren'* im semantischen Raum vorgestellt werden. Als Metaphern*types* sind sie in der Lage, die Generierung eines Metaphern*token* zu steuern, der die gleichen Bildspender- und Bildempfängerbereiche wie der *type* besitzt: In diesem Fall (vgl. etwa die Sätze [1] und [4]) ist die Konstruktion des komplexen Bedeutungsvektors weitgehend vorgeprägt; diese Metaphern gelten deshalb nicht als kühn.[30] Neue Bedeutungsnuancen können aber auch hier zustande kommen, etwa wenn durch Kontext und Situation neue Elemente in die metaphorische Interaktion eingebracht werden, so durch die Ironisierung der Staatsschiffmetapher.[31]

Historische Bildfelder können aber auch zum semantischen Feld nur des Bildspenders oder auch nur des Bildempfängers gehören: In diesem Fall (vgl. die Sätze [3] und [5]) tritt der starre Bedeutungsvektor des historischen Bildfeldes in Interaktion mit dem Konnotationssystem (den Einzelvektoren) des anderen semantischen Feldes, so daß die Konstruktion des aktuellen komplexen Bedeutungsvektors hier wesentlich offener ist. Die Existenz und die Ausdifferenzierung von historischen Bildfeldern spielt für die *semantische Tiefe* eine wichtige Rolle: je mehr Dimensionen ein historisches Bildfeld aufweist, um so resonanter wird die Metapher sein.[32] Dies heißt aber auch, daß hier ein spezifisches Vorwissen benötigt wird:[33] Die dominante Rolle der Bildfelder für die Metaphorik bedeutet auf Seiten der Subjekte in einer Sprachgemeinschaft, daß das Gelingen und das richtige Verstehen von Metaphern in entscheidender Weise von der Kenntnis historischer Bildfelder und ihrer Dimensionen, also auch vom Zugang zum gesellschaftlichen Bild(ungs)gut abhängt:

---

30 Vgl. Weinrich 1976c:313.
31 Etwa. Sätze des Typs: „'Wir sitzen doch alle im selben Boot' – sagte der Aufseher zum Galeerensträfling..." oder „Revolution ist der Versuch, das Schiff mit Schlagseite durch eine Eskimorolle in eine ruhige Position zu bringen..."
32 Allerdings sei nicht vergessen, daß zur Resonanz nicht nur diachronische Bildfeldtraditionen, sondern auch synchronische Assoziationen – v.a. Ähnlichkeits- und Kontiguitätsbeziehungen im sprachlichen Netzwerk – gehören.
33 Hier läßt sich die Unterscheidung zwischen *Oberflächen-* und *Tiefenmetapher* von Stierle (1975:144) anknüpfen. Am Fall von Balzacs 'Illusions perdues' zeigt er, daß beispielsweise die Metapher 'Biß in den Apfel des Luxus und des Ruhms' auf der 'Tiefenmetapher' der Verführung Adams und des Sündenfalls beruht: „Um zur Tiefenmetapher überzugehen (...) bedarf es eines Vorwissens, der Teilhabe am mythischen Universum christlich-jüdischer Kultur."

Die gemeinsame Teilhabe an den durch die gelernte Sprache oder gelesene Literatur vermittelten Bildfeldern ist eine Bedingung zivilisierter Verständigung. Die Bildfelder sind immer *unsere* Bildfelder.[34]

Die Fähigkeit zur glückenden Produktion und Interpretation von Metaphern ist damit ebenso Einordnung in die Kultur einer Gesellschaft wie auch Markierung einer sozialen Position in ihr. Es ist anzunehmen, daß die Ausdifferenzierung der 'feinen Unterschiede' (Bourdieu) in besonderer Weise über Prozesse der Zuordnung zu spezifischer Metaphorik und den dazugehörigen Bildfeldern verläuft: Bourdieu hat diesen Umstand mit dem Begriff des *Habitus* beschrieben, der als verinnerlichte Praxisform die Differenzierung und Markierung der Subjekte, also ihre soziale Zuordnung und Selbstzuschreibung organisiert und sich in *'praktischen Metaphern'* ausdrückt.[35] Weinrichs Hypothese, derzufolge das sprachliche Weltbild sich in Bildfeldern ausdrückt und wandelt,[36] würde so dahingehend erweitert, daß die Sozialisation in Bildfeldtraditionen gleichzeitig die Integration in jeweils herrschende Weltbilder und -konzepte bedeutet. Bildfelder haben damit gleichermaßen einen *orientierenden* wie auch einen *manipulativen* Aspekt: Sie sind kommunikative 'Speicher' von gesellschaftlichem Erfahrungs- und Orientierungswissen, zugleich aber präformieren sie auch das Denken und das Handeln. Eine Kritik der diachronen und synchronen Bildfelder einer Gesellschaft wäre damit zugleich *Ideologiekritik*, die Analyse der in einer historischen Zeit vorfindlichen Metaphern wäre zugleich der Schlüssel für eine *Mentalitätengeschichte*.[37]

2.) Auf der Grundlage der hier erörterten Bildfeldtheorie ergibt sich die folgende (gegenüber Kapitel II-1 modifizierte) Metapherntypologie:

Lexikalisierte oder *tote Metaphern* sind diejenigen Metaphern, die aufgrund ihres festen Platzes in einem trivialisierten, allgemein bekannten Bildfeld eine vom spezifischen Kontext unabhängige Bedeutung aufweisen. Das Bildfeld muß also zu ihrer Verwendung nicht eigens aktualisiert werden, da es mit ihnen bereits explizit vorhanden ist, die Koppelung zwischen den semantischen Feldern dieser toten Metaphern ist zur Wörtlichkeit erstarrt; das semantische wie auch das historische Bildfeld ist in der Ex-

---

34 Weinrich 1976a:288; vgl. auch unten, Kap. II-3.3.
35 Vgl. Bourdieu 1987:281ff. und 740. Dies gilt für den bürgerlichen Bildungskanon ebenso wie für moderne *Soziolekte* und postmoderne 'taste-communities', wobei die Einübung von spezifischer *in-group* Metaphorik zugleich auch Produktion von Ausschlußkriterien gegenüber der *out-group* (et vice versa) ist. – Zur zentralen Bedeutung von kultur- und gruppenspezifischen Metaphern vgl. auch Pielenz 1993:142.
36 Vgl. Weinrich 1976a:287 und Stierle 1982:101f. Ähnlich auch Ingendahl (1971: 289): „In dem Maße, wie eine Sprachgemeinschaft neue Metaphern aufnimmt, wie sich neue Gestaltungsrichtungen und Prägeweisen in ihr Geltung verschaffen können, wandelt sich auch das Weltbild dieser Gemeinschaften."
37 Zur Mentalitätengeschichte vgl. Pielenz 1993:167-171.

Metapher gleichsam stillgestellt, es kommt zu keiner metaphorischen Interaktion.

Konventionelle Metaphern hingegen werden nach Weinrich aus einem bestehenden Bildfeld heraus generiert, was eine Aktualisierung der Potentialität des Bildfeldes bedeutet.[38] Da der metaphorische Prozeß jedoch auch bei konventionellen Metaphern sich nicht in der bloßen Ableitung aus tradierten Bildfeldern erschöpft, sondern auch hier eine aktuelle metaphorische Interaktion zwischen den beteiligten semantischen Feldern stattfindet, kann die Konstruktion des Bedeutungszusammenhangs im semantischen Raum der Metapher folgendermaßen beschrieben werden: Der Bedeutungszusammenhang der konventionellen Metapher bildet einen komplexen Bedeutungsvektor, der sich aus den starren Bedeutungsvektoren der beteiligten Bildfelder und aus den Einzelvektoren der in der aktuellen Interaktion konstruierten Isomorphiebeziehungen zusammensetzt. Insbesondere bei der Analogiemetapher, die Schlüsse von wohlbekannten auf weniger bekannte Bereiche zieht, werden häufig solche konventionellen Metaphern benutzt. So wird etwa in dem Satz [6] 'Schon seine Worte kamen in schwacher Währung, seine Gestik jedoch hatte den Geruch von Falschgeld' zunächst das wohlbekannte Bildfeld der *Wortmünze* aktualisiert und dann durch die analogisierende Bezugnahme auf die Gestik in seinem Bedeutungsumfang von der verbalen Sprache auf die nonverbale Kommunikation erweitert, so daß wir die metaphorische Beschreibung von Gestik als Falschgeld unproblematisch hinnehmen und verstehen. Zugleich wird mit der Metapher 'Geruch von Falschgeld' ein weiteres Bildfeld aktiviert ('pecunia non olet...'), das als geschichtlich tradiertes Legitimationsmuster für 'schmutziges Geld' Konnotationen von politischer Skrupellosigkeit, Betrug und Unglaubwürdigkeit mit einbringt.

Innovative Metaphern sind nach Weinrich diejenigen Metaphern, die nicht aus der Bildfeldtradition heraus generiert werden und die selbst ein ganz neues Bildfeld kreieren, also eine neue Potentialität setzen.[39] Es scheint mir jedoch fraglich, ob die Differenz von generatio vs. creatio das Wesen der innovativen Metapher wirklich trifft. Denn wenn die Sprache als synchrones und diachrones Netzwerk verstanden wird, dann ist eine *schlechthin neue* Metapher kaum zu denken: Sie ist eher als ein semantischer Grenzwert aufzufassen, denn als Teil der Sprache muß auch die innovative Metapher sich der Mittel dieser Sprache und ihrer Konnotations-

---

[38] „Zumeist füllen wir nur die freien Metaphernstellen aus, die mit dem bestehenden Bildfeld bereits potentiell gegeben sind." (Weinrich 1976a:288).

[39] Weinrich 1976a:288f. Weinrich unterscheidet hier zwischen *generatio*, als dem Prozeß der Prägung oder Interpretation einer Metapher innerhalb eines Bildfeldes, und *creatio*, als der tatsächlichen Neuschöpfung einer Metapher, mit der zugleich ein neues Bildfeld gesetzt wird.

systeme bedienen.⁴⁰ Die innovative Metapher ist also, wie oben bereits bemerkt, eher als eine Metapher zu verstehen, bei welcher der von ihr eröffnete semantische Möglichkeitsraum eine Vielzahl von unterschiedlichen Bedeutungszusammenhängen ermöglicht. Dabei wird die Konstruktion des jeweiligen komplexen Bedeutungsvektors zwar auch durch Bildfeldtraditionen und Konnotationen gestützt,⁴¹ der Schwerpunkt der Bedeutungskonstruktion liegt jedoch auf der *aktuellen, einzigartigen Situation,* in der durch die Verbindung von bislang disparaten semantischen Feldern eine neuartige Perspektive auf einen und eine Neubeschreibung von einem Gegenstand entsteht.⁴² Innovative Metaphern müssen also nicht unbedingt ein neues Bildfeld setzen, sie dürfen aber auch nicht aus nur einem Bildfeld oder einer bereits bestehenden Verbindung zwischen Bildfeldern generiert werden.

Da innovative Metaphern tatsächlich nur selten gebildet werden, kommt den in der Sprache verankerten kulturellen Bildfeldtraditionen eine große Determinationskraft zu: In seinen exemplarischen Analysen⁴³ hat Weinrich gezeigt, daß selbst dort, wo eine scheinbar neue Metapher auftritt, oftmals starke Bildfeldtraditionen im Hintergrund der Metapher wirksam sind, die gleichsam den Sinnhorizont der Metapher abstecken, auch wenn der aktuelle Bedeutungszusammenhang der Metapher als ganz neu empfunden wird. Träfe diese Theorie allein zu, dann wären die Produktion und das Verstehen von Metaphern Phänomene, die fast vollständig aus dem jeweiligen synchronen Sprachzustand, d.h. aus dem Bestand an Bildfeldern, zu erklären wären: nämlich als Aktualisierungen bereits bestehender Potentialität. Das sprachliche Netzwerk ist dann nicht mehr, wie in der Theorie Hesses oder Ricœurs, in dauernder und offener metaphorischer Bewegung, vielmehr hat hier das Sprachsystem „die Möglichkeiten seiner Veränderung in sich aufgesaugt und erstarrt in der Bewegungslosigkeit".⁴⁴ Die Bildfeld-

---

40 Dies gilt adäquat auch für andere Zeichensysteme wie Film, Musik, Malerei etc. (vgl. hierzu z.B. Goodman/Elgin 1989).
41 Black (1983a:74) findet hierfür das treffende Bild der Obertöne: „Die Implikationen einer Metapher sind wie die Obertöne einer Seite; ihnen zu viel 'Gewicht' beizumessen ähnelt dem Versuch, die Obertöne genauso laut wie die Haupttöne klingen zu lassen – und wäre genauso unsinnig."
42 Diese Formulierung bezeichnet einen Kompromiß zwischen der in Kapitel II-1.4 behandelten Position Ricœurs, derzufolge die lebendige Metapher als Ereignis 'nirgendwoher kommt', und den Theorien, die Implikationen, Assoziationen, Konnotationen und Bildfeldgeschichte als bedeutungsrelevante Faktoren betrachten.
43 Vgl. Weinrich 1976a/b/e.
44 Schöffel 1987:60. Damit wird, wie Schöffel weiter bemerkt, die Bildfeldtheorie zur Retterin des Strukturalismus: „Indem Weinrich Metaphern zu Bildfeldern gruppiert und sie dem Sprachsystem einverleibt, tritt (die) Änderung des synchronischen Zustands einer Sprache nicht mehr mit jeder Metapher ein, (...) sondern nur noch 'sehr selten' (...). Ein Neues wäre dann nur ein bisher noch nicht bemerktes und würde uns höch-

theorie übersieht dabei jedoch – so kann die Kritik aus der interaktionstheoretischen Perspektive formuliert werden – die Ereignishaftigkeit der lebendigen, v.a. der innovativen Metapher, ihre prinzipielle Unkalkulierbarkeit, die in der semantischen Situation konkreter Metaphernverwendung immer virulent ist. Die Bildfeldtheorie kann deshalb die Innovationskraft metaphorischer Interaktion und den Prozeß der aktuellen Bedeutungskonstruktion nicht befriedigend erklären. Zur Erklärung hält Weinrich zwar seine Theorie der Konterdetermination im Satzkontext bereit, da diese sich jedoch aufgrund ihrer substitutionstheoretischen und unidirektionalen Hintergrundannahmen als nicht erkärungskräftig gezeigt hat, ist der Rückgriff auf den interaktionstheoretischen Ansatz[45] hier gehaltvoller: Erst im Gesamtkontext, in der Interaktion zwischen dem Satzkontext und der metaphorischen Prädikation (und mit ihren Bildfeldtraditionen als einem System assoziierter Gemeinplätze im Blackschen Sinne) entsteht der konkrete metaphorische Bedeutungszusammenhang und damit die *lebendige Metapher.*

Darüber hinaus ist hier auch das Problem zu bedenken, daß das tradierte Bildfeld auch die Wahrheitsfähigkeit der lebendigen Metapher nicht hinreichend determinieren kann. Die lebendige Metapher als eine *situierte Äußerung* ist immer schon an Kontext und Situation[46] gebunden, deshalb kann die Wahrheit ihrer Aussage allein durch den Faktor der Bildfeldzugehörigkeit nicht zufriedenstellend erklärt werden.[47]

Dennoch sollte die Bedeutung der Bildfeldanalyse für die Metaphorologie nicht unterschätzt werden, da mit ihrer Hilfe das umfangreiche Feld konventioneller und lexikalisierter Metaphern in strukturierter Weise beschrieben und hergeleitet werden kann. Selbst die innovative Metapher greift, wie gesehen, oft auf die Stützen des Bildfeldes zurück, um in Anknüpfung an dieses und im Kontrast dazu neue, überraschende Bedeutungen zu zeitigen. In diesem Sinne kann die Bildfeldtheorie als wichtige Ergänzung der Interaktionstheorie betrachtet werden, die zwar nicht das *Ereignis* der metaphorischen Interaktion, wohl aber das semantisch-kulturelle und sprachgeschichtliche *Umfeld* des metaphorischen Prozesses erklären kann. Offen bleibt bei der von Weinrich vorgelegten Theorie des Bildfeldes aber vor allem die Frage, in welchem Zusammenhang die Bildfelder unterein-

---

stens zu dem Eingeständnis zwingen, wir hätten uns über den synchronischen Zustand getäuscht. (...) Diese Strategie macht den Strukturalismus unwiderlegbar" (ebd. 60f.).
45 Zur Verbindung von Bildfeld- und Interaktionstheorie vgl. auch Kurz 1988: 22f. und Kügler 1984:107ff.
46 Diese Aussage ist hier im Vorgriff auf Kap. II-5 zu verstehen.
47 So ist etwa in Satz [6] ein ganz konkreter Redner gemeint, der durch seine spezifischen Eigenschaften und durch bestimmte Vorgänge zu genau dieser Äußerung veranlaßt wurde, so daß wir aus Kontext und Situation heraus erst beurteilen können, ob die Metapher z.B. ironisch oder polemisch gemeint war und ob sie angemessen und ihre Aussage wahr ist.

ander stehen:[48] Sind sie selbst nochmals zu höheren Einheiten zusammengeschlossen oder stehen sie gleichsam auf einer Ebene? Überlagern sie sich in kontingenter Weise oder gibt es systematische Verknüpfungen? Sind diese Zusammenhänge relativ stabil oder historisch variant? Kann man tatsächlich, wie Weinrich dies vorschlägt, von einer die regionalen Sprachgrenzen überschreitenden und die historischen Epochen übergreifenden 'abendländischen Bildfeldgemeinschaft' sprechen?[49] Und schließlich gilt es auch zu fragen, wie vor diesem Hintergrund die Orientierungsleistungen der Metaphern und Bildfelder zu beurteilen sind.

Mit den im folgenden dargestellten Ansätzen sollen Antworten auf diese Fragen diskutiert werden und mögliche Zusammenhänge zwischen den Bildfeldern auf ihre Systematik und auf ihre *orientierende* und *welterschließende* Wirkung befragt werden. Dabei werden die zur Diskussion stehenden Ansätze nach der oben ausgeführten Differenz zwischen dem semantisch-synchronen und dem historisch-diachronen Bildfeldbegriff zusammengestellt: In den Kapiteln II-3.1 und II-3.2 werden Metapherntheorien behandelt, die – vorwiegend auf der Grundlage der eher substitutionstheoretisch orientierten *strukturalen Linguistik* – Strukturen und Funktionen synchroner Bildfelder untersuchen, wohingegen die darauf folgenden Kapitel II-3.3 und II-3.4 sich mit Ansätzen aus der auch interaktionstheoretische Aspekte integrierenden *historisch-hermeneutischen Metaphorologie* beschäftigen, die den diachronen Aspekt von Bildfeldern im Blick haben:

In Kapitel II-3.1 wird zunächst die Technik der strukturalen Analyse betrachtet und in Bezug zur Mythenanalyse von Lévi-Strauss gesetzt. Dabei steht vor allem das Prinzip metaphorischer und metonymischer Transformationen als Grundprinzip des Mythos und der Sprache zur Diskussion. Dabei zeigt sich der Mythos als eine große Metapher, die in den Einzelmythen beständigen Metamorphosen unterliegt.

Im darauffolgenden Kapitel II-3.2 soll dann der Blick auf das Phänomen der metaphorischen Rekurrenz von Texten und Sprache überhaupt gelenkt werden: Durch Rekurrenzen werden stabile metaphorische Äquivalenzen nicht nur in Texten, sondern auch in Sprachgemeinschaften erzeugt, so daß epochal dominante Bildfeldsysteme entstehen. Bei der Analyse des Verhältnisses zwischen den Bildfeldsystemen selbst wird schließlich gezeigt, wie diese feste, aufeinander verweisende synchrone Katachresennetze bilden,

---

[48] Weinrich gibt hierzu nur wenige, sparsame Hinweise, wie etwa: „...die Bildfelder der Sprache liegen nicht sauber geschieden nebeneinander, sondern sie überlagern sich teilweise und haben bisweilen einzelne Metaphernstellen gemeinsam." (Weinrich 1976a:286).
[49] Vgl. Weinrich 1976a:287.

die durch die Kollektivsymbole des gesellschaftlichen Diskurses präformiert werden.

In Kapitel II-3.3 werden die zuvor synchron betrachteten Bildfelder auf ihre historischen Wurzeln zurückgeführt: Hier stehen historisch-hermeneutische Metaphorologien zur Diskussion, die tradierte Bildfelder zusammenzutragen und analysieren, um so die über einzelne Sprachgemeinschaften hinausgehende 'Bildfeldgemeinschaft' (Weinrich) eines Kulturkreises zu umschreiben.

Das Kapitel II-3.4 wird sich dann mit dem Problem fundamentaler Bildfelder und Metaphern befassen, die in Sprache, Kultur und Theorie so tief eingelassen sind, daß sie als solche oft gar nicht mehr erkannt werden und die Grundlage für lebensweltliche wie theoretische Selbstverständlichkeiten bilden. Diese Metaphern haben ein hohes sinnbildendes Deutungs- und Orientierungspotential, sind jedoch aufgrund ihrer 'Unsichtbarkeit' auch Grundlage für die Etablierung einer scheinbar wörtlichen Wissenschaftssprache.

Im Schlußkapitel II-3.5 werden schließlich die Ergebnisse der einzelnen Kapitel zusammengefaßt und nach der Möglichkeit einer materialen Metaphorologie, die die synchrone und die diachrone Achse integriert, befragt. Darüber hinaus wird hier die weltbilderzeugende Kraft der Metapher als eine Form der Rationalität der Metapher vor allem im Hinblick auf ihre orientierend-welterschließenden, aber auch auf ihre manipulativen Funktionen betrachtet.

3.1 Der Mythos als große Metapher

Die *strukturale Analyse*, als deren Ausgangspunkt die linguistischen Untersuchungen Roman Jakobson gelten können, geht von der grundlegenden Prämisse aus, daß die Sprache aus der Polarität zwischen Metapher und Metonymie heraus zu erklären ist:[50] Metaphorische und metonymische Prozesse werden hier als die beiden polaren sprachlichen Operationen angesehen, die ihrerseits auf den zwei basalen semiotischen Prinzipien der *Substitution* und der *Kombination* beruhen. Während die Substitution die Auswahl eines Zeichens aus einer paradigmatischen Reihe von ähnlichen – also untereinander in metaphorischer Beziehung stehenden – Zeichen betrifft, bezieht sich die Kombination auf die syntagmatische Verkettung von Zeichen, die dann in einem Kontiguitätsverhältnis stehen, also metonymisch miteinander verknüpft sind. Der Strukturalismus untersucht also nicht nur die Linearität der Sprache, ihre Kombination zu einem syntagmatischen Kontext, sondern zugleich auch ihre Simultaneität, die Tatsache

---

[50] Vgl. Jakobson 1979a – auf die Entwicklung und die Probleme der verschiedenen strukturalistischen Schulen will ich hier nicht eingehen.

also, daß jedes Zeichen aus einem Set von paradigmatischen Alternativen ausgewählt wird.

Damit ergibt sich für die strukturale Linguistik eine Serie von korrelativ aufeinander bezogenen terminologischen Oppositionsbegriffen, die in der Opposition von Metapher und Metonymie gipfelt.[51] Indem so die Polarität von Metapher und Metonymie zur Grundunterscheidung der strukturalen Linguistik wird, kann einerseits die Beschränkung auf die Linearität, wie sie in der Tradition der Saussureschen Linguistik noch üblich war, zunächst überwunden werden. Andererseits aber ist mit dieser Opposition neben anderen Problemen[52] die Schwierigkeit verbunden, daß die Metapher hier rein als *Substitution* verstanden wird und damit ihre interaktiven und prädikativen Eigenschaften gar nicht erst in den Blick geraten. Diese starke Eingrenzung der Metapher auf die Substitution innerhalb eines Codes zieht, wie Ricœur hervorhebt, die Konsequenz nach sich, daß die Metapher immer codegebunden, also unfrei ist. In der Polarität von Metapher und Metonymie kann die *lebendige* Metapher deshalb gar nicht als metaphorischer Selektionsprozeß, sondern nur als metonymischer Kombinationsprozeß erklärt werden: man muß nun „das Geheimnis der Metapher in den ungewohnten syntagmatischen Verbindungen, den neuen, rein kontextgebundenen Kombinationen suchen".[53] Dies bedeutet, daß aus der Perspektive der strukturalen Linguistik die lebendige Metapher gerade aufgrund ihrer neuen und codeungebundene Bedeutung zur Erklärung ihrer Funktionsweise auf die Metonymie zurückgeführt werden muß. Eine solche Rückführung der Metapher auf die Metonymie, die bei Jakobson noch implizit ist, wird bei neueren Theoretikern aus dem Bereich der strukturalen Linguistik explizit vorgenommen.[54] Auch einige neuere semiotische Typologien begreifen Kontiguität als die fundamentale semiotische Opera-

---

[51] Ricœur (1988:175) faßt diese Korrelationen in folgendem Schema zusammen:

PROZESS	OPERATION	RELATION	KOORDINATE	GEBIET	LINGUISTISCHER FAKTOR
Metapher	Selektion	Ähnlichkeit	Substitution	Semantik	(Bedeutung im) Code
Metonymie	Kombination	Angrenzung	Verkettung	Syntax	Aussage (kontextgebundene Bedeutung)

[52] Vgl. hierzu die ausführliche Kritik Ricœurs (1988:168ff.) sowie Eco 1972, v.a. 357ff.

[53] Ricœur 1988:178.

[54] So z.B. die Lütticher Gruppe (vgl. Dubois et al. 1974) sowie Greimas 1971 und Rastier 1974, die die Metapher – bei gleichzeitiger Betonung ihrer zentralen Rolle – durch (mindestens) ein *gemeinsames Sem* mit dem zu substituierenden Wort erklären, womit die Metapher als Ganzes eines Teils, nämlich des Sems, betrachtet und so auf die Synekdoche zurückgeführt wird. Ähnlich übrigens auch Castoriadis (1984:242), der jede Metapher auf eine Metonymie 'gestützt' sieht. Zur Kritik vgl. z.B. Ruwet 1983, Schöffel 1987:42f.; sowie unten Kap. II-3.2.

tion und setzen dementsprechend die Metonymie als Basistypus noch vor der Metapher an.[55]

Als metapherntheoretisches Erklärungsmodell ist die strukturale Sprachtheorie wegen ihrer substitutionstheoretischen Prämissen und der Tendenz, die Metapher auf die Metonymie zu reduzieren, unbefriedigend. Die Erklärungskraft dieser Ansätze liegt deshalb auch auf anderer Ebene: Die strukturale Analyse nimmt die Funktionen von Metapher und Metonymie zur Grundlage ihrer formalen Methode, die es gestattet, Zeichenprozesse als metaphorische und metonymische Transformationsprozesse aufzufassen und so universelle Strukturen der Zeichenverwendung herauszuarbeiten. Dabei können jedoch keine innovativen Metaphern, sondern nur stark konventionalisierte Gebrauchsmetaphern und gebräuchliche Analogien, also im Paradigma codierte Elemente, analysiert werden: Der Strukturalismus betrachtet die im Sprachsystem etablierten Bildfelder und schließt auf deren meist impliziten Elemente. Aufgrund dieser Implizitheit kommt der strukturalen Analyse bei der Aufdeckung von impliziten Sinnstrukturen und Ordnungssystemen, die in Metapherntraditionen und usuellen Analogierelationen sprachlich fixiert sind, eine große Bedeutung zu. Die Sprache als synchrones und diachrones System von metaphorischen und metonymischen Relationen kann dabei als ein großes Reservoir paradigmatischer Bildfelder betrachtet werden, die auf immer neue Weise ins Syntagma integriert werden und so den Rahmen eines gesellschaftlich strukturierten *Wissens- und Bildervorrates* sichtbar machen.

Die strukturale Analyse, die in der Linguistik wie auch im Bereich der Literatur- und Kulturwissenschaften und vor allem in der Ethnologie eine wichtige Rolle spielt,[56] zieht aus Jakobsons These der Polarität von Metapher und Metonymie zwei Konsequenzen: Erstens kann durch die Analyse der beiden 'Sprachachsen' (Paradigma und Syntagma) jedes Zeichen beurteilt werden, da seine Zugehörigkeit zu einem syntagmatischen Kontext und zu einem paradigmatischen Kode die Bedeutung hinreichend determiniert: Dem unendlich variablen *Prozeß* der Sprache als 'parole' wird eine endliche und invariante *Struktur* der Sprache als 'langue' unterlegt, ein System von Kombinations- und Selektionsregeln, die auf durch Nähe und Distanz

---

55 Vgl. Leach 1978 und Nöth 1977; zur Kritik vgl. z.B. Arbib/Hesse 1986:164. Vor allem Nöth verbindet diese Präferenz der Metonymie mit der Unterstellung, daß das metaphorisch-analogische Denken als prälogisch und primitiv zu bewerten ist (vgl. Nöth 1977:66ff.). Diese aus der 'frühen' Ethnologie stammende These wurde schon von Cassirer (1977/II und 1985:18ff.) kritisiert und gilt inzwischen hinlänglich als unhaltbare Projektion des okzidentalen Rationalismus, der sich selbst auf formale Logik verengt, um dann alle anderen Denkformen als unlogisch und irrational abzuqualifizieren (vgl. auch Habermas 1981/I:72ff.).

56 Für die Literaturwissenschaften vgl. z.B. Kallmeyer et al. 1974 und Barthes 1988, für die Untersuchung von sozialen Bräuchen, Riten und Mythen vgl. z.B. Barthes 1964, Lévi-Strauss 1976, Leach 1978.

(Kontiguität) und Ähnlichkeit und Unterschied (Similarität) gebildeten Relationen beruhen. Zweitens wird gerade aus dem Umstand, daß die paradigmatischen Alternativen implizit bleiben, der methodisch folgenreiche Schluß gezogen, daß der *virtuelle metaphorische* Gehalt eines Textes reichhaltiger ist als sein *expliziter metonymischer* Gehalt, denn die Metapher besteht stets darin, „den Teil eines globalen und stummen semantischen Feldes durch einen diesem selben Ganzen komplementären Teil zu evozieren".[57] Im Zentrum der strukturalen Analyse steht deshalb die Untersuchung metaphorischer Prozesse, um so neben dem expliziten semantischen Gehalt eines Textes dessen reichere, aber implizite semantische Struktur zu erkennen und so den Gesamtsinn des Textes als Teil einer größeren Struktur zu verstehen.

Die Analysemethode verläuft, kurz gesagt, über folgende formale Operationen:[58] Zunächst werden zu den in einem Text vorkommenden Termen die impliziten Paradigmenreihen rekonstruiert, indem zunächst die oppositionellen Terme gebildet und dann dazu ähnliche Terme gesucht werden. Die so gewonnenen impliziten und expliziten Terme der beteiligten Paradigmen werden auf ihre formalen Beziehungen hin untersucht und dann in eine modellhafte Matrix eingetragen, wobei die verschiedenen Paradigmen als homolog, also strukturgleich, behandelt werden. Auf diese Weise können Strukturmodelle der in Frage stehenden Texte gewonnen werden. Dabei sind es nicht die einzelnen Elemente der Paradigmenreihen, die äquivalent sein müssen, sondern vielmehr die Beziehungen zwischen den einzelnen Elementen: Es handelt sich hier um die schon bei Aristoteles behandelte Form der *Analogiemetapher*.[59] Im Gegensatz zur inhaltlichen Analogie bildet also die strukturelle Analogie oder Homologie eine Ähnlichkeit oder Gleichheit zwischen Strukturmodellen von empirischen Verhältnissen ab, nicht aber zwischen den empirischen Gegebenheiten selbst. Schließlich ist dann zu untersuchen, inwiefern Elemente der paradigmatischen Reihen in die einzelnen syntagmatischen Ketten des Textes oder der miteinander zu vergleichenden Texte 'eingebaut' werden und wie umgekehrt Elemente des Syntagmas in andere paradigmatische Reihen transformiert werden:

> Den Schlüssel bildet hier nicht nur der Umstand, daß Metapher und Metonymie, paradigmatische Assoziation und syntagmatische Kette kombiniert auftreten, sondern daß die 'Bedeutung' von *Transformationen* und Rücktransformationen vom einen Modus in den anderen abhängt.[60]

Auf diese Weise können, wie ich anhand der Mythenanalyse von Lévi-Strauss demonstrieren möchte, die in einer Kultur (die hier als die Summe

---

57 Lévi-Strauss 1976/IV-2:813.
58 Ich folge hier der Darstellung von Gallas 1972.
59 Vgl. hierzu meine Ausführungen in Kapitel I-1.1.
60 Leach 1978:36.

ihrer Texte, d.h. der ethnologischen Mythenprotokolle, aufgefaßt wird) vorhandenen Bildfelder analysiert und miteinander in Beziehung gesetzt werden, so daß die den Bildfeldern zugrundeliegende Struktur sichtbar wird:

In der 'Mythologica' von Lévi-Strauss[61] stellt das Bildfeld der Speisezubereitung im 'kulinarischen Dreieck' der binären Gegensätze von Rohem und Gekochtem bzw. von Rohem und Verfaultem die grundlegenden Elemente eines Kodes dar, der sowohl in den altamerikanischen Mythen wie auch in den modernen Sitten und Gebräuchen die Achse Natur/Kultur und die Achse unverändert/verändert markiert.[62] Die damit gewonnene Dreiecksbeziehung zwischen dem Rohen, dem Gekochten und dem Verfaulten nimmt Lévi-Strauss als primäres Strukturmodell zur Analyse der amerikanischen Mythen. Dabei wird dieses primäre Dreieck zum einen durch vielfältige metaphorische und metonymische Transformationen in immer neue Formen der Nahrungsmittelgewinnung, -zubereitung und -einnahme überführt und zum anderen in strukturelle Analogie zu anderen paradigmatischen Oppositionen, wie z.B. Leben/ Tod, Freund/Feind, Minder- und Höherwertigkeit, nackt/bekleidet, naß/trocken, exogam/endogam, männlich/weiblich etc. gesetzt.[63] Paradigmatische Oppositionen dieser Art dienen selbst wieder als Achsen für die metaphorischen und metonymischen Transformationen zwischen den Mythen.

Wenn diese Oppositionen nun als invariante Merkmale in mehreren Mythen auftauchen, dann nennt Lévi-Strauss ihre Gesamtheit das *'Gerüst'*, dessen Merkmale in jedem einzelnen Mythos durch den jeweiligen Code unterschiedliche Funktionen erfüllt, so daß die *'Botschaft'* – als der Inhalt des Mythos – beim Übergang vom einen zum anderen Mythos verschieden, oft sogar umgekehrt sein kann. Zur strukturalen Interpretation der Mythen werden deshalb sowohl verschiedene Mythen zueinander in metaphorische Homologie gebracht als auch die einzelnen, metonymisch verknüpften Sequenzen je eines Mythos aus ihrer syntagmatischen Verkettung in eine paradigmatische Assoziation gebracht, also als Metaphern behandelt:

---

61 Vgl. Lévi-Strauss 1976.
62 Je nach Kombination können schon mit diesen zwei Achsen sehr unterschiedliche mythische Selbstzuschreibungen erfolgen: '...die Grenze zwischen Natur und Kultur ist (...) verschoben, je nachdem, ob man die Gé oder die Tupi betrachtet. Bei den ersteren verläuft sie zwischen dem Rohen und dem Gekochten; bei den letzteren zwischen dem Rohen und dem Verfaulten. Die Gé machen demnach aus der Gesamtheit (roh + verfault) eine natürliche Kategorie; die Tupi aus der Gesamtheit (roh + gekocht) eine kulturelle Kategorie" (Lévi-Strauss 1976/I:192).
63 Dies führt z.B. zur Homologie zwischen den Beziehungen des Paradigmas Braten/Kochen und denen des Paradigmas Freund/Feind, wobei eben auch hier 'nicht zwischen Braten und Feind oder zwischen Kochen und Freund ein wesensmäßiger oder kausaler Zusammenhang besteht. (...) Der Zusammenhang besteht vielmehr zwischen der Beziehung, die zwischen Braten und Kochen besteht und der Beziehung, die zwischen Freund und Feind besteht.' (Gallas 1972:XIX).

> Wir stoßen (... auf das ...) Problem der wechselseitigen Reversibilität einer durch einen einzigen Mythos gebildeten syntagmatischen Kette und einer syntagmatischen Gesamtheit, die wir erhalten, wenn wir einen Querschnitt durch die übereinandergelegten syntagmatischen Ketten mehrerer Mythen ziehen, die durch Transformationsbeziehungen miteinander verbunden sind.[64]

Lévi-Strauss generalisiert diese These des metaphorisch-metonymischen Transformationszusammenhangs zwischen den einzelnen Mythen schließlich zu der Grundthese, daß jeder Einzelmythos, in dem immer nur Teile des mythischen Gerüstes, also des globalen semantischen Feldes, vorkommen, gleichsam wie eine einzelne Stimme in einer Orchesterpartitur als Teil eines *virtuellen 'Gesamtmythos'* angesehen werden kann, wobei dessen Gesamtaussage im je einzelnen Mythos unterschiedlich variiert wird:

> Die fächerartige Struktur des Mythos (...) erlaubt es, in ihnen eine Matrix von Bedeutungen zu sehen, die in Reihen und Spalten geordnet ist, bei der jedoch, auf welche Weise man immer sie liest, jede Ebene stets auf eine andere verweist. Desgleichen verweist jede Matrix von Bedeutungen auf eine andere Matrix, jeder Mythos auf andere Mythen.[65]

Das hierbei von Lévi-Strauss verwendete Modell der Bedeutungsmatrix läßt sich zwanglos in die von mir entwickelte Terminologie des semantischen Raumes einfügen: Ein Mythos kann als ein *komplexer semantischer Raum* aus mehreren metaphorischen semantischen Räumen gedacht werden, zwischen denen vielfältige Verweisungen (Vektorverknüpfungenen) bestehen, die als mehrdimensionale Bedeutungsmatrix dargestellt werden können. Jeder Mythos verweist als komplexer semantischer Raum auf andere komplexe semantische Räume (andere Mythen), die zum Teil gleiche oder ähnliche (also parallel liegende) metaphorische semantische Räume besitzen. Jeder Mythos bildet also ein System von (semantischen) Bildfeldern, das aufgrund metaphorischer und metonymischer Transformationen in ein mehr oder minder ähnliches System von Bildfeldern – d.h. einen anderen Mythos – überführbar ist.

Dabei ist, wie Lévi-Strauss im weiteren ausführt, durch die strukturellen Analogien und Verweisungen zwischen den Mythen zugleich auch eine dauernde und letzte Verweisung auf den Mythos als solchen gegeben:

> Und wenn man fragt, auf welches letzte Signifikat diese Bedeutungen verweisen, die sich wechselseitig selbst bezeichnen, so ist die einzige Antwort, die dieses Buch andeu-

---

[64] Lévi-Strauss 1976/II:415. Als methodisches 'Rezept' wird dieses Vorgehen bei Leach folgendermaßen formuliert: „Wenn wir diese Annahme akzeptieren, folgt, daß man für den Versuch, die durch den Mythos im ganzen verkörperte (und von den Oberflächennachrichten der einzelnen Episoden zu unterscheidende) Nachricht zu entschlüsseln, nach einem (notwendigerweise einigermaßen abstrakten) Strukturmuster Ausschau halten muß, das der vorliegenden Gesamtmenge der Metaphern gemeinsam ist. Die endgültige Interpretation besteht dann darin, daß man das so abgeleitete Muster so liest, als ob es sich um eine syntagmatische Kette handelte." (Leach 1978:36f.)
[65] Lévi-Strauss 1976/I:436; vgl. hierzu auch Leach 1978:36ff.

tet, die, daß die Mythen den Geist bezeichnen, der sie mit Hilfe der Welt, von der er selbst ein Teil ist, erarbeitet.[66]

Die strukturale Mythenanalyse ist in diesem Sinne zugleich eine Rekonstruktion eines auf den *objektiven Geist* verweisenden Gesamtmythos'. Vor allem in dem resümierenden Kapitel 'Der einzige Mythos' erweitert Lévi-Strauss diesen Gedanken zu der These, daß mit seiner Mythenanalyse nicht nur ein eigener, großer Gesamtmythos im ethnologischen Labor synthetisiert wurde, sondern daß diesem Gesamtmythos auch eine Realität zukommen muß.[67] Dazu zeichnet er zunächst noch einmal nach, wie sich im Verlauf der 'Mythologica' verschiedene Themen herauskristallisiert und durch alle möglichen Transformationen immer wieder neu miteinander verbunden haben, und wie sich schließlich diese Themen (anhand von Mythen aus dem Gebiet von Oregon) in der Tat auf ein mythisches Grundschema zurückführen lassen, ein 'großes System, dessen invariante Elemente sich stets in der Form einer Schlacht zwischen der Erde und dem Himmel um die Eroberung des Feuers darstellen lassen'.[68] In diesem virtuellen Gesamtmythos (dessen Parallele zum europäischen Prometheusmythos gewiß kein Zufall ist) ist die Menschwerdung des Menschen als *Erwerb des Distinktionsvermögens* durch die Eroberung des Feuers und seine Nutzung als *primäre Technik* der Nahrungszubereitung begriffen, wodurch die grundlegenden Oppositionen der physikalisch-gegenständlichen, der natürlich-biologischen und der kulturell-sozialen Ordnungen gewonnen werden können. Mit der Herausarbeitung dieses virtuellen Gesamtmythos schließt sich der Kreis, der am Anfang der 'Mythologica' mit der Annahme begonnen wurde, daß das kulinarische Dreieck als grundlegendes Strukturmodell dienen kann.

Aus der Perspektive einer Metaphorologie, die sich über metapherntheoretische Ansätze im Zusammenhang mit Bildfeldern Klarheit verschaffen will, scheint mir die Interpretation naheliegend, daß in der 'Mythologica' das Feuer die *Urmetapher* (das Ursprungsbild[69]) und die Küche der *metaphorische Hintergrund* – eine Art globaler semantischer Raum – ist,

---

66 Lévi-Strauss 1976/I:436f. (Hervorh. von mir).
67 Vgl. Lévi-Strauss 1976/IV-2:656-731; Lévi-Strauss zieht zu dieser Hypothese den Vergleich zur Arbeit eines Astronomen, der durch Berechnungen bereits von der Existenz eines noch nicht gesehenen Himmelskörpers weiß und diesen „eines Tages im Objektiv seines Teleskops genau an der Stelle einfängt, wo er sich befinden muß..." (1976/IV-2:659) – was auch einen Eindruck von Lévi-Strauss' Szientismus gibt.
68 Lévi-Strauss 1976/IV-2:699.
69 Vgl. hierzu auch Bachelards 'Psychoanalyse des Feuers', in der die vier Elemente Feuer, Wasser, Erde, Luft als Ursprungsbilder – primäre metaphorische Orientierungssysteme – ausgezeichnet werden. Hier heißt es über das Feuer: „Das Feuer ist ein bevorrechtigtes Phänomen, das alles erklären kann (...) es ist also eines der Prinzipien mit universeller Erklärung" (Bachelard 1959:19).

von dem aus alle anderen Distinktionen als mythische Metaphernreihen gebildet werden.[70] Lévi-Strauss selbst wird übrigens nicht müde, diese fundamental-exemplarische Stellung des Feuers und der Küche in der Kultur immer wieder zu betonen.

Als ein erstes Ergebnis meiner Auseinandersetzung mit Lévi-Strauss ist deshalb festzuhalten, daß die gesamte 'Mythologica' als eine beständige Transformation der Ursprungsmetapher Feuer und ihrer kulinarischen Hintergrundmetaphorik gelesen werden kann – denn sie ist, wie Lévi-Strauss erklärt, selbst ein (wenn auch im ethnologischen Labor erzeugter) Mythos. Damit ist nicht nur jede Metapher – wie bei Vico – ein kleiner Mythos, sondern umgekehrt ist auch jeder Mythos ein Verweis auf die *große Metapher* [Feuer und Küche], die dem virtuellen Gesamtmythos zugrundeliegt. Der (Gesamt)mythos zeigt sich so als eine grundlegende Metapher, als *absolute Metapher*.[71] Auf der strukturalen Ebene wären damit die einzelnen mythischen Bildfelder auf dieses letzte, generelle Bildfeld, das Natur und Kultur koppelt, zurückzuführen.

Ein zweites Ergebnis – im Hinblick auf die Rationalität der Metapher – liegt darin, daß Lévi-Strauss gezeigt hat, daß dem mythisch-archaischen Denken ebenso sehr Logik und Rationalität zukommt, als dem rational-modernen; die Logik der metaphorischen und metonymischen Transformationen ist nicht weniger rational als die der abstrakt-formalen Logik. Damit ist auch die auf Lévi-Bruhl zurückgehende These, derzufolge das 'primitive' Denken auf der prä-logischen Mentalität eines rein affektiv-verschmelzenden Weltzugangs ohne klare Distinktionen beruht, entkräftet.[72] Der Unterschied zwischen dem mythischen und dem rationalen Denken besteht nach Lévi-Strauss vielmehr darin, daß ersteres in konkretistischer Weise die sinnlichen Eigenschaften zur Grundlage seiner oppositionellen Distinktionen macht, während das letztere seine Distinktionen aus den formalen Gegensätzen abstrakter Entitäten bezieht. Die totalisierende Kraft des Mythos und seine – aus moderner Sicht – mangelnde Differenzierung

---

70 Der Vorwurf der Verkürzung und Übergeneralisierung, dem sich Lévi-Strauss selbst schon ausgesetzt sah (vgl. hierzu seine Verteidigung im 'Finale' der 'Mythologica' in: 1976/IV-2:738ff. sowie zur Kritik: Eco 1972:395ff. und Leach 1991), mag auch gegen meine Interpretation erhoben werden. Allerdings bezieht sich meine Interpretation zunächst nur auf den Stellenwert von Feuer und Küche *innerhalb* der 'Mythologica' selbst. Ist sie im Bezug auf das Modell von Lévi-Strauss zutreffend, dann kann sie auch auf die empirische Mythenrealität ausgedehnt werden, sofern sich die 'Mythologica' überhaupt auf diese ausdehnen läßt.

71 Die *absolute* Metapher als Grundstruktur des Mythos ist unhintergehbar (im Sinne von Blumenberg und Derrida; vgl. unten, Kap. II-3.4) und liegt deshalb noch vor logischen Kategorien und Schemata.

72 „Das wilde Denken ist in demselben Sinne und auf dieselbe Weise logisch, wie es unser Denken ist, aber nur dann, wenn es sich auf die Erkenntnis einer Welt richtet, der es zugleich physische und semantische Eigenschaften zuschreibt." (Lévi-Strauss 1973:308.; vgl. auch Leach 1991:101ff. sowie meine obige Anm. 55).

zwischen Natur- und Handlungskausalität sind deshalb nur scheinbar irrationale Oberflächenphänomene einer tieferliegenden rationalen Struktur, die der 'Grammatik' metaphorischer und metonymischer Transformationen folgt und die zugleich als eine universale Struktur des menschlichen Denkens verstanden werden kann:

> ... auch wenn die Mythen, an sich betrachtet, absurde Erzählungen zu sein scheinen, so regelt doch eine geheime Logik die Beziehungen zwischen all diesen Absurditäten: sogar ein Denken, das sich auf dem Gipfel der Irrationalität zu befinden scheint, schwimmt somit in einer Rationalität, die für es eine Art äußeres Milieu bildet, noch bevor das Denken es mit der Heraufkunft der wissenschaftlichen Erkenntnis verinnerlicht und selbst rational wird.[73]

3.2 Isotopie, Bildfeldsystem und synchrones Katachresennetz

Die strukturale Methode, so haben wir gesehen, liefert das formale Instrumentarium zur Analyse von paradigmatischen und syntagmatischen Transformationen. Insbesondere die Gegenüberstellung von paradigmatischen Reihen kann dabei zu einem wichtigen metaphorologischen Instrument werden, denn dadurch wird deutlich, wie der Prozeß der *Übertragung* von Eigenschaften von einem System auf ein anderes, von einem kategoriellen Bereich auf einen anderen möglich wird. Diese streng substitutionstheoretisch motivierte Analysemethode findet ihre Grenze sicherlich dort, wo komplexe interaktive Metaphern auf innovative Weise Gebrauch finden, sie ist jedoch gerade dann brauchbar, wenn es metaphorische Prozesse zu erklären gilt, die auf tradierte Vorstellungen und etablierte Bildfelder zurückgreifen: Die Anordnung von Metaphern in festen Paradigmen zu *Metaphernfeldern* findet sich nicht nur in archaischen Kulturen, vielmehr kann – gestützt vor allem durch die Untersuchungen des ethnologischen Strukturalismus – diese Weise des symbolischen Ordnens der Welt als eine anthropologische Konstante betrachtet werden.[74] Besonders die Parallelisierung von natürlichen Reihen, also z.B. den Beziehungen zwischen *natürlichen Arten* wie Tieren, und *kulturellen Reihen*, also etwa Beziehungen in und zwischen sozialen Gruppen, scheint ein universelles Muster der Bildung von Ordnungssystemen zu sein.[75] Dabei gehen die Eigenschaften der einen Reihe bzw. von Elementen der einen Reihe (oft implizit!) auf die Elemente der anderen Reihe über. Edmund Leach nennt

---

[73] Lévi-Strauss 1976/IV-2:807f.
[74] So mutmaßt schon Weinrich (1976e:335): „Ich will nicht einmal ausschließen, daß es zwischen verschiedenen Kulturkreisen überraschend ähnliche Bildfelder gibt, die dann wohl gewisse anthropologische Grunderfahrungen des ganzen Menschengeschlechtes zum Ausdruck bringen."
[75] Vgl. hierzu v.a. Lévi-Strauss 1973.

als Beispiel die folgenden homologen Paradigmenreihen aus dem englischen Kulturkreis:[76]

\	1	2	3	4	5	6
P1 {	wilde Tiere	Füchse	jagbares Wild	Nutztiere	Haustiere	Ungeziefer}
P2 {	Fremde	Feinde	Freunde	Nachbarn	Gefährten	Verbrecher}

Wenn etwa in einer Fabel, einer Erzählung, einem Zeitungsbericht usw. nun Elemente von P1 und P2 einander substituieren, also metaphorisch ineinander transformiert werden, entstehen Analogiebeziehungen, bei denen die Eigenschaften des Elements aus dem einen Paradigma auf die des Elements aus dem anderen Paradigma übertragen werden. Indem etwa der Term P2/6 {Verbrecher} durch den Term P1/6 {Ungeziefer} substituiert wird, werden auch Eigenschaften von P2/6 *[kriminell, bedroht das soziale Zusammenleben, muß also bestraft werden]* mit Eigenschaften von P1/6 *[schädlich, bedroht das natürliche Zusammenleben, muß also vernichtet werden]* analogisiert und ausgetauscht. Wenn im weiteren nun die metaphorisch eingeführten Elemente als Metonymien[77] behandelt werden, dann erscheinen die eigentlich nur analogen Eigenschaften von P1/6 plötzlich als kausal-immanente Eigenschaften von P2/6: Der Verbrecher wird nun zum Schädling, der ausgerottet werden muß.[78] Die *formalen* Beziehungen zwischen sprachlichen Zeichen, also metaphorische Oppositionen und Äquivalenzen, werden damit zur Darstellung von *inhaltlichen* Beziehungen, etwa sozialen Relationen, benutzt.

Diese Transformationsbeziehungen zwischen metaphorischen Reihen spielen jedoch nicht nur im Hinblick auf die textexterne Wirklichkeit (Definition von sozialen Beziehungen, von Werten oder von Kategorien) eine wichtige Rolle, sondern sie haben auch eine spezifische textinterne Referenzfunktion,[79] die v.a. von der *strukturalen Textlinguistik* untersucht wurde und die im folgenden näher betrachtet werden soll.

Eine paradigmatische Reihe wird in einem Text dadurch etabliert, daß ihre Elemente mehrfach wiederholt bzw. durch neue, andere Elemente aus dem gleichen Paradigma substituiert werden, so daß sie eine *Isotopie* bilden.[80] Rastier unterscheidet zwischen der *sememischen oder horizontalen* Isotopie, die in einem Text als Thema zur Isotopieebene einer spezifischen Lesart wird, und der *metaphorischen oder vertikalen* Isotopie, bei der die

---

[76] Vgl. Leach 1991:48; vgl. hierzu auch Lévi-Strauss 1973, v.a. 259f.
[77] Metonymie meint hier ganz allgemein räumliche, zeitliche oder kausale Nachbarschaft.
[78] Vgl. Leach 1978:39ff. und 88ff. sowie zur Untersuchung dieser Logik in der politischen Metaphorik auch Küster 1983.
[79] Zur doppelten Referenz vgl. auch die oben in Kap. II-1.4 behandelte fünfte Polarität der Ricœurschen Metapherntheorie.
[80] „Jedes wiederholte Vorkommen einer sprachlichen Einheit [im Text] nennen wir Isotopie." (Rastier 1974:157) Zu dem im folgenden dargelegten Isotopiebegriff vgl. v.a. Rastier 1974 und Greimas 1971:60-92.

horizontalen Isotopieebenen eines Textes sich paradigmatisch überlagern, indem sie sich durch den Bezug auf mindestens ein gemeinsames Element wechselseitig substituieren.[81] Die vertikalen Isotopieebenen werden auf diese Weise in eine horizontale Korrespondenzbeziehung gebracht, so daß sich die verschiedenen Lesarten eines Textes gleichsam wechselseitig semantisch befruchten. Durch dieses Zusammenwirken von horizontaler und vertikaler Isotopie entstehen komplexe Isotopieverflechtungen, die als *Isotopie des Kontextes* die einzelnen Metaphern in ihrer Bedeutung determinieren, so daß auch ungewöhnliche, aber zu einer Isotopieebene gehörige Metaphern interpretierbar werden.[82] Dadurch entsteht ein *rekurrentes System von metaphorischen Verweisungen*, das mit jeder weiteren Metapher aus dem gleichen Paradigma semantisch gefestigt wird[83] und das zur Determination einer Lesart eines Textes beiträgt, da es Fortsetzungserwartungen erzeugt und so bestimmte Interpretationen nahelegt.[84]

Rastier verdeutlicht diesen Prozeß anhand seiner Analyse des Gedichtes 'Salut' von Mallarmé, in dem durch den Aufbau von metaphorischen Äquivalenzen die unterschiedlichen Lesarten *Seefahrt*, *Bankett* und *Literatur* möglich werden, wobei die Korrespondenzen oft nur implizit gegeben sind: Die Elemente der Isotopieebene Bankett [I_2] kann ohne Schwierigkeiten als metaphorische Isotopie für Elemente der Isotopieebene Seefahrt [I_1] auch dort gelesen werden, wo das gemeinsame Semem (als das für die Substitution unverzichtbare tertium comparationis) nur implizit, nämlich durch die Zugehörigkeit zur horizontalen Isotopie vorhanden ist. Diese Operationen lassen sich allerdings nicht allein aufgrund von Informationen aus dem Text vollziehen, vielmehr erfordert die Bildung von solchen Lesarten textexternes (extradiegetisches) Wissen, etwa die Kenntnis anderer Werke des Autors oder auch anderer Zeichensysteme:

---

81 „Wir werden hier als Metapher jede elementare Isotopie oder jedes elementare Isotopienbündel auffassen, die/das zwischen zwei verschiedenen Feldern angehörende Sememen oder Gruppen von Sememen hergestellt wird." (Rastier 1974:166). Die Bezugnahme auf ein gemeinsames Semem ist nur möglich aufgrund gemeinsam geteilter Eigenschaften (Seme), wobei andere, unverträgliche Seme (den Prämissen der hier behandelten Theorien zufolge) im Verstehensprozeß der Metapher getilgt werden. Vgl. hierzu auch Weinrich 1976e:330ff.

82 „Wenn in ein und demselben Text sememische Isotopien miteinander verknüpft sind, können sie in sich gegliedert werden durch metaphorische Isotopien, die durch die teilweise isomorphen Kodierungen der Sememfelder zustande kommen." (Rastier 1974: 172).

83 Metaphern stützen sich dabei wechselseitig „durch die Kohärenz des Bildfeldes, also durch eine rekurrente Feldmetaphorik" (Küster 1983:40).

84 Diese Verweisungen lassen sich als textinterne Zeigehandlungen auffassen: „In isotopen Verknüpfungen erhalten Metaphern eine anaphorische (rückverweisende) und kataphorische (vorverweisende) Funktion. Dadurch bilden sie Textklammern." (Kurz/ Pelster 1976:80f.) Die ana- und kataphorische Funktion der Metapher wird unten in Kap. II-5.1 nochmals näher betrachtet.

"Diese Angaben sind nützlich, weil das semiotische System, welches das Ritual des Banketts bestimmt, im Text wirksam ist und Anaphern auf die nichtsprachliche Situation verweisen."[85]

Ganz ähnlich können dann die Korrespondenzen zwischen [I$_1$] und [I$_2$] in Bezug zu der dritten, ganz impliziten Isotopieebene Literatur [I$_3$] gesetzt werden: Durch die Berücksichtigung von anderen (Ko-)Texten, in denen die drei Isotopieebenen [I$_1$], [I$_2$] und [I$_3$] miteinander verflochten sind, werden zunächst Korrespondenzen zwischen den im aktuellen Text zur Diskussion stehenden Isotopieebenen angenommen. Indem so [I$_3$] als *metaphorisch äquivalent* zu den beiden anderen Isotopieebenen behandelt wird, können dann alle im Text vorkommenden Terme auch als Elemente der (impliziten) Isotopieebene [I$_3$] gelesen werden, also als Metaphern für die Lesart Literatur. Im Prinzip ist es möglich auf diese Art beliebig viele Isotopieebenen und metaphorische Korrespondenzen aufzubauen, allerdings erfordert dies die Bezugnahme auf immer komplexere Texte und Ko-Texte, also immer komplizierte hermeneutische Anstrengungen.[86]

Schließlich ist es auch möglich, die verschiedenen Isotopieebenen zu überkreuzen und ihre Elemente untereinander auszutauschen, so daß die Korrespondenz zwischen den Isotopieebenen durchbrochen wird. Die Elemente der Isotopieebenen stehen dann nicht mehr in metaphorischer Substitutionsbeziehung, sondern in metonymischer Kombination. Roland Barthes verdeutlicht im Zusammenhang mit seiner Analyse des Romans 'L'Histoire de l'Oeil' von Bataille,[87] wie zwei isotopische Metaphernketten – die *Augenkette*, deren invariante Elemente das Weiße und das Runde sind, und die *Tränenkette*, deren invariantes Element das Flüssige ist – sich kreuzen und dabei ihre metaphorische Korrespondenz verlieren:

> Alles aber gewinnt ein anderes Gewicht, wenn man die Korrespondenz der beiden Ketten durchbricht, wenn man, statt die Gegenstände und Handlungen nach den Gesetzen traditioneller Verwandtschaft zusammenzufügen (ein Ei zerschlagen, ein Auge auskratzen), die Assoziation löst und jeden ihrer Terme von vornherein auf verschiedene Ebenen hebt, kurz, wenn man sich das Recht nimmt, ein *Auge zu zerschlagen* und ein *Ei*

---

[85] Rastier 1974:163. In der Sprache Weinrichs ausgedrückt heißt dies, daß zwischen den Bildfeldern einer Kultur selbst rekurrente Beziehungen bestehen, so daß zu den in einem Text vorkommenden Isotopieebenen immer auch außertextuelle Verflechtungen dieser Isotopieebenen vorkommen. Deshalb können z.B. Bildfeldverknüpfungen in Volksliedern, gesellschaftliche Gepflogenheiten oder Interpretationstraditionen als Quelle für die Textinterpretation dienen.

[86] Ein Vorteil dieses Ansatzes gegenüber der Bildfeldtheorie Weinrichs besteht übrigens darin, daß mit dem Isotopiebegriff die mit der Terminologie von Bildempfänger und Bildspender verbundene 'Einbahnstraßensemantik' aufgegeben wird: Ein Bildfeld ist hier als die Koppelung von mehreren vertikalen Isotopieebenen durch horizontale Isotopien, also durch die Schaffung von metaphorischen Korrespondenzen, gedacht, ohne daß dabei eine Isotopieebene als *eigentlich* ausgezeichnet würde – die Korrespondenz ist wechselseitig. Vernachlässigt wird hierbei jedoch (wie bei allen auf Äquivalenz aufbauenden Substitutionstheorien) die Asymmetrie der Metapher.

[87] Vgl. Barthes 1972.

auszukratzen. Im Hinblick auf die beiden Parallelmetaphern wird das Syntagma dann gekreuzt, denn die Verbindung, die dieses Syntagma anbietet, sucht sich aus beiden Ketten nicht komplementäre, sondern entfernte Terme.[88]

Auf diese Weise, so Barthes, entstehen surrealistische Metaphern, die durch ihre weite Bildspanne Absurditätsempfindungen und Überraschungseffekte hervorrufen. Die Kreativität des surrealistischen Bildes wird hier über den syntagmatischen Verstoß gegen den Kode, gegen die Ordnung des Paradigmas erklärt. Diese Erklärung kommt der von Ricœur („semantic twist")[89] recht nahe, doch ist auch sie gezwungen durch das Festhalten am Prinzip des vorgegebenen paradigmatischen Kodes die Metapher auf die Metonymie zurückzuführen: Nach Barthes ist es nur die 'metonymische Freiheit', die den Sinnaustausch und die Veränderung des Gebrauchs der Bedeutungen ermöglicht.[90] Wiederum ist die Metapher damit eine reine Substitution von Eigenschaften, die vom paradigmatischen System immer schon vorgegeben sind.

Bei aller Kritik am Substitutionsmodell des strukturalen Ansatzes ist allerdings immer zu bedenken, daß es gute Gründe für die Annahme von solchen paradigmatischen Systemen gibt, die das Feld möglicher Metaphern gerade durch ihre *Rekurrenz*, durch ihre Verkettungs- und Verweisungsbeziehungen abstecken: Denn nicht nur *in* Texten, sondern auch *zwischen* Texten bestehen metaphorische Isotopien und Isotopieverflechtungen – also Metaphern, die in einer Kultur immer wieder auf ähnliche Weise verwendet werden, und dominierende Bildfelder, die diese immer wieder ähnlich verwendeten Metaphern zusammenfassen und die häufig die Neuanwendung der Einzelmetaphern determinieren. Bei einer gegebenen Metapher oder Metaphernkette aktualisiert also der einzelne Leser/Hörer sein jeweiliges synchrones 'Bildfeldbewußtsein', d.h. er wird die im Text oder der Mitteilung enthaltenen metaphorischen Rekurrenzen nicht nur auf den Text oder die Mitteilung selbst beziehen, sondern darüber hinaus auch auf sein in sprachlichen Bildern und Bildfeldern verfestigtes Weltbild. Das bedeutet, daß nicht nur zwischen den Einzelmetaphern bzw. zwischen der Einzelmetapher und Bildfeld, sondern auch zwischen den Bildfeldern selbst rekurrente Beziehungen bestehen, so daß das Bildfeldbewußtsein eines Hörers/Lesers nicht eine ungeordnete Sammlung von synchronen Bildfeldern darstellt, sondern vielmehr auf einem systematischen Zusammenhang

---

[88] Barthes 1972:31.
[89] Vgl. auch oben, Kap. II-1.4.
[90] Vgl. Barthes 1972:32f. Da diese Erklärung überdies ihre Gültigkeit auf surrealistische Metaphorik beschränkt und eine weite Bildspanne zur Voraussetzung hat, bleibt sie unbefriedigend: Weinrich (1976c) hat gezeigt, daß die weite Bildspanne durchaus kein notwendiges Kriterium für kühne Metaphern ist. Fraglich bleibt aber, ob sein Gegenentwurf, nämlich die enge Bildspanne als notwendige Bedingung für Kühnheit, weiter trägt (zur Kritik vgl. etwa Strub 1991:135ff.).

von Bildfeldern beruht, also auf aufeinander verweisenden Bildfeldern, die in ihrer Gesamtheit eine strukturierte Ordnung bilden.

Mit der Annahme einer synchronen Struktur der Bildfelder verläßt man freilich das Gebiet der Textlinguistik und betritt wieder das Feld der strukturalen Geschichts- und Kulturtheorie. Mit Hilfe eines solchen Ansatzes hat Jochen Schlobach in seiner Untersuchung über Epochenmetaphorik[91] herausgearbeitet, daß zwischen den Bildfeldern eines bestimmten historischen Zeitraums verfestigte strukturelle Analogierelationen existieren, durch die diese synchronen Bildfelder in ein *epochal-synchrones Bildfeldsystem* integriert werden. Allerdings ist hierbei zu beachten daß das Bildfeldsystem in einer gewissen Asymmetrie zu denken ist, nämlich dergestalt, daß verschiedene bildspendende Wortfelder mit *nur einem* bildempfangenden Wortfeld gekoppelt werden.[92] Ein solches epochales Bildfeldsystem prägt die jeweilige 'Epochenmetaphorik' des 'kollektiven Sprachbewußtseins', d.h. die Individuen der Sprachgemeinschaft stellen zwischen den einzelnen Bildfeldern (zumindest statistisch gesehen) gleiche strukturelle Analogiebeziehungen her und verwenden ihre Metaphern äquivalent. Schlobach zeigt dies an den zyklischen Bildfeldern der Renaissancezeit, die in dieser Epoche systematisch parallel gesetzt wurden und dann als strukturierter Bildfeldzusammenhang das dominante Bildfeldsystem ihrer Zeit bildeten. Dabei arbeitet er für dieses Bildfeldsystem zwei konstitutive strukturelle Analogieelemente heraus, auf denen die zyklische Epochenmetaphorik dieser Epoche beruht: Zum einen analysiert er die – vorwiegend auf der Naturphilosophie beruhende – Vorstellung einer 'sich wiederholenden kreis- oder wellenförmigen Bewegung der Zeit, die an den periodischen Veränderungen organischen Lebens im Tages- und Jahreszeitenrhythmus verifiziert und meßbar gemacht wird'.[93] Die Zeitstrukturen des bildempfangenden Bereichs 'Geschichte' werden also in strukturelle Analogie zum Bildspenderbereich 'Natur' gebracht und nach dessen zyklischen Aspekten geordnet und verbildlicht. Zum anderen hebt er die Besetzung der Hoch- und Tiefpunkte im Naturzyklus mit Wertungen und die Übertragung dieser Wertbezüge auf den (nun nach dem Naturzyklus gedachten) Geschichtszyklus hervor, so daß verschiedene Epochen der Geschichte normativ qualifiziert werden können. Das dominante Bildfeldsystem der Renaissancezeit ist eine durch vertikale und horizontale Wertachsen strukturierte Zyklenmetapho-

---

91 Vgl. Schlobach 1980; v.a. 332ff.
92 „...man könnte das Bildfeldsystem als die Summe von Wortfeldern bezeichnen, die nach der gleichen, im abstraktesten Kern zu definierenden, gemeinsamen strukturellen Analogie in der sprachlichen Praxis auf *einen* bildempfangenden Bereich bezogen werden." (Schlobach 1980:338; Hervorh. von mir. Vgl. auch ebd.:17f.).
93 Schlobach 1980:332.

rik, die sich durch starke Bildlichkeit und große orientierende Kraft auszeichnet.[94]

Das epochale Bildfeldsystem stellt damit – ganz ähnlich wie der Mythos bei Lévi-Strauss – einen komplexen semantischen Raum in der Synchronie dar; einen Raum innerhalb dessen die einzelnen Bildfelder (als einzelne semantische Räume) durch eine übergeordnete Struktur von wechselseitigen Verweisungen in Zusammenhang und in spezifische Bedeutung gebracht werden. Dadurch wird die semantische Determinationskraft der Gebrauchsmetaphorik erhöht: die einzelne Metapher wird durch ihren Anschluß an parallele metaphorische Isotopien des Bildfeldsystems in ihren *möglichen* Bedeutungen stark determiniert. Dies bedeutet jedoch nicht, daß der aktuelle Bedeutungszusammenhang der konkreten Einzelmetapher damit schon festgelegt ist, das Bildfeldsystem bestimmt eher die Richtung und den Umfang der Metapher als ihren Inhalt. Schlobach betont in diesem Zusammenhang die methodische Bedeutung der „Unterscheidung zwischen Einzelbild, das virtuell unendlich viele Konnotationen in die verschiedensten Richtungen ausdrücken kann, und dem auf wenige Analogieelemente beschränkten und festgelegten Bildfeldzusammenhang."[95]

Das Bildfeldsystem als ein Raum von abstrakten strukturellen Bezügen zwischen den Bildfeldern strukturiert die Zuordnungen zwischen bildspendenden und bildempfangenden Bereichen in der Weise vor, daß die einzelne Metapher ebenso wie das einzelne Bildfeld – der unsichtbaren, aber orientierenden und ordnenden Kraft eines Magnetfeldes folgend – sich von vorne herein um bestimmte, epochal verfestigte Bedeutungszusammenhänge zentrieren.

Im Unterschied zu der anonymen, allenfalls auf das Walten des 'objektiven Geistes' verweisenden Struktur des Mythos ist das Bildfeldsystem aber Ausdruck und Resultat eines „relativ abstrakten und schon bei der Genese der Bilder stark von philosophischer Reflexion geprägten Bereich(s) des Kultur- und Geschichtsverlaufs"[96], weshalb die Untersuchung dieser systematischen Bildfeldzusammenhänge zum einen weit weniger auf spekulative Methoden und implizite Annahmen angewiesen ist als die

---

[94] Als eigentliche 'Zyklentheorie' wurde dieses Denken, wie Schlobach hervorhebt, erst gegen Ende des 16. Jahrhunderts systematisch ausgearbeitet und bildete dann die Grundlage für 'spiralförmige' Fortschrittstheorien der Aufklärung. Der Autor zeigt hier auch, daß die Zyklenmetaphorik aufgrund ihrer 'extremen Variabilität' nicht nur in der Renaissance und in der Aufklärung, sondern auch in der Restauration und in der Romantik als 'geschichtstheoretisches Hintergrundmodell' dienen konnte, allerdings mit historisch ganz unterschiedlichen Wert- und Zukunftsorientierungen: Zyklenmetaphorik bestimmt die optimistische Geschichtsauffassung des Humanismus ebenso wie die Geschichtstheorie des modernen Kulturpessimismus' (Vgl. Schlobach 1980: 342ff.).
[95] Schlobach 1980:334.
[96] Schlobach 1980:340.

Mythenanalyse und zum anderen sich nicht mit Strukturen mythischen Denkens, sondern mit Strukturen historischen Denkens zu beschäftigen hat.[97]

Es bleibt in der Studie von Schlobach allerdings die ebenso ungestellte wie unbeantwortete Frage, ob zu einer Zeit mehrere Bildfeldsysteme existieren können und in welcher Beziehung diese dann untereinander stehen. Als Historiker ist Schlobach natürlich am bildempfangenden Bereich *Geschichte* interessiert und für diesen kann er zeigen, daß das zyklische Bildfeldsystem während der Renaissancezeit epochal dominant ist.[98] Offen bleibt also, wie ein mögliches synchrones System von mehreren oder sogar vielen Bildfeldsystemen aussehen könnte. Hier wäre denkbar, daß diese Bildfeldsysteme zum Teil gleiche bildspendende und zum Teil gleiche bildempfangende Bereiche haben, daß sie also über gemeinsame Wortfelder in einem Überschneidungszusammenhang stehen. Es wäre auch ein Modell denkbar, in dem die Bildfeldsysteme (neben solchen Schnittmengen) über metaphorische Äquivalenzen und metonymische Kombinationen in systematischem Zusammenhang stehen und so – wie die Mythen in der Mythologica von Lévi-Strauss – zumindest bis zu einem gewissen Grad wechselseitig ineinander transformierbar sind.

Ein solches Modell entwickelt, ohne allerdings auf die offenkundige Parallele zu Lévi-Strauss zu verweisen, Jürgen Link mit seinem *Modell synchroner Systeme von Kollektivsymbolen*.[99] Unter einem Symbol versteht Link die Verbindung zweier Wortfelder, wobei das bildspendende Feld als 'Bild' oder 'Pictura' und das bildempfangende Feld als 'Sinn' oder Subscriptio' bezeichnet wird. Dieser Symbolbegriff umfaßt sowohl Metonymien (als Ersetzungen *innerhalb* eines Diskursbereiches) als auch Metaphern (als Ersetzungen *zwischen* zwei Diskursen aufgrund von Diskursinterferenzen). Hinzu kommt, daß das Symbol immer eine Isotopiestruktur besitzt, also wie ein Bildfeld stets aus einer Vielzahl von ähnlichen Einzelmetaphern und -metonymien besteht. Link definiert das Kollektivsymbol nun folgendermaßen:

> Ein Kollektivsymbol ist ein Symbol mit kollektivem Produzenten und Träger. Die Bedingung der Möglichkeit solcher Kollektivsymbole liegt in der Isomorphiestruktur:

---

[97] Schlobach möchte mit seiner Arbeit deshalb auch das Vorurteil ausräumen, daß die Zyklenmetaphorik ein bloßer 'Rückfall' in das mythische Denken ist, indem er zeigt, „daß sich schon in der griechischen Antike, erst recht aber in der Renaissancezeit, das Zyklendenken aus den Grenzen des Mythos befreit hatte und zu einer historischen Theorie mit großer Variabilität geworden war" (Schlobach 1980:13).

[98] Aber auch daran sind aus einer eher diachronischen Perspektive Zweifel möglich, vgl. hierzu v.a. meine Ausführungen zu Demandt (1978) in Kap. II-3.3.

[99] Vgl. zum folgenden Link 1982, ders. 1984a und ders. 1984b.

Sie bildet ein relativ festes semantisches Raster (Weinrich hat von Bildfeld gesprochen), an dem kollektiv und weitgehend anonym-spontan weitergedichtet werden kann.[100]

Der Grundgedanke dieser Theorie ist nun, daß die Kollektivsymbole selbst über symbolische Äquivalenzen miteinander gekoppelt sind und so zu Elementen eines globalen semantischen Rasters – eben des Systems synchroner Kollektivsymbole – werden. Erst wenn durch die Modellierung eines solchen Systems innerhalb eines synchronen Sprachsystems die Beziehungen zwischen den Kollektivsymbolen geklärt sind, so die These von Link, kann auch die Bedeutung einzelner Symbol- bzw. Metaphernverwendungen geklärt werden.

Das System synchroner Kollektivsymbole weist vier unterschiedliche *Strukturdimensionen* auf:[101] Die *erste* besteht darin, daß unter einer Pictura – d.h. hier: einem bildspendenden Kollektivsymbol – unterschiedliche Bildempfänger oder Subscriptiones in Äquivalenzrelation gebracht werden, so daß sie ein 'Analogien-Gitter der Subscriptiones unter einer symbolischen Pictura' bilden. Dadurch können unterschiedliche Diskurse, Praktiken und soziale Wissensformen integriert werden, es entstehen 'Interdiskurse', in denen die Einzeldiskurse interferieren, also mehrere gemeinsame Elemente besitzen und dadurch als analog behandelt werden können. Link verdeutlicht dies am Kollektivsymbol des Ballons:

> Das Gitter erlaubt jenen Teil des Interdiskurses zu generieren, nach dem sich z.B. die Entfesselung des Ballons so zum Absturz verhält wie die Revolution zum Terror, die philosophische Spekulation zum Unsinn, die Inflation zur Krise, die Karriere zum Skandal, das poetische Genie zum Wahnsinn usw.[102]

Unter jedem neuen, anderen bildspendenden Kollektivsymbol (z.B. Schiff, Eisenbahn, Maulwurf etc.) werden die Bildempfänger jeweils auf neue Art 'gerastert', also in ein neues Analogien-Gitter gebracht, so daß hier neben sich überschneidenden auch durchaus widersprüchliche Zuordnungen bestehen können.

Die *zweite* Strukturdimension besteht darin, daß verschiedene Kollektivsymbole unter dem Einfluß eines bildspendenden Kollektivsymbols in einen Analogiezusammenhang gebracht werden, so daß 'Analogien-Gitter konnotierter Kollektivsymbole über einer Pictura' entstehen. Dadurch bildet sich ein paradigmatisches Katachresennetz, ein Netz von *Bildbrüchen*,[103] in dem eigentlich unterschiedliche und widersprüchliche Kollektivsymbole in

---

[100] Link 1984b:151f.
[101] Vgl. hierzu Link 1984a:67ff.
[102] Link 1984a:69.
[103] „Wenn die klassische Rhetorik die Katachrese als zu tabuierende Anomalie behandelte, so stellt sie die wirklichen Verhältnisse auf den Kopf: Die Katachrese ist das Normale, das isotop durchgehaltene Symbol die Anomalie." (Link 1984a: 75) Katachrese bedeutet bei Link nicht Verwörtlichung, sondern Bildbruch.

Äquivalenzrelation gebracht werden. Dadurch wird zugleich auch die Assimilation neuer Symbole an das kollektive Symbolsystem möglich.[104]

Die *dritte* Strukturdimension, die von Link als die wichtigste betrachtet wird, ist die der symbolischen Topiken: Durch allgemeine Topoi wie Situation, Prozeß und Struktur werden die Kollektivsymbole gebündelt und geordnet, etwa unter dem Aspekt des hierarchisch-vertikalen Raumbezugs oder unter dem Aspekt der Bewegung und des (Zeit-)Ablaufs oder unter dem Aspekt der Strukturähnlichkeit und des Systematischen. Die Topiken bilden gleichsam eine anthropologische Achse, durch die die Kollektivsymbole unter historisch eingewöhnten Formen der Bezugnahme vorab strukturiert werden.[105]

Die *vierte* Strukturdimension ist die 'elementar-ideologische' Strukturierung des Systems synchroner Kollektivsymbole: Indem die Kollektivsymbole aufgrund ihrer prinzipiellen normativen Ambivalenz in Matrizen binärer Oppositionen angeordnet sind, können sie etwa im politischen Diskurs von gegnerischen Parteien gleichermaßen – nur mit umgekehrten Vorzeichen – benutzt werden. Allerdings ist die konkrete Wertung als 'Wahl' einer Position im System offen: Verschiedene Hinblicke erlauben es, gleichen Personen, Gruppen, Parteien unterschiedliche Wahl und unterschiedlichen Personen, Gruppen, Parteien gleiche Wahl zu treffen. Erst wenn sich die normative Strukturierung der Symbole in binären Oppositionen stabilisiert, ganze Ketten von Symbolen in Opposition treten und so mögliche Positionen im System bereits normativ markiert sind, ist die Integration aller möglichen Positionen in die Kollektivsymbolik gesichert:

> Die Gegensätzlichkeit diskursiver Positionen ist also (gesamtkulturell gesehen) stets auch integrativ: Wenn etwa Spranger mit dem Ballonsymbol die 'luftige' Intelligenz verurteilt und Mannheim sie in der gleichen Synchronie als 'freischwebend' propagiert, so lesen beide das gesamte Symbol (samt den zugrundeliegenden Topiken) mit entgegengesetzten affektiven Belegungen. Insofern dient ihnen das Kollektivsymbol als Instrument kultureller und sozialer Entgegensetzung (rechtsliberal-konservative vs. linksliberale Intelligenz). Gleichzeitig spielen sie aber das gleiche wenn nicht Sprach-, so doch Symbolspiel und fügen sich dadurch in die gleiche Kultur ein.[106]

---

[104] „Das Gitter erlaubt kulturelle Äquivalenzen symbolischer Signifikanten zu generieren (z.B. Ballon = Schiff, Sonne, Adler usw.). (...) Ein neues Symbol wird besonders leicht dadurch ins bestehende System der Kollektivsymbole integrierbar, daß es sich an ein bereits bestehendes anlehnen kann, d.h. weitgehend strukturell isomorph bzw. semantisch partiell identisch mit ihm ist." (Link 1984a: 69).

[105] „Durch die abstrakten symbolischen Topiken, die zum einen aufgrund ihres raumzeitlichen Evokationspotentials *ikonische Anschaulichkeit* suggerieren, zum anderen semantisch als Strukturen der *Sem-Durchschnitte einer ganzen Symbolreihe* (z.B. Schiff, Ballon, Kutsche, Eisenbahn 'bewegen' sich in einer dreidimensionalen Umwelt) aufgefaßt werden können, werden sämtliche Symbole solcher Reihen gebündelt."(Link 1984a:70). Zur Funktion der Topoi vgl. meine Ausführungen in Kap. II-1 sowie weiter unten in Kap. II-3.3 und II-3.5.

[106] Link 1984a:74.

Link setzt die gesellschaftliche Integrationsfunktion und auch die Subjektbildungsfunktion[107] durch die im System synchroner Kollektivsymbole verankerten Wert- und Sinnstrukturen also sehr hoch an. Indem die Kollektivsymbole als ein System von *symbolischen Sinnbildungsgittern* funktionieren, stellen sie sowohl auf der Ebene der gesellschaftlichen Diskurse als auch auf der Ebene der diskursiven Formierung des Subjekts die Möglichkeitsbedingungen für diese Prozesse – nämlich präformierte und trotzdem variable, d.h. Widersprüchlichkeiten integrierende Sinnstrukturen – bereit. Link knüpft hier insbesondere an die Diskurstheorie Foucaults an und möchte v.a. zeigen, wie die Integration der Teil- und Spezialdiskurse gesellschaftlich wie individuell vorzustellen ist. Die entscheidende diskursive Funktion des Systems synchroner Kollektivsymbole besteht darin, als 'diskursiver Apparat' ständig und auf mannigfaltige Weise *systematisch Katachresen* zu produzieren, also durch analogiegeleitete Rasterung, topische Strukturierung und binäre Codierung der Kollektivsymbole Übergänge zwischen Diskursen selbst herzustellen.[108] Das System synchroner Kollektivsymbole funktioniert in *faktischen* Diskursen auf der Basis der vier genannten Strukturdimensionen nun auf zwei Weisen:

> Zum einen werden Äquivalenzklassen von Subscriptiones unter einer Pictura gebildet (...). Zum anderen werden umgekehrt Äquivalenzklassen von Picturae, die aus verschiedenen Praxisbereichen generiert werden, über einer identischen Subscriptio gebildet.[109]

Jedes einzelne Kollektivsymbol kann deshalb eine Vielzahl unterschiedlicher Bedeutungen annehmen und zugleich durch die Äquivalenzen mit einer Vielzahl anderer Kollektivsymbole verbunden werden. Daraus ergibt sich für das System synchroner Kollektivsymbole ein Modell mit einer dreidimensionalen Netz- oder Gitterstruktur: Die Pictura-Gitter sind mit den Subscriptio-Gittern durch die Kollektivsymbole, die quer zu den P- und S-Gittern stehen, verknüpft.[110]

In die Terminologie von Weinrich zurückübersetzt heißt dies, daß Bildfelder (Kollektivsymbole) sich gleichsam in zwei Richtungen auffächern: Einerseits kann ein Bildspender mit vielen verschiedenen, analog gesetzten Bildempfängern verknüpft werden, andererseits können auch mit einem

---

[107] „...das Spiel der diskursiven Positionen innerhalb des Kollektivsymbolsystems (besitzt) in hohem Grade *subjektformierende Funktion*..." (Link 1984a:68; vgl. auch Link 1982:13ff.). Vgl. hierzu auch die zu Beginn von Kap. II-3 bereits erwähnte Theorie von Bourdieu (1987).

[108] Link (1975:37ff.) spricht von der 'sozialen Brückenfunktion' des Kollektivsymbols, das durch seine Isomorphiestruktur dazu dient, 'Unbekanntes einleuchtend' zu machen.

[109] Link 1984a:74.

[110] „Jedes einzelne Symbol ist sozusagen ein Verknüpfungs- und Integrationsmaschinchen *(kleines Strickmaschinchen)*, mit dem ich verschiedene Bedeutungen verschieden verknüpfen kann." (Link 1982:12).

Bildempfänger viele verschiedene, analog gesetzte Bildspender gekoppelt werden. Da diese Verknüpfungen gleichzeitig und nebeneinander existieren, stehen auch die Bildfelder in einer strukturierten, jedoch sehr variablen Beziehung. Diese Struktur beruht darauf, daß die Bildfelder selbst sich gegenseitig 'rastern', so daß die oft ganz unterschiedlichen Rasterungen ihrer Wortfelder – die als Begründung für die katachretische Differenz und Inkompatibilität der Bildfelder gilt – nicht mehr allein ausschlaggebend sind.

Die sehr erklärungskräftige und komplexe Theorie des Systems synchroner Kollektivsymbole enthält allerdings einige Probleme, die kurz angedeutet werden sollen: Zunächst ist die eigentlich aus der Emblematik stammende Terminologie[111] nicht unproblematisch, da Link mit Pictura manchmal ein Bild im Sinne des Bildspenders, manchmal aber auch ein Kollektivsymbol, also bereits ein Bildfeld meint. Mit Subscriptio ist neben dem Praxisbereich oder Erfahrungsfeld im Sinne eines Bildempfängers, auch der Sinn eines Symbols gemeint – was dann wieder auf das ganze Bildfeld hinausläuft, wenn nicht nur der 'wörtliche' Sinn gemeint ist.[112] Diese Mehrdeutigkeit ist darauf zurückzuführen, daß die Termini Pictura und Subscriptio im strukturalistischen Sinne analog den Termini Signifikant und Signifikat gebraucht werden, wodurch einerseits das bekannte Problem der unklaren Differenz zwischen Referent und Bedeutung entsteht und andererseits das Problem der willkürlichen Trennung zwischen dem Signifikanten und dem Signifikat: Das Bild wird manchmal nur der Zeichenträgerseite zugerechnet und in anderen Fällen selbst als Signifikat behandelt.

In engem Zusammenhang mit dem strukturalistisch beeinflußten Zeichenbegriff Links steht auch seine Auffassung der Metapher, die er graphisch als *Schnittmenge* darstellt und semantisch als Resultat *gemeinsamer Seme* auffaßt.[113] Nur unter dieser substitutionstheoretischen Voraussetzung können dann auch die Pictura ganz auf die eine und die Subscriptio ganz auf die andere Seite gebracht werden, so daß die Äquivalenz- und Substitutionsverhältnisse zwischen den Kollektivsymbolen plausibel werden. Es kann nicht geleugnet werden, daß diese Äquivalenzbeziehungen – ähnlich wie in der Mythologica von Lévi-Strauss – zwischen den von Link untersuchten Symbolen tatsächlich bestehen; jedoch ist der gesamte Bereich der innovativen Metaphorik im Modell synchroner Kollektivsymbole systematisch nicht vorgesehen. Dementsprechend können auch Veränderungen und Erweiterungen des Kollektivsymbolsystems nur von außen, nicht aus dem System selbst kommen:

---

111 Vgl. hierzu genauer Link 1975:8ff.
112 Dies zeigt sich etwa, wenn man die Textstellen Link 1982:8, 1984a:69 und 1984b: 158 miteinander vergleicht.
113 Vgl. Link 1975:21f.

Erweiterungen des Systems durch Aufnahme neuer Symbole sind aus den immanenten Mechanismen des Systems nicht zu erklären. Wie der Ballon (als Vorläufer späterer technischer Innovationen) zeigt, dürften sie in der Regel aus Innovationen im sozialen Umfeld (seien es neue Produktivkräfte, Technologien, Produkte, oder neue Institutionen und Lebensformen) induziert werden.[114]

Synchrone Bildfeldtheorien wie das Modell des Kollektivsymbolsystems, die die Struktur und den Zusammenhang der Bildfelder systematisch begreifen wollen, stehen damit vor dem Problem, daß sie mit zunehmender Systematisierung die Historizität des Sprachsystems selbst aus dem Blick verlieren und Diskontinuität, Innovation und Ereignishaftigkeit als bloße Potentialität in das System integrieren.[115] Das System synchroner Kollektivsymbole gewinnt die Stabilität seiner Struktur aus der Variabilität seiner Elemente, der durch dieses Modell beschriebene globale semantische Raum ist in bewegter Unbeweglichkeit erstarrt: Alle symbolischen Prozesse werden von der Struktur absorbiert, sind durch die interne Anschließbarkeit der Symbole 'immer schon' in der Struktur enthalten. Dementsprechend ist der von Link vorgesehene Änderungsmechanismus die evolutionäre Variation durch sukzessive Substitutionen und durch Strukturevolutionen.[116] Dadurch wird das System als solches *ultrastabil*, reine Immanenz, die nicht zu durchbrechen ist. Übrig bleiben dann nur 'ironische Diskurstaktiken', mit denen die 'Hegemonie' der Kollektivsymbole durch 'subversive Maulwurfsarbeit' zwar unterwühlt und gegen den Strich gebürstet, in seinem Bestand jedoch kaum verändert werden kann.[117]

Als Ideologiekritik der in kollektiven Metaphern und Symbolen sich äußernden Denkformen ist das Modell synchroner Kollektivsymbole wertvoll und lehrreich, als ontologische Strukturbestimmung (die ihre eigene Modellhaftigkeit vergißt) ist es jedoch problematisch: Da sie auf ontologisierende Weise einen nicht transzendierbaren Immanenzzusammenhang postuliert, muß diese Theorie sich dem Vorwurf stellen, daß sie die Bedingungen ihrer eigenen Systemlogik in die Wirklichkeit hineinprojiziert. Der strukturalistische Ansatz, der schon mit der Bildfeldtheorie Weinrichs eine 'Gnadenfrist' (Schöffel) eingeräumt bekam, wird mit Links Theorie der

---

[114] Link 1984a:85. Damit argumentiert Link 'klassisch' materialistisch. Während er sonst – als Diskurstheoretiker in der Folge Foucaults – die Materialität der Sprache durchaus betont, ist die Sprache hier ganz nach einem einfachen Basis/Überbau-Schema als abhängige Größe gedacht.

[115] Man vergleiche dagegen nochmals das interaktionstheoretisch-hermeneutisch begründete Postulat Ricœurs, demzufolge 'die neue Metapher überhaupt nirgendwoher genommen wird', weil sie 'eine semantische Innovation (ist), die in der Sprache keinen bereits bestehenden Status hat, weder als Bezeichnung, noch als Konnotation' (Ricœur 1983:366; vgl. auch oben Kap. II-1.4).

[116] Vgl. Link 1984a:85ff.

[117] Vgl. Link 1984a:89ff., 1982:15 und 18f. An dieser Stelle trifft sich Link mit Nietzsche und Rorty, wobei letzterer allerdings der Ironie transzendierende Subversionskraft zuschreibt (vgl. Rorty 1989, v.a. 127ff. sowie oben, Kap. II-1.2).

Kollektivsymbole in einen evolutionstheoretischen Strukturalismus überführt, der sich – als Ontologie gelesen – gegen andere Modelle immunisiert, indem er sie in seine Struktur 'aufsaugt'. Damit läuft das Modell synchroner Kollektivsymbole Gefahr, zu einer totalisierenden Theorie zu werden und Allaussagen zu postulieren, die theoretisch trivial und empirisch gehaltlos sind und darüber hinaus noch die Grundlage für verschwörungstheoretische Konstrukte liefern können.

3.3 Metaphorische Präzedenzen und historische Bildfelder

Anders als die synchronen Bildfeldtheorien beschäftigen sich diachrone Bildfeldtheorien nicht mit der strukturalen Analyse von Bildfeldsystemen, sondern mit der *historisch-hermeneutischen* Untersuchung von einzelnen Bildfeldern. Im Mittelpunkt des Interesses steht hier die Analyse der geschichtlichen und kulturellen Bedeutungskonstanz und -veränderung von Metaphern und Bildfeldern, wobei deren synchrone 'Nachbarn' zwar mitberücksichtigt, aber nicht als zentrales Moment der Bedeutung verstanden werden. Die Konzentration auf die Analyse einzelner Bildfelder trug jedoch vor allem der älteren diachronen Metaphorologie und der Toposforschung den Vorwurf des Unsystematischen und der isolierten Perspektive ein.[118] Aus diesem Grund formuliert Weinrich als Forderung an die Metaphorologie:

> Wer eine allgemeine, materiale Metaphorik geben will, muß sie (i.e. die Bildfelder, B.D.) aufzählen, monographisch beschreiben und sagen, wie sie sich zueinander verhalten. Denn die Bildfelder der Sprache liegen nicht sauber geschieden nebeneinander, sondern sie überlagern sich teilweise und haben bisweilen einzelne Metaphernstellen gemeinsam.[119]

Dennoch verfährt gerade Weinrich, dem semantisch-synchronen Systemdenken verpflichtet, in seiner eigenen Metaphorologie (wie er selbst zugibt) ahistorisch. Zwar zeigt er – etwa in der Studie zur *Wortmünze* (1976a) – die synchronen Überlagerungen und Gemeinsamkeiten oder auch – in der Studie zur *Gedächtnismetaphorik* (1976b) – die Möglichkeit alternativer Metaphorik, die den gleichen Bildempfängerbereich abdeckt, aber die Auswahl der Belegstellen und Autoren ist willkürlich und exemplarisch, da es Weinrich nur um den Aufweis der Existenz des Bildfeldes im (synchronen) Sprachbewußtsein geht.[120] Deshalb, so die Kritik von Schöffel, hätte eine

---

[118] So beginnt Weinrich seinen Aufsatz 'Münze und Wort' mit einer Kritik der werk-, autor- und toposorientierten Metaphernforschung, die als „diachronische Metaphorik auf der Fiktion aufbaut, als ob die einzelne Metapher vom Sprachsystem isolierbar sei" (Weinrich 1976a:279.; vgl. auch Link 1984a:64f. und Schlobach 1980: 339f.).
[119] Weinrich 1976a:285f.
[120] Vgl. Weinrich 1976a:281ff.

materiale Metaphorologie die Integration der synchronen und der diachronen Perspektive zur Aufgabe:

> Die materiale Metaphorologie, über die Weinrich spekuliert, hätte also diachronische Bildfelder als durchlaufende Konstanten, und sie würde synchronisch die Ausdehnung und Gestalt der beteiligten Sinnbezirke erkunden müssen.[121]

Für die metaphorologische Untersuchung der 'abendländischen Bildfeldgemeinschaft' (Weinrich) heißt dies, daß eine solche materiale Metaphorologie zunächst bis zur antiken Topik und Rhetorik zurückzugehen hat – war doch das höchste Ziel des antiken Bildungssystems die Einübung in den topischen Enzyklopädismus und in die gesellschaftlich verbindlichen Gemeinplätze.[122] Die Topoi können dabei als semantische Felder verstanden werden, die in einer Kultur als relevant und bekannt gelten und deshalb als Bildspender besonders geeignet sind: *Die einer Sprach- und Kulturgemeinschaft eigenen Topoi bilden gleichsam das unabgeschlossene, habituelle wie potentielle Repertoire für die Realisierung metaphorischer Prozesse*, denn „topisches Horizontwissen artikuliert sich vornehmlich in Metaphern".[123] Es ist dann also historisch nachzuverfolgen, wie – im Wechselspiel von vorgegebenen Gemeinplätzen und deren metaphorischer Variation oder Neuapplikation – die diachrone Achse der topischen Metapherntraditionen und die synchrone Achse der aktuellen metaphorischen Rede einander bestimmen.

Dabei kommen zunächst die *Kontinuitäten* in den Blick: So war die Kunst der metaphorischen Rede ausgehend von der antiken topisch-rhetorischen Tradition über die mittelalterliche Lehre von den 'Korrespondenzen' bis in die Rhetorik des 18. Jahrhunderts hinein durch die Bezugnahme auf tradierte und gesellschaftlich konsentierte Gemeinplätze bestimmt, so daß selbst noch die kühne, häufig im Oxymoron fundierte Barockmetaphorik im Rückgriff auf den topischen Bildungskanon problemlos interpretierbar blieb.[124] Die *bildfeldgestützte Metaphorik* der rhetorischen Tradition ist nicht unbedingt innovativ und sie fördert meist keine neuen Erkenntnisse

---

121 Schöffel 1987:79.
122 Vgl. Bornscheuer 1976:52ff., Villwock 1983a:56f; sowie oben, Kap. I-1.1.
123 Künzli 1985:362f.; der Begriff der *Habitualität* bezieht sich dabei auf das fraglose Gegebensein von topischem Horizontwissen innerhalb einer Sprachgemeinschaft, das sich 'vornehmlich in Metaphern' ausdrückt; der Begriff der *Potentialität* meint, daß die Produktivität der Metapher jeweils aktualisiert, also vom Sprecher und Hörer in einer konkreten Situation aktiviert werden muß. Vgl. hierzu auch die vier Strukturmomente des Topos-Begriffs bei Bornscheuer 1976:91ff. (Habitualität, Potentialität, Intentionalität und Symbolizität), die im Bildfeldbegriff, wie Schöffel (1987:79) hervorhebt, direkte Entsprechung finden und die auch als 'Strukturmerkmale eines konzeptuellen Metaphernbegriffes' (Pielenz 1993:132ff.) ausgezeichnet werden können, allerdings verweist nicht *jede* Metapher auf einen Topos (vgl. ebd. 136ff.).
124 Vgl. Kurz/Pelster 1976:29ff. Allerdings sollte dabei nicht vergessen werden, daß die Rhetorik und mit ihr die Metapher, wie ich oben in Kap. I-1.2 gezeigt habe, mehrere Funktionswandel durchgemacht haben.

zu Tage, aber sie erlaubt es, das Gemeinte auf überraschende, anschauliche und überzeugende Weise auszudrücken, denn mit der Herstellung von Analogiebeziehungen zu den kulturell gewußten Gemeinplätzen und dem gesellschaftlich zirkulierenden Bildervorrat werden Witz, Imaginationskraft und Evidenz einer Aussage gesteigert.

Neben diesen Kontinuitäten wären dann aber auch die *Veränderungen* und *Brüche* zu betrachten, die – wie Blumenberg hervorhebt[125] – um so signifikanter sind, je stärker sie in ein konstantes Bezugssystem eingebunden sind: Erst vor dem Hintergrund einer spezifischen Metapherntradition bzw. eines konstanten Topos ist eine aktuelle Metapher, die sich einerseits auf diese Tradition bezieht, diese aber andererseits radikal überschreitet, als semantische Innovation und Provokation im Sinne der Logik des Unerhörten erkennbar. Dabei muß aber die innovative Metapher – wie ich in Kapitel II-1 schon hervorgehoben habe – durchaus nicht immer semantisch oder kategoriell absurd sein: Der Verstoß gegen eine Metapherntradition, die Rekombination, Neuapplikation oder Mißachtung von tradierten Topoi und Metaphern oder auch ihr paradoxer Gebrauch können ebenso innovativ sein wie der nur semantische Kategorienverstoß. Dies sei mit folgendem Beispiel verdeutlicht: Blumenberg zeigt in seiner Analyse der Schiffbruchsmetapher, wie diese durch immer neue Transformationen zu immer neuen Bedeutungszusammenhängen führt. Mit Jacob Burckhardts Transformation der Metapher gerät diese schließlich an einen Punkt, an dem sie durch ihre paradoxe Struktur tatsächlich zur innovativen Metapher wird. Burckhardt liefert so

die radikale und, wenn man es nicht anders wüßte, letztmögliche Transformation der Seefahrtsmetapher, zugleich ihre völlige Entnaturalisierung in der Beseitigung des Dualismus von Mensch und Realität: *Wir möchten gerne die Welle kennen, auf welcher wir im Ozean treiben, allein wir sind diese Welle selbst.*[126]

Mit dieser paradoxen Metaphorik beschreibt Burckhardt – so Blumenberg im weiteren – die paradoxe erkenntnistheoretische Situation des Beobachters, der sich selbst zu beobachten versucht und dem darüber ein objektiver Standpunkt abhanden gekommen ist; er nutzt also die selbstbezügliche Struktur seiner Metaphorik zu Darstellung einer selbstbezüglichen Situation.[127]

---

[125] Vgl. Blumenberg 1971:173.
[126] Blumenberg 1979:66; Hervorhebung im Original.
[127] Ähnliches läßt sich, wie Konersmann (1986/87) vorführt, an der Transformation der Rollenmetaphorik studieren, die seit der antiken Theatermetaphorik als Orientierungs- und Erklärungsmodell für das individuelle Handeln in der Gesellschaft dient und die das Handeln in die Polaritäten von Sein/Schein, Wahrheit/Lüge, Akteur/ Zuschauer, Freiheit/Determinismus etc. bringt. Auch hier läßt sich ein *paradoxer Umschlagpunkt* der Metapher ausmachen, wenn nämlich „die Rolle von der (...) Konnotation der Fremdbestimmung befreit (wird), indem der Rollenspieler (...) selbst zum 'Mitdichter' avanciert" (128f.), der Mensch also Autor und Akteur in einem wird. Die Metapher der

Möglicherweise ist damit sogar der 'Verstoß' gegen eine eingeführte Metaphorik mittels einer neuen, etwa paradoxalen metaphorischen Transformation interessanter und innovativer als der Verstoß gegen die je als wörtlich geltende Sprache. Als Topoi sind die tradierten Metaphern einerseits durchaus keine Kategorien im strikten Sinne, insofern kann der Verstoß gegen sie nicht als Kategorienverstoß qualifiziert werden; andererseits aber sind sie konventionalisiert, also regelhaft und Teil des Systems von sprachlich-kulturellen Selbstverständlichkeiten, weshalb die spielerisch-metaphorische Brechung dieser Metaphern als ungewöhnlich, vielleicht sogar als schöpferisch und innovativ gelten wird.

Es ist das Verdienst der historischen Metaphorologien (und hier vor allem der Arbeiten Blumenbergs), einen Umstand herausgestellt zu haben, der von semantischen und synchronen Metaphorologien leicht übersehen wird: daß nämlich die Sprache nicht nur auf toten Metaphern aufbaut, sondern auch eine Fülle von tradierten Metaphern enthält, die zwar bekannte Gemeinplätze, aber gleichwohl auch *lebendige* Metaphern sind. Die Diachronie gilt traditionell als 'Metaphernfriedhof', während allein der synchronen 'Parole' die lebendige Metapher zugeschrieben wird; die lebendige Metapher entsteht jedoch, so läßt sich anhand der historischen Metaphorologie nachverfolgen, nicht nur im Augenblick ihres spontanen Erscheinens, sondern auch im Wechselspiel von Konstanz und Veränderung ihrer Bedeutungen und Verwendungen in der Sprachgeschichte. Da die Metapher nicht nur aus der Einordnung in das System, sondern aus der kreativen *Spannung* zwischen synchron-diachronem Bildfeldsystem und situativer Metaphernverwendung hervorgeht, ist selbst die konventionalisierte Gebrauchsmetapher nicht alleine durch die Eigenschaften des Systems determiniert. Sie muß also nicht unbedingt abgeschmackt oder reizlos sein. Es gibt offensichtlich Metaphern, die nicht einfach den katachretischen Tod erleiden, sondern die über lange Zeiträume hinweg als Bildfelder ein hohes metaphorisches Potential entfalten. Diese Metaphern gehören – mit Blumenberg gesprochen – zum unausschöpfbaren, lebendigen Bildervorrat einer Kultur, sie stellen eine 'katalytische Sphäre' der Begriffsbildung und -bereicherung dar, die dabei selbst nicht aufgezehrt wird.[128]

Daß die Einbettung einer Metapher in ein tradiertes Bildfeld nicht unbedingt den Tod dieser Metapher bedeutet, habe ich bei der Betrachtung der Metapherntypologie im Hinblick auf die Bildfeldtheorie bereits betont.[129] Es ist wohl eher so, daß durch die Tradierung und Festigung des Gebrauches einer Metapher *Prioritäten* für die metaphorischen Implikationen

---

Rolle, so Konersmann weiter, ist gerade deshalb so wertvoll, weil sie 'die Paradoxie des sozialisierten Individuums' in ganzer Fülle umschreibt (137). Vgl. hierzu auch unten, Kap. II-3.4.
[128] Vgl. Blumenberg 1960:7f.; Weiteres hierzu in Kap. II-3.4.
[129] Vgl. meine Metapherntypologie oben S. 178ff.

dieser Metapher entstehen: Die Metapher bleibt in ihrer Bedeutung offen, jedoch wird durch die Festigung einer bestimmten Verwendung eine *'metaphorische Präzedenz'* (Keller-Bauer) geschaffen, die Teil des gemeinsamen Wissens einer Sprachgemeinschaft wird und die den aktuellen Bedeutungszusammenhang einer Metapher wesentlich beeinflußt.[130] Die Metapher stellt dann eine 'Analogieanweisung' zur Aktualisierung einer Bildfeldtradition dar.[131] Die Aufgabe der historischen Metaphorologie liegt also darin, die metaphorischen Präzedenzen von Metaphern zu rekonstruieren und ihre diachronen Gemeinsamkeiten wie ihre Unterschiede herauszuarbeiten, um so die determinierenden Kräfte, aber auch die Offenheit und Potentialität tradierter Bildfelder aufzuzeigen.

In der modernen historisch verfahrenden Metaphorologie gibt es eine kaum überschaubare Vielzahl von Einzelstudien,[132] die von der Untersuchung einzelner, sehr spezifischer Metaphern[133] über die Rekonstruktion größerer Bildfelder[134] bis hin zu systematischen metaphorologischen Entwürfen reichen.[135] Hierbei können drei verschiedene metaphorologische Ansätze typologisch unterschieden werden:
- Studien, die sich mit der Geschichte eines festgefügten *Bildfeldes* beschäftigen und nachverfolgen, wie Bildspender und -empfänger immer wieder auf ähnliche Weise zur Darstellung eines bestimmten Sachverhaltes gekoppelt werden. Prototypisch hierfür sind historische Rekonstruktionen eines Bildfeldes in einem bestimmten Bereich. Die meisten der historischen

---

[130] Vgl. Keller-Bauer 1984, v.a. 91ff. Im Gegensatz zu Keller-Bauer meine ich aber, daß Metaphern nicht *entweder* durch den Bezug auf den wörtlichen Gebrauch *oder* (im ausschließenden Sinn) durch metaphorische Präzedenzen verstanden werden, sondern daß bei jeder lebendigen Metapher ein komplexer Implikationenzusammenhang gebildet wird, der sich z.T. aus aktuellen Faktoren (Kontext, Situation), teils aus den semantischen Implikationen der beteiligten Wortfelder und teils aus Bildfeldtraditionen und metaphorischen Präzedenzen zusammensetzt.

[131] Vgl. Lüdi 1972, v.a. 298ff.

[132] Vgl. hierzu die einschlägige, seit 1986 erscheinende Zeitschrift *Metaphor and Symbolic Activity* (Hrsg. v. H.R Pollio), die auf solche Studien spezialisiert ist. Daneben sei hier nochmals auf die Bibliographien von Shibles (1971), van Noppen/de Knop/ Jongen (1985) und van Noppen/Hols (1991) verwiesen, da sie auch einen guten Zugriff auf spezielle Metaphernstudien bieten.

[133] Vgl. beispielsweise Bandy (1981) zur Nahrungsmetaphorik, Böhringer (1978) zur Avantgarde-Metapher, Nugel (1978) zu Architekturmetaphern und Sontag (1989) zur Aids-Metaphorik.

[134] So etwa der „Maulwurf im Bildfeld" von Stierle (1982), die Untersuchungen zur mechanischen und organischen Metaphorik politischer Philosophie von Meyer (1969), die Analyse von Mayr (1987) über Uhrwerk und Waage als Hintergrundmetaphorik im politischen Denken über Freiheit und Autorität sowie die Untersuchung von Friedman (1987) zur Geburt als Kreativitätsmetapher.

[135] Vgl. hier vor allem die Arbeiten von Blumenberg, insbesondere die „Paradigmen zu einer Metaphorologie" (Blumenberg 1960).

Metaphorologien haben den Charakter solcher bildfeldgeschichtlicher Untersuchungen.[136]
- Studien, die die historischen Applikationen eines *Bildspenders* auf unterschiedliche Bildempfänger untersuchen und die als Teil einer diachronen Sprachforschung in diesem Fall metaphorische Bedeutungsveränderungen untersuchen: Ausgehend von einem metaphorischen Ausdruck wird dessen wechselhafte Geschichte über einen bestimmten Zeitraum hinweg untersucht: Es handelt sich hierbei um klassische *Metapherngeschichte*.[137] Dabei können innerhalb dieses Zeitraums entweder *mehrere parallele* Bildempfänger oder *einander ablösende* Bildempfänger mit dem Bildspender gekoppelt sein.[138]
- Studien, die die Geschichte alternativer Bildspender für einen *Bildempfänger* nachverfolgen. Hier wären beispielhaft zum einen die bereits behandelten Studien über epochale oder strukturelle Bildfeldsysteme[139] zu nennen; zum anderen wären hier all diejenigen Untersuchungen hinzuzurechnen, die einen spezifischen Gegenstand betrachten und in diesem Zusammenhang auch seine Rolle als Bildempfänger für diverse Bildspender analysieren,[140] wobei dies oftmals mit evaluierenden Aussagen über die Reichweite und Brauchbarkeit alternativer Metaphern verbunden ist.[141]

Mit diesen Typen können allerdings nur die Schwerpunkte der historisch-materialen Metaphorologie benannt werden: Im Einzelnen zeigt sich

---

[136] So z.B. die Lichtmetapher im Bereich der Philosophie und Metaphysik, vgl. Blumenberg 1957, Bremer 1973, Bremer 1974, Derrida 1988.

[137] Als paradigmatisch hierfür nennt Weinrich (1976a:276f.) die Untersuchungen zur Traditionsbedingtheit der europäischen Bildersprache von Curtius. Ein anderes typisches Beispiel ist Mertons Untersuchung über die Metapherngeschichte des Aphorismus 'Ein Zwerg, der auf den Schultern eines Riesen steht, kann weiter sehen als der Riese selbst' (vgl. Merton 1983); ausgehend von diesem metaphorischen Ausdruck und seinen Variationen wird dessen wechselhafte Geschichte über die Zeit hinweg untersucht.

[138] So etwa Bachelard (1959) in seiner 'Psychoanalyse des Feuers', die eine reichhaltige Sammlung zur Verwendung der Feuermetapher darstellt. Bachelard bezieht sich vorwiegend auf Feuermetaphorik in der wissenschaftlichen Literatur des 17. und 18. Jahrhunderts und zeigt, wie die Feuermetapher als universelles und unreflektiertes Denkmodell für alle möglichen Prozesse – d.h. ganz verschiedene Bildempfänger – benutzt wird. Aufgrund seiner assoziativen, an C.G. Jung orientierten Verfahrensweise betrachtet Bachelard die Geschichte der Feuermetapher allerdings weniger unter historisch-systematischen, als unter exemplifikatorischen Gesichtspunkten.

[139] Vgl. oben, Kap. II-3.2. Allerdings verfahren diese Ansätze, wie bereits gezeigt, nicht eigentlich historisch, sondern eher synchronisch.

[140] Z.B. die Studie über die Geburt von Gélis (1989) und Opp de Hipt (1987) über politische Denkbilder.

[141] Vgl. oben Kap. II-2.4 sowie etwa Küster (1983) über politische Metaphorik, Fellmann (1991b) zu den Vorzügen der Textmetapher für Geschichte, Joerges (1988) über den „Computer als Schmetterling und Fledermaus", West/Travis (1991a/b) über diverse Metaphern für die 'Künstliche Intelligenz' sowie meine Analyse der Partner- und Mediumsmetaphorik in der Mensch-Computer-Interaktion (Debatin 1994).

zumeist, daß Aspekte der je anderen Typen mitberücksichtigt werden, zumal – wie Weinrich hervorhebt – Bildspender und Bildempfänger nicht eigentlich isoliert, sondern immer nur im Zusammenhang mit ihrem Bildfeld untersucht werden können. Vor allem wenn nicht ein einzelnes Bildfeld, sondern ein ganzer kultureller Bereich mit mehreren Bildfeldern zum Gegenstand einer *historisch-systematischen Metaphorologie* wird, finden sich alle drei Typen in der Untersuchung vereint.

Einen solchen systematischen Entwurf stellt die umfängliche Studie von Alexander Demandt zur Metaphorik im historisch-politischen Denken dar.[142] Ähnlich wie (der im vorangegangenen Kapitel bereits behandelte) Schlobach untersucht Demandt in seiner Studie Bildfelder, die die Geschichte und ihre Interpretation als gemeinsamen Bildempfänger haben; im Gegensatz zu ersterem geht es Demandt jedoch nicht um die Analyse von epochentypischer Metaphorik, sondern um die Bedeutung und Leistung von Metaphern für das Denken über Geschichte überhaupt.

Demandt unterscheidet dabei grob zwischen dem jüdisch-christlichen bzw. antiken griechisch-römischen Geschichtsdenken und dem neuzeitlichen Geschichtsdenken und verfolgt im Rahmen dieser Zeiteinteilung fünf grundlegende Bildfelder und die daraus gewonnenen Einzelbildfelder und -metaphern. Diese fünf Bildfelder sind: (1) Organische Metaphern, (2) Metaphern der Jahres- und Tageszeiten, (3) Bewegungsmetaphern, (4) Metaphern aus der Technik sowie (5) Theatermetaphern. Mit diesen fünf Bildfeldern beansprucht Demandt das historisch-politische Bilderrepertoire zumindest des abendländischen Kulturkreises in systematischer und umfassender Weise abzudecken.[143] Die Bildfelder überlappen und beleben sich dabei teilweise wechselseitig und die Grenzen zwischen ihnen sind oft schwer zu bestimmen, manchmal erscheinen sie deshalb etwas willkürlich gezogen.[144] Seine Aufteilung begründet Demandt damit, daß sie auf der Bildspenderebene die zunehmende Bedeutung des intentional-autonom handelnden Menschen nachvollzieht: „Die Skala folgt der wachsenden Freiheit bis hin zu den Bildern der Historie, wo Herkunfts- und Anwendungsbereich

---

[142] Vgl. Demandt 1978.
[143] „Es hat sich als möglich erwiesen," so Demandt 1979:129 über sein Werk, „einen nach Herkunftsgebieten geordneten Typenkanon historisch-politischer Denkbilder aufzustellen, der diese ziemlich vollständig zu gliedern vermag."
[144] Demandt gibt dies zu, sieht darin aber keinen systematischen Nachteil: „Wie immer man die Schnitte legt, das Ganze würde stets ähnlich aussehen." (Demandt 1978: 426). Allerdings gibt es durchaus ganz andere Kriterien zur Ordnung von Metaphern. So kritisiert etwa Ingendahl (1971:130ff.) die Anordnung von Metaphern nach Bildfeldzugehörigkeiten als zu statisch und schlägt dagegen eine funktional-prozeßhafte Ordnung nach der Leistung von Metaphern in der Kommunikation vor (vgl. meine unten folgende Anm. 147).

zusammenfallen und nur noch durch die Zeit getrennt sind. Über die auf der Sachebene gemeinte Freiheit ist damit noch nichts gesagt."[145]
Während bei den organischen und den Jahres- und Tageszeitmetaphern das menschliche Handeln von Naturnotwendigkeit geprägt ist und keine eigenständige Bedeutung besitzt, wirkt der Mensch bei den Bewegungsmetaphern bereits verändernd auf das (freilich noch vorgegebene) Naturgeschehen ein. Bei den Technikmetaphern ist der Bildspenderbereich selbst schon Ergebnis des naturumformenden und -beherrschenden menschlichen Handelns. Bei der Theatermetaphorik stehen der gesellschaftliche Mensch und die Regeln seines Handelns schließlich im Mittelpunkt, die menschliche Freiheit ist dabei im Bildspender- wie im Bildempfängerbereich als Resultat des Handelns von sozialen Akteuren gedacht.[146] Die zunächst im Herkunftsbereich gefundene Aufteilung wird damit also selbst noch einmal durch Kriterien aus dem Anwendungsbereich motiviert und gegliedert.

Gleichwohl bekommt Demandt bei einigen Metaphern Zuordnungsprobleme, die zum Teil daher rühren, daß eine Metapher mehreren Bildspenderbereichen angehört (z.B. die Uhr als Bewegungs- und als Technikmetapher) oder mehreren Bildempfängerbereichen zugeordnet wird (etwa die Seefahrtsmetapher für das ungewisse Dasein und für die Notwendigkeit autoritärer Staatsführung).[147] Die an Beispielen und Quellen äußerst reiche diachrone Metaphorologie Demandts bietet zwar einen ausgezeichneten Ein- und Überblick über Kontinuität und Veränderung der Metaphernverwendung im Lauf der und für die Geschichte, als metaphorologisches System ist sie jedoch – verglichen etwa mit der im vorangegangenen Kapitel behandelten synchronen Metaphorologie von Link – relativ unflexibel und nicht in der Lage, das Zuordnungsproblem befriedigend zu lösen. Dies sieht Demandt freilich selbst, wenn er betont:

> Die Aufteilung der Geschichtsmetaphern nach Bildfeldern hat die Tatsache verdunkelt, daß ähnliche oder gleichartige Aussagen in verschiedene Bilder gebracht werden können. Zwischen einzelnen Gleichnissen bestehen Äquivalenzen.[148]

Bei der Betrachtung dieser Äquivalenzen stellt Demandt fest, daß sie entweder funktionsbezogen sein können (der Staat als Organismus oder als Maschine) oder unter genetischem Hinblick gebildet werden (etwa die Äquivalenz zwischen den menschlichen Lebensabschnitten und den pflanz-

---

[145] Demandt 1978:427.
[146] Vgl. Demandt 1978:271 und 332.
[147] Das Problem der Zuordnung zu Bildfeldern sah bereits Ingendahl (1971:131): „Man schwankt dauernd zwischen Stammbezirk und Zielbezirk, unterliegt der Versuchung sachlicher Orientierung und wird gerade dem Prozeßcharakter der Metapher nicht gerecht."
[148] Demandt 1978:431.

lichen Entwicklungsabschnitten).[149] Des weiteren können Äquivalenzen auch innerhalb desselben Bildfeldes auftreten (so wird die auf die lineare Bewegungsmetaphorik angewandte Kreismetaphorik zur Metapher der Fortschrittsspirale). Schließlich gibt es auch spezifische Äquivalenzen, bei denen mit verschiedenen, stark konventionalisierten Metaphern ein bestimmter Bedeutungszusammenhang evoziert wird (Maske und Fassade als Metaphern für den Anschein). Eine wichtige Bedeutung metaphorischer Äquivalenzen besteht darüber hinaus darin, daß das gehäufte Vorkommen von äquivalenten Metaphern zu einer Zeit auf ein gleichartiges Epochenbewußtsein hindeutet. Untersuchungen zur Epochenmetaphorik von ganzen Bildfeldsystemen hätten, so kann aus Demandts Ausführungen geschlossen werden, deshalb ihr Augenmerk weniger auf einen dominanten Metapherntypus (wie etwa die Zyklusmetapher[150]) zu richten, als auf die Frage, inwieweit zu einer Zeit mehrere Bildfeldsysteme existieren und in welchen Äquivalenzrelationen sie zueinander stehen. Die für eine Epoche ermittelten dominanten Äquivalenzen müßten dann wiederum mit denen anderer Epochen verglichen werden. Erst eine solche – sicherlich überaus komplexe und praktisch schwer durchführbare – Rekonstruktion metaphorischer Äquivalenzen über historische Zeiträume hinweg würde eine Synthese von synchroner und diachroner Metaphorologie ergeben. Da Demandts Studie jedoch vorwiegend den diachronen Aspekt behandelt und die synchronen Beziehungen eher vernachlässigt, ist auch seine Arbeit von dem Ziel einer solchen historisch-systematischen Metaphorologie weit entfernt.[151] Dennoch hat er mit seiner Studie Weinrichs oben erwähnte These bestätigt, daß der europäisch-abendländische Kulturkreis als eine über die einzelnen Sprachgemeinschaften hinausgehende 'Bildfeldgemeinschaft' mit einem relativ stabilen Kanon gemeinsam geteilter Metaphernfelder angesehen werden kann.

Bedeutung und Leistung der Metapher in dieser Bildfeldgemeinschaft sieht Demandt insbesondere in ihrer Funktion der Erklärung und der Sinn-

---

149 Vgl. hierzu auch die oben in Kap. II-3.2 behandelten homologen Paradigmenreihen und Äquivalenzklassen der Kollektivsymbole.
150 Vgl. meine Ausführungen zu Schlobachs Untersuchung epochaler Bildfeldsysteme im vorangegangenen Kap. II-3.2.
151 Demandt (1979) hat einen solchen Versuch beispielhaft anhand der diachronisch-synchronischen Analyse der drei äquivalent gebrauchten Bildfelder *Rad der Geschichte*, *Altern der Völker* und *Morgen der Zeit* unternommen. Dabei präsentiert er zwar (wie schon in Demandt 1978) eine beeindruckende Quellensammlung, die angekündigte Herausarbeitung epochaler Äquivalenzen durch 'synchrone Querschnitte' bleibt jedoch, da sie auf fragwürdigen und groben Kategorien (pessimistisch vs. optimistisch gestimmtes Epochenbewußtsein) beruht und eines eigenen Instrumentariums zur synchronen Metaphernanalyse ermangelt, recht allgemein und unbefriedigend. Im Hinblick auf die metaphorischen Äquivalenzen erfährt der Leser nicht viel mehr, als daß die drei Bildfelder in bestimmten Epochen zur Artikulation einer pessimistischen oder optimistischen Zeitstimmung äquivalent benutzt werden.

stiftung. Diese geht entweder auf die im Verhältnis zum Anwendungsbereich höhere *Anschaulichkeit* zurück, da die Metapher mit lebensweltlicher Erfahrung geladen ist oder auf den mit der Metapher verbundenen *Ordnungs-* und *Vereinfachungseffekt*.[152] Die Sinngehalte der Metapher wirken auf der Bildempfängerebene aber nicht nur strukturierend, sondern auch *orientierend*, denn 'Metaphern regulieren Erwartungen'.[153] Indem die emotionalen Werte des Bildspenderbereichs auf den Bildempfängerbereich übertragen werden, kommt es zu einer gefühlshaften Einbettung der Anwendungsebene in den Erfahrungskontext des Herkunftsfeldes. Die derart emotionalisierte Interpretation eines Phänomens kann dabei sowohl zu Ohnmachtseffekten führen (z.B.: einem Ereignis hilflos wie einer Naturgewalten gegenüberstehen) als auch als direkte Handlungsanweisung verstanden werden, selbst wenn rationale Gründe fehlen (z.B.: wo die 'Asylantenflut' droht, müssen Dämme dagegen gebaut werden).

Gerade aber, wenn die Metapher zur Grundlage der Handlungsorientierung wird, ist die Frage nach ihrem manipulativen Potential zu stellen. Demandt zufolge beruht dieses Potential auf dem 'heimlichen Determinismus' der Metapher:[154] Da die Metapher vorgegebene und tradierte Erfahrungen nutzt, bündelt und auf neue Bereiche projiziert, überträgt sie die Evidenz dieser Erfahrungen auch dann mit, wenn diese im Bildspenderbereich gänzlich fehl am Platze sind. Da Demandt jedoch zu recht davon ausgeht, daß Metaphern weder überwindbar sind noch auf sie verzichtet werden kann, sondern vielmehr „immer noch und immer wieder unersetzbar heuristische und maieutische Funktion haben", sieht er die Lösung des Determinismusproblems nicht im Ikonoklasmus, sondern in der *Metaphernkritik*, durch die eine „rationalisierende Entfärbung der Bilder" in Gang gebracht werden kann und die „nie pauschal, sondern immer nur gezielt durchführbar ist".[155] Weder die unreflektierte 'Verehrung', noch die pauschale 'Zerstörung', sondern ein reflektierter Umgang mit der bildlichen Sprache im Blick auf ihre jeweilige Angemessenheit ist hier gefragt. Dies erfordert aber einen hermeneutischen Zugang, durch den in sinnverstehender Weise metaphernreflexive Deutungsprozesse in Gang gebracht werden, ein Verfahren also, wie ich es – oben in Kapitel II-2.4 – unter dem Titel der reflexiven Metaphorisierung vorgeschlagen habe.

---

152 Vgl. Demandt 1978:12ff.
153 Demandt 1978:447.
154 Vgl. Demandt 1978:448.
155 Vgl. Demandt 1978:449.

3.4 Daseins-, Hintergrund- und absolute Metaphern

Wenn, wie sich mit Demandt zeigen ließ, ein Kulturkreis zugleich als Bildfeldgemeinschaft beschrieben werden kann, dann stellt sich damit zugleich die Frage, ob und inwieweit zumindest einige dieser Bildfelder und Metaphern als konstitutiv für das Denken und die Weltdeutungen in diesem Kulturkreis anzusehen sind. Hier ist es insbesondere Hans Blumenberg, der in seinen metaphorologischen Arbeiten eine Antwort auf diese Frage zu finden sucht.

In seiner Rekonstruktion von Funktion und Geschichte der Lichtmetapher spricht Blumenberg noch vorsichtig davon, daß die Metapher sich „im Vorfeld der philosophischen Begriffsbildung" befindet.[156] Die Metapher leistet hier einen wichtigen Hilfsdienst, da sie die Philosophie, die das 'Unbegriffene' und 'Vorbegriffene' in die Begrifflichkeit hineinzuziehen versucht, bei diesem Transformationsprozeß unterstützt. Gegenüber der Präzision der Begriffssprache kommt der Metapher zwar eher der Modus der 'unreifen, tastenden, vermutenden Aussageweisen' zu, gleichzeitig wird ihr aber eine *genuine Leistung* zuerkannt: Als Metapher für Wahrheit kann die Lichtmetapher all jene Vorstellungen bündeln und strukturieren, die dem jeweiligen Wahrheitsbegriff selbst zugrundeliegen. Schon in dieser frühen Studie von Blumenberg fällt auf, daß die Lichtmetapher offensichtlich flexibel und plausibel genug ist, um trotz wechselnder inhaltlicher Ausprägungen des Wahrheitsbegriffs selbst eine hohe Konstanz aufzuweisen:

> An Aussagefähigkeit und subtiler Wandlungsmöglichkeit ist die Lichtmetapher unvergleichlich. Von ihren Anfängen an hat die Geschichte der Metaphysik sich dieser Eigenschaften bedient, um für ihre letzten, gegenständlich nicht mehr faßbaren Sachverhalte eine angemessene Verweisung zu geben.[157]

Die Transformationen, denen die Grundmetapher des Lichts dabei unterworfen ist, sind Ausdruck der sich je ändernden Welt- und Selbstdeutungen. Die Lichtmetapher nimmt damit einen Status ein, den Blumenberg in den 'Paradigmen zu einer Metaphorologie' mit dem Begriff der *absoluten Metapher* bezeichnet.[158] Diese absoluten Metaphern sind nicht einfach in wörtliche Begrifflichkeit überführbar, sie lassen sich nicht als aufzulösende 'Restbestände' mythischen Denkens qualifizieren, sondern stellen vielmehr selbst unhintergehbare „Grundbestände der philosophischen Sprache" dar, „die sich nicht ins Eigentliche, in die Logizität zurückholen lassen".[159]

---

[156] Vgl. Blumenberg 1957.
[157] Blumenberg 1957:432.
[158] Vgl. Blumenberg 1960.
[159] Blumenberg 1960:7. Mit Fellmann (1991a:137) kann hier auch von einer *radikalen* Metapher gesprochen werden, bei der es sich „um eine primäre Bedeutungsfeststellung (handelt), die sich ganz auf der Ebene der Anschauung und ohne Reflexion abspielt".

Zwar kann eine absolute Metapher durch metaphorische Ausdeutung und Erweiterung präzisiert oder durch eine andere (wiederum absolute) Metaphorik substituiert werden, eine Überführung in die Begrifflichkeit bleibt damit gleichwohl unmöglich.[160] Absolute Metaphern treten dann auf, wenn einer Idee keine direkte Anschauung entspricht, so daß eine Anschauung aus einem anderen Erfahrungsbereich zur Exemplifizierung dieser Idee benötigt wird.[161] Dies bedeutet zum einen, daß die absolute Metapher ihren Gegenstand allererst konzeptualisiert und mithin konstituiert, und zum anderen, daß gerade die abstrakt-allgemeinen (und hier insbesondere die transzendentalen) Ideen auf die Darstellungsleistungen der absoluten Metapher angewiesen sind. Damit aber steht zumindest die absolute Metapher nicht mehr im Vorfeld der Begriffsbildung. Es kann nun sogar umgekehrt gezeigt werden, daß auch dort, wo bereits klar definierte Begriffe existieren, oftmals absolute Metaphern die unauflösbare Grundlage für die jeweilige Begrifflichkeit bilden: Die Terminologisierung hat sich dabei entlang einer metaphorischen Leitvorstellung vollzogen, die sich ihrerseits in den einzelnen Begriffen als 'Hintergrundmetaphorik' niederschlägt.[162] Als die Begrifflichkeit orientierendes und strukturierendes Leitbild nimmt die Metapher hier eine 'nachhaltige Modellfunktion' ein.[163]

Diese Leitbild- und Modellfunktion nimmt die Metapher aber keineswegs nur in theoretischen Kontexten ein. Vielmehr ist die Metapher gerade in lebensweltlichen Zusammenhängen nicht nur Ausdruck jeweiliger Welt- und Selbstverständnisse, sondern sie stellt zugleich das sprachliche Medium dar, durch das sich diese Welt- und Selbstverständnisse überhaupt erst orientieren und ausbilden können. Die Lebenswelt, die als 'Welt auf Widerruf' immer schon auf der erwartungsgeladenen Intentionalität des Vorgriffs und der Vorwegnahme beruht, findet – wie Blumenberg in den 'Beobachtungen an Metaphern' feststellt – ihren 'unbestimmten Erwartungshorizont' in der Metapher artikuliert:[164] Die absoluten Metaphern der Lebenswelt stellen als unhintergehbare *'Daseinsmetaphern'* das notwendige Deutungs- und Orientierungspotential bereit, mit dessen Hilfe die Kontingenz des menschlichen Daseins in einen vor- und umgreifenden Sinnzusammenhang eingefügt und so als selbstverständliche Gegebenheit hingenommen werden kann. Blumenberg zufolge nehmen diese Metaphern im praktisch-lebensweltlichen

---

[160] Blumenberg 1960:11.
[161] Blumenberg zeigt in diesem Zusammenhang, daß die Analogien der Anschauung in Kants Kritik der Urteilskraft (§59) die Funktion absoluter Metaphern einnehmen. In diesem Sinne wäre auch Kants eigene Raummetaphorik bei der Explikation seines Zeitbegriffes zu interpretieren (vgl. Blumenberg 1971:166 und 1983: 442). Zur weiteren Diskussion des Verhältnisses von Metapher und Erfahrung vgl. unten, Kapitel II-4.
[162] Vgl. Blumenberg 1960:69ff.
[163] Vgl. hierzu auch meine Ausführungen in Kap. II-2.
[164] Vgl. Blumenberg 1971.

Bereich eine unersetzbare welterklärende Funktion ein. Sie veranschaulichen nicht eine Deutung des Daseins, die vorher schon in begrifflicher Form gedacht wurde, sondern *sie selbst stellen die Art und Weise der Deutung dar*; mit ihrem Verschwinden würde also zugleich die Deutung selbst verschwinden. Daseinsmetaphern 'ziehen in imaginative Kontexte hinein', d.h. sie eröffnen einen narrativen Zusammenhang, in den das einzelne Ereignis sinnhaft eingebettet werden kann. Dies geschieht sowohl auf *explizite* Weise, wenn die Metapher entfaltet und das Ereignis explizit ins Gleichnis gesetzt wird, als auch auf *implizite* Weise, wenn das Ereignis selbst schon unter dem Eindruck einer Daseinsmetapher wahrgenommen und strukturiert wird. Die Daseinsmetapher wirkt dann als sichtlenkende Hintergrundmetaphorik im Sinne eines 'imaginativen Orientierungssystems'. Paradigmatisch für eine solche Daseinsmetaphorik ist die von Blumenberg ausführlich untersuchte Metaphorik der gewagten Seefahrt und des Schiffbruchs für das vom Scheitern immer bedrohte Dasein.[165] Die nicht weniger wichtige Daseinsmetapher der Rolle und des Theaters ist dagegen nicht auf die existentielle Kontingenz des Daseins gerichtet, sondern auf die Problematik des Umgangs mit der doppelten Kontingenz im sozialen Raum. Die Theatermetaphorik hat dabei eine orientierende und diagnostische Leitbildfunktion, sie hilft Verhaltenserwartungen zu regulieren und zu strukturieren.[166] Die Metapher hat damit – und das ist im Kontext der von mir verfolgten Überlegungen zur Rationalität der Metapher von entscheidender Bedeutung – in der Lebenswelt die Funktion eines *konstitutiven und regulativen* Vorgriffs. Damit kommt der Metapher die eminent moralisch-praktische Rolle einer Handlungsorientierung zu.[167]

Die Herausarbeitung der lebensweltlichen Relevanz metaphorischer Konzepte zieht für Blumenberg auch eine Veränderung seiner metaphorologischen Untersuchungsperspektive nach sich:

---

165 Vgl. Blumenberg 1971:171-190 und Blumenberg 1979.
166 Vgl. Konersmann 1986/87. Die sozialwissenschaftliche Terminologisierung der Theatermetaphorik in modernen Rollen- und Interaktionstheorien ist nebenbei bemerkt ein gutes Beispiel dafür, daß nicht Metaphern in Begriffe aufgelöst werden, sondern daß Metaphern in katachretisches Vokabular übergehen, sobald sie zur Grundlage einer Theorie werden. Dabei verliert die Metapher durchaus nicht ihre Kraft, denn „es ist die Evidenz der Metapher, der der Begriff der Rolle seine Funktionalität verdankt" (ebd.: 87). Ihre Leistung für die Sozialwissenschaften besteht nach Konersmann vor allem darin, daß sie die Subjektivität des Einzelnen mit seiner Gesellschaftlichkeit vermittelt (vgl. ebd:136f.).
167 So stellt Villwock (1985:80) fest, daß absolute Metaphern „vermöge ihrer Plausibilität und Evidenz den *theoretischen Diskurs* auf die Erfordernisse hin [begrenzen], die aus dem Raum-Zeit-Verbund von Situationen sei es des persönlichen, sei es des geschichtlichen Lebens erwachsen, in denen weder natürliche Determinanten noch moralische Normen das Verhalten eindeutig festlegen. Sie verbinden die Repräsentation nichtwissenden Wissens mit Wirkungsmacht und einem Geltungsanspruch, der sich in die ethische Wahrheitsdimension erstreckt, indem sie dem Dasein, aus dem sie hervorgehen, eine Ausrichtung seines Handelns geben."

Man könnte sagen, die Blickrichtung habe sich umgekehrt: sie ist nicht mehr vor allem auf die Konstitution von Begrifflichkeit bezogen, sondern auch auf die rückwärtigen Verbindungen zur Lebenswelt als dem ständigen – obwohl nicht ständig präsent zu haltenden – Motivierungsrückhalt der Theorie.[168]

Mit der Anerkennung ihrer 'authentischen Leistungsart der Erfassung von Zusammenhängen, die nicht auf den engen Kern der 'absoluten Metapher' einzugrenzen ist', wird die Metapher von Blumenberg nun nicht länger im Vorfeld der Begriffsbildung aufgesucht; vielmehr gilt es nach Blumenberg nun den Reichtum an lebensweltlichen Verweisungs- und Sinnzusammenhängen zu entfalten, der die Metapher gegenüber aller Abstraktion auszeichnet.[169] Dabei kann die Metapher selbst zum 'Leitfaden der Hinblicknahme auf die Lebenswelt' werden, da sich mit ihr nicht nur die lebensweltlichen Selbstverständlichkeiten und Hintergrundorientierungen zum Vorschein bringen lassen, sondern auch das Unsagbare, das sich dem Begrifflichen Entziehende, mit der Metapher zumindest umschreiben läßt. *Paradoxe Metaphorik*, von Blumenberg als 'Sprengmetaphorik' bezeichnet, kann hier zum Ausdruck bringen, was sich ohne Widerspruch nicht auf den Begriff bringen läßt. Die Metapher ist damit nicht nur Mittel der Daseinsorientierung, sondern auch adäquater und sinnstiftender Ausdruck der paradoxen Situation menschlicher Existenz zwischen Immanenz und Transzendenz, Sterblichkeit und Unendlichkeit, Mensch und Gott.[170] Die Theorie der Unbegrifflichkeit legt so die lebensweltlichen Wurzeln metaphorischen Sprechens frei und zeigt damit zum einen den – schon von Vico postulierten – anthropomorph-imaginativen Ursprung jeder Metaphorik und zum anderen die – schon im Zusammenhang mit der philosophisch-semantischen Metapherntheorie diskutierte – prinzipielle Metaphorizität der Sprache auf.[171] Diese Analyse der in der Lebenswelt verwurzelten Metaphorik führt Blumenberg schließlich dazu, die Metapher als eine *anthropologische Konstante* auszuzeichnen, die als Korrelat des immer prekären und indirekten Selbst- und Wirklichkeitsbezuges des Menschen zu sehen ist, denn „der Mensch begreift sich nur über das, was er nicht ist, hinweg. Nicht erst seine Situation, sondern schon seine Konstitution ist potentiell metaphorisch".[172]

---

[168] Blumenberg 1983:438.

[169] „Die Metaphorologie darf hinsichtlich ihrer Gegenständlichkeit nicht nur als Vorfeld oder Substruktur der Begriffsbildung betrachtet werden, sondern sie erschließt in umgekehrter Richtung die Rückführbarkeit des konstruktiven Instrumentariums auf die lebensweltliche Konstitution, der es zwar nicht entstammt, auf die es aber vielfältig zurückbezogen ist." (Blumenberg 1971:164; vgl. ähnlich auch ders. 1983: 438).

[170] So etwa die Sprengmetaphorik des Kreises mit unendlichem Radius (Blumenberg 1960:131ff. und 1983:445) oder die oben in II-3.3 bereits erwähnten paradoxen Fassungen der Schiffbruchs- und Rollenmetapher.

[171] Vgl. oben, Kap. I-1.1.3 und Kap. II-1.

[172] Blumenberg 1981:134f., vgl. hierzu auch Vonessen 1959.

Gerade dann also, wenn die letzten, unsagbaren Bedingungen des menschlichen Daseins *zur Sprache gebracht* werden sollen, ist die Metapher die notwendige und einzige Form des Sprechens. Blumenberg zeigt dies am Scheitern des Metaphernverbotes sowohl in der Heideggerschen Fundamentalontologie als auch im transzendentalphilosophischen Freiheitsbegriff Kants.[173] Aber auch dort, wo Theologie Entmythisierung verspricht und – in einem weiteren 'Rationalisierungsschub' – Wissenschaft mit dem Programm antritt, die Welt zu entzaubern, läßt sich die Entmythisierung und Entzauberung der Welt als ein Prozeß der permanenten *Remetaphorisierung* analysieren:[174] Die Metapher bleibt unauflösbar und unvermeidbar.

Angesichts dieses Befundes gibt das immer wieder zu findende Metaphernverbot in der philosophischen und auch der allgemein wissenschaftlichen Theorie einige Rätsel auf, die eine nähere Betrachtung wert sind. Betrachtet man die Schärfe, mit der die Metapher von Bacon bis in die Gegenwart hinein als eine uneigentliche, irreführende und irrationale Sprachform bekämpft wird, dann fällt angesichts der überaus metaphernreichen Sprache der Metapherngegner zunächst die Inkonsistenz dieser Argumentation ins Auge. Wie oben in Kap. I-1.2 ausgeführt, besteht der Ausweg der Metapherngegner üblicherweise dann darin, die Metapher *so weit als möglich* aus der Wissenschaftssprache zu verdrängen und sie gleichsam als unvermeidbares Übel auf ihre didaktisch-veranschaulichende Funktion zu begrenzen. Diese Inkonsistenz wird von metapherntheoretischer Seite aus häufig kritisiert und als Beleg dafür genommen, daß die Argumentation der Metapherngegner damit schon immanent widerlegt ist.[175] In der Tat ist dies ein wichtiger Einwand gegen den Ikonoklasmus, jedoch läßt die Offensichtlichkeit, mit der die Metapherngegner gegen ihr eigenes Verdikt verstoßen, die Frage aufkommen, ob mit dem Metaphernverbot nicht eine ganz andere Funktion als die des bloßen Bildertabus verbunden ist.

Meine These ist, daß die Inkonsistenz tatsächlich ganz im Sinne der Metapherngegner ist, denn durch den demonstrativ zur Schau gestellten Kampf um eine metaphernfreie Sprache wird die Differenz zwischen wörtlicher und metaphorischer Rede in der Wissenschaftssprache erst hergestellt und abgesichert. Wie ich im folgenden zeigen werde, dient die Ab- und Ausgrenzungsstrategie gegenüber der Metapher dazu, eine *differenzbildende Schutzschicht* zu erzeugen, durch die der rationalistische Diskurs seine scheinbar wörtliche Eigentlichkeit erst gewinnt: Durch das dauernde

---

173 Vgl. Blumenberg 1983:451ff.
174 Vgl. Blumenberg 1983:447ff.
175 Vgl. etwa Ledanff 1979:284, Perelman 1980:126f., Moore 1982:2f., Nieraad 1977: 88ff. sowie De Man 1978.

Thematisieren der didaktisch-illustrativen Metaphern wird die Aufmerksamkeit auf die *Oberflächenmetaphorik* gerichtet, von der die 'normale' Wissenschaftssprache sich als wörtlich abgrenzt, wodurch aber gleichzeitig die epistemisch-metaphysische *Tiefenmetaphorik* der Wissenschaftssprache verdeckt wird. Die Unterscheidung zwischen Wissenschafts- und Umgangssprache verläuft damit entlang der durch das Metaphernverbot etablierten Differenz zwischen eigentlicher und uneigentlicher Sprache.[176]

In der 'mythologie blanche'[177] hat Jacques Derrida die erkenntnistheoretische Bedeutung dieser Tiefenmetaphorik herausgearbeitet und gezeigt, daß der 'metaphorische Raum' der Philosophie von Grund auf durch Licht- und Sonnenmetaphorik strukturiert ist, deren Metaphorizität freilich im 'blinden Fleck' des philosophischen Diskurses verborgen ist: Die Lichtmetapher stellt deshalb für den Bereich der Philosophie und Metaphysik eine absolute Metapher im Sinne Blumenbergs dar,[178] die noch dazu so stark in den Hintergrund des Selbstverständlichen und scheinbar Wörtlichen gerückt ist, daß ihre Metaphorizität gleichsam transparent wird. Die Metaphysik tritt als 'weiße Mythologie' die Nachfolge des Mythos an, und wie dieser[179] ist sie von Grund auf metaphorisch strukturiert, wie beim Mythos sind auch die Metaphern der Metaphysik nur für einen außenstehenden Beobachter sichtbar.[180] Unterhalb der offensichtlichen Metaphorik befindet also sich eine Schicht von absoluten Metaphern, die als basale Unterscheidungen[181] die Logik des scheinbar nichtmetaphorischen Diskurses steuern: Wenn man, so Derrida, etwa die Metaphorik von Descartes analysieren und systematisieren wollte, so

> müßte man sicherlich unterhalb der Schicht von Metaphern mit didaktischem Anschein (...) eine andere Schichtung ans Licht (! B.D.) bringen, die weniger sichtbar, aber ebenso systematisch angeordnet wäre (...). Die Grammatik dieser Metaphern wiederherstellen hieße, deren Logik mit einem Diskurs zu verbinden, *der sich als nicht-metapho-*

---

[176] Noch in einem neueren philologischen Werk können wir lesen: „In der Umgangssprache (...) ist es legitim und auch erhellend, solche 'Anschauungsäquivalente' durch Metaphern zu geben. In der Wissenschaftssprache hat die metaphorische Rede aufgrund ihrer exponierten Subjektivität keinen Platz." (Kanzog 1991: 39f.).

[177] Vgl. Derrida 1988.

[178] Vgl. hierzu auch Blumenbergs Untersuchung über das 'Licht als Metapher der Wahrheit' (Blumenberg 1957). Petchesky (1987:68) macht allerdings darauf aufmerksam, daß die Betonung des Visuellen als Garant der Wahrheit vor dem Hintergrund einer männlich dominierten und insofern vereinseitigten Wissenschaftsentwicklung ('gender-bias of science') zu verstehen ist.

[179] Vgl. meine Ausführungen in Kap. II-3.1.

[180] Vgl. hierzu auch Schlesier 1986/87, die wie Derrida betont: „Das metaphysische Denken beruht auf Metaphern, die unsichtbar gemacht wurden und als solche nicht mehr erkennbar sind" (ebd.:79).

[181] Vgl. Luhmann 1990.

risch ausgibt – was man hier philosophisches System, Sinn der Begriffe und Ordnung der Ursachen nennt (...).[182]

Nun haben diese absoluten Metaphern aber nicht nur die Funktion, die je besonderen Unterscheidungen einer Theorie zu erzeugen, sondern – und dies ist die für meine Argumentation relevante Überlegung – indem sie zur unsichtbaren Hintergrundmetaphorik werden, konstituieren sie zugleich die allgemeinen Unterscheidungen wörtlich vs. metaphorisch und eigentlich vs. uneigentlich. Damit die Unterscheidung zwischen eigentlicher und uneigentlicher Sprache nicht zusammenbricht, so meine These, muß die Unterscheidung wörtlich/metaphorisch im wissenschaftlichen Diskurs immer wieder neu konstruiert werden, indem die offenkundige Oberflächenmetaphorik von der auf fundamentaler Metaphorik beruhenden Sprache abgetrennt und in die Peripherie des wissenschaftlichen Diskurses projiziert wird. Die Ab- und Ausgrenzungsstrategie gegenüber der Oberflächenmetaphorik dient also dazu, jene *differenzbildende Schutzschicht* zu erzeugen, durch die der rationalistische Diskurs seine scheinbar wörtliche Eigentlichkeit erst gewinnt: Das Metaphernverbot und die andauernde Versicherung, Metaphern höchstens zu didaktischen oder heuristischen Zwecken (also: im Vorfeld der Wissenschaft!) zu benutzen, machen die zur Hintergrundmetaphorik kondensierten fundamentalen Metaphern unsichtbar und lenken den Blick auf die Oberflächenmetaphorik. Deshalb geht es tatsächlich gar nicht so sehr darum, die Metapher aus der wissenschaftlichen Sprache zu verbannen, sondern vielmehr darum, sie zu disziplinieren und zu kontrollieren, ihre Suggestivkraft zu bändigen und ihr Wuchern zu begrenzen,[183] um sie so als *Differenzkriterium* nutzbar zu machen. Als eine solche Kontrollprozedur kann auch der Diskurs über die Metapher selbst interpretiert werden, in dem die Metapher immer wieder aufs neue klassifiziert und auf bestimmte Bereiche eingeschränkt wird,[184] womit die Differenz zwischen wörtlicher und metaphorischer Sprache rituell wiederholt, bestätigt und in die diskursive Praxis der Wissenschaft eingeschrieben wird. Damit entsteht ein dichotomes Schema paralleler Polaritäten, das bis heute für den wissenschaftlichen Diskurs wirksam geblieben ist:

| wörtlich – eigentlich – rational – Wissenschaftssprache (Philosophie) |
| metaphorisch – uneigentlich – irrational – Umgangssprache (Rhetorik/Poetik) [185] |

---

[182] Derrida 1988:254 (Hervorhebung von mir).
[183] Vgl. oben, Kap. I-1.2. Analog zur Diskurstheorie von Foucault wäre hervorzuheben, daß auch hier weniger das Verbot des in Frage stehenden Gegenstandes, als vielmehr seine Diskursivierung, das ständige Sprechen über ihn und seine Einbindung in gesellschaftliche Praktiken eine erfolgreiche Kontrolle garantieren.
[184] Vgl. Derrida 1988, v.a. 210ff.
[185] Sicherlich wäre das Schema um eine weitere Dichotomie, nämlich *männlich/weiblich*, zu ergänzen: dies nicht nur weil die Wissenschaft traditionell als Domäne männlicher Tätigkeit entstanden ist, sondern auch weil der Diskurs über die Metapher, ihre Ge-

Mit diesem Schema und der grundsätzlichen Festlegung der Wissenschaft auf den wörtlich-eigentlichen Modus wird angesichts der Unvermeidbarkeit der absoluten Metapher das Programm des Ikonoklasmus zu einer uneinlösbaren, paradoxen Strategie, die im Hinblick auf ihre Grenzziehungen gleichwohl erfolgreich ist. Der Ikonoklasmus kann deshalb, wie ich meine, auch als ein Bewältigungsversuch der erkenntnistheoretischen Krise gedeutet werden, in die das Denken gerät, als mit dem Beginn der Neuzeit die analogische Ontologie des Ähnlichen zerfällt. An der Auflösung dieser Paradoxie scheitert, wie ich oben in Kap. I-1.4 gezeigt habe, freilich auch noch Nietzsche, der zwar die Unvermeidbarkeit der Metapher erkennt, daraus jedoch zugleich ihre Unwahrheit folgert: Da die für wahr gehaltenen Aussagen nur aus den jeweils und zufälligerweise geltenden usuellen Metaphern entspringen, kann es keine Wahrheit und auch keine rationalen Kriterien für Metaphorik geben – die Metapher wird damit zum Mythos. Wenn somit jedoch Wahrheit von der Kontingenz etablierter Metaphorik abhängt, dann sind auch Wahrheit oder Lüge der Metapher nur noch im Modus des performativen Widerspruchs zu behaupten. Wenn nämlich auf diese Weise die unsichtbaren Metaphern sichtbar gemacht werden, bricht die mit ihnen getroffene Unterscheidung zusammen, der durch sie konstituierte Diskurs wird dekonstruiert: Wahrheit als 'bloße' Metapher entziffert, muß zur Lüge werden, und die Unterscheidung wahr/falsch verliert damit ihre Bedeutung und Geltung. Nietzsche bleibt, wie in Kapitel I-1.4 bereits herausgestellt, deshalb nur mehr der Übergang zur ästhetisch-ironischen Haltung.

Ein Ausweg aus dem Paradox besteht darin, noch einen Schritt weiter zu gehen und durch Metaphernreflexion die Paradoxie selbst zu reflektieren und damit also solche *sichtbar* zu machen. Durch diese 'Paradoxiereflexion'[186] kommt eine Reflexionsebene ins Spiel, bei der auf der einen Seite die absolute Metapher sichtbar gemacht und damit relativiert werden kann, auf der anderen Seite aber ihre Funktion der basalen Unterscheidung – nun als gewußte – durchaus beibehalten (bzw. gegebenenfalls auch verworfen) werden kann:[187] Die *reflexive Metaphorisierung* (vgl. oben Kap. II-2.4) ist deshalb ihrerseits als eine wichtige Form der Paradoxiereflexion zu betrachten. Und erst mit der Erkenntnis der Reflexionsfunktion der Metapher

---

fährlichkeit, ihre Verlockungen und ihre Falschheit auf frappante Weise dem Diskurs über 'die' Frau gleicht (vgl. meine Ausführungen oben in Kapitel I-1.2, v.a. S. 30).
186 Vgl. Luhmann 1990, v.a. 531ff.
187 Luhmann (1990:541) beschreibt dieses Verfahren im Bezug auf die Reflexion der Wissenschaft überhaupt folgendermaßen: „Einerseits sieht die Reflexion, daß die Forschung nicht sieht, was sie nicht sieht, nämlich die Paradoxie. Andererseits kann auch die Forschung beobachten, daß sie beobachtet wird, denn die Reflexion findet nicht im Geheimen statt. Es lassen sich auf diese Weise rekursive Verfahren des Beobachtens der Beobachtung von Beobachtungen herstellen, die zu nichtbeliebigen Anschlüssen führen."

ist eine Überwindung der Paradoxie möglich. Die Metapher wird nun nämlich nicht mehr als bloßer *Störfaktor* betrachtet, der als semantische Anomalie bzw. als kategorialer Fehler die Ordnung des wörtlichen Diskurses bedroht, sondern als ein *Reflexionsfaktor*, durch den die Ordnung der Sprache reflektiert und rekategorisiert wird.

In dieser reflexiven Funktion kann die Metapher dann zu dem „sprachlichen Kern einer nachanalogischen Ontologie der Moderne" werden, in der die Kontingenz der ontologischen Einteilungen und Kategorien gewußt und mittels der Metapher reflektiert wird.[188] Erst durch die Erkenntnis dieser Funktion und durch den Aufweis der Möglichkeit einer rationalen Metaphernreflexion kann an die Stelle der Unterscheidung wörtlich vs. metaphorisch die Unterscheidung mythischer vs. wörtlicher bzw. metaphorischer Wortgebrauch treten: Die Wissenschaft braucht ihre Metaphorizität nicht mehr zu verbergen, sondern kann vielmehr aus ihr einen *Gewinn an Distinktionsvermögen* und damit an *Rationalität* (im umfassenden Sinn des Wortes) erzielen. Sie kann nun nämlich unterscheiden zwischen den Metaphern, die sie durch andere Metaphern oder andere katachretische Begriffe ersetzen kann und will, und denen, die als unhintergehbare Analogien der Anschauung[189] die unvermeidbare Grundlage des Denkens, den in Kauf zu nehmenden metaphorischen Kern einer Theorie ausmachen.

3.5 Resümee: Die topisch-orientierende Kraft der Bildfelder

Bei meiner Untersuchung der materialen Metaphorologie habe ich von der Bildfeldtheorie Weinrichs über die strukturalistische Ethnologie und Texttheorie, die diachrone Analyse der kulturellen Bildfelder bis hin zur historisch-hermeneutischen Rekonstruktion der absoluten Metapher ein weites Feld durchschritten, das sicherlich aufgrund seiner Heterogenität und Komplexität nur schwer auf einen Nenner zu bringen ist. Ein gemeinsamer Nenner kann jedoch darin gesehen werden, daß alle behandelten Ansätze die Metapher nicht als isoliertes Phänomen auf der Ebene von Worten, Sätzen oder Äußerungen betrachten, sondern sie von vorne herein in einem größeren Zusammenhang situieren, den ich eingangs als *semantischen Raum* bezeichnet habe.

Der semantische Raum der Metapher, so haben wir gesehen, spannt sich in mehreren Dimensionen auf: Zunächst ist er auf der Ebene des semantisch-synchronen Bildfeldes als Koppelung zweier semantischer Felder zu verstehen; diese Koppelung wird ihrerseits sodann mit der historisch-diachronen Dimension tradierter Bildfelder verbunden. Eine die synchrone

---
[188] Vgl. Strub 1991:471ff.
[189] Vgl. Kant, KdU § 59 sowie unten, Kap. II-4.

und diachrone Achse berücksichtigende materiale Metaphorologie, so hatte ich festgestellt, hätte in einer Dialektik von Struktur und Prozeß die Kontinuitäten und Brüche in den bildspendenden wie in den bildempfangenden Bereichen zu rekonstruieren und so Stabilität und Variabilität von historisch-semantischen Bildfeldsystemen herauszuarbeiten. Um die Metapher jedoch nicht allein im System der synchron-diachronen Analyse aufgehen zu lassen, müßte sie darüber hinaus auch der Offenheit der Metapher gerecht werden, die aus der Kommunikationssituation entspringt: Hinzu treten muß die Analyse der situativen und kontextuellen Faktoren, die den innovativ-ereignishaften Charakter der Metapher ausmachen.[190] Erst die Gesamtheit der durch die Interaktion dieser Dimensionen erzeugten Assoziationen und Konnotationen führt nämlich zu dem als *komplexen Bedeutungsvektor* vorgestellten Bedeutungszusammenhang einer Metapher.

Daß die Produktion und die Interpretation einer Metapher trotzdem nicht notwendigerweise aufwendig und umständlich ist, sondern daß vielmehr, wie schon Aristoteles hervorhob, eine geglückte Metapher unmittelbar einleuchtet, hängt insbesondere mit ihrer *rekurrenten Struktur* zusammen.[191] Die rekurrente Erzeugung von textinternen Sinnzusammenhängen ist ebenso wie die synchrone und diachrone Rekurrenz auf Bildfelder und Topoi ein herausragendes Merkmal insbesondere der Gebrauchsmetapher. Die Bildfeldtheorie, so hatte ich gezeigt, bedarf dabei allerdings selbst der Modifizierung: Die in der Terminologie von Bildspender und Bildempfänger enthaltene Unidirektionalität war durch das Interaktionskonzept zu ersetzen. Gleichzeitig liefert aber die Bildfeldtheorie ihrerseits die Grundlage für eine Modifikation der Metapherntypologie, bei der die generative und rekurrente Funktion der Bildfelder berücksichtigt wird.

Die Bedeutung des metaphorischen Rekurrenzsystems habe ich zunächst anhand der strukturalistischen Ethnologie von Lévi-Strauss herausgearbeitet. Dabei hat sich gezeigt, wie die einzelnen Motive der Mythen sich als metaphorische und metonymische Transformationen mythologischer Themen entziffern lassen, die ihrerseits schließlich auf einen virtuellen 'Gesamtmythos' zurückgeführt werden können. Als *komplexer semantischer Raum* kann der Mythos (dessen metaphorische Struktur natürlich nur dem Beobachter, nicht dem in ihm Lebenden offenbar ist) so als eine große, absolute Metapher aufgefaßt werden, die in die Logik und in die Struktur des 'wilden Denkens' eingelassen ist. Es ist aber auch deutlich geworden, daß die totalisierende Kraft des Mythos dabei durchaus nicht

---

[190] Dieser Anspruch wird erst unten in Kap. II-5 eingeholt.
[191] Hier muß selbstverständlich unterschieden werden zwischen dem lebensweltlichen Verstehen und der von wissenschaftlichem Interesse geleiteten Interpretation einer Metapher oder eines Bildfeldes. Letztere kann, da sie (wie z.B. die Arbeiten Blumenbergs) auf text- und kulturkritischer Rekonstruktion der Hintergründe einer Metaphernverwendung beruht, außerordentliche aufwendige hermeneutische Prozesse erfordern.

irrational ist; vielmehr liegt der Logik der metaphorischen und metonymischen Transformationen dieselbe rationale Tiefenstruktur zugrunde, die auch das abstrakt-formale Denken des Logos bestimmt. Der Konkretismus des Mythos wird erst in dem Moment irrational, wo die Metapher als Metapher erkannt werden kann und trotzdem weiterhin konkretistisch verstanden wird. Dann aber – dies hatte ich bereits in Kap. II-2.4 ausgeführt – handelt es sich nicht mehr um den Mythos im ethnologischen Sinne, sondern um einen Mythos im erkenntnistheoretischen Sinn, um einen *sekundären* Mythos, dessen Auflösung die Aufgabe der Metaphernreflexion ist.

Die strukturale Analyse läßt sich, so hatte sich dann gezeigt, auf die Textanalyse ebenso wie auf die Untersuchung von epochentypischer Bildfeldsysteme ausdehnen. Die synchron orientierte Metaphorologie bekommt die systematische Einbettung der Metapher in die Text- und Sprachstruktur in den Blick und sie kann gleichzeitig die Entstehung von metaphorischen Isotopien als 'Lesart' von Texten erfassen. Die textinternen und textexternen Rekurrenzbeziehungen lassen vermuten, so hatte ich dann festgestellt, daß nicht nur zwischen Einzelmetapher und zugehörigem Bildfeld, sondern auch zwischen synchron bzw. epochal vorfindlichen Bildfeldern rekurrente Beziehungen bestehen. Ein epochales Bildfeldsystem kann dabei selbst als komplexer semantischer Raum verstanden werden, innerhalb dessen die einzelnen Bildfelder durch eine übergeordnete Struktur von wechselseitigen Verweisungen in einem systematisch-synchronen Zusammenhang stehen. Epochale Bildfeldsysteme determinieren damit jedoch nicht die Bedeutung der Einzelmetapher vollständig, vielmehr wirken sie auf die einzelnen Bildfelder und Metaphern wie ein Magnetfeld, d.h. als orientierende und ordnende Kraft. Daß aber auch zwischen verschiedenen synchronen Bildfeldsystemen systematische Beziehungen bestehen können, wurde schließlich mit Hilfe des Modells synchroner Systeme von Kollektivsymbolen aufgewiesen. Hier zeigte sich, daß durch Analogiengitter und Katachresennetze selbst widersprüchliche Symbole integrierbar und ganz neue Symbole an das System anschließbar sind. Durch allgemeine, quasi-anthropologische Topoi und durch elementar-ideologische Binärschemata werden die Kollektivsymbole vorab normativ ausgerichtet. Das System synchroner Kollektivsymbole kann deshalb als System 'symbolischer Sinnbildungsgitter' fungieren, das die Subjektbildung wie auch den gesellschaftlichen Diskurs präformiert. Problematisch war hier allerdings, daß mit zunehmender Systematik die Metapher und alle symbolischen Aktivitäten immer schon in der Struktur enthalten sind. Die Metapher wäre dann Teil eines letztlich irrationalen, gegen Reflexion immunisierten Systems beliebiger Äquivalenzrelationen. Die ursprünglich ideologiekritisch gemeinte Theorie des Systems synchroner Kollektivsymbole postuliert damit einen nicht transzendierbaren Immanenzzusammenhang und läuft so Gefahr in reifizierender Weise die eigene Systemlogik auf die Wirklichkeit zu projizieren.

Neben den metaphorischen Rekurrenzen in der Synchronie habe ich mit der Analyse historisch-hermeneutischer Metapherntheorien auch die diachrone Achse metaphorischer Rekurrenzen diskutiert. Hier wurde deutlich, daß gerade aus der Spannung zwischen Bildfeldtradition und aktueller Metaphernverwendung eine *lebendige Metapher* (im Sinne Ricœurs) entstehen kann. Der kulturell tradierte 'Bildervorrat' einer Sprachgemeinschaft ist deshalb nicht eine Sammlung toter Metaphern, sondern er stellt als eine *metaphorische Topik* die Potentialität bereit, aus der immer wieder neue und überraschende Metaphern generiert werden können. Die metaphorologische Untersuchung dieses Bildervorrats reicht, wie wir gesehen haben, von Studien zu ganz spezifischen Metaphern über die Rekonstruktion von Topoi und Bildfeldern bis hin zur Konstruktion einer historisch-systematischen Metaphorologie, in der die einzelnen Bildfelder zu einem synchron-diachronen Bildfeldsystem zusammengeschlossen sind: Mit der Rekonstruktion von fünf großen Bildfeldern (organische Metaphern, Jahres- und Tageszeitmetaphern, Bewegungsmetaphern, Metaphern der Technik und Theatermetaphern) kann die historisch-systematische Metaphorologie aufzeigen, wie das politisch-historische Denken in Europa über einen Zeitraum von der Antike bis zur Gegenwart von den gleichen basalen Bildfeldern geprägt ist. Der relativ stabile Kanon an gemeinsamen Metaphern läßt den Schluß zu, daß es sich bei dem europäischen Kulturkreis in der Tat um eine die Sprach- und Landesgrenzen überschreitenden *Bildfeldgemeinschaft* handelt.

Allerdings gelingt die Integration von diachroner und synchroner Metaphorologie auch bei den historisch-systematisch angelegten Analysen nicht. Eine solche allgemeine materiale Metaphorologie müßte die diachron ermittelten Bildfelder und Bildfeldbeziehungen mit epochalen Synchronieuntersuchungen koppeln und daraus dann die epochenspezifischen und die überepochalen metaphorischen Äquivalenzen ermitteln – ein Projekt, das wahrscheinlich an der Komplexität des Gegenstandes scheitern dürfte. Deutlich wurde jedoch, daß die in Bildfeldgemeinschaft dominierenden Metaphern eine hohe *strukturierende* und *orientierende* Kraft besitzen und deshalb als vorstellungs- und handlungsleitende Ideen wirken.

Die These von der vorstellungs- und handlungsorientierenden Kraft der Metapher habe ich schließlich anhand der Blumenbergschen Arbeiten zur absoluten Metapher weiter verfolgt. Hier wurde aufgewiesen, daß bestimmte Metaphern und Bildfelder, die als 'Grundbestände' des Denkens nicht in die Wörtlichkeit überführt werden können, tatsächlich unhintergehbar und allenfalls gegen andere Metaphern austauschbar sind. Während diese absoluten Metaphern im Bereich der Philosophie und der Wissenschaft eine *Modellfunktion* einnehmen und sich als *Hintergrundmetaphorik* in der Terminologiebildung niederschlagen, kommt ihnen in der Lebenswelt als *Daseinsmetaphern* die unersetzbare Funktion der Sinnstiftung, Weltdeutung und Handlungsorientierung zu: Durch ihre vorgreifende Struktur ermöglicht die Daseinsmetapher, lebensweltliche Erfahrungen zu konzeptualisieren und zu kommunizieren, sie stellt ein 'Orientierungssystem' bereit, auf dessen Grundlage die Kontingenz des Daseins erträglich wird und das Handeln orientiert werden kann. Wie bei der wissenschaftlichen Metapher kann aber die Rationalität des daseinsmetaphorischen Vorgriffs nicht allein an ihrer internen Adäquatheit oder Funktionalität gemessen werden, sondern auch sie muß sich – zumindest dann, wenn durch Enttraditionalisierungsprozesse die fraglose Geltung eines privilegierten Metaphernsystems (etwa: Religion) aufgelöst ist und verschiedene Metaphern äquivalent verwendet werden können – am Maßstab der reflexiven Metaphorisierung relativieren und beurteilen lassen. Durch die Analyse der absoluten Metapher läßt sich, wie ich gezeigt habe, darüber hinaus auch die Funktion des Metaphernverbots in der Wissenschaft entziffern: Die Projektion der Metapher in die Peripherie des Diskurses und der Kampf gegen die Oberflächenmetaphorik machen die zur Hintergrundmetaphorik kondensierten Metaphern unsichtbar, wodurch die Differenz wörtlich/metaphorisch als wissenschaftliche Unterscheidung erst erzeugt wird. An diesem Punkt kompliziert sich allerdings das Verhältnis von Metapher und Reflexion, denn wenn die absolute Metapher dem Denken so grundlegend vorausgeht, daß die Distinktionen des Denkens durch sie erst konstituiert werden, dann steht die Möglichkeit ihrer Reflexion in Frage. Eine Metaphernreflexion ist hier jedoch, so lautet meine These, als *Paradoxiereflexion* möglich, als eine Reflexion also, die die absolute Metapher sichtbar macht, damit entmythisiert und – bei Alternativenlosigkeit – sie als notwendige und unhintergehbare Analogie der Anschauung zu erkennen gibt, oder – bei alternativer Metaphorik – die Möglichkeit der Entscheidung für oder gegen sie eröffnet.

Von zentraler Bedeutung, so hat meine Analyse der synchronen und diachronen Metaphorologien gezeigt, ist die vorstellungs- und handlungsorientierende Funktion der Metaphern und Bildfelder einer Bildfeldgemeinschaft. Die *Orientierungsfunktion* des metaphorischen Vorgriffs, die den lebensweltlich tradierten Selbstverständlichkeiten entspringt, ist freilich selbst auf ihre Rationalität hin zu befragen. Wie Blumenberg aufgewiesen hat, ist der metaphorische Vorgriff mit der Vorgriffsstruktur der Lebenswelt überhaupt verbunden: Die Metapher 'schafft' nicht die Vor- und Übergriffsstruktur, sondern sie 'tritt in sie ein'.[192] Das immer schon Vertrautsein mit der durch sprachliche Interaktionen erschlossenen Lebenswelt und die impliziten Gewißheiten eines lebensweltlichen Sinnzusammenhanges sind die Bedingung der Möglichkeit für die vorgreifende Bewäl-

---

[192] Blumenberg 1971:169f.

tigung der Kontingenz eines prinzipiell unbestimmten und offenen raumzeitlichen und sozialen Horizontes. Der lebensweltliche Vorgriff beruht, wie Gadamer herausgearbeitet hat, auf der 'Vorurteilsstruktur des Wissens', der Macht der Überlieferung, die in konkreten Situationen als orientierende Antizipation wirksam werden (und auch scheitern) kann.[193] Die Rationalität dieses Vorgriffs liegt also zunächst einmal darin, daß er als *konstitutiver Vorgriff* die Bedingung für die Erzeugung von sinnhaften, handlungsorientierenden Interpretationen darstellt. In diesem Sinne ist der Metapher eine *welterschließende Funktion* eigen: Die auf Bildfeldtraditionen und lebensweltliche Gewißheiten rückgreifende Metapher bündelt und artikuliert im Vorgriff eine praktische Leitvorstellung, die zur Grundlage des Handelns werden kann und die im Handlungserfolg seine Bestätigung und Legitimation findet:

> ...in dem Maße, in dem das Verstehen die Grundlage nicht nur des gegenständlich gerichteten Erkennens, sondern auch des geschichtlichen Handelns bildet, entfalten Metaphern eine orientierende Kraft. Ihre Wahrheit ist stets Wahrheit für die menschliche Lebensform, aus der sie hervorgeht.[194]

Dabei kommt, wie Mary Hesse herausgestellt hat, den lebensweltlichen Metaphern insbesondere die Funktion zu, soziale Normen und kulturelles Wissen zu vermitteln. Durch ihre Selektivität und Perspektivität stellen sie soziale Bewertungen und Urteile dar und erlauben so die Organisation von sozialer Erfahrung und die Bildung von subjektiven und kollektiven Identitäten. Diese Metaphern können nur durch ihren sozialen Gebrauch gerechtfertigt werden und nur in ihm und durch diesen einen Wahrheitskonsens erreichen, sie sind also Ausdruck des *praktischen Interesses* und in dieser Funktion nicht substituierbar:

> Die Metapher bleibt hier die notwendige Sprechweise, die durch die Normen und Wertmaßstäbe beschränkt wird, anhand derer das Menschenreich interpretiert und Utopien, Ideologien und religiöse Welten strukturiert werden.[195]

In dieser Funktion der Vermittlung und Repräsentation von Traditionen, Normen, Wissen und Werten wird die Metapher zum handlungsorientierenden und sichtlenkenden *Leitbild*;[196] sie stellt damit, wie Pielenz bemerkt, ein „kulturell entfaltetes, unentbehrliches Verfahren individueller wie kollektiver Lebensorientierung" dar, das „handlungslegitimierende Schlußpräsuppositionen" bereitstellt.[197] Das Normen- und Wertesystem einer Gesellschaft kann deshalb nicht nur anhand der Analyse ihrer Metaphern rekonstruiert werden, sondern es wird zugleich durch diese Meta-

---

[193] Vgl. Gadamer 1960:170ff.
[194] Villwock 1983a:82, ähnlich auch Künzli 1985:369f.
[195] Hesse 1988:144.
[196] Vgl. Konersman 1986/87:92 und Blumenberg 1960:69ff.
[197] Pielenz 1993:159.

phern konstituiert. Dabei können die Leitbilder sowohl eine eminent moralisch-praktische[198] als auch eine orientierend-theoretische[199] Funktion einnehmen. Diese normative Funktion beruht auf der *topisch-orientierenden Kraft* der Metapher; eine Kraft, die durch die in die Metapher eingelassene Präferenzstruktur unser Handeln und Denken zu orientieren vermag. Diese Orientierungskraft beruht aber nicht auf einzelnen, gleichsam 'freistehenden' Metaphern, sondern sie auf der Tatsache, daß die in einer Kultur vorfindlichen Metaphern über Metaphernnetze und -felder miteinander verbunden sind und daß die zu einer 'Bildfeldgemeinschaft' zusammengeschlossenen Mitglieder eines Kulturkreises immer schon 'in' diesen Metaphern denken. Dies bedeutet auch, wie Johnson gezeigt hat, daß gerade unsere zentralen moralischen Intuitionen, Leitbilder, Ideen und Kalküle weit mehr in den basalen Metaphern unserer Kultur als in abstrakt-universellen Prinzipien gründen.[200]

Nun besteht dabei allerdings auch die Gefahr, daß die Evidenz und die Plausibilität des metaphorischen Vorgriffs auch dann zur denk- und handlungsleitenden Größe wird, wenn Situation und Metapher gar nicht einander entsprechen. Die Metapher wird dann (wie schon im Hinblick auf die Wahrheitsfrage in Kap. II-2.4 diskutiert) vom Denkmodell zum Denkzwang, vom rationalen Handlungsmodell zum mythischen Handlungszwang: Auch die Metaphern- und Bildfeldtraditionen können Teil einer autoritären Tradition sein, die eine Situation von vorne herein determiniert. Wenn nämlich der in Metaphern sich artikulierende tradierte und scheinbar vernünftige Hintergrundkonsens ein 'Ergebnis von gesellschaftlichen Pseudokommunikationen' ist, der die Subjekte in einen 'Gewaltzusammenhang zwangsintegriert', dann ist auch die Orientierung an diesen Metaphern fragwürdig, selbst wenn sie – da sie die Situationsdefinition determinieren – *scheinbar* mit der Situation in Einklang stehen.[201] An diesem Punkt wird die handlungsorientierende Metapher zum handlungsbestimmenden Mythos, sie wird *ideologisch* – und damit treten Tradition und Aufklärung in einen Widerspruch: Die Rationalität der handlungsorientierenden Metapher kann

---

[198] Auch hier gibt es lange Bildfeldtraditionen, man denke etwa an die sehr alten Metaphern des *guten Hirten* und der *väterlichen* bzw. *elterlichen Fürsorge*, die als verantwortungsethisches Leitbild der normativen Sicht des paternalistisch-fürsorgenden Unternehmers und – etwa in der Ethik von Hans Jonas (1984) – der Idee der Verantwortung für zukünftige Generationen zugrundeliegen.

[199] Vgl. hierzu oben, Kap. II-2.4 sowie die gerade in jüngster Zeit entstandene Forschung zur Rolle von Leitbildern in Forschung und Technik (Mambrey/Tepper 1992, Dierkes/Marz 1992 und Dierkes/Hoffmann/Marz 1992).

[200] Vgl. Johnson 1993. Das Verhältnis von metaphorischen Konzepten und der Konstitution von Erfahrung wird unten in Kapitel II-4, v.a. II-4.2, bei der Behandlung des Ansatzes von Lakoff und Johnson genauer analysiert.

[201] Vgl. hierzu Habermas' Kritik am Universalitätsanspruch der Hermeneutik (in: Habermas 1971b:264-301).

nun nicht mehr aus ihrer Übereinstimmung mit der Tradition, mit den eingespielten Sprachspielen innerhalb des kulturellen Bildervorrats abgeleitet werden, vielmehr muß ihre Rationalität in der kritischen Reflexion sich allererst beweisen. Ob nämlich der mit einem metaphorischen Vorgriff gesetzte Geltungsanspruch legitim ist oder nicht, kann nicht aus der Immanenz des Traditionszusammenhangs heraus entschieden werden. An die Stelle des in praktischen Zusammenhängen eingespielten faktischen Konsenses müssen dann kontrafaktische, die raum-zeitlichen Beschränkungen und historischen Kontexte transzendierende Begründungen treten, die das *emanzipatorische Interesse* im Blick haben.

Eine die synchronen und diachronen Bildfelder einer Gesellschaft oder eines Kulturkreises rekonstruierende Metaphorologie steht deshalb immer vor der Aufgabe, die vorgefundenen Metaphern nicht nur einfach zu sammeln und ins System einzugliedern, sondern sie durch *reflexive Metaphorisierung* (vgl. oben, Kap. II-2.4) auch auf ihre normative (orientierende, ideologische bzw. emanzipatorische) Funktion hin zu untersuchen. Da Metaphern gerade in moralisch-praktischen Zusammenhängen nicht nur das lebensweltliche Wissen, sondern auch die damit verknüpften affektiven Wertsysteme repräsentieren, ist die topisch-orientierende Funktion der Metapher immer auch von der Möglichkeit des Umschlagens in manipulativ-ideologische Funktionen begleitet. Insbesondere die *politische* Metaphorik tendiert dazu, „vom 'als ob' in eine Identifizierung überzugehen"[202] und so zum unhinterfragten sekundären Mythos zu werden. Dies wird noch durch den Umstand gestützt, daß die politischen Metaphern bis heute mit großer Vorliebe im Rückgriff auf wenige alteingeführte, autoritäre Bildfelder gebildet werden.[203] Sicherlich bleibt fraglich, wie stark die persuasive und manipulative *Wirkung* einer Metapher tatsächlich ist: Ihr Einfluß auf die Meinungsbildung wird zum Teil auf die Indirektheit der Metapher, ihre signalökonomische Organisation und ihre Nutzung zur Suggestion von Schlußfolgerungen zurückgeführt, er scheint jedoch zum Teil auch von Faktoren abzuhängen, die mit der Metapher direkt nichts zu tun haben (z.B. Sprecherglaubwürdigkeit, Redeintensität, sowie Bildungsstand und soziale Position der Hörer).[204] Die metapherntheoretisch naheliegende Vermutung, daß nämlich der Bildspender die Konzeptualisierung des Bildempfängers entscheidend prägt, daß aber auch die Eigenschaften des Bildemp-

---

[202] Kurz 1988:25.
[203] So etwa Schiffs- und Meeresmetaphorik ('Das Boot ist voll', 'Asylantenflut'), Krankheits- und Schädlingsmetaphorik ('Krebsgeschwür des Terrorismus', 'Ratten und Schmeißfliegen', 'Parasiten') und Theatermetaphorik ('Schmierenkommödie', 'Laiendarsteller', 'Sommertheater'). Vgl. in diesem Zusammenhang auch Link 1982, Küster 1983, Keller-Bauer 1984 und Kurz 1988.
[204] Vgl. Bosman 1987:98f. und Köller 1975:276ff.

fängers auf die Interpretation der Metapher einwirken, stimmt jedoch mit empirischen Befunden über die Wirkungen politischer Metaphorik überein:

> The usage of political metaphors structures the concepts of the tenor or domain of application. (...) The metaphor accentuates aspects of the complex of ideas about the tenor: Certain causes and consequences are emphasized, and solutions are suggested. (...) Posing the question of which aspects are illuminated (by different tenors), we found that especially solutions that are offered by metaphor are dependent upon the domain of application.[205]

In der modernen Gesellschaft mit ihrer durch Werbestrategien geprägten Medienöffentlichkeit, mit ihren massenmedial aufbereiteten Meldungen und Meinungen und mit ihrer massenkommunikativ vermittelten Politik, die sich mit Vorliebe euphemistischer und emotiver, mit Freund/Feind-Kategorien operierender Metaphern zu Legitimations- und Manipulationszwecken bedient, ist eine metaphernkritische politische Metaphorologie deshalb unabdingbar. Neben bereits erwähnten Werken[206] gibt es hier eine Vielzahl von Arbeiten, von denen nur einige richtungsweisende Ansätze genannt seien: Die *symboltheoretischen* Analysen von Harry Pross, in denen politische Metaphern im Hinblick auf ihre signalökonomische Funktion und die daraus entstehenden (scheinbaren) Handlungszwänge betrachtet werden;[207] die Untersuchungen von Murray Edelman in der Tradition des *symbolischen Interaktionsmus*, die dem Phänomen der Erzeugung von politischer Loyalität und Legitimation gelten;[208] die *sprachtheoretische* Analyse von Hans Jürgen Heringer, in der die Metapher als Mittel der Verhüllung, der Normierung und der Demagogie untersucht wird;[209] die *politikwissenschaftlichen* Studien von Münkler und von Rigotti, in denen Funktion und Funktionalisierung politischer Metaphorik erörtert wird;[210] sowie – in einem etwas weiterem Rahmen – die *psychoanalytisch* orientierte Studien von Klaus Theweleit, in der männliche Sexual- und Gewaltphantasien und -bilder mit der Konstitution und Legitimation von politisch-gesellschaftlichem Handeln in Zusammenhang gebracht werden;[211] und schließlich die *psychohistorisch* angelegte Analyse von Lloyd de Mause, in der latente Phantasiebotschaften der massenkommunikativen Metaphern als Ausdruck des kollektiven Gefühlsstatus' und als gesellschaftliches Legitimationsmuster entziffert werden.[212]

---

205 Bosman 1987:109.
206 So z.B. Meyer 1969, Link 1982, Link/Wülfing 1984, Küster 1983 und Opp de Hipt 1987.
207 Vgl. Pross 1981 und 1988.
208 Vgl. Edelman 1976, v.a. Kap. 9.
209 Vgl. Heringer 1990.
210 Vgl. Münkler 1994 und Rigotti 1994
211 Vgl. Theweleit 1982.
212 Vgl. De Mause 1984.

Über Rationalität oder Irrationalität der bildfeldgestützten Metaphorik darf aus den hier dargelegten Gründen nicht allein anhand der internen Funktionalität der Metapher, etwa ihrer persuasiven Qualitäten, entschieden werden, denn allzuschnell würde so der bloße Erfolg, die reine Zweck-Mittel-Beziehung zum Rationalitätskriterium.[213] Es gilt deshalb, auch die Legitimität der Zwecke zu untersuchen, also die mit der Metapher implizierten, artikulierten und suggerierten Ziele, Werte und Normen.[214] Zur Bestimmung und Bewertung der topisch-orientierenden Kraft der Metapher muß deshalb neben ihrer welterschließenden und sinnstiftenden *Vorgriffsfunktion* auch die damit verbundene Funktion des kontext- und legitimationserzeugenden *Rückgriffs* auf lebensweltliche Gewißheiten, kulturelle Wertsysteme und tradierte Bildbestände reflektiert werden. Erst wenn auf diese Weise *Sinnreflexion* und *Geltungsreflexion* vereinigt werden, kann über die Rationalität der handlungsorientierenden Metapher geurteilt werden. Weil sie in theoretischen wie in praktischen Bereichen als 'metaphorisches Leitsystem' (Blumenberg) und als unverzichtbares Mittel der Welt- und Selbstdeutung fungiert, können wir auf die topisch-orientierende Kraft der Metapher nicht verzichten, wie weit wir uns jedoch ihrer Suggestivkraft ausliefern (sollen), wenn diese über den Deckungsbereich der Metapher hinausgeht, ist eine Frage, die nur durch kritische Metaphernreflexion beantwortet werden kann. Gerade weil unseren Orientierungssystemen in konstitutiver Weise Metaphern zugrundeliegen, sind wir darauf angewiesen, selbstverständliche mit weniger selbstverständlichen Metaphern zu vergleichen, sie gegeneinander abzuwägen und so ihr orientierendes und welterschließendes Potential zu reflektieren. Wie in der Wissenschaft ist auch im moralisch-praktischen und politischen Bereich Metaphernreflexion damit nicht nur ein theoretisches Problem, sondern *von der Praxis her aufgegeben*.

---

[213] Man denke etwa an die im Mythos von 'Brauchtum und Sippe' wurzelnde 'Blut- und Boden'-Metaphorik der Nazis, die im Verbund mit Metaphern aus der antisemitischen und Rassenideologie sowie mit antikapitalistischen und antikommunistischen Schlagwörtern ein ideologisch und demagogisch erfolgreiches System synchroner Kollektivsymbole bildete. Die Legitimation durch den Bezug auf die Autorität tradierter Werte war hier gleichsam vorreflexiv eingebaut (vgl. hierzu auch die Untersuchungen zur Sprache des 'Dritten Reiches' von Brackmann/ Birkenhauer 1988, Ehlich 1989 und Klemperer 1990, sowie Köller 1975:289f.).

[214] Vgl. hierzu auch meine Ausführungen zur Rationalitätsreflexion in Kap. I-2.5.

Kapitel 4: Metapher und Erfahrung:
Zur Synthesiskraft der Metapher

Mit der Herausarbeitung der topisch-orientierenden Funktion von Bildfeldern und Metapherntraditionen ist deutlich geworden, wie stark die Metapher Sichtweisen, Wahrnehmungen und Handlungen zu präformieren und zu orientieren vermag. Dieser Befund soll im folgenden nun mit den Bedingungen der Möglichkeit von Erfahrung in Zusammenhang gebracht werden. Es steht zu vermuten, daß die Metapher aufgrund ihrer präformierenden und orientierenden Leistungen auch hier einen zentralen Stellenwert besitzt. In der Metaphorologie gibt es, wie ich im ersten Teil (in Kap. I-1) bereits gezeigt habe, von Vico über Biese, Mauthner und Nietzsche bis hin zu Cassirer, Liebrucks und Hannah Arendt eine sprachphilosophische Traditionslinie, die der Metapher die Funktion einer *ursprünglichen Synthesis des Zerstreuten* zuschreibt.[1] Schon auf der Ebene der Wahrnehmung und der Verarbeitung von Erfahrung – so läßt sich die Hauptthese dieser Erkenntnistheorien zusammenfassen – spielen metaphorische Prozesse eine zentrale Rolle. Ausgangspunkt dieser Überlegungen ist zumeist die Abstraktheit und Unanschaulichkeit des begrifflichen Denkens, das die Notwendigkeit einer *Vermittlung* von Begriff und Anschauung in sich birgt, damit die Einheit der Erfahrung gewährleistet ist.

Der ganze Umfang dieses Vermittlungsproblems wird in der Philosophie erst in dem Moment deutlich, wo die einseitige Parteinahme für ein empirisch-sensualistisches bzw. ein metaphysisch-idealistisches Konzept der Erkenntnis aufgegeben wird, also mit Kants Erkenntniskritik. Bei Kant ist das Verhältnis zwischen Denken und Anschauung auf die griffige Formel gebracht, daß Gedanken ohne Inhalt leer und Anschauungen ohne Begriffe blind sind, weshalb sie – kurz gesagt – der Vermittlung durch den Schematismus bedürfen.[2] Die schematische Zuordnung von Begriff und Anschauung wird jedoch spätestens in dem Moment problematisch, wo es um Vernunftbegriffe, denen „schlechterdings keine Anschauung angemessen sein kann", geht.[3] Hier wird die Metapher zur vermittelnden Instanz: Analogien

---

[1] Vgl. hierzu auch Schöffel 1987.
[2] Vgl. Kant, KdrV/1: A52 und A137ff. Gadamer (1980:2) weist in diesem Zusammenhang darauf hin, „daß für Kant 'Anschauung' ebenso wie 'Begriff' analytische Momente des Erkenntnisurteils sind und nur in ihrer *Ko-Operation* Erkenntnis vollbringen" (Hervorh. von mir).
[3] Vgl. Kant, KdU: §59/Abs.1.

der Anschauung oder symbolische Versinnlichung – beides steht bei Kant für die Metapher – sind für den Übergang zwischen der Welt der Gedanken und der empirischen Erfahrungswelt unverzichtbar, da die Urteilskraft hier nur über Analogiebildung und nicht über das Subsumtionsverfahren des Schematismus wirksam werden kann:[4]

> Alle (...) Versinnlichung ist zwiefach: entweder *schematisch*, da einem Begriffe, den der Verstand faßt, die korrespondierende Auffassung a priori gegeben wird, oder *symbolisch*, da einem Begriffe, den nur die Vernunft denken, und dem keine sinnliche Anschauung angemessen sein kann, eine solche unterlegt wird, mit welcher das Verfahren der *Urteilskraft* demjenigen, was sie im Schematisieren beobachtet, bloß analogisch, d.i. mit ihm bloß der Regel dieses Verfahrens, nicht der Anschauung selbst, mithin bloß der Form der Reflexion, nicht dem Inhalte nach übereinkommt.[5]

Kant führt zur Verdeutlichung seiner These an, daß etwa der Staat als Organismus oder als Maschine gesehen werden kann, wobei zwischen Staat und Organismus bzw. Maschine zwar keine Ähnlichkeit besteht, 'wohl aber zwischen der Regel, über beide und ihre Kausalität zu reflektieren'.[6] Damit wird die Metapher von dem bei Aristoteles und der Rhetoriktradition bestehenden Gebot der Abbildung einer ontologisch präformierten Ähnlichkeit befreit. Das entscheidende Kriterium für die Analogiemetapher ist vielmehr nun, daß sie 'eine vollkommene Ähnlichkeit zweier Verhältnisse zwischen ganz unähnlichen Dingen'[7] stiftet. Die Metapher tritt damit in den 'Als ob'-Status ein: Kontrafaktisch betrachten wir den Staat als ob er eine Maschine wäre und analogisieren dann die Kausalität der Maschine mit der des Staates. Damit wird bereits bei Kant die vorgegebene Ähnlichkeit$_{(1)}$ durch die *Konstruktion* einer Ähnlichkeit$_{(2)}$, der Vergleich von Eigenschaften und Merkmalen durch die Unterstellung von ähnlichen Relationen abgelöst. Ähnlichkeit wird also von einer Unmittelbarkeitsfigur zu einer Reflexionsfigur, die Metapher ist nicht mehr (nur) Medium des tropisch-rhetorischen Vergleiches oder der ornamentalen Substitution, sondern ein reflexives Mittel der Kategorisierung und Rekategorisierung.[8] Auch wenn Kant eine genauere Betrachtung der Metapher, so sehr sie 'eine tiefere Untersuchung verdient', nicht vornimmt, so betont er doch, daß die Analo-

---

[4] Vgl. zum folgenden auch Villwock 1983a:272-279.
[5] Kant, KdU: §59/Abs.2.
[6] Kant, KdU: §59/Abs.4. Aus den beiden Metaphern können – ähnlich übrigens wie bei divergierenden theoriekonstitutiven Metaphern – dann ganz unterschiedliche Staatskonzepte entwickelt werden: Hier die aufgeklärte Monarchie mit 'inneren Volksgesetzen', dort der despotische Staat, der durch einen 'einzelnen absoluten Willen beherrscht wird'.
[7] Kant, Prlg.: §58/Abs.1.
[8] Dies stellt einen erkenntnis- und metapherntheoretisch gesehen wichtigen Einschnitt dar, da nun – im Gegensatz zur analogisch präformierten Ordnung – eine moderne Ontologie flexibler Kategorisierungen möglich wird, die auf der *Konstruktion hypothetischer* Analogien mittels der Metapher beruht (vgl. oben, Kap. II-1, II-1.5, II-2.4, II-3.4, sowie unten, Teil III).

giemetapher eine wichtige Rolle im Erkenntnisprozeß spielt, die als Hintergrundmetaphorik bis in die Sprache der Kausalität hineinreicht:

> Unsere Sprache ist voll von dergleichen indirekten Darstellungen, nach einer Analogie, wodurch der Ausdruck nicht das eigentliche Schema für den Begriff, sondern bloß ein Symbol für die Reflexion enthält. So sind die Wörter *Grund* (Stütze, Basis), *abhängen* (von oben gehalten werden), woraus *fließen* (statt folgen), *Substanz* (...) und unzählige andere nicht schematische, sondern symbolische Hypotyposen (= Darstellungen, B.D.), und Ausdrücke für Begriffe nicht vermittelst einer direkten Anschauung, sondern nur nach einer Analogie mit derselben, d.i. der Übertragung der Reflexion über einen Gegenstand der Anschauung auf einen ganz anderen Begriff, dem vielleicht nie eine Anschauung direkt korrespondieren kann.[9]

Diese Hintergrundmetaphorik ist aber nur der in die Sprache eingelassene Ausdruck für die Brückenfunktion der Metapher beim Wechselspiel von empirischer Anschauung und Verstand. Zwar ordnet der Schematismus im Prinzip den Verstandesbegriffen die korrespondierende Auffassung a priori zu, jedoch muß bei empirischer Erkenntnis auf die Analogien der Erfahrung als *regulative Prinzipien* zurückgegriffen werden, da nur so die Gegenstände der sinnlichen Erfahrung nicht nur als zufällig, sondern im Sinne einer notwendigen Verknüpfung in der Zeit begriffen werden können. Die Analogien der Erfahrung, also die Beharrlichkeit der Substanz, die Kausalität und die Wechselwirkung, sind *Regeln*, mit denen die in empirischen Zeitverhältnissen erscheinenden Gegenstände überhaupt in Übereinstimmung mit der apriorischen Zeitbestimmung und den Verstandesbegriffen gebracht werden können, so daß damit erst eine synthetische Einheit der Erfahrung möglich wird:

> Die Analogien der Erfahrung sollen die anders nicht zu gewinnende Einheit der Erfahrung stiften (nämlich als Synthese der Wahrnehmungen in der Zeit und aufgrund von a priori verknüpfenden Begriffen).[10]

Tatsächlich fällt auch insgesamt gesehen an Kants Philosophie auf, daß immer dann, wenn es um die Einheit der Erkenntnis geht, metaphorische 'als ob' Konstruktionen im Spiel sind. Alle aus dem 'symbolischen Anthropomorphismus'[11] herausgesponnenen Metaphern lassen sich, so wäre meine These, schließlich in die drei regulativen Vernunftideen zurückverfolgen, die zur Vereinheitlichung der Erkenntnis ebenso unvermeidlich wie notwendig sind. Die psychologische, kosmologische und theologische Idee sind orientierende Analogien, nach denen alle bedingten Erscheinungen so miteinander verknüpft werden können, *als ob* ihnen eine unbedingte Einheit und Ursache – also Seele, Welt oder Gott – zugrunde läge.[12] Hier stellt sich

---

9 Kant, KdU: §59/Abs.4.
10 Poser 1989:151.
11 Vgl. Kant, Prlg.: §57/Abs.15f.
12 Vgl. Kant, KdrV/2: A669-A704, „Von der Endabsicht der natürlichen Dialektik der menschlichen Vernunft".

jedoch die Frage, ob gerade diese Prinzipien nicht eigentlich mehr als nur regulative Prinzipien sind, ob also möglicherweise Analogien und Metaphern im Kantischen System (gleichsam mit Kant gegen Kant) eine *konstitutive* Funktion bei Übergang zwischen Begriff und Anschauung besitzen. So vertritt etwa Hermann Cohen die Auffassung, daß den Analogien der Erfahrung über ihre empirische Synthesisleistungen hinausgehend ein transzendental-konstitutiver Stellenwert zukommt:

> Synthetische Einheit der Erscheinungen, oder gesetzmäßiger Zusammenhang der Erscheinungen ist Begriff und Wert der Erfahrung. Sofern die Analogien jene Verhältnisgesetze legitimieren, sind sie deshalb nicht bloß Analogien innerhalb der Erfahrung, in welchem Sinne Erfahrung nur die Synthesis der Wahrnehmungen bedeuten würde, sondern sie sind vielmehr Analogien zum Zwecke einer *möglichen* Erfahrung, so daß ohne jene diese nicht bestehen könnte.[13]

Und zu den drei regulativen Ideen äußert Rudolf Zocher die Vermutung, „daß diese drei Prinzipien in der dritten Kritik zu einem einzigen zusammengeschrumpft sind".[14] Kant hätte dann also aus der immer tieferen Erkenntnis des Vermittlungsproblems zwischen Phaenomena und Noumena, zwischen Anschauung und Begriff, zwischen Theorie und Praxis, mit der später nachgeschobenen Kritik der Urteilskraft dieses Vermittlungsproblem nicht mehr durch die nur regulativen Prinzipien der Vernunftideen lösen wollen, sondern durch die diese drei Ideen gleichsam vereinigende, *konstitutiv* gefaßte reflektierende Urteilskraft.[15] Folgt man dieser Argumentation, dann werden Kant-Lesarten im Sinne etwa von Vaihingers 'Philosophie des Als Ob' sehr plausibel und dann wird auch klar, warum die Metapher als Teil der zur Urteilskraft gehörenden Einbildungskraft (und als Inbegriff des 'als ob'-Prinzips) nun so eine zentrale Vermittlungsrolle spielen muß.[16]

Aber selbst wenn diese Argumentation als zu spekulativ zurückgewiesen wird, so wäre doch auch schon mit einer nur regulativen Funktion von

---

13 Cohen 1975:254.
14 Zocher 1959:65.
15 Kant führt ja, wie bereits in Kap. II-1.3 bemerkt, die reflektierende Urteilskraft als *heautonomes* Vermögen ein, in dem sich ästhetische und teleologische Urteilskraft gegenseitig ergänzen: Die ästhetische Urteilskraft liefert das formale Prinzip der Zweckmäßigkeit, das als *konstitutives* Prinzip der reflektierenden Urteilskraft im Bereich der teleologischen Urteile *regulativ* auf Inhalte anwendbar wird. Durch diese Verbindung des Regulativen mit dem Konstitutiven im Vermögen der Urteilskraft kann Kant die teleologische Urteilskraft als vermittelnde Instanz und Verbindungsglied zwischen Natur- und Freiheitsbegriffen einsetzen. Der Effekt ist ein doppelter: Im Bereich der Naturbegriffe wird die zweckmäßige Einheit des Mannigfaltigen denkbar, und im Bereich des Freiheitsbegriffes wird durch die *Analogie* zwischen unterstelltem Naturzweck und gegebenem sittlichem Endzweck das Anschauungsproblem des Freiheitsbegriffes gelöst (vgl. Kant, KdU: Einleitung).
16 Die Verbindung zwischen Metapher und Einbildungskraft betont nachdrücklich auch Ricœur 1983:375.

Analogie und Metapher ihr systematischer Stellenwert hinreichend deutlich geworden. Zusammengefaßt läßt sich dies in die im folgenden noch weiter zu entfaltende These kleiden, daß die Synthesisleistungen der Metapher die Verbindung zwischen Denken und Erfahrung ermöglichen und stiften, daß die Metapher also nicht nur der Orientierung dient, sondern zugleich erlaubt, Erfahrungen zu konzeptualisieren. Um diese These zu überprüfen und zu untermauern gilt es nun, die Rolle der Metapher bei der Konzeptualisierung von Erfahrung auf verschiedenen Ebenen zu untersuchen.

Meine folgenden Überlegungen werden sich im Kapitel II-4.1 zunächst nochmals mit dem Problem der *Vermittlung* zwischen Denken und Erfahrung beschäftigen, wobei auch das Verhältnis von Anschauung und Anschaulichkeit der Metapher im Rahmen der Ikonizitätshypothese zu diskutieren sein wird. Im nächsten Kapitel II-4.2 werden dann kognitionspsychologisch und psychoanalytisch orientierte Ansätze betrachtet, die die Funktion der Metapher unter dem Hinblick der *Konzeptualisierung* und *Organisation* von Erfahrung analysieren. Im darauffolgenden Kapitel II-4.3 sollen zur weiteren Vertiefung der These einer Vermittlungsfunktion der Metapher schließlich Untersuchungen aus dem Bereich der Hirnforschung herangezogen werden, in denen der Metapher eine spezifische 'interhemisphärische Vermittlungsfunktion' zugeschrieben wird.

Die Ergebnisse meiner Überlegungen aus den einzelnen Kapiteln werden schließlich im Schlußkapitel II-4.4 zusammengefaßt und unter dem Gesichtspunkt der Synthesiskraft und der Brückenfunktion der Metapher diskutiert. Dabei wird die These entwickelt, daß Metaphern, da sie Erfahrungen konzeptualisieren und so die *Anschließbarkeit* von neuer Erfahrung ermöglichen, ihre Überbrückungsfunktion nicht nur innerhalb des Subjektes, sondern auch *intersubjektiv* entfalten können. Damit aber stellt sich die Frage nach der kommunikativen Funktion der Metapher.

4.1 Erfahrung und Ikonizität

Aufbauend auf dem Kantischen System hat vor allem Hannah Arendt den Versuch der Entwicklung einer auf das Problem der Vermittlung von Denken und Erfahrung orientierten Metapherntheorie unternommen.[17] Sie sieht in der Metapher die wichtigste Brücke zwischen den inneren Geistestätigkeiten und der äußeren Erscheinungswelt und schreibt der Metapher deshalb eine besondere einheitsstiftende Synthese- und Orientierungsleistung zu:

> Analogien, Metaphern und Sinnbilder sind die Fäden, mit denen der Geist mit der Welt in Verbindung bleibt, auch wenn er, geistesabwesend, den unmittelbaren Kontakt zu ihr

---
17 Vgl. Arendt 1971:103ff.

verloren hat, und sie *gewährleisten die Einheit der menschlichen Erfahrung*. Außerdem dienen sie beim Denken selbst als *Vorbilder* und *Wegweiser*, so daß man nicht blind unter lauter Erfahrungen umhertappt, durch die uns die Körpersinne mit ihrer relativen Gewißheit der Erkenntnis nicht hindurchleiten können.[18]

Nach Arendt beruht das Denken selbst auf einer rein metaphorischen Sprache,[19] und nur aufgrund dieser 'Fähigkeit zur Metapher' kann das Anschaulich-sichtbare mit dem Unanschaulich-unsichtbaren verbunden werden. Die Bildhaftigkeit der Metapher kommt dabei dem Verlangen nach Veranschaulichung des Unanschaulichen entgegen. Da Arendt aber in ihren Überlegungen von der prinzipiellen Kluft zwischen Begriff und Anschauung ausgeht, bestimmt und beschränkt sie die Funktion der Metapher auf die Überbrückung dieser Kluft und grenzt damit andere und weitere Metaphernbegriffe aus.[20] Mit der Metapher wird das Unsichtbare durch das Sichtbare, das Übersinnliche durch das Sinnliche dargestellt, deshalb ist Arendt zufolge – und anders als bei der aristotelischen Analogiemetapher – auch keine Umkehrung der Metapher möglich: Wir erfahren bei der Metaphorisierung der Angst durch einen Meeressturm wohl etwas über die Angst, aber „wie lange auch jemand an Kummer und Angst denken mag, er erfährt nie etwas über die Winde und das Meer".[21] Die Metapher trägt die Sinneswelt gleichsam in den Geist hinein, bringt so das Nicht-Erscheinende in den Erfahrungskreis des Erscheindenden. Damit aber vereinigt die Metapher die beiden Bereiche des Sinnlichen und des Geistigen und überwindet so, wie Hannah Arendt betont, die 'metaphysische Täuschung' der abendländischen Zwei-Welten-Theorie.[22]

Mit der Einschränkung der Metapher auf eine Brückenfunktion zwischen Sinnlichem und Geistigem und der mit dem Postulat der Nichtumkehrbarkeit verbundenen Unterstellung einer *absoluten* Asymmetrie der Metapher bleibt Arendt freilich selbst noch im Bann eben dieser Metaphysik. In dem phänomenologisch motivierten 'absoluten Primat der Erscheinungswelt',[23]

---

18 Arendt 1971:113f.; Hervorhebung von mir.
19 Vgl. Arendt 1971:127.
20 Die 'eigentliche Funktion' der Metapher ist, „daß sie den Geist auf die Sinnenwelt zurücklenkt, um die nichtsinnlichen Erfahrungen des Geistes zu erhellen, für die es in keiner Sprache Worte gibt". Sinnbilder und bildhafte Ausdrücke, die nur Sichtbares mit etwas anderem Sichtbaren verbildlichen sind deshalb 'bloße Redefiguren', die „Metaphern ähneln, ohne aber deren eigentliche Funktion zu haben" (Arendt 1971: 111).
21 Arendt 1971:111. Damit ist eine interaktionistische Sichtweise für Arendt nicht akzeptabel, ähnlich wie Weinrich folgt sie hier der Idee, daß nur vom Bildspender zum Bildempfänger, nicht aber umgekehrt assoziiert wird (vgl. meine Kritik an Weinrich oben in Kap. II-3).
22 Vgl. Arendt 1971:114. Arendt folgt hier Nietzsches und Heideggers Metaphysik-Kritik, ohne jedoch deren skeptizistische bzw. ontologische Konsequenzen zu ziehen; vgl. hierzu auch Arendt 1971, Kap. I.
23 Vgl. Arendt 1971:114.

der die Grundlage für die Nichtumkehrbarkeit ist, bleibt nämlich die Dichotomie von Wesen und Erscheinung erhalten, d.h. die traditionelle Hierarchie von Metaphysischem und Physischem wird selbst nur umgekehrt. Diese theoretische Vorannahme versperrt Arendt auch den Weg zu einem interaktionstheoretischen Verständnis der Metapher: Für sie ist das Paradigma der Metapher der Vergleich zwischen Sichtbarem und Unsichtbarem und in jeder Metapher ist damit ein vorgegebenes *tertium comparationis* mitgedacht. Wenn dagegen mit Nietzsche von der Prämisse ausgegangen wird, daß jede Wahrnehmung immer schon Interpretation ist, wenn der Kantische 'Als ob'-Vorbehalt auf Wahrnehmung und Erfahrung überhaupt generalisiert wird, dann zerfällt auch die phänomenologische Unmittelbarkeit von Erscheinung und Anschauungserfahrung. Die differenzbildenden Unterscheidungen liegen dann nicht mehr in den Dichotomien Sinnliches vs. Geistiges, Sichtbares vs. Unsichtbares, Physisches vs. Metaphysisches, sondern in den Dichotomien Bekanntes vs. Unbekanntes, Markiertes vs. Unmarkiertes, Interpretiertes vs. Nichtinterpretiertes. Die Metapher hat aus dieser Perspektive – und in dieser Hinsicht wäre an Arendt anzuknüpfen – nach wie vor Brückenfunktion, aber eher in dem Sinne, daß sie das bereits ins Bild gesetzte zur Ausgangsbasis für das Verstehen des noch nicht Angeschauten nimmt und über die Grenzen des semantisch bereits Markierten hinausgeht, indem sie auf der Basis der alten Erfahrungen neue Markierungen setzt und damit neue Bedeutung im Modus des 'Als ob' schafft.[24] Diese semantische Innovation kann aber nur durch einen Prozeß der metaphorischen Interaktion geschehen, denn gerade bei starken, innovativen Metaphern kommt es, wie wir in Kap. II-1 gesehen haben, auf die Koppelung von Resonanz und Emphase an. Wer weder den Sturm des Herzens, noch den Meeressturm erlebt hat, der wird bei beiden Ausdrücken allenfalls topisch-kulturelles Wissen über diese aktualisieren können. Selbst dann aber werden die beiden Ausdrücke miteinander interagieren, d.h. der eine wird im Lichte des anderen gesehen werden, auch wenn immer eine relative Asymmetrie zwischen metaphorischem Fokus und wörtlichem Kontext bestehen bleibt. Und für den, der den Sturm des Herzens bereits als einen solchen erlebt hat, kann diese Erfahrung auch der Resonanzboden für die Interpretation des Meeressturmes werden.[25]

---

24 Vgl. oben, II-1.3 und -1.5 sowie II-2.4.
25 Den Meeressturm sehen, als ob er ein Sturm der Gefühle wäre, ist nichts als anthropomorphisierende Metaphorik, die schon in der griechischen Götterwelt (etwa: der 'Zorn des Poseidon') gängig ist. Wird sie aus der – im Mythos freilich undurchschauten – archaischen Beseelung der Dinge herausgeholt, kann sie zur bewußten, d.h. reflektierten und damit wirklichen Metaphorik werden (vgl. auch meine Ausführungen zur Philosophie Vicos in Kap. I-1.2 und zur Differenz zwischen Metapher und Mythos in Kap. II-2.4).

Die Metapher, so kann also nun mit dieser kritischen Anknüpfung an Hannah Arendt festgehalten werden, gewährleistet die Einheit der menschlichen Erfahrung, indem sie die *Möglichkeit des Anschließens* von neuen Erfahrungen an bereits gemachte bietet. Diese Anschließbarkeit besteht jedoch nicht darin, daß sie das Sichtbare mit dem Unsichtbaren vermittelt, sondern darin, daß sie das noch nicht Gesehene mit dem bereits Gesehenen, das noch nicht Interpretierte mit dem schon Verstandenen, das Neue mit dem schon Bekannten vermittelt.26

Wenn nach Kant die Metapher Begriff und Anschauung verbindet und nach Arendt die Metapher etwas Unsichtbares durch etwas Sichtbares – wir können nun sagen: etwas Unbekanntes durch etwas Bekanntes – veranschaulicht, dann ist mit dem Begriff der *Anschauung* zugleich eine wichtige Eigenschaft der Metapher angesprochen, die im Gang meiner bisherigen Untersuchung nur vorausgesetzt, nicht aber eigens untersucht wurde, nämlich ihr veranschaulichender Charakter. Damit geht es um die vor allem in der neueren Metaphorologie diskutierte Frage nach der spezifischen *Ikonizität* der Metapher.

Schon bei Aristoteles wird die Metapher wegen ihrer veranschaulichenden Qualitäten gepriesen. Der Metapher, so scheint es, kommt eine immanente Anschaulichkeit oder Bildhaftigkeit zu. Die Bevorzugung des Sehsinnes vor allem in Hinblick (!) auf Erkenntnisprozesse, die sich in den vielfältigen Anschauungs-, Licht- und Reflexionssemantiken zumindest in der abendländischen Philosophie zeigt (!), hat auch die Metapher des Lichts mit dem Licht der Metapher aufs Engste miteinander verwoben.27 Dadurch wird die Bildhaftigkeit der Metapher (als Metapher für die Metapher) so selbstverständlich werden, daß sie selbst kaum in Frage gestellt wird: Als *Sinnbild, Denkbild, Sprachbild* 'verbildlicht' und 'veranschaulicht' die Metapher Sinn, Denken und Sprache.

Die Ikonizität der Metapher kann freilich auf verschiedenen Ebenen diskutiert werden: In der auf die Rhetoriktradition zurückgehenden vergleichstheoretischen Auffassung 'kleidet' die Metapher die 'nackte', abstrakte Wahrheit ein, sie *setzt sie ins Bild* und bringt sie damit dem Hörer auf anschauliche Weise nahe.28 Die metaphorische Ikonizität läge damit

---

26 Wenn gesagt wird, daß die Metapher im Interaktionsprozeß zwischen Neuem und Bekanntem *vermittelt*, heißt dies auch, daß sie nicht einfach das Neue durch das Bekannte *ersetzt*. Wenn substitutionstheoretisch nur von einer Ersetzung ausgegangen wird, dann muß die auf Neues referierende Metapher in der Tat als falsch und uneigentlich erscheinen.
27 Vgl. meine Ausführungen in Kap. II-3.4, sowie Blumenberg 1957 und Derrida 1988.
28 Diese Veranschaulichungsfunktion wurde bereits oben in Kap. I-1.1 behandelt. – Frank (1980:62ff.) zeigt übrigens, daß die Metapher des *Sinnbildes*, als Grundlage aller Einkleidungs-, Verhüllungs- und Schmuckmetaphern bis in den Barock, die Aufklärung und die klassische Epoche hinein dominiert.

vorwiegend in der bildhaft-ornamentalen und suggestiven Wirkung der Metapher. In der auf Vico zurückgehenden metaphorologischen Diskurslinie lag der Schwerpunkt der metaphorischen Ikonizität dagegen eher in den synthetischen Leistungen der Einbildungskraft, die im metaphorischen Prozeß Verschiedenes *als* ähnlich setzt.[29] An diese Auffassung läßt sich die gerade betrachtete Funktion der Metapher im Kantischen System anschliessen: Die Metapher ist hier als Teil der Urteilskraft zur Einbildungskraft gehörig, sie ermöglicht die Herstellung von Ähnlichkeitsrelationen zwischen Unähnlichem. Mit Peirce kann schließlich diese Funktion der Bezeichnung kraft Ähnlichkeit als spezifische *ikonische Zeichenfunktion* der Metapher bestimmt werden: Neben Bild und Diagramm ist hier die Metapher als ikonisches Zeichen aufgefaßt, da sie auf Ähnlichkeitsbeziehungen beruht.[30] Der mit dem Begriff der Ikonizität verbundene Ähnlichkeitsbegriff ist allerdings nicht unproblematisch, zumal dann, wenn er in einem naiven Realismus als objekteigene Merkmalsähnlichkeit im Sinne von Ähnlichkeit$_{(1)}$ verstanden wird. Mit Umberto Eco kann man deshalb die ikonische Beziehung der Metapher zu ihrem Objekt so verstehen, daß sie nicht auf gemeinsam geteilten Eigenschaften, sondern auf den kulturell und individuell vermittelten Eigenschaften des Wahrnehmungsmodells des Objektes beruht,[31] sofern sie nicht auf eine Setzung ganz neuer Ähnlichkeit (im Sinne von Ähnlichkeit$_{(2)}$) zurückgeht.

In diesem Sinne einer solchen ikonischen Zeichenfunktion ist die Metapher nicht so sehr Bild, als vielmehr eine *Anweisung* eine Sache so oder so zu sehen, d.h. sie *als etwas* zu sehen. Aber auch wenn die Metapher somit nicht direkt als angeschautes Abbild, sondern über die Perspektivität ('sehen als')[32] bestimmt wird, bleibt das Anschauen eine entscheidende Qualität. Die beiden Formen der metaphorischen Anschauung – Bildhaftigkeit und Perspektive – können mit Henle als Ikonizität ersten und zweiten Grades unterschieden werden: die *vorgängige* (entweder qualitative oder strukturelle) Ikonizität, 'die es ermöglicht, daß ein Sachverhalt einen anderen ikonisch repräsentiert', und die *sekundäre* Ikonizität, die auf verschiedene Sachverhalte ähnliche Gefühlswerte überträgt und – so müssen wir Henles Gedanken ergänzen – damit eine neue, nicht nur emotive, sondern auch kognitive Perspektive einführt.[33] Als 'sekundäres', unbildliches Ikon ver-

---

[29] Vgl. oben, Kap. I-1.2 sowie den in Kap. II-1 diskutierten Begriff der mit der metaphorischen Prädikation erzeugten Ähnlichkeit$_{(2)}$.
[30] Vgl. Peirce, Collected Papers § 2.277, vgl. auch ebd., § 2.247.
[31] Vgl. Eco 1972:213 und Goodman/Elgin 1989:148ff. sowie oben, Kap. II-2.1.
[32] Vgl. oben, Kap. II-1.3.
[33] Vgl. Henle 1983:100. Ricœur (1988:195) kritisiert zu recht Henles Beschränkung auf das Gefühlshafte, die zu einer *Emotionstheorie* der Metapher führt und die kognitiven Aspekte der Metapher verkennt. Zu dieser Beschränkung auf den emotiven Bereich vgl. auch die folgende Anmerkung 35.

weist die Metapher auf eine andere Situation als einer ähnlichen, und genau deshalb kann sie auch *neue* Ähnlichkeit(2) im Sinne der Konstruktion von parallelen Strukturen erzeugen:

> Gerade weil die ikonische Darstellung kein Bild ist, kann sie auf bisher unerschlossene Ähnlichkeiten der Qualität, der Struktur, der Lokalisierung, der Situation oder des Gefühls hindeuten; in allen diesen Fällen wird die intendierte Sache als das gedacht, was das Ikon beschreibt. Die ikonische Darstellung enthält somit die Möglichkeit, die parallele Struktur herauszuarbeiten und zu erweitern.[34]

Damit aber kann die Ikonizität der Metapher auch allgemeiner gefaßt werden als eine *Evokationsleistung* nicht nur von Gefühlswerten, sondern von Sinneseindrücken überhaupt.[35] Die Evokation von nichtsprachlichen Imaginationen scheint, so die These neuerer kognitionspsychologischer Untersuchungen, auf die Weise zustande zu kommen, daß durch die Ikonizität der Metapher metaphorischer Gehalt und mentales Bild in einem Wechselwirkungsprozeß einander hervorbringen.[36] Die mit Erfahrung und Anschauung verbundenen Erinnerungsbilder und Sinneseindrücke werden durch die Ikonizität der Metapher gebunden und in sprachlichen Sinn überführt. Dieser sprachliche Sinn ist jedoch keine propositionale Repräsentation, sondern eine *ikonisch-gestalthafte Konstellation*, die erst durch habitualisierenden Gebrauch in die deskriptive Sprache überführt werden kann (und manchmal, nämlich – wie wir in Kap. II-3.4 gesehen haben – bei der absoluten Metapher auch unauflösbar ist).[37] Die Metapher kann deshalb auch als *Regel zur Konstruktion von Bildern* verstanden werden.[38] Diese Regel aber besagt (in formaler Hinsicht) nichts anderes als die Aufforderung, eine bestimmte Perspektive einzunehmen, d.h. etwas *als etwas* zu sehen und damit spezifische Distinktionen einzuführen. Das 'Sehen als' ist nach

---

[34] Ricœur 1988:194.

[35] Vgl. hierzu Ricœur 1988:200ff. Metaphorische Evokationseffekte werden traditionell auf den Gefühlsbereich bezogen (vgl. Ullmann 1973:168, für die Metapher: Henle 1983:100ff., Koppe 1977:102ff.). Genaueres zur *Evokationsfunktion:* siehe unten in Kap. II-5.4 und II-5.5.

[36] „The content of metaphor is tied to the mental mechanisms that produce images, and therefore (...) there is some kind of interaction between mental imagery and metaphor" (Danesi 1989b:525). Danesi gibt einen guten Überblick über die einschlägige Forschung, vgl. auch Danesi 1990 sowie darüber hinaus die unten in Kap. II-4.3 behandelten neurowissenschaftlichen Untersuchungen.

[37] Vgl. Danesi 1990:226 und Danesi 1989b:525.

[38] „Dieser Begriff eines durch den Sinn gebundenen Imaginären scheint mir mit Kants Idee übereinzustimmen, derzufolge das Schema eine Methode zur Konstruktion von Bildern ist. Das Wortikon (...) ist ebenfalls eine Methode zur Konstruktion von Bildern." (Ricœur 1988:203). In der Tat gibt Kant im Schematismuskapitel der Kritik der reinen Vrnunft eine solche Konstruktionsregel an: „Das Bild ist ein Produkt des empirischen Vermögens der produktiven Einbildungskraft, das Schema sinnlicher Begriffe (als der Figuren im Raume) ein Produkt und gleichsam ein Monogramm der reinen Einbildungskraft a priori, wodurch und wornach die Bilder allererst möglich werden..." (Kant, KdrV/1: B 181).

Ricœur zugleich als Erfahrung und als Akt aufzufassen: Erfahrung, insoweit die evozierten Imaginationen zunächst in ungeregelter Assoziation erscheinen und Akt, insofern der Sinngebungs- und Verstehensvorgang selbst selektiv in die Produktion des Imaginären eingreift und so eine Kontrolle des Bilderflusses ermöglicht.[39] Die ikonische Metapher ruft also nicht bloße Assoziationbilder hervor, sondern sie schließt 'die Kontrolle des Bildes durch den Sinn' mit ein: Bild und Sinn konstituieren sich wechselseitig. Mit dieser *rationalen Kontrolle* des Bilderflusses aber wird zugleich der kontrafaktische 'Als ob'-Charakter der Metapher eingesehen und anerkannt. Der Wittgensteinsche Perspektivismus des 'Sehen als' und das Kantische kontrafaktische 'Als ob' (die ich bereits oben in Kap. II-1.3 in Zusammenhang gebracht habe) finden so ihre Einheit in der Ikonizität der Metapher.

In diesem Sinne ist der metaphorischen Anschauung immer schon ein reflexives Element eigen; 'anschaulich' ist die Metapher nicht deshalb, weil sie Bilder oder Gefühle evoziert, sondern weil sie diese Bilder aus der (scheinbaren) Unmittelbarkeit der Anschauung heraushebt und eine neue, reflektierte Anschauung bildet, weil die Anschauung durch die und in der Metapher *aufgehoben* wird. Die 'Aufhebung der Anschauung im Spiel der Metapher'[40] muß also im Hegelschen Sinne als dreifache Aufhebung verstanden werden: (1) Aufhebung der unmittelbaren Anschauung wie auch (2) das bewahrende Aufheben derselben, dies jedoch nur in der auf höhere Ebene (3) (hin-)aufgehobenen, also reflektierten Neubestimmung der Anschauung.[41] Diese metaphorisch reflektierte Anschauung unterscheidet sich deshalb signifikant ebenso von der Unmittelbarkeit archaischer Bilderfluten (etwa in der Art Jungscher Archetypen) und (Freudscher) Traumbilder, wie von der im sekundären Mythos stillgestellten Metapher.[42]

Zusammenfassend kann damit festgestellt werden, daß die Metapher als ikonisches Zeichen, das auf hochselektive Weise neue Sinneseindrücke mit vorhandenen Erlebnisbildern verbindet, zum einen die reflektierte Neubildung der Anschauung im Einnehmen einer neuen, kontrafaktischen Perspektive ermöglicht und zum anderen damit die Anschließbarkeit von neuen Erfahrungen an alte, d.h. aber: die Einheit der Erfahrung gewährleistet.

---

[39] Vgl. Ricœur 1988:205.
[40] Vgl. Frank 1980.
[41] Aus dieser Perspektive läuft auch der Angriff von Gadamer (1980:13) gegen Frank ins Leere, wenn er Franks *Aufhebung der Anschauung* die 'Neubildung der Anschauung durch die Metapher' entgegenhält (vgl. hierzu auch die Überlegungen von Villwock 1983a:48ff.).
[42] Vgl. oben, Kap. I-2.4.

4.2 Metaphern als Erfahrungskonzepte

An diese These der grundlegenden Bedeutung der Metapher für die Einheit der Erfahrung und die Synthese des Denkens lassen sich die kognitionspsychologisch-linguistischen Untersuchungen von Johnson und Lakoff anknüpfen, in denen gezeigt wird, daß Metaphern der Organisation von Realitätskonzepten und damit der Konzeptualisierung von Erfahrung dienen.[43] Die Autoren gehen dabei von der Annahme aus, daß das konzeptuelle System des Menschen in fundamentaler Weise metaphorisch strukturiert ist. So werden nichtmetaphorische Konzepte, die der direkten Erfahrung entspringen, metaphorisch auf andere Konzepte übertragen:[44]

- *Konzepte der räumlichen Orientierung*, wie oben/unten, innen/außen oder nah/ fern, werden zur metaphorischen Gliederung einzelner Konzepte benutzt und sie strukturieren darüberhinaus ganze Systeme von Konzepten: Beispielsweise lassen sich 'oben' und 'unten' als basale Distinktion von Werthierarchien auf beliebige Bereiche anwenden. Dadurch wird eine Ähnlichkeitsrelation zwischen dem Ausgangskonzept (oben/unten) und dem metaphorisch strukturierten Konzept (gut/ schlecht, glücklich/unglücklich etc.) erzeugt.
- *Ontologische Konzepte*, wie Entität, Substanz, Gehalt, Identität usw., werden auf Bereiche übertragen, die dadurch ontologische Qualitäten bekommen: Der Geist wird zur Entität 'Maschine'; Worte werden zu 'Behältnissen', die Information beinhalten; Leben wird zur energetischen Substanz, die als Vitalität, Lebendigkeit etc. erscheint. Indem etwa 'Leben' und 'Arbeit' metaphorisch als 'Substanz' bezeichnet werden, geraten sie hinsichtlich dieser Substanzqualitäten in eine Ähnlichkeitsbeziehung.
- *Strukturelle Konzepte*, wie essen, sich bewegen, wahrnehmen, Objekte verändern usw., liegen den Metaphern zugrunde, die Erfahrungen und Aktivitäten durch Strukturisomorphie zu anderen Erfahrungen und Aktivitäten ausdrücken. Wenn etwa Ideen zur (Geistes-)Nahrung werden, dann sind sie Nahrungsmitteln darin ähnlich, daß sie z.B. nahrhaft, bekömmlich

---

[43] Vgl. Lakoff/Johnson 1980a und 1980b, Johnson 1987, Lakoff 1987a. Problematisch ist allerdings die etwas 'flache' Auffassung des metaphorischen Prozesses bei Johnson und Lakoff. Zwar beanspruchen sie, in der Tradition der Interaktionstheorie zu stehen, ihre Definition des metaphorischen Prozesses hört sich jedoch eher vergleichstheoretisch als interaktionistisch an: „The essence of metaphor is understanding and experiencing one kind of thing in terms of another' (Lakoff/ Johnson 1980a:5). Die Wechselwirkung spielt hier offensichtlich nur eine untergeordnete Rolle.

[44] Allerdings bewegt man sich hierbei, wie Seel (1990) feststellt, auf einer Ebene, die sich von der üblichen Auffassung dessen, was Metaphorik sei, erheblich absetzt. Es geht nämlich mehr um den Prozeß des *metaphorischen Transfers* von Schemata und Konzepten, als um die eigentliche Bildung von konkreten sprachlichen Metaphern. Der *metaphorische Schematransfer*, der sowohl der Sprache überhaupt, als auch der sprachlichen Metapher zugrundeliegt, wird unten in Kap. II-5.1 näher betrachtet.

oder schwer verdaulich, mehrfach aufgewärmt, oder verdorben sein können. Die metaphorische Gliederung von Konzepten ist also ein Prozeß der Ähnlichkeitskonstitution, der durch die Übertragung der Implikationen des Ausgangskonzeptes in das neue Konzept zustande kommt: Wenn Geld eine knappe Ressource ist, und knappe Ressourcen wertvoll sind, dann ist Zeit als knappe Ressource wertvoll, also: 'Zeit ist Geld'. Dabei werden allerdings durchaus nicht alle Implikationen in gleicher Weise übertragen. Es gibt beispielsweise bei der konzeptuellen Metapher 'Theorien sind Gebäude' genutzte und ungenutzte Teile: Die *Fundierung*, ebenso wie die *Architektur* und die äußere *Form* einer Theorie sind geläufige, zur Katachrese kristallisierte Ausdrücke aus dem metaphorischen Konzept des Theoriegebäudes. Dagegen sind *mehrgeschossige* oder *verfallene* Theorien eher ungewöhnliche metaphorische Ausdrücke.[45] Dies verdeutlicht, daß metaphorische ebenso wie nicht (mehr) metaphorische Ausdrücke innerhalb eines komplexen Systems von metaphorischen Konzepten gebraucht werden. Ausdrücke, die auf den ersten Blick als buchstäblich erscheinen, zeigen sich somit als diejenigen Mitglieder einer 'Metaphernfamilie', die durch Konvention und Habitualisierung am vertrautesten sind. Der Begriff des metaphorischen Konzepts ist in dieser Hinsicht dem Begriff des *Bildfeldes* sehr ähnlich.[46] Da Lakoff und Johnson von der prinzipiellen Metaphorizität der Sprache ausgehen, ist für sie die entscheidende Differenz nicht wörtlich/ metaphorisch, sondern tote, 'literal metaphor' versus lebendige, 'figurative' metaphor'. Demgemäß gelten für Lakoff und Johnson konventionelle Metaphern auch so lange als lebendige Metaphern, wie sie Teil eines im Gebrauch befindlichen metaphorischen Konzeptes sind, also aus einem Bildfeld heraus generiert werden. Erst wenn eine Metapher nicht (mehr) in einem Bildfeld steht, wenn sich kein übergeordnetes metaphorisches Konzept angeben läßt, aus dem heraus ähnliche Metaphern generiert werden können, ist von einer toten Metapher ('literal metaphor') zu sprechen.[47]

---

[45] „Thus, literal expressions ('He has constructed a theory') and imaginative expressions ('His theory is covered with gargoyles') can be instances of the same general metaphor..." (Lakoff/Johnson 1980a:53). Ausführliche wissenschaftshistorische Beispiele zur Theoriegebäudemetapher finden sich auch bei Schöffel 1987, Kap. 4.3: 'Der Theoriearchitekt und das Wissenschaftsgebäude'.

[46] Vgl. oben, Kap. II-3. Es ist in diesem Zusamenhang erstaunlich, daß die Untersuchungen von Lakoff und Johnson im angloamerikanischen Raum als große Innovation gefeiert werden. Dies kann (schlichte Ignoranz einmal ausgeschlossen) angesichts der reichhaltigen Bildfeldtheorien und -untersuchungen im europäischen Raum als Zeichen mangelnder wissenschaftlicher Kommunikation gedeutet werden und mag mit der Verengung der neueren angloamerikanischen Metaphorologie auf den sprachanalytischen und kognitionspsychologischen Ansatz zu tun haben. – Um so verwunderlicher ist es jedoch, daß auch in der an Lakoff/Johnson anschließenden Frankfurter Dissertation von Pielenz (1993) diese Verbindung erst gar nicht hergestellt wird.

[47] Vgl. hierzu auch Lakoff 1986 und ders. 1987b.

Je abstrakter nun ein Konzept ist, desto mehr ist es auf die metaphorische Beschreibung durch konkrete Konzepte angewiesen. Dadurch liegt gerade den eher abstrakten Konzepten 'a rich and complex cluster of metaphors' zugrunde, wobei es dann durchaus zu *Inkonsistenzen* kommen kann: Wenn Ideen metaphorisch als Menschen (sie sprechen und handeln), Pflanzen (sie wachsen und gedeihen), Produkte (sie werden hergestellt), Waren (sie sind verkäuflich), Ressourcen (sie werden ausgeschöpft), Instrumente (mit ihnen wird operiert), Nahrung (schwer verdauliche Geistesnahrung) usw. beschrieben werden, dann bietet zumindest die Gesamtheit dieser Metaphern keine konsistente Definition des Konzepts 'Idee'.[48] Es gibt also keine notwendige und zugleich hinreichende Definition eines solchen Konzeptes, sondern vielmehr nur beschreibende Definitionen mithilfe von einander ähnlichen, sich teilweise überlappenden, aber auch widersprüchlichen metaphorischen Konzepten. Daß dennoch eine kohärente Erfahrung und ein widerspruchsfreier Umgang mit solchen Konzepten möglich ist, liegt nach Johnson und Lakoff daran, daß jeweils nur Teilaspekte der verschiedenen metaphorischen Konzepte zu einer komplexen, multidimensionalen Gestalt verbunden werden: „Such multidimensional structures characterize *experiential gestalts*, which are ways of organizing experiences into *structured wholes*."[49]

Umgekehrt kann eine Metapher nur dann adäquat verstanden werden, wenn die Erfahrungsbasis, auf der sie beruht, bekannt ist. Dabei werden der kommunikative und situative Kontext und das jeweilige Hintergrundwissen zum entscheidenden Moment.[50] Da nämlich die Konzepte nicht durch innere Eigenschaften ('inherent properties') definiert sind, sondern in der Interaktion mit anderen Konzepten eben nur Teilaspekte zu einer 'experiential gestalt' verbinden, ist die bloße Auflistung der Strukturen von Konzepten für das Metaphernverstehen nicht ausreichend.[51] Die jeweilige Bedeutung läßt sich so nicht erschließen, weil die bedeutungskonstituierende Selektion durch Hintergrundwissen und Kontext fehlt und lediglich ein willkürlich festgesetzter 'wörtlicher Nullkontext' zur Verfügung steht.

---

[48] Hier ließe sich direkt die in Kap. II-3.2 behandelte Theorie des Systems synchroner Kollektivsymbole anschließen, die zeigt, wie durch metaphorische Äquivalenzen und Katachresennetze auch einander widersprechende Konzepte verbunden werden können.

[49] Lakoff/Johnson 1980a:81. Diese gestalthafte Struktur, so können wir vor dem Hintergrund des im vorangegangenen Kapitel II-4.1 behandelten Zusammenhangs von Ikonizität und Anschaulichkeit vermuten, hängt direkt mit der Ikonizität der Metapher zusammen und ist durch deren Selektionsleistungen erst möglich.

[50] Dies werde ich genauer in Kap. II-5 ausführen.

[51] Dieses Argument spricht auch gegen die letztlich vergleichstheoretische Auffassung von Kognitionspsychologen wie Tourangeau/Sternberg 1982 und Gentner 1983, derzufolge die Interpretation einer Metapher allein schon durch die Auflistung strukturgleicher Eigenschaften ('structure mapping') von Primär- und Sekundärgegenstand zu leisten ist.

Deshalb ist es auch erst durch die menschliche Fähigkeit, Konzepte mit bestimmten Erfahrungen zu verbinden, überhaupt möglich, abstrakte oder generalisierte Konzepte zu verstehen. Die Strukturierung von konkreter Erfahrung durch Konzepte hängt damit ebenso wie das Verstehen sowohl von individuellen Erfahrungen im Umgang mit Natur und Menschen ab als auch von den schon vorhandenen metaphorischen Konzepten. Das bedeutet gleichzeitig, daß *alle* Konzepte, ob auf natürlicher oder kultureller Erfahrung beruhend, die Form von 'experiential gestalts' aufweisen, also dieselben Strukturdimensionen besitzen. Aufgrund der menschlichen Fähigkeit, auch noch die abstraktesten Konzepte über metaphorischen Schematransfer[52] mit der Erfahrung zu verbinden, haben diese erst eine Bedeutung *für uns*. Die Metapher ermöglicht diese erfahrungsgeladene und perspektivische Anbindung abstrakter Konzepte an unsere erfahrungsnahen Konzepte und ist so die Grundlage für die *Anschließbarkeit* von abstrakten Konzepten an konkrete, also auch von neuen Erfahrungen an alte.

Wie stark die Metapher zu der Konstitution und Organisation von Erfahrung beiträgt, haben Johnson und Lakoff in ihren Untersuchungen immer wieder herausgearbeitet.[53] Ihr Ansatz wurde breit rezipiert und ist zur Grundlage für ausführliche Untersuchungen geworden,[54] hat aber auch einige Kritik erfahren. So weist MacCormac[55] darauf hin, daß Lakoffs und Johnsons Idee einer nichtmetaphorisch-direkten Erfahrung, die sie der metaphorischen anstelle der Distinktion wörtlich/metaphorisch gegenüberstellen, auf einen naturalistischen Fehlschluß beruht: „Even the experiences of spatial orientation, however, involve cultural presuppositions so that one cannot have a purely physical as opposed to cultural experience."[56]

Lakoff und Johnson schmuggeln also mit ihrem Konzept einer kulturell nicht determinierten und auf 'vormetaphorischer' Körpererfahrung basierenden Interaktion mit der Umwelt selbst eine basale Hintergrundmetaphorik in ihre Theorie ein. Die Leugnung dieser Hintergrundmetaphorik ist umso erstaunlicher, als auch dieses Konzept auf dem Boden ihres eigenen Ansatzes immer schon metaphorisch sein muß:

---

52 Vgl. hierzu unten, Kap. II-5.1.
53 Vgl. z.B. Johnson/Lakoff 1982, Johnson 1987 und 1993, Lakoff 1987a und 1991.
54 Vgl. Burkhardt 1987, Martin 1989, die ich im folgenden behandele, Pielenz 1993, der, wie schon in der Einleitung erwähnt, eine Synthese von Argumentationstheorie, Topik und dem Ansatz von Lakoff/Johnson entwickelt (vgl. auch unten, Kap. II-5.4), sowie Jakob 1991, der in einer materialreichen sprach- und techikhistorischen Studie die alltagsmetaphorische Konzeptualisierung von Technik und deren Rückwirkung auf Alltagssprache und Alltagstheorien über Technik untersucht hat.
55 Vgl. MacCormac 1985:57ff.
56 MacCormac 1985:66.

> One cannot express even directly emergent spatial concepts without using language that has been culturally transmitted, and the ordinary language that we use, according to Lakoff and Johnson, is largely metaphorical. On what basis can one be sure that spacial concepts emerge *directly* rather than emerge as *mediated metaphorical concepts?*[57]

Tatsächlich ist, so läßt sich die Argumentation von MacCormac weiterführen, mit dem kognitionslinguistischen Ansatz von Lakoff und Johnson ein unhistorischer und überkultureller Universalitätsanspruch verbunden, der nicht konsistent eingelöst werden kann.[58] Konzeptuelle Metaphern aus den Bereichen Bewegung, Handlung, Leben, Interaktion etc. erstarren zu ahistorischen Universalien, obwohl doch gerade bei ihnen zu untersuchen wäre, inwieweit sie selbst Teil historisch gewachsener Diskurse und kulturell tradierter Bildfelder sind. – Wenn überhaupt von universellen metaphorischen Konzepten gesprochen werden kann, dann vielleicht im Zusammenhang mit der Licht- und Sehmetaphorik für das Denken, da hier eine psychobiologisch und anthropologisch konstante Entsprechung zwischen dem unsichtbar abstrakten Denken und dem konkreten Sehen zu bestehen scheint. Die meisten anderen metaphorischen Konzepte sind dagegen, wie Danesi feststellt, kulturell determiniert und erworben.[59]

Die Abhängigkeit metaphorischer Konzepte vom soziokulturellen Umfeld hat Naomi Quinn in einer empirisch-anthropologischen Studie genauer herausgearbeitet.[60] Sie zeigt dort z.B. in einer Rekonstruktion der mit dem Konzept der *Heirat*[61] verbundenen Metaphern, wie sehr die dabei verwendeten Metaphern auf kulturell bedingte – in diesem Fall in der US-amerikanischen Kultur wurzelnde – Modelle zurückzuführen sind. Die Metaphern, so ihr Befund, werden von den Sprechern je unterschiedlich nach zugrundeliegenden, bereits existierenden kulturellen Modellen ausgewählt. Allerdings stellt Quinn dabei die kulturellen Modelle der Metapher in einer Weise gegenüber, daß erstere nicht nur die Grundlage der Metapher darstellen, sondern auch jenseits des Metaphorischen angesiedelt sind. Dies mag einerseits insofern zutreffen, als kulturelle Modelle in großem Maße auf *Geschichten* und *Erzählungen* beruhen, Sinnstrukturen also, die umfassender als metaphorische Konzepte sind, andererseits sind aber diese Geschichten so eng mit den metaphorischen Konzepten verwoben, daß es

---

[57] MacCormac 1985:67.
[58] Vgl. zu dieser Kritik auch Alverson 1991. Das Problem einer solchen unhistorischen und unreflektierten Universalitätsannahme findet sich auch bei der oben in Anm. 54 erwähnten Studie von Jakob 1991 (vgl. hierzu meine Rezension des Buches von Jakob in *Technikgeschichte*, Bd 61, Nr. 4/1994:375-377).
[59] Vgl. hierzu Danesi 1990 und die bereits behandelten Überlegungen von Arendt (in Kap. II-4.1) zur Überbrückungsfunktion der Metapher sowie von Derrida und Blumenberg (in Kap. II-3.4) zur Lichtmetapher als absoluter Metapher.
[60] Vgl. Quinn 1991.
[61] Ein Konzept, das übrigens auch von Johnson/Lakoff 1982 eingehender untersucht wurde, ohne daß dabei jedoch die Frage nach kultureller Relativität gestellt wurde.

schwer fallen dürfte, hier eine Grenze zwischen Metapher und kulturellem Konzept zu bestimmen.[62] Genau dies aber versucht Quinn, wenn sie behauptet, daß die kulturellen Modelle 'beyond metaphor' zu suchen seien und deshalb der Metapher nicht allzuviel erklärende Kraft zukommen könne.[63] Freilich ist sie selbst nicht in der Lage, solche metaphernunabhängigen Strukturen tatsächlich aufzuweisen, vielmehr muß sie schließlich eingestehen: „What the underlying structure of cultural models is, if not metaphoric or image-schematic, I am not prepared to say."[64]

Der Ansatz von Lakoff und Johnson, so meine Schlußfolgerung aus dieser Diskussion, wäre also *historisch und kulturell zu relativieren*, ohne daß dabei jedoch die Idee der metaphorischen Konzepte aufgegeben werden sollte. Werden diese nämlich als *kulturell variabel* angesehen, dann erbringen sie eine doppelte Erklärungsleistung: Zum einen wird klar, wie und warum in einer spezifischen Kultur – einer raum-zeitlichen Bildfeldgemeinschaft – bestimmte Erfahrungen und Ereignisse auf ähnliche Weise metaphorisch konzeptualisiert werden, zum anderen kann gezeigt werden, welche metaphorischen Konzepte historisch und kulturell dominant oder marginal sind. Erst wenn das Modell universeller metaphorischer Konzepte durch ein *Modell kulturell dominanter metaphorischer Konzepte* ersetzt wird, kommt ein ethischer und gesellschaftskritischer Aspekt in die Metaphernanalyse, der es ermöglicht, scheinbar universelle metaphorische Konzepte als gesellschaftlich dominante und dementsprechend auch alternative Konzepte als gesellschaftlich marginalisierte bzw. nicht wahrgenommene Konzepte zu verstehen.

Einen solchen sozialhistorisch relativierten Ansatz hat Emily Martin im Anschluß an Lakoff und Johnson entwickelt, indem sie auf der Basis von Interviews weibliche Selbstwahrnehmung und Körpererfahrung in Zusammenhang mit gesellschaftlich dominierenden und geschlechtsspezifisch differenzierten metaphorischen Konzepten gebracht hat.[65] Ausgehend von dem basalen metaphorischen Konzept der Trennung von Körper und Geist und der Kontrolle des Geistes über den Körper lassen sich diese metaphorischen Konzepte als Ausdruck einer gesellschaftlichen Macht- und Interes-

---

[62] Vgl. Johnson 1993:11.
[63] Vgl. Quinn 1991:90ff.
[64] Quinn 1991:93.
[65] Vgl. Martin 1989. Einen ähnlichen Ansatz, der aber nicht von Lakoff und Johnson, sondern psychoanalytisch inspiriert ist, verfolgt Graf (1988). Anhand einer etymologisch-psychologischen Rekonstruktion von basalen Leib- und Körpermetaphern versucht Graf aufzuzeigen, wie mittels dieser *eingefleischten* Metaphern an der Nahtstelle zwischen Sprache, Körper und Realität eine in *Haltungsmetaphern* sich ausdrückende körperliche und seelische Identität formiert wird. Der spekulative und oft willkürliche Charakter dieser Studie läßt jedoch den Eindruck entstehen, daß Graf der suggestiven Kraft der von ihm analysierten Metaphern selbst erliegt, indem er zunächst ein Netz manipulativer Metaphern konstruiert und dieses dann in die Realität rückprojiziert.

senkonstellation interpretieren, und sie wirken für Denken und Erfahrung als kaum überschreitbare Kategorien. Die Art und Weise, wie Frauen Menstruation, Geburt, Menopause und frauenspezifische Krankheiten erfahren ist deshalb nicht etwa neutrale 'reine' Wahrnehmung, sondern – da auf diesen metaphorischen Konzepten beruhend – voll von impliziten Wertungen und vorstrukturierenden Beschreibungen. So erscheint die Menstruation, vorgeprägt durch die Metapher der Produktion im medizinisch-technischen Diskurs, als ein degenerativer, die Ovulation dagegen als ein verschwenderischer Prozeß. Die Menopause, als 'Ende' des Produktionsprozesses, wird schließlich als eine Fehlfunktion, ein Versagen des Körpers betrachtet. Damit wird der Körper jedesmal als etwas konzeptualisiert, das sich der Kontrolle des Geistes entzieht und so in Opposition zu Geist, Vernunft und Selbstgefühl steht. Die dabei auftretenden spezifischen körperlichen Sensationen, wie etwa die 'fliegende Hitze' (hot flashes) während der Menopause, werden unter dem Eindruck miteinander interagierender metaphorischer Konzepte als beschämend und minderwertig erfahren:

> Taken together, there is a certain systematicity, as Lakoff and Johnson term it, among these concepts, such that power, height, rationality, and coolness go together on the one hand and lack of power, low position, emotions, and heat go together on the other. It is fairly obvious where this leaves women experiencing hot flashes during menopause (...): it leaves them hot and bothered, down and out.[66]

Insgesamt gesehen werden so Körperprozesse, die nicht der Logik der rationalen Produktion, der Kontrolle und der wirtschaftlichen Effizienz folgen, entweder als negativ und abwertend konzeptualisiert oder sie fallen gleichsam durch das Raster der dominanten metaphorischen Konzepte hindurch: Abweichende Erfahrung wird dadurch entsprachlicht und entsozialisiert. Wenn Frauen sich jedoch dieser Logik nicht unterwerfen, gegen die eingewöhnten gesellschaftlichen Rollen und die verbreiteten wissenschaftlichen Modelle ankämpfen, haben sie nach Martin auch die Chance, ihren Körper und ihr Selbst auf andere Weise wahrzunehmen. Dabei kommt es darauf an, *alternative* metaphorische Konzepte zu entwickeln und zu benutzen, die den Prozessen des weiblichen Körpers eher gerecht werden und eine neue Weise der Selbsterfahrung ermöglichen, die nicht entlang von metaphorischen Oppositionen wie Macht/Ohnmacht, Kontrolle/Scham, Produktion/Verschwendung, Verstand/Gefühl, effizient/minderwertig, normal/pathologisch etc. verläuft:

> Why not, instead of an organization with a controller, a team playing a game? When a woman wants to get pregnant, it would be appropriate to describe her pituitary, ovaries, and so on as combining together, communicating with each other, to get the ball, so to speak, into the basket. The image of hierarchical controll could give way to specialized function, the way a basketball team needs a center as well as a defense. When she did

---

66 Martin 1989:172.

not want to become pregnant, the purpose of this activity could be considered the production of menstrual flow.[67]

Martin plädiert damit weder für ein naturalistisches Ideal, das einer überformten Erfahrung die 'reine' Erfahrung entgegenstellt, noch für ein ohnehin unsinniges Metaphernverbot, sondern für einen metaphernkritischen Umgang mit den dominanten Erfahrungskonzepten und für den Versuch, Gegenmetaphern und -konzepte zu entwickeln, die eine andere Form der Konzeptualisierung ermöglichen. Auch im Bereich der Konzeptualisierung von Erfahrung, so zeigt sich damit, ist die *Metaphernreflexion* zur Beurteilung der Rationalität des in Frage stehenden metaphorischen Konzeptes ebenso möglich wie nötig.[68] Auf der Grundlage dieser Reflexion kann zugleich die Entwicklung alternativer metaphorischer Konzepte in Gang gebracht und damit auf die Ersetzung des kritisierten metaphorischen Konzeptes hingearbeitet werden. Wie schon bei der ideologiekritischen Reflexion von Bildfeldern[69] bekommen auch hier die Metaphorologie und die praktische Metaphernreflexion eine gesellschaftskritische Dimension: Gerade weil die metaphorische Konzeptualisierung von Erfahrung eine immense lebensweltliche Plausibilität und Selbstverständlichkeit (und damit scheinbar universelle Geltung) besitzt, ist der verfremdende und entschleiernde metaphernkritische Blick auf diese Evidenzen ein theoretisches wie praktisches Gebot.[70]

Zusammenfassend gesehen wird die These, daß Erfahrungen immer schon metaphorisch konzeptualisiert werden, also keineswegs unmittelbare (Selbst)Wahrnehmungen sind, mit dieser an Lakoff und Johnson anschliessenden Theorie der metaphorischen Erfahrungskonstitution bestätigt. Entkräftet ist dagegen die Vorstellung, daß die metaphorischen Konzepte als universale Konzepte angesehen werden können. Sie sind mit wenigen Ausnahmen vielmehr als historisch und kulturell variant anzusehen, auch und gerade wenn sie sich für die Mitglieder einer Kultur als kaum über

---

[67] Martin 1989:53. Die letzte Metapher zeigt übrigens, daß nicht der Gedanke der Produktion an sich hier problematisch ist, sondern seine wertende Orientierung. Martin schlägt hier eine Reorientierung der Wertung vor, nach der auch die Menstruation als ein produktives, damit auch positives und nicht destruktives Geschehen konzeptualisiert werden kann.

[68] Dies zeigt am Beispiel der Sexualität auch Pielenz 1993: Kap. 5, der betont, daß „jede konzeptuelle Metapher durch eine kritische Reflexion ihrer Entstehungsbedingungen in ihrer Wirksamkeit eingesehen und außer Kraft gesetzt werden (kann)" (ebd.:155f.).

[69] Vgl. oben, Kap. II-3.5.

[70] Ein weiteres Beispiel für eine solche Entschleierung eines selbstverständlich gewordenen metaphorischen Konzeptes im Zusammenhang mit der von Martin diskutierten Problematik ist die Diskussion um das gegenwärtige Konzept von Schwangerschaft, das durch präventivmedizinische und medizintechnische Metaphorik, insbesondere durch die ikonographische Metaphorik der Ultraschalluntersuchung, ganz entscheidend geprägt ist und zur Konzeptualisierung der Schwangerschaftserfahrung völlig unhinterfragt Verwendung findet (vgl. Petchesky 1987 und Duden 1991).

schreibbare Kategorien oder als absolute Metaphern darstellen – ein Befund, der mit der in Kapitel II-3 behandelten Bildfeldtheorie in Einklang steht und mit dessen Hilfe zugleich die dort nur behauptete, nicht aber erklärte Funktion der Metapher, die Erfahrung zu organisieren, aufgewiesen werden konnte.

4.3 Die Metapher als neuronale Holographie

Für die These der Konstitution und Organisation von Erfahrung durch die synthetisierende Kraft der Metapher lassen sich noch auf einer tieferliegenderen Ebene als der der metaphorischen Konzepte plausible Gründe finden. Wie Forschungen aus dem Bereich der Neurowissenschaften[71] zeigen, spielen nämlich metaphorische Interaktionsprozesse auch auf der Ebene des Verhältnisses von neuralen und sprachlichen Vorgängen eine zentrale Rolle: Störungen im Sprachverstehen und -erzeugen (Aphasien) wurden schon Ende des letzten Jahrhunderts in Zusammenhang mit Hirnläsionen, etwa durch Unfall oder Tumorbildung, gebracht.[72] Dabei ging man zunächst von der Annahme aus, daß es im Hirn eindeutig lokalisierbare Zentren gibt, die auf bestimmte Aufgaben spezialisiert sind. Die Verletzung oder Zerstörung bestimmter Regionen führt nämlich zu spezifischen aphatischen Ausfällen, wie Syntax- und Wortfindungsstörungen, Wort- und Bedeutungsvertauschungen u.ä. Auf der Grundlage solcher Beobachtungen entstand die These von der Sprachdominanz der linken Hirnhälfte. Diese These ging jedoch von einem *rein propositionalen* Sprachverständnis aus. Andere sprachliche Funktionen, wie Emotivität, Gestalthaftigkeit und Metaphorizität blieben dabei unberücksichtigt. Erst mit dem einsetzenden gestaltpsychologischen und linguistischen Interesse an Aphasien entstanden Theorien, die die emotive Ausdrucksfunktion der Sprache, ihre gestaltbildende Funktion und ihre metaphorischen Funktionen mit einbezogen und die Aufmerksamkeit nicht so sehr auf die Lokalisierung, als auf die Typisierung von Funktionen richtete.

So entwickelte Roman Jakobson in den fünfziger Jahren im Anschluß an die klinische Aphasieforschung die Theorie einer Zweiteilung der aphatischen Störungen und einer ihr entsprechenden Dichotomie der Sprache:

---

71 Ich beziehe mich hier v.a. auf Danesi 1989a, Seitelberger 1983, Arbib/Caplan/Marshall 1982 und Grüsser 1977.

72 Vgl. zur Übersicht: Huber 1981 und Gazzaniga 1989. Die Grundannahme dieser Aphasiestudien, die darin besteht, daß man vom Zustand der Dysfunktion des Ausfalls auf Normalfunktionen zu schließen versucht, scheint mir jedoch überaus problematisch und ist nach wie vor umstritten (vgl. Ch. C. Wood: 'Simulated Lesion Experiments' sowie M. A. Arbib 'Perceptual Motor Processes and the Neural Basis of Language', beide in: Arbib/Caplan/Marshall 1982:485-509 bzw. 531-551).

Beim ersten Typ der Aphasie ist die Relation der Similarität, beim zweiten Typ die Relation der Kontiguität aufgehoben. Bei der Similaritätsstörung entfallen die *Metaphern*, bei der Kontiguitätsstörung die *Metonymien*.[73]

Gemäß den Annahmen der strukturalistischen Linguistik werden hier eine *synchrone* und eine *diachrone* Sprachachse als organisierende Prinzipien der Sprache unterstellt: Sprache wird einerseits als simultanes Phänomen betrachtet, also als kontextuelle Selektion von Worten durch metaphorische Prozesse, und zum anderen wird sie als sequentielles Phänomen aufgefaßt, also als textuelle Kombination von Worten durch metonymische Prozesse. Metaphern generieren und selektieren über Ähnlichkeitsrelationen verschiedene Kontexte und Kontextwechsel, Metonymien erzeugen über Nachbarschaft und Teil-Ganzes-Relationen Textketten innerhalb eines jeweiligen Kontextes.

Beispiele für *metaphorische Selektionen* wären etwa alternativ zur Verfügung stehende Befehle eines Computerprogramms, die dann als Kontext für die jeweilige Ablaufsequenz angesehen werden können, oder in der Musik die harmonischen Transpositionen einer Melodie bzw. bei Texten die paradigmatische Auswahl eines spezifischen Kontextes. Die Metapher erscheint als kontextbildendes, synthetisierendes Prinzip. Dabei wird die kontextinterne Referenz der Metapher durch die metonymische Kombination gewährleistet. Prozesse *metonymischer Kontiguität* lassen sich als Erzeugung von anaphorischen Referenzketten[74] analysieren, die durch den Aufbau von textinternen Verweisungszusammenhängen eine kontextliche Verkettung bilden, wodurch die jeweilige situative Bedeutung einer Metapher erst erschließbar wird. Beispiele für die metonymische Verkettung wären etwa die sequentiellen Abläufe, die auf einen Befehl hin innerhalb eines Computerprogrammes erfolgen, oder auch eine Zeichenkette im Kontext einer Melodie oder eines Satzes.

Inzwischen hat sich jedoch Jakobsons starre Dichotomisierung der Aphasie als nicht haltbar herausgestellt, da der Formenkreis aphatischer Störungen nicht einfach in die Opposition von Kontiguitäts- und Similaritätsstörung zu bringen ist und eine direkte Parallele von sprachlichen und neurobiologischen Funktionen sich jedenfalls nicht auf diese Art nachweisen läßt.[75] Allerdings entspricht die dem Sprachmodell Jakobsons zugrundeliegende Intuition, nämlich die Sprache auf die Prinzipien einer selektiven Similarität durch Metaphern und einer sequentiellen Kontiguität durch Metonymien zurückzuführen, durchaus den Annahmen von neurobiolo-

---

73 Jakobson 1979a:133 (Hervorhebung von mir). Vgl. zum folgenden auch Jakobson 1979b und Leach 1978.
74 Vgl. hierzu weiter unten, Kap. II-5 sowie Kittay 1987.
75 Vgl. Huber 1981:12ff. sowie zur ausführlichen Auseinandersetzung mit dem Ansatz von Jakobson die Beiträge in Schnelle (1981).

gischen Theorien der Gegenwart:[76] In vereinfachter Form läßt sich ihnen zufolge zunächst (bei Rechtshändern) die linke Hemisphäre den analytisch-zeitlichen und abstrakten Prozessen, die rechte dagegen den synthetisch-räumlichen und affektiven Prozessen zuordnen:

> In der sprachdominanten linken Hirnhälfte erfolgt generell propositionales, analytisches und sequentielles Verarbeiten im Unterschied zu appositionalem, ganzheitlichem und gestalthaftem Verarbeiten der nicht-sprachdominanten Hirnhälfte.[77]

Die These einer Dominanz der linken Hirnhälfte ist jedoch nur in bezug auf bestimmte Aspekte der Sprachfähigkeit sinnvoll; während nämlich die linke Hemisphäre eher den sequentiell-textuellen Aspekt einer sprachlichen Äusserung verarbeitet, behandelt die rechte Hirnhälfte ihre eher simultan-kontextuellen Anteile. Zwischen den beiden Hemisphären besteht dabei ein Ergänzungsverhältnis, und die normale Hirntätigkeit verläuft in einer diese Spezialisierung übergreifenden *Einheit*. Diese Integration von höheren Denkfunktionen wird durch die Vernetzungsleistungen der funktional nicht lokalisierten intermodalen Rindenfelder ermöglicht. Dabei sind, wie Danesi in seiner Aufarbeitung der gegenwärtigen neuropsychologischen Forschung gezeigt hat,[78] Metaphern diejenigen sprachlichen Formen, die eine solche Einheit durch ein *interhemisphärisches Zusammenspiel* erzeugen, wobei es zu einem besonders reichen Austausch zwischen den beiden Hemisphären des Gehirns, genauer: zu einer sehr komplexen Vernetzung zwischen weit auseinanderliegenden zerebralen Nervenzellengruppen, kommt. Im Gegensatz zu phonetischen, grammatischen und semantischen Funktionen lassen sich metaphorische Denkprozesse deshalb nicht einfach einer Hirnhälfte zuordnen:

> The interhemispheric model posits a RH (= right hemisphere, B.D.) locus for the more 'imaginative' and 'creative' components of a metaphor – based on sensorial or bodily experiences – and a LH (= left hemisphere, B.D.) locus for the transformation of such components into abstract principles of semantic organization.[79]

In der rechten Hirnhälfte werden also die ikonischen, gestalthaften Anteile der Metapher verarbeitet, während in der linken Hälfte ihre Umsetzung in

---

76 Vgl. hierzu auch Jakobsons eigene Anknüpfung an die neuere Forschung, in der er feststellt, daß „die grundlegenden binären Konzepte [der Semiotik, B.D.] schrittweise Zugang zur fortgeschrittenen neuropsychologischen Aufarbeitung der aphasischen Rätsel" gefunden hat (Jakobson 1981:36).
77 Huber 1981:7.
78 Vgl. Danesi 1989a sowie Danesi 1990:227f.
79 Danesi 1989a:81. Die Lokalisierung von Funktionen in bestimmten Hirnregionen ist insgesamt vorsichtig zu bewerten, denn sie hat „[ihre] Ursache nicht in der funktionellen Spezifität der betreffenden Hirnanteile, sondern in der lokal konzentrierten Organisation eines bestimmten Inputs oder Outputs" (Seitelberger 1983: 181). Insofern kann mit den hier dargelegten Positionen nichts über die neuralen *Mechanismen* selbst ausgesagt werden, zumal in der neurobiologischen Diskussion dazu selbst keineswegs einheitliche Standpunkte vertreten werden.

abstrakte Konzepte geschieht. Die tatsächliche Erzeugung von Sinn beruht jedoch auf den interhemisphärischen Austauschprozessen, so daß das eigentliche Verstehen erst durch dieses Zusammenspiel möglich wird. Dabei kommt der rechten Hemisphäre vor allem dann eine wichtige Funktion zu, wenn es sich um ungewöhnliche und neue Phänomene handelt: Die rechte Hemisphäre scheint eine größere bereichsübergreifende synaptische Vernetzung aufzuweisen als die linke, so daß sie die Verarbeitung von ungewöhnlichen Stimuli, für die noch keine vorgeformten kognitiven Schemata bereitstehen, über assoziative und imaginative Prozesse leisten kann. Wiederum ist dabei das metaphorische Denken von großer Bedeutung, da mit seiner Hilfe solche neuen Stimuli begrifflich verarbeitet werden können.

Unter neurobiologischen Gesichtspunkten haben nach Danesi Metaphern deshalb in dreifachem Sinn eine *synthetisierende Vermittlungsfunktion:* Sie setzen *erstens* einen 'neurological flow' zwischen den beiden Hemisphären und ihren funktionalen Spezialisierungen in Gang und fördern damit den Austausch zwischen entfernt liegenden Bereichen der beiden Hemisphären. Sie bilden dadurch *zweitens* eine sprachliche Brücke zwischen dem eher ikonisch-imaginativen und dem propositional-symbolischen Denken. Damit bestätigt sich die bereits vorgestellte Ansicht, daß Metaphern eine Verbindung zwischen Begriff und Anschauung herstellen. Und sie ermöglichen deshalb *drittens* die Artikulation und Interpretation von nichtphysischer Realität mittels Analogiebegriffen aus der sensuell-physikalischen Welt. Dies bestätigt wiederum die These, daß das konzeptuelle System des Menschen durch Metaphern, die die Verbindung zwischen Erfahrung und Denken und zwischen Anschauung und Abstraktion stiften, organisiert ist.

Daß die Metapher diese Leistungen erbringen kann, liegt nach Benzon und Hays daran, daß sie eine Art 'neurales Hologramm' darstellt, mit deren Hilfe komplexe Strukturen und Konstellationen erfaßt werden können.[80] Die Autoren gehen dabei zunächst von zwei unterschiedlichen Formen der Bezugnahme zwischen Zeichen und Referent aus: *conveyance* (Übertragung, Transport, Mitteilung) und *indication* (Anzeige, Verweis). Dabei ist *conveyance* eine vorwiegend linkshemisphärische und *indikation* eine eher rechtshemisphärische Form der Zeichenverarbeitung. Während bei der *conveyance of meaning* mit einem relativ feststehenden Verhältnis zwischen Zeichen und Referent operiert wird und dementsprechend ein klares men-

---

[80] Vgl. Benzon/Hays 1987. Die – wie Gillett (1989) zeigt – äußerst fruchtbare Metapher der Holographie geht im Bereich der Neurowissenschaften auf K.H. Pribram zurück, der betont: „The properties of the hologram are just those demanded by us to account for ordinary perception. (...) Now by means of some recording process analoguos to that which holograms are produced, a storage mechanism derived from such arrival patterns and interference effects can be envisioned. This is possible, since reconstruction of images from holograms have many of the attributes of perception." (zit. nach Gillett 1989:91) – Der besondere Hintersinn in unserem Fall ist aber, daß die Metapher des Hologramms hier zur Metapher der Metapher wird.

tales Konzept oder Schema für den Referenten besteht, bezeichnet die *indication of meaning* komplexe Muster, die nicht auf einem Schema oder Konzept, sondern auf Erfahrungs-, Gefühls- und Vorstellungskonstellationen basieren, wie etwa Körpersprache als Ausdruck für einen emotionalen Zustand oder metaphorische Sprache als Ausdruck für einen propositional nicht formulierbaren kognitiven Zustand:

> Indication thus seems to be a way the mind operates in complex states of affairs. Through indication we communicate what we cannot conceptualize. As a mechanism for indication, metaphor expresses intuitions – mental consequences of perceptions which one cannot formulate with the words and syntactic constructions of one's language.[81]

Die Differenz zwischen 'indication' und 'conveyance' beruht auf zwei unterschiedlichen Formen mentaler Repräsentation, nämlich der ikonisch-physiognomischen und der symbolisch-propositionalen: Die ikonisch-physiognomische Repräsentation der rechten Hemisphäre arbeitet mit komplexen Mustern, die eine holistische, gestalthafte und analoge Struktur besitzen. Dagegen weist die symbolisch-propositionale Repräsentation der linken Hemisphäre eine analytisch-digitale Struktur auf. Dabei bildet allerdings die physiognomische Repräsentation die Basis der mentalen Repräsentation, auf der dann die propositionale als sekundärer Prozeß aufbaut; dem Gebrauch von Namen, Begriffen oder Schemata liegen also holistische Muster oder Vorstellungsbilder zugrunde. Die Metapher umschließt beide Repräsentationsweisen, da sie – als sprachliches Zeichen – einerseits eine propositionale Form besitzt und zugleich – als holistische Bedeutungskonstellation – andererseits eine physiognomische Struktur hat.

Die in der Interaktionstheorie der Metapher angenommene Wechselwirkung bei der Entstehung metaphorischer Bedeutung findet sich also auf der Ebene mentaler Prozesse als ein *interhemisphärisches Wechselspiel* zwischen physiognomischer und propositionaler Repräsentation wieder. Mit einer Metapher wird eine Aussage über eine bestimmte Relation zwischen Gegenständen mitgeteilt und zugleich auf ein komplexes Muster von Eigenschaften, Vorstellungen, Hintergrundimplikationen und Ähnlichkeitsrelationen hingewiesen. Die Bedeutung der Metapher wäre als Resultat der Interaktion, also eines aktiven Selektionsprozesses, zwischen den propositionalen Repräsentationen der Gegenstände und ihrer Relationen und den holographieartigen Mustern der physiognomischen Repräsentationen anzusehen. Metaphern dienen dadurch gleichermaßen der Erweiterung von physiognomischen Repräsentationen wie der propositionalen Erfassung neuer Phänomene.[82]

---

81 Benzon/Hays 1987:62.
82 Zu überdenken ist hier die Brauchbarkeit des Begriffs der Repräsentation. Holistisch-vernetzte Strukturen beruhen nicht auf Repräsentation, sondern auf Interaktionsprozessen, insofern kann der Repräsentationsbegriff eigentlich nicht mehr im 'starken' kognitionswissenschaftlichen Sinn verwendet werden (vgl. Varela 1990, Kap. 5).

Die zentrale Bedeutung von Metaphern für die Konzeptualisierung von Erfahrung und für kreative Denkprozesse, so kann zusammenfassend festgestellt werden wird also durch Befunde der neurobiologischen und neurolinguistischen Forschung gestützt. Vor diesem Hintergrund scheint deshalb der Schluß berechtigt, daß Metaphern sprachliche Formen sind, die *intensive Semioseprozesse* fördern, indem sie, wie Köller es ausdrückt,

> beide Gehirnhälften gleichermaßen aktivieren und dazu motivieren, in Interaktion miteinander zu treten, um aus ihren begrifflichen und ikonischen Anteilen einen komplexen Gesamtsinn zu synthetisieren. Sie stellen gleichsam Intensivformen der Sprache dar, die unser ganzes neuronales und kognitives System erregen können.[83]

Die Synthesiskraft der Metapher läßt sich damit bis auf die Ebene neuronaler Prozesse nachverfolgen.

4.4 Resümee: Die Metapher als Konstellation

Die Synthesiskraft der Metapher ist, so hat sich in diesem Kapitel gezeigt, für die Organisation und Konzeptualisierung der Erfahrung von entscheidender Bedeutung. Schon bei Kant löst die Metapher die Problematik des Übergangs zwischen Begriff und Anschauung in dem Moment, wo die schematische – metaphorologisch ausgedrückt könnte man auch sagen: die wörtlich-habitualisierte – Zuordnung von Begriff und Anschauung nicht (mehr) möglich ist. So können die Analogien der Erfahrung, wie wir gesehen haben, im Sinne metaphorischer 'Als ob'-Konstruktionen interpretiert werden, die die synthetische Einheit der Erfahrung erst ermöglichen. Auch die drei regulativen Vernunftideen (Seele, Welt, Gott) lassen sich aus dieser Perspektive als orientierende, anthropomorphe Analogien verstehen, die ihrerseits auf das konstitutive Prinzip der reflektierenden Urteilskraft zurückgeführt werden können. Die Metapher liefert mit ihrem 'Als ob'-Prinzip dabei die konkrete Form, in der die Einbildungskraft als heautonome, reflektierende Urteilskraft wirksam wird.

Die These der Synthesiskraft der Metapher wurde dann zunächst im Hinblick auf ihre Anschaulichkeit und Ikonizität weiter vertieft. Das abstrakt-unsichtbare Denken, so hatte ich im Anschluß an Hannah Arendt ausgeführt, ist notwendigerweise und prinzipiell metaphorisch, da auf andere Weise der Übergang zwischen dem Unsichtbar-Übersinnlichen und dem Sinnlich-Sichtbaren nicht zu leisten wäre. Diese Überbrückungsfunktion kann die Metapher aufgrund ihrer Anschaulichkeit erfüllen. Um jedoch die Problematik des Leib-Seele-Dualismus zu vermeiden, war es notwendig, Arendts Dichotomie zwischen Sinnlichem und Übersinnlichem durch die Oppositonen Bekanntes vs. Neues, semantisch Markiertes vs. Unmarkiertes,

---

[83] Köller 1986:398.

Verstandenes vs. Uninterpretiertes zu ersetzen. Dabei ist es die der Anschaulichkeit der Metapher zugrundeliegende Ikonizität, die durch die selektive und fokussierende Evokation von Sinneseindrücken Bild und Sinn, Assoziationsfluß und Interpretation in einer *gestalthaften Konstellation* miteinander vermittelt: Die Metapher ist eine Regel zur Konstruktion von Bildern und ermöglicht deshalb eine rationale Kontrolle des Bilderflusses. Das metaphorische 'Sehen als' und das Kantische 'Als ob'-Prinzip fließen damit in der Ikonizität der Metapher zusammen. Die Anschaulichkeit der Metapher ist – zumindest ihrer Potentialität nach – immer eine *reflektierte* Form der Anschauung, da sie die unmittelbare Anschauung aufhebt und sie in einem konstruktiven Selektionsprozeß in eine neubestimmte, also reflektierte Anschauung überführt. Damit ist insbesondere die Möglichkeit der Konzeptualisierung von Erfahrung und des interpretativen Anschliessens neuer Erfahrungen an alte, also die Einheit der Erfahrung gewährleistet.

Auf welche Weise dieses Anschließen neuer Erfahrung an die vorhandene konkret geschiehe habe ich in Anknüpfung an die kognitionspsychologisch-linguistische Metapherntheorie von Lakoff und Johnson nachverfolgt. Hier zeigt sich nämlich, daß Erfahrungen durch *ikonisch-gestalthafte* metaphorische Konzepte – die den jeweiligen Einzelmetaphern wie Bildfelder zugrundeliegen – strukturiert und konzeptualisiert werden. Selbst scheinbar wörtliche Konzeptualisierungen entpuppen sich so bei näherem Hinsehen als Teile eines grundlegenden metaphorischen Konzeptes, das diese stark genutzten (habitualisierten) und kaum genutzte (ungewöhnliche) Metaphern zu einer lebendigen 'Metaphernfamilie' verbindet. Wiederum hat die Metapher hier die synthetisierende Funktion der Überbrückung zwischen Abstraktem und Konkretem und zwischen alten und neuen Erfahrungen. Problematisch war jedoch, daß hier die metaphorischen Konzepte als überkulturelle und ahistorische *Universalien* erscheinen. Erst durch eine historisch-kulturelle Relativierung wird dieser Ansatz in doppelter Hinsicht fruchtbar: Zum einen läßt sich erklären, auf welche Weise und mit welchen metaphorischen Konzepten in einem Kulturkreis Erfahrungen strukturiert und organisiert werden, zum anderen eröffnet die Ersetzung des universellen Modells durch ein Modell *kulturell dominanter metaphorischer Konzepte* die Möglichkeit einer kritischen Reflexion dominierender und marginal(isiert)er metaphorischer Konzepte. Damit zeigt sich auch, daß einerseits die Konzeptualisierung von Erfahrung zwar prinzipiell metaphorisch ist, andererseits aber auch die prinzipielle Möglichkeit der Verwendung alternativer metaphorischer Konzepte besteht. Auch im Bereich der Konzeptualisierung von Erfahrung kann also durch *Metaphernreflexion* die Rationalität eines metaphorischen Konzeptes beurteilt und die Entwicklung alternativer Metaphorik in Gang gebracht werden.

Zur weiteren Vertiefung der Ausgangsthese, daß die Metapher durch ihre synthetisierende Kraft die Erfahrung organisiert, habe ich schließlich neurobiologische und -linguistische Untersuchungen über die Rolle der Metapher bei Denkprozessen herangezogen. Hier hat sich herausgestellt, daß metaphorische Prozesse die Einheit von höheren Denkfunktionen durch ein *interhemisphärisches Zusammenspiel* ermöglichen: Metaphern regen den interhemisphärischen Austausch in besonderer Weise an, da sie die simultanen, ikonisch-gestalthaften Prozesse der rechten Hirnhälfte mit den sequentiellen, analytisch-abstrakten Prozessen der linken Hirnhälfte vermitteln. Sie verbinden so eher begrifflich-abstrakte mit eher anschaulich-affektiven Denkprozessen und stiften damit die Einheit der Erfahrung. Auf der Ebene neuronaler Prozesse ist die Metapher dabei als eine Art 'neuronales Hologramm' vorstellbar, in dem Bedeutung durch eine *holistisch-gestalthafte Konstellation* von Analogiemustern entsteht. Die Metapher beruht aber nicht nur auf dieser der rechten Hemisphäre zugeordneten, ikonisch-physiognomischen Repräsentationsform, denn als sprachliches Zeichen umfaßt sie zugleich auch die der linken Hemisphäre zugehörige symbolisch-propositionale Repräsentation. Der von der Interaktionstheorie der Metapher behauptete *semantische* Interaktionsprozeß zeigt sich damit auch als ein *neuronaler* Interaktionsprozeß, bei dem in einem aktiven Selektions- und Konstitutionsprozeß begrifflich-propositionale und ikonisch-holistische Repräsentationen synthetisiert werden. Deshalb kann die Metapher zu Recht als eine *Intensivform* der Sprache bezeichnet werden, die ihre synthetisierende Kraft bereits auf der Ebene neuronaler Prozesse entfaltet.

Die in diesem Kapitel gewonnene entscheidende Einsicht besteht darin, daß die Synthesiskraft und die Brückenfunktion der Metapher die Konzeptualisierung von Erfahrung ermöglichen und damit zugleich die Voraussetzung für die Anschließbarkeit alter Erfahrungen an neue darstellen.[84] Die der *Ikonizität* der Metapher eigene Überbrückungsfunktion, die in der philosophischen (Kant und Arendt) und semiotischen (Peirce, Henle, Ricœur) Diskussion analysiert wurde, konnte kognitionslinguistisch (Lakoff/John-

---

[84] Zum Verhältnis *Metapher und Erfahrung* vgl. auch die Studie von Frese (1985). Mit einer ausdifferenzierten und am Handlungsbegriff orientierten Theorie der Erfahrung bestimmt Frese die erfahrungskonstitutive und reflexive Funktion der Metapher in ähnlicher Weise, wie hier von mir versucht. Hervorzuheben ist vor allem, daß er den Prozeß der Metaphorisierung als einen „rekurrente[n] Grundvorgang von Fortschritt in der Organisation von Erfahrung" (153) auszeichnet, innerhalb dessen „die Metapher durch Verschränkung die Zuordnung von zwei Erfahrungsbereichen" ermöglicht, „wobei aber entscheidend ist, von einer Differenz im Grad der Differenziertheit der Erfahrung auszugehen" (150). Die Metapher ist hier nach dem Modell der 'als ob'-Prädikation (vgl. oben, Kap. II-1.4) aufgefaßt und bringt deshalb immer schon eine spezifisch reflexive Struktur, nämlich das 'Bewußtsein metaphorischer Differenz', in den Prozeß der Erfahrungskonstitution ein: „Die von einem jeweils bestimmten Erfahrungszugewinn unabhängige Errungenschaft metaphorischen Bewußtseins liegt in der Fähigkeit zu einer Unterscheidung, die abgekürzt als die zwischen erster und zweiter Wirklichkeit anvisiert werden kann" (154).

son) und sozialhistorisch (Quinn, Martin) anhand des Begriffs des metaphorischen Konzeptes nachkonstruiert werden und schließlich auf der neurobiologischen Ebene (Danesi, Benzon/Hays) als interhemisphärische Prozeßform der Metapher aufgewiesen werden. Erfahrung und Metapher, so können wir festhalten, sind also auf eine *zirkuläre* (modern ausgedrückt: rekursive) Weise miteinander verknüpft: Auf der einen Seite generieren wir unsere Metaphern aus dem reichen Schatz von eigenen oder überlieferten Erfahrungen, auf der anderen Seite können Erfahrungen aber nur dann konzeptualisiert werden und damit *als Erfahrungen* gewußt, d.h. von bloßer Wahrnehmung in interpretierte Erfahrung überführt werden, wenn dafür bereits metaphorische Konzepte zur Verfügung stehen, die diese Konzeptualisierung ermöglichen, indem sie die Kluft zwischen Bekanntem und Unbekanntem überbrücken.

Von besonderer Bedeutung sind dabei die *ikonisch-gestalthaften* Eigenschaften der Metapher: An der Ikonizität der Metapher wird deutlich, daß Sprache nicht auf ihre analytisch-deskriptiven Eigenschaften reduziert werden kann, sondern über diese hinaus synthetisch-holistische Eigenschaften aufweist, mit denen implizites Wissen, gestalthaft strukturierte Erfahrungen, ganzheitliche Bilder und Sinneseindrücke verkörpert und evoziert werden und damit auch kommunizierbar sind.[85] Durch die Analyse dieser ikonisch-gestalthaften Eigenschaften erklärt sich auch der in Kap. II-3.4 zunächst phänomenologisch-hermeneutisch erkannte Umstand, daß manche Metaphern als Grundbestände der Sprache, also als absolute Metaphern im Sinne Blumenbergs, nicht in die wörtlich-begriffliche Sprache aufgelöst werden können: Die Metapher faßt den propositional nicht (oder nur unzureichend) repräsentierbaren Sinn in einer holistischen Konstellation von Sinneseindrücken, Bildern, Gefühlen und Erfahrungen zusammen und bringt ihn zur Sprache. In diesem Sinne kann die Metapher als ein *Vermögen zur Konstellation* aufgefaßt werden;[86] ein Vermögen, das die intuitive, phantasievolle und doch präzise Synthetisierung von Situationen und Gegebenheiten durch metaphorische Konstellationsbildung bezeichnet und das, wie ich meine, bei Vico als Ingenium, bei Nietzsche als Urvermögen der menschlichen Phantasie und bei Kant als durch die reflektierende Urteilskraft geleitete Einbildungskraft analysiert wird.

Durch ihre Ikonizität, so lautet meine aus diesen Überlegungen folgende These, versetzt uns die Metapher in die Lage, die Grenzen der begrifflichen Erkenntnis zu überschreiten und mit Hilfe von *Konstellationen* diejenigen Anteile der Erfahrung in den Erkenntnisprozeß einzuholen, die durch die Subsumtionslogik des begrifflich-identifizierenden Denkens aus-

---

[85] Zur weiteren Untersuchung des Verhältnisses von Metapher, implizitem Wissen und Kommunikation vgl. unten, Kap. II-5.4.
[86] Zum Konstellationsbegriff im Anschluß an W. Benjamin vgl. auch Menke 1991:239ff.

geschlossen wurden.[87] Schon der 'Als ob'-Status der Metapher läßt die Grenzen des identifizierenden Denkens deutlich werden, da mit ihm die nur hypothetische Geltung aller Wahrheitsansprüche und Identitätsaussagen offenkundig wird.[88] Als Einheit von 'Als-ob'-Prinzip und Konstellationsvermögen kann die Metapher nunmehr als dasjenige sprachliche Medium ausgezeichnet werden, das die Defizite der begrifflichen Erkenntnis nicht nur ausgleicht, sondern das selbst eine spezifische, auf situative und kontextuelle Konstellationen ausgerichtete Erkenntnisform eigener Rationalität darstellt:[89] Die Metapher erlaubt eine un- bzw. vorbegriffliche, erfahrungsgeladene Erkenntnis des *Nichtidentischen* (Adorno), in der Eigenständigkeit, Subjektivität und Affektivität des Nichtidentischen aufgehoben und respektiert sind, anstatt auf die Bedingungen definitorischer Begriffssprache reduziert zu werden. Mit dem Aufweis dieses Vermögens zur holistischen Konstellationsbildung ist ein weiterer Aspekt der *Rationalität* der Metapher deutlich geworden: Die der Ikonizität der Metapher entspringenden Evokationsleistungen ermöglichen die Vermittlung von Anschauung und Begriff, von Bild und Sinn, von Gefühl und Verstand, von Erfahrung und Erkenntnis. Indem die Metapher durch ihr Vermögen zur Konstellation Erfahrungen konzeptualisierbar und neue Erfahrungen an bereits bestehende anschließbar (und damit auch kommunizierbar) macht, kommt ihr eine eigenständige *lebensweltliche Rationalität* zu.[90]

Die Überbrückungs- und Synthesisleistungen der Metapher sind jedoch nicht nur von lebensweltlicher Bedeutung, sondern sie sind auch für die Vermittlung zwischen ausdifferenzierten Expertenkulturen und der Le-

---

[87] So postuliert Adorno (1966:164f. und 165f.): „*Konstellationen* allein repräsentieren, von außen, was der Begriff im Inneren weggeschnitten hat, das Mehr, das er sein will so sehr, wie er es nicht sein kann. Indem die Begriffe um die erkennende Sache sich versammeln, bestimmen sie potentiell deren Inneres, erreichen denkend, was Denken notwendig aus sich ausmerzte. (...) Erkenntnis des Gegenstandes in seiner Konstellation ist die des Prozesses, den er in sich aufspeichert. Als Konstellation umkreist der theoretische Gedanke den Begriff, den er öffnen möchte, hoffend, daß er aufspringe etwa wie die Schlösser wohlverwahrter Kassenschränke: nicht nur durch einen Einzelschlüssel oder eine Einzelnummer, sondern durch eine Nummernkombination." – Adorno formuliert hier die Idee des Denkens in Konstellationen noch als Utopie des reinen begrifflichen Denkens, eigentlich aber beschreibt er, so können wir nun erkennen, damit einen *metaphorischen* Prozeß.
[88] Vgl. oben, Kap. II-1.3 bis II-1.5 und II-2.4.
[89] Aufgrund ihrer Synthesisleistungen kann die Metapher damit zugleich als Teil einer *situativen Vernunft* aufgefaßt werden (vgl. Debatin 1989:51ff.).
[90] Dies läßt sich, wie Gordon 1986 gezeigt hat, in psychotherapeutischen Zusammenhängen systematisch nutzbar machen, indem an die metaphorischen Konzeptualisierungen der Erfahrungen des Klienten angeknüpft wird. Durch die therapeutische Reflexion und Explikation der Metaphorik ist eine „vollständigere, bedeutsamere und explizitere Repräsentation der Erfahrungen zu gewinnen", wodurch Therapeut und Klient eine gemeinsame Sprache entwickeln können. Sie vermögen „so über diese Erfahrungen zu reden, daß sie für beide als die relativ gleiche Sache erkennbar ist", so daß von da aus dann die problematische Situation des Klienten auflösbar wird (Gordon 1986:77).

benswelt unverzichtbar: Die Verselbständigung der Expertenkulturen, ihre Abschottung gegenüber externen Einflüssen und ihre Tendenz zur Verwissenschaftlichung und Rationalisierung der Lebenswelt führt, wie Habermas kritisiert, zu einer 'kulturellen Verarmung' der Lebenswelt bei gleichzeitigem Unverständlichwerden der Expertenkulturen. Die Frage ist deshalb, wie die Expertenkulturen an lebensweltliche Kontexte rückgebunden werden können.[91] Habermas sieht dabei die Philosophie als wissenschaftskritische 'Interpretin und Platzhalterin', durch deren Vermittlung diese Rückbindung vorgenommen werden kann, denn durch ihre 'Mehrsprachigkeit' ist die Philosophie in der Lage, die lebensweltlichen Intuitionen gegenüber den wissenschaftlichen Beschreibungen zur Geltung zu bringen.[92] Dieser Aufgabe kann die Philosophie – ebenso wie übrigens auch der Wissenschaftsjournalismus[93] – dann adäquat nachkommen, wenn sie es versteht, durch gut gewählte Metaphorik die Differenz zwischen Lebenswelt und Expertenkulturen zu überbrücken: Die Metapher kann hier als *interdiskursives Übersetzungsmedium* die Möglichkeit bieten, lebensweltlich-konkrete Erfahrung und wissenschaftlich-abstrakte Erfahrung miteinander zu verknüpfen und so neue Anschlüsse und Konzeptualisierungen zu eröffnen.[94] Mit Hilfe von metaphorischen Neubeschreibungen wird dabei eine Verständigung in beide Richtungen möglich: Zum einen können die lebensweltlichen Ansprüche als in der Metapher konstellierte und bewahrte Ganzheiten Eingang in die Wissenschafts- und Fachsprache finden[95] und zum anderen können die komplexen Zusammenhänge der wissenschaftlichen Erkenntnis mit Hilfe von erfahrungsgesättigten Metaphern verständlich dargestellt werden.[96] Damit zeigt sich wiederum, daß die Metapher nicht nur als Erfahrungs- sondern auch als Kommunikationsmedium von großer Bedeutung ist, was die im nächsten Kapitel zu behandelnde Frage nach der *kommunikativen Funktion* der Metapher aufwirft.

---

[91] „Wie können die als Expertenkulturen eingekapselten Sphären der Wissenschaft, der Moral und der Kunst geöffnet und, ohne daß deren eigensinnige Rationalität verletzt würde, so an die verarmten Traditionen der Lebenswelt angeschlossen werden, daß sich die auseinandergetretenen Momente der Vernunft zu einem neuen Gleichgewicht zusammenfinden?" (Habermas 1983:26; vgl. auch ders. 1991:46ff.).

[92] Dies setzt freilich auch „einen resonanzfähigen Boden der politischen Öffentlichkeit" (Habermas 1991:47) voraus, d.h. eine gut eingespielte kritische Öffentlichkeit, die eine entdifferenzierende Öffnung der abgeschotteten Teilsysteme gegenüber Außeneinflüssen und Fremdthematisierungen gewährleistet (vgl. Debatin 1989).

[93] Vgl. Debatin 1990:815f.

[94] Hier wäre die (positiv gewendete) Funktion metaphorischer Äquivalenzen anzusetzen (vgl. Kap. II-3.2 ud II-3.3).

[95] Dies zeigt z.B. Konersman 1986/87 an der Metapher der *Rolle*. Zur inzwischen sehr umfangreichen Diskussion des Verhältnisses von Metapher und Fachsprache vgl. Jakob (1991), Hums (1988), Möhn/ Pelka (1984, v.a. 142-145), Hahn (1981) und Ischreyt (1965, v.a. 197ff.).

[96] Vgl. hierzu auch oben, Kap. II-2.1 und II-2.2.

Kapitel 5: Theorie der metaphorischen Kommunikation: Kontext und Situation

Mit der Betrachtung der Metapher im semantischen Raum wurde deutlich, wie stark der Bedeutungszusammenhang eines metaphorischen Ausdrucks von Metapherntraditionen, Bildfeldern und Hintergrundmetaphern bestimmt ist. Dabei habe ich jedoch bereits darauf verwiesen, daß der Bedeutungszusammenhang einer Metapher nicht nur von den kulturell sedimentierten Wissens- und Bildbeständen abhängt, sondern von den aktuellen Umständen der Metaphernverwendung: Die lebendige Metapher, so hatte ich festgestellt, ist als *situierte* Äußerung immer schon an die konkreten Aktualisierungen von Kontext und Situation gebunden. Für die Analyse der Metapher und ihrer Funktionsweise heißt dies, daß die Konstruktion des aktuellen metaphorischen Bedeutungszusammenhanges, also die *okkasionelle* Bedeutung,[1] nur dann angemessen verstanden werden kann, wenn die kontextuell-situativen Faktoren selbst Gegenstand der Untersuchung werden. Diese Faktoren beziehen sich im engeren Sinne auf den Satz- und Textzusammenhang, im weiteren aber auch auf den *Handlungs-* bzw. *Kommunikationszusammenhang*, innerhalb dessen ein Sprechakt geäußert wird. Die kommunikative Situation, in der eine Metapher auftritt, ist die Grundlage für das Verstehen einer Metapher, denn jede kommunikative Situation erzeugt einen spezifischen Kontext, innerhalb dessen und durch den erst ein metaphorischer Ausdruck seinen spezifischen Bedeutungszusammenhang erwirbt. Die Metapher ist also erst aus der pragmatischen Gesamtsituation heraus verständlich und nicht aus der bloßen Kombination von semantischen Merkmalen oder von semantischen Feldern: ihr Bedeutungszusammenhang entsteht im 'kommunikativen Ereignis' zwischen Sprecher und Hörer.[2]

Betrachten wir demgemäß Sprache überhaupt und Metaphorik im besonderen als ein *kommunikatives* Phänomen, dann muß die metapherntheore-

---

[1] Der Ausdruck entstammt den 1880 erschienenen *Prinzipien der Sprachgeschichte* von H. Paul (1966:§§51ff.; zur Metapher vgl. v.a. §57 und §§68/69). Paul stellt der *usuellen* Bedeutung, als „den gesamten Vostellungsinhalt, der sich für den Angehörigen einer Sprachgenossenschaft mit einem Worte verbindet", die *okkasionelle* Bedeutung gegenüber, letztere als „denjenigen Vorstellungsinhalt, welchen der Redende, indem er das Wort ausspricht, damit verbindet und von welchem er erwartete, daß ihn auch der Hörende damit verbinde" (ebd.:75).
[2] Vgl. Hörmann 1971.

tische Untersuchung nun eine kommunikationstheoretische und sprachpragmatische Wendung nehmen. Zum Ausgangspunkt der weiteren Betrachtung möchte ich die Sprachtheorie von Karl Bühler nehmen, da diese ein kommunikationstheoretisches Modell der Sprache entwickelt und zugleich die zentrale Rolle von Situation und Kontext herausarbeitet.[3]

In dem von Bühler so bezeichneten 'Organonmodell der Sprache' wird die Sprache zunächst nach ihren semantischen Funktionen hin unterschieden:[4] Zum einen ist das sprachliche Zeichen in seiner *Darstellungsfunktion* ein Symbol, indem es Gegenständen und Sachverhalten zugeordnet wird, zum anderen ist es – in der *Ausdrucksfunktion* – ein Symptom, indem es die inneren Zustände des Sprechers wiedergibt, und zum dritten ist es – in der *Appellfunktion* – ein Signal, indem es auf das Verhalten des Hörers einwirkt. Ein Sprecher teilt einem Hörer mittels einer Äußerung nicht nur etwas über Dinge und Sachverhalte mit, sondern er gibt zugleich ihren Intentionen oder Gefühlen Ausdruck und er nimmt dabei auch eine Beziehung mit dem Hörer auf, indem er seine Äußerung an den Hörer adressiert. Diese drei Funktionen sind wohl variabel, d.h. eine Funktion kann gegenüber den anderen in den Vordergrund treten, die kommunikative Dimension der Sprache besteht aber gerade in der Tatsache, daß diese drei Funktionen intern miteinander verknüpft sind. Die Sprachtheorie kann den 'Verständigungsvorgang' (Habermas) nur dann adäquat analysieren, wenn sie alle drei Funktionen berücksichtigt. Die Gesamtheit dieser drei Funktionen fasse ich unter dem Begriff der *Verständigungsfunktion* zusammen.

Für die metapherntheoretische Untersuchung heißt dies, daß die Analyse des Bedeutungszusammenhangs von Metaphern nicht nur die Umstände des Darstellungs-, sondern auch des Ausdrucks- und des Appellaspekts untersuchen muß. Die Verständigungsfunktion der Metapher wird erst dann deutlich, wenn die zu diesen Aspekten gehörigen Faktoren berücksichtigt werden, wie etwa die Sprecher- und Hörerintention, die erhobenen Geltungsansprüche, die kommunikativen Begleitumstände der Äußerung (also Tonfall und andere para- und nonverbale Ausdrucksmittel) sowie kontextuelle Faktoren wie Wortwahl, Hintergrundwissen, sowie situativer und kulturell-historischer Handlungskontext. Diese Faktoren können in konkreten Kommunikationssituationen auf der Basis von kommunikativer Kompetenz und Erfahrung in der Regel problemlos erfaßt und verstanden werden.[5] Da Metaphern in der geschriebenen wie in der gesprochenen Sprache eine wesentliche Rolle spielen, ist anzunehmen, daß die allgemeine Sprach-

---

[3] Vgl. Bühler 1982.
[4] Vgl. Bühler 1982, §2. Ich folge hier weitgehend der Interpretation von Habermas (1988:105-135).
[5] Kommunikative Kompetenz ist hier nicht als rein empirische Fertigkeit zu verstehen, sondern als aufgrund von Dispositionen erlernte syntaktisch-semantisch-pragmatische Kommunikationsfähigkeit von individuierten Subjekten.

kompetenz auch eine spezifische *Metaphernkompetenz* umfaßt, also „die Fähigkeit, gewisse sprachliche Gebilde in fast unbeschränkter Fülle produzieren und verstehen zu können und das Wissen um ihre jeweilige Angemessenheit und Wirkung in konkreten Kommunikationssituationen."[6] Wird somit das Metaphorisieren von Worten und Ausdrücken als zur Sprachkompetenz gehörige Fähigkeit betrachtet, dann können Metaphern schon aus diesem Grund nicht mehr als Ausnahmen und Abweichungen von einer idealisierten 'wörtlich-eigentlichen' Sprache deklassiert werden.[7] Die Einbeziehung der kommunikativen Gesamtsituation in die metapherntheoretische Analyse ermöglicht es somit, die Reduktion der Metapher auf die semantische Anomalie – wie sie von den merkmalsorientierten Semantiktheorien[8] bis hin zu den sprachanalytischen Konzepten von Davidson und Rorty[9] üblich ist – zu überwinden, ohne daß dabei das Konzept der Abweichung aufgegeben werden muß: Indem nämlich die kommunikative Situation in die Analyse miteinbezogen wird, kann die Metapher – so wird sich in diesem Kapitel zeigen – als eine *semantisch-pragmatisch-hermeneutische Abweichung* analysiert werden, als ein *kalkulierter Verstoß gegen kontextuell und situativ gegebene Sinnerwartung*. Allerdings wird auch damit die Abweichung nicht zum Metaphernkriterium, vielmehr kann sie nur zur Erklärung der Funktionsweise der kreativen Metapher dienen.[10]

Auf der Grundlage der Sprachtheorie Bühlers läßt sich nun die Kommunikationssituation in zwei kontextbildende Dimensionen der Sprache gliedern, nämlich das *Zeigfeld* (a), das sich auf die Sprechsituation bezieht, und das *Symbolfeld* (b), das sich auf den Kontext bezieht.[11]

(a) Mit dem Zeigfeld meint Bühler die Aktualität der *Sprechsituation*: den Sprecher als Ego und sein Eingebundensein mit dem Hörer in ein 'Hier-Jetzt-Ich-System'. Soll eine Äußerung verständlich sein, muß sie in die personalen und raum-zeitlichen Komponenten der Situation eingebunden werden. Dies geschieht durch die Bezugnahme mittels indexikalischer (deiktischer) Ausdrücke, die ein Zeigfeld 'aufspannen'. Hierbei sind, bei

---

6 Schöffel 1987:58. Vgl. hierzu auch Pielenz 1993:132, sowie die Untersuchung zur Entwicklung der Metaphernkompetenz beim Kind von Gardner/Winner 1978 sowie Winner/Engel/Gardner 1980; kritisch hierzu aber: Aust et al. 1981.
7 Vgl. Schöffel 1987:59.
8 Versuche – wie etwa von Katz/Fodor 1963 – mittels einer definiten Menge rein semantischer Merkmale die Bedeutung von Begriffen vollständig zu erfassen, müssen heute als gescheitert betrachtet werden: „Der extralinguale Faktor läßt sich bei der Aufstellung einer umfassenden semantischen Theorie nicht eliminieren." (Blanke 1973:93; vgl. auch Hubig 1978:34).
9 Vgl. v.a. meine Kritik in II-1.2.
10 Daß die semantische Absurdität auch kein hinreichendes *Metaphernkriterium* sein kann, habe ich bereits hervorgehoben; vgl. oben, Kap. II-1, Anm. 38.
11 Zum Zeigfeld vgl. Bühler 1982, v.a. Kap. II sowie § 26; zum Symbolfeld Kap. III und VI (dort v.a. §§ 22, 23 und 26).

wachsendem Abstand zu der konkreten Sprechsituation, drei verschiedene Zeigemodi zu unterscheiden:
- (1) Eine direkte Bezugnahme auf die situativ vorhandenen Phänomene erfolgt durch die *demonstratio ad oculos* oder Ostension, also durch Zeigehandlungen (Gesten und/oder indexikalische Ausdrücke wie 'ich', 'du' 'hier', 'jetzt', 'dies', 'dort', 'jetzt', 'heute' etc.). Eine Äußerung wie '*Ich* sehe, daß *meine* Katze *jetzt* auf *dieser* Matte liegt' referiert auf das Zeigfeld der in der aktuellen Sprechsituation befindlichen Personen.
- (2) Die Bezugnahme auf eher situationsferne Phänomene erfolgt durch den Zeigemodus der *Anapher*, also durch den Hinweis auf bereits eingeführte Gegenstände der Rede. Die Anapher verweist nicht auf die Objekte selbst, sondern auf bestimmte Stellen im Redekontext, die ihrerseits auf Objekte oder Redekontexte weiterverweisen können. So kann die Äußerung 'Diese Katze liegt dort auf der Matte' durch eine anaphorische Anknüpfung – wie z.B. '*Darauf* liegt sie besonders gerne' – ergänzt werden, ohne daß dabei Katze oder Matte selbst noch einmal gezeigt oder genannt werden müssen.
- (3) Die *Deixis am Phantasma*, als dritter Zeigemodus, baut ein nur in der Vorstellung bestehendes Zeigfeld auf, etwa in einer Erzählung über reale oder fiktive Dinge und Ereignisse. Sie verweist also auf außerhalb der aktuellen Situation selbst befindliche Dinge, wie z.B. in der Äußerung 'Einst hatte der König einen Traum, in dem ihm eine seltsame graue Katze erschien, die auf einer Matte lag und schlief'.

Ist die Ostension noch völlig situationsgebunden, so kann die anaphorische Rede schon weit über die Sprechsituation hinausgreifen, und die Deixis am Phantasma ist schließlich kaum noch von der konkreten Sprechsituation abhängig, da sie auf ein nur in der Vorstellung bestehendes Zeigfeld referiert.

(b) Diese indexikalische Dimension der Kommunikationssituation wird durch den sprachimmanenten *Bedeutungskontext des Symbolfeldes* ergänzt. Das Zeigfeld beruht auf einer gemeinsamen Sprechsituation, das Symbolfeld dagegen auf der gemeinsam geteilten Sprache und im weiteren Sinne auf gemeinsamem Wissen und auf dem lebensweltlichen Erfahrungshintergrund einer Kommunikationsgemeinschaft. Die Sprache wird als symbolisches Darstellungsmedium betrachtet, das in der Kommunikation als ein symbolisches Netzwerk von kontextuellen Verknüpfungen eingesetzt wird. Neben den Regularitäten von Syntax und Semantik stellt Bühler drei grundlegende symbolische Verknüpfungs- und Veränderungsformen heraus:
- (1) Durch die bereits erwähnten anaphorischen (bzw. kataphorischen) Verweisungen, also durch *textinterne Bezugnahmen*, wird der Kontext des Symbolfeldes selbst 'zum Zeigfeld erhoben'. Die Anapher schließt Symbol- und Zeigfeld als verbindendes Glied zu einem 'kontext-

lichen Zeigfeld' zusammen.[12] Diese *sprachinterne, reflexive* Zeigefunktion der Anapher ist für die Erzeugung von übergreifenden Zusammenhängen der Rede unabdingbar. Die Kontextgebundenheit der Rede hängt also nicht nur von den Zeigemodi der Sprechsituation ab, sondern auch vom Bedeutungssystem der Sprache, das in unterschiedlichen Sprechsituationen jeweils verschiedene Bedeutungskontexte erzeugt. Die Ambiguität der Umgangssprache ist ganz wesentlich durch die unterschiedlichen Gebrauchskontexte bedingt, und die jeweilige Bedeutung ist erst dadurch verständlich, daß der Handlungs- und Situationskontext den für die Interpretation notwendigen Hintergrund liefert.[13]

- (2) Durch *Komposita* wird eine Modifikation von Bedeutung möglich, denn durch sie werden 'zwei Symbolwerte zu einem komplexen Symbolwert' zusammengefügt.[14] Dabei wird (in der deutschen Sprache) das zweite Glied durch das erste determiniert: In dem Begriff 'Katzenkönig' wird der Term 'König' gegenüber anderen Königen durch den Term 'Katze' spezifiziert, wogegen umgekehrt im Begriff 'Königskatze' der Term 'Katze' durch den Term 'König' – also etwa gegenüber anderen Katzenarten – spezifiziert wird. Komposita wirken nach Bühler vorwiegend *übersummativ*, d.h. der komplexe Symbolwert hat eine über die Summe der beiden einzelnen Symbolwerte hinausgehende Bedeutung.

- (3) Durch *metaphorische* Ausdrücke wird eine Mischung von Bedeutungssphären ermöglicht. Bühler zieht hier das Modell eines *Doppelfilters* heran, um die selektiven Leistungen der Metapher zu verdeutlichen: In der Metapher werden die beteiligten Sphären nicht bloß gemischt, sondern auf eine *untersummative* Weise zu einer neuen Bedeutung reorganisiert, denn beide Sphären rastern sich gleichsam gegenseitig und erzeugen so ein neues Muster, das nur bestimmte Anteile beider enthält. Diese Auffassung ist, wie bereits erwähnt, dem interaktionistischen Ansatz zuzurechnen. Im Gegensatz zu dem einfachen Filtermodell von Max Black,[15] bei dem der Primärgegenstand zunächst durch den metaphorischen Filter des Sekundärgegenstandes gesehen wird und erst im zweiten und dritten Schritt eine Interaktion zwischen Primär- und Sekundärge-

---

12 „Man kann dies auch so ausdrücken, daß die Anaphora in eminentem Maße gerade dazu berufen erscheint, das Zeigen mit dem eigentlichen Darstellen zu verknüpfen." (Bühler 1982:123).
13 Kamlah/Lorenzen (1973) entfalten die Kontextdimensionen in ähnlicher Weise, indem sie von den Zeigehandlungen ausgehend den *Sprechsituations-* und den *Sprachkontext* unterscheiden und so von den umgangssprachlichen, kontextgebundenen Gebrauchsprädikatoren und situationsabhängigen Indikatoren zu kontextoffenen, normierten Prädikatoren der wissenschaftlichen Terminologie kommen. Hier zeigt sich im übrigen auch eine große Nähe zu der oben in Kap. II-1.1 behandelten Netzwerktheorie von Mary Hesse.
14 Vgl. Bühler 1982:334.
15 Vgl. oben, Kap. II-1.

genstand entsteht, ist im Bühlerschen Modell des Doppelfilters die Metapher von vorne herein als ein *Interferenzphänomen* begriffen: Beide Sphären überlagern sich gegenseitig und selektieren – determiniert durch den Kontext – einen neuen Bedeutungszusammenhang. Im Gegensatz zu der Konterdeterminationstheorie von Weinrich[16] geht Bühler bei dieser Kontextdetermination jedoch nicht von einer 'Einbahnstraßenstruktur' aus, da er den Kontext nicht mit dem Bildempfänger (also einer der beiden Sphären der Metapher) gleichsetzt.[17]
Kompositum und Metapher besitzen im 'Aufbau der menschlichen Rede' nach Bühler als die beiden 'stoffverändernden Prinzipien' eine herausragende Rolle. Allerdings ordnet Bühler die Metapher noch ganz dem Symbolfeld zu, es wird jedoch zu zeigen sein, daß die Metapher erst in der Kombination mit der Anapher und den anderen Zeigemodi ihre umfassende Bedeutung erhält, denn durch diese wird sie in Kontext und Situation der Äußerung eingebettet, wodurch sie erst ihre selektive Kraft entfalten kann.

In dem folgenden Kapitel II-5.1 soll nun zunächst die Betrachtung der *Kontextdimension* mit Hilfe der Symboltheorie Nelson Goodmans vertieft werden. Dabei wird der Symbolbegriff in einem über die Sprache hinausgehenden, auch nichtsprachliche Symbolsysteme umfassenden Sinn verwendet. Metaphorik wird dabei als eine allen Symbolsystemen zukommende Form des Symbolgebrauchs betrachtet, die als metaphorischer Schematransfer analysiert wird. Hier wird auch nochmals auf die entscheidende Funktion der Anapher zurückzukommen sein. Mit der Behandlung der Sprechakttheorie schließt sich dann in Kapitel II-5.2 eine Untersuchung der kommunikativen *Situationsdimension* an, in der zugleich die Grenzen einer auf die Äußerungsbedeutung von Sprechakten – also auf die Appellfunktion – reduzierten metapherntheoretischen Bedeutungsanalyse deutlich werden. In Kapitel II-5.3 werden dann von der *Sprecherintention* ausgehende Ansätze diskutiert, die metaphorische Bedeutung als Resultat von konversationalen Implikaturen und von intentionaler Relevanzsetzung betrachten. Auch hier wird sich zeigen, daß die Beschränkung auf eine Funktion der Sprache – hier: ihre Ausdrucksfunktion – nur ein Teilaspekt in der Analyse

---

16 Vgl. oben, Kap. II-3.
17 Am Beispiel der Metapher 'Hölzlekönig' erläutert Bühler: „Die Begriffssphäre *Wald* und die Begriffssphäre *König* werden vereinigt; dasselbe Gesamtobjekt soll beiden zugleich genügen. Ich denke also Königliches an einen Baum. Daß ich gerade so und nicht umgekehrt verfahre, das lehrt mich das metaphorische Kompositum allein noch nicht, ein 'Hölzlekönig' könnte auch ein Mensch sein, dem ein Waldreich zudenke (...). Wenn ich aber das Wort lese oder höre im Kontext des ersten Satzes, (...) ist jedes Schwanken ausgeschlossen." (1982: 348f.). In seiner Interpretation eines Gedichtes von Paul Celan hat Weinrich (1976c:314ff., am Fall der Metapher 'Stundenholz') die Trennung zwischen Bildempfänger und Kontext allerdings selbst vorgenommen.

zur Erklärung metaphorischer Bedeutung sein kann. Im darauf folgenden Kapitel II-5.4 wird dann die spezifische *Verständigungsfunktion* der Metapher betrachtet. Dabei werden die kommunikativ-evokativen Leistungen der Metapher, insbesondere ihre Bezugnahme auf Hintergrundwissen, einer genaueren Betrachtung unterzogen. Die Metapher wird sich hier als eine Sinnbedingung verständigungsorientierter Kommunikation zeigen. Abschließend werde ich dann im Kapitel II-5.5 die Ergebnisse meiner Auseinandersetzungen nochmals zusammenfassen und darauf aufbauend diskutieren, inwieweit die Metapher eine genuine Verständigungsform darstellt. Die kommunikative Rationalität der Metapher, so wird hier zu zeigen sein, besteht in den die Sinn- und Geltungsdimension vermittelnden *Verständigungsleistungen* der metaphorischen Kommunikation.

5.1 Symboltheorie und anaphorische Referenz

Mit Nelson Goodmans Symboltheorie[18] sollen nun die *sprachinterne Kontextualität* des Symbolfeldes und die für das Sprach- und Metaphernverständnis gleichermaßen wichtige Form der anaphorischen Referenz analysiert werden. Goodman geht wie Hesse von einer Gebrauchstheorie der Bedeutung aus, der Schwerpunkt seiner Überlegungen dreht sich jedoch um die Frage, auf welche Weise und mit welchen Formen eine Bezugnahme durch Symbole auf andere Dinge (Symbole, Objekte, Fiktionen) möglich ist. Dabei unterscheidet er vier hauptsächliche Formen der Referenz: Die Denotation, die Exemplifikation, den Ausdruck und die vermittelte Bezugnahme.[19] In Goodmans nominalistischem Konzept ist jede Form der Referenz grundsätzlich als *Prädikation* zu denken, also als Zuordnung eines Etiketts ('label') zu einem Ding. Selbstverständlich sind nicht alle Etiketten sprachliche Prädikate, sie können aber als Prädikate betrachtet werden, da sie wie diese funktionieren.

Die *Denotation* stellt eine Form der Bezugnahme zwischen zwei Elementen dar, bei der von einem prädizierenden Element auf ein Ding (Denotat) referiert wird. Da nahezu allen Dingen ein Prädikat zugeordnet werden kann, ist die Denotation eine grundlegende Form der Bezugnahme. So kann sprachlich über die Deskription mit Hilfe von Prädikaten oder bildlich über die Repräsentation denotiert werden; im weiteren Sinn ist Denotation auch Notation, Zitat, Erzählung usw., letztlich sogar 'jegliche Etikettierung, jegliche Anwendung eines Symbols irgendeiner Art auf einen Gegenstand, ein Ereignis oder einen anderen seiner Einzelfälle'.[20]

---

[18] Vgl. v.a. Goodman 1968, 1984 und Goodman/Elgin 1989.
[19] Im weiteren folge ich der deutschen Terminologie aus Goodman/Elgin 1989.
[20] Goodman/Elgin 1989:52.

Die *Exemplifikation* besteht in einer Umkehrung der Referenzrichtung der Denotation: hier wird nicht von einem Etikett auf ein Denotat referiert, sondern vom Denotat auf das Etikett bezug genommen, denn 'exemplification is reference running from denotatum back to label'.[21] Damit jedoch überhaupt ein Denotat vorhanden ist, von dem aus auf ein Etikett referiert werden kann, muß vorher schon eine Denotationsbeziehung zwischen dem Etikett und dem durch es prädizierten Ding bestehen. Insofern ist die Exemplifikation nicht nur eine Umkehrung der Referenzrichtung, sondern eine Referenz zwischen zwei Elementen in *beiden* Richtungen, die durch die notwendigerweise vorgängige Denotation bestimmten Beschränkungen unterworfen ist: Ein Ding S kann ein Etikett P nur dann exemplifizieren, wenn es durch das Etikett P selbst denotiert wird. In der Exemplifikation wird S zur Probe ('sample') für P. So können etwa alle roten Gegenstände beliebig denotiert ('gelabelt') werden, aber für das Etikett 'rot' kann nur ein rotes Ding als Probe dienen. Die Exemplifikation ist also keine symmetrische Spiegelung der vorgängigen Denotation, denn sie verfährt *selektiv:* sie exemplifiziert nur bestimmte und nicht alle Eigenschaften des Denotats. Exemplifikation ist daher eine Unterrelation von Denotationsumkehrungen, sie ist Besitz ('possession') von bestimmten Eigenschaften *plus* Referenz auf einige dieser Eigenschaften.[22]

Die Denotation durch ein Etikett unterliegt nun zwar fast keinen Restriktionen, jedoch gehört jedes Etikett seinerseits einer 'Familie von Alternativen' an, also einem Netzwerk von oppositionellen, parallelen und ähnlichen Symbolen. Ein solches 'set of alternative labels' bezeichnet Goodman als Schema. Mit Hilfe eines *Schemas* werden die Dinge innerhalb eines *Gebietes* ('range of extension') sortiert. Die jeweiligen Relationen innerhalb eines Schemas hängen dabei vor allem von den Umständen des Gebrauchs ab: „What the admitted alternatives are is of course less often determined by declaration than by *custom* and *context*."[23]

Wenn beispielsweise verschiedene Gegenstände mit Farbprädikaten bezeichnet werden sollen, dann wird das in Frage kommende Schema je nach Bedarf mehr oder weniger distinkte Prädikate des Farbspektrums enthalten; die Anwendung eines Etiketts aus diesem Schema bedeutet dann auch, daß es in *impliziter Abgrenzung* zu den anderen Etiketten des Schemas appliziert wird. Goodman spricht deshalb von einem 'implicit set of alternatives'. Sind die Gegenstände durch andere Schemata schon 'vorsortiert' (und das ist der Regelfall, sonst wären sie nicht als Gegenstände identi-

---

[21] Goodman 1968:65.
[22] Vgl. Goodman 1968:53. Goodman weist übrigens immer wieder darauf hin, daß statt von properties, Merkmalen oder Eigenschaften im Hinblick auf seinen nominalistischen Ansatz besser von *labels* (Etiketten) zu reden wäre.
[23] Goodman 1968:72 (Hervorh. von mir).

fiziert) so befinden sie sich bereits in unterschiedlichen Gebieten, so daß das Schema in mehreren 'ranges of extension' zur Anwendung kommt: In unserem Beispiel geht es dann um die Farbsortierung von Gegenständen etwa der Extensionsbereiche x (runde oder eckige Dinge), y (schwimmende, fahrende oder fliegende Dinge) und z (reale oder fiktionale Dinge) usw. Die Gesamtheit der durch ein Schema jeweils sortierten Gegenstände wird als *Sphäre* ('realm') bezeichnet. Wird ein Schema auf eine Sphäre angewandt, so entsteht ein *Symbolsystem*:

> Ein Symbolsystem ist ein System impliziter Alternativen, die zusammen die Gegenstände in einer Sphäre sortieren. (...) Dasselbe Symbol kann zu mehreren Systemen gehören und auf diese Weise an den verschiedensten Sortierungen teilhaben.[24]

So kann z.B. das Prädikat 'rot' zu dem System der Spektralfarbenprädikate gehören, aber auch zu einem nur aus der binären Opposition rot/nicht-rot zusammengesetzten System. Die Sortierung durch 'rot' des einen und 'rot' des anderen Schemas ist sehr verschieden, da die impliziten Alternativen bei dem einen in möglichen anderen Farbprädikaten, bei dem anderen aber nur in 'nicht-rot' bestehen. Während man beim ersten dann 'rot' möglicherweise relativ eng appliziert, können beim zweiten auch Gegenstände, die nach dem ersten Schema etwa als orangerot oder purpurn gelten, als rot bezeichnet werden.

Das Verstehen eines Symbols oder einer Symbolfolge ist also in hohem Maße davon abhängig, welche Positionen das Symbol innerhalb der Systeme hat, denen es üblicherweise angehört und in welchem System es gerade verwendet wird. Dabei spielt es prinzipiell keine Rolle, ob es sich um eine buchstäbliche oder eine metaphorische Verwendung des Symbols handelt. Wie bei Hesse liegt nämlich auch bei Goodman die Differenz zwischen wörtlicher und metaphorischer Bedeutung *innerhalb* des Bereichs der Verwendung von Symbolen: Die buchstäbliche Bedeutung eines Etiketts ist diejenige, die in der Sprachpraxis in Form von Sprachgebrauch und Gewohnheiten ('habits') verfestigt ist. In gewisser Weise ist zwar jede Applikation eines Terms auf ein noch unidentifiziertes Phänomen neu, aber dabei handelt es sich doch immer noch um eine durch 'habits' angeleitete *Routineprojektion*, bei der die Art der Applikation selbst unverändert bleibt.[25]

Metaphorische Bedeutung entsteht im Gegensatz hierzu dadurch, daß ein Etikett auf neuartige Weise appliziert wird – und das heißt in der Theorie Goodmans, daß es zusammen mit seinen habituell verfestigten impliziten Alternativen, also als 'implizites Schema', zur Sortierung einer neuen

---

[24] Goodman/Elgin 1989:158. Das von Black relativ ungenau beschriebene *'Implikationensystem'* läßt sich mit diesem symboltheoretischen Ansatz in seiner Funktionsweise nun besser verstehen: es bezeichnet die zu einem Symbol gehörenden 'sets of implicit alternatives' und deren Konnotationen.

[25] Goodman diskutiert dies bei seiner Behandlung des Induktionsproblems ausführlich; vgl. z.B. Goodman/Elgin 1989:24-35.

Sphäre benutzt wird. Bei der metaphorischen Prädikation handelt es sich also nicht um eine bloße Neuverwendung eines Wortes, sondern um einen *Transfer eines Schemas auf eine neue Sphäre oder auf einen anderen Aspekt der alten Sphäre.* Dabei leitet die jeweilige Gliederung des Schemas die Sortierung der (neuen) Sphäre an, die ihrerseits dadurch *neu organisiert* wird, 'denn das metaphorische Schema ordnet in der Sphäre Gegenstände einander zu, die durch kein buchstäbliches Schema einander zugeordnet werden'.[26] In dieser Neuorganisation *durch den metaphorischen Schematransfer* liegt nach Goodman die Nichtparaphrasierbarkeit der Metapher begründet; jede Paraphrase würde ein anderes Schema zur Anwendung bringen und damit die in Frage kommende Sphäre anders sortieren als das metaphorische Schema.[27] Die Transportabilität eines Schemas ist dabei nahezu unbegrenzt, und als Richtigkeitskriterium für die dadurch etablierte Neusortierung kann nur die *Angemessenheit* bezüglich des jeweiligen pragmatischen Kontextes (Bedeutsamkeit, Brauchbarkeit, Informativität, usw.) geltend gemacht werden. Goodman weist zugleich darauf hin, daß die Möglichkeit des Transfers von Schemata ein 'urgent need of economy' ist: stünde die metaphorische Verwendung der Schemata nicht zur Verfügung, wäre man mit einer nicht zu bewältigenden Vielfalt von Schemata, Begriffen und Komposita überlastet. Statt einer solchen quantitativen Vielfalt wird mit dem metaphorischen Schematransfer eine Vielfalt durch selektive Konstruktion erzeugt – hier wird die 'formative force of language' wirksam.

Pointiert läßt sich dieser Zusammenhang so zusammenfassen: Schon die Anwendung eines Schemas stellt eine Selektion dar; die metaphorische Verwendung eines Schemas selektiert ihrerseits diese Selektion. Deshalb kann der metaphorische Schematransfer als *konstruktiver Mechanismus der Komplexitätsreduktion,* der zugleich eine Steigerung der Komplexität ermöglicht, aufgefaßt werden. Der metaphorische Schematransfer wird damit als ein grundlegender sprachlicher Mechanismus ausgezeichnet. Aus diesem Grunde sind Metaphern nach Goodman auch in allen Arten von Diskursen zu finden und sie unterliegen den gleichen Wahrheitskriterien wie wörtliche Applikationen eines Etiketts.[28]

---

[26] Goodman/Elgin 1989:31. Goodman (1979:128) formuliert prägnant: „Metaphor in my view involves withdrawing a term or rather a schema of terms from an initial literal application and applying it in a new way to effect a new sorting either of the same or a different realm."

[27] Damit wird die in Kap. II-1 diskutierte These vom kognitiven Gehalt der Metapher erneut gestützt: Wenn das metaphorische Schema nichtparaphrasierbar ist, ist auch der daran gekoppelte kognitive Gehalt nicht substituierbar.

[28] Standars of truth are much the same whether the schema used is transferred or not. In either case, application of a term is fallible and thus subject to correction." (Goodman 1968:79, vgl. auch ebd.:68ff.). Inzwischen spricht Goodman anstatt von Wahrheit lieber von der Richtigkeit (vgl. auch oben, Kap. I-2.4), die bei der metaphorischen Kate-

Neben der metaphorischen Denotation durch die Übertragung eines Schemas kann auch die Exemplifikation metaphorisch verwendet werden. Eine metaphorische Exemplifikation bezeichnet Goodman als *Ausdruck* ('expression'). Bei einem Ausdruck ist das Symbol eine Probe für Eigenschaften, die es nicht wörtlich, sondern metaphorisch besitzt. Ein statisch und formal gelungener architektonischer Entwurf wäre also eine buchstäbliche Exemplifikation eben dieser statischen und formalen Eigenschaften; wenn er aber darüber hinaus wegen seiner spezifischen Eigenschaften metaphorisch als Bienenwabenkonstruktion bezeichnet wird, dann ist dieser Entwurf auch ein Ausdruck von 'bienenwabenartig'.

Gegenüber der Denotation ist der Ausdruck in doppelter Weise restringiert: zunächst dadurch, daß er als Form der Exemplifikation seinen Besitz durch eine vorgängig erfolgte Denotation erwirbt, und dann dadurch, daß dieser Besitz als 'metaphorischer Import' eine 'second hand' Erwerbung eines bereits anderweitig benutzten Schemas beinhaltet:

> Whereas almost anything can denote or even represent almost anything else, a thing can express only what belongs but did not originally belong to it. The difference between expression and literal exemplification, like the difference between more or less representation, is a matter of habit...[29]

Die 'habits of use' sind dabei den Veränderungen der jeweiligen raum-zeitlichen kulturellen und persönlichen Praxis ausgesetzt und insofern nur relativ, aber dies betrifft wörtliche und metaphorische Referenz gleichermaßen. In dem Maße, in dem der metaphorische Gebrauch eines Schemas sich habitualisiert, erstarrt die Metapher immer mehr zu einer neuen usuell-wörtlichen Bedeutung, bis sich schließlich die alte wörtliche und die ehemals metaphorische Bedeutung als gleichermaßen wörtliche Ambiguität gegenüberstehen. Aber auch diese Verfestigung kann sich wieder auflösen, eine habitualisierte Bedeutung kann in Vergessenheit geraten, und wenn sie durch eine Reapplikation des Etiketts wieder auflebt, ist sie – ungeachtet ihrer Geschichte – metaphorisch, denn der wörtliche Gebrauch ist immer von der gegenwärtigen Praxis bestimmt.[30]

Die hier dargestellten Formen metaphorischer Bezugnahme sind, so hat sich gezeigt, Phänomene der Übertragung von impliziten Schemata auf neue Sphären, also *Reapplikationen*. Die metaphorische Bedeutung wird

---

gorisierung davon abhängt, „ob die durch die metaphorische Anwendung eines Schemas erzielte Ordnung brauchbar, aufschlußreich und informativ ist; und ob die von ihr herausgehobenen Verwandtschaften zwischen den metaphorischen und buchstäblichen Bezugsobjekten ihrer Ausdrücke interessant, bedeutsam oder auf andere Weise treffend sind." (Goodman/Elgin 1989:32).

[29] Goodman 1968:89.
[30] Vgl. Goodman 1968:76f.

deshalb auch als 'second-order meaning' (Kittay)[31] bezeichnet: Jedes metaphorische Schema enthält – wie Goodman sagt – das 'Echo' der Gliederung seiner Ausgangssphäre. Im Unterschied zum mehrdeutigen Term, dessen Bedeutungen gleichursprünglich und unabhängig sind, bleibt bei der Metapher ein Nachklang ihres wörtlichen Initialbereiches erhalten. Deshalb ist die Metapher gegenüber der wörtlichen 'first-order meaning' *reichhaltiger*, sie besitzt aufgrund der dualen Struktur ihres impliziten Schemas gleichsam einen *doppelten kognitiven Gehalt*.[32] Damit läßt sich auch erneut die These der Metaphorizität von Sprache untermauern, denn die sprachlichen Bedeutungen lassen sich symboltheoretisch als Resultat von Gebrauchsveränderungen und -stabilisierungen erklären, wobei nun der metaphorische Schematransfer als der diesen Prozessen zugrundeliegende sprachliche Mechanismus angesehen werden kann:

> Language arises out of a metaphorical displacement of a meaning, desire, or purpose on to a sign. The metaphorical move collapses into literality and conventionality – necessarilly so if we are to have a viable working language – but language must be able to use new metaphorical displacements and metaphorical organizations to bring new meaning and concepts into language. Thus metaphor is both first and last – both primary process and second-order meaning.[33]

Wurden bislang nur Formen der direkten Bezugnahme betrachtet, so kann auf dieser Grundlage nun für die Analyse von Symbolfolgen und -bedeutungen auch die vermittelte Bezugnahme untersucht werden. Goodman beschreibt diese als *Referenzkette*, deren einzelne Glieder jeweils zumindest auf ihr Nachbarglied bezug nehmen. In einer solchen Kette können sowohl nur Denotationen als auch nur Exemplifikationen oder auch vermischte bzw. andere Referenzformen auftreten (z.B. die Ostension als Zeigehandlung). Die einfachste Form solcher indirekter Referenz besteht in der Verkettung von drei Elementen: „Thus one of two things may refer to the other via predicates exemplified; or one of two predicates refer to the other via things denoted."[34]

In einer *exemplifizierenden* Referenzkette können beispielsweise Stein und Stahl dadurch aufeinander bezogen werden, daß sie beide das Etikett 'hart' exemplifizieren; eine *denotierende* Referenzkette besteht etwa dann, wenn die Prädikate 'hart' und 'glänzend' über ihr gemeinsames Denotat 'Stahl' in eine referentielle Beziehung gebracht werden. Werden diese beiden Ketten zu einer viergliedrigen Kette verbunden, die von 'Stein' zu 'hart', von 'hart' zu 'Stahl' und von diesem zu 'glänzend' läuft, so liegt eine *Verknüpfung* von abwechselnd exemplifizierender und denotierender Refe-

---

[31] Vgl. Kittay 1987, v.a. Kap. 2, 4 und 8.
[32] Vgl. Goodman 1968:70ff.
[33] Kittay 1987:121.
[34] Goodman 1968:65.

renz vor, bei der (wie in allen längeren Referenzketten) die Anfangs- und Endglieder nicht notwendigerweise aufeinander referieren müssen. Auch innerhalb von Denotations- bzw. Exemplifikationshierarchien können komplexe Referenzketten dieser Art aufgebaut werden. So kann beispielsweise das Zitat eines Namens den Namen einer konkreten Person denotieren, und dieser Name wiederum die Person selbst.[35]

In ähnlicher Weise kann man auch die Interferenzen, die durch die Metapher entstehen, als Korrelation von Referenzketten aus ausschließlich wörtlichen Referenzschritten darstellen.[36] Allerdings ist mit Goodman zu betonen, daß dies ein *rein schematisches Konstrukt* zur Veranschaulichung der Funktionsweise ist, keinesfalls aber so etwas wie eine 'wörtliche' Übersetzung. So läßt sich beispielsweise die Referenzbewegung bei der in der *cognitive science* zentralen Metapher 'Das Hirn ist ein Computer' folgendermaßen skizzieren: Die Bezeichnung 'Hirn' denotiert Gehirne, die Etiketten wie 'logisch', 'rational', 'analytisch' etc. exemplifizieren. Diese denotieren ihrerseits den Computer und werden von ihm exemplifiziert.[37]

Wie gesagt ist mit dieser schematischen Darstellung keine Gebrauchsanleitung und auch kein Regelkanon für Metaphern gegeben, sie dient vielmehr der *Bestimmung des Referenzabstandes* anhand der Anzahl von Referenzschritten. Dabei zeigt sich in diesem Fall, daß der Referenzabstand der Prädikation 'Das Hirn ist ein Computer', die als Metapher nur einen Referenzschritt vollzieht, mindestens drei wörtliche Referenzschritte (es können im Prinzip beliebig viele sein) beträgt. In diesem rein rekonstruktiv-analytischen Sinne könnte die Metapher als indirekte, also verkettete wörtliche Referenz bezeichnet werden.[38]

Mit Hilfe dieses Modelles der Referenzverkettung läßt sich nun auch erklären, wie metaphorische Referenz im Kontext eines Textes, einer Geschichte oder einer längeren Darstellung funktioniert. Karl Bühler hat – wie oben ausgeführt – gezeigt, daß die Anapher Symbol- und Zeigfeld zu einem 'kontextlichen Zeigfeld' zusammenschließt. Eben diese reflexive Zeigefunktion der Anapher ist es auch, die bei der Metapher zur Wirkung kommt. Ein Text kann so als Verkettung von wörtlichen und metaphori-

---

35   In einem Bericht erzählt z.B. jemand: „Ich sagte 'Peter', als ich Paul sah, weil ich ihn verwechselt hatte". Der Erzähler hält die Person für den Träger des Namens Peter und versucht deshalb (erfolglos) mit 'Peter' ihren Namen und damit die Person selbst zu denotieren.
36   Vgl. Goodman 1981:17f.
37   Es sei an dieser Stelle noch einmal daran erinnert, daß dies keine merkmalssemantische Bestimmung ist. Die Prädizierung stellt Ähnlichkeit *her*, sie hebt sie hervor. Mit gleichem Recht können wir beispielsweise sagen, daß das Hirn kein Computer ist, wenn wir dabei an Hirn-Bezeichnungen wie 'kreativ', 'intentional', 'emotional' etc. denken.
38   Diese analytische Rekonstruktion soll nicht mit einer Paraphrase der Metapher verwechselt werden. Der *semantische Gehalt* einer Metapher ist mit der Bestimmung des Referenzabstandes und der Referenzschritte nicht erfaßt.

schen Referenzelementen, die aufeinander verweisen, betrachtet werden, wodurch eine 'anaphoric chain' (Kittay) entsteht. Die Interpretation einer Metapher wird entscheidend durch eine solche *kontextliche Verkettung* geleitet: „...we can say that metaphorical reference is always achieved through anaphora – anaphoric antecedents given in either the explicit or implicit context."[39]

So ist beispielsweise der Ausdruck *'das flüssige Beil'* zunächst eine reine semantische Anomalie, bei der man ohne Kontextkenntnis nicht entscheiden kann, ob es sich nur um Nonsense oder um eine Metapher handelt. Beim Lesen des Textes, in dem der Ausdruck auftaucht, ist jedoch eine entsprechende kontextliche Verkettung gegeben, durch die ein spezifischer *Implikationenzusammenhang* evoziert wird, wodurch dann der konkrete metaphorische Bedeutungszusammenhang des Ausdrucks zustande kommt:

> Der Erfinder führte sein neues Verfahren zum Fällen von Bäumen vor. Ein Hochdruckwasserstrahl frißt sich in Sekundenschnelle durch den Stamm. Das flüssige Beil ist leiser und ökonomischer als das althergebrachte.[40]

Zunächst kann die Metapher *flüssiges Beil* hier als Analogiemetapher gedeutet werden, bei der explizite und implizite Kontextinformationen analogisiert werden: Das neue Verfahren zum Bäumefällen verhält sich zum alten Verfahren wie das *flüssige Beil* zum herkömmlichen Beil. Der metaphorische Bedeutungszusammenhang des flüssigen Beils kann sich jedoch erst durch die anaphorische Bezugnahme der beiden Elemente der attributiven Metapher *flüssiges Beil* auf vorhergehende Textelemente ergeben:

    Beil   —>   Verfahren zum Bäumefällen
    flüssig   —>   Hochdruckwasserstrahl

Dabei sind wiederum das Element /Hochdruckwasserstrahl/ und das Element /Bäume fällen/ durch den Ausdruck /frißt sich durch den Stamm/ miteinander verbunden, so daß die Metapher /flüssiges Beil/ als anaphorische Referenzkette schematisch (und der Einfachheit halber unter Verzicht auf die Kennzeichnung der Referenzrichtung) nun folgendermaßen dargestellt werden kann:

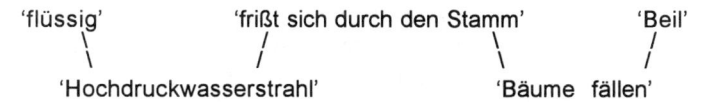

'flüssig'   'frißt sich durch den Stamm'   'Beil'
  \\   /   \\   /
'Hochdruckwasserstrahl'   'Bäume fällen'

Interessanterweise ist hier das mittlere Glied 'frißt sich durch den Stamm' selbst eine Metapher, die die Aspekte der Wirkung des Hochdruckwasser-

---

[39] Kittay 1987:310. Dabei teile ich jedoch nicht Kittay's Auffassung, daß am Anfang einer *anaphoric chain* ein wörtliche Referenz stehen muß, denn es kann ebensogut auch auf etablierte Metaphernfelder und -traditionen bezug genommen werden (vgl. oben, Kap. II-3).

[40] Dieses Beispiel zitiere ich nach Hörmann 1978:181.

strahls und des Bäumefällens auf einleuchtende Weise zusammenbringt. Es ließen sich hier also weitere Zwischenschritte der Referenzverkettung analysieren. Wenn auch solche Metaphernkombinationen aus ästhetisch-rhetorischer Sicht als *Bildbruch* kritisiert werden, so zeigt sich hier doch, daß sie eine wichtige Funktion bei der Erzeugung des metaphorischen Implikationenzusammenhanges haben können. Statt eines Textes wäre hier im übrigen natürlich auch der Kontext einer *demonstratio ad oculos* denkbar, in der ein Sägewerksarbeiter mit den entsprechenden Zeigegesten zu einem Besucher sagt: „Und dies ist unsere Neuerwerbung, das flüssige Beil." An die Stelle der anaphorischen Referenz auf eine sprachliche Beschreibung tritt dann die Ostension als indexikalische Referenz auf einen außersprachlichen Zusammenhang, die dann ebenfalls eine kontextliche Verkettung bewirkt.[41] Aber unabhängig davon, ob es sich um eine sprachliche oder um eine außersprachliche kontextliche Verkettung handelt, ist mit dieser Verkettung immer eine vor- und rückgreifende Bezugnahme auf das mit den einzelnen Elementen des Kontextes verbundene *Hintergrundwissen* verbunden, wodurch ein Verstehen der Äußerung erst im vollen Umfang möglich wird – ein Umstand, der in Kapitel II-5.4 noch eingehender zu untersuchen sein wird.

Über die anaphorische Referenz werden, wie Bühler sagt, Zeigfeld und Symbolfeld zum kontextlichen Zeigfeld verbunden. Erst durch diese Verbindung ist auch das von Kittay[42] kritisierte Problem auflösbar, daß nämlich in der Symboltheorie ungeklärt bleibt, *welcher* Aspekt eines Schemas bei der Neuapplikation eines Etiketts zur Anwendung kommen soll: Wenn Goodman die metaphorische Zuordnung zwischen Etikett und Sphäre auf die habitualisierte Applikation zurückführt, dann kann bei Prädikaten mit sehr breitem Anwendungsbereich, z.B. bei Evaluativa ('gut', 'böse' etc.), eine metaphorische Neuapplikation durch die Orientierung an der 'üblichen' Applikation nicht mehr vorgenommen werden. Da diese nämlich keine distinkte Sphäre besitzen, geben sie auch keine Auskunft darüber, wie sie neuappliziert werden können, es fehlt ihnen der 'informative content', der die neue Applikation anleitet. Goodman muß hier nach Kittay einen über den 'habitual use' hinausgehenden informativen Gehalt unterstellen, was jedoch seiner nominalistischen Position entgegenlaufen würde. Zwar geht nun Kittays Kritik an Goodman insofern vorbei, als dieser betont, daß nicht das einzelne Etikett, sondern das Verhältnis von Schema und Sphäre, also das *System*, das beinhaltet, was Kittay 'informative content' nennt.

---

[41] Die Funktion von anaphorischer und kataphorischer Bezugnahme betont auch Emonds (1986:122ff.), der zeigt, daß bei Metaphernkommunikation zur Verständnissicherung 'vorbereitende Züge' und 'Erläuterungszüge' äquivalent verwendet werden (vgl. weiter unten, Kap. II-5.5).
[42] Vgl. Kittay 1987:192ff.

Wenn etwa, wie bei Evaluativa, das Schema so allgemein ist, daß es schon im üblichen Gebrauch viele verschiedene Gebiete übergreifend sortiert, so heißt dies lediglich, daß es bei *gleicher Gliederung* in dieser Sphäre nicht mehr metaphorisch wirken kann – wohl aber bei Neugliederung (etwa in ironischer 'Reorientierung') oder in anderen Sphären.[43] Zugegebenerweise nimmt bei generellen Schemata dieser Art die metaphorische Spezifizierungsmöglichkeit ab; Goodman diskutiert dies in ähnlicher Weise am Problem der Exemplifikation.[44] Dennoch ist Kittay insofern recht zu geben, als durch die anaphorische Referenz auf den Kontext ein *zusätzlicher Informationsgehalt* ins Spiel kommt, der über die Sets impliziter Alternativen eines Etiketts hinausgeht, da diese an der Auswahl des jeweiligen Sets eines Schemas beteiligt ist: Die Auswahl eines bestimmten Aspektes aus einem Schema läßt sich – wie mit dem Beispiel vom *flüssigen Beil* demonstriert – über die anaphorische Referenz innerhalb eines Kontextes ermitteln. Dies meint Goodman wohl auch mit der oben zitierten Bemerkung, daß die jeweils anerkannten Alternativen innerhalb eines Schemas nicht nur vom 'custom', sondern auch vom Kontext abhängen.[45] Bei formellen Äußerungen (z.B. Ansprachen, Literatur, Massenkommunikation) oder bei schriftlicher Kommunikation ist der Kontext durch die innertextuelle anaphorische Referenz vorgegeben und muß durch die Interpretationsarbeit des Rezipienten erschlossen werden.[46] Indem Goodman nur das Symbolfeld betrachtet und dabei die *Verwendung* von Symbolen nur voraussetzt, nicht aber im Sinne eines kommunikativen Prozesses selbst thematisiert, bekommt er jedoch nur die Ebene des Zeigfeldes, nicht aber die kommunikative Situation in den Blick. Wenn also der Kontext nicht vorgegeben ist, sondern sich in der Kommunikation als ein Resultat von dialogischen Aushandlungsprozessen entspinnt, die anaphorische Verkettung also erst im Frage-Antwort-Spiel der Kommunikationspartner entsteht, dann stellt sich die Frage, wie dieser Kommunikationsprozeß aussieht und auf welche Weise er die Produktion und die Interpretation der Metapher beeinflußt.

---

43 Gerade die von Kittay zitierten Evaluativa werden in großem Umfang auf nichtnormative oder nur quasinormative Felder übertragen: Eine 'böse' Verletzung ist ebenso Metapher (wenn auch sehr konventionalisiert) wie eine 'gut- oder bösartige' Geschwulst oder ein 'böser' Fehler.
44 Vgl. Goodman 1968:55ff.
45 Ähnlich auch: „The implicit set of alternatives – the schema – may consist of two or many labels, and *varies widely with context.*" (Goodman 1968:73, Anm. 22; Hervorh. von mir).
46 Die anaphorische Referenz wäre nach den strukturalistischen Sprachtheorien allgemein als indexikalische Form der *Metonymie* anzusehen, also als aufeinander verweisende und miteinander verkettete Textelemente; in bezug auf metaphorische Anaphern und Kataphern als die Bildung von *metaphorischen Rekurrenzen* (vgl. oben, Kap. II-3.2).

5.2 Sprechakttheorie und Metapher

Der Kommunikationsprozeß kann, wie Bühler zeigt, als eine Form des sprachlichen Handelns in der gemeinsamen Sprechsituation des Zeigfeldes aufgefaßt werden. Die kleinste Einheit dieses sprachlichen Handelns wäre dabei der einzelne Sprechakt, also eine in kommunikativen Zusammenhängen von einem Sprecher vorgebrachte Äußerung. Die Analyse des Sprechaktes kann auf formaler Ebene mit Hilfe der von Austin und Searle entwickelten Sprechakttheorie[47] vorgenommen werden. Ausgangspunkt der Sprechakttheorie ist zunächst die Analyse der sogenannten performativen Verben, mit denen man durch das Sprechen zugleich Handlungen vollzieht: Performative Äußerungen wie 'Ich verspreche dir ...', 'Ich bitte dich...' oder 'Ich behaupte hiermit...' sind zugleich soziale Handlungen zwischen Sprecher und Hörer mit realen Konsequenzen – ein Sprecher verpflichtet sich etwas zu tun, ein Hörer erfüllt eine Bitte, ein Sprecher begründet, ein Hörer bestreitet eine Behauptung. Die Sprechsituation ist deshalb gleichzeitig eine *soziale Handlungssituation*. Aus diesem Grunde ist die kleinste analytische Einheit in dieser Theorie nicht (wie in der traditionellen Linguistik oder der analytischen Sprachphilosophie) der Satz, sondern der *Sprechakt*. Die allgemeine Form eines Sprechaktes besteht aus dem Äußerungsmodus ('Ich verspreche dir...') und dem propositionalen Gehalt der Äußerung ('...daß ich die Katze füttern werde'). Mit dem Äußerungsmodus wird der pragmatische Verwendungssinn der Äußerung festgelegt – Searle und Austin sprechen hier von *'illocutionary force'* -, der propositionale Gehalt bezieht sich auf den Gegenstand der Äußerung. In Bühlerschen Termini: Der Darstellungsaspekt entspricht dem propositionalen Gehalt einer Äußerung, wogegen der Äußerungsmodus gleichsam aus einer Ineinssetzung von Ausdrucks- und Appellaspekt entsteht. Soll ein Sprechakt gelingen, dann muß der Sprecher seine Äußerung nach den Regeln des jeweilig intendierten illokutionären Aktes (Frage, Aufforderung, Behauptung, Versprechen, Rat etc.) organisieren. Im Prinzip enthalten alle Sprechakte diese beiden Bestandteile, wobei die Illokution in der Regel, vor allem bei klarem Kontext, ganz implizit – d.h. in Form einer Ellipse - auftreten kann ('Ich werde die Katze füttern'), im Zweifelsfall aber immer expli-zierbar[48] ist ('Dies war ein Versprechen / eine Befürchtung / ein Wunsch / eine Selbstaufforderung' etc.).

Die Schwierigkeit der Verständigung und des Verstehens besteht nun insbesondere darin, daß zwischen Sprecher und Hörer häufig unklar ist,

---

[47] Vgl. Austin 1972, Searle 1969 und 1982.
[48] „Wherever the illocutionary force of an utterance is not explicit it can always be made explicit. This is an instance of the principle of expressibility, stating that whatever can be meant can be said." (Searle 1969:68).

welcher pragmatische Verwendungssinn einer Äußerung zukommen soll, zumal mit einer Äußerung nicht nur verschiedene Illokutionen geltend gemacht, sondern auch unterschiedliche *Perlokutionen* – also Ziele und Effekte – verfolgt werden können. Die relativ kontextarme Proposition, die oft als 'wörtliche' Bedeutung betrachtet wird,[49] ist erst im Kontext des illokutionären Modus verstehbar: Der propositionale Gehalt 'p' wird vom illokutionären Modus 'M' dominiert, so daß die Bedeutung eines Sprechaktes die Bedeutung von 'Mp' ist. Es geht also bei der Suche nach der Bedeutung nicht darum, den 'reinen', kontextenthobenen Satz zu verstehen, sondern um die Ergründung seines Verwendungssinnes, also der Äußerungsabsicht des Sprechers in einer kommunikativen Situation. So erhält etwa eine Aufgabenstellung ihren tatsächlichen Sinn erst dadurch, daß sie als ein Imperativ erkennbar ist. Ob sie als Imperativ, als didaktisches Beispiel oder als Teil einer Geschichte gemeint ist, wird aber erst aus dem illokutionären Modus und nicht aus dem propositionalen Gehalt der Aufgabe, der jedesmal der gleiche bleibt, ersichtlich. Da die mit der Illokution ausgedrückte Intention nicht privatsprachlich, sondern nur mit den Mitteln und nach den Regeln der gemeinsam geteilten, öffentlichen Sprache formuliert werden kann, ist sie *intersubjektiv* verstehbar. In der sprachlichen Praxis ist dieses Verstehen – sofern die Illokution nicht explizit geäußert wird – durch Nachfrage zu erreichen ('Ist das eine Behauptung, ein Rat, eine Anweisung?', 'Wie meinst du das?' etc.), in der sprechakttheoretischen Analyse durch die Rekonstruktion der illokutionären Indikatoren (performative Verben und Deixis). Wiederum zeigt sich Bedeutung als abhängig vom Gebrauch, hier nun allerdings in einer Theorie, die den Sprechhandlungsaspekt der Sprache hervorhebt und eigens thematisiert: Mit der Analyse der *illocutionary force* wird die (in vielen Theorien oft nur allgemein erwähnte) Gebrauchsdimension der Sprache spezifiziert und in die Frage nach der kommunikativen Rolle von Sprechakten in einer Kommunikationssituation überführt.

Ausgehend von den sprechakttheoretischen Prämissen kann nun auch die Metapher analysiert werden. Searle unternimmt einen solchen Klärungsversuch im Hinblick auf seine Differenzierung zwischen Satz- und Äußerungsbedeutung: Metaphorische Bedeutung, so die These Searles, ist keine Frage der Wort- oder Satzbedeutung, sondern der *Äußerungsbedeutung* ('speakers utterance meaning').[50] Es geht also, wie beim Sprechakt über-

---

49 So auch von Searle, der allerdings auch bei diesen 'wörtlichen' Bedeutungen schon eine Kontextbindung durch das System der Hintergrundannahmen gegeben sieht (vgl. Searle 1982:139-159).

50 In ähnlicher Weise unterscheidet Weinrich (1966:20ff.) zwischen der *Bedeutung* von Worten und Sätzen und der *Meinung*, mit der ein Sprecher die Worte innerhalb eines Kontextes verwendet: „Die Bedeutung, die ein Wort als einzelnes hätte, wird durch

haupt, um die Rekonstruktion des Verwendungssinnes der Äußerung, wobei als Besonderheit der Metapher mit hinzukommt, daß die von der Sprecherabsicht bestimmte Äußerungsbedeutung und die Satzbedeutung sich signifikant unterscheiden. Ähnlich wie bei der Ironie oder bei indirekten Sprechakten, so Searle, meint man mit einer Metapher etwas anderes als man sagt:

> „In each of these cases, what the speaker means is not identical with what the sentence means, and yet what he means is in various ways dependent on what the sentence means."[51]

Das metaphorisch Gemeinte hat jedoch eigentlich gar keine eigene Bedeutung, vielmehr 'erinnert' es an eine von der wörtlichen Satzbedeutung unterschiedene, andere wörtliche Bedeutung. Aus diesem Grund und gemäß dem Prinzip der Ausdrückbarkeit muß das metaphorisch Gemeinte *paraphrasierbar* sein: Searles allgemeine Form der Metapher, 'a speaker utters a sentence of the form 'S is P' and means metaphorically that S is R',[52] unterstellt, daß eine Metapher der Form [MET]S ist P in die Paraphrase [PAR]S ist R übersetzbar ist. Damit nimmt Searle zu einer substitutionstheoretischen Erklärung Zuflucht: Wenn die Metapher problemlos in eine wörtliche Paraphrase übersetzbar ist, dann ist sie auch durch diese ersetzbar. In dieser Hinsicht steht Searles Ansatz den in dieser Untersuchung bislang favorisierten Metapherntheorien zunächst diametral entgegen und in der Tat richtet sich seine Kritik nicht nur gegen die Vergleichs- sondern auch gegen die Interaktionstheorie, wobei er letzterer 'ein halbes Dutzend Fehler' vorwirft, die darauf zurückzuführen seien, daß sie die Unterscheidung zwischen Wort- bzw. Satzbedeutung und Äußerungsbedeutung vernachlässige.[53]

Searle gibt dann jedoch selbst – und hierin nähert er sich der Interaktions- und Netzwerktheorie wieder an – die Schwächen der Paraphrase zu und unterstellt deshalb keine prinzipielle, erschöpfende Paraphrasierbarkeit, sondern nur eine die *Wahrheitsbedingungen* der Metapher betreffende

---

den Kontext auf die Meinung des Sprechers hin determiniert und fügt sich zum Ganzen des Sinnes. Das gilt auch grundsätzlich für die Metapher..." (ebd. 43).

51 Searle 1979:93. Ähnlich wiederum Weinrich (1966:44): „Während der gewöhnliche Kontext ein Wort innerhalb seiner Bedeutung determiniert, verläuft bei metaphorischem Kontext die Determination außerhalb der Bedeutung. Auf diese Weise entsteht eine Spannung zwischen der Bedeutung und der nun nicht innerhalb, sondern außerhalb ihrer selbst liegenden Meinung."

52 Searle 1979:98.

53 Vgl. Searle 1979:100ff. Searle argumentiert insbesondere gegen die Vorstellung der semantischen Wechselwirkung zwischen Primär- und Sekundärsystem, allerdings sind seine Argumente auf wenig überzeugenden Beispielen aufgebaut. Searle scheint hier – und dies werde ich im folgenden noch ausführen – den Prozeß (metaphorische Interaktion) mit dem Resultat (metaphorischer Bedeutungszusammenhang) zu verwechseln.

Paraphrase.[54] Die Paraphrase einer metaphorischen Äußerung beruht also lediglich auf einer Übereinstimmung der Wahrheitsbedingungen von Paraphrase und Metapher. Die Metapher aber übermittelt diese Wahrheitsbedingungen über einen von der Paraphrase unterschiedenen „*semantic content, whose truth conditions are not part of the thruth conditions of the utterance*".[55] Zwar gesteht Searle damit der Metapher einen eigenen semantischen Gehalt zu (womit im Grunde seine Trennung zwischen eigentlich-stabiler Wort- und Satzbedeutung und uneigentlich-flüchtiger Äußerungsbedeutung wieder unklar wird), jedoch orientiert er zugleich ihre Wahrheitsfähigkeit immer noch an der wörtlichen Paraphrase und zeichnet damit die buchstäbliche Sprache als den Maßstab für wahrheitsfähige Aussagen aus.[56] Wenn nun aber zwischen Metapher und Paraphrase eine solche Identität der Wahrheitsbedingungen besteht, dann liegt die Hauptschwierigkeit darin, das Prinzip dieser Korrelation zu erklären:

> The hard problem of the theory of metaphor is to explain what exactly are the principles according to which the utterance of an expression can metaphorically call to mind a different set of truth conditions from the one determined by its literal meaning...[57]

Es geht hier nach Searle nun darum, den Weg von der *gesagten* Äußerung 'S ist P' zu der *gemeinten* Äußerung 'S ist R' zu beschreiben. Da er dafür keine festen Regeln angeben kann, beschränkt er sich auf die Formulierung von drei verschiedenen heuristischen Strategien der rationalen Rekonstruktion, mit deren Hilfe die Bedeutung einer Metapher ergründet wird. Als Anfangsstrategie nennt Searle die Suche nach semantischen Anomalien und pragmatischen Inkonsistenzen, um festzustellen, ob überhaupt eine Metapher vorliegt.[58] Diese Strategie bezeichnet jedoch nicht notwendige, sondern nur mögliche Bedingungen des Metaphorischen: Searle verfällt also nicht auf den oben bereits kritisierten Fehler anderer Metapherntheoretiker, die Anomalie als notwendiges oder gar hinreichendes Metaphernkrite-

---

54 „It is in this sense that we feel that metaphors somehow are intrinsically not paraphrasable. They are not paraphrasable, because without using the metaphorical expression, we will not reproduce the *semantic content* which occured in the hearer's comprehension of the utterance." (Searle 1979:123, Hervorhebung von mir).
55 Searle 1979:123 (Hervorh. von mir).
56 So schon zu Beginn des Artikels (Searle 1979:95ff.). Arbib/Hesse (1986: 148f.) rechnen Searle deshalb zu recht dem 'literalist view of language' zu und werfen ihm dann vor, daß er der Metapher überhaupt keine Wahrheitsfähigkeit zugestehe – ein Vorwurf, der angesichts der Textlage kaum zu rechtfertigen ist: Searle spricht ausdrücklich von Wahrheitsbedingungen auch der Metapher. Man kann deshalb tatsächlich nur davon reden, daß er die wörtliche Sprache zum Maßstab von Wahrheit überhaupt macht.
57 Searle 1979:99.
58 „The defects which cue the hearer may be obvious falsehood, semantic nonsense, violations of the rules of speech acts, or violations of conversational principles of communication." (Searle 1979:114) Dieser um die pragmatische Dimension erweiterte Anomaliebegriff wird in den folgenden Kapiteln II-5.3, II-5.4 und II-5.5 noch eingehender untersucht, deshalb gehe ich hier nicht weiter darauf ein.

rium auszuzeichnen. Die zweite Strategie bezieht sich auf die Suche nach Ähnlichkeitsmerkmalen zwischen S und P in der Äußerung [MET]'S ist P'. Dazu muß der Hörer sein Welt- und Hintergrundwissen aktivieren[59] und so den Bereich hervorstechender ähnlicher Merkmale ergründen. Mit diesem Merkmalsbereich werden die möglichen Werte für die Paraphrase 'R' bestimmt. Schließlich soll die dritte Strategie bei der Eingrenzung der möglichen auf die in der konkreten Metapher in Frage kommenden Merkmale für 'R' behilflich sein. Hier nennt Searle acht Prinzipien, die interessanterweise genau das abfragen, was er bei seiner Distanzierung von der Interaktionstheorie leugnet, nämlich die möglichen gemeinsamen Implikationensysteme, die zwischen [MET]'S ist P' und [PAR]'S ist R' bestehen können, so z.B. im vierten Prinzip:

> Things which are P are not R, nor are they like R things, nor are they believed to be R, nonetheless it is a fact about our sensibility, whether culturally or naturally determined, that we just do *perceive a connection, so that utterance of P is associated in our minds with R properties.*[60]

Diese hier nur vorausgesetzte Assoziation der Eigenschaften von R mit der Äußerung von P war – wie oben gezeigt – von der Interaktionstheorie erklärt worden: In die Terminologie der Interaktionstheorie übersetzt beschreibt Searle mit der Satzbedeutung 'S ist P' die metaphorische Prädikation *vor* der Interaktion zwischen S und P und mit der Äußerungsbedeutung 'S ist R' den Zustand *nach* der Interaktion, wenn also durch die Wechselwirkung zwischen den Implikationssystemen von S und P bereits eine metaphorische Bedeutung 'S ist R' entstanden ist. Searle beansprucht zwar, den 'Weg' von P zu R erklären zu können, jedoch bleibt seine Erklärung schwach, da in ihr die Entstehung des metaphorischen Bedeutungszusammenhangs nicht als interaktiver Konstruktionsprozeß, sondern als Kombination von vorgegebenen assoziierten Merkmalen aufgefaßt ist. Searle sagt nur, daß hier etwas passiert, nämlich eine Bedeutungsveränderung, er kann jedoch nicht erklären, was genau auf dem Weg von P nach R geschieht – eben jene Interaktion zwischen Primär- und Sekundärsystem. Darüber hinaus scheint er aber mit seinen berechtigten Vorbehalten gegenüber der Paraphrase implizit doch von einer Wechselwirkung auszugehen, wenn er z.B. davon spricht, daß die Paraphrase den semantischen Gehalt der Metapher verfehlt, da dieser nur vom metaphorischen Ausdruck selbst erfaßt wird.[61] Die Unmöglichkeit der Paraphrase, so hatten wir oben in Kapitel II-1 gesehen, also das Wechselspiel von Resonanz und Emphase, war Motiv und zugleich Plausibilitätsbedingung für die interaktionstheoretische Erklärung gewesen. Wenn Searle also die Unmöglichkeit der Para-

---

59 Vgl. hierzu auch meine Ausführungen weiter unten in Kap. II-5.4.
60 Searle 1979:116f. (Hervorh. von mir).
61 Vgl. das Zitat oben in Anm. 54.

phrase anerkennt, zugleich aber keine zufriedenstellende Erklärung der Entstehung metaphorischer Bedeutung anbieten kann, dann ist er an dieser Stelle auf die Erklärungsleistungen der Interaktionstheorie angewiesen.

Insgesamt gesehen liegt wohl das Grundproblem der Searleschen Metapherntheorie in der absoluten Trennung zwischen Wort- bzw. Satzbedeutung und Äußerungsbedeutung begründet, durch die die Metapher ganz auf die Äußerungsbedeutung reduziert wird: Ähnlich wie Davidson baut Searle damit eine Dichotomie zwischen ganz neuen Metaphern und toten Metaphern auf, d.h. er sieht den Prozeß der Konventionalisierung nicht als Prozeß metaphorischer Bedeutungsveränderung an, sondern nur als durch Metaphern stimuliert.[62] In der Metapher, so erklärt Searle apodiktisch, bleibt die wörtliche Bedeutung unverändert erhalten, metaphorische Bedeutung ist alleine von den Intentionen des Sprechers abhängig:

> ...in a genuine metaphorical utterance, it is only because the expressions have not changed their meaning that there is a metaphorical utterance at all. (...) The metaphorical utterance does indeed mean something different from the meaning of the words and sentences, but that is not because there has been any change in the meanings of the lexical elements, but because the speaker means something different by them; speakers meaning does not coincide with sentence or word meaning.[63]

In eben dieser Auffassung liegt die Problematik der sprechakttheoretischen Metaphernerklärung, denn hier führt die scharfe Trennung zwischen Satz- und Äußerungsbedeutung wieder zu der Annahme einer prinzipiellen Differenz zwischen 'meaning' und 'use'. In dieser 'starken' Version der Sprechakttheorie (die von Searle vor allem in der Diskussion mit seinen 'Gegnern' vertreten wird) wird ein starres System rein wörtlicher Bedeutungen unterstellt, das dynamische, diachronische Phänomen der Sprache bleibt unerklärt und zugleich ist die Metapher wieder zur uneigentlichen Abweichung herabgestuft.[64]

Searles Unterscheidung zwischen Satz- und Äußerungsbedeutung ist nach meiner Auffassung nur dann sinnvoll, wenn sie im Sinne einer 'schwächeren' Lesart der Sprechakttheorie aufgefaßt wird: Die Äußerungsbedeutung, so mein Vorschlag, kann symboltheoretisch als *second-order meaning* verstanden werden. Dadurch wird zum einen die entscheidende Rolle der

---

[62] „...strictly speaking, in metaphor there is never a change of meaning; diachronically speaking, metaphors do indeed *initiate* semantic changes, but to the extent that there has been a genuine change in meaning, so that a word or expression no longer means what it previously did, to preciseley that extent the locution is no longer metaphorical." (Searle 1979:100; Hervorh. von mir).

[63] Searle 1979:100.

[64] Zur Kritik dieses Aspekts der sprechakttheoretischen Auffassung sei auf die Netzwerktheorie der Metapher verwiesen, deren Argumente gegen die Stimulustheorie der Metapher hier entsprechend angewendet werden können. Arbib und Hesse (1986:146ff.) weisen übrigens selbst darauf hin, daß Searles Unterscheidung zwischen Wort- und Äußerungsbedeutung letztlich auf eine im aristotelischen Realismus verwurzelte 'Buch der Natur'-Metaphorik zurückgeht.

Kommunikationssituation für die *Reapplikation* von Symbolen, also für die Entstehung von Metaphern hervorgehoben: Erst in der konkreten Äußerung und ihren kontextuell-situativen Faktoren kann der metaphorische Bedeutungszusammenhang entstehen und verstanden werden. Zum anderen wird auch die strikte Trennung zwischen Satz- und Äußerungsbedeutung zugunsten einer nur kontextrelativen Differenz aufgegeben: Zwar lassen sich innerhalb eines Kontextes die *usuell-buchstäbliche* Bedeutung von Worten bzw. Sätzen gegenüber der *okkasionell-metaphorischen* Äußerungsbedeutung durchaus abgrenzen, die metaphorische Bedeutung ist jedoch als (der in Bewegung befindliche) Teil des sprachlichen Netzwerkes von Bedeutungen anzusehen, d.h. die metaphorische Bedeutung ist Teil der sprachlichen Bedeutung überhaupt und nicht eine Bedeutungsanomalie. Als semantische oder pragmatische Anomalie kann die Metapher nur innerhalb eines Kontextes auftreten, in dem sie sich gegenüber anderen, als buchstäblich markierten Elementen abhebt.[65] Dementsprechend ist auch der metaphorische Bedeutungszusammenhang nicht als rein mentales Artefakt,[66] sondern als eine Konstruktion von Bedeutung durch die selektive Wechselwirkung von semantischen Feldern zu betrachten, wobei diese Bedeutungskonstruktion – dies wird später (in Kapitel II-5.4) noch näher ausgeführt – selbst oft Resultat von kommunikativen Aushandlungsprozessen ist.

Die Sprechakttheorie geht mit der substitutionstheoretisch aufgefaßten Differenz zwischen Gesagtem und Gemeintem von einer bereits konstituierten metaphorischen Bedeutung aus und kann ohne die Zuhilfenahme interaktionstheoretischer Ansätze nicht erklären, wie ein metaphorischer Bedeutungszusammenhang entsteht. Erst die vorgeschlagene 'schwächere' Lesart der Sprechakttheorie ermöglicht es, die Interaktionstheorien[67] und die Sprechakttheorie als *komplementäre Erklärungen* zu behandeln: Die Interaktionstheorien, so lautet meine These, analysieren die *Erzeugung* metaphorischer Bedeutung und die Funktionsweise der Symbole, die Sprechakttheorie dagegen untersucht den Prozeß der *Verwendung* von metaphorischen Ausdrücke. Deshalb lassen sich erst in einer durch die Interaktionstheorien ergänzten Weiterführung der Sprechakttheorie genauere Einsichten für die Funktion der Metapher gewinnen: Wir können nun die Metapher als Teil einer Sprechhandlung verstehen. Damit wird der bislang von Handelnden abstrahierende Prozeß der Interaktion zwischen

---

[65] Zur Erinnerung: Gerade konventionelle, aus tradierten Bildfeldern generierte Metaphern werden meist nicht als Anomalie empfunden; v.a. dann, wenn sie durch *metaphorische Präzedenzen* (Keller-Bauer) 'abgestützt' werden.

[66] So zumindest die Tendenz bei Searle, wenn er die metaphorische Bedeutung ganz an die Intentionalität bindet (vgl. besonders auch Searle 1987:180ff.).

[67] Trotz aller Unterschiede will ich hier den Begriff Interaktionstheorien als Sammelkategorie für die bereits behandelten Theorien von Black, Richards, Hesse, Ricœur, Weinrich, Danto, Goodman und Bühler benutzen.

semantischen Feldern als ein konkreter Prozeß von kommunikativ Handelnden auffaßbar, die semantische Dimension wird in die pragmatische Situation eingebettet.

Dies bedeutet nun allerdings nicht, daß nun metaphorisch verwendete Sprechakte selbst als ein genuiner Sprechakttypus zu betrachten sind. Vielmehr läßt sich zeigen, daß ein metaphorisch gemeinten Sprechakt über Lokution und Illokution hinaus zusätzliche Kontextinformationen enthalten muß, eine Art metaphernspezifische *bedeutungserzeugende Kontextkomponente*, die ich mit [MET] bezeichnen werde. Diese Komponente sollte keinesfalls mit dem illokutionären Modus 'M' verwechselt werden, wenn auch einige Ähnlichkeiten zwischen den Wirkungen der Illokution und der Metapher bestehen.[68] Entgegen der Meinung mancher Sprechakttheoretiker[69] *kann* die metaphorische Rede gar keinen eigenen Sprechakttypus darstellen, denn einerseits ist eine Typologie von Sprechakten nur über die Analyse des illokutionären Regelfolgens zu gewinnen,[70] andererseits aber kann eine Metapher unter jedem beliebigen illokutionären Modus vorkommen,[71] so daß hiermit kein eigenständiger metaphorischer Sprechakt abgrenzbar ist.

Tatsächlich läßt sich sogar zeigen, daß illokutionäre und metaphorische Effekte ganz unabhängig voneinander auftreten können: Ausgehend von der Standardform des Sprechaktes 'Mp', die sich als M(S ist P) ausführen läßt, kann nun eine metaphorische Äußerung formal als 'M([MET]S ist P)' geschrieben werden. Eine Äußerung wie 'Dies ist eine Bienenwabe' kann z.B. unter dem illokutionären Modus der Behauptung gleichermaßen metaphorisch wie wörtlich gemeint sein: Ein Biologielehrer kann eine Erklärung zu der tatsächlichen Konstruktion eines Bienenstocks abgegeben haben, es kann sich aber auch um die Metapher eines Architekten handeln,

---

[68] „... I believe that it may nonetheless be appropriate to say that there are important analogous features between metaphor and speech acts and that it may even be correct to posit some 'force' of metaphor which is analogous to the illocutionary force of assertions, commands and questions, ...(but) it cannot be of the same nature as the 'force' of a speech act like apologizing." (Kittay 1987: 44/45, Anm. 6).
[69] So z.B. Mack 1975 und Loewenberg 1981. Loewenbergs Gedanke, Metaphern als 'making a proposal' anzusehen ist grundsätzlich akzeptabel, daraus jedoch einen Sprechakttypus zu konstruieren (vgl. ebd:175ff.) ist kaum begründbar. Dementsprechend ist das von Loewenberg formulierte notwendige und hinreichende Kriterium für einen metaphorischen Sprechakt überaus eng, an falschen wörtlichen Behauptungen orientiert. Folgerichtig muß sie dann auch der Metapher die Wahrheitsfähigkeit absprechen (ebd.:177). Ähnlich auch Berg (1978:114), der der Metapher nur heuristischen, aber keinen Wahrheitswert zuerkennt. Unbeantwortet bleibt damit aber, warum es offenkundig trotzdem möglich ist, die Geltung metaphorischer Sätze zu *bestreiten*, und zwar sowohl im Hinblick auf Wahrheits- wie auch auf Richtigkeits- und Wahrhaftigkeitsansprüche.
[70] Vgl. Searle 1969, Kap. 3.
[71] Dies zeigt auch Künne 1983:193.

der damit vielleicht Form und Statik seines hexagonalen Entwurfes erklärt. Die Kontextkomponente [MET] hat hier unabhängig von der Illokution eine bedeutungsverändernde Rolle, die offensichtlich mit dem über den aktuellen Sprechakt hinausgehenden *Kontext der Gesamtsituation* zu tun hat. Dieser Situationskontext tritt als 'metakommunikativer Rahmen' (Bateson) auf, der die Unterscheidung zwischen wörtlicher und metaphorischer Bedeutung überhaupt erst ermöglicht.[72]

Nun könnte eingewendet werden, daß der Bedeutungszusammenhang einer Metapher durchaus vom illokutionären Modus abhängen kann: So etwa in der metaphorischen Äußerung 'Dies ist ja eine Bienenwabe!', die nämlich durch den illokutionären Modus eine Bedeutungsveränderung erfahre, wenn sie einmal, z.B. gegenüber einem Architekturstudenten, als *bewunderndes Lob* und ein anderes Mal, etwa beim Besichtigen einer winzigen Wohnung, als *Ausruf des Entsetzens* gemeint sei. Im Fall des Lobes wären mit der Metapher bestimmte statische und konstruktionstechnische Eigenschaften wie optimale Druck- und Materialverteilung oder innovative Konstruktion gemeint, wogegen im anderen Fall auf Eigenschaften wie räumliche Enge, zu hohe soziale Verdichtung etc. hingewiesen würde. Nach Searles 'Taxonomie illokutionärer Akte' würde es sich jedoch in beiden Fällen um *assertive Akte* handeln, die „etwas mit dem Interesse des Sprechers zu tun haben", nämlich um Sprechakte des Lobens bzw. des Beklagens.[73] Es werden also hier in der selben Kategorie von illokutionärem Akt unterschiedliche illokutionäre Verben verwendet, die den Bedeutungszusammenhang der Metapher bestimmen. Tatsächlich wird also die Bedeutung der Metapher – bei (buchstäblich) gleichbleibendem propositionalem Gehalt – vom *wertbezogenen Handlungskontext* der illokutionären Verben verändert, nicht jedoch durch die Illokution selbst: Es gehört zur Semantik des Lobens, daß gute Eigenschaften hervorgehoben, und zur Semantik des Klagens, daß schlechte Eigenschaften herausgestellt werden. Die vom illokutionären Modus zu unterscheidende Kontextkomponente [MET] würde sich in diesem Fall auf die Sprecherintention (Bewertung: Lob/ Klage) sowie auf Kontext und Situation (positive bzw. negative Eigenschaften des bewerteten Gegenstandes in diesem Augenblick) beziehen.

Die Illokution 'M' gibt also Auskunft über die kommunikative Beziehung, die mit dem Sprechakt zwischen Sprecher und Hörer aufgenommen wird, sie leistet die performative Einbettung des Gesagten in die Sprechsi

---

[72] Wenn dieser metakommunikative Rahmen – wie im Traum – fehlt, ist die Unterscheidung unmöglich: „Da es keinen Rahmen geben kann, der den Inhalt als 'metaphorisch' etikettiert, wird auch kein Rahmen vorhanden sein, der den Inhalt als wörtlichen etikettieren könnte." (Bateson 1985:544) Auch hier wird die Differenz wörtlich/metaphorisch als eine sich wechselseitig bedingende und kontextrelative Unterscheidung verstanden.

[73] Vgl. Searle 1982:17-50, hier v.a. 31f.

tuation; die Kontextkomponente [MET] bezieht sich dagegen eher auf den situativen Gesamtkontext, auf den Bedeutungskontext, der mit einer situierten Äußerung durch die Einheit von Zeigfeld und Symbolfeld erzeugt wird.

5.3 Intention und Relevanz

Die Betrachtung des sprechakttheoretischen Ansatzes hat gezeigt, daß zum Verständnis eines metaphorisch gemeinten Sprechaktes [MET]'S ist P' die Untersuchung der Illokution 'M' allein nicht ausreicht, sondern auch die Analyse der Kontextkomponente [MET] als Funktion des situativen Kontextes nötig ist. Die Feststellung, daß der situative Gesamtkontext sowohl die Möglichkeit des Vorliegens einer Metapher als auch ihre mögliche Bedeutung bestimmt, führt nun zu der Frage nach den determinierenden Faktoren dieses situativen Gesamtkontextes. Von Searle wurde als wichtigster Faktor die *Intention* des Sprechers benannt. Damit ist die weitere Analyse zunächst auf die von H. Paul Grice entwickelte intentionale Semantik verwiesen.[74] Grice geht – wie Searle – von dem Unterschied zwischen wörtlich gesagter und eigentlich gemeinter Bedeutung aus. Bei den Intentionen des Sprechers spielt der Kontext (und damit meint Grice das, was ich als situativen Gesamtkontext bezeichnet habe) eine entscheidende Rolle, denn aus ihm heraus wird ersichtlich, welche Absicht der Sprecher mit einer Äußerung verfolgt, wie er also die Äußerung gemeint hat:

> In Fällen (...), in denen unsicher ist, was von zwei oder mehr Dingen ein Sprecher zu übermitteln beabsichtigt, rekurrieren wir in der Regel auf den sprachlichen (oder sonstigen) Kontext der Äußerung und fragen uns, welche der Alternativen für andere von ihm gesagte oder getane Dinge relevant wäre oder welche Informationen in einer konkreten Situation zu einem von ihm ganz offensichtlich verfolgten Ziel passen.[75]

Die Äußerungsbedeutung zerfällt dabei in zwei Aspekte: zum einen in die vom Sprecher geglaubten, gemeinten oder beabsichtigten Dinge, die mit dieser Äußerung nahegelegt oder impliziert werden; zum anderen in die Vermutungen, die der Hörer aufgrund von Indikatoren aus dem Kontext der Äußerung über die Bedeutung derselben anstellt. In seiner Theorie der konversationalen Implikaturen hat Grice diese Aspekte in die Form von Prinzipien und Maximen gebracht, mit deren Hilfe die mit einer Äußerung nahegelegte Bedeutung erkannt werden kann.[76] Als allgemeines Prinzip, dessen Befolgung Sprecher und Hörer im Sinne einer Minimalbedingung

---

[74] Vgl. Grice 1979a/ 1979b/ 1979c. Zur allgemeineren Diskussion um die intentionale Semantik, auf die ich hier nicht weiter eingehen möchte, vgl. Meggle 1979 sowie Habermas 1984:332-350.
[75] Grice 1979a:14.
[76] Vgl. hierzu v.a. Grice 1979c:245ff.

kohärenter Kommunikation wechselseitig erwarten, gilt das *Kooperationsprinzip*.[77] Dieses allgemeine Prinzip läßt sich unter den vier Kategorien der Quantität, der Qualität, der Relation und der Modalität in diverse Maximen auffächern, die es unter dem Hinblick auf die jeweilige Kategorie zu beachten gilt. Unter der Kategorie der Quantität gilt die Maxime, den Gesprächsbeitrag so *informativ* wie nötig zu halten. Aus der Kategorie der Qualität ergibt sich die Maxime der *Wahrheit* des Beitrages, negativ formuliert: nichts Falsches und auch nichts Unbegründbares zu sagen. Mit der Kategorie der Relation ist die Maxime der *Relevanz* verbunden, also die Forderung, nur die für das Gespräch relevanten Dinge einzubringen. Die Kategorie der Modalität schließlich zieht die Maxime der *Klarheit* nach sich: Die Äußerung soll so klar, eindeutig, kurz und geordnet wie möglich sein. Grice betont ausdrücklich, daß die Befolgung des Kooperationsprinzips und der einzelnen Maximen als zweckhaft-rationales Verhalten angesehen und unterstellt werden kann.[78]

Bei einer zweifelhaften Äußerungsbedeutung kann nun das Wechselverhältnis zwischen dem allgemeinen Kooperationsprinzip und den einzelnen Maximen zur Ergründung der gemeinten konversationalen Implikatur genutzt werden: Wenn nämlich die Befolgung zumindest des allgemeinen Kooperationsprinzips unterstellt werden kann, dann können ungewisse Äußerungen als konversationale Implikaturen gedeutet werden. Werden dabei die Maximen alle befolgt, wird der Hörer lediglich auf neue, aber kontextuell erschließbare Zusammenhänge hingewiesen. Werden dagegen Maximen verletzt, kann der Hörer davon ausgehen, daß gerade *durch* diese Verletzung etwas konversational impliziert werden soll, denn die Befolgung der Kooperativitätsregeln ist ja prinzipiell vorausgesetzt.[79] Grice unterscheidet zwei Formen der Verletzung von Maximen: Zum einen den auf einer (unvermeidbaren) Kollision mit einer anderen Maxime beruhenden Verstoß gegen eine Maxime und zum anderen den gezielten Verstoß gegen eine Maxime bei der figürlichen Rede. Die bewußte Inkaufnahme der Verletzung einer Maxime hat den Zweck, den Verstoß für den Schluß auf eine konversationale Implikatur 'auszubeuten':

---

77 Als allgemeine Regel: „Mache deinen Gesprächsbeitrag jeweils so, wie es von dem akzeptierten Zweck oder der akzeptierten Richtung des Gesprächs, an dem du teilnimmst, gerade verlangt wird." (Grice 1979c:248).
78 Vgl. Grice 1979c:251ff. Allerdings bleibt Grice hier eine formale, nicht nur auf empirischen Evidenzen beruhende Begründung seiner Postulate schuldig. Er nimmt jedoch an, daß eine solche Begründung mit der Klärung des Status' der Relevanz zusammenhängt.
79 Als allgemeine Regel: „Hinter eine konversationale Implikatur zu kommen, heißt, auf das zu kommen, was zur Aufrechterhaltung der Annahme, daß das Kooperationsprinzip beachtet ist, unterstellt werden muß." (Grice 1979c:265).

Obwohl (...) auf der Ebene des Gesagten eine Maxime verletzt ist, darf der Hörer annehmen, daß diese Maxime oder zumindest das umfassende Kooperationsprinzip auf der Ebene des Implizierten beachtet ist.[80]

Grice zufolge ist nun die Metapher (zusammen mit Ironie, Litotes und Hyperbel) ein Verstoß gegen die zur Kategorie der Qualität gehörende Maxime, nichts Falsches zu sagen:[81] Sie kann als intendierter Kategorienfehler gedeutet werden, weil der Sprecher mit einer Metapher etwas als wahr behauptet, das auf der wörtlichen Ebene falsch ist. Mit einer Metapher würde also nahegelegt, daß etwas anderes als das (wörtlich) Gesagte gemeint ist, wobei das Kriterium für eine metaphorische Implikatur die *Ähnlichkeit* von Eigenschaften zwischen metaphorischem Ausdruck und prädiziertem Gegenstand ist.

Nun ist allerdings mit dieser Theorie eine Vielzahl von Problemen verbunden. Zunächst ist es fraglich, ob die Subsumierung der Metapher unter die Kategorie der Qualität überhaupt zutreffend ist. Nehmen wir als Beispiel den folgenden Satz:

Die kommunikative Vernunft ist gewiß eine schwankende Schale – aber sie ertrinkt nicht im Meer der Kontingenzen, auch wenn das Erzittern auf hoher See der einzige Modus ist, in dem sie Kontingenzen 'bewältigt'.[82]

Faßt man die hier verwendeten Seefahrtsmetaphern zunächst einmal *wörtlich* auf – und dies ist ja der Ausgangspunkt der Grice'schen Theorie – dann kann man sie zwar als Verstoß gegen die Wahrheitsmaxime deuten: Die kommunikative Vernunft ist gewiß keine schwankende Schale, und Schalen können bestimmt auch nicht ertrinken – weder als (wörtliche) Nußschalen noch als (metaphorische) Schiffe. Es bleibt jedoch zu fragen, ob eine solche auf wörtliche Bedeutung fixierte 'Kannitverstan-Methode' überhaupt in irgendeiner Weise mit dem tatsächlichen Metaphernverstehen etwas zu tun hat. Die Trivialität der wörtlichen Unwahrheit dieser Metaphern und ihre gleichzeitige Einbettung in die daseinsmetaphorische Bildfeldtradition der Schiffahrt spricht dagegen, die Metapher hier als bloße 'kalkulierte Absurdität' (Strub) zu verstehen und zu analysieren. Indem aber die Theorie der konversationalen Implikaturen von der problematischen Prämisse ausgeht, daß die Metapher als Abweichung von der wörtlich-eindeutigen Sprachauffassung zu definieren ist, kann sie nicht alle Metaphern, sondern nur diejenigen erfassen, mit denen tatsächlich gegen wörtlich-semantische Kategorien verstoßen wird.[83]

---

80 Grice 1979c:257.
81 Vgl. Grice 1979c:258.
82 Habermas 1988:185.
83 Die Bestimmung der Metapher als kalkulierter Kategorienfehler ist ja, wie bereits in Kap. II-1 (Anm. 38) gezeigt, weder ein notwendiges noch ein hinreichendes Metaphernkriterium. Als Gegenbeispiele sind hier sowohl diejenigen Metaphern zu nennen, die wörtlich wie metaphorisch wahr sind ('Peking ist eine kalte Stadt' – klimatisch wie

Nun könnte der Einwand erhoben werden, daß Grice die Metaphernanalyse unnötigerweise auf den Verstoß gegen die Wahrheitsmaxime eingeschränkt hat, die Theorie der konversationalen Implikaturen aber dennoch die geeigneten analytischen Mittel zur Metaphernanalyse bereit stellt.[84] Dann könnte also je nach Umstand die Metapher nicht allein als Verletzung der Wahrheitsmaxime, sondern auch als kalkulierter Verstoß gegen die Relevanz- oder gegen die Klarheitsmaxime gedeutet werden: Ein Philosoph, der über kommunikative Vernunft redet, verstößt gegen das Relevanzprinzip, wenn er dabei plötzlich über die Seefahrt redet, also scheinbar Unwichtiges ins Gespräch bringt. In gleicher Weise verstößt er auch gegen die Klarheitsmaxime, insoweit sein (immer noch wörtlich genommener) Satz dunkle und mehrdeutige Ausdrücke enthält, die sich Grice zufolge erst im zweiten Schritt – nämlich über die Vermutung einer konversationalen Implikatur – als Metaphern zu erkennen geben. Das Kooperativitätsprinzip unterstellt, heißt dies für den Hörer/Leser, daß der Sprecher/Autor *erstens* nichtwörtliche Relevanzen für die Einführung dieses scheinbar nicht zum Thema passenden Gegenstandes hatte und *zweitens* absichtlich dunkle und ambige Ausdrücke verwendet hat, um dadurch die metaphorische Bedeutung konversational zu implizieren. Hier wäre nicht die Ebene der logisch-eindeutigen Wörtlichkeit als Maßstab gesetzt, sondern eine Art kontextueller Wörtlichkeit, das also, was im Kontext eines Gesprächs oder eines Textes als relevant und als klar gilt.[85] Damit wäre die Beschränkung auf die wörtliche Wahrheit zugunsten 'weicherer' Kriterien für Wörtlichkeit aufgegeben, nicht jedoch die Entgegensetzung von Gesagtem und Gemeintem. Aber auch eine derart modifizierte 'Theorie der indirekten Mitteilung'[86]

---

politisch; 'Peter ist ein Bauer' – beruflich wie verhaltensmäßig usw.), als auch diejenigen, die aufgrund ihrer langen Bildfeldtradition gar nicht als kategorielle Absurdität empfunden werden, v.a. dann, wenn sie als absolute Metaphern im Sinne Blumenbergs fungieren – so auch die von Habermas verwendete Schiffahrtsmetaphorik (vgl. unten, Kap. II-3.3 und -3.4).

84 So zu finden bei Künne 1983 und Puster 1989, mit Einschränkung auch bei Keller-Bauer 1984:48ff., der zu recht betont, daß die Griceschen Prinzipien nur auf konventionalisierte, nicht aber auf innovative Metaphern anwendbar sind.

85 Daß Relevanz und Klarheit kontextrelative Größen sind, betont Grice (1979c) selbst immer wieder.

86 So z.B. Keller 1975 und Künne 1983. Zur Kritik von Keller vgl. Nieraad 1975. Auch der nahelegungstheoretische Ansatz von Berg (1978) ist in dieser Hinsicht zu kritisieren, denn Berg koppelt *Aufrichtigkeit* mit der Prämisse üblich-eigentlichen Wortgebrauchs, so daß jede Abweichung, d.h. auch die Metapher, zunächst als 'unaufrichtige' Handlung zu gelten hat: „... die Interpretation uneigentlich gebrauchter Sätze geht allein davon aus, daß eine sprachliche Handlung unter jeweils gegebenen Bedingungen nicht aufrichtig oder zweckrational wäre, weshalb eine andere sprachliche Handlung eines anderen Typs und/oder anderen propositionalen Gehaltes zu suchen ist." (Berg 1978:64) Berg bringt hier die traditionelle *verbum proprium* Lehre mit der Gebrauchstheorie der Bedeutung zusammen und reformuliert so die Substitutionstheorie mit handlungstheoretischen Mitteln.

Intention und Relevanz

muß eine scharfe Trennung zwischen Satz- und Äußerungsbedeutung unterstellen, um die Idee der Implikatur aufrechterhalten zu können. Dies heißt aber, daß die Metapher immer noch als etwas nur Nahegelegtes, Mitgemeintes aufgefaßt wird und keine eigene Bedeutung besitzen kann.[87]

Damit kann insgesamt gesehen der These von der Metapher als konversationaler Implikatur hier nicht zugestimmt werden. Dennoch enthält der Gricesche Ansatz wichtige Anknüpfungspunkte: Zum einen betont Grice mit dem kommunikativen Kooperationsprinzip und den Maximen die *Rationalität* der Kommunikation, auch wenn er sie formal nicht begründen kann. Die Intentionalität des Sprechers wird dabei nicht als 'bloß' subjektiv oder irrational abgetan, sondern zu einem zentralen Bestandteil der auf rationalen Unterstellungen beruhenden Kommunikationsabläufe. Allerdings bleibt diese Theorie an die Prämissen zweckrationalen Handelns gebunden: Insbesondere die konversationalen Implikaturen haben den Charakter von monologischen Kommunikationsstrategien.[88] Dadurch werden zugleich die bei Bühler getrennten Funktionen von Ausdruck und Appell auf den entweder expliziten oder impliziten Ausdruck reduziert.[89] Zum anderen hat Grice die Bedeutung des sprachlichen und vor allem des außersprachlichen Kontextes sowie des Hintergrundwissens für das Verstehen im Kommunikationsprozeß deutlich gemacht. Dabei unterstellt er freilich ganz selbstverständlich das Vorhandensein von und die Bezugnahme auf gemeinsames Wissen. Für die Erklärungskraft einer pragmatischen Metapherntheorie ist jedoch gerade die Klärung der Frage von Bedeutung, welche Typen von Wissen hier im Spiel sind und auf welche Weise auf sie Bezug genommen werden kann.[90]

Die Aspekte der Intentionalität und des Kontextes lassen sich nun als Ausgangspunkt für eine Theorie nutzen, die das *Prinzip der Relevanz* in den Vordergrund stellt. Grice selbst hat die Bedeutung der Relevanz gesehen, konnte sie aber nicht befriedigend klären und formalisieren.[91] Angesichts der unendlichen Vielfalt von möglichen Situationen läßt sich das Prinzip

---

87 „Der Antagonismus von Gesagtem und konversationaler Implikatur ist absolut artifiziell und für die Metapher unbrauchbar, denn jede tatsächlich metaphorische Äußerung *meint etwas*, und zwar das, was sie sagt, und *meint nicht etwas anderes als sie sagt*, sie *meint* aber auch immer *etwas mit*, wie nämlich alle Äußerungen, insofern jeder Äußerung – ob metaphorisch oder konventionell – Implikationen, Interessen, Motive, sogar eine Biographie (diejenige des Sprechers), anhaften, die insgesamt in eine Bedeutungskonstruktion einfließen müssen, weil ohne sie die Äußerung nicht entstanden wäre, keine Veranlassung für sie bestanden hätte." (Hülzer-Vogt 1991:34; Hervorh. im Original).
88 Auf diesen Kritikpunkt werde ich in Kap. II-5.4 zurückkommen.
89 Vgl. zu dieser Kritik Habermas 1988:107f.
90 Vgl. meine Analyse der metaphorischen Bezugnahme auf Wissen in Kap. II-5.4.
91 Vgl. obige Anm. 78.

der Relevanz sicher nicht inhaltlich, sondern nur formal als ein selegierendes und organisierendes Prinzip bestimmen, durch das bestimmte Aspekte einer Situation als wichtig hervorgehoben, also thematisch und thematisierbar sind, und andere in den Hintergrund des Selbstverständlichen oder des Uninteressanten gedrängt werden. In Anknüpfung an Sperber und Wilson[92] kann nun angenommen werden, daß das Prinzip der Relevanz für jede kommunikative Situation gilt, denn jede Kommunikation beansprucht per se, relevant zu sein: „To communicate is to claim someone's attention, hence to communicate is to imply that the information is relevant."[93]

Die Kommunikationspartner werden deshalb bei ihren Äußerungen und bei ihren Interpretationen der Äußerungen anderer automatisch dem Prinzip der Relevanz folgen. Allgemein gesprochen gilt etwas in einem Kontext dann als relevant, so die Definition von Sperber/Wilson,[94] wenn es innerhalb dieses Kontextes irgendeinen kontextuellen Effekt hat. Dabei unterscheiden sie drei Formen von kontextuellen Effekten: (1) Die *Ableitung* von neuen Annahmen aus kontextuellen Implikationen, (2) die *Verstärkung* alter Annahmen und (3) die *Eliminierung* alter Annahmen aufgrund von neuen, ihnen widersprechenden Annahmen. Zugleich ist die Relevanz einer Annahme im Sinne eines Kosten/Nutzen-Prinzips von dem Aufwand abhängig, der zu ihrem Anschluß an und ihrer Verarbeitung im Kontext nötig ist.[95] In jeder Kommunikationssituation bewirken dann die von den Teilnehmern gesetzten Relevanzen, daß sich ein spezifisches *Relevanzuniversum* (Bateson) bildet, innerhalb dessen erst die Äußerungen – gleich ob buchstäblich oder metaphorisch – ihre jeweilige Bedeutung erhalten:

> Wenn wir also sagen, daß eine Mitteilung 'Bedeutung' hat oder 'über' etwas geht, dann meinen wir, daß es ein größeres Universum von Relevanz gibt, das aus Mitteilung-plus-Bezugspunkt besteht, und daß in dieses Universum durch die Mitteilung Redundanz, Muster oder Voraussagbarkeit eingeführt werden."[96]

Dieses aus Mitteilung-plus-Bezugspunkt bestehende Relevanzuniversum läßt sich mit Sperber/Wilson als Verbindung aus dem Gehalt eines Satzes, also der Proposition 'P', und dem Kontext von Hintergrundannahmen {C} in

---

[92] Vgl. zum folgenden Sperber/Wilson 1987 sowie dies. 1985/86.
[93] Sperber/Wilson 1987:697.
[94] Vgl. Sperber/Wilson 1987:702ff.
[95] „We claim that humans automatically aim at maximal relevance, i.e. maximal cognitive effect for minimal processing effort. This is the single factor which determines the course of human information processing. It determines which information is attended to, which background assumptions are retrieved from memory and used as context, which inferences are drawn. (...) It is an exceptionless generalisation about human communicative behaviour." (Sperber/Wilson 1985/86:160). Auf den solipsistisch-zweckrationalen Aspekt des Modells der Informationsverarbeitung werde ich im folgenden noch zurückkommen.
[96] Bateson 1985:526.

Intention und Relevanz 293

der Form P{C} ausdrücken.⁹⁷ Aus dieser Verbindung P{C} entwickelt sich eine gemeinsame bedeutungskonstituierende 'contextual implication'. Zwischen zwei Propositionen S und P besteht dementsprechend dann eine *Ähnlichkeit*, wenn sie in einem Kontext {C} gemeinsame analytische und kontextuelle Implikationen teilen. Ähnlichkeit ist damit auch in diesem Ansatz nicht etwas vorab Gegebenes, sondern eine in jeweiligen Kontexten erzeugte Relation. Sperber und Wilson sehen Wörtlichkeit als *Grenzbegriff* innerhalb eines Ähnlichkeitskontinuums, das vom Extrem der Nicht-Ähnlichkeit (S und P haben keinerlei gemeinsamen Implikationen) bis zur wörtlichen Übereinstimmung (S und P besitzen identische Implikationen) reicht. Welche Ähnlichkeit, welche 'contextual implications' zur Produktion und Interpretation einer Äußerung herangezogen werden, hängt von der jeweiligen Relevanzzuschreibung ab, von den – wie schon Quine betont – „relevanten Faktoren der Situation, (die) zum großen Teil in der Person des Sprechers verborgen und (...) dort durch seine frühere Umgebung festgesetzt worden (sind)".⁹⁸ Nach dem Relevanzprinzip wählt der Sprecher Kontext und Mitteilung aus, und entsprechend interpretiert der Hörer die Äußerung unter der Prämisse der Relevanzerwartung. In jeder von Sprecher und Hörer geteilten Situation baut sich so jenes 'Relevanzuniversum' auf, das aus dem in der jeweiligen Äußerung thematisierten Weltausschnitt und den Bezügen zu möglichen Hintergrundannahmen besteht.

Das Relevanzprinzip kann nun – so die These von Sperber und Wilson – als allgemeine Interpretationsstrategie sowohl für die wörtliche wie für die figurative Rede dienen, indem mögliche Ähnlichkeiten zwischen S und P in einer Äußerung (S ist P {C}) im Hinblick auf die im Kontext {C} relevanten 'contextual implications' erwogen werden.⁹⁹ Zur Interpretation einer buchstäblichen wie einer metaphorischen Äußerung ist man also gehalten, einen relevanzadäquaten Kontextbezug aufzubauen und die entsprechenden Implikationen zu ergründen.¹⁰⁰ Eine Äußerung gilt dann als verstanden, wenn es für sie eine Interpretation gibt, die mit dem Prinzip in Einklang steht, daß der Sprecher gegenüber dem Hörer möglichst große Relevanz bei möglichst geringem Aufwand erreichen will. Alle anderen Möglichkeiten der Interpretation sind damit ausgesondert. Dabei unter-

---

[97] Vgl. Sperber/Wilson 1985/86:156ff.
[98] Quine 1979b:63.
[99] „Our claim is that such a selection process is always at work: it is part of the process by which every utterance is understood. Whenever a proposition is expressed, the hearer takes for granted that some subset of its logical and contextual implications of the thought being communicated, and aims to identify this subset." (Sperber/Wilson 1985/86:162) Zum Problem der Konstruktion von angemessenen *contextual implications* vgl. auch Gildea/Glucksberg 1983.
[100] Die von Ricœur genannten Interpretationskriterien *Kongruenz* und *Reichhaltigkeit* (vgl. oben, Kap. II-1.4) können damit als aus dem Prinzip der Relevanz abgeleitete Selektionskriterien verstanden werden.

scheiden sich Metaphern nur graduell von buchstäblicher Rede, insofern zu ihrer Interpretation ein umfassenderer Satz an Implikationen und Hintergrundannahmen nötig ist als bei dem Verstehen wörtlicher Rede. Dies bedeutet, daß hier zwar ein größerer Aufwand benötigt wird, dementsprechend aber auch die Relevanz höher ist als bei buchstäblichen Äußerungen. Gerade Metaphern, die nicht dem Kriterium des kalkulierten Kategorienfehlers folgen, sind damit erklärbar: Wenn jemand äußert 'In Peking ist es kalt', dann werden Kontext- und Situationsumstände (Temperatur, Jahreszeit, politische Umstände etc.) dazu führen, daß der Hörer die Aussage nicht nur auf das Wetter bezieht, denn sonst wäre diese Information nur redundant, nicht aber relevant. Die metaphorische Deutung hat eine höhere Relevanz, wobei die Doppeldeutigkeit von wörtlicher und metaphorischer Wahrheit zugleich den 'Witz' der Metapher erhöht:[101] Die *reifizierende Gleichzeitigkeit* von wörtlicher und metaphorischer Bedeutung ruft eine Störung, eine Turbulenz auf der pragmatischen Ebene durch das Spielen mit Situations- und Kontextfaktoren hervor, bei der die triviale wörtliche Deutung zunächst verworfen und die metaphorische aufgrund ihrer höheren Relevanz bevorzugt wird, wobei die wörtliche Deutung im Rückkoppelungseffekt zugleich die metaphorische Relevanz noch verstärkt.

Nach dem Relevanzprinzip sind Metaphern auf einem Kontinuum von toten über stereotype und konventionalisierte bis hin zu innovativen Metaphern vorzustellen, wobei die zu aktivierenden Implikationen mit der Kreativität der Metapher zunehmen.[102] Mit kreativen Metaphern ist deshalb die Möglichkeit gegeben, naheliegende Kontexte zu überschreiten und mit ad hoc gebildeten Vorannahmen neue Bereiche zu erschließen:

„The most creative metaphors require of the hearer a greater effort in building an appropriate context, and deriving a wide range of implications. In general the wider the range of potential implicatures and the greater the hearer's responsibility for construction them, the more creative the metaphor."[103]

Beziehen wir das Relevanzprinzip nun auf die im Zusammenhang mit der Sprechakttheorie eingeführte Kontextkomponente [MET], so können wir formulieren, daß in einer Äußerung 'M([MET]S ist P)' mit der Komponente [MET] diejenigen Relevanzen von {C} bezeichnet werden, die eine metaphorische Interpretation der Äußerung nahelegen.[104] Damit stellt sich

---

101 Vgl. hierzu auch Hörmann 1971.
102 Diese Auffassung entspricht ziemlich genau den von Max Black entwickelten Vorstellungen zum Implikationensystem der Metapher (vgl. oben, Kap. II-1).
103 Sperber/Wilson 1985/86:168.
104 Im Sinne der von Ricœur postulierten zweiten Polarität der Metapher (vgl. oben, Kap. II-1.4) kann nun auch der Prozeß des 'semantic twist' folgendermaßen bestimmt werden: Die semantische Impertinenz von 'M([MET]S ist P)' wird durch die Interaktion von S und P im Kontext {C} in die semantische Pertinenz von M(S ist R) überführt. Zugleich wird aus der syntagmatischen Abweichung des metaphorischen Prädikates 'P' die paradigmatische Abweichung der nichtlexikalischen 'R'- Bedeutung von P.

aber erneut das Problem, aufgrund *welcher* Relevanzen nun entsprechende Kontextbezüge für eine Metapher gewählt werden. Inhaltlich läßt sich dies nicht bestimmen, da die jeweiligen Relevanzen ja gerade in abhängiger Beziehung zu den Faktoren des jeweiligen Kontextes und der jeweiligen Situation liegen. Gemäß der Regel, daß als relevant nur gilt, was kontextuelle Effekte verursacht, können hier jedoch formal drei mögliche Kontexteffekte unterschieden werden:

- (1) Die für [MET] entscheidenden Relevanzen von {C} führen zur Verstärkung alter Annahmen. In diesem Fall wird es sich um *lexikalisierte* Metaphern handeln, die weder implizite noch neuartige Annahmen hervorrufen.
- (2) Die für [MET] entscheidenden Relevanzen von {C} induzieren die Ableitung von neuen Annahmen aus kontextuellen Implikationen. Hierbei wird es sich um *konventionelle* Metaphern handeln, die aufgrund ihrer Einbettung in ein tradiertes Bildfeld vielfältige Implikationen mit sich bringen und so neue Annahmen (d.h. einen metaphorischen Bedeutungszusammenhang) hervorrufen.
- (3) Die für [MET] entscheidenden Relevanzen von {C} verursachen die Eliminierung alter Annahmen aufgrund von neuen, ihnen widersprechenden Annahmen. Dieser Fall läßt sich auf die *innovative* Metapher beziehen, da mit ihr neuartige und überraschende Bedeutungszusammenhänge gesetzt werden.

Durch die Einbeziehung des Relevanzprinzips in die metapherntheoretischen Überlegungen kann somit das von den Interaktionstheorien meist offen gelassene Problem geklärt werden, wie aus den Implikationssystemen von Primär- und Sekundärgegenstand ein *bestimmter* Implikationenzusammenhang ausgewählt wird, nämlich durch das kontextabhängige Setzen und Unterstellen von Relevanz.

Allerdings sind mit der von Sperber und Wilson entwickelten Relevanztheorie einige grundsätzliche Schwierigkeiten verbunden, die kurz skizziert werden sollen:

Zunächst fällt auf, daß die Analyse des Relevanzprinzips nur auf den propositionalen Gehalt, nicht aber auf den illokutionären Modus der Äußerung gerichtet ist. Der von der Sprechakttheorie geltend gemachte Handlungsaspekt der Sprache entfällt oder wird diffus unter die Kategorie des Kontextes eingeordnet. Nun ließe sich diese Lücke durch die Einbeziehung von sprechakttheoretischen Kategorien formal gesehen gleichsam nachholen. Mit einem durch die Sprechakttheorie modifizierten Relevanzprinzip könnte der metaphorische Interaktionsprozeß dann etwa auf die folgende Kurzform gebracht werden:

In einer Äußerung 'M([MET]S ist P)' findet eine Interaktion zwischen den Implikationssystemen von S und P statt, die intentional durch den illokutionären Modus 'M' (im Hinblick auf den Sprechakttypus) und durch den Kontext {C} (unter dem Gesichtspunkt der Relevanz) selektiert wird, sodaß ein spezifischer gemeinsamer Implikationenzusammenhang entsteht, der den metaphorischen Bedeutungszusammenhang der Äußerung bestimmt.

Eine solche Umformulierung löst jedoch nicht das grundsätzliche Problem der Relevanztheorie von Sperber und Wilson, das aus der These folgt, daß jede menschliche Informationsverarbeitung[105] an *maximaler Relevanz* orientiert ist, was über die Formel operationalisiert wird, daß *immer* mit möglichst geringem Verarbeitungsaufwand ein möglichst großer kognitiver Effekt erreicht werden soll.[106] Zunächst ist hier zu kritisieren, daß ein eigentlich sozialer Prozeß – die Relevanzsetzung in der Kommunikation – in solipsistischer Weise auf ein rein kognitives Prinzip zurückgeführt wird. Zudem ist eine solche Rückführung des Relevanzprinzips auf ein kognitiv-individuelles Kosten/Nutzen-Kalkül zirkulär, da das Verhältnis von kognitivem Effekt und Verarbeitungsaufwand seinerseits selbst wieder abhängig von Relevanzzuschreibungen ist: Relevanz ist immer Relevanz *für* ein Subjekt, ein subjektives Für-relevant-Halten, das sich nicht allgemein oder durch Effizienzkriterien bestimmen läßt, sondern nur im Hinblick auf *jeweilige Intentionen,* also auf Absichten, Zwecksetzungen, Interessen, Meinungen usw. – Gegen die kognitiv-individuelle Auffassung kann also zunächst eingewandt werden, daß Relevanz durch die von Sprecher und Hörer verfolgten Intentionen und Wertbezüge erzeugt wird. Das Relevanzprinzip leitet sich demzufolge aus der wechselseitigen Unterstellung von Intentionalität und Sinnhaftigkeit ab.[107] Relevanzen können deshalb auch als *Wertprämissen* und *Zwecksetzungen* verstanden werden,

---

[105] Problematisch ist schon die kognitionstheoretische Prämisse im Begriff der Informationsverarbeitung: Nachdem in der *cognitive science* zunächst der Computer zur Modellierung kognitiver Prozesse benutzt wurde, sind dann in einem zweiten Schritt die Eigenschaften des Computers – nämlich Informationsverarbeitung – ganz selbstverständlich auf den Menschen zurückprojiziert worden, so daß die der Computermetapher zugehörige Idee der Informationsverarbeitung dann unhinterfragt auf menschliche Kognitionsprozesse appliziert wird.

[106] Vgl. obige Anm. 95. – Damit entspricht das Relevanzprinzip dem 'Prinzip der Signalökonomie' (Pross), dem zufolge Kommunikation bei möglichst geringem Signalaufwand eine möglichst große Reichweite anstrebt. Dabei sind Metaphern (als Mittel der Komplexitätsreduktion) besonders geeignet, weil 'die Verwendung von Metaphern große Reichweiten garantiert und weil die Verkürzung komplizierter Zusammenhänge auf Klischees, Stereotypen und Images Zeitgewinn bedeutet'. (Pross 1988:13.) Pross sieht die Metapher allerdings *nur* in dieser einen Funktion und bezieht ihr gegenüber dementsprechend eine rein ideologiekritische Position, ohne andere Aspekte und Funktionen der Metapher einzubeziehen.

[107] Vgl. Hörmann 1978:196ff.

nach denen Kontexte gegliedert werden und als solche Wert- und Zweckorientierungen folgen sie nicht notwendigerweise einem Kalkül, das an bloßer Verarbeitungseffizienz orientiert ist.

Dieser Einwand ist allerdings selbst insofern problematisch, als er Verstehen immer noch als zweckrationales Kalkül von strategisch handelnden Akteuren betrachtet: Das kognitive Kosten/Nutzen-Kalkül ist damit nur durch ein allgemeines strategisches Kalkül ersetzt.[108] Das Relevanzprinzip kann deshalb noch einmal in der Hinsicht kritisiert werden, daß es von vorne herein auf die zweckrationale Dimension beschränkt ist, insofern es nämlich menschliche Informations- und Kommunikationsprozesse allein nach dem Modell eines *strategischen* und *deduktionslogischen* Kalküls auffaßt. Die Dimension des nichtstrategischen sozialen Handelns[109] bleibt dabei ebenso ausgeblendet wie die Frage, ob eine Modellierung der menschlichen Kommunikation nach zweckrationalen Prämissen überhaupt sinnvoll und angemessen ist. In der zweckrationalen Verkürzung von Kommunikation auf möglichst effizienten Informationsaustausch und von Interpretation auf reine Informationsverarbeitung kann die Dimension des *kommunikativen* Handelns prinzipiell nicht erfaßt werden, da verständigungsorientierte Kommunikation von der Plauderei über Belanglosigkeiten bis hin zu konsensstiftenden Diskussionen gerade nicht bloß zweckrationalen Erwägungen folgt: Es kann relevant sein, über das Wetter zu plaudern, weil darüber soziale Anerkennung und Beziehung reproduziert wird und nicht, weil die dabei ausgetauschte Information von besonderem Interesse wäre: Das Gespräch über das Wetter, die beiläufige Plauderei oder das 'Ausspinnen' von Geschichten,[110] aber auch Interaktionsrituale wie Begrüßung und Verabschiedung oder Entschuldigungs- und Verlegenheitsfloskeln[111] – all diese Kommunikationsformen folgen nicht dem zweckrationalen Relevanzprin

---

[108] So etwa Hörmann (1978), der im Rekurs auf eine intentionalistische Semantik den Verstehensprozeß als zweckrationales Kalkül strategisch handelnder Akteure modelliert. Auch Künne (1983) geht im Anschluß an die Griceschen Konversationsimplikaturen vom 'Grundsatz der zu unterstellenden Zweckrationalität' aus, um kontextuelle Relevanz zu klären – auch er reduziert damit Kommunikation auf *strategisches Handeln*; ähnlich auch Berg 1978:64.

[109] Vgl. auch die Kritik von O'Neill 1988/89, der anregt, den Aspekt des sozialen Handelns in das Relevanzprinzip einzubeziehen. Allerdings bleibt er selbst dem zweckrationalen Paradigma insofern verhaftet, als er zwar alle möglichen sozialen Relevanzen miteinbezieht, diese aber wiederum als optimalisierbare pragmatische Schlußstrategie auffaßt: „Pragmatic inference proceeds on the assumption that the speaker is a rational individual whose utterances are intended to be optimally relevant to those projects in which he or she is engaged. Hence a rational hearer will assume that the speaker, in making an utterance, is persuing that or those projects for which the utterance is optimally relevant." (ebd.:260).

[110] „Es gibt offensichtlich Situationen, etwa gesellige Unterhaltungen oder gar ganze kulturelle Milieus, in denen eine gewisse Redundanz der Redebeiträge geradezu geboten ist." (Habermas 1981/I:418.).

[111] Vgl. Goffman 1986.

zip, sondern einer je situativ bestimmten sozialen Relevanz. Die von Sperber und Wilson unterstellte Universalität des zweckrationalen Relevanzprinzips im Sinne eines allgemeinen Kommunikationsprinzips muß aus diesen Gründen fraglich bleiben.

5.4 Hintergrundwissen und metaphernvermittelte Kommunikation

Der Befund, daß das zweckrational gefaßte Relevanzprinzip keine universelle Geltung haben kann, muß nun allerdings nicht unbedingt die völlige Verwerfung des Relevanzprinzips nach sich ziehen. Vielmehr kann auch versucht werden, eine allgemeinere, d.h. über das zweckrationale Kalkül hinausgehende Fundierung des Relevanzprinzips zu erreichen. Eine solche Umformung des Relevanzprinzips will ich im folgenden auf der Grundlage des (bereits in Kapitel I-2.3 erörterten) Begriffs der kommunikativen Rationalität vornehmen.

Der Theorie des kommunikativen Handelns zufolge genügt zum Verstehen eines Sprechaktes die alleinige Bezugnahme auf die Darstellungsebene ebensowenig wie bloße Rekonstruktion von Sprecherintentionen oder die isolierte Betrachtung der beziehungsstiftenden Appellfunktion. Vielmehr enthalten alle kommunikativ verwendeten Ausdrücke, so die klassische Formel von Habermas, „die drei Aspekte des sich / über etwas / mit einem Anderen / Verständigens".[112] Erst durch die Berücksichtigung der Kopräsenz der drei Verständigungsfunktionen kann der Umstand erklärt werden, daß Bedeutung ein Resultat von kommunikativen Aushandlungsprozessen ist, in denen das Meinen des Sprechers, das Verstehen des Hörers und die intersubjektive Verständigung darüber gleichursprünglich sind. Jede Äußerung ist dementsprechend in eine von Sprecher und Hörer *geteilte* Äußerungssituation eingebunden, die Gegenstand der Verständigung ist, da sie letztlich über den Verwendungssinn der Äußerung bestimmt. Überlappt sich das Situationsverständnis der Kommunikationspartner, dann können die Intentionen der Beteiligten unproblematisch erfaßt werden; divergiert es, dann kann durch den Frage- und Antwortdialog eine Verständigung über die Äußerung herbeigeführt werden. Das subjektive *Verstehen* von Bedeutung und die intersubjektive *Verständigung* über diese sind in diesem Sinne intern miteinander verbunden: „Wir verstehen die Bedeutung eines Sprechaktes, wenn wir wissen, unter welchen Bedingungen er als gültig akzeptiert werden kann."[113]

---

[112] Habermas 1988:106.
[113] Habermas 1988:103, vgl. ders. 1981/I:400. Zur Diskussion dieser kommunikationspragmatischen Bedeutungstheorie im Hinblick auf den Stellenwert von Kontext und Situation vgl. auch Wellmer 1989.

Nicht die private Intention, nicht das mit einer Äußerung Nahegelegte oder Gemeinte, sondern der mit der Äußerung erhobene *Geltungsanspruch* und die *intersubjektive Verständigung* darüber sind demnach die entscheidenden Bedeutungsfaktoren. Damit steht die kommunikative Situation zwischen Sprecher und Hörer im Zentrum der Betrachtung. Die kleinste Einheit eines Verständigungsprozesses – und mithin einer durch Sprecher und Hörer gemeinsam ausgehandelten Bedeutung – ist die mit einem Geltungsanspruch geäußerte Sprechhandlung 'Mp' des Sprechers und die Stellungnahme des Hörers, mit der dieser das Sprechaktangebot annimmt oder ablehnt. Der Verständigungsprozeß beruht also auf der kontrafaktischen Anerkennung von Geltungsansprüchen – oder auf der Anerkennung bzw. der Kritik von Gründen, mit denen die Gültigkeit einer Äußerung beansprucht wird. Dies erst befreit den Hörer aus der Passivität des bloßen Zuhörens, die ihm von der intentionalistischen Semantik zugeschrieben wird,[114] denn nun geht es nicht mehr allein um das Zu-verstehen-Geben von Intentionen oder von mentalen Zuständen, sondern um die intersubjektive Klärung der Bedingungen – also der möglichen Situationskontexte – unter denen eine Äußerung als gültig akzeptiert werden kann. In verständigungsorientierter Einstellung bemißt Relevanz sich dementsprechend nicht allein an den von einsamen Akteuren verfolgten Zielen, sondern vor allem an dem, was im kommunikativen Handeln in der gemeinsamen Situation gewußt, für wichtig erachtet und anerkannt wird. Wenn darüber hinaus mit Habermas strategische Kommunikation nur als ein 'parasitärer' Grenzfall des 'Originalmodus'[115] verständigungsorientierter Kommunikation aufgefaßt werden kann, dann heißt dies, daß auch die monologisch-zweckrationale Relevanzzuschreibung[116] einer Äußerung 'Mp' im Kontext {C} nur ein Grenzfall der *dialogisch-kommunikationsrationalen Relevanzkonstitution* durch Begründung und Anerkennung von Geltungsansprüchen einer Äußerung 'Mp' im Kontext {C} darstellt. Erst hierdurch läßt sich der Anspruch, die ganze Kommunikationssituation als bedeutungsrelevanten Faktor systematisch in die metapherntheoretischen Überlegungen einzubeziehen, erfüllen.

Allerdings ist in diesem Zusammenhang grundsätzlich zu klären, wie das Verhältnis zwischen dialogischer Relevanzkonstitution und Metapher zu denken ist. Habermas selbst äußert sich kaum zu dem Problem der Metapher,[117] insofern stellen meine folgenden Überlegungen den Versuch dar,

---

114 So die Kritik von Habermas 1988:136-149, ferner ebd. 107f. sowie ders. 1984:332-350. Für ein ähnliches, Sprecher *und* Hörer einbeziehendes Kommunikationsmodell vgl. Ungeheuer 1987.
115 Vgl. Habermas 1981/I:387ff; vgl. auch unten meine Diskussion in Kap. II-5.5.
116 Im Sinne der in Kap. II-5.3 diskutierten Ansätze.
117 Am ausführlichsten noch in der Studie 'Notizen zur Entwicklung der Interaktionskompetenz' (in Habermas 1984:187-225), wo die Metapher als *beabsichtigte modale Ver-*

auf der Grundlage seiner Kommunikationstheorie eine formalpragmatische Analyse der Metapher zu entwickeln.[118] Meine These ist dabei, daß die Metapher bei der dialogischen Relevanzkonstitution eine zentrale Rolle spielt, da sie in ganz besonderer Weise auf Situation und Kontext bezug nimmt. Es geht hierbei vor allem darum, im Anschluß an die Diskussion über die Ikonizität der Metapher (oben in Kapitel II-4) die metaphernspezifische Bezugnahme auf und die Unterstellbarkeit von *Hintergrundwissen* in der Kommunikation herauszuarbeiten.[119]

Die zentrale Bedeutung des Hintergrundwissens und der vorgegebenen Selbstverständlichkeiten hat Gadamer in Anknüpfung an Heidegger aufgewiesen.[120] In seiner Interpretation des hermeneutischen Zirkelprinzips zeigt Gadamer, daß jedes Verstehen zunächst auf einem Sinnentwurf aufbaut, der das Vorwissen und die Vorurteile des Interpreten als Quelle benutzt und der dann im Prozeß der Ausarbeitung „beständig von dem her revidiert wird, was sich beim weiteren Eindringen in den Sinn ergibt".[121] Dabei kritisiert er insbesondere die auf reiner Einfühlung in die *Autorintentionen* beruhende klassische Hermeneutik in der Tradition Schleiermachers und stellt dieser ein *quasi-dialogisches* Modell[122] hermeneutischen Verstehens entgegen:[123] Wie in der dialogischen Verständigung geht es in der Hermeneutik nicht um ein den eigenen Standpunkt unangetastet lassendes Sich-Hineinversetzen in den anderen, sondern um die 'Teilhabe am gemeinsamen Sinn', die durch die Verschmelzung der Horizonte des Interpreten und des zu Interpretierenden erst erreicht wird: „Im Vollzug des Verstehens ge-

---

wechslung von Wesen und Erscheinung analysiert wird: „Bei der symbolischen oder allegorischen Darstellung, im ironischen oder metaphorischen Sprachgebrauch setzen wir voraus, daß eine hypostasierte Erscheinung, die einen substantiellen Gehalt nur vortäuscht, als Vorspiegelung identifiziert wird; zugleich bedienen wir uns aber dieser Konfusion von Wesen und Erscheinung, weil gerade die Irrealität des erscheinenden Wesens den dementierenden Hinweis gibt, daß die wörtliche Bedeutung einer ironischen Wendung oder einer Metapher nicht wörtlich, das auf einem allegorischen Bild unmittelbar Anzuschauende nicht unmittelbar aufgefaßt werden soll." (ebd.:213).

118 Meine hier vorgelegte formale Analyse ist von den inhaltlichen Analysen zu empirischen Fragen der Metaphernkommunikation zu unterscheiden. (vgl. zu dieser Problematik Hülzer-Vogt 1991 und Emonds 1986 sowie mein folgendes Resümee II-5.5).
119 Einen Teil der folgenden Überlegungen habe ich bereits im Zusammenhang mit der Diskussion um die Möglichkeiten und Grenzen der Sprachverarbeitung in der *artificial intelligence* entwickelt (vgl. Debatin 1993).
120 Vgl. Gadamer 1960:270-312 sowie oben, Kap. II-3.5.
121 Gadamer 1960:271.
122 „Die neoaristotelische Hermeneutik Gadamers erlaubt immerhin eine quasi-dialogische Rekonstruktion des Situationsbezugs menschlicher Handlungen und insofern auch ihrer Konstitution. Möglich wird so das Modell von Frage und Antwort." (Böhler 1985: 318; vgl. auch ebd.:256ff.).
123 Vgl. Gadamer 1960:296ff.

schieht eine wirkliche Horizontverschmelzung, die mit dem Entwurf des historischen Horizontes zugleich dessen Aufhebung mit sich bringt."[124]

Gadamers Bezug auf die Dialogsituation als Paradigma für hermeneutisches Verstehen läßt sich freilich auch umgekehrt als Aussage über die Bedingungen der Verständigung im Dialog lesen: Indem im Frage-Antwort-Spiel die Situationen von Sprecher und Hörer einander angenähert, ihre Horizonte in Übereinstimmung gebracht werden, kann die dialogische Konstitution eines gemeinsamen Relevanzsystems gelingen.[125] Ein solches Relevanzsystem beruht auf dem gemeinsamen Vorverständnis und Hintergrundwissen und ermöglicht zugleich den Bezug darauf, so daß Sprecher und Hörer ein überlappendes Situationsverständnis entwickeln. Erst auf der Basis dieses Situationsverständnisses und der dazu gehörigen Hintergrundannahmen können Äußerungen verstanden werden.[126] Viele dieser Hintergrundannahmen sind so eindeutig und soweit habitualisiert, daß sie als unhinterfragte Selbstverständlichkeit von vorne herein vorausgesetzt werden. Sie erreichen erst gar nicht das Niveau der Thematisierbarkeit, sondern sie bilden vielmehr einen *Hintergrund an impliziten Gewißheiten*. Wenn also in einer Äußerungssituation Vorverständnis und Hintergrundannahmen nur zu einem Bruchteil thematisiert werden, so deshalb, weil es sich beim überwiegenden Teil dieses Wissens um ein voraussetzbares implizites Hintergrundwissen handelt. Durch dieses ist es überhaupt erst möglich, Kontexte und Situationen als Kontexte und Situationen zu erzeugen und zu verstehen.[127]

In systematischer Hinsicht können die in Äußerungssituationen zur Wirkung kommenden Hintergrundannahmen auf der Grundlage der 'Theorie des kommunikativen Handelns' zunächst in drei grundlegende Wissenstypen unterschieden werden[128] (vgl. Schaubild 1): Erstens das in Sprechhandlungen *thematische oder explizite Wissen* des propositionalen Gehaltes, zweitens das *mitthematisierte Wissen* des Äußerungsmodus, das als illokutionärer Akt im Vollzug der Sprechhandlung meist implizit 'mitläuft', und drittens das *unthematische Hintergrundwissen*, das diejenigen Voraussetzungen

---

124 Gadamer 1960:312.
125 Wie schon die ethnomethodologische Konversationsanalyse im Anschluß an A. Schütz gezeigt hat, bilden die an einer Kommunikation Beteiligten 'praktische Idealisierungen' aus, auf Grundlage derer Situationen als *gemeinsame Relevanzsysteme* erlebt und die individuellen Perspektiven reziprok verschränkt werden können (vgl. Kallmeyer/ Schütze 1976).
126 Vgl. Wellmer 1989:329ff.
127 Menschliche Kommunikation ist *prinzipiell* auf Hintergrundannahmen angewiesen, die sich innerhalb der Sprach- und Kulturgemeinschaft als unhinterfragte und gemeinsam geteilte Selbstverständlichkeiten bilden (vgl. Arbeitsgruppe 1973 sowie Kallmeyer/ Schütze 1976).
128 Vgl. zum folgenden v.a. Habermas 1981/I:369-452; ders. 1981/II:182-228; ders. 1984:571-607 und ders. 1988:84-94.

beinhaltet, welche „die Kommunikationsteilnehmer machen müssen, damit die Sprechhandlung in einer gegebenen Situation eine bestimmte Bedeutung annehmen und überhaupt gültig oder ungültig sein kann."[129]

Schaubild 1: Wissenstypen nach Habermas

```
              W  I  S  S  E  N
             /       |       \
            /        |        \
      thematisch  mitthematisiert  unthematisch
  (explizit-propositional) (elliptisch-illokutionär) (implizit-hintergründig)
```

Dabei ist das jeweilige explizite propositionale Wissen sowohl vom illokutionären Bedeutungswissen – also von den Gültigkeitsbedingungen im engen Sinne – als auch vom unthematischen, also impliziten Wissen abhängig. Dieses implizite Hintergrundwissen besteht seinerseits aus der *intuitiven Sprachkompetenz*, die als implizites Wissen der Erzeugung von Sprechhandlungen dient, und dem *impliziten konkreten Sprach- und Weltwissen,* das das kommunikative Handeln ergänzt. Dabei ist wiederum das implizite Sprach- und Weltwissen von besonderem Interesse, denn es bildet in konkreten Sprechhandlungen die Grundlage, auf der Geltungsansprüche ihre Plausibilität und Äußerungen ihre jeweilige Bedeutung erhalten. Es umfaßt neben dem gemeinsamen *Horizontwissen* von Handlungszusammenhängen und raum-zeitlichen Bezügen das *themenabhängige Kontextwissen* sowie das *lebensweltliche Hintergrundwissen* (vgl. Schaubild 2).

Am wichtigsten ist hierbei das lebensweltliche Hintergrundwissen als Träger von unmittelbaren und fundamentalen Gewißheiten, kulturellen Selbstverständlichkeiten und sozial eingelebten Praktiken, von Bräuchen und Traditionen sowie von individuellen Fertigkeiten der Bewältigung von Situationen usw. Diesem Wissen zuzurechnen sind auch die in die Selbstverständlichkeit eingelassenen Gemeinplätze, Bildfeldtraditionen und Hintergrundmetaphern eines Kulturkreises.[130] Das lebensweltliche Hintergrundwissen liegt dem Horizont- und Kontextwissen zugrunde, als ein *präreflexives* Hintergrundwissen kann es jedoch selbst nicht thematisch werden, sondern nur in Form von unhinterfragten Überzeugungen und Selbstverständlichkeiten in die Kommunikation einfließen. Habermas beschreibt das lebensweltliche Hintergrundwissen folgendermaßen:

> Es ist ein implizites Wissen, das nicht in endlich vielen Propositionen dargestellt werden kann; es ist ein holistisch strukturiertes Wissen, dessen Elemente aufeinander verwei-

---

[129] Habermas 1988:86.
[130] Vgl. oben, Kap. II-3.3 und -3.4.

sen, und es ist ein Wissen, das uns insofern nicht zur Disposition steht, als wir es nicht nach Wunsch bewußt machen und in Zweifel ziehen können.[131]

Schaubild 2: Typen impliziten Wissens

```
                      IMPLIZITES WISSEN
                      /                \
                    /                    \
 intuitive Sprachkompetenz                \
                                            \
                     implizites konkretes Sprach- und Weltwissen
                     /              |              \
              gemeinsames           |               \
              Horizontwissen    themenabhängiges     \
                       \         Kontextwissen        \
                        \            |                 \
                        lebensweltliches Hintergrundwissen
```

Eine Äußerung ist als eine *situierte* Äußerung immer in vielfältige Bezüge zum impliziten Wissen eingebettet. Diese Bezüge können jedoch nicht einfach in explizites Wissen überführt werden: Schon bei der *intuitiven Sprachkompetenz* lassen sich nur allgemeine pragmatische Präsuppositionen rekonstruieren, die – wie die Sprechakttheorie zeigt – nicht einem klaren formalen Kalkül gehorchen, sondern auf intersubjektiven Regeln im Sinne Wittgensteins beruhen. Auch *Kontext-* und *Horizontwissen* können nicht im ganzen thematisch, d.h. nie vollständig aufgehellt werden, da sie auf dem lebensweltlichen Hintergrundwissen aufbauen und jeweils situativ, also mit potentiell unendlich vielen Möglichkeiten, aktualisiert werden. Das *Hintergrundwissen* schließlich läßt sich aufgrund seiner vorkategoriellen Unmittelbarkeit, seiner holistischen Struktur und seiner Totalität schon gar nicht in explizites propositionales Wissen überführen.

Betrachten wir nun wieder die Metapher im Verhältnis zu dieser Wissenstypologie. In vielen Metapherntheorien wird die Bedeutung des impliziten Wissens im Zusammenhang mit der Metapher immer wieder hervorgehoben. Mit Begriffen wie Blacks 'System assoziierter Implikationen', Beardsleys 'Feld potentieller Konnotationen' oder Ullmanns 'Assoziationsfeld' wird der Tatsache Rechnung getragen, daß die Metapher in besonderer Weise auf implizites Wissen bezug nimmt. Allerdings wird in diesen Theorien weder zwischen den verschiedenen Formen impliziten Wissens unterschieden, noch der Versuch unternommen, die für Metaphern besondere Art der Bezugnahme auf das implizite Wissen herauszuarbeiten. Die

---
[131] Habermas 1981/I:451.

damit verbundenen Unklarheiten will ich mit meinen folgenden Überlegungen ausräumen: Schon bei meiner Analyse der Ikonizität der Metapher (in Kapitel II-4) hat sich gezeigt, daß die Metapher aufgrund ihrer holistisch-gestalthaften Struktur auf implizites Wissen bezug nehmen und dieses evozieren kann. Daran anschließend will ich nun ein *Modell der metaphernspezifischen Bezugnahme auf implizites Wissen* entwickeln und diskutieren.

Die meinen Überlegungen zugrundeliegende These lautet, daß Metaphern wegen ihrer hohen Kontext- und Situationsabhängigkeit einerseits notwendigerweise auf implizitem Wissen beruhen, andererseits aber dieses durch ihre besondere Weise der Bezugnahme auch zum Ausdruck bringen.[132] Diese Bezugnahme auf das implizite Wissen kann mit sprechakttheoretischen Mitteln zunächst folgendermaßen formuliert werden: Eine Proposition – etwa: 'Die Vernunft ist eine schwankende Schale' oder formal: '(S ist P)' – gehört als Äußerung zu einem impliziten oder expliziten performativen Ausdruck (M), so daß die Äußerung 'Ich behaupte, daß die Vernunft eine schwankende Schale ist' oder M(S ist P) lautet. Wenn 'Vernunft' nicht gerade der Name eines Schiffes ist (und wir dabei auch darüber hinweg sehen, daß schon die Bezeichnung 'schwankende Schale' für 'Schiff' metaphorisch ist), dann werden wir die Äußerung sofort als eine metaphorische Beschreibung bestimmter Eigenschaften der Rationalität interpretieren. Unter Zuhilfenahme der Kontextkomponente [MET] kann die Äußerung nun als 'M([MET]S ist P)' formalisiert werden, so daß sie als nichtelliptische Äußerung dann lautet:

'Ich behaupte – und zwar in metaphorischem Sinn: die Vernunft ist eine schwankende Schale'.

Die Komponente [MET] ist, wie bereits hervorgehoben, neben dem performativen und dem propositionalen Teil für den Bedeutungszusammenhang der Äußerung entscheidend. Sie nämlich bezieht sich auf das lebensweltliche Hintergrundwissen sowie auf das jeweilige Kontext- und Horizontwissen, das die Kommunikationspartner aktualisieren müssen, um die Äußerung angemessen – und das heißt in diesem Fall: als metaphorische Äußerung – zu verstehen

Wenn Danto – wie in Kapitel II-1.3 erörtert – sagt, daß Metaphern *intensionale Kontexte* sind, weil sie bezug nehmen 'auf die Form, in der die Dinge dargestellt werden' (oder mit Frege: auf ihren Sinn), dann kann diese These nun so erläutert werden, daß die Bezugnahme auf die Darstellungsform durch die Komponente [MET] erfolgt: Nämlich die Bezugnahme auf spezifische situative und kontextuelle Bedingungen sowie auf entsprechendes dazugehöriges Hintergrundwissen, wodurch die in der Äußerung

---

[132] Vgl. hierzu auch das ganz ähnlich strukturierte Verhältnis von Metapher und Erfahrung, das ich in Kap. II-4.4 erläutert habe.

thematisierten Dinge in konkrete *Sinnzusammenhänge* gestellt werden und damit erst ihre jeweilige Bedeutung erhalten können. Die metaphorische Äußerung stellt also – wie bereits diskutiert[133] – keinen eigenen Sprechakt dar, mit ihr wird kein *Geltungsbezug* hergestellt, d.h. kein spezifischer Geltungsanspruch erhoben, vielmehr wird mit ihr ein spezifischer *Sinnbezug* erzeugt (vgl. Schaubild 3).

Schaubild 3: Metapher und implizites Wissen

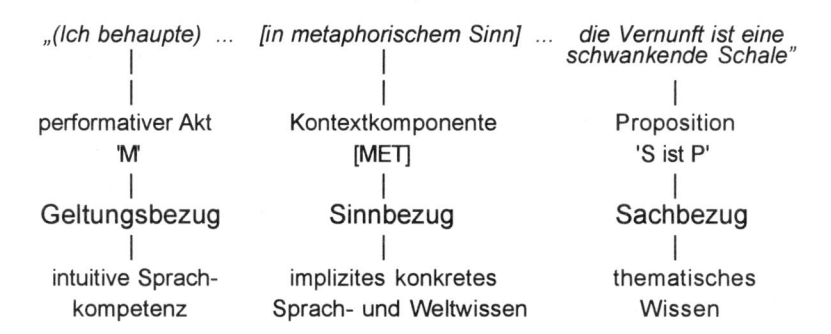

```
„(Ich behaupte) ...    [in metaphorischem Sinn] ...   die Vernunft ist eine
       |                         |                     schwankende Schale"
       |                         |                              |
 performativer Akt         Kontextkomponente              Proposition
       'M'                      [MET]                       'S ist P'
       |                         |                              |
  Geltungsbezug              Sinnbezug                      Sachbezug
       |                         |                              |
 intuitive Sprach-       implizites konkretes             thematisches
   kompetenz             Sprach- und Weltwissen              Wissen
```

Erst über die Konstruktion eines Sinnbezuges kann aber über die Qualität des Geltungsanspruches und damit auch über die Angemessenheit des Sachbezugs geurteilt werden: Ob die Behauptung, daß die Vernunft eine schwankende Schale ist, als wahr oder falsch gelten muß, kann erst entschieden werden, wenn der durch Hintergrundwissen und topisches Bildfeldwissen gestützte Bedeutungszusammenhang der Schiffsmetaphorik erkannt ist. Die Metapher erfüllt damit eine Funktion, die in der formal-pragmatischen Analyse des kommunikativen Handelns nur allgemein bestimmt, nicht aber konkret ausgefüllt ist: Um nämlich der Kontextualität und der Situationsgebundenheit von Sprechhandlungen gerecht zu werden, führt Habermas das Konzept der kontextbildenden Lebenswelt als *Komplementärbegriff* zum kommunikativen Handeln ein.[134] Die Lebenswelt und das mit ihr verbundene Erfahrungs- und Hintergrundwissen hat dabei den Status eines 'transzendentalen Ortes', der in Verständigungsprozessen als basale Sinn- und Interpretationsressource dient:

> Das Modell der Sprechsituation muß nicht nur die allgemeinen Bestandteile der Sprechsituation, also die Äußerung selbst, Sprecher und Hörer, dessen Ja/Nein-Stellungnahme usw. berücksichtigen, sondern auch den Hintergrund der von Sprecher

---

[133] Vgl. oben, Kap. II-5.2.
[134] Vgl. Habermas 1981/I:440ff., 1981/II:182-228, 1988:95-104 und 1991:34-48.

und Hörer geteilten Lebenswelt – und damit das intuitiv verfügbare Hintergrundwissen, aus dem die Kommunikationsteilnehmer ihre Interpretationen schöpfen.[135]

Die spezifische Eigenschaft der Metapher, auf implizites Wissen bezug zu nehmen, macht sie zu einem ausgezeichneten Mittel, diese Ergänzungs- und Ressourcenfunktion auf der sprachlichen Ebene zu verwirklichen. Durch die *Aktualisierung* von Hintergrundwissen steht die Metapher gleichsam zwischen expliziter Sprache und implizitem Wissen, sie verbindet das Thematische mit dem Unthematischen, das propositional Gewußte mit dem situativ Erfaßten:[136] Die schon bei Aristoteles hervorgehobene Evidenz der Metapher, ihr 'unmittelbares Einleuchten', weil in ihr die Situation mit einem Blick erfaßt ist, beruht auf dieser Bezugnahme auf implizites Wissen.[137] Mehr noch: durch ihren Bezug auf Kontext- und Horizontwissen sowie auf kulturell tiefsitzende Bildfeldtraditionen, die den lebensweltlich-selbstverständlichen Topoi und Hintergrund- oder gar absoluten Metaphern entstammen und die ganz fraglos gelten, ist die Metapher zugleich Träger *impliziten Wissens*. Insofern das topische Horizontwissen sich in erster Linie in Metaphern artikuliert,[138] spielen Metaphern als Träger impliziten Wissens in der Kommunikation eine zentrale Rolle, denn sie erst ermöglichen die Bezugnahme auf das von den Kommunikationspartnern geteilte Hintergrundwissen, das sie aber (aufgrund der erörterten holistischen Struktur des impliziten Wissens) nicht direkt in die explizit-wörtliche Sprache überführen können.[139]

Der hier mögliche Einwand, daß ja jede sprachliche Äußerung auf implizites Wissen bezug nehmen muß, ist sicherlich richtig, er verkennt jedoch, daß nur die Metapher dieses Wissen auch *evoziert*.[140] In 'wörtlicher' Rede ist die Bezugnahme auf implizites Wissen gleichsam unproblematisch gegeben; Wörtlichkeit, so wurde oben mit Goodman gezeigt, ist die je habitualisierte Symbolverwendung, bei der, wie wir nun hinzufügen können, die

---

[135] Habermas 1984:551.
[136] „Situationen nehmen wir nicht eigentlich wahr, obwohl wir sie gelegentlich 'mit einem Blick erfassen'; wir befinden uns in ihnen und verstehen oder 'erfassen' sie richtig oder falsch." (Wellmer 1989:331; zur Differenz zwischen propositionalem und holistisch-implizitem Wissen vgl. ebd.:329ff.).
[137] Vgl. oben, Kap. I-1.1. Ich habe dort die Metapher als 'Enthymem in nuce' bezeichnet, also einen auf einer implizit-evidenten Prämisse aufbauender Schluß, der auf dem topisch-selbstverständlichen Hintergrundwissen aufbaut. Ähnlich auch die in Kap. I-1.3 vorgeschlagene Interpretation der Metapher als Abduktion.
[138] Vgl. Künzli 1985:363; vgl. auch oben, Kap. II-3.3 bis II-3.5.
[139] An anderer Stelle habe ich gezeigt, daß gerade der nichtkalkulierbare Bezug der Metapher auf implizites Wissen die Hauptschwierigkeit bei dem Versuch ausmacht, Metaphern mit Mitteln der *artificial intelligence* in natürlichsprachigen Expertensystemen zu verarbeiten (vgl. Debatin 1992 und 1993).
[140] Vgl. oben, Kap. II-4.1. Moore (1982:9) kennzeichnet metaphorische Sprache als einen „evocative use of language"; allerdings gesteht er – ähnlich wie Davidson – der Metapher keine Bedeutung zu.

'Bedeutung' und das ihr zugrundeliegende Hintergrundwissen evident ist.[141] Die Metapher hingegen bezieht sich auf diejenigen Bereiche des impliziten Wissens, die nicht auf den ersten Blick mit einer 'wörtlichen' Bedeutung verbunden werden können, und bringt diese Bereiche allererst zu Bewußtsein, während bei wörtlicher Rede das implizite Wissen bereits im Bewußtsein ist. Diese spezifische Funktion der Metapher bezeichne ich als ihre *Evokationsfunktion*.[142] Wenngleich wörtliche und metaphorische Bedeutung aufgrund der prinzipiellen Metaphorizität der Sprache in einem kontinuierlichen Zusammenhang stehen, ist hiermit doch ein grundlegender Unterschied in der Funktion von metaphorischer und wörtlicher Sprache benannt, der sich in einer Verbindung der Netzwerktheorie der Bedeutung und der Bildfeldtheorie folgendermaßen ausdrücken läßt:[143] Wörtliche Bedeutungen bzw. *lexikalisierte* Metaphern sind mit fest habitualisierter Erfahrung gleichsam stabil 'verhakt', so daß hier das entsprechende Wissen stets präsent ist und unbefragt genutzt werden kann. Dagegen sind *konventionelle* Metaphern mit spezifischen metaphorischen Präzedenzen, metaphorischen Topoi bzw. lebensweltlich tief verwurzelten Bildfeldtraditionen 'verhakt', wobei die Verbindungen und Bezüge hier flexibler, zugleich aber auch weitreichender und vielfältiger sind. Als Träger solch impliziten Wissens ruft die konventionelle Metapher zahlreiche Assoziationen ins Bewußtsein, sie evoziert dieses Wissen durch ihre Resonanzen. Bei *innovativen* Metaphern werden – neben bestehenden Bildfeldverbindungen – die 'Haken' aktiv und auf neuartige Weise an das implizite (und explizite) Wissen 'angehängt'. Die innovative Metapher eröffnet damit neue Kontexte, sie erschafft durch die Setzung von Ähnlichkeit neue Resonanz und stellt so *unerhörte* Sinnbezüge zu implizitem Wissen her. Emphase und Resonanz einer Metapher, die ich als *Unersetzbarkeitsbedingungen* der Metapher ausgezeichnet habe,[144] lassen sich unter dem Titel der Evokationsfunktion als die metaphernspezifische Form der Bezugnahme auf implizites Wissen im kommunikativen Handeln entziffern: Mit der *Emphase* wird der (unparaphrasierbare) semantische Möglichkeitsraum der Metapher umschrieben, aus dem heraus implizites Wissen evoziert wird, und

---

141 „Die wörtlichen Bedeutungen sind also relativ zu einem tiefverankerten, impliziten Wissen, von dem wir normalerweise nichts wissen, weil es schlechthin unproblematisch ist und in den Bereich kommunikativer Äußerungen, die gültig oder ungültig sein können, nicht hineinreicht." (Habermas 1981/I:451; vgl. hierzu auch meine Ausführungen in Kap. II-1.3).
142 Die Metapher ist hier selbst nach einem dialogischen Modell gedacht: In ihrer Evokationsfunktion ruft sie etwas ins Gedächtnis, sie muß (gemäß der Logik des Unerhörten) aber auch erhört und interpretiert werden. Die Form des Bezugnehmens kann dabei nach dem in Kap. II-5.1 dargestellten Modell der indirekten anaphorischen Referenz vorgestellt werden.
143 Vgl. oben Kap. II-1.1 und II-1.2, (v.a. auch Haack 1987/88) sowie Kap. II-3.
144 Vgl. oben, Kap. II-1.

mit der *Resonanz* wird die semantische Tiefe der Metapher innerhalb dieses Raumes bezeichnet, also die Herstellung von Sinnbezügen durch die Evokation von implizitem Wissen.[145]

Kommunikation mit Hilfe von starken, also hochresonanten und sehr emphatischen Metaphern kann nunmehr als eine besonders resonante Form der Kommunikation betrachtet werden: Gelingende metaphorische Verständigung besteht dann darin, daß ein Sprecher durch die Verwendung einer Metapher beim Hörer die Erzeugung eines impliziten *Resonanzsystems* hervorruft, das dem impliziten Resonanzsystem des Sprechers gleicht. Oder in der Sprache der Kommunikationstheorie von Gerold Ungeheuer: Der metaphorische *Ausdruck* eines Sprechers hat nur dann tatsächlich kommunikative Funktion, wenn der Hörer das vom Sprecher Hervorgebrachte durch eigene Verstehenstätigkeit in einen entsprechenden *Eindruck* umwandelt.[146] In dieser Hinsicht ist es gar nicht von Nachteil, daß die Metapher nicht in wörtliche Paraphrasen 'übersetzbar' ist. Die Metapher dient hier gar nicht der Explizitheit, sondern der Möglichkeit, implizites Wissen *als* implizites Wissen, d.h. als Quelle für Sinnzuschreibung und Bedeutungserzeugung, bei Sprecher und Hörer zu evozieren und damit in eine Situation einzuführen. Mit ihrer als Evokation bestimmten Funktion macht die Metapher also die Bezugnahme auf das in Äußerungssituationen notwendige implizite Wissen möglich, das auf der Basis von rein wörtlicher Sprache unzugänglich bliebe oder dauernder Gegenstand langwieriger Aushandlungsprozesse wäre. Die Metapher zeigt sich hier als ein unverzichtbares komplexitätsreduzierendes *Medium der Kommunikation*, mit dessen Hilfe eine intersubjektive Bedeutungsresonanz erreicht werden kann. Damit kommt der Metapher eine *eigene Verständigungsfunktion* zu, die ich nach den drei Stufen des impliziten konkreten Sprach- und Weltwissens folgendermaßen unterscheiden möchte:

(1) Indem die Metapher lebensweltliches Hintergrundwissen *evoziert*, macht sie dieses Wissen als Sinnquelle verfügbar, ohne daß es (verlustreich!) in die propositional-explizite Wörtlichkeit überführt werden müßte.

---

[145] Vgl. oben, Kap. II-3. Natürlich wird, dies sei hier nochmals vermerkt, mit einer Metapher nicht nur auf impliziertes, sondern ebenfalls – wie bei jedem anderen Ausdruck auch – auf explizites Wissen bezug genommen.

[146] Vgl. Ungeheuer 1987. Kommunikation wäre von hier aus gesehen statt als denotativer Informationstransport eher als eine Art der konnotativen Erregung von Resonanz aufzufassen: „In einer physikalischen Analogie kann Kommunikation am ehesten mit dem Phänomen der Resonanz verglichen werden, in welchem Oszillatoren praktisch ohne Energieübertragung andere Oszillatoren zum Schwingen in der gleichen Eigenfrequenz oder in verwandten Frequenzen stimulieren." (Jantsch 1987:170). Auf die Ähnlichkeiten zwischen dem Begriff des kommunikativem Handelns und dem Kommunikationsbegriff des 'radikalen Konstruktivismus' sei hier nur allgemein verwiesen. So faßt z.B. Schmidt (1987:64) Kommunikation 'als parallele Konstruktion von Information im kognitiven Bereich von Individuen, die durch strukturelle Koppelung bereits einen konsensuellen Bereich ausgebildet haben' (vgl. auch Jantsch 1987:170f.).

Dies setzt freilich voraus, daß die Kommunikationspartner eine gemeinsame Basis von metaphorischen Konzepten besitzen, daß sie also Mitglieder ein und derselben oder zumindest einer ähnlichen Kultur- und Kommunikationsgemeinschaft sind: Mit den in das lebensweltliche Hintergrundwissen eingelassenen Bildfeldtraditionen einer Kultur sind die metaphorischen Konzepte verbunden, auf deren Grundlage Erfahrung strukturiert und mit Sinn geladen wird. Diese in einer Sprachgemeinschaft geteilten basalen metaphorischen Konzepte machen eine metaphernvermittelte Kommunikation nicht nur möglich, sondern notwendig und unvermeidlich.[147]

(2) Auf der Stufe des themenabhängigen Kontextwissens sind es wiederum Metaphern, die spezifische *Kontexteffekte*[148] hervorrufen: Durch ihre Bezugnahme auf das lebensweltliche Hintergrundwissen füllen sie einerseits den jeweilgen Kontext mit impliziten Sinnbezügen, andererseits können durch sie aber auch neue Kontexte ins Spiel gebracht und Aspekte gewechselt werden: Wie wir schon in Kapitel II-1.3 gesehen hatten, zeichnet sich die Metapher als Einheit von Gegenstandsdarstellung und Perspektiveneröffnung durch ihre kontexteröffnende und -artikulierende Leistung aus. Auf diese Weise spielen Metaphern bei der dialogischen Relevanzkonstitution eine entscheidende Rolle, denn mit ihnen können neue Relevanzen ins Spiel gebracht und integriert werden. Aufgrund ihrer Evokationsfunktion ermöglichen Metaphern dabei zugleich die Aktualisierung von entsprechendem neuen Kontext- und Hintergrundwissen.

(3) Auf der Stufe des gemeinsamen Horizontwissens können Metaphern Teil der Situationsdefinition sein, da mit ihrer Hilfe Situationen *konzeptualisierbar* sind.[149] Das metaphernspezifische 'Sehen als' ermöglicht die Beschreibung einer Situation unter einem bestimmten Hinblick. Unterschiedliche Konzeptualisierungen und entsprechende Metaphernkonflikte[150] sind Teil der Situationsverständnisse, die durch kommunikative Aushandlungsprozesse und durch die Unterstellung von gemeinsamen Relevanzen in Übereinstimmung gebracht werden können. Im Rückgriff auf gemeinsam geteilte metaphorische Konzepte oder im wechselseitigen Erlernen neuer, fremder metaphorischer Konzepte kann dann eine Verschmelzung der Interpretationshorizonte erfolgen, die die Teilhabe am gemeinsamen Sinn und

---

[147] Vgl. oben, Kap. II-3.4 sowie Kap. II-4, hier insbesondere die kognitionspsychologisch-linguistischen Untersuchungen zur individuellen und gesellschaftlichen Konzeptualisierung und Kommunikation von Erfahrung (Lakoff/Johnson 1980a und 1980b, Johnson/Lakoff 1982, Johnson 1987 und 1993 sowie Lakoff 1987a).
[148] Vgl. auch oben, Kap. II-5.3.
[149] Vgl. hierzu auch Kap. II-4.
[150] Vgl. hierzu auch Kap. II-5.5 sowie Hülzer-Vogt 1991 und Emonds 1986.

damit Verständigung erst möglich macht.[151] Das dabei zugrundeliegende Netz konzeptueller Metaphern, so stellt Pielenz fest, formuliert nämlich

> nichts anderes als einen kulturellen Gemeinbesitz, einen wandelbaren Fundus an Denkmustern und Ausdrucksschemata, in denen der historische Erfahrungshorizont, die kulturgeschichtliche Tiefenstruktur einer Kommunikationsgemeinschaft kondensiert ist.[152]

Da prinzipiell jede Verständigungssituation auf die beschriebene Evokationsfunktion der Metapher angewiesen ist, kann hier von einer *kommunikativ-hermeneutischen Dimension* der Metapher gesprochen werden, die sich – folgt man der Systematik von Villwock[153] – in der Qualität der *Partizipation* aufweisen läßt. Mit dieser ist nämlich die Teilhabe der Metapher an der Entwurfsstruktur des Verstehens und an der menschlichen Verständigung überhaupt bezeichnet. Der darin liegende welterschließende und perspektiveneröffnende Charakter metaphorischer Rede geht über eine bloß psychologisch-anthropomorphe Projektion hinaus, da er „gleichursprünglich sich auf Weltaspekte und Sinnmöglichkeiten menschlichen Daseins bezieht"[154] und damit den lebensweltlichen Verstehens- und Verständigungshorizont in orientierender Weise[155] umschreibt. Erst aus dieser, die Sinndimension integrierenden Perspektive können die welterschließenden und -erzeugenden Funktionen der Metapher als *kommunikative Funktionen* der Metapher begriffen werden. Das 'Erworten' und 'Verworten' der Welt innerhalb einer Sprachgemeinschaft ist, wie Ingendahl gezeigt hat, ein kommunikativer Prozeß, der auf die schöpferische und transformierende Kraft der Metapher angewiesen ist:

> Wenn die primäre Leistung einer Muttersprache darin besteht, daß sie ihrer Sprachgemeinschaft den Weg eröffnet, die Lebenswelt in das Eigentum des Geistes umzuschaffen (Humboldt) und dabei deren Elemente als bestimmte zu prägen, dann besteht die primäre Leistung der Metaphorisierung darin, daß sie der Sprachgemeinschaft Verfahrensweisen zur Verfügung stellt, neue Elemente in ihre Lebenswelt aufzunehmen oder bestehende umzugestalten.[156]

Zugleich hat die Metapher aber auch an der Polarität von Sprache als System und Sprache als Kommunikationsmedium teil, insofern sie

> gleichermaßen eine Bewahrung des Wortes und eine Transzendierung des sprachlichen (wörtlichen) Sinnes verlangt und so in ihr Sprache sich in der Zweideutigkeit von Bild

---

[151] Die hierzu notwendige Perspektivenverschränkung ist selbst als Akt metaphorischer Projektion zu denken: „This imaginative projective act is esentially a metaphorical process – a way of understanding one kind of experience in terms of another or different kind." (Johnson/Lakoff 1982:12).
[152] Pielenz 1993:176.
[153] Vgl. Villwock 1983a. Villwock untersucht die Metapher vom transzendental-hermeneutischen Ansatz aus unter den kategorialen Qualitäten der Partizipation, der repräsentativen Bedeutsamkeit, der Totalisierung und der Limitation.
[154] Villwock 1983a:81.
[155] Vgl. auch oben, Kap. II-3.5.
[156] Ingendahl 1971:205.

und Zeichen, von Statik und Dynamik, von konventionellem und kommunikativem Sinn kristallisiert.[157]

Metaphernvermittelte Kommunikation zeigt sich so zum einen, nämlich in der quasi-transzendentalen[158] kommunikativ-hermeneutischen Dimension, als welterschließende Sinnbedingung verständigungsorientierter Kommunikation überhaupt, zum anderen aber auch als ein unverzichtbares und komplexitätsreduzierendes Kommunikationsmedium, das *Dinge zur Sprache bringt*, die anders nicht (bzw. *so* nicht) gesagt werden könnten.

Darüber hinaus ist aber auch jede konkrete metaphorische Äußerung in einem Verständigungsprozeß selbst abhängig von und angewiesen auf Interpretation und Geltungsreflexion. Die in konkreten Kommunikationssituationen mit metaphorischen Äußerungen erhobenen Geltungsansprüche sind ebenso wie die der wörtlichen Rede Teil des im kommunikativen Handeln kontrafaktischen Konsenses, der zum Gegenstand der diskursiven Prüfung wird, sobald er nicht mehr trägt. Dabei steht die Metapher jedoch in einer besonderen Beziehung zur argumentativen Praxis, denn sie setzt, wie bereits in Kapitel I-1.1 gezeigt, als *Enthymem* ihre Prämissen in topisch-selbstverständlicher Weise implizit voraus. Hieraus ergibt sich eine spezifische 'argumentative Verwendungsfunktion' der Metapher, die Pielenz auf der Basis von argumentations- und metapherntheoretischen Überlegungen detailliert herausgearbeitet hat.[159] Er zeigt hierbei, daß sich die Metapher als 'Verfügungsraum oder Bündel von Schlußregeln' auffassen läßt, mit denen ein geltungs- und handlungslegitimierender 'Wirklichkeitsentwurf' angeboten wird – und dieser 'Schatz geltungsgarantierender Schlußpräsuppositionen' ist stets ebenso Grundlage wie auch Gegenstand der kritischen Geltungsprüfung:[160]

> Mit dem Instantiieren einer konzeptuellen Metapher wird ein Fundus an Geltungsansprüchen als akzeptiert präsupponiert. (...) Jede einzelne metaphorische Schlußregel läßt sich im argumentativen Bedarfsfalle zu einer Schlußpräsupposition beleben, die als eine plausible Prämisse in der Regel *enthymematisch* zum Einsatz kommt.[161]

Die Metapher läßt sich so als 'stille Argumentationsmatrix' von 'impliziten Meinungsnormen' beschreiben, die als 'argumentative Heuristik' gleichsam in das gesellschaftliche Kommunikationsgefüge eingebaut ist und die ihre geltungs- und handlungslegitimierende Kraft aus den lebensweltlichen Sinnzusammenhängen bezieht, in die sie eingebettet ist.[162]

---

[157] Villwock 1983a:83.
[158] D.h. durchaus im Sinne einer Möglichkeitsbedingung, jedoch ohne Letztbegründungsambitionen.
[159] Vgl. Pielenz 1993. Pielenz untersucht allerdings nur die argumentative Funktion der Metapher, nicht aber ihre kommunikationsreflexive und metakommunikative Funktion.
[160] Vgl. Pielenz 1993:105ff.und 156ff.
[161] Pielenz 1993:157 (Hervorhebung von mir).
[162] Vgl. Pielenz 1993:108 und 160.

Die von Pielenz herausgearbeitete Argumentationsfunktion der Metapher kann nun zwanglos mit meinen Überlegungen zur metaphernvermittelten Kommunikation verbunden werden: Die metaphernspezifische *Bezugnahme* auf implizites Wissen ist nämlich zugleich eine *Inspruchnahme* der mit einer Metapher gesetzten impliziten Prämissen. Die Evokationsfunktion der Metapher, ihre Bezugnahme auf das von den Kommunikationspartnern geteilte Hintergrundwissen, dient gleichermaßen der Artikulation von topischem Horizontwissen wie der Generierung von 'guten Gründen'.

Die Metapher ist so auf dialektische Weise mit der Verständigung verbunden, denn einerseits ist sie Ermöglichungsgrund, Sinnbedingung und Argumentationsgrundlage für gelingende Verständigung, andererseits aber kommt sie im Dialog allererst zum Vorschein und muß sich dann im argumentativen Aushandlungsprozeß bewähren: Die Rationalität der Metapher ist auch hier nicht einfach schon durch ihren geltungsunterstellenden Vorgriff gewährleistet, sondern sie hat sich in der geltungskritischen Argumentation immer erst noch zu erweisen.

5.5 Resümee: Die Metapher als genuine Verständigungsform

Die Untersuchung der Metapher auf der kommunikationstheoretischen Ebene ging zunächst mit Bühlers Organonmodell von drei *Verständigungsfunktionen* aus, die als gleichwertige semiotische Aspekte die Verwendung von Zeichen bestimmen. Mit der darauf folgenden Differenzierung zwischen Symbol- und Zeigfeld und der Analyse des anaphorischen Zusammenspiels von Zeig- und Symbolfeld ('kontextliches Zeigfeld') wurde die Wichtigkeit der kommunikativen Situation für den symbolischen Kontext deutlich. Gleichwohl wird bei Bühler die – interaktionstheoretisch aufgefaßte – Metapher noch vorwiegend im Symbolfeld verortet, womit Bühler die kommunikativ-hermeneutische Dimension der Metapher verkennt. Im Symbolfeld aber erkennt Bühler der Metapher als Verknüpfungsprinzip und (zusammen mit dem Kompositum) als Prinzip der Stoffveränderung eine wichtige Rolle zu.

Mit Goodmans allgemeiner Symboltheorie konnte dann eine genauere Bestimmung des Symbolfeldes vorgenommen werden. Dabei zeigte sich, daß die Metapher – als *metaphorischer Schematransfer* – zum einen als grundlegender sprachlicher Mechanismus und zum anderen als eine besondere Art der Bezugnahme, nämlich als eine neuordnende Reapplikation von symbolischen Schemata, verstanden werden kann. Gleichzeitig wurde Wörtlichkeit hier auch nicht eigentlich-ontologisch, sondern wie in der Netzwerktheorie Hesses im Sinne einer habitualisierten Symbolverwendung begriffen. Goodmans Analyse geht damit weit über die philosophisch-semantische Dimension hinaus und weist den Weg zu einer pragmatischen

Metapherntheorie. Die metaphorische Bezugnahme wurde dann in einer schematischen Funktionsdarstellung als Form der indirekten symbolischen Referenz, nämlich als *anaphorische Referenzverkettung* analysiert. Die schon von Bühler betonte reflexive Zeigefunktion der Anapher konnte damit in Zusammenhang mit der metaphorischen Bezugnahme gebracht werden. Problematisch blieb bei Goodman jedoch, daß die Ebene der Kommunikationssituation nicht eigens thematisiert, sondern nur im Sinne der pragmatischen Prämissen seiner Symboltheorie vorausgesetzt wird, so daß hier doch wieder vorwiegend die Darstellungsfunktion der Sprache gegenüber der Ausdrucks- und der Appellfunktion bevorzugt ist.

Die Kommunikationssituation wurde dann mit Hilfe der auf Searle und Austin zurückgehenden Sprechakttheorie genauer untersucht. Dabei zeigte sich, daß der Metapher per se keine illokutionäre Rolle zugeschrieben werden kann, so daß sie nicht als eigener Sprechakttypus zu betrachten ist. Um die Funktionsweise der Metapher im Sprechakt dennoch erklären zu können, analysiert Searle die Metapher als reine Äußerungsbedeutung und stellt sie der 'wörtlichen' Satzbedeutung diametral gegenüber. Die Metapher wäre dann im Sinne der Bühlerschen Verständigungsfunktionen als reiner *Appell* aufzufassen. Die Trennung von Satz- und Äußerungsbedeutung ist jedoch nur dann sinnvoll, wenn sie nicht als absolute Unterscheidung verwendet wird, denn sonst würde nur die (bereits kritisierte) strikte Trennung zwischen 'meaning' und 'use' wieder etabliert und die Metapher auf eine Stimulusfunktion reduziert. Wird die Metapher also statt dessen als eine gegenüber 'wörtlichen' Äußerungen reichhaltigere, resonante Äußerung begriffen, dann gilt es neben den Faktoren, die bereits mittels der Symboltheorie analysiert wurden, die kontextuell-situativen Faktoren zu untersuchen, die die Bedeutung der metaphorischen Äußerung bestimmen. Diese sich auf den situativen Gesamtkontext beziehenden Faktoren habe ich durch die *Kontextkomponente* [MET] bezeichnet. Allerdings führt die sprechakttheoretische Analyse hier zunächst nicht mehr weiter, denn sie verweist diese Faktoren in den Bereich der Sprecherintentionen, ohne sie weiter erklären zu können.

Um die Sprecherintentionen zu analysieren, habe ich dann auf die Theorie der konversationalen Implikaturen von Grice zurückgegriffen. Hier wird von der zweckorientierten Kooperativität rationaler Sprecher ausgegangen, so daß eine von der Satzbedeutung abweichende Äußerungsbedeutung als intendierter Verstoß gegen konversationale Maximen bei gleichzeitiger Anerkennung des Kooperationsprinzips gedeutet werden kann. Dadurch kann der Hörer annehmen, daß der Sprecher eine *konversationale Implikatur* erzeugen wollte. Grice's am klassischen Metaphernbegriff orientierte Einschränkung der Metapher auf den Verstoß gegen die Wahrheitsmaxime kann nun zwar durch die Erweiterung auf die anderen Maximen im Sinne einer allgemeinen Nahelegungstheorie entschärft werden, jedoch bleibt auch dann das Problem bestehen, daß metaphorische Äußerungen immer noch nur als indirekte Mitteilungsstrategien auf der Basis von monologisch-zweckrationalen Kalkülen aufgefaßt und damit ganz auf die *Ausdrucksfunktion* reduziert werden. Auch der Versuch von Sperber und Wilson, die Metapher mit Hilfe einer Theorie der Relevanz zu erklären, bleibt grundsätzlich auf dieser Linie. Zwar konnten hier zum einen im Hinblick auf die Kontextkomponente [MET] wichtige formale Bestimmungen bezüglich der Erzeugung eines Kontextes von Hintergrundannahmen gewonnen und zum anderen die Trennung von 'meaning' und 'use' überwunden werden; das Relevanzprinzip von Sperber und Wilson weist jedoch den entscheidenden Mangel auf, daß es nach einem auf problematischen kognitionspsychologischen Prämissen beruhenden *individualistisch-zweckrationalen Effizienzkalkül* (maximale Relevanz) modelliert ist. Die nicht einem strategischen oder zweckrationalen Kalkül folgenden Dimensionen des kommunikativen Handelns bleiben damit unberücksichtigt. Die Metapher, so zeigte sich insgesamt, wird in der Nahelegungs- wie in der Relevanztheorie zur bloßen instrumentellen Kommunikationsstrategie herabgestuft.

Erst in der Theorie des kommunikativen Handelns ist die Kommunikationssituation so modelliert, daß eine *Kopräsenz* der drei Verständigungsfunktionen prinzipiell vorausgesetzt und damit auch analysierbar ist. Verständigung wird in Zusammenhängen kommunikativen Handelns als ein Aushandlungsprozeß zwischen Sprecher und Hörer betrachtet, dessen Minimalbedingung das kontrafaktische Erheben von Geltungsansprüchen durch einen Sprecher und die anerkennende oder bestreitende Stellungnahme eines Hörers ist. Damit bauen Sprecher und Hörer ein dialogisch-kommunikationsrationales Relevanzsystem auf, mit Hilfe dessen sie sich auf gemeinsam geteiltes implizites Hintergrundwissen und lebensweltliche Selbstverständlichkeiten beziehen können. Das implizite Hintergrundwissen, so hatte ich dann auf der Grundlage des Habermasschen Ansatzes gezeigt, läßt sich in direkter Weise mit der Metapher in Zusammenhang bringen: Die Metapher beruht einerseits wegen ihrer Kontext- und Situationsabhängigkeit selbst auf implizitem Wissen, andererseits bringt sie dieses aber auch allererst zum Ausdruck; ein Umstand der bereits bei der Analyse der Ikonizität der Metapher (oben in Kapitel II-4) deutlich geworden war. Die eigentliche Funktion der Kontextkomponente [MET] zeigt sich dabei nun als Bezugnahme auf Sinnzusammenhänge: Neben dem *Geltungsbezug* des performativen Aktes und dem mit der Proposition geäußerten *Sachbezug* stellt die Kontextkomponente [MET] einen *Sinnbezug* auf das implizite konkrete Sprach- und Weltwissen her. Dieser Sinnbezug bildet eine notwendige lebensweltliche Grundlage für die Möglichkeit des Erhebens, Verstehens und Akzeptierens von Geltungsansprüchen. Indem die Metapher implizites Wissen zur Sprache bringt, verbindet sie das Thematische mit dem Nichtthematischen und das propositional-explizite Wissen mit dem holistisch-impliziten Wissen und stellt damit eine unersetzbare Sinnressource für das kommunikative Handeln dar. Mit ihrer Bezugnahme auf und der ikonisch-ganzheitlichen Darstellung von implizitem Wissen erfüllt die Metapher eine spezifische *Evokationsfunktion*. Die metaphernvermittelte Kommunikation ist deshalb als eine besonders resonante Form der Kommunikation zu betrachten, die mit 'wörtlicher' Rede allein nicht erreicht werden kann. Da die Metapher durch die Evokation des lebensweltlichen Hintergrundwissens im kommunikativen Handeln Kontextualisierung, Relevanzkonstitution und Situationsdefinition ermöglicht, kommt ihr eine eigene *Verständigungsfunktion* zu: Sie ist ein fundamentales Mittel zur dialogischen Verschmelzung der Interpretationshorizonte und damit zur Teilhabe am gemeinsamen Sinn. In dieser Evokationsleistung, die vor allem dann nötig ist, wenn implizites Wissen, Relevanzen und Interpretationshorizonte der Interaktionspartner divergieren, liegt die kommunikativ-hermeneutische Dimension der Metapher. Darüber hinaus wurde hier auch deutlich, daß das mit einer Metapher evozierte implizite Wissen zugleich als 'argumentative Heuristik' wirksam wird, so daß die Metapher zu Recht als ein 'Bündel habitualisierter Schlußprinzipien' (Pielenz) betrachtet werden kann, die in der Argumentation als stille Prämissen, also enthymematisch, eingebracht werden.

In der Verständigungsdimension zeigt sich die Metapher als eine Sinn- und Geltungsbedingung verständigungsorientierter Kommunikation, doch ist sie zugleich auch, als Teil des Verständigungsvorganges, selbst auf Interpretations- und Argumentationsprozesse verwiesen und muß sich deshalb nicht nur der *Sinn*-, sondern – wie zumindest dem Prinzip nach alle Äußerungen – auch der *Geltungsreflexion* stellen, da nur so die Gültigkeit und damit die Rationalität des mit ihr verbundenen Vorgriffs festgestellt werden kann.[163]

Wenn nun auf diese Weise die Metapher als eine spezifische Verständigungsform bestimmt wird, dann stellt sich die Frage, wie dieser Befund mit den geltungstheoretischen Prämissen der Theorie des kommunikativen Handelns zu vereinbaren ist. Wie bereits in Kapitel I-2.5 erwähnt, muß nach diesen Prämissen die Metapher als 'parasitärer' Modus gegenüber dem wörtlichen 'Originalmodus' der Rede gelten, da sie als indirekte Verständigungsform nicht illokutionären Zielen, sondern perlokutionären Effekten dient.[164] Metaphern wären damit prinzipiell als Verletzungen der Bedingungen verständigungsorientierter Kommunikation zu interpretieren und deshalb durch eine Theorie strategischer Kommunikation – wie oben in

---

[163] Metaphernreflexion ist ja, wie ich bereits in Kap. II-2.4 und II-3.5 hervorgehoben habe, immer Sinn- *und* Geltungsreflexion.
[164] Vgl. Habermas 1981/I:388ff.

Kapitel II-5.3 beschrieben – zu klären. Martin Seel hat darauf hingewiesen, daß diese 'Delegation' der Metapher an die intentionale Semantik zu den 'Merkwürdigkeiten' der Theorie des kommunikativen Handelns gehört und hat im Gegenzug dazu vorgeschlagen, die Metapher als originären Fall sprachlicher Verständigung aufzufassen, da die figurative Rede eine konstitutive Eigenschaft natürlicher Sprachen ist.[165] Tatsächlich besteht nämlich keine Veranlassung anzunehmen, daß Metaphern nicht der verständigungsorientierten, sondern der strategischen Rede zuzurechnen sind:

> Es ist davon auszugehen, daß die gesprächskooperative und verständigungsorientierte figürliche Rede überhaupt keine Verletzung der Bedingungen gelungener Rede darstellt. Man muß diese Bedingungen nur richtig verstehen – nicht als Regeln der Bedeutung von Worten und Sätzen, sondern als Prinzipien der Verständigung *in Kenntnis* der Regeln, die Bildung und Bedeutung sprachlicher Ausdrücke und Einheiten bestimmen.[166]

Die metaphorische Rede kann natürlich in gleicher Weise wie die 'wörtliche' verständigungs- *oder* erfolgsorientiert benutzt werden, sie ist also nicht per se dem strategischen Handeln zuzurechnen, nur weil die formalpragmatische Präsuppositionsanalyse (aus Gründen der leichteren Analysierbarkeit) eine Beschränkung auf wörtliche Kontexte vornimmt. Der Originalmodus der Rede kann zwar analytisch am Fall der Wörtlichkeit gewonnen werden, er kann jedoch sinnvollerweise nicht allein auf diesen begrenzt werden. Vielmehr – und dies fügt sich problemlos in die Theorie des kommunikativen Handelns ein – ist dann von einem Originalmodus der Rede zu sprechen, wenn Sprecher und Hörer in performativer Einstellung die vorbehaltlose Verfolgung illokutionärer Ziele betreiben und sich dabei der Verständigungsform sprachlicher Interaktion, gleich ob wörtlicher oder metaphorischer Art, bedienen.

Nun ist allerdings auch die Argumentation von Seel nicht unproblematisch: Wie in bereits in Kapitel II-1.3 ausgeführt, spricht Seel der Metapher die Aufgabe der Artikulation einer Sichtweise zu, während er der wörtlichen Rede die Funktion der Gegenstandsdarstellung zuschreibt. Dadurch kann er zwar ein Modell sprachlichen Handelns entwickeln, in dem die buchstäbliche und die figurative Rede als 'irreduzible Aktionsmodi' komplementär zusammenwirken, gleichzeitig erkennt er jedoch der Metapher ihre kognitive Funktion ab und vergibt so die in seinem Metaphernbegriff liegende Pointe, nämlich die Metapher als Einheit von Darstellung und Sichtweise aufzufassen. Genau in dieser Einheit aber liegt, wie ich meine, auch die *genuine* Verständigungsleistung der Metapher: Zum einen eröffnet die metaphorische Rede als kontextartikulierender Sinnbezug auf kontextuelles, situatives und implizites Wissen die jeweilige Perspektive, unter der eine Äußerung überhaupt zu verstehen ist, zum anderen aber gibt

---

[165] Vgl. Seel 1990.
[166] Seel 1990:266.

Resümee: Die Metapher als genuine Verständigungsform

sie nicht nur den Rahmen vor, sondern sie füllt diesen auch aus, indem sie ihren Gegenstand auf spezifische Weise darstellt und damit einen Geltungsbezug herstellt. Die metaphorische Rede liefert gerade weil sie eine gegenüber der wörtlichen Rede ungewöhnliche Perspektive eröffnet auch eine ungewöhnliche Gegenstandsdarstellung, denn mit ihr kann im *rationalen Vorgriff* eine Neubeschreibung der Wirklichkeit vorgenommen werden, die sich mehr noch als die 'wörtliche', also habitualisierte und akzeptierte Beschreibung der Geltungsreflexion stellen muß: Die Metapher stellt zwar keinen eigenen Typus von Geltungsanspruch dar, aber sie erhöht in der Kombination von evidentem Rückgriff auf lebensweltliche Sinnzusammenhänge, daraus abgeleiteten impliziten Prämissen und überraschendem Vorgriff auf das Neue die Intensität des geäußerten Geltungsanspruches.[167] Auf diese Weise sind die Sinn- und die Geltungsdimension der Metapher eigentümlich miteinander verschlungen.

Diese für die Metapher spezifische Spannung von Sinn und Geltung ist auch der Grund dafür, daß das in der Metaphorologie weit verbreitete Kriterium der *semantischen Abweichung* zur Bestimmung der Metapher als eine reduktionistische, eben diese Spannung verfehlende Bestimmung zurückgewiesen werden muß. Als nur semantische Abweichung wird die Metapher auf die logisch-semantische Dimension der Sprache reduziert. Wie ich in Kapitel II-1 gezeigt habe, taugt dieses Kriterium zwar zur Bestimmung der Metaphern, die der 'Logik des Unerhörten' folgen und so als kalkulierter Verstoß gegen gängige Kategorien identifiziert werden können, jedoch sind damit bei weitem nicht alle Formen der Metapher erfaßt. Tatsächlich fallen, wie in Kapitel II-3.3 aufgewiesen wurde, nicht einmal diejenigen *innovativen* Metaphern unter dieses Kriterium, die aus topischen Bildfeldern heraus generiert werden und ihre innovative Kraft aus der provokanten oder paradoxen Transformation dieser Topoi beziehen: Wenn hier überhaupt von einem Verstoß gesprochen werden kann, dann von einem Verstoß gegen eine *Metapherntradition*, nicht aber gegen begrifflich-semantische Kategorien. Auch der Versuch, die Metapher als einen Verstoß gegen *pragmatische Präsuppositionen* der Rede zu kennzeichnen, läßt sich, wie sich in der Diskussion der intentionalen Semantik (in Kapitel II-5.3) und des Habermasschen 'Originalmodus'-Kriteriums gezeigt hat, nicht als notwendiges Metaphernkriterium auszeichnen, da trotz der 'nichtwörtlichen' Redeform die allgemeinen Bedingungen kooperativen bzw. verständigungsorientierten Handelns selbst bei einem konkreten Verstoß gegen sie eingehalten werden bzw. so überhaupt erst realisierbar sind. Die Metapher suspendiert hier, wie Villwock hervorhebt, einzelne Konven-

---

167 Das macht sie auch, wie wir in Kap. II-3.5 gesehen haben, für Zwecke der Persuasion und der Manipulation in besonderer Weise verfügbar.

tionen, um damit zugleich die allgemeinen Normen der Verständigung zur Geltung zu bringen, und sie „wird so zum Index dafür, daß das Potential menschlicher Sprachfähigkeit die einzelsprachlichen Konventionen übersteigt (transzendiert)".[168] Diese 'pragmatische Differenz' (Villwock) zwischen den sprachlichen Konventionen und den in metaphorischen Äußerungen realisierten Verständigungsleistungen verweist auf die *kommunikationsreflexive Funktion* der Metapher und bringt ihre transzendentalpragmatische und transzendentalhermeneutische Dimension zu Bewußtsein.

Ausgehend von diesem Befund möchte ich vorschlagen, die Metapher aus der Spannung zwischen transzendentalhermeneutischer Sinndimension und transzendentalpragmatischer Geltungsdimension heraus als eine *kalkulierte Abweichung gegen kontextuell und situativ unterstellte Sinnerwartungen und Erwartungserwartungen* zu bestimmen. Der Erwartungshorizont einer Situation bildet sich stets auf der Grundlage der Gesamtheit aller kontextuellen und situativen Faktoren. Hierzu gehört etwa, welche Symbole und Symbolsysteme in diesem Kontext *als wörtlich* (also in habitualisierter Form) gebraucht werden, welche kommunikativen Ziele die Interaktionspartner verfolgen und welche impliziten Sinnzusammenhänge, Selbstverständlichkeiten und gemeinsam geteilten Überzeugungen der Interaktion zugrundeliegen. Insofern sind hier sprachliche und kommunikative Konventionen zwar ein wichtiger Bestandteil des Erwartungshorizontes, aber sie sind zugleich auch immer gefiltert und modifiziert durch die Bedingungen des jeweiligen Kontextes und der konkreten Situation. Die Erwartungen und die darauf aufbauende Erwartungsenttäuschung können sich deshalb auf semantische Kategorien oder auf pragmatische Normen der Kommunikation beziehen, sie können sich aber auch auf die hermeneutische Dimension der Relevanzerwartung und Sinnunterstellung richten: So wäre die *Negationsmetapher* dann, da 'wörtlich' genommen bloße Tautologie, ein Verstoß gegen Relevanzerwartung, die *Bildfeldtransformation* dagegen ein Verstoß gegen topisch-lebensweltlich fundierte Sinnunterstellung. Die Metapher dient so der Integration von erwartungsfremden, überraschenden Elementen in den Erwartungshorizont, sie ist also in diesem Sinne durchaus eine Art von Anomalie, eine Störung der Ordnung, die zur Überführung in eine übergeordnete Sinnebene motiviert:

> Anomalität als Bruch der ursprünglich stimmenden Erscheinungseinheit wird in eine höhere Normalität einbezogen. Das zunächst destruktive Element wird überhaupt erst unter dem Druck des Reparaturzwanges der gefährdeten Konsistenz zur Metapher. Es wird der Intentionalität durch einen Kunstgriff des Umverstehens integriert.[169]

Die Metapher kann auf der Grundlage eines solchen semantisch-pragmatisch-hermeneutischen Abweichungsbegriffes als eine *produktive Stö-*

---

[168] Villwock 1983a:121.
[169] Blumenberg 1983:439.

Resümee: Die Metapher als genuine Verständigungsform

rung der Kommunikation bestimmt werden, die zu verständnis- und verständigungssichernden Interpretations- und Reparaturleistungen motiviert und die mit ihrer Störung an der gegebenen Ordnung Anstoß nimmt und sie als rationaler Vorgriff zugleich reflektiert.[170] Aufgrund ihres kognitiven Gehalts und ihrer Evokationsleistungen ist sie aber stets mehr als nur Störung und sie könnte ohne diese kognitiven und evokativen Funktionen gar nicht 'umverstanden' werden. Je mehr der Bedeutungszusammenhang einer Metapher und die kontextuell-situativen Faktoren der Erwartung entsprechen, desto geringer wird diese Störung sein und umso selbstverständlicher wird auch das metaphorische Umverstehen ausfallen. Mit zunehmender Abweichung von diesen als Erwartung und Erwartungserwartung in die Kommunikation eingebrachten Sinn- und Bedeutungsunterstellungen werden auch die Reparatur- und Interpretationsleistungen zur Verständnissicherung steigen, bis die Metapher schließlich selbst zum Gegenstand expliziter Auseinandersetzung wird. Emonds spricht hier von einer 'kommunikativen Reflexion' der Metapher in alltagssprachlichen Zusammenhängen.[171] Dabei sind zwei metakommunikative Handlungen zu unterscheiden, nämlich die 'vorbereitenden Züge' und die 'Erläuterungszüge'. Vorbereitungs- und Erläuterungszüge dienen der expliziten Ankündigung bzw. Bestätigung einer metaphorischen Verwendungsweise oder dem Aufbau eines spezifischen Kontextes für die Metapher durch die Bildung von anaphorischen und kataphorischen Referenzbeziehungen. Diese können entweder auf in diesem Kontext 'wörtliche' Elemente verweisen oder durch die Bezugnahme auf andere Metaphern und Bildfelder metaphorische Rekurrenzen erzeugen. Bei größeren Verständnis- und Verständigungsschwierigkeiten kann die kommunikative Reflexion der Metapher dann auch die Form von eigenen Diskursen annehmen, die dem von mir in Kapitel II-2.4 vorgestellten Verfahren der *reflexiven Metaphorisierung* nahe kommen: Hier können erläuternde Kommentare gegeben, rekurrente Metaphernerweiterungen und -rückführungen vorgenommen, oder die Metaphernstrukturen expliziert werden.[172] Metaphernreflexive Aushandlungsprozesse dieses Typs werden vor allem dann unumgänglich, wenn die Metapher nicht nur zur Evokation von gemeinsam geteilten Kontext- und

---

170 Vgl. hierzu auch oben, Kap. II-2.4.
171 Vgl. Emonds 1986, v.a. 21ff. und 122ff.
172 An der Vergleichstheorie der Metapher orientiert, nennt Emonds (1986:134ff.) als Verfahren zur Verständnissicherung in Vorbereitungs- und Erläuterungszügen: die nichtmetaphorische Paraphrase (was aufgrund von in Kap. II-1 bereits erörterter Schwierigkeiten besser als *Kommentierung der Metapher* bezeichnet werden sollte), die Metaphernerweiterung (was als *Rekurrenzbildung* im weiten Sinne verstanden werden kann) sowie die Metaphernerläuterung durch die Entfaltung der Analogiebeziehungen und Vergleichspunkte einer Metapher (was nur auf Vergleichs-, Substitutions- und Analogiemetaphern zutrifft und deshalb besser allgemein *Explikation der Metaphernstruktur* genannt werden sollte)

Hintergrundwissen bzw. zur komplexitätsreduzierenden Bezugnahme auf kognitive Gehalte, sondern zur Artikulation von ganz neuen Erfahrungen, Sichtweisen und Bedürfnissen[173] verwendet wird. Die Metapher kann dann nämlich ein *konfliktäres Mittel* der Sprache sein, das durch „fehlgeschlagene sprachliche Verständigungshandlungen aufgrund von Deutungsdiskrepanzen oder (einer) überhaupt nicht zu leistenden Interpretation(en)" einen Kommunikationskonflikt herbeiführen kann.[174] Wie Heike Hülzer-Vogt in ihrer empirischen Studie gezeigt hat, scheint in diesen Fällen das 'Wörtlich-Nehmen' der Metapher die Hauptursache für den Kommunikationskonflikt zu sein, während als bevorzugte Lösungsstrategie die Explikation der analogischen Metaphernstruktur, und dabei vor allem die 'Freilegung des tertium comparationis', gewählt zu werden scheint.[175]

Insgesamt gesehen können, sofern die Metapher nicht *nur* als 'Kommunikationsstop'[176] oder als 'Überraschungseffekt zum Unterbrechen einer Unterhaltung'[177] verwendet wird, die durch Metaphern erzeugten kommunikativen Turbulenzen mit Hilfe von kommunikations- und metaphernreflexiven Prozessen bewältigt werden: Sprecher und Hörer nähern ihre jeweilige Auffassung der Metapher soweit wie für die Verständigung nötig (auch dies kann nur kommunikativ entschieden werden) einander an, indem sie durch Nachfragen, Artikulieren des bereits Verstandenen und weitere Explikationen und Kommentare ihre Interpretationshorizonte verschmelzen. Die Konstruktion des metaphorischen Bedeutungszusammenhangs ist hier eine genuine Leistung des dialogischen Aushandlungsprozesses zwischen den Interaktionspartnern. In verständigungsorientierter Einstellung benutzt, kann die Metapher somit hochresonante Interpretationsprozesse in Gang setzen und durch die Bezugnahme auf lebensweltlich-sinnkonstituierendes Erfahrungs- und Hintergrundwissen selbst zur unersetzlichen Quelle für gelingende Verständigung werden, da sie „häufig die einzige Möglichkeit offeriert, neue Erfahrungen, Erfahrungszusammenhänge (innovative Kombinationen zwischen Erfahrungen), Sichtweisen und Empfindungen zu 'sagen' und durchzuspielen".[178] Die Metapher kann, da sie im Vor- und Rückgriff auf Wissen, Erfahrung und Erwartung kreativ-kognitive, orientierend-welterschließende und kommunikativ-evokative Funktio-

---

[173] Die bedürfnisartikulierende Funktion der Metapher hat Koppe (1977) herausgearbeitet. In diesem Zusammenhang wäre auch die Funktion der in Kap. II-4.4 bereits erwähnten *therapeutischen* Metaphern zu sehen (vgl. Gordon 1986).
[174] Hülzer-Vogt 1991:372.
[175] Vgl. Hülzer-Vogt 1991:376 und 379f. Generalisierende Aussagen, die auf empirischen Ergebnissen dieses Typs beruhen, sind allerdings wegen der Komplexität und Offenheit von Kommunikationssituationen und wegen der Unterschiedlichkeit und Vielzahl möglicher Metaphern mit Vorsicht zu bewerten.
[176] Vgl. Luhmann 1987:268.
[177] Vgl. Rorty 1989:44.
[178] Hülzer-Vogt 1991:369.

nen realisiert, gleichermaßen *Mittel* wie *Gegenstand* der Verständigung sein; ihre Reduktion auf einen dieser beiden Aspekte würde im ersten Fall die konfliktäre Potenz der Metapher vernachlässigen und im zweiten Fall ihre evokativen und kognitiven Funktionen für die Verständigung leugnen. Die *kommunikationsrationale Leistung* der Metapher liegt aber gerade in der *Einheit von konfliktärer, interpretationsstimulierender Potenz und evokativ-kognitiver Funktion*. Damit wiederholt sich auf der kommunikativen Ebene die für die kognitive Ebene bereits herausgearbeitete Doppelfunktion der Metapher als Einheit von Perspektiveneröffnung und Gegenstandsdarstellung.[179] In dieser Doppelfunktion ist die metaphorische Äußerung aufgrund ihrer vielfältigen Sinnbezüge immer reichhaltiger, oft komplizierter und als Sinnressource grundlegender als der 'wörtliche' Gebrauch, zugleich ist sie aber, da sie ein 'Echo der wörtlichen Verwendung' (Goodman) in sich enthält, gegenüber dem evident-unmittelbar 'Wörtlichen' eine sekundär-reflektierte Form des Sprachgebrauchs. Auch in der Kommunikation ist die Metapher damit erstes und letztes, „primary process and second-order meaning".[180]

Die Rationalität der Metapher, so möchte ich zusammenfassen, hat sich im Bereich der Kommunikation in ihrer die Sinn- und die Geltungsdimension vermittelnden Leistung gezeigt. Die Metapher kann, da sie eigene Verständigungsleistungen erbringt, die nicht dem strategischen, sondern dem kommunikativen Handeln zuzurechnen sind, als eine *genuine Verständigungsform* ausgezeichnet werden. Als genuine Verständigungsform integriert sie auf reflexive Weise das durch die 'pragmatische Differenz' gekennzeichnete Verhältnis zwischen einzelnen sprachlichen und kommunikativen Konventionen auf der einen Seite und die transzendentalpragmatischen und -hermeneutischen Geltungs- und Sinnbedingungen der Verständigung auf der anderen Seite. Die Metapher ist dabei als ein Verstoß gegen kontextuell und situativ unterstellte *Sinnerwartungen* zu betrachten, ein Verstoß also, der nicht als eine nur semantische oder nur pragmatische Abweichung zu verstehen ist. Die durch die Metapher hervorgerufene Erwartungsenttäuschung ist vielmehr ein auf allen Ebenen der Kommunikation mögliches Phänomen, das sich erst im Blick auf die pragmatische Gesamtsituation, auf den hermeneutischen Gesamtkontext und auf die von den Kommunikationspartnern als selbstverständlich oder 'normal' vorausgesetzten Annahmen zu erkennen gibt. Es sind nämlich diese Annahmen und Erwartungen, die den 'wörtlichen' Hintergrund für die metaphorische Äußerung bilden. Dabei ist jedoch zu beachten, daß 'wörtlich' hier nicht im linguistischen Sinne, sondern im Sinne einer Normalitätsunterstellung bzw. eines habitualisierten Sprachgebrauchs zu verstehen ist. Es ist deshalb ange-

---

[179] Vgl. oben, Kap. II-1.3.
[180] Kittay 1987:121, vgl. auch oben, Kap. II-5.1.

messener mit Goodman von *primärem* und *sekundärem* Gebrauch zu sprechen. Mit der Differenzierung zwischen primärem und sekundärem Gebrauch wird erst die Trennung zwischen 'linguistic meaning' und 'context of use' überwunden; primärer Gebrauch ist nicht mehr an die sprachidealistischen Voraussetzungen wörtlich-eigentlicher Bedeutung gebunden, sondern selbst als ein Phänomen relativ stabiler *Gebrauchskontexte* aufgefaßt.[181] Erst unter dieser Voraussetzung kann dem Umstand Rechnung getragen werden, daß die Sprache nicht ein System fixierter Bedeutungen mit davon abweichenden metaphorischen Übertragungen ist, sondern ein vernetztes System von semantischen Feldern und einzelnen Termen mit mehr oder weniger habitualisierten Bedeutungen, bei dem die jeweilige Bestimmung eines Terms als wörtlich oder als metaphorisch auch von der jeweigen Gebrauchsperspektive abhängt. Die Erzeugung und Interpretation von Metaphern zeigt sich dabei als eine Fähigkeit zur Differenzbildung zwischen primärem und sekundärem Gebrauch. Jeder sekundäre Gebrauch kann in seinem neuen Kontext selbst wieder zu einem primären werden und so den Anlaß zu weiterer Metaphorisierung geben: Ein Term, der normalerweise nur in einem semantischen Feld F1 vorkommt, wird durch metaphorischen Schematransfer in ein zweites Feld F2 'importiert'. Zunächst ist dabei der Gebrauch des Terms in F2 ungewöhnlich und metaphorisch, da die Perspektive F1 als wörtlich bzw. habitualisiert gilt. Bei zunehmender Konventionalisierung des Terms in F2 kann aber auch die umgekehrte Perspektive eintreten, d.h. daß der Gebrauch des Terms in F1 aus der Perspektive von F2 als metaphorisch wahrgenommen wird. Dies rührt daher, daß im Interaktionsprozeß von Projektion und Rückprojektion beide Felder metaphorisiert werden und ihrerseits wieder zu Metaphernspendern werden können.[182]

Es ist damit in letzter Instanz die Kommunikation selbst, in der und durch die wir entscheiden, etwas als primär, selbstverständlich und 'wörtlich' oder als sekundär, überraschend und 'metaphorisch' anzusehen:[183] Die

---

[181] Für eine ähnliche, am Gebrauchskontext orientierte Auffassung vgl. Borgis 1972, wobei dort allerdings die Verbindung zur kommunikativen Dimension nicht herausgearbeitet ist.

[182] Vgl. hierzu auch oben, Kap. II-3. Ein Beispiel hierfür ist etwa die Verwendung des Begriffs der *Bindung* in der Chemie, bei dem die romantische Auffassung von zwischenmenschlichen Beziehungen zum Modell für die Verwandtschafts- und Bindungsformen zwischen den Elementen wird. Diese 'chemische' Metapher wird ihrerseits in Goethes *'Wahlverwandschaften'* zum Primärgebrauch, der in den sekundären Kontext der zwischenmenschlichen Beziehungen rückprojiziert wird. In dieser Doppelbewegung von Projektion und Rückprojektion zeigt sich zum einen die Plausibilität der interaktionstheoretischen Annahmen (beide Bereiche werden durch die Interaktion verändert) und zum anderen die Kontext- und Perspektivenabhängigkeit von primärem und sekundärem Gebrauch.

[183] „Der Dialog ist der Ort der Unterscheidung zwischen buchstäblicher und metaphorischer Bedeutung. Allein aus dem Horizont einer Aufklärung der Struktur der Kommu-

kommunikative Praxis ist der Ort, an dem sich die Selbstverständlichkeiten herausbilden und zu Gewohnheiten, Konventionen und Institutionen gerinnen und an dem sich zugleich diese Selbstverständlichkeiten auch wieder reflexiv verflüssigen lassen; sie ist der Ort, an dem die Metapher als Mittel der Evokation von Erfahrungs- und Hintergrundwissen ebenso genutzt werden kann wie als Mittel der Kritik verfestigter und vereinseitigter Verständigungsverhältnisse; und sie ist schließlich auch der Ort, an dem die kritische Reflexion der Metapher durch reflexive Metaphorisierung praktische Wirksamkeit erlangen kann, so daß manipulative und dominante Metaphern demaskiert und hegemoniale Diskurse aufgelöst werden können. Auch hier also zeigt sich, daß die Rationalität der Metapher selbst nicht unabhängig von ihrer Rolle in der Kommunikation bestimmt werden kann, denn Kommunikation und Reflexion sind in einem wechselseitigen Voraussetzungsverhältnis miteinander verbunden.

---

nikation können Metaphernbildung und Metaphernverstehen in ihrer Möglichkeit und ihrer Reziprozität verständlich gemacht werden." (Villwock 1983a:79)

Teil III

Zusammenfassender Ausblick:
Grundriß einer synthetischen Theorie der Metapher

Grundriß einer synthetischen Theorie der Metapher

Mit meiner hier vorgelegten synthetischen Metaphorologie habe ich versucht, das Problem der Metapher und die verschiedenen Aspekte des überaus reichhaltigen Diskurses über die Metapher in rekonstruktiver Perspektive historisch und systematisch zu diskutieren. Daß dies kein leicht zu erfüllender Anspruch ist, zeigt sich selbst noch bei den metapherntheoretischen Werken, die einen explizit historisch-systematisch reflektierten Ansatz verfolgen,[1] und auch bei meiner metaphorologischen Untersuchung stellt sich diese Problematik: Nicht nur tauchen Schwierigkeiten bei der Bestimmung des Forschungsgegenstandes und bei der Abgrenzung des eigenen Geltungsanspruches auf, sondern es war auch das Problem zu berücksichtigen, daß durch methodologische Vorentscheidungen und durch die gewählte analytische Perspektive der Gegenstand der Untersuchung zumindest mitkonstituiert wird.[2] Dies heißt auch, daß es für eine synthetische Metaphorologie keine *via regia* gibt. Der von mir gewählte Ansatz einer *Rekonstruktion* der Metaphorologie ist sich dieser Problemlage bewußt: Er zielt darauf ab, Entwicklung und Vielfalt von metaphorologischen Ansätzen in systematischer Weise, jedoch ohne sich zu sehr im Detail zu verlieren, gerecht zu werden. Geleitet wurde diese Rekonstruktion der Metaphorologie von der Frage nach der *Rationalität* der Metapher. Die daraus sich ergebenden Differenzierungen hätten unter einer anderen Leitdifferenz gewiß anders ausgesehen – auf diesen Umstand ist die obige Bemerkung gemünzt, daß die Perspektive ihren Gegenstand mitkonstituiert.

Eine an der Frage nach der Rationalität der Metapher orientierte synthetische Metaphorologie muß sich, wie wir gesehen haben, zunächst zweier grundlegender Voraussetzungen vergewissern, nämlich zum einen der Tradition des Diskurses über die (Rationalität der) Metapher und zum anderen des von ihr in Anspruch genommenen Begriffs der Rationalität. Beide Fragen konnten hier – als Prämissen, nicht aber schon als Hauptgegenstand der

---

[1] Vgl. hierzu auch meine Bemerkungen über Entwicklung und Stand der Forschung im Einleitungsteil dieser Arbeit.

[2] Dies hat auch Schöffel (1987:187) im Blick auf die Differenz zwischen Substitutionstheorie, Vergleichstheorie und Interaktionstheorie betont: „Die Situation ist nicht so, daß wir über verschiedene Theorie ein und desselben Gegenstandes verfügen und nur die richtige Theorie zu wählen brauchen. Denn Gegenstand und Theorie sind voneinander abhängig."

synthetischen Metapherntheorie – nur in skizzenhafter Weise behandelt werden:

Wie in Kapitel I-2 gezeigt wurde, kann der Begriff der Rationalität[3] anhand der Kriterien Reflexivität und Kommunikabilität bestimmt werden. Dabei ist die Reflexion auf die funktionale Adäquatheit der Metapher als immanentes und die kommunikationsreflexive Bestimmung der Metapher als transzendentes, kontextüberschreitendes Kriterium zu betrachten. Der Rückbezug der Metapher auf das Kriterium kommunikativer Rationalität ist dabei nicht nur deshalb wichtig, weil die Metaphernreflexion selbst sich im Medium der Kommunikation vollzieht, sondern auch deshalb, weil die in sprachanalytisch-semantischen wie auch linguistisch-hermeneutischen Metapherntheorien oft zu findende Abstraktion der Metapher vom lebendigen Kommunikationszusammenhang, also ihre Reduktion auf die Wort-, Satz-, Text- oder sprachsemantische Untersuchung, erst durch diesen Rückbezug auf die kommunikative Rationalität einholbar und rückgängig zu machen ist: Die Metapher kann dann nämlich (wie in Kapitel II-5 aufgewiesen) als eine *genuine Verständigungsform* ausgezeichnet werden.

Die Tradition des Diskurses über die Metapher findet, so habe ich in Kapitel I-1 gezeigt, ihren klassischen Ursprungspunkt in der aristotelischen Metapherntheorie, die eine ambivalente Bestimmung der Metapher setzt, da mit ihr einerseits die kognitiv-kreativen, orientierenden und argumentationspraktischen Funktionen der Metapher hervorgehoben, andererseits aber ihr Geltungsbereich auf die Poetik und die Rhetorik eingeschränkt wird. Davon ausgehend und ausgerichtet an der Frage nach der Unvermeidbarkeit und der Rationalität der Metapher lassen sich *drei paradigmatische Diskurslinien* ausmachen, die für die Metapherndiskussion bis etwa zum Beginn dieses Jahrhunderts prägend waren: Die Metapher gilt entweder – wie in der griechisch-lateinischen Rhetoriktradition und im Rationalismus – als substituierbares und zugleich irrationales Redeornat, oder – wie bei Vico – als unersetzbares und rationales Grundelement sprachlicher Welterschließung und Welterkenntnis, oder – wie im Nietzscheanischen Skeptizismus – als unvermeidbare, aber irrationale Bedingung der Unwahrheit jeder Erkenntnis. Diese drei Diskurslinien stellen drei verschiedene Weiterführungen des mit Aristoteles eröffneten metaphorologischen Diskurses dar, wobei sie unterschiedliche Aspekte hervorheben und dafür andere Bereiche vernachlässigen. Die Frage nach der Rationalität der Metapher scheint sich hier allein danach zu richten, welcher der drei Diskurslinien man den Vorzug gibt.

---

3 Aus argumentationslogischen Gründen beginne ich hier mit dem Begriff der Rationalität, während ich in der Kapitelfolge aus darstellungslogischen Gründen den Diskurs über die Metapher an den Anfang gestellt hatte.

Ganz anders stellt sich die Situation der Metaphorologie seit dem 'linguistic turn' dar. Hier kommt es zu einem *Kontinuitätsbruch*, so daß die diversen Ansätze der modernen Metaphorologie nicht ohne weiteres auf die drei historischen Diskurslinien abgebildet werden können. Zwar findet insbesondere die von Vico und Nietzsche geprägte Unersetzbarkeitsthese in die gegenwärtigen Metapherntheorien Eingang, sie wird jedoch in den modernen sprachanalytisch-semantischen, linguistisch-semiotischen und historisch-hermeneutischen Ansätzen sprachphilosophisch transformiert. Die drei historischen Diskurslinien lassen sich also nicht einfach in die moderne Metaphorologie hinein verlängern, sie bilden vielmehr die Grundlage, auf der der moderne Diskurs der Metaphorologie sich entfaltet: Sie sind nun eher als interne Differenzierungen innerhalb der einzelnen Richtungen der modernen Metaphorologie aufzufinden. Dadurch löst sich die Frage nach der Rationalität der Metapher aus der Zuordnung zu einer metaphorologischen Tradition und wird zu einer Frage, die je neu zu beantworten ist. Eine synthetische Metaphorologie muß deshalb zunächst die Positionen dieser Richtungen rekonstruieren. Es geht dabei aber nicht nur darum, die einzelnen Positionen zu rekonstruieren, sondern sie auch als eigenständige Ansätze mit je eigener Erklärungsleistung zu behandeln, anstatt sie von einer bereits bezogenen Position nur zu kritisieren: Die Metapher als ein komplexes, multidimensionales Phänomen kann nicht von einem einzelnen theoretischen Ansatz aus erklärt werden. Wird dies dennoch versucht, so führt das in der Regel zur Überanstrengung des gewählten Ansatzes und zur systematischen Ausblendung der Phänomene, die auch durch die Ausweitung des Geltungsbereichs des jeweiligen Ansatzes nicht befriedigend erklärt werden können.[4] Aus dieser Situation ergibt sich, wie schon im Einleitungsteil hervorgehoben, die Notwendigkeit einer synthetischen Metapherntheorie, in der einzelne Ansätze aus verschiedenen Disziplinen kritisch rekonstruiert und unter dem Gesichtspunkt der Rationalität der Metapher zusammengefügt werden.

Bei meiner Rekonstruktion mußten, um anschlußfähige 'Schnittstellen' zwischen den Theorien herzustellen, freilich auch (um im Bild zu bleiben) 'Einschnitte' an den Theorien selbst vorgenommen werden. Dies bedeutet, wie der mit der Metaphorologie vertraute Leser festgestellt hat, daß die einzelnen metapherntheoretischen Positionen nicht immer die *immanente* Deutung und Würdigung erfahren haben, die sie für sich betrachtet verdienen. Eine intensive und ausführliche Interpretation konnte jedoch auch nicht im Sinne des Unternehmens liegen, da es ja nicht nur um die Herausarbeitung von Ähnlichkeiten und Unterschieden zwischen den Theorien und um die Möglichkeit ihrer Verbindung ging, sondern auch darum, sie kritisch zu sichten, zu revidieren und zu reorganisieren, um dann die dabei

---

4   Beispiele hierfür habe ich im Teil II an vielen Stellen kritisch vorgeführt.

gewonnenen Einsichten in eine (Meta-)Theorie zu integrieren. Eine synthetische Theorie der Metapher muß, auch wenn dies meist theoretisch nicht reflektiert wird, diese Abstraktionsschritte vollziehen, damit sie ihre Synthesisleistungen erbringen kann: Mit dem Entwurf einer synthetischen Theorie der Metapher ist ja die Erwartung verknüpft, das Phänomen der Metapher besser, umfassender und angemessener zu verstehen als mit Hilfe einzelner Ansätze möglich ist und damit ein analytisches Instrumentarium in die Hand zu bekommen, das den Erklärungsleistungen einzelner Theorien zwar nicht im Detail, wohl aber im Ganzen überlegen ist.

Meine synthetische Theorie der Metapher ist dabei auf drei verschiedenen Erklärungsebenen angesiedelt, nämlich zum einen der auf Ebene einer *Metatheorie* der Metapher, in der einzelne Metapherntheorien kritisch aufgehoben werden, zum anderen auf der Ebene der *typologischen Bestimmung* der Metapher, die aus der Perspektive dieser Metatheorie vorgenommen werden kann, und zum dritten auf der Ebene der *Funktionsbestimmung* der Metapher, die ebenfalls erst aus der Gesamtperspektive dieser Metatheorie erfolgen kann. Die drei Ebenen hängen auf spezifische Weise miteinander zusammen, gleichzeitig ist es jedoch notwendig, sie analytisch zu unterscheiden. Notwendigkeit und Gewinn dieser Unterscheidung, die das Kernstück meiner synthetischen Theorie der Metapher ausmacht, sollen mit den folgenden drei Thesen zusammengefaßt werden:

1. Eine synthetische Theorie der Metapher kann als Metatheorie nur konstruiert werden, wenn die einzelnen Metapherntheorien jeweils unter einem bestimmten *Problem- und Erklärungszusammenhang* rekonstruiert werden, denn nur so können die verschiedenen Ansätze der modernen Metaphorologie in ein systematisches Verhältnis gebracht werden, ohne daß ihnen vorab ein zu 'enges' Raster übergestülpt würde.[5] Erst eine solche problemorientierte Metaphorologie, die ihren Gegenstand nicht durch Methoden- und Theoriepräferenzen im voraus begrenzt, kann den verschiedenen Dimensionen des Metaphernproblems gerecht werden. Die so gewonnene Metatheorie verfolgt – unter der Leitfrage der Rationalität der Metapher – sukzessive die Problemfelder metaphorische Bedeutung, metaphorische Wahrheit, metaphorische Orientierung, metaphorische Erfahrung und metaphorische Kommunikation.

2. Ausgehend vom metapherntheoretischen Grundbegriff der *Ähnlichkeit* muß eine Theorie der Metapher mindestens drei in einer kontinuierlichen Beziehung stehende Typen von Metaphern unterscheiden, wenn sie überhaupt von metaphorischer Bedeutung sprechen und diese auch erklären will, nämlich den Typus der innovativen, der konventionellen und

---

[5] Vgl. auch meine Bemerkungen im Einleitungsteil. Andere mögliche Unterscheidungen und ihre Probleme habe ich am Anfang von Teil II diskutiert.

der lexikalisierten Metapher,[6] wobei die beiden ersten Typen unter dem Terminus der lebendigen, der letztere unter dem Begriff der toten Metapher gefaßt werden können. Entscheidende Kriterien sind dabei der Grad von *Resonanz* und von *Emphase* einer Metapher. Es kann jedoch erst im Rahmen einer synthetischen Theorie der Metapher gezeigt werden, wie die Typologie sich zur einzelnen metaphorischen Bedeutung, zu den dahinter stehenden Bildfeldern und Metaphernnetzen, zum sprachlichen und kulturellen Kontext und zur konkreten Äußerungssituation verhält und wie dann die verschiedenen Metapherntypen miteinander interagieren.

3. Entsprechend der Inflation von Metapherntheorien lassen sich nahezu beliebig viele Funktionen der Metapher ausmachen, die je nach theoretischer Ausrichtung je unterschiedlich gewichtet, hervorgehoben oder ignoriert werden. Aus der Perspektive der hier vorgeschlagenen synthetischen Theorie können all diese Funktionen jedoch aufgrund des antizipatorischen und reflexiven Potentials der Metapher auf die Grundfunktion des *rationalen Vorgriffs* zurückgeführt werden. Diese Grundfunktion kommt in drei verschiedenen Funktionen zum Tragen, nämlich in der *kreativ-kognitiven* Funktion, der *orientierend-welterschließenden* Funktion und der *kommunikativ-evokativen* Funktion. Die Rationalität der Metapher hängt dabei davon ab, inwiefern der jeweilige metaphorische Vorgriff sinn- und geltungskritisch gerechtfertigt werden kann.

Diese drei Thesen sollen nun im resümierenden Rückbezug auf den Hauptteil meiner Untersuchung (Teil II) erläutert werden, womit zugleich der *Grundriß* meiner synthetischen Theorie der Metapher deutlich wird:

Ausgangspunkt meiner Untersuchung war das in der modernen Metapherntheorie schon klassisch zu nennende *Bedeutungsproblem* der Metapher. In der *Theorie der metaphorischen Bedeutung* (Kapitel II-1) habe ich vorwiegend semantisch-sprachanalytische Metapherntheorien untersucht und in Zusammenhang mit der Bedeutungsfrage gebracht. Vor allem die der interaktionstheoretischen Richtung zuzurechnenden Metapherntheorien können dabei erklären, wie metaphorische Bedeutung entsteht und inwiefern sie sich von nichtmetaphorischer Bedeutung unterscheidet. Mit Hilfe der Netzwerktheorie wurde dann gezeigt, daß nicht der wörtliche, sondern der metaphorische Modus das grundlegende Prinzip der Sprache ist, weshalb von einer prinzipiellen Metaphorizität der Sprache ausgegangen werden kann. Hierbei wurde auch deutlich, daß die eigentliche Leistung der lebendigen, v.a. der innovativen Metapher nicht in der Abbildung bestehender, sondern in der Schaffung *neuer* Ähnlichkeit zwischen semantischen

---

[6] Dies ist, sieht man von einigen sprachanalytischen Positionen (z.B. Davidson und Rorty, vgl. oben Kap. II-1.2) ab, inzwischen wohl allgemeiner Konsens.

Feldern liegt. Aus diesem Grund kommt der Metapher eine kreative und kognitive Funktion und eine eigene, vom 'wörtlichen' Gebrauch verschiedene Bedeutung zu. Die kreativ-kognitive Funktion und die spezifische Bedeutung der Metapher können aber nur dann konsistent erklärt werden, wenn Unersetzbarkeit (Emphase) und Vielschichtigkeit (Resonanz) als gleichermaßen relevante Kriterien betrachtet werden: Theorien, die nur die Emphase zum entscheidenden Metaphernkriterium stilisieren, müssen entweder die Möglichkeit metaphorischer Bedeutung aufgeben oder zumindest die hermeneutische Dimension der Metapher vernachlässigen. Theorien, die allein die Resonanz als Metaphernkriterium betrachten, verlieren das innovative und sprachverändernde Moment der Metapher aus dem Blick und müssen die metaphorische Bedeutung ganz aus bestehenden Bildfeldtraditionen ableiten. Der interaktions- und netzwerktheoretische Ansatz hat sich hier als fruchtbar gezeigt, weil er mit der Erklärung des metaphorischen Prozesses als einer Interaktion zwischen semantischen Feldern sowohl die Resonanz als auch die Emphase systematisch berücksichtigt. Vor diesem Hintergrund habe ich die Metapher als eine *Einheit* von Perspektiveneröffnung und Gegenstandsbeschreibung analysiert, in der die emphatische Stimulusfunktion und die resonante Bedeutungsfunktion integriert sind. Auf der Grundlage dieses Ansatzes konnte dann auch eine dreistellige Metapherntypologie entwickelt und mit ihr der Wandel von der innovativen zur konventionellen und schließlich zur lexikalisierten Metapher, aber auch die Möglichkeit der Wiederbelebung toter Metaphern erklärt werden. Die lebendige, und vor allem die innovative Metapher, die mit der ihr eigenen *Logik des Unerhörten* neuartige kreative und kognitive Gehalte hervorruft, muß wegen ihrer voraus- und übergreifenden Struktur als eine 'Als ob'-Prädikation aufgefaßt werden. Dieser antizipierende Weltbezug wurde als zentrales Moment der Metapher ausgezeichnet: Der Metapher kommt, so lautete meine grundlegende These in diesem Kapitel, die Funktion eines *rationalen Vorgriffs* zu. Wie jeder Geltungsanspruch hat sich jedoch auch der metaphorische Vorgriff der kritischen Prüfung auszusetzen: Die Rationalität des metaphorischen Vorgriffs ist nicht per se garantiert, sie muß sich vielmehr immer erst in der Reflexion erweisen.

Hieraus ergab sich als nächster Problemzusammenhang die Frage nach der Möglichkeit einer solchen Reflexion, die anhand des Verhältnisses von *Metapher und Wahrheit* (Kapitel II-2) untersucht wurde. Diesen Problemzusammenhang habe ich durch die Rekonstuktion der Rolle der Metapher im wissenschaftlichen Diskurs entfaltet, jenem paradigmatischen Wahrheitssprachspiel also, in dem die kognitive Funktion der Metapher am stärksten hervortritt. Hier wurde zunächst deutlich, daß die Metapher in der Wissenschaft nicht nur eine heuristische Funktion, sondern eine *konstitutive Modellfunktion* innehat. Dieser Befund ließ sich im einzelnen sowohl am Fall der theoriekonstitutiven Metapher wie auch am Fall des deduktiv-nomologischen Systems aufweisen. Als ein konstitutives Denkmodell erfüllt die Metapher die Funktion eines rationalen Vorgriffs, jedoch kann sie auch vom erkenntniseröffnenden Denkmodell zur erkenntnisbehindernden Denkblockade werden: Die Plausibilität des metaphorischen Vorgriffs ist mitunter auch dort noch wirksam, wo die Metapher eigentlich nichts mehr erklärt. Dieses Umschlagen vom Denkmodell zum Denkzwang ist vor allem dann gegeben, wenn die Metapher reifiziert und so mit dem Verlust ihres 'Als ob'-Status' in einen *sekundären Mythos* überführt wird. In der Möglichkeit der Unterscheidung zwischen Metapher und (sekundärem) Mythos, so meine These, liegt freilich auch die Bedingung der Möglichkeit für eine *rationale Metaphernreflexion*. Das schon in der 'Als ob'-Struktur angelegte reflexive Potential der Metapher kann dabei systematisch für eine kontext- und selbstbezügliche Metaphernreflexion nutzbar gemacht werden: Bei der von mir als *reflexive Metaphorisierung* bezeichneten Methode der Metaphernreflexion geht es nicht darum, die Metapher durch wörtliche Ausdrücke zu ersetzen, sondern darum, das metaphorische Potential in kritischer Weise auszuschöpfen, indem Prozesse der Metaphernbildung, -erweiterung, -veränderung, -erschöpfung, -konfrontation und -historisierung systematisch in Gang gesetzt werden. Diese Verbindung von antizipatorischer Evidenz und rationaler Sinn- und Geltungsreflexion macht erst die Rationalität der Metapher möglich. Inwieweit die Metapher die Funktion des rationalen Vorgriffs erfüllt, kann dabei jedoch nicht abstrakt und von außen, sondern nur im konkreten argumentativen Diskurs bestimmt werden.

Die an der Bedeutungs- und Wahrheitsfrage orientierte, vorwiegend semantische, sprachanalytische und wissenschaftsphilosophische Theorie der Metapher bleibt jedoch insofern problematisch, als sie sowohl den kommunikativen Prozeß der metaphorischen Äußerung als auch ihren kulturellen und historischen Kontext nicht thematisiert. Mit meiner *Theorie der materialen Metaphorik* (Kapitel II-3) habe ich versucht, den Bereich des kulturellen und historischen Kontextes in die synthetische Metaphorologie einzugliedern und so die Metapher nicht mehr als isoliertes Phänomen auf der Ebene von Worten, Sätzen oder Äußerungen zu behandeln. Dabei hatte ich vorgeschlagen, den Interaktionsprozeß der Metapher als eine Interaktion zwischen mindestens zwei semantischen Feldern zu betrachten, bei der ein mehrdimensionaler *semantischer Raum möglicher Bedeutungen* aufgespannt wird. Die jeweilige Bedeutung einer Metapher ist dann als Konstruktion eines *Bedeutungszusammenhanges* aufzufassen, der wie ein komplexer Vektor innerhalb eines Vektorraums gebildet wird. Mit dem Begriff des semantischen Raumes können somit textuelle und kontextuelle Faktoren, Konnotations- und Implikationssysteme, sowie synchrone und diachrone Bildfelder in die Theorie der metaphorischen Interaktion integriert werden. Hieraus ergibt sich auch, daß lexikalisierte (Ex-)Metaphern kontextunabhängige, zur Wörtlichkeit erstarrte Metaphern sind, deren Bildfeld fixiert und explizit ist, während konventionelle Metaphern auf oft überraschende Weise aus einem Bildfeld heraus generiert und aktualisiert werden. Selbst die innovative Metapher erzeugt jedoch nicht das schlechthin Neue, sondern sie bleibt auch im Vorgriff auf einen neuartigen Bedeutungszusammenhang durch die aktuelle und einzigartige Verbindung von bislang disparaten semantischen Feldern an die generativen und rekurrenten Leistungen der Bildfelder gebunden. Wie ich gezeigt habe, kann die Theorie der materialen Metaphorik auf überaus reichhaltige Arbeiten aus dem Gebiet der strukturalistisch-semiotischen und der historisch-hermeneutischen Metaphorologie zurückgreifen. Hier wurde einerseits deutlich, in welchem Umfang Sprache und Kultur durch synchrone und diachrone Bildfelder und Bildfeldsysteme geprägt sind, andererseits wurde aber auch klar, daß gerade aus der Spannung zwischen Bildfeldtradition und aktuellem Metapherngebrauch lebendige Metaphern entstehen können, da der kulturell tradierte Bildervorrat eine *topisch-metaphorische Potentialität* mit starken generativen Leistungen darstellt. Die Bildfeldtraditionen stellen jedoch nicht nur das Potential zur Generierung aktueller Metaphern bereit, sie bilden zugleich auch ein Reservoir an normativ-lebensweltlichem Handlungswissen, denn Bildfelder und Metaphern besitzen eine topisch-orientierende und welterschließende Kraft. Diese *orientierend-welterschließende* Funktion der Metapher kann wiederum nur im Vorgriff realisiert werden: Die auf Bildfeldtraditionen und lebensweltlichen Gewißheiten rückgreifende Metapher bündelt und artikuliert im Vorgriff auf mögliches Handeln eine praktische Leitvorstellung. Gerade weil die Metapher damit eine starke normative und suggestive Kraft besitzt, kann sie aber auch – wie in der politischen Rhetorik – zu Manipulationszwecken mißbraucht werden, was die systematische Metaphernkritik zu einer politisch-praktischen Aufgabe macht. Deshalb ist auch hier die Rationalität des mit der Orientierungsfunktion verbundenen praktischen Vorgriffs nur durch Sinn- und Geltungsreflexion zu ermitteln. Dabei können selbst die als absolute Metaphern kulturell tief verankerten metaphorischen Orientierungssysteme durch den Prozeß der reflexiven Metaphorisierung wenn schon nicht aufgelöst, so doch zumindest sichtbar und damit der Reflexion zugänglich gemacht werden.

Mit der insbesondere bei der Hintergrund-, Daseins- und absoluten Metaphorik deutlich gewordenen orientierenden und welterschließenden Kraft der Metapher stellte sich dann auch die Frage nach der *erfahrungskonstituierenden* Funktion dieser Kraft. Zur Klärung des Verhältnisses von *Metapher und Erfahrung* (Kapitel II-4) habe ich zunächst die der Metapher eigene Synthesiskraft untersucht, aufgrund derer eine Überbrückung der Kluft zwischen Begriff und Anschauung, zwischen Denken und Erfahrung und zwischen Bekanntem und Neuem erst möglich ist. Zentrales Moment ist dabei die *Ikonizität* der Metapher, durch die Sinneseindrücke selektiv evoziert und in eine gestalthafte Konstellation integriert werden. Wegen ihrer dabei wirksam werdenden sinn- und erfahrungsgeladenen Selektivität ist die Metapher dem Prinzip nach immer schon eine reflektierte Form der Anschauung, da sie durch ihre konstruktive Selektion die unmittelbare Anschauung aufhebt und in eine neubestimmte, somit reflektierte Anschauung überführt. Die Metapher fungiert hier als eine Regel zur Konstruktion von sprachlichen Bildern, wodurch eine rationale Kontrolle des assoziativen Bilderflusses erreicht wird. Zugleich ermöglicht die Metapher dabei die *Konzeptualisierung von Erfahrung.* Die bereits sprachphilosophisch begründete These von der prinzipiellen Metaphorizität der Sprache und die phänomenologisch-hermeneutische These von der Hintergrund- und absoluten Metaphorik wurden mit diesem Befund auf die These einer metaphorischen Konstitution von Erfahrung erweitert. Durch ihre selektiven *Evokationsleistungen* und ihr Vermögen zur *Konstellation* gewährleistet die Metapher dabei nicht nur die Konzeptualisierung von Erfahrung, sondern auch die Anschließbarkeit von neuen Erfahrungen an alte. Diese Anschluß- und Überbrückungsleistungen sind nicht nur im Bereich der lebensweltlichen Erfahrung von Bedeutung, sondern auch bei der Vermittlung zwischen Lebenswelt und ausdifferenzierten Expertenkulturen, da hier die Metapher als *interdiskursives Übersetzungsmedium* eine Verknüpfung lebensweltlich-konkreter und wissenschaftlich-abstrakter Erfahrung ermöglicht. Die Rationalität der Metapher bemißt sich dann darin, inwiefern die Metapher – als immaginatives Medium der Erfahrung und der Kommunikation – spezifische, nichtsubstituierbare Konzeptualisierungs- und Anschlußleistungen erbringt und zwischen verschiedenen Erfahrungs- und Diskursbereichen zu vermitteln hilft.

Die Analyse der bislang nur in Anspruch genommenen, nicht aber eigens thematisierten *kommunikativ-evokativen* Funktion der Metapher bildet den Abschluß meiner synthetischen Metaphorologie. Die *Theorie der metaphorischen Kommunikation* (Kapitel II-5) behandelt die Dimension des kommunikativen Prozesses metaphorischer Äußerungen. Hier habe ich die Metapher zunächst im Hinblick auf ihre Rolle im Symbol- und Zeigfeld und mit Rücksicht auf die drei Verständigungsfunktionen (der Darstellungs-, der Ausdrucks- und der Appellfunktion) untersucht. Konnte die Funktionsweise der Metapher im *Symbolfeld* hier symboltheoretisch als metaphorischer Schematransfer analysiert werden, der sich formal gesehen auf anaphorische Referenzverkettungen zurückführen läßt, so stellte sich die Funktion der Metapher im *Zeigfeld* als komplizierter dar: Die an der Appellfunktion orientierte sprechakttheoretische Auffassung stellt die Metapher als pragmatische Äußerungsbedeutung der wortsemantischen Satzbedeutung gegenüber und stößt dabei auf spezifische *kontextuell-situative* Faktoren der metaphorischen Bedeutung, die sie aber nicht weiter erklären kann. Die an der Sprecherintention ansetzenden Nahelegungs- und Relevanztheorien können nun zwar den *intentionalen Hintergrundkontext* einer metaphorischen Äußerung klären, bleiben jedoch prinzipiell dem Modell strategisch-zweckrationaler Kommunikation verhaftet. Erst mit einer die drei Verständigungsfunktionen integrierenden Kommunikationstheorie können diese Einschränkungen überwunden werden: Auf der Grundlage der Theorie des kommunikativen Handelns kann die Kommunikation als ein *Verständigungsvorgang* analysiert werden, bei dem die Interaktionspartner ein dialogisch-kommunikationsrationales Relevanzsystem aufbauen, durch das sie sich auf gemeinsam geteiltes Hintergrundwissen und lebensweltliche Selbstverständlichkeiten beziehen können. Der Metapher kommt dabei die besondere Rolle zu, daß sie einerseits auf implizitem Hintergrundwissen beruht, dieses aber andererseits auch allererst zum Ausdruck bringt. Sie verbindet dadurch das propositional-explizite mit dem holistisch-impliziten Wissen und stellt so einen *Sinnbezug* zu dem impliziten Welt- und Sprachwissen her. Mit dieser nichtsubstituierbaren ikonisch-ganzheitlichen Bezugnahme auf implizites Wissen erfüllt die Metapher eine spezifische *Evokationsfunktion*, ohne die eine Verständigung nicht gelingen kann, denn sie erlaubt im vor- und rückgreifenden Bezug auf implizites Wissen die Teilhabe am gemeinsamen Sinn. Dabei erlaubt die metaphernspezifische Bezugnahme auf implizites Wissen zugleich die enthymematische Inanspruchnahme der damit verbundene impliziten Prämissen, so daß der Metapher hier eine eigene argumentative Gebrauchsfunktion zukommt. Die Metapher zeigt sich so als eine *Sinnbedingung* verständigungsorientierter Kommunikation und damit zugleich als eine *genuine Verständigungsform*. Der mit ihr gesetzte Vorgriff auf Sinnzusammenhänge muß sich freilich gerade in der Dimension der Kommunikation der Geltungsreflexion stellen, denn die Metapher kann gleichermaßen der verständigungsermöglichenden Evokation von Erfahrungs- und Hintergrundwissen dienen, wie auch als Instrument der Verfestigung manipulativer Verständigungsverhältnisse mißbraucht und zur Stabilisierung von hegemonialen Diskursen funktionalisiert werden. Erst die Metaphernreflexion im kommunikativen Prozeß zwischen Sprecher und Hörer, in dem metaphorische Bedeutung ausgehandelt und ihre Geltung kritisiert oder akzeptiert wird, kann deshalb über die Rationalität des metaphorischen Vorgriffs und damit über die Rationalität der Metapher Aufschluß geben. Zugleich ist die Kommunikation auch der Ort, an dem die Unterscheidung zwischen 'wörtlich' und 'metaphorisch' überhaupt erst vorgenommen werden kann, indem in sinn- und geltungskritischer Reflexion die Metaphorizität eines Sprachgebrauchs relativ zu anderen, eher habitualisierten kommunikativen Verwendungen ergründet wird. Aus diesem Grund kann die Metapher auch nicht mehr als bloße Abweichung, semantische Anomalie oder nur pragmatische Störung definiert werden, vielmehr ist sie als ein Verstoß gegen oder eine reflexive Brechung von Sinnerwartungen, die in kommunikativen Kontexten erzeugt werden, zu analysieren.

Mit der Erörterung der kreativ-kognitiven, der orientierend-welterschließenden und der kommunikativ-evokativen Funktion sind nicht nur verschiedene Dimensionen des Metaphernproblems (Bedeutung, Wahrheit, Orientierung, Erfahrung und Kommunikation) aufgearbeitet geworden, sondern zugleich war es dadurch auch möglich, unterschiedliche Theoriestränge und Ansätze aus ganz verschiedenen Disziplinen miteinander in Verbindung zu bringen und so die Erklärungskraft einzelner Ansätze zu kombinieren: Es zeigte sich, daß die Bereiche *Bedeutung* und *Wahrheit* vorwiegend aus der sprachanalytischen und wissenschaftsphilosophischen Richtung erklärt werden können, während im Bereich *Orientierung* semiotisch-linguistische und historisch-hermeneutische Theorien, und im Bereich *Erfahrung* eher erkenntnistheoretische und kognitionswissenschaftliche Ansätze fruchtbar sind. Im Bereich *Kommunikation* habe ich schließlich insbesondere sprachpragmatische und kommunikationstheoretische Ansätze herangezogen. Gleichzeitig konnte natürlich mit fortschreitendem Aufbau der Arbeit auf die bereits behandelten Theorien zurückgegriffen werden, so daß am Ende mit der Analyse des kommunikativen Bereiches eine umfassende Bestimmung der Rationalität der Metapher möglich wurde: Als genuine Verständigungsform ermöglicht die Metapher im *evokativen Rückgriff* auf Wissen, Erfahrung und Erwartung einen *orientierenden und welterschließenden Vorgriff* in theoretischen wie im praktischen Zusammenhängen. Das Kapitel *Theorie der metaphorischen Kommunikation* (II-5) stellt in diesem Sinne selbst schon eine Zusammenführung und Reformulierung der in den vorherigen Kapiteln behandelten Ansätze unter dem Gesichtspunkt der kommunikativen Rationalität dar.

Die in der Auseinandersetzung mit den verschiedenen Problembereichen gewonnene Einsicht in die Gleichzeitigkeit von innovativem Vorgriff und Wissens- und konventionsgeleitetem Rückgriff bringt als Konsequenz mit sich, daß das metaphorologische Interesse nicht mehr nur auf die innovative, sondern auch auf die konventionelle und lexikalisierte Metapher, und vor allem auf metaphorische Präzedenzen, auf tradierte Bildfelder und Metaphernnetze zu richten ist. Die einseitige Ausrichtung der Metaphorologie an der innovativen Metapher, die als Reaktion auf die rhetorische Abwertung der Metapher zum uneigentlichen Substitut insbesondere in der sprachanalytischen Tradition vorherrscht – zuweilen wird hier die innovative Metapher zum einzigen klärungsbedürftigen Phänomen hochstilisiert[7] –, kann mit der synthetischen Theorie der Metapher überwunden

---

[7] So Strub 1991:19f., der betont, daß seit Richards heute „jedem klar ist, *was* an dem Phänomen der Metapher so erörternswert ist", nämlich daß die Metapher „meist schockartig neue Einsichten in unsere Welt eröffnen (soll)" (Hervorh. im Original).

werden: Innovative, konventionelle und lexikalisierte Metapher stehen nun nicht mehr in einer nach Neuigkeitswerten geordneten Hierarchie, sondern in einer dialektischen Beziehung der wechselseitigen Animation, aus der erst die *lebendige* Metapher und mit ihr der metaphorische Vorgriff entstehen können. Die Vorgriffsfunktion der Metapher sollte also keineswegs mit der innovativen Metapher gleichgesetzt werden, auch wenn bei dieser der Vorgriff am deutlichsten zu Tage tritt. Während nämlich die lexikalisierte Metapher auf vorgängig-expliziter Ähnlichkeit und die konventionelle Metapher auf bereits bestehenden, größtenteils impliziten Ähnlichkeitsbeziehungen beruht, wird bei der innovativen Metapher *Ähnlichkeit* allererst neu gesetzt. Der aristotelische Begriff der substanzontologisch-abbildenden Ähnlichkeit$_{(1)}$, der bis in das Paraphrasierbarkeitspostulat moderner Substitutions- und Vergleichstheorien hineinwirkt, wird damit um den – schon bei Vico und Kant sich andeutenden – gebrauchstheoretisch-konstruktivistischen Ähnlichkeitsbegriff$_{(2)}$ der Interaktionstheorie ergänzt.[8] In diesem Ähnlichkeitsbegriff$_{(2)}$ ist Ähnlichkeit als eine *intentionale Setzung* verstanden, womit zum einen ganz neue Ähnlichkeitssetzungen von bereits gesetzten und verschieden stark konventionalisierten Ähnlichkeiten differenzierbar sind, zum anderen aber eine dialektische Beziehung zwischen neuer und bestehender Ähnlichkeit angenommen wird: Mit der 'Als ob'-Prädikation einer lebendigen Metapher werden neue und ungewöhnliche Ähnlichkeiten gesetzt und zugleich die jeweils bestehende Ordnung alter Distinktionen und Ähnlichkeitsrelationen überschritten. Der metaphorische Vorgriff, so können wir mit Ricœur sagen, ist eine reflexive Schaffung neuer Ähnlichkeiten auf den Trümmern der vorangegangenen.

Aus der interaktionstheoretischen Perspektive wird die Metapher nicht mehr – wie von der rhetorischen Tradition bis zur Wort- und Merkmalssemantik üblich – als bloßer Störfaktor, als nur semantische Anomalie oder rein kategorialer Fehler aufgefaßt, sondern sie gilt nun als ein *Reflexionsfaktor*, durch den die sprachliche Ordnung reflektiert, rekategorisiert und damit in eine höhere Ordnung überführt wird. Die Bedeutung der Metapher liegt nun vor allem in ihrer *reflexiven Leistung*: Im reflexiven Spiel der Metapher geben sich, wie bereits Nietzsche gesehen hat, Kontingenz und Perspektivität unserer selbstverständlichen und eingewöhnten Unterscheidungen, d.h. unserer lexikalisierten und konventionellen Metaphern, zu erkennen. Mit der Neubeschreibung eines Gegenstandes eröffnet die Metapher nicht nur eine neue Sicht, sondern sie verfremdet zugleich die

---

[8] Dies bedeutet übrigens nicht, daß substitutions- und vergleichstheoretische Ansätze nun obsolet wären. Zwar sind sie zur Erklärung der Prozesses metaphorischer Bedeutungsinnovation ungeeignet, sie können jedoch, wie in Kap. II-3 gezeigt, bei konventioneller Gebrauchsmetaphorik für die Analyse von metaphorischen Äquivalenzen, homologen Paradigmenreihen sowie von Isotopie- und Rekurrenzbeziehungen fruchtbar gemacht werden.

habitualisierte Perspektive und die übliche Darstellung und kann so ihre Kontingenz zu Bewußtsein bringen.

Die *Kontingenzreflexion* durch die metaphorische Neubeschreibung führt jedoch nicht, wie man mit Nietzsche meinen könnte, in einen irrationalen Relativismus, sondern sie stellt vielmehr einen Gewinn an rationalem Distinktionsvermögen und an kommunikativen Anschlußmöglichkeiten dar. Dies ist allerdings nur dann möglich, wenn die *ethische Dimension der Kontingenzreflexion* erkannt und in praktische Konsequenzen überführt wird. Es geht hierbei um die Einsicht, daß die Metapher nicht nur entgrenzend und enttraditionalisierend (und in diesem Sinne auch ent-täuschend) wirkt, sondern zugleich eine *Aufforderung zur Mündigkeit* darstellt. Die Metapher vertreibt nicht nur aus dem 'Paradies' ontologischer Gewißheiten, sondern sie stößt uns auch auf die Chance der Freiheit: Denn immer wenn die im reflexiven Spiel der Metapher zum Vorschein gekommenen und fragwürdig gewordenen Kontingenzen als solche erkennbar werden, stehen wir vor der Möglichkeit uns *rational und ethisch reflektiert* für oder gegen die als kontingent erkannte Unterscheidung zu entscheiden, anstatt sie (wie vorher) als selbstverständlich vorauszusetzen oder sie zynisch-dezisionistisch in einen sekundären Mythos, eine nachgeahmte Eigentlichkeit zu hypostasieren. Gerade weil die Welt „uns nicht mit Kriterien für die Entscheidung zwischen alternativen Metaphern ausstattet",[9] sind wir darauf verwiesen, diese Entscheidung nach intersubjektiv-rationalen Kriterien und nicht nach bloßen Macht- und Gegebenheitsverhältnissen zu treffen. Das Verfahren der argumentativen Metaphernreflexion ist dabei zwar nicht Garantie, wohl aber notwendige Bedingung für die Rationalität der Entscheidung. Als hinreichende Bedingung kann die – im theoretischen und praktischen Diskurs selbst auszuhandelnde – *rationale Akzeptierbarkeit* (Putnam) verstanden werden.[10]

Wir sind also nicht dazu verurteilt, kriterienlos immer nur einen historisch kontingenten Satz von Metaphern durch einen anderen zu ersetzen, sondern wir haben die Möglichkeit der rationalen Entscheidung zwischen alternativen Metaphern. Gerade beim Erlernen verschiedener Vokabulare und neuer Sets von Metaphern können wir immer wieder erfahren, daß es Verstehens- und Anschlußmöglichkeiten selbst bei den Metaphern gibt, die unseren jeweiligen kulturellen Kontext überschreiten, solange wir uns nur auf die Verschmelzung der verschiedenen Horizonte und auf die reziproke Zurechnung von Rationalität einlassen. Die in der Moderne virulent gewordene Kontingenz ist bekanntlich selbst durch Fundamentalismus, Dogmatismus und Dezisionismus nicht rückgängig zu machen, sie *kann* jedoch im reflexiven Spiel der Metapher transparent werden, wodurch eine Grund-

---

[9] Rorty 1989:48.
[10] Vgl. hierzu nochmals meine Diskussion in Kap. I-2.4 und I-2.5.

lage für Fremdverstehen, Toleranz und Solidarität entsteht: Nur wenn eine wechselseitige Einsicht in die fremde wie die eigene Kontingenz gewonnen und kommunizierbar ist, können Unterschiede und Kontingenzen ausgehalten und anerkannt werden. Die Pointe der reflexiven Metapher besteht also darin, daß durch eine metaphorische Neubeschreibung einerseits die Kontingenz alter Sprachspiele und usueller Metaphern bewußt und andererseits neue Schemata und Kategorien angeboten werden, die – das Bewußtsein ihrer Metaphorizität vorausgesetzt – selbst als kontingent reflektiert werden können. Die Metapher reduziert damit zwar nicht die Kontingenz, sie stellt aber einen Modus bereit, mit Hilfe dessen sie bewußt und auch erträglich gemacht werden kann, denn sie weist den Weg zur Wahrnehmung von Ähnlichkeiten zwischen Unähnlichem und damit zum Aushalten und zur Überbrückung von traditionell-selbstverständlichen Unterschieden.[11] Dabei ist, wie wir mit Rorty wissen, die Ironie die angemessene Form des Selbstzweifels und des Bewußtseins eigener und fremder Kontingenz. Die ironisch reflektierte Metapher[12] ist deshalb das zentrale Mittel einer *Rhetorik der Kontingenzreflexion*. Eine solche Rhetorik, die derzeit noch ein Desiderat darstellt, wäre eher der überzeugenden Argumentation als der überredenden Persuasion zugeneigt: Sie hätte also nicht eine suggestive Selbstbehauptungsstrategie zu sein als vielmehr ein Mittel der Verständigung in einer unübersichtlichen Welt – und sie hätte angesichts der Relativität der kontingent gewordenen Ordnung ihre Argumente in einem selbstreflexiven und kontingenzreflektierenden Modus zu entwickeln.[13]

Die reflexive Erkenntnis der ontologischen Kontingenz stellt uns darüber hinaus auch vor das Problem, daß die Rationalität der Metapher nicht durch die Abstützung auf irgendwelche vorreflexiven Elemente, sondern nur in der Reflexion selbst zu gewinnen ist. Dieser Anforderung kommt die selbstreflexive Vorgriffsstruktur der Metapher entgegen. Die Rationalität der Metapher, so hatte ich ausgeführt, kann an der Funktion des rationalen Vorgriffs bemessen werden, daran also, inwieweit der metaphorische

---

11 Solidarität und Liebe gründen letztlich genau darauf, daß wir über alle Verschiedenheiten hinweg Ähnlichkeiten sehen, sie als Verpflichtung anerkennen und schließlich in Zuneigung ummünzen, denn „Liebe ist die Fähigkeit, Ähnliches an Unähnlichem wahrzunehmen" (Adorno 1971:235; – vgl. hierzu auch nochmals Rorty 1989: Kap.9).

12 Zum Verhältnis von Metapher und Ironie vgl. auch die ganz ähnlichen Ausführungen in Frese 1985:151.

13 Einen ersten Schritt zu einer solchen *Rhetorik der Kontingenzreflexion* auf der Basis der ironisch reflektierten Metapher stellt die Studie von Pielenz (1993) dar, insofern sie die argumentations- und geltungstheoretischen Voraussetzungen von argumentativ verwendeten konzeptuellen Metaphern klärt. Da Pielenz sich jedoch auf den Bereich konventioneller Metaphern beschränkt und die kommunikations- und selbstreflexive Funktion der Metapher ebensowenig wie die damit zusammenhängende Ironisierung der Metapher behandelt, gilt es das Kernstück einer *Rhetorik der Kontingenzreflexion* erst noch zu entwickeln. Diese wäre dann im Sinne des oben bereits Angedeuteten mit einer *Ethik der Kontingenzreflexion* zu verbinden.

Vorgriff immanent gesehen funktional und angemessen ist und inwiefern er darüber hinaus sinn- und geltungskritisch gerechtfertigt werden kann. Die Grundfunktion des rationalen Vorgriffs hatte ich wiederum in drei spezifische Funktionen differenziert, nämlich die kreativ-kognitive, die orientierend-welterschließende und die kommunikativ-evokative Funktion.

Diese zu analytischen Zwecken gewonnenen Funktionsbestimmungen sollten nun freilich nicht ihrerseits als absolute, übergangs- und zusammenhangslose Unterscheidungen, die dann als Letztkriterien dienen könnten, mißverstanden werden. Sobald es nämlich um konkrete Prozesse der Produktion und Interpretation von Metaphern geht, sobald also eine lebendige Metapher in Zusammenhängen kommunikativen Handelns verwendet wird, verweisen diese drei Funktionen aufeinander, auch wenn eine der Funktionen gegenüber den anderen meist hervorgehoben wird: Gerade weil eine Metapher implizites Erfahrungs- und Hintergrundwissen evoziert, kann sie einen plausiblen kognitiven Gehalt auf anschauliche, modellhafte und neuartige Weise darstellen und deshalb kann sie dann auch zur Handlungsorientierung und Welterschließung dienen. Die Vorgriffsleistungen der Metapher finden dabei also auf verschiedenen Ebenen und gleichzeitig statt. Ob und in welchem Maß diese Antizipationen *rational* sind, wird sich in der Regel nur durch eine sinnverstehende Reflexion aus der Teilnehmerperspektive klären lassen. Es wäre deshalb auch völlig verfehlt, das von mir vorgeschlagene hermeneutische Verfahren der *reflexiven Metaphorisierung* als Ockhamsches Messer zur 'objektiven' Beurteilung oder Aburteilung der Metapher zu verstehen. Leistungen und Grenzen von Metaphern können durch reflexive Metaphorisierung bestimmt werden, indem das kommunikationsreflexive Potential der Metapher in systematischer Weise für die Metaphernreflexion nutzbar gemacht wird. Es geht deshalb *nicht* um die Entwicklung einer letztinstanzlichen 'Kontrollsprache', mit deren Hilfe die Metaphernreflexion in 'objektivierter' Weise betrieben werden könnte und die im übrigen ja selbst nur wieder eine scheinwörtliche Idealsprache wäre. Rationale Metaphernreflexion ist vielmehr auf konkrete Prozesse der kritischen Deutung und Auslegung der letztlich in umgangssprachlichen Zusammenhängen verwurzelten Diskurse und Traditionen verwiesen. Sie betont deshalb die Notwendigkeit interpretativen Sinnverstehens und dialogischer Argumentationsprozesse. Ob die Metaphernreflexion dabei in der konkreten Kommunikation oder in der Textauslegung geschieht, wir sind in letzter Instanz immer auf die an den Bedingungen gelingender Verständigung orientierte Sinn- und Geltungsreflexion verwiesen.

"Die Metapher ist viel klüger als ihr Verfasser und so sind es viele Dinge."
Diesen Aphorismus von Lichtenberg hatte ich als Motto meiner Untersuchung vorangestellt. Die Klugheit der Metapher, so wissen wir nun, besteht

in ihrer rationalen Vorgriffsfunktion. Sobald sie erst einmal ausgesprochen oder niedergeschrieben ist, besitzt die Metapher wie jedes Sprachzeichen eine gewisse Unabhängigkeit von ihrem Verfasser. Sie tritt in den Interpretations- und Verwendungsprozeß ein und kann hier aufgrund ihrer Vorgriffsfunktion *unerhörte* Wirkungen hervorrufen: Im rationalen Vorgriff, so habe ich im Durchgang durch die verschiedenen Problemfelder verdeutlicht, erlaubt die Metapher nicht nur die Bezugnahme auf kognitive Gehalte, die Orientierung im lebensweltlich-praktischen Bereich und die Evokation von implizitem Wissen in Kommunikation und Argumentation, sondern sie ermöglicht auch und gerade in semantisch unstrukturiertem oder unübersichtlichem Gelände die Anschließbarkeit von Erfahrungen und Kommunikationen, sie schafft durch metaphorischen Schematransfer Übergänge zwischen den Diskursen, sie bricht durch ihre Einheit von Perspektiveneröffnung und Neubeschreibung eines Gegenstandes festgefügte Semantiken auf und rekategorisiert bzw. reorganisiert den Bestand eingefahrener Sprachspiele. Die Metapher, so läßt sich resümieren, ist ein *semantisches Attraktionszentrum*, das durch seine vorgreifende Evidenz die kreative Produktion von Sinn antreibt.

Inwieweit die Metapher diese Wirkungen hervorzurufen vermag, ist jedoch selbst abhängig von konkreten Interpretations- und Kommunikationsprozessen. Die Klugheit der Metapher, auch dies wissen wir nun, steht und fällt mit der Klugheit ihrer Schöpfer *und* Interpreten, denn diese sind es, die die Metapher verwenden, die sie verstehen oder mißverstehen, die sich von ihrer Suggestionskraft fangen lassen oder durch kritische Reflexion ihre Evidenz und Geltung bestimmen. Erst in der kommunikativen Alltagspraxis, in der ästhetischen Produktion und Rezeption sowie in der moralisch-politischen und theoretisch-wissenschaftlichen Diskussion zeigt sich, ob wir den habitualisierten Metaphern noch Glauben schenken wollen und uns von ihnen orientieren lassen, oder ob wir mit neuen Metaphern unsere Wirklichkeit neu beschreiben, erfahren und verstehen wollen. Aus diesem Grunde ist die Metaphernreflexion keine einmalige, abschließbare Sache, sondern sie bleibt uns als ein zentraler Bestandteil permanenter hermeneutischer Welterschließung im theoretischen wie auch im praktischen und im ästhetischen Bereich aufgegeben.

Literatur

Abel, Günter (1984): Nietzsche. Die Dynamik der Willen zur Macht und die ewige Wiederkehr. Berlin/New York: de Gruyter
Acham, Karl (1984): Über einige Rationalitätskonzeptionen in den Sozialwissenschaften. In: Schnädelbach 1984, S. 32-69
Adorno, Theodor Wiesengrund (1966): Negative Dialektik. Frankfurt: Suhrkamp
Adorno, Theodor Wiesengrund (Hrsg.) (1969): Der Positivismusstreit in der deutschen Soziologie. Darmstadt/Neuwied: Luchterhand
Adorno, Theodor Wiesengrund (1971): Minima Moralia. Reflexionen aus dem beschädigten Leben. Frankfurt: Suhrkamp
Albert, Hans (1971): Theorie und Prognose in den Sozialwissenschaften. In: Topitsch (Hrsg.) 1971, S. 126-143
Albert, Hans/Topitsch, Ernst (Hrsg.) (1971): Werturteilsstreit. Darmstadt: Wissenschaftliche Buchgesellschaft (Wege der Forschung Bd. CLXXV)
Allemann, Beda (1968): Die Metapher und das metaphorische Wesen der Sprache. In: Weltgespräch 4/1968, S. 29-43
Alverson, Hoyt (1991): Metaphor and Experience: Looking over the Notion of Image Schema. In: Fernandez 1991, S. 94-117
Apel, Karl Otto (1963): Die Idee der Sprache in der Tradition des Humanismus von Dante bis Vico. In: Archiv für Begriffsgeschichte, Bd. 8. Bonn: Bouvier
Apel, Karl-Otto (1970): Wissenschaft als Emanzipation. In: Zeitschrift für allgemeine Wissenschaftstheorie, Bd. I, H. 2, 1970, S. 173-195
Apel, Karl-Otto (1979): Die Erklären/Verstehen-Kontroverse. Frankfurt: Suhrkamp
Apel, Karl-Otto (1984): Das Problem einer philosophischen Theorie der Rationalitätstypen. In: Schnädelbach 1984, S. 15-31
Apel, Karl-Otto (1990): Diskurs und Verantwortung. Frankfurt: Suhrkamp
Arbeitsgruppe Bielefelder Soziologen (Hrsg.) (1973): Alltagswissen, Interaktion und gesellschaftliche Wirklichkeit. (2 Bde.) Reinbek: Rowohlt
Arbib, Michael A./Caplan, David/Marshall John C. (1982): Neural Models of Language Process, New York/London/Paris: Academic Press
Arbib, Michael A./Hesse, Mary B. (1986): The Construction of Reality. Cambridge: Cambridge University Press

Arendt, Hannah (1971): Vom Leben des Geistes. Bd.1: Das Denken. München: Piper
Aristoteles: Rhetorik (übersetzt von Franz G. Sieveke, München: Fink 1980)
Aristoteles: Poetik (übersetzt von Olof Gigon, Stuttgart: Reclam 1961)
Aristoteles: Topik (übersetzt von Eugen Rolfs, Hamburg: Felix Meiner 1968)
Aust, Gerhard et al. (1981): Ontogenese metaphorischer Kompetenz. In: Wirkendes Wort, Nr. 6 (1981), S. 363 -377
Austin, John L. (1972): Zur Theorie der Sprechakte. Stuttgart: Reclam
Bachelard, Gaston (1959): Psychoanalyse des Feuers. Stuttgart: Schwab (franz.: La psychanalyse du feu. Paris: Gallimard 1938)
Bachelard, Gaston (1974): Epistemologie – Ausgewählte Texte. Frankfurt/Berlin/Wien: Ullstein
Bachelard, Gaston (1978): Die Bildung des wissenschaftlichen Geistes. Beitrag zu einer Psychoanalyse der objektiven Erkenntnis. Frankfurt: Suhrkamp
Bandy, Gerhard J. (1981): Metaphorik der Erfüllung. Nahrung als Hintergrundsmodell in der griechischen Ethik bis Epikur. In: Archiv für Begriffsgeschichte, Bd. 25/ 1981, S. 7-69
Barthes, Roland (1964): Mythen des Alltags. Frankfurt: Suhrkamp
Barthes, Roland (1972): Die Augenmetapher. In: Helga Gallas (Hrsg.): Strukturalismus als interpretatives Verfahren. Darmstadt/Neuwied: Luchterhand, S. 25-34
Barthes, Roland (1988): Das semiologische Abenteuer. Frankfurt: Suhrkamp
Bateson, Gregory (1985): Ökologie des Geistes. Frankfurt: Suhrkamp
Beardsley, Monroe C. (1983): Die metaphorische Verdrehung. In: Haverkamp 1983, S. 120-141
Beck, Ulrich (1986): Die Risikogesellschaft. Frankfurt: Suhrkamp
Benzon, William L./Hays, David G. (1987): Metaphor, Recognition, and Neural Process. In: The American Journal of Semiotics, Vol. 5, No. 1/1987, S. 59-80
Berg, Wolfgang (1978): Uneigentliches Sprechen. Zur Pragmatik und Semantik von Metapher, Metonymie, Ironie und rhetorischer Frage. Tübingen: TBL-Verlag Narr
Berggren, Douglas (1963): The Use and Abuse of Metaphor (Part I and II). In: Review of Metaphysics. Vol. 16/1963, S. 237-258 und 450-472
Bernstein, Richard (1978): Restrukturierung der Gesellschaftstheorie. Frankfurt: Suhrkamp

Besien, Fred van (1989): Metaphors in Scientific Language. In: Communication and Cognition, Vol. 22/ No. 1/ 1989, S. 5-22

Biese, Alfred (1893): Philosophie des Metaphorischen. In Grundlinien dargestellt. Hamburg/Leipzig: Voss

Birus, Hendrik/Fuchs, Anna (1986): Ein terminologisches Grundinventar für die Analyse von Metaphern. In: Christian Wagenknecht (Hrsg.): Zur Terminologie der Literaturwissenschaft. Akten des IX. Germanistischen Symposiums der DFG. Stuttgart: Metzler, S. 157-174

Black, Max (1962): Models and Metaphors. Studies in Language and Philosophy. Ithaca/New York: Cornell University Press

Black, Max (1979): How Metaphors Work. A Reply to Donald Davidson. In: Critical Inquiry, Autumn 1979, S. 131-143

Black, Max (1983a): Die Metapher. In: Haverkamp 1983, S. 55-79 (engl. in: Black 1962, S. 22-47)

Black, Max (1983b): Mehr über die Metapher. In: Haverkamp 1983, S. 379-413 (engl.: More about Metaphor. In: Dialectica 31/1977, S. 431-457)

Blanke, Gustav H. (1973): Einführung in die semantische Analyse. München: Hueber

Blumenberg, Hans (1957): Licht als Metapher der Wahrheit. Im Vorfeld der philosophischen Begriffsbildung. In: Studium Generale 10/1957, S. 432-447

Blumenberg, Hans (1960): Paradigmen zu einer Metaphorologie. In: Archiv für Begriffsgeschichte, Bd. 6, Bonn: Bouvier (Teilabdruck in: Haverkamp 1983, S. 285- 315)

Blumenberg, Hans (1971): Beobachtungen an Metaphern. In: Archiv für Begriffsgeschichte, Bd. 15, Bonn: Bouvier. S. 160-214

Blumenberg, Hans (1979): Schiffbruch mit Zuschauer. Paradigmen einer Daseinsmetapher. Frankfurt: Suhrkamp

Blumenberg, Hans (1981): Anthropologische Annäherungen an die Rhetorik. In: ders.: Wirklichkeiten in denen wir leben. Stuttgart: Reclam, S. 104-136

Blumenberg, Hans (1983): Ausblick auf eine Theorie der Unbegrifflichkeit. In: Haverkamp 1983, S. 483-454 (Erstveröffentlichung in Blumenberg 1979, S. 75-93)

Bochumer Diskussion (1968): Die Metapher. In: Poetica Bd. 2/1968, S. 100-130

Böhler, Dietrich (1974): Zur Geltung des emanzipatorischen Interesses. In: Winfried Dallmayr (Hrsg.): Materialien zu Habermas' "Erkenntnis und Interesse". Frankfurt: Suhrkamp. S. 349-368

Böhler, Dietrich (1985): Rekonstruktive Pragmatik. Frankfurt: Suhrkamp

Böhringer, Hannes (1978): Avantgarde – Geschichte einer Metapher. In: Archiv für Begriffsgeschichte, Bd. 22/1978, S. 90-114
Borgis, Ilona (1972): Das semantische Problem der Metapher. Ursachen und Varianten eines Scheinproblems. Hamburg (Diss.)
Bornscheuer, Lothar (1976): Topik – Zur Struktur der gesellschaftlichen Einbildungskraft. Frankfurt: Suhrkamp
Bosman, Jan (1987): Persuasive Effects of Political Metaphor. In: Metaphor and Symbolic Activity, 2/1987, S. 97-113
Bourdieu, Pierre (1987): Die feinen Unterschiede. Kritik der gesellschaftlichen Urteilskraft. Frankfurt: Suhrkamp
Boyd, Richard (1979): Metaphor and Theory Change. What is "Metaphor" a Metaphor for? In: Ortony 1979, S. 356-408
Brackmann, Karl-Heinz/Birkenhauer, Renate (1988): NS-Deutsch. "Selbstverständliche" Begriffe und Schlagwörter aus der Zeit des Nationalsozialismus. Straelen/Niederrhein: Straelener Manuskripte Verlag
Bremer, Dieter (1973): Hinweise zum griechischen Ursprung und zur europäischen Geschichte der Lichtmetaphysik. In: Archiv für Begriffsgeschichte, Bd. 17/1973, S. 7-35
Bremer, Dieter (1974): Licht als universelles Darstellungsmedium. In: Archiv für Begriffsgeschichte, Bd. 18/1974, S. 185-206
Bremer, Dieter (1980): Aristoteles, Empedokles und die Erkenntnisleistung der Metapher. In: Poetica 12/1980, S. 350-376
Bühl, Walter L. (1984): Die Ordnung des Wissens. Berlin: Duncker und Humblot
Bühler, Karl (1982): Sprachtheorie – Die Darstellungsfunktion der Sprache. Stuttgart/New York: UTB/Fink (Nachdruck der Erstausgabe von 1934)
Burkhardt, Armin (1987): Wie die "wahre Welt" endlich zur Metapher wurde. Zur Konstitution, Leistung und Typologie der Metapher. In: Conceptus XXI (1987), Nr. 52, S. 39-67
Carnap, Rudolf (1972): Sinn und Synonymität in natürlichen Sprachen. In: Johannes Sinnreich (Hrsg.), Zur Philosophie der idealen Sprache. München: DTV. 1972, S. 145-163
Carroll, John M./Mack, Robert L. (1985): Metaphor, Computing Systems, and Active Learning. In: Int. Journal of Man-Machine Studies, 1985/22, S. 39-57
Cassirer, Ernst (1977): Philosophie der symbolischen Formen. (Drei Bde.). Darmstadt: Wissenschaftliche Buchgesellschaft (Nachdruck der 2. Auflage von 1953; Erstauflage 1923)
Cassirer, Ernst (1985): Der Mythus des Staates. Frankfurt: Fischer (Erstauflage 1945)

Castoriadis, Cornelius (1984): Gesellschaft als imaginäre Institution. Frankfurt: Suhrkamp
Cicero, Marcus Tullius: De oratore / Über den Redner. (Deutsch/Lateinisch. Übersetzt und hrsg. von Harald Merklin, Stuttgart: Reclam 1981, 2. Aufl.)
Cohen, Hermann (1975): Grundsatz der Antizipation der Wahrnehmung. In: Joachim Kopper/Rudolf Malter (Hrsg.): Materialien zu Kants "Kritik der reinen Vernunft". Frankfurt: Suhrkamp, S. 238-256 (Nachdruck aus H. Cohen: Kants Theorie der Erfahrung. Berlin 1918, S. 285-306)
Cohen, L. Jonathan (1986): How is Conceptual Innovation Possible? In: Erkenntnis 25 (1986), S. 221-238
Cohen, Ted (1981): Figurative Speech and Figurative Acts. In: Johnson 1981, S. 182-199
Danesi, Marcel (1989a): The Neurological Coordinates of Metaphor. In: Communication & Cognition, Vol. 22, No. 1/1989, S. 73-86
Danesi, Marcel (1989b): The Role of Metaphor in Cognition. In: Semiotica, 77-4 (1989), S. 521-531
Danesi, Marcel (1990): Thinking is Seeing. Visual Metaphors and the Nature of Thought. In: Semiotica, 80-3/4 (1990), S. 221-237
Danto, Arthur C. (1984): Die Verklärung des Gewöhnlichen, Frankfurt: Suhrkamp
Davidson, Donald (1978:) What Metaphors Mean. In: Critical Inquiry, 5/1978, S. 31-48
Debatin, Bernhard (1989): Kritik und Konsens – Vom herrschaftsfreien Diskurs zur kommunikativen Rationalität. In: Dieter Hirschfeld/Bernhard Debatin (Hrsg.): Antinomien der Öffentlichkeit. Hamburg: Argument, S. 16-80.
Debatin, Bernhard (1990): Der metaphorische Code der Wissenschaft. Zur Bedeutung der Metapher in der Erkenntnis- und Theoriebildung. In: "S" (European Journal for Semiotic Studies) Vol. 2 (4) 1990, S. 793-820
Debatin, Bernhard (1992): Metaphors and Computers. In: The Semiotic Review of Books, Vol. 3.1/ January 1992, S. 4-6
Debatin, Bernhard (1993): Lies about Ice and other Properties – or, Metaphors, Implicit Knowledge and Expert Systems. In: L. Jan Slikkerveer et al. (eds.): The Expert Sign: Semiotics of Culture. Leiden (Netherlands): DSWO-Press, S. 153–167
Debatin, Bernhard (1994): Zur Modellierung der Mensch-Computer-Interaktion. Eine philosophische und kommunikationstheoretische Analyse der normativen Restriktionen in der Mensch-Computer-Interaktion. Berlin: TU-Forschungsbericht. [Teilabdruck unter dem Titel "Der modellierte Benutzer. Eine kommunikations- und zeichentheoretische Analyse der normativen Restriktionen in der Mensch-Computer-Interaktion." In:

Rainer Mackensen (Hrsg.): Konstruktionshandeln. München: Hanser (im Erscheinen)]

Debatin, Bernhard (1995): Die Modellfunktion der Metapher und das Problem der "Metaphernkontrolle". In: Hans Julius Schneider (Hrsg.): Metapher, Kognition und Künstliche Intelligenz, München: Fink 1995, S. 83-103

De Man, Paul (1978): The Epistemology of Metaphor. In: Critical Inquiry 5/1978, S. 15-30

De Man, Paul (1988): Allegorien des Lesens. Frankfurt: Suhrkamp

De Mause, Lloyd (1984): Reagan's Amerika. Basel/Frankfurt: Stroemfeld/Roter Stern

De Saussure, Ferdinand (1967): Grundfragen der allgemeinen Sprachwissenschaft. Berlin: De Gruyter (= Cours de linguistique générale, Paris: Payot 1911)

Demandt, Alexander (1978): Metaphern für Geschichte. Sprachbilder und Gleichnisse im historisch-politischen Denken. München: Beck

Demandt, Alexander (1979): Denkbilder des europäischen Epochenbewußtseins. In: Archiv für Begriffsgeschichte Bd. 23/1979, S. 129-147

Dennett, Daniel C. (1987): The Intentional Stance. Cambridge/Mass.: MIT Press

Derrida, Jacques (1988): Die weiße Mythologie. Die Metapher im philosophischen Text. In: ders.: Randgänge der Philosophie. Wien: Passagen, S. 205-258

Dierkes, Meinolf/Marz, Lutz (1992): Leitbilder der Technik – ihre Bedeutungen, Funktionen und Potentiale für den KI-Diskurs. Berlin: WZB-Papers FS II 92-107

Dierkes, Meinolf/Hoffmann, Ute/Marz, Lutz (1992): Leitbild und Technik. Berlin: Edition Sigma

Dittberger, Hugo (1980): Tänzelnd und böse. Über Nietzsche. In: Literaturmagazin 12: Nietzsche (Sonderband), Reinbek bei Hamburg: Rowohlt, S. 24-37

Dockhorn, Klaus (1977): Kritische Rhetorik? In: Heinrich F. Plett (Hrsg.): Rhetorik. München: Fink, S. 252-275

Dörner, Dietrich (1977): Superzeichen und kognitive Prozesse. In: Roland Posner/Peter Reinecke (Hg.), Zeichenprozesse – Semiotische Forschung in den Einzelwissenschaften. Wiesbaden: Athenaion, S. 73-82

Dörner, Dietrich (1979): Problemlösen als Informationsverarbeitung. Stuttgart/Berlin/Köln/Mainz 1979

Dubois, Jacques et al. (1974): Allgemeine Rhetorik. München: UTB

Duden, Barbara (1991): Der Frauenleib als öffentlicher Ort. Vom Mißbrauch des Begriffs Leben. Hamburg/Zürich: Luchterhand

Duerr, Hans Peter (Hrsg.) (1981): Der Wissenschaftler und das Irrationale. (2 Bde.) Frankfurt: Syndikat
Eco, Umberto (1972): Einführung in die Semiotik. München: UTB
Edelman, Murray (1976): Politik als Ritual. Frankfurt: Campus
Ehlich, Konrad (Hrsg.) (1989): Sprache im Faschismus. Frankfurt: Suhrkamp
Eisenhut, Werner (1974): Einführung in die antike Rhetorik und ihre Geschichte. Darmstadt: Wissenschaftliche Buchgesellschaft
Elster, Jon (1982): Rationality. In: Contemporary Philosophy, 2/1982, S. 111-131
Emonds, Heiner (1986): Metaphernkommunikation. Zur Theorie des Verstehens von metaphorisch verwendeten Ausdrücken in der Sprache. Göppingen: Kümmerle
Fellmann, Ferdinand (1991a): Symbolischer Pragmatismus. Hermeneutik nach Dilthey. Reinbek: Rowohlt
Fellmann, Ferdinand (1991b): Geschichte als Text. Ein Plädoyer für Geschichtsphilosophie. In: Information Philosophie, Okt. 1991/ H. 4, S. 5-14
Fernandez, James W. (Hrsg.) (1991): Beyond Metaphor. The Theory of Tropes in Anthropology. Stanford: Stanford University Press
Feyerabend, Paul (1981): Freie Erkenntnis für freie Menschen. Frankfurt: Suhrkamp
Floßdorf, Bernhard (1978): Kreativität – Bruchstücke einer Soziologie des Subjekts, Frankfurt: Syndikat
Foucault, Michel (1971): Die Ordnung der Dinge. Frankfurt: Suhrkamp
Foucault, Michel (1977): Die Ordnung des Diskurses. Frankfurt/Berlin/Wien: Ullstein
Frank, Manfred (1980): Die Aufhebung der Anschauung im Spiel der Metapher. In: Neue Hefte für Philosophie, H. 18/19, 1980, S. 78-58
Franzen, Winfried (1985): Vernunft nach Menschenmaß. Hilary Putnams neue Philosophie als mittlerer Weg zwischen Absolutsheitsdenken und Relativismus. In: Philosophische Rundschau 32/1985, S. 161-197
Frege, Gottlob (1980): Funktion, Begriff, Bedeutung. Fünf logische Studien. Göttingen: Vandenhoek (Herausgegeben von Günter Patzig)
Frese, Jürgen (1985): Prozesse im Handlungsfeld. München: Boer
Friedman, Susan Stanford (1987): Creativity and the Childbirth Metaphor. Gender Difference in Literary Discourse. In: Feminist Studies 13/1 (Spring 1987), S. 49-82
Fuhrmann, Manfred (1983): Rhetorik und öffentliche Rede. Über die Ursachen des Verfalls der Rhetorik im ausgehenden 18. Jahrhundert. Konstanz: Universitätsverlag

Fuhrmann, Manfred (1984): Die antike Rhetorik – eine Einführung. München/Zürich: Artemis-Verlag
Gadamer, Hans-Georg (1960): Wahrheit und Methode. Tübingen: Mohr
Gadamer, Hans-Georg (1980): Anschauung und Anschaulichkeit. In: Neue Hefte für Philosophie, H. 18/19, 1980, S. 1-13
Gardner, Howard/Winner, Ellen (1978): The Development of Metaphoric Competence. Implications for Humanistic Disciplines. In: Critical Inquiry, 5/1978, S. 123-141
Gallas, Helga (1972): Strukturalismus als interpretatives Verfahren. In: dies. (Hrsg.): Strukturalismus als interpretatives Verfahren. Darmstadt/ Neuwied, S. IX-XXI
Gazzaniga, Michael S. (1989): Das erkennende Gehirn. Paderborn: Jungfermann
Gélis, Jacques (1989): Die Geburt. Volksglaube, Rituale und Praktiken von 1500 – 1900. München: Diederichs
Genette, Gérard (1983): Die restringierte Rhetorik. In: Haverkamp 1983, S. 229-252
Gentner, Deidre (1983): Structure-Mapping: A Theoretical Framework for Analogy. In: cognitive science 7/1983, S. 155-170
Gerhart, Mary/Russell, Allan Melvin (1984): Metaphoric Process. The Creation of Scientific and Religious Understanding. Texas: Texas Christian University Press
Gildea, Particia/Glucksberg, Sam (1983): On Understanding Metaphor. The Role of Context. In: Journal of Verbal Learning and Verbal Behavior 22 (1983), S. 577-590
Gillett, Grant (1989): Perception and Neuroscience. In: The British Journal for the Philosophy of Science. Vol. 40/ No. 1, March 1989, S. 83-103
Goffman, Erving (1980): Rahmenanalyse. Frankfurt: Suhrkamp
Goffman, Erving (1986): Interaktionsrituale. Frankfurt: Suhrkamp
Goodman, Nelson (1968): Languages of Art. Indianapolis: Bobbs-Merrill
Goodman, Nelson (1979) Metaphor as Moonlighting. In: Critical Inquiry, 6/1979, S. 125-130
Goodman, Nelson (1981): Wege der Referenz. In: Zeitschrift für Semiotik, Bd. 3/ 1981, S. 11-22
Goodman, Nelson (1984): Weisen der Welterzeugung. Frankfurt: Suhrkamp
Goodman, Nelson/Elgin, Catherine Z. (1989): Revisionen. Frankfurt: Suhrkamp
Gordon, David Cole (1986): Therapeutische Metaphern. Paderborn: Jungfermann

Graf, Dietrich (1988): Eingefleischte Metaphern. Die Vergesellschaftung des Individuums an der Nahtstelle von Sprache und Realität. München: Tuduv-Studien (Diss.)
Grassi, Ernesto (1992): Die unerhörte Metapher. Frankfurt: Anton Hain
Greimas, Algirdas J. (1971): Strukturale Semantik. Braunschweig: Vieweg
Grice, H. Paul (1979a): Intendieren, Meinen, Bedeuten. In: Meggle 1979, S. 2-15
Grice, H. Paul (1979b): Sprecher-Bedeutung und Intention. In: Meggle 1979, S. 16-51
Grice, H. Paul (1979c): Logik und Konversation. In: Meggle 1979, S. 243-265
Gripp, Helga (1984): Jürgen Habermas. Paderborn/München/Wien/Zürich: Schöningh
Grüsser, Otto-Joachim (1977): Neurobiologische Grundlagen der Zeichenerkennung. In: Roland Posner/Peter Reinecke (Hg.), Zeichenprozesse – Semiotische Forschung in den Einzelwissenschaften, Wiesbaden: Athenaion, S. 13-45
Haack, Susan (1987/88): Surprising Noises. Rorty and Hesse on Metaphor. In: Proceedings of the Aristotelian Society, 1987/88, S. 293-301
Habermas, Jürgen (1968a): Technik und Wissenschaft als "Ideologie". Frankfurt: Suhrkamp
Habermas, Jürgen (1968b): Erkenntnis und Interesse. Frankfurt: Suhrkamp
Habermas, Jürgen (1971a): Theorie und Praxis/Neuauflage. Frankfurt: Suhrkamp
Habermas, Jürgen (1971b): Kultur und Kritik. Frankfurt: Suhrkamp
Habermas, Jürgen (1973): Legitimationsprobleme im Spätkapitalismus. Frankfurt: Suhrkamp
Habermas, Jürgen (1976): Zur Rekonstruktion des historischen Materialismus. Frankfurt: Suhrkamp
Habermas, Jürgen (1981): Theorie des kommunikativen Handelns. (2 Bde.) Frankfurt: Suhrkamp
Habermas, Jürgen (1983): Moralbewußtsein und Kommunikatives Handeln. Frankfurt: Suhrkamp
Habermas, Jürgen (1984): Vorstudien und Ergänzungen zur Theorie des kommunikativen Handelns. Frankfurt: Suhrkamp
Habermas, Jürgen (1985): Der philosophische Diskurs der Moderne. Frankfurt: Suhrkamp
Habermas, Jürgen (1986): Entgegnung. In: Axel Honneth/ Hans Joas (Hrsg.): Kommunikatives Handeln. Beiträge zu Jürgen Habermas' "Theorie des kommunikativen Handelns". Frankfurt: Suhrkamp, S. 327-405

Habermas, Jürgen (1988): Nachmetaphysisches Denken. Frankfurt: Suhrkamp
Habermas, Jürgen (1991): Texte und Kontexte. Frankfurt: Suhrkamp
Habermas, Jürgen (1992): Erläuterungen zur Diskursethik. Frankfurt: Suhrkamp
Habermas, Jürgen/Luhmann, Niklas (1971): Theorie der Gesellschaft oder Sozialtechnologie – was leistet die Systemforschung? Frankfurt: Suhrkamp
Hahn, Walter von (Hrsg.) (1981): Fachsprachen. Darmstadt: Wissenschaftliche Buchgesellschaft
Haverkamp, Anselm (Hrsg.) (1983): Theorie der Metapher. Darmstadt: Wissenschaftliche Buchgesellschaft
Helm, Gerhard (1992): Metaphern in der Informatik. Begriffe, Theorien, Prozesse. St. Augustin: GMD-Arbeitspapiere Nr. 652
Henle, Paul (1983): Die Metapher. In: Haverkamp 1983, S. 80-105
Heringer, Hans-Jürgen (1990): "Ich gebe Ihnen mein Ehrenwort". Politik, Sprache, Moral. München: Beck
Hesse, Mary (1966): Models and Analogies in Science. Notre Dame (Quebec): Notre Dame University Press
Hesse, Mary (1973): In Defence of Objectivity. In: Hesse 1980, S. 167-186 (Reprint)
Hesse, Mary (1980): Revolutions and Reconstructions in the Philosophy of Science. Brighton: The Harvester Press
Hesse, Mary (1987): Tropical Talk: The Myth of the Literal. In: Proceedings of the Aristotelian Society. Suppl. Vol., July 1987, S. 298-311
Hesse, Mary (1988): Die kognitiven Ansprüche der Metapher. In: Jean-Pierre van Noppen (Hg.), Erinnern um Neues zu sagen. Frankfurt: Athenäum, S. 128-148.
Hobbes, Thomas: Leviathan. (deutsche Ausgabe, Stuttgart: Reclam 1980)
Honneth, Axel/Joas, Hans (Hrsg.) (1986): Kommunikatives Handeln – Beiträge zu Jürgen Habermas' "Theorie des kommunikativen Handelns". Frankfurt: Suhrkamp
Honneth, Axel/McCarty, Thomas/Offe, Claus/Wellmer, Albrecht (Hrsg.) (1989): Zwischenbetrachtungen. Im Prozeß der Aufklärung. – Jürgen Habermas zum 60. Geburtstag (Festschrift). Suhrkamp: Frankfurt
Horkheimer, Max (1967): Kritik der instrumentellen Vernunft. Frankfurt: Fischer
Horkheimer, Max (1968): Kritische Theorie – Studienausgabe. (Doppelband) Frankfurt: Fischer
Horkheimer, Max/Adorno, Theodor (1969): Dialektik der Aufklärung. Frankfurt: Fischer

Hörmann, Hans (1971): Semantische Anomalie, Metapher und Witz. In: Folia Linguistica, Tom. V/1971, S. 310-330
Hörmann, Hans (1978): Meinen und Verstehen. Frankfurt: Suhrkamp
Horster, Detlev (1991): Richard Rorty zur Einführung. Hamburg: Junius
Huber, Walter (1981): Aphasien. Klinisch-neurologische Beschreibungen und Erklärungsversuche. In: Studium Linguistik, 11/1981, S. 1-21
Hubig, Christoph (1978): Dialektik und Wissenschaftlogik. Berlin/New York: de Gruyter
Hubig, Christoph (Hrsg.) (1982): Ethik institutionellen Handelns. Frankfurt: Campus
Hubig, Christoph (1985a): Handlung – Identität – Verstehen. Von der Handlungstheorie zur Geisteswissenschaft. Weinheim/Basel: Beltz
Hubig, Christoph (1985b): Rationalitätskriterien inhaltlicher Analyse. In: Gerd Jüttemann (Hrsg.): Qualitative Forschung in der Psychologie. Weinheim/Basel: Beltz, S. 327-350
Hubig, Christoph (1988): Die Sprache als Menschenwerk. In: Joachim Gessinger/Wolfert v. Rhaden (Hrsg.): Theorien vom Ursprung der Sprache. Berlin/New York: De Gruyter, Bd. 1, S. 159-182
Hubig, Christoph (1990): Analogie und Ähnlichkeit. Probleme einer theoretischen Begründung vergleichenden Denkens. In: Gerd Jüttemann (Hrsg.): Komparative Kasuistik. Heidelberg: Asanger, S. 133-142
Hubig, Christoph (1991): Abduktion – Das implizite Voraussetzen von Regeln. In: Gerd Jüttemann (Hrsg.): Individuelle und soziale Regeln des Handelns. Heidelberg: Asanger, S. 157-167
Hubig, Christoph/v. Rhaden, Wolfert (Hrsg.) (1978): Konsequenzen kritischer Wissenschaftstheorie. Berlin/New York: de Gruyter
Hübner, Kurt (1985): Die Wahrheit des Mythos. München: Fink
Huges, Thomas P. (1991): Die Erfindung Amerikas. Der technologische Aufstieg der USA seit 1870. München: Beck
Hülzer-Vogt, Heike (1991): Kippfigur Metapher — metaphernbedingte Kommunikationskonflikte in Gesprächen (2 Bde.). Münster: Nodus Publ.
Hums, Lothar (1988): Zur Problematik metaphorischer Benennungen in Wissenschaft und Technik. In: Zeitschrift für Germanistik, 9. Jg. (1988), H. 1, S. 43-56
Ihwe, Jens F. (1987:) Fiktion ohne Fiktionen – Nelson Goodmans Beitrag zur Aktualität "nicht-existenter" und "fiktionaler" Objekte. In: Zeitschrift für Semiotik, 9/1987, S. 102-127
Ingendahl, Werner (1971): Der Metaphorische Prozeß. Methodologie zu seiner Erforschung und Systematisierung. Düsseldorf: Schwann
Ischreyt, Heinz (1965): Studien zum Verhältnis von Sprache und Technik. Düsseldorf: Schwann

Jakob, Karlheinz (1991): Maschine, Mentales Modell, Metapher. Studien zur Semantik und Geschichte der Techniksprache. Tübingen: Niemeyer

Jakobson, Roman (1979a): Zwei Seiten der Sprache und zwei Typen aphatischer Störungen. In: ders.: Aufsätze zur Linguistik und Poetik, Frankfurt/Berlin/Wien: Ullstein, S. 117-141

Jakobson, Roman (1979b): Die Linguistik und ihr Verhältnis zu anderen Wissenschaften. In: ders.: Aufsätze zur Linguistik und Poetik, Frankfurt/Berlin/Wien: Ullstein, S. 150-224

Jakobson, Roman (1981): Gehirn und Sprache. In: Schnelle 1981, S. 18-40 (unter Mitarbeit von Kathy Santilli)

Jantsch, Erich (1987): Erkenntnistheoretische Aspekte der Selbstorganisation natürlicher Systeme. In: Siegfried J. Schmidt (Hrsg.): Der Diskurs des Radikalen Konstruktivismus. Frankfurt: Suhrkamp, S. 159-191

Jay, Martin (1989): The Debate over Performative Contradiction. Habermas vs. the Post-structuralists. In: Honneth/McCarty/Offe/Wellmer 1989, S. 171-189

Jelden, Eva (1994): Technik und Weltkonstruktion. Versuch einer handlungs- und erkenntnistheoretischen Grundlegung der Technikphilosophie. Frankfurt: Peter Lang

Joerges, Bernward (1988): Computer als Schmetterling und Fledermaus. In: Soziale Welt 39/1988, S. 188-204

Johnson, Mark (Hrsg.) (1981): Philosophical Perspectives on Metaphor. Minneapolis: Minnesota University Press

Johnson, Mark (1987): The Body in the Mind. The Bodily Basis of Meaning, Imagination, and Reason. Chicago/London: University of Chicago Press

Johnson, Mark (1993): Moral Imagination. Implications of Cognitive Science for Ethics. Chicago/London: University of Chicago Press

Johnson, Mark/Lakoff, George (1982): Metaphor and Communication. Trier: L.A.U.T.

Jonas, Hans (1984): Das Prinzip Verantwortung. Versuch einer Ethik für die technologische Zivilisation. Frankfurt: Suhrkamp

Kallmeyer, Werner et al. (Hrsg.) (1974): Lektürekolleg zur Textlinguistik. (2 Bde.) Frankfurt: Athenäum Fischer

Kallmeyer, Werner/Schütze, Fritz (1976): Konversationsanalyse. In: Studium Linguistik, 1/1976, S. 1-28

Kamlah, Wilhelm/Lorenzen, Paul (1973): Logische Propädeutik. Vorschule des vernünftigen Redens. Mannheim/Wien/Zürich: Bibliograph. Institut (2. Auflage)

Kant, Immanuel (Prlg.): Prolegomena zu einer jeden künftigen Metaphysik (Hrsg. von Karl Vorländer, Hamburg: Felix Meiner 1965)

Kant, Immanuel (KdU): Kritik der Urteilskraft (Werkausgabe Bd. X, Hrsg. von Wilhelm Weischedel, Frankfurt: Suhrkamp 1974)
Kant. Immanuel (KdrV): Kritik der reinen Vernunft. (2 Bde. Werkausgabe Bd. III und IV, Hrsg. von Wilhelm Weischedel, Frankfurt: Suhrkamp 1968)
Kanzog, Klaus (1991): Einführung in die Filmphilologie. München: Schaudig/Bauer/Ledig
Katz, Jerrold J./Fodor, Jerry A. (1963): The Structure of a Semantic Theory. In: Language 39/1963, S. 170-210
Keller, Rudi (1975): Zur Theorie metaphorischen Sprachgebrauchs. In: Zeitschrift für germanistische Linguistik, Nr. 3 (1975), S. 49-62
Keller-Bauer, Friedrich (1984): Metaphorisches Verstehen. Eine linguistische Rekonstruktion metaphorischer Kommunikation. Tübingen: Niemeyer
Kittay, Eva Feder (1987): Metaphor. Its Cognitive Force and Its Linguistic Structure. Oxford: Clarendon Press
Klemperer, Victor (1990): LTI. Notizbuch eines Philologen. Leipzig: Reclam
Kneer, Georg (1992): Bestandserhaltung und Reflexion. Zur kritischen Reformulierung gesellschaftlicher Rationalität. In: Werner Krawietz/ Michael Welker (Hrsg.): Kritik der Theorie sozialer Systeme. Frankfurt: Suhrkamp, S. 86-112
Knorr-Cetina, Karin (1984): Die Fabrikation von Erkenntnis. Frankfurt: Suhrkamp
Kolers, Paul A./Roediger, Henry L. (1984): Procedures of Mind. In: Journal of Verbal Learning and Verbal Behaviour, 23/1984, S. 425-449
Köller, Wilhelm (1975): Semiotik und Metapher. Untersuchungen zur grammatischen Struktur und kommunikativen Funktion von Metaphern. Stuttgart: Metzler
Köller, Wilhelm (1986): Dimensionen des Metaphernproblems. In: Zeitschrift für Semiotik, Bd. 8/1986, S. 379-410
Konersmann, Ralf (1986/87): Die Metapher der Rolle und die Rolle der Metapher. In: Archiv für Begriffsgeschichte Bd. 30/1986-87, S. 84-137
Koppe, Franz (1977): Sprache und Bedürfnis. Zur sprachphilosophischen Grundlage der Geisteswissenschaften. Stuttgart-Bad Cannstatt: Fromann-Holzboog
Kopperschmidt, Josef (1973): Allgemeine Rhetorik. Einführung in die Theorie der persuasiven Kommunikation. Stuttgart: Kohlhammer
Kopperschmidt, Josef (1989): Methodik der Argumentationsanalyse. Stuttgart-Bad Cannstatt: Fromann-Holzboog

Krämer, Sybille (1990): Die Suspendierung des Buchstäblichen. über die Entstehung metaphorischer Bedeutung. In: Allgemeine Zeitschrift für Philosophie, Jg. 15/ Heft 2/ 1990, S. 61-68
Kubczak, Hartmut (1978): Die Metapher. Beiträge zur Interpretation und semantischen Struktur der Metapher auf der Basis einer referentiellen Bedeutungsdefinition. Heidelberg: Winter
Kügler, Werner (1984): Zur Pragmatik der Metapher. Metaphernmodelle und historische Paradigmen. Frankfurt/Bern/New York: Peter Lang
Kuhn, Thomas S. (1967): Die Struktur wissenschaftlicher Revolutionen. Frankfurt: Suhrkamp
Kuhn, Thomas S. (1977): Die Entstehung des Neuen. Frankfurt: Suhrkamp
Kuhn, Thomas S. (1979): Metaphor in Science. In: Ortony 1979, S. 409-419
Künne, Wolfgang (1983): "Im übertragenen Sinne": Zur Theorie der Metapher, in: Conceptus XVII/1983, No. 40/41, S. 181-200
Künzli, Rudolf (1985): Zu Ort und Leistung der Metapher im pädagogischen Verständigungsprozeß. In: Jörg Petersen (Hg.), Unterricht – Sprache zwischen den Generationen. Kiel: Verlag Wissenschaft und Bildung, S. 355-372
Kurz, Gerhard (1978): Die schwierige Metapher. In: Deutsche Vierteljahreszeitschrift 52/1978, S. 544-557
Kurz, Gerhard (1988): Metapher, Allegorie, Symbol. Göttingen: Vandenhoeck
Kurz, Gerhard/Pelster, Theodor (1976): Metapher. Theorie und Unterrichtsmodell. Düsseldorf: Schwann
Küster, Rainer (1983): Politische Metaphorik. In: Sprache und Literatur, 14/1983, H. 51, S. 30-46
Lakatos, Imre/Musgrave, A. (1974): Kritik und Erkenntnisfortschritt. Braunschweig: Vieweg
Lakoff, George (1986): The Meaning of Literal. In: Metaphor and Symbolic Activity, 1/1986, 291-296
Lakoff, George (1987a): Women, Fire, and Dangerous Things. Chicago: University of Chicago Press
Lakoff, George (1987b): The Death of Dead Metaphor. In: Metaphor and Symbolic Activity, 2/1987, S. 143-147
Lakoff, George (1991): Metapher und Krieg. In: Sprache im technischen Zeitalter, 119/ 1991, S. 221-239
Lakoff, George/Johnson, Mark (1980a): Metaphors We Live By. Chicago/ London: The University of Chicago Press
Lakoff, George/Johnson, Mark (1980b): The Metaphorical Structure of the Human Conceptual System. In: Cognitive Science 4/1980, S. 195-208

Lausberg, Heinrich (1960): Handbuch der literarischen Rhetorik. (2 Bde.) München: Hueber
Lausberg, Heinrich (1971): Elemente der literarischen Rhetorik. München: Hueber (4. Auflage)
Leach, Edmund (1978): Kultur und Kommunikation. Frankfurt: Suhrkamp
Leach, Edmund (1991): Lévi-Strauss zur Einführung. Hamburg: Junius
Leatherdale, W. H. (1974): The Role of Analogy, Model, and Metaphor in Science. New York: American Elsevier Publishing Co.
Ledanff, Susanne (1979): Die "nackte Wahrheit" in metaphorischer Beleuchtung. In: Sprache im technischen Zeitalter, 68/1979, S. 282-289
Ledanff, Susanne (1981): Die Augenblicksmetapher. Über Bildlichkeit und Spontaneität in der Lyrik. München/Wien: Hanser
Lenk, Hans (Hrsg.) (1986): Zur Kritik der wissenschaftlichen Rationalität. Freiburg/München: Alber
Lenk, Hans (1986a): Einleitung des Herausgebers: Typen und Systematik der Rationalität. In: Lenk (1986), S. 11-27
Lévesque, Claude (1989): Language to the Limit. In: Tom Darby/Béla Egyed/Ben Jones (eds.): Nietzsche and the Rhetoric of Nihilism. Essays on Interpretation, Language and Politics. Ottawa: Carleton University Press, S. 45-53
Lévi-Strauss, Claude (1973): Das wilde Denken. Frankfurt: Suhrkamp
Lévi-Strauss, Claude (1976): Mythologica. (4 Bde.) Frankfurt: Suhrkamp
Lieb, Hans-Heinrich (1964): Der Umfang des historischen Metaphernbegriffes. Köln (Diss.)
Link, Jürgen (1975): Die Struktur des literarischen Symbols. München: Fink
Link, Jürgen (1982): Kollektivsymbolik und Mediendiskurse. Zur aktuellen Frage, wie subjektive Aufrüstung funktioniert, in: kultuRRevolution 1/1982, S. 6-20
Link, Jürgen (1984a): Über ein Modell synchroner Systeme von Kollektivsymbolen sowie seine Rolle bei der Diskurs-Konstitution. In: Link/Wülfing (1984), S. 63-92
Link, Jürgen (1984b): "Einfluß des Fliegens! – Auf den Stil selbst!" Diskursanalyse des Ballonsymbols. In: Link/Wülfing (1984), S. 149-164
Link, Jürgen/Wülfing, Wulf (Hrsg.) (1984): Bewegung und Stillstand in Metaphern und Mythen. Stuttgart: Klett
Locke, John: Über den menschlichen Verstand. (2 Bde. übersetzt v. C. Winkler nach der englischen Fraser-Edition, Hamburg: Meiner 1968)
Loewenberg, Ina (1981): Identifying Metaphors. In: Johnson (1981), S. 154-181

Lüdi, Georges (1973): Die Metapher als Funktion der Aktualisierung. Bern: Francke

Lueken, Geert-Lueke (1992): Inkommensurabilität als Problem rationalen Argumentierens. Stuttgart-Bad Cannstadt: Fromann-Holzboog

Luhmann, Niklas (1984): Soziale Systeme. Frankfurt: Suhrkamp

Luhmann, Niklas (1987): Soziologische Aufklärung, Band 4. Opladen: Westdeutscher Verlag

Luhmann, Niklas (1990): Die Wissenschaft der Gesellschaft. Frankfurt: Suhrkamp

MacCormac, Earl R. (1985): A Cognitive Theory of Metaphor. Cambridge/Mass.: MIT Press.

Mack, Dorothy (1975): Metaphoring as Speech Act: Some Happiness Conditions for Implicit Similes and Simple Metaphors. In: Poetics, Vol. 4/ 1975, 221-256

Mambrey, Peter/Tepper, August (1992): Metaphern und Leitbilder als Instrument. Beispiele und Methoden. St. Augustin: GMD-Arbeitspapiere Nr. 651

Martin, Emily (1989): The Woman in the Body. A Cultural Analysis of Reproduction. Boston: Beacon Press

Martin, Jannet/Harré, Rom (1982): Metaphor in Science. In: Miall 1982, S. 89-105

Mauthner, Fritz (1982): Beiträge zu einer Kritik der Sprache. (Drei Bde.) Originalnachdruck der Auflagen von 1906/1912/1913, Frankfurt/Berlin/Wien: Ullstein

Mayr, Otto (1987): Uhrwerk und Waage. Autorität, Freiheit und technische Systeme in der frühen Neuzeit. München: Beck

McCloskey, Donald N. (1985): The Rhetoric of Economics. Brighton: The Harvester Press

Meggle, Georg (Hrsg.) (1979): Handlung, Kommunikation, Bedeutung. Frankfurt: Suhrkamp

Meier, Hugo (1963): Die Metapher. Versuch einer zusammenfassenden Betrachtung ihrer linguistischen Merkmale. Winterthur: Keller

Menke, Bettine (1991): Sprachfiguren. Name – Allegorie – Bild nach Walter Benjamin. München: Fink

Merton, Robert K. (1983): Auf den Schultern von Riesen. Frankfurt: Suhrkamp

Meyer, Ahlrich (1969): Mechanische und organische Metaphorik politischer Philosophie. In: Archiv für Begriffsgeschichte, Bd. 13/1969, S. 128-199.

Miall, David (Hrsg.) (1982): Metaphor. Problems and Perspectives. Brighton: The Harvester Press LTD

Mill, John Stuart: A System of Logic – Ratiocinative and Inductive (Ausgabe von J.M. Robson, Toronto: Routledge & Kegan Paul 1974)

Möhn, Dieter/Pelka, Roland (1984): Fachsprachen – Eine Einführung. Tübingen: Niemeyer

Montague, Richard (1974): Formal Philosophy. Yale: Yale University Press

Moore, F.C.T. (1982): On Taking Metaphor Literally. In: Miall (1982), S. 1-13

Morgan, Gareth (1980): Paradigms, Metaphors, and Puzzle Solving in Organization Theory. In: Administrative Science Quarterly, Vol. 25 (1980), S. 606-622

Morgan, Gareth (1983): More on Metaphor. Why We Cannot Contol Tropes in Administrative Science. In: Administrative Science Quarterly, Vol. 28 (1983), S. 601-607

Mulkay, Michael (1974): Conceptual Displacement and Migration in Science: A Prefatory Paper. In: Science Studies, 4/1974, S. 205-234

Münkler, Herfried (1994): Politische Bilder, Politik der Metaphern. Frankfurt: Fischer 1994

Nieraad, Jürgen (1975): Anmerkungen zu: Rudi Keller, Zur Theorie metaphorischen Sprachgebrauchs. In: Zeitschrift für germanistische Linguistik, Nr. 3 (1975), S. 63-66

Nieraad, Jürgen (1977): "Bildgesegnet und Bildverflucht". Forschungen zur sprachlichen Metaphorik. Darmstadt: Wissenschaftliche Buchgesellschaft

Nietzsche, Friedrich (Werke): Werke in vier Bänden (Hrsg v. Gerhard Stenzel, Salzburg: Bergland 1985)

Noppen, Jean-Pierre, van/de Knop, Sabine/de Jongen, Renée (eds.) (1985): Metaphor. A Bibliography of Post-1970 Publications. Amsterdam/Philadelphia: Benjamins

Noppen, Jean-Pierre van/Hols, Edith (eds.) (1991): Metaphor II. A Classified Bibliography of Publications from 1985-1990. Amsterdam/Philadelphia: Benjamins

Nöth, Winfried (1977): Dynamik semiotischer Systeme. Vom altenglischen Zauberspruch zum illustrierten Werbetext. Stuttgart: Metzler

Nöth, Winfried (1985): Handbuch der Semiotik. Stuttgart: Metzler

Nugel, Bernfried (1978): Architekturmetaphern und Gesamtplankonzeption in der englischen Literaturkritik des 17. Jahrhunderts. In: Zeitschrift für Literaturwissenschaft und Linguistik, 8/1978, S. 48-70

O'Neill, John (1988/89): Relevance and Pragmatic Inference. In: Theoretical Linguistics, Vol. 15, 1988/89, No. 3, S. 241-261

Opp de Hipt, Manfred (1987): Denkbilder in der Politik. Der Staat in der Sprache von CDU und SPD. Opladen: Westdeutscher Verlag

Ortony, Andrew (Hrsg.) (1979): Metaphor and Thought. Cambridge: Cambridge University Press

Patzak, Gerold (1982): Systemtechnik. Berlin/Heidelberg/New York: Springer

Paul, Hermann (1966): Prinzipien der Sprachgeschichte. Tübingen: Niemeyer (7. Auflage der erstmals 1880 erschienen Ausgabe)

Pausch, Holger A. (Hrsg.) (1976): Kommunikative Metaphorik. Bonn: Bouvier

Peirce, Charles Sanders: Collected Papers. (Bde. 1-6, hrsg. von Charles Hartshone/Paul Weiss, Cambridge/Mass.: Harvard University Press 1931 /1933/1935; Bde. 7-8, hrsg. von Arthur W. Burks, Cambridge/Mass.: Harvard University Press 1958)

Pepper, Stephen C. (1935): The Root Metaphor of Metaphysics. In: Journal of Philosophy 32/1935, S. 365-374

Perelman, Chaïm (1980): Das Reich der Rhetorik. Rhetorik und Argumentation. München: Beck

Petchesky, Rosalind Pollak (1987): Foetal Images. The Power of Visual Culture in the Politics of Reproduction. In: Michelle Stanworth (Hrsg.): Reproductive Technologies. Gender, Motherhood, and Medicine. Cambridge: Polity Press, S. 57-80

Pielenz, Michael (1993): Argumentation und Metapher. Tübingen: Gunter Narr

Popper, Karl R. (1969): Die Logik der Sozialwissenschaften. In: Adorno 1969, S. 103-123)

Popper, Karl R. (1973): Objektive Erkenntnis. Hamburg: Hoffmann und Campe

Poser, Hans (1989): Vom Denken in Analogien. In: Berichte zur Wissenschaftsgeschichte 12 (1989), S. 145-157

Poser, Hans (1990): Erfahrung und Beobachtung. Berlin: TU Kolloquiums-Skript

Poser, Hans (Hrsg.) (1982): Wandel des Vernunftbegriffs. Freiburg/München: Alber

Pross, Harry (1981): Zwänge – Essay über symbolische Gewalt. Berlin: Karin Kramer

Pross, Harry (1988): Die metaphorische Verwirrung. Ulm: Universitätsskript

Puster, Edith (1989): Zur Wahrheit der Metapher. In: Jürgen Mittelstraß (Hrsg.), Wohin geht die Sprache? Wirklichkeit – Kommunikation – Kompetenz. Essen: Hanns Martin Schleyer-Stiftung; S. 90-99

Putnam, Hilary (1979): Die Bedeutung von "Bedeutung". Frankfurt: Klostermann

Putnam, Hilary (1982): Vernunft, Wahrheit und Geschichte. Frankfurt: Suhrkamp

Quine, Williard Van Orman (1978): A Postscript on Metaphor. In: Critical Inquiry, Autumn 1978, S. 161-162

Quine, Williard Van Orman (1979a): Zwei Dogmen des Empirismus. In: ders.: Von einem logischen Standpunkt, Frankfurt/BerlinWien: Ullstein, S. 27-50

Quine, Williard Van Orman (1979b): Das Problem der Bedeutung in der Linguistik. In: ders.: Von einem logischen Standpunkt, Frankfurt/BerlinWien: Ullstein, S. 51-66

Quinn, Naomi (1991): The Cultural Basis of Metaphor. In: Fernandez 1991, S. 56-93

Quintilianus, Marcus Fabius: Ausbildung des Redners. (Lateinisch/Deutsch; übersetzt und hrsg. von Helmut Rahn. (2 Bde.) Darmstadt: Wissenschaftliche Buchgesellschaft 1972/1975)

Radman, Zdravko et al. (1991): The Multidimensionality of Metaphor. In: Synthesis Philosophica, Vol. 6/fasc.1 (1991), S. 3-177 (Aufsatzsammlung)

Radman, Zdravko (1992): Metaphoric Measure of Meaning – The Problem of Non-Literal Use of Language in Science Reconsidered. In: Philosophical Studies, Vol. XXXIII (1992), S. 153-170

Rastier, François (1974): Systematik der Isotopien. In: Kallmeyer et al. 1974, Bd. 2, S. 153-190

Richards, Ivor Armstrong (1936): The Philosophy of Rhetoric. New York: Oxford University Press (2. Aufl. 1967)

Richards, Ivor Armstrong (1983): Die Metapher. In: Haverkamp 1983, S. 31-52 (gekürzte Übersetzung von Kap. V und VI in Richards 1936)

Ricœur, Paul (1978): The Metaphorical Process as Cognition, Imagination, and Feeling. In: Critical Inquiry, Autumn 1978, S. 143-159

Ricœur, Paul (1983): Die Metapher und das Hauptproblem der Hermeneutik. In: Haverkamp 1983, S. 356-375

Ricœur, Paul (1988): Die lebendige Metapher. München: Fink

Rigotti, Francesca (1994): Die Macht und ihre Metaphern. Über die sprachlichen Bilder der Politik. Frankfurt/New York: Campus 1994

Ropohl, Günter (1991): Die Maschinenmetapher. In: Technikgeschichte, Bd. 58 (1991), Nr. 1, S. 3-14

Rorty, Richard (1987): Unfamiliar Noises – Hesse and Davidson on Metaphor. In: Proceedings of the Aristotelian Society, Suppl. Vol., July 1987, S. 283-296

Rorty, Richard (1989): Kontingenz, Ironie und Solidarität. Frankfurt: Suhrkamp
Rupp, Gerhard (1980): Der "ungeheure Consensus der Menschen über die Dinge" oder das gesellschaftlich wirksame Rhetorische. Zum Nietzsche des Philosophenbuchs. In: Literaturmagazin 12: Nietzsche (Sonderband), Reinbek bei Hamburg: Rowohlt, S. 179-199
Rutz, Andreas (1985): Konstruieren als gedanklicher Prozeß. München (Diss.)
Ruwet, Nicolas (1983): Synekdochen und Metonymien. In: Haverkamp 1983, S. 253- 282
Sauerbier, Samson D. (1985): Wörter, Bilder und Sachen. Heidelberg: Winter Universitätsverlag
Scheffler, Israel (1979): Beyond the Letter. A Philosophical Inquiry into Ambiguity, Vagueness and Metaphor in Language. London/Boston/Henley: Routledge & Kegan Paul
Scheffler, Israel (1986): Ten Myths of Metaphor. In: Communication and Cognition, Vol. 19, No.3/4, 1986, S. 389-394
Schlesier, Renate (1986/87): Der bittersüße Eros. Ein Beitrag zur Geschichte und Kritik des Metaphernbegriffs. In: Archiv für Begriffsgeschichte Bd. 30, 1986/87, S. 70-83
Schlobach, Jochen (1980): Zyklentheorie und Epochenmetaphorik. München: Fink
Schlüter, Hermann (1974): Grundkurs der Rhetorik. München: DTV
Schmidt, Siegfried J. (1987): Der Radikale Konstruktivismus. Ein neues Paradigma im interdisziplinären Diskurs. In: ders. (Hrsg.): Der Diskurs des Radikalen Konstruktivismus. Frankfurt: Suhrkamp, S. 11-88
Schnädelbach, Herbert (1977): Reflexion und Diskurs. Fragen einer Logik der Philosophie. Frankfurt: Suhrkamp
Schnädelbach, Herbert (Hrsg.) (1984): Rationalität. Frankfurt: Suhrkamp
Schnädelbach, Herbert (1991): Theorie der Rationalität. In: Peter Koslowski (Hrsg.): Orientierung durch Philosophie. Tübingen: Mohr (UTB), S. 276-294
Schnädelbach, Herbert (1992): Über Rationalität und Begründung. In: ders.: Zur Rehabilitation des *animal rationale*. Frankfurt: Suhrkamp, S. 61-78
Schneider, Hans Julius (1993): "Syntaktische Metaphern" und ihre begrenzende Rolle für eine systematische Bedeutungstheorie. In: Deutsche Zeitschrift für Philosophie, (1993) H. 3, S. 477-486
Schnelle, Helmut (Hrsg.) (1981): Sprache und Gehirn. Frankfurt: Suhrkamp

Schöffel, Georg (1987): Denken in Metaphern. Opladen: Westdeutscher Verlag
Schön, Donald A. (1963): Displacement of Concepts. New York: Humanities Press
Schulte, Joachim (1990): Chor und Gesetz. Wittgenstein im Kontext. Frankfurt: Suhrkamp
Schuster, Martin/Wickert, Johannes (1989): Die Metapher als Figur der Bildkommunikation. In: Martin Schuster/Bernhard P. Woschek (Hrsg.): Nonverbale Kommunikation durch Bilder. Stuttgart: Verlag für angewandte Psychologie, S. 53-71
Searle, John R. (1969): Speech Acts – An Essay in the Philosophy of Language. Cambridge: Cambridge University Press
Searle, John R. (1979): Metaphor. In: Ortony 1979, S. 92-123
Searle, John R. (1982): Ausdruck und Bedeutung. Frankfurt: Suhrkamp
Searle, John R. (1983): Geist, Hirn und Wissenschaft. Frankfurt: Suhrkamp
Searle, John (1987): Intentionalität. Eine Abhandlung zur Philosophie des Geistes. Frankfurt: Suhrkamp
Seel, Martin (1990): Am Beispiel der Metapher. Zum Verhältnis von buchstäblicher und figürlicher Rede. In: Forum für Philosophie Bad Homburg (Hrsg.): Intentionalität und Verstehen. Frankfurt: Suhrkamp, S. 237-272
Seiffge-Krenke, Inge (1974): Probleme und Ergebnisse der Kreativitätsforschung. Bern/Stuttgart/Wien: Huber
Seitelberger, Franz (1983): Neurobiologische Aspekte der Intelligenz. In: Konrad Lorenz/Franz M. Wuketits (Hrsg.), Die Evolution des Denkens, München/Zürich: Piper, S. 167-196
Shibles, Warren A. (1971): Metaphor. An Annotated Bibliography and History. Whitewater: Language Press
Shibles, Warren (1974): Die metaphorische Methode. In: Deutsche Zeitschrift für Literaturwissenschaft und Geistesgeschichte 48 (1974), S. 1-9
Sikora, Joachim (1976): Handbuch der Kreativ-Methoden. Heidelberg: Quelle & Meyer
Sontag, Susan (1981): Krankheit als Metapher. Frankfurt: Fischer
Sontag, Susan (1989): Aids und seine Metaphern. München/Wien: Hanser
Sperber, Dan/Wilson, Deidre (1985/86): Loose Talk. In: Proceedings of the Aristotelian Society, Vol. LXXXVI, 1985/86, S. 153-171
Sperber, Dan/Wilson, Deidre (1987): Précis of Relevance: Communication and Cognition. In: Behavioural and Brain Sciences 1987, No. 10, S. 697-754
Starnberger Studien I (1978). Die Orientierung des wissenschaftlichen Fortschritts (Hrsg. v. Max-Planck-Institut zur Erforschung der Lebens-

bedingungen der technisch-wissenschaftlichen Welt; Starnberg). Frankfurt: Suhrkamp
Stierle, Karlheinz (1975): Text als Handlung. München: UTB
Stierle, Karlheinz (1982): Der Maulwurf im Bildfeld. Versuch zu einer Metapherngeschichte. In: Archiv für Begriffsgeschichte, Bd. 26/1982, S. 101-143
Strub, Christian (1991): Kalkulierte Absurditäten. Versuch einer historisch reflektierten sprachanalytischen Metaphorologie. Freiburg/München: Alber
Theweleit, Klaus (1982): Männerphantasien. (2 Bde.) Reinbek: Rowohlt
Topitsch, Ernst (Hrsg.) (1971): Logik der Sozialwissenschaften. Köln/Berlin: Kiepenheuer & Witsch
Tourangeau, Roger/Sternberg, Robert J. (1981): Aptness in Metaphor. In: Cognitive Psychology 13/1981, S. 27-55
Tourangeau, Roger/Sternberg, Robert J. (1982): Understanding and Appreciating Metaphors. In: Cognition, 11/1982, S. 203-244
Turbayne, Colin Murray (1970): The Myth of Metaphor. New Haven: The University of South Carolina Press (rev. edition)
Ueding, Gert/Steinbrink, Bernd (1986): Grundriß der Rhetorik. Geschichte, Technik, Methode. Stuttgart: Metzler
Ullmann, Stephen (1973): Semantik. Eine Einführung in die Bedeutungslehre. Frankfurt: Fischer
Ungeheuer, Gerold (1987): Kommunikationstheoretische Schriften I: Sprechen, Mitteilen, Verstehen. Aachen: Alano
Vaihinger, Hans (1924): Die Philosophie des Als ob. Leipzig: Meiner
Varela, Francisco J. (1990): Kognitionswissenschaft – Kognitionstechnik. Eine Skizze aktueller Perspektiven. Frankfurt: Suhrkamp
Verene, Donald Phillip (1987): Vicos Wissenschaft der Imagination. Theorie und Reflexion der Barbarei. München: Fink
Vico, Giambattista: Vom Wesen und Weg der geistigen Bildung – De nostri temporis studiorum Ratione. (Dtsch./lat. Ausgabe in der Übertragung von Walter F. Otto) Darmstadt: Wissenschaftliche Buchgesellschaft 1963
Vico, Giambattista: Prinzipien einer neuen Wissenschaft über die gemeinsame Natur der Völker. (übersetzt v. Vittorio Hösle und Christoph Jermann) Hamburg: Meiner 1990 (2 Teilbände)
Villwock, Jörg (1983a): Metapher und Bewegung. Frankfurt/Bern: Peter Lang
Villwock, Jörg (1983b): Welt und Metapher. In: Zeitschrift für philosophische Forschung, Bd. 37/1983, S. 199-217

Villwock, Jörg (1985): Mythos und Rhetorik. Zum inneren Zusammenhang zwischen Mythologie und Metaphorologie in der Philosophie Hans Blumenbergs. In: Philosophische Rundschau 1-2 (1985), S. 68-90

Vonessen, Franz (1959): Die ontologische Struktur der Metapher. In: Zeitschrift für philosophische Forschung, Bd. 13 (1959), S. 397-418

Weber, Max (1973): Soziologie, Universalgeschichtliche Analysen, Politik. Stuttgart: Kröner

Weinert, Franz E. (1991): Kreativität – Fakten und Mythen. In: Psychologie heute, Sept. 1991, S. 30-37

Weinrich, Harald (1966): Linguistik der Lüge. Heidelberg: Lambert Schneider

Weinrich, Harald (1976): Sprache in Texten. Stuttgart: Klett

Weinrich, Harald (1976a): Münze und Wort. Untersuchungen an einem Bildfeld. In: ders. 1976, S. 276-290

Weinrich, Harald (1976b): Metaphora memoriae. In: ders. 1976, S. 291-294

Weinrich, Harald (1976c): Semantik der kühnen Metapher. In: ders. 1976, S. 295- 316

Weinrich, Harald (1976d): Allgemeine Semantik der Metapher. In: ders. 1976, S. 317-327

Weinrich, Harald (1976e): Streit um Metaphern. In: ders. 1976, S. 328-341

Weinrich, Harald (1980): Metapher. In: Joachim Ritter/Karlfried Gründer (Hrsg.): Historisches Wörterbuch der Philosophie Bd.V. Darmstadt: Wissenschaftliche Buchgesellschaft, Spalte 1179-1186

Weisberg, Robert W. (1989): Kreativität und Begabung. Heidelberg: Spektrum der Wissenschaft Verlag

Weizenbaum, Joseph (1977): Die Macht der Computer und die Ohnmacht der Vernunft. Frankfurt: Suhrkamp

Wellmer, Albrecht (1986): Ethik und Dialog. Frankfurt: Suhrkamp

Wellmer, Albrecht (1989): Was ist eine pragmatische Bedeutungstheorie? In: Honneth/McCarty/Offe/Wellmer 1989, S. 318-370

West, David M./Travis, Larry E. (1991a): The Computational Metaphor and Artificial Intelligence. A Reflective Examination of a Theoretical Falsework. In: AI Magazine, Spring 1991, S. 64-79

West, David M./Travis, Larry E. (1991b): From Society to Landscape. Alternative Metaphors for Artificial Intelligence. In: AI Magazine, Summer 1991, S. 69-83

Wheelwright, Philip (1962): Metaphor and Reality. Bloomington: Indiana University Press

Whorff, Benjamin Lee (1963): Sprache Denken Wirklichkeit. Beiträge zur Metalinguistik und Sprachphilosophie. Reinbek bei Hamburg: Rowohlt

Wilson, Robert A. (1992): Die neue Inquisition. Irrationaler Rationalismus und die Zitadelle der Wissenschaft. Frankfurt: Zweitausendeins Verlag

Winner, Ellen/Engel, Matthew/Gardner, Howard (1980): Misunderstanding Metaphor. What's the Problem? In: Journal of Experimental Child Psychology 30/1980, S. 22-32

Wittgenstein, Ludwig (1984): Tractatus/Philosophische Untersuchungen. (Werkausgabe Bd. 1) Frankfurt: Suhrkamp

Wolf, Stefan (1994): Mensch – Maschine – Metapher. Zur Exemplifikation des menschlichen Geistes durch den Computer. Bamberg (Diss.)

Zocher, Rudolf (1959): Kants Grundlehre. Erlangen: Univ. Bund/Erlanger Forschungen

Personenregister

Mit * gekennzeichnete Seitenzahlen verweisen auf eine ausführliche Behandlung der betreffenden Person.

Abel, G. 41 f., 45 f.
Acham, K. 61, 66, 70
Adorno, Th.W. 28, 40, 43, 53 f., 57 f., 62, 162, 260, 340
Albert, H. 54, 58 f.
Allemann, B. 104
Alverson, H. 247
Apel, K.O. 33–36, 39, 53, 56, 60, 64, 68 f., 74 f.
Arbib, M. 62, 143, 145, 150–153*, 157 f., 185, 251, 281, 283
Arendt, H. 33, 232, 236–239*, 247, 256, 258
Aristoteles 14, 16–22*, 23-25, 34 f., 37, 40, 48, 50, 93, 111, 172, 186, 223, 239, 306, 328, 338
Aust, G. 264
Austin, J.L. 278, 313

Bachelard, G. 159–161*, 165, 189, 209
Bacon, F. 28
Balzac, H. 178
Bandy, G.J. 208
Barthes, R. 17, 36, 185, 194–195*
Bataille, G. 194
Bateson, G. 67, 125, 286, 292
Bayle, P. 30
Beardsley, M.C. 98, 172
Beck, U. 61
Benjamin, W. 9, 40, 259
Benzon, W.L. 254 f., 259
Berg, W. 4, 285, 290, 297
Berggren, D. 34, 99 f., 102, 104 f., 137, 145, 151, 162 f.
Bernstein, R. 59
Besien, F. van 147
Biese, A. 33, 37, 232
Birkenhauer, R. 231
Birus, H. 93

Black, M. 1, 97–102*, 105, 109 f., 113, 119, 121–123, 127 f., 134, 138, 140 f., 143, 151, 155, 169 f., 180 f., 266, 294
Blanke, G.H. 97 f., 264
Blumenberg, H. 28, 108, 135, 138, 140, 141, 148, 156, 161, 165 f., 190, 206–209*, 214–219*, 223, 225–227, 231, 239, 247, 259, 318
Bochumer Diskussion 3
Böhler, D. 60, 300
Böhringer, H. 208
Borgis, I. 3, 322
Bornscheuer, L. 20 f. 23, 25 f., 205
Bosman, J. 229 f.
Bourdieu, P. 178, 201
Boyd, R. 143 f., 146, 151
Brackmann, K.-H. 231
Bremer, D. 18, 209
Bühl, W.L. 141, 149 f., 154, 162, 165
Bühler, K. 97, 164, 170, 263–267*, 276, 312 f.
Burckhardt, J. 206
Burkhardt, A. 138, 246

Caplan, D. 251
Carnap, R. 114, 122
Carroll, J.M. 142, 144
Cassirer, E. 32–34, 138, 185, 232
Castoriadis, C. 184
Celan, P. 267
Cicero, M.T. 22–25
Cohen, H. 235
Cohen, L.J. 101
Cohen, T. 105

Danesi, M. 1, 241, 247, 251, 253, 259
Danto, A.C. 21 f., 122 f., 304

Davidson, D. 76, 103, 112–116*, 119 f., 264, 306, 331
De Jongen, R. 1, 107, 208
De Knop, S. 1, 107, 208
De Man, P. 30, 41, 43 f., 48, 82, 218
De Mause, L. 230
De Saussure, F. 184
Demandt, A. 67, 176, 198, 210–213*, 214
Dennett, D.C. 73
Derrida, J. 16, 19, 22, 41, 190, 209, 219–220*, 239, 247
Descartes, R. 30
Dierkes, M. 167 f., 228
Dittberger, H. 48
Dockhorn, K. 25
Dörner, D. 101
Dubois, J. 24, 170, 184
Duden, B. 250
Duerr, H.P. 53

Eco, U. 140, 184, 190, 240
Edelman, M. 230
Ehlich, K. 231
Eisenhut, W. 22, 24
Elgin, C.Z. 80 f., 83 f., 86, 129, 136, 140, 153, 180, 240, 268–274*
Elster, J. 52, 65 f.
Emonds, H. 4, 276, 300, 309, 319
Engel, M. 264

Fellmann, F. 209, 214
Feyerabend, P. 61
Fodor, J.A. 264
Foucault, M. 26–28, 31, 49, 63, 82, 220
Frank, M. 239, 242
Franzen, W. 78 f.
Frege, G. 123
Frese, J. 258, 340
Freud, S. 53, 242
Friedman, S.S. 30
Fuchs, A. 93
Fuhrmann, M. 20, 22 f., 26 f.

Gadamer, H.-G. 78, 108, 121, 136, 227, 232, 242, 300 f.
Galilei, G. 30
Gallas, H. 186 f.
Gardner, H. 264
Gazzaniga, M.S. 251
Gélis, J. 26, 209
Gentner, D. 245

Gerhart, M. 143, 145
Gildea, P. 293
Gillett, G. 254
Glucksberg, S. 293
Goethe, J.W. v. 322
Goffman, E. 125, 297
Goodman, N. 80–81*, 83 f., 86, 105, 108, 119, 129, 132, 136, 140, 148, 152 f., 155, 180, 240, 267, 268–274*, 276 f., 312 f., 321 f.
Gordon, D.C. 260, 320
Graf, D. 248
Grassi, E. 34, 105
Greimas, A.J. 184, 192
Grice, H.P. 73, 287–291*, 297, 313
Gripp, H. 74
Grüsser, O.-J. 251

Haack, S. 119 f., 307
Habermas, J. 20, 25 f., 39–41, 44 f., 47 f., 54, 57–60, 62, 68, 70–84*, 88, 136, 138, 158, 163, 185, 228, 261, 263, 287, 289, 291, 297, 298–307*, 314 f., 317
Hahn, W. v. 261
Hamann, J.G. 32
Harré, R. 142, 147 f.
Harvey, W. 30
Haverkamp, A. 93 f.
Hays, D.G. 254 f., 259
Hegel, G.F.W. 40, 48, 52, 242
Heidegger, M. 53, 218, 237, 300
Helm, G. 171
Henle, P. 240 f., 258
Herder, J.G. v. 32
Heringer, H.-J. 230
Hesse, M. 62, 106–111*, 112, 114, 118–122, 143, 145, 150–153*, 157 f. 161 f., 169, 185, 227, 266, 281, 283, 312
Hobbes, Th. 28 f.
Hoffmann, U. 167, 228
Hols, E. 107, 208
Honneth, A. 75
Horkheimer, M. 28, 53 f., 57, 59 f., 68
Hörmann, H. 73, 98, 112, 125, 170 f., 262, 275, 294, 296 f.
Horster, D. 77
Huber, W. 251–253
Hubig, Chr. 23, 37 f., 56, 60, 62, 64, 70, 75, 87, 122, 264
Hübner, K. 53
Huges, Th.P. 101

Personenregister

Hülzer-Vogt, H. 4, 291, 300, 309, 320
Humboldt, K.W. v. 32, 310
Hums, L. 261

Ingendahl, W. 3, 97, 164, 172, 178, 210 f., 310
Ischreyt, H. 261

Jakob, K. 246 f., 261
Jakobson, R. 183, 252 f.
Jantsch, E. 308
Jay, M. 82
Jean Paul 32
Jelden, E. 113
Joas, H. 75
Joerges, B. 209
Johnson, M. 5, 167, 228, 243–246*, 257 f., 309 f.
Jonas, H. 228
Jung, C.J. 209, 242

Kallmeyer, W. 185, 301
Kamlah, W. 108, 266
Kant, I. 17, 40 f., 123, 125, 161, 168, 215, 218, 222, 232–235*, 238 f., 241 f., 256, 258 f., 338
Kanzog, K. 219
Katz, J.J. 264
Katze, G. 265f., 278
Keller, R. 290
Keller-Bauer, F. 4, 98, 208, 229, 284, 290
Kierkegaard, S. 53
Kittay, E.F. 7, 120, 143, 149, 170, 252, 273–277*, 285, 321
Klemperer, V. 231
Kneer, G. 68 f.
Knorr-Cetina, K. 61, 145, 148
Kolers, P.A. 147
Köller, W. 2, 5, 26, 109, 125, 143, 148, 156, 162–164, 170, 172 f., 229, 231, 256
Konersmann, R. 206 f., 216, 227, 261
Koppe, F. 241, 320
Kopperschmidt, J. 20, 24–26
Krämer, S. 104
Kubczak, H. 4, 123
Kügler, W. 4, 23, 181
Kuhn, Th.S. 61 f., 94, 138, 142, 144, 154, 159
Künne, W. 285, 290, 297
Künzli, R. 205, 227, 306

Kurz, G. 9, 17, 25, 30, 32, 101, 155 f., 172 f., 176, 181, 193, 205, 229
Küster, R. 174, 192 f., 209, 229 f.

Lacan, J. 53
Lakatos, I. 61
Lakoff, G. 5, 167, 228, 243–246*, 257 f., 309 f.
Lausberg, H. 22, 24
Leach, E. 185 f., 188, 190, 192, 252
Leatherdale, W.H. 143
Ledanff, S. 30, 32, 167, 218
Leibniz, G.W. 30
Lenk, H. 52 f.
Lévesque, Cl. 40
Lévi-Strauss, Cl. 182, 185, 186–191*, 192, 197, 202, 223
Lichtenberg, G.Chr. vi, 341
Lieb, H.-H. 3, 13
Liebrucks, B. 232
Link, J. 170, 198–204*, 229 f.
Locke, J. 29, 30
Loewenberg, I. 285
Lorenzen, P. 108, 266
Lüdi, G. 3, 208
Lueken, G.-L. 61 f., 78
Luhmann, N. 53, 65, 67–70*, 72, 115, 138, 219, 221, 320

MacCormac, E.R. 143, 246 f.
Mack, D. 285
Mack, R.L. 142, 144
Mambrey, P. 167, 228
Marshall, J.C. 251
Martin, E. 246, 248–250*, 259
Martin, J. 142, 147 f.
Marz, L. 167 f., 228
Mauthner, F. 32 f., 40 f., 48, 232
Mayr, O. 208
McCloskey, D.N. 167
Meggle, G. 287
Meier, H. 3, 13, 15, 34 f., 40, 93
Mendel, G. 31
Menke, B. 259
Merton, R.K. 209
Meyer, A. 208, 230
Miall, D. 143
Mill, J.S. 30
Möhn, D. 261
Montague, R. 122
Montaigne, M.E. de 30
Moore, F.C.T. 218, 306
Morgan, G. 167

Mulkay, M. 140, 145, 148
Münkler, H. 230
Musgrave, A. 61

Nieraad, J. 5, 20, 27, 30, 32, 49, 138, 145, 156, 162, 167, 218, 290
Nietzsche, F. 15, 40–48*, 50 f., 59, 63, 78, 93, 115, 126, 138, 203, 221, 232, 237, 259, 328 f., 338 f.
Noppen, J.-P. van 107, 208
Nöth, W. 185
Nugel, B. 208

O'Neill, J. 297
Opp de Hipt, M. 209, 230
Ortony, A. 143

Patzak, G. 101
Paul, H. 262
Pausch, H.A. 1, 3, 107
Peirce, C.S. 38, 240, 258
Pelka, R. 261
Pelster, Th. 25, 30, 32, 193, 205
Pepper, S.C. 138
Perelman, C. 20, 25, 30, 218
Petchesky, R.P. 219, 250
Pielenz, M. 5, 21–23, 178, 205, 227, 244, 246, 250, 264, 310–312*, 315, 340
Pribram, K.H. 254
Popper, K.R. 58 f., 136
Poser, H. 26, 52, 62, 149, 234
Pross, H. 176, 230, 296
Puster, E. 290
Putnam, H. 77–80*, 82, 98, 112, 114, 119, 122, 339

Quine, W. van O. 76, 107, 114 f., 156, 293
Quinn, N. 247 f., 259
Quintilianus, M.F. 22–25, 27, 104

Radman, Z. 2, 143
Rastier, F. 184, 192–194*
Rhaden, W. v. 60
Richards, I.A. 93, 97, 337
Ricœur, P. 7, 17, 19–21, 31, 36, 41, 49, 99, 104–106, 109, 112, 124, 126–132*, 134 f., 162–164, 169, 180, 184, 192, 195, 203, 225, 235, 240–242, 258, 293 f., 338
Riedle, G. 173
Rigotti, F. 230

Roediger, H.L. 147
Ropohl, G. 167
Rorty, R. 15, 41 f., 75–77*, 93, 103, 112, 115–121*, 128, 203, 264, 320, 331, 339 f.
Rupp, G. 44
Russell, A.M. 143, 145
Rutz, A. 139
Ruwet, N. 184
Ryle, G. 104

Salutati, C. 34
Scheffler, I. 2, 7
Schleiermacher, F.D.E. 300
Schlesier, R. 219
Schlobach, J. 176, 196–198*, 204, 212
Schlüter, H. 22, 24
Schmidt, S.J. 308
Schnädelbach, H. 53 f., 56 f., 64 f., 74
Schneider, H.J. 105
Schnelle, H. 252
Schöffel, G. 1, 2, 6, 17, 19, 23, 25, 34 f., 37, 41, 45, 49, 93, 112, 132, 140–142, 159 f., 174, 180, 184, 203, 205, 232, 244, 264, 327
Schön, D.A. 147
Schopenhauer, A. 53, 77
Schulte, J. 113, 115
Schuster, M. 124
Schütze, F. 301
Searle, J.R. 73, 112, 278–286*, 287, 313
Seel, M. 88, 124, 243, 316
Seiffge-Krenke, I. 101
Seitelberger, F. 251, 253
Shibles, W.A. 1, 107, 138, 146, 149, 155, 162, 165 f., 208
Sikora, J. 101
Sontag, S. 208
Sperber, D. 292–295*, 314
Steinbrink, B. 27
Sternberg, R.J. 86, 245
Stierle, K. 98 f., 123, 164, 176–178, 208
Strub, Chr. 1, 6, 24, 32, 36, 40, 87, 93 f., 98–100, 103–105, 110, 115, 119, 133, 144, 146, 195, 222, 337

Tepper, A. 167
Theweleit, K. 230
Topitsch, E. 58
Tourangeau, R. 86, 245
Travis, L.E. 147, 167, 209

Turbayne, C.M. 104, 162

Ueding, G. 27
Ullmann, S. 3, 98, 241
Ungeheuer, G. 299, 308

Vaihinger, H. 40 f., 125 f.
Varela, F.J. 255
Verene, D.Ph. 34, 36–38
Vico, G. 15, 32–40*, 44, 50 f., 93, 99, 111, 126, 163, 217, 232, 238, 259, 328 f., 338
Villwock, J. 5–7, 20 f., 23, 26, 28, 33, 40 f., 43, 46–48, 51, 86, 100, 102, 106, 125 f., 136, 164, 216, 227, 233, 242, 310 f., 317 f., 323
Vonessen, F. 217

Weber, M. 55 f.
Weinert, F.E. 101
Weinrich, H. 9, 25, 27, 31, 97, 102, 104, 111, 124, 128 f., 142, 148 f., 154, 165, 170, 171–183*, 191, 193–195, 201, 204, 209, 212, 237, 267, 279 f.
Weisberg, R.W. 101
Weisgerber, Leo 3, 97
Weizenbaum, J. 147
Wellmer, A. 85, 298, 301, 306
West, D.M. 147, 167, 209
Wheelwright, Ph. 99–103, 129
Wickert, J. 124
Wilson, D. 292–295*, 314
Wilson, R.A. 163
Winner, E. 264
Wittgenstein, L. 3, 101, 107, 109 f., 113–115, 124 f., 242
Wolf, S. 149, 166
Wülfing, W. 230

Zocher, R. 235

Sachregister

Mit * gekennzeichnete Seitenzahlen verweisen auf eine ausführliche Behandlung des betreffenden Gegenstandes.

Abduktion, 22 (Anm.32), 38ff.*, 62, 110, 306 (Anm. 137)
Absurdität, 105 (Anm. 38)*, 191, 195, 206, 264 (Anm. 10), 289
Abweichung, 17, 20, 49, 110, 128, 129f., 264, 283, 289, 318, 321
–, syntaktische, 105 (Anm. 38)
–, semantische, 87, 105 (Anm. 38), 110, 128, 289, 317, 336
Ähnlichkeit, 4, 17, 31, 37, 76, 99-105*, 107-111*, 120f., 124, 126, 129, 133f.*, 139f., 145, 151f., 158f., 177 (Anm. 32), 183f., 186, 188, 200, 221, 233*, 240f.*, 243-245, 252, 255, 269, 254, 274 (Anm. 34), 282, 285, 289, 293*, 307, 329, 330f., 338*, 340
Ästhetik, 2, 14, 19ff., 46ff., 123, 137, 221, 235 (Anm. 15), 276, 342
'Als ob', 124-126*, 131, 136, 140f., 160-168*, 229, 233-235, 238, 242, 256f., 258 (Anm. 84), , 260, 332f., 338
Analogie, 4, 6, 17f., 32f., 35, 101, 102 (Anm. 27), 115, 118f. (Anm. 81), 140, 142, 146, 148f., 151, 165 (Anm. 107), 173, 179, 185-204*, 206, 215 (Anm. 161), 221f., 226, 232-236*, 254f., 256, 258, 275, 285 (Anm. 68), 319 (Anm. 172), 320
Anapher, 193 (Anm. 84), 194, 252, 265-267, 268-278*, 307 (Anm. 142), 312f., 319, 335
Angemessenheit, 18, 52, 56, 69, 74, 80, 85f., 119, 123, 126, 129, 135, 127, 141, 151, 157, 163, 213f., 232f., 262, 264, 271, 293 (Anm. 99), 304f., 330, 340f.
Anomalie, semantische, 4, 5, 104f.*, 110, 112 (Anm. 54), 117, 128, 171, 199 (Anm. 103), 222, 264, 275, 281 (Anm. 58), 284, 318, 336, 338
Anthropomorphisierung, 37, 40, 43, 51, 125 (Anm. 101), 163 (Anm. 96), 165 (Anm. 107), 168*, 217, 234, 238 (Anm. 25), 256, 310
Antizipation (s.a. Vorgriff), 168, 227, 331, 333, 341
Äquivalenz, metaphorische, 182, 192-194*, 198-202*, 211f., 224f., 245 (Anm. 48), 261 (Anm. 94), 338 (Anm. 8)
Argumentation, 5, 20, 25ff., 71, 79f., 82, 84, 137, 158, 164, 311f.*, 315f., 328, 333, 336, 339-342
Argumentationstheorie, 5, 246 (Anm. 54), 311, 340 (Anm. 13)
Asymmetrie, metaphorische, 98, 104 (Anm. 33), 124 (Anm. 94), 125 (Anm. 97), 172f., 194 (Anm. 86), 237f.
Aufhebung der Anschauung, metaphorische, 242
Äußerung, 71ff., 87, 97, 110, 125, 181, 222, 262-267, 276-291*, 293-296, 298-321*, 331, 333, 335f.

Bedeutung
–, Gebrauchstheorie der, 109, 268ff., 279
–, metaphorische, 8, 23 (Anm. 35), 39, 43 (Anm. 123), 95, 95, 97-133*, 147, 150f., 170f., 175ff., 180 (Anm. 42), 193ff., 207-209, 223f., 238, 245f., 252, 255, 258, 267f., 270ff.*, 279ff., 284-287, 291, 294, 313, 330-336, 338 (Anm. 8)
–, usuelle, 17 (Anm. 10), 272, 284
–, wörtliche, 105, 108-110, 112-124, 128f., 133, 147, 178, 238, 244ff., 256f., 259, 270, 272, 279ff., 284-287, 294, 307, 322

Sachregister

Äußerungs- und Satzbedeutung, 267, 278-291*, 335
Bedeutungstheorie, 3, 5, 107, 111, 114, 121f., 298 (Anm. 113)
Bedeutungsvektor, 171ff.*, 188
–, komplexer, 171, 177-180, 223, 333
–, starrer, 177, 179, 312
Bedeutungswandel/-veränderung, 128, 170 (Anm. 6), 195, 204, 207, 209, 262ff., 282f., 286
Bedeutungszusammenhang, metaphorischer, 101*, 105, 109, 111, 117, 122, 124, 128, 169-171*, 176-181, 188, 197, 206f., 212, 223, 262f., 265, 267, 275, 282-287, 295, 296, 304f., 319f., 333f.
Begründung, 24, 56, 60, 64, 72ff.*, 82f., 95, 116, 135, 229, 299, 311 (Anm. 158)
Bezugnahme (s.a. Referenz), 122f., 131, 135, 143, 193f., 200, 205, 276 (Anm. 41), 291 (Anm. 90), 264f., 268-278*, 291, 298, 300, 303-312*, 313f., 319, 336, 342
Bild(-haftigkeit), bildlich, 18 ff., 28f., 32, 42f, 84, 98 (Anm. 13), 124 (Anm. 96), 140, 144, 149 (Anm. 45), 160, 170 (Anm. 7), 196f., 213, 237-242*, 255, 257, 259f., 268, 300, 309f., 329, 334
Bildbruch (s.a. Katachrese), 165, 199, 276
Bildempfänger, 172-177*, 194 (Anm. 86), 196-199, 201f., 204, 209-211, 213, 223, 229f., 237 (Anm. 21), 267
Bilderverbot (s.a. Ikonoklasmus), 49
Bildervorrat/-reservoir, 96, 185, 206f., 225, 229, 262, 334
Bildfeld, 95f., 142-144*, 147, 149 (Anm. 45), 154, 166, 169-231*, 284 (Anm. 65), 318f., 331-334
–, diachrones, 174-176*, 178, 182, 185, 204-214*, 222f., 225f., 229, 333f.
–, generative Leistung, 147, 171, 174-180*, 222-231, 244, 317, 334
–, synchrones, 174-176*, 178, 182, 185, 191-204*, 222-226, 229, 232, 244, 247, 250, 262, 295, 305, 333f.
Bildfeldgemeinschaft, 182f., 205ff.*, 212, 214, 225f., 228, 248
Bildfeldsysteme, 182, 196-198*, 204, 207, 209, 212, 223-225, 334
Bildfeldtheorie (s. Metapherntheorien)

Bildfeldtradition, 178-181*, 208, 225, 227f., 289f., 295, 302, 306-309*, 332, 334, 337
Bildspender, 150, 172-177*, 196, 201f., 205, 208-211, 213, 223, 229f., 237 (Anm. 21)

Deduktion, 23, 33, 38, 64, 105, 109 (Anm. 57), 139f., 145, 150-155*, 297
deduktiv-nomologisches System, 58, 150-155*, 333
Denkmodell, 149, 154f.*, 161, 206 (Anm. 127), 209 (Anm. 138), 228, 333
Denkblockade/-zwang, 96, 155*, 159, 166, 228, 333
Denkprozeß, metaphorischer, 37f., 112, 148*, 236ff., 243, 247, 251-256*, 258
Denotation, 148 (Anm. 38), 163 (Anm. 94), 175, 268-274*, 308 (Anm. 146)
Determination, 111 (Anm. 57), 124, 126, 171-175*, 180f., 185, 193, 195, 197, 207f, 213, 224, 228, 246f., 266f., 269, 279f. (Anm. 50f.), 281f., 333
Dialog, 82, 132, 277, 298-301*, 307 (Anm. 142), 309, 312, 314f., 320, 322 (Anm. 183), 336, 341
Diaphora, 102f., 129 (Anm. 111),
Differenz, 67, 86f., 105, 129, 136, 138 (Anm. 3), 162f., 166, 202, 218-222, 226, 238, 244, 258 (Anm. 84), 270, 283f., 286 (Anm. 72), 322
–, pragmatische, 318-321*
Diskurs, 81ff., 115, 126, 166, 193, 198-203, 247, 261, 271, 323, 336, 339, 341f.
–, ästhetischer, 83, 137
–, argumentativer, 72ff.*, 159, 164, 311, 319, 333
–, metaphorologischer, 6, 13ff., 33, 48ff., 218ff., 240, 327-329
–, praktischer, 83, 137, 323, 339
–, philosophischer, 13, 53f., 218ff.*, 226
–, rationaler, 15, 28, 31, 49, 58, 73, 112, 218
–, wissenschaftlicher/theoretischer, 14f., 49, 63, 77, 137, 138, 167, 218ff.*, 226, 249, 329, 339
Diskurslinien, metaphorologische, 48ff.,* 93f., 111, 240, 328f.
Diskurstheorie, 63 (Anm. 42), 82, 201, 220 (Anm. 183)

eigentlich/uneigentlich, 4, 14ff., 24, 27, 30, 41 (Anm. 112), 47, 88, 110, 112, 120f., 162 (Anm. 88), 164 (Anm. 104), 194 (Anm. 86), 214, 218-221*, 239 (Anm. 26), 264, 281, 283, 287, 290 (Anm. 86), 312, 322, 337, 339
Einbildungskraft, 235, 240, 241 (Anm. 38), 256, 259
Emergenz 129
Emphase, 100-103*, 108, 117, 122, 133, 144, 238, 282, 307f.
Enthymem, 21f., 25, 39, 306 (Anm. 137), 311, 315, 336
Epiphora, 101, 102 (Anm. 28), 103 (Anm. 31)
epistem(olog)isch, 50, 95, 125, 132 (Anm. 124), 136, 136, 149, 155f., 159, 161, 163, 219
Erfahrung, 62, 96, 107f., 114, 116, 120f., 146f., 158-162*, 232-261*, 263, 265, 310, 320, 323, 330, 334f., 337, 341f.
–, Anschließbarkeit von, 236, 239, 242, 246, 258, 260f., 335, 342
–, Einheit der, 232-237*, 239, 242f., 256-258
–, Konstitution von, 96, 246, 250f., 258 (Anm. 84), 334f.
–, Konzeptualisierung von, 96, 102, 235, 243-251*, 255-261, 309 (Anm. 147), 335
Erkenntnis, 23ff., 35f., 40ff., 50f., 76, 113, 154-168*, 190 (Anm. 72), 191, 205ff., 219, 224, 232, 234, 237, 239, 259-261*, 328, 333, 337, 340
Erkenntnisleistung der Metapher (s. Funktionen der M.)
Erkenntnisinteresse, 56-60*, 158f.
Ethik, 19f., 27, 35, 71, 75 (Anm. 84), 79 (Anm. 102), 82 (Anm. 113), 216 (Anm. 167), 228 (Anm. 198), 248, 339f.
Euphemismus, 86, 96, 230ff.*
Evidenz, 18ff., 33, 39, 47f., 82, 141 (Anm. 13), 163-166*, 168, 206, 213, 216 (Anm. 166f.), 228, 250, 288 (Anm. 78), 306f., 317, 321, 333, 342
Exemplifizierung/Exemplifikation, 215, 268-274*, 277
Extension 112f., 115, 119, 121f., 148, 152 (Anm. 55), 269f:

Funktionen der Metapher
  allgemeine F, 9 (Anm. 13), 52, 65, 68, 296 (Anm. 106), 331

argumentative F., 5, 23, 48, 311f.*, 328, 336
Bedeutungsfunktion, 97-112, 332
didaktisch-pädagogische F., 27, 30, 218-220*,
emotive F., 49, 102 (Anm. 28), 230f., 240,
enthymematische F., 22, 306 (Anm. 137), 311, 315, 336
erfahrungskonstituierende F., 96, 246, 250f., 258 (Anm. 84), 334f.
Erkenntnisfunktion, 14, 18f., 23, 35, 95, 99f.*, 103 (Anm. 21), 111, 118, 132, 145, 148, 152ff., 165ff.*, 234f., 237*, 259-261, 328
evokative F., 96, 106 (Anm. 42), 200 (Anm. 105), 241*, 257, 260, 268, 307-312*, 315, 319ff., 331, 335-337, 341
hermeneutische F., 85, 128, 131f., 136, 142, 310, 312, 315,
heuristische F., 22, 99f., 131f., 137f., 156, 163, 213, 220, 285 (Anm. 69), 332
ikonische F., 240-242*, 253ff., 257-259, 315
imaginative F., 37, 39, 148, 216f.*, 244 (Anm. 45), 253ff., 310 (Anm. 151)
indexikalische F., 117, 121
innovative F. (s.a. Metapher, innovative), 39, 127, 169, 181, 223, 238, 317, 320
Integrationsfunktion, 201f.
katachretische F., 24, 147-150*
kategorienbildende F., 108 (Anm. 50), 233, 249, 251
kognitive F., 14f., 23, 39, 48, 50, 95, 99f., 102f., 106ff., 111, 115, 121, 124 (Anm. 95), 133f., 138, 143f., 148f., 151, 240 (Anm. 33), 316, 316, 319ff., 328, 331f., 341f.
kommunikationsreflexive F., 5, 86, 311 (Anm. 159), 318, 340 (Anm. 13), 328, 341
kommunikative F., 4f., 68, 85, 96, 178, 236, 261, 268, 308, 310, 312, 315, 320f., 331, 335, 337, 341
kontextartikulierende F., 124f.*
kreative F., 15, 48, 50, 95, 99, 106, 100ff., 121, 148, 195, 207, 256, 264, 294, 320, 328, 331f., 341
manipulative F., 27, 183, 228-231*, 317 (Anm. 167), 323, 334, 336
Modellfunktion, 23, 95, 107, 139-143*, 214, 225, 248 (Anm. 65), 332, 341

Sachregister 375

normativ-praktische F., 14, 19, 23, 35, 176, 222-229*, 323, 334
orientierende F., 35, 55, 96, 131f., 156, 183, 222-229*, 232, 234, 256, 310, 320f., 238, 331, 334, 341
persuasive F., 23, 27ff., 86, 88, 112
Referenzfunktion 131f., 135, 187, 307 (Anm. 142)
reflexive F., 32, 47f., 100, 118f., 123, 134, 164, 213, 221f., 258 (Anm. 84), 233, 242, 313, 321, 337f., 339f., 340 (Anm. 13)
Stimulusfunktion, 106, 117, 121, 133ff., 138, 254, 313, 332
Synthesisfunktion, 232, 235f., 240, 254, 256f.*, 258-260, 313, 334f.
theoriekonstitutive F.(s. Metapher, –)
topische F., 35, 205, 222-229*, 232, 312, 334
veranschaulichende F., 22, 30, 36, 200 (Anm. 105), 216, 218, 219 (Anm. 76), 237-239*
Vergegenwärtigungsfunktion, 22, 36, 88
verlebendigende F., 22, 36
Vermittlungs-/Brückenfunktion, 227, 232-238*, 247 (Anm. 49), 254f.*, 258, 334f., 340
Verständigungsfunktion, 55, 87f., 96, 178, 261, 263, 268, 298, 308ff*, 312-323*, 238, 335-337*
Vorgriffsfunktion, 95, 106, 133-137*, 156, 216, 222-231*, 312, 315, 332f., 338, 340-342*
welteröffnende/-erschließende F., 96, 131 (Anm. 120), 132, 135f., 183, 216, 222-228*, 310f., 320f., 331, 334, 342

Gebrauch (von Sprache), 29, 42ff., 80f*, 97, 107ff*, 112-123*, 134, 145ff., 158, 160ff., 222, 227, 241, 255, 270, 272, 277, 299f. (Anm. 117), 322, 334, 336
Gegenstandsdarstellung/-beschreibung, 121-126*, 134, 139, 141, 309, 317, 321, 332, 342
Geltung, 5, 70ff., 80ff., 120, 136f., 163, 221, 226, 178 (Anm. 36), 250, 260, 285 (Anm. 69), 298, 317f., 328f., 336, 342
Geltungsanspruch, 24, 47, 52, 70-75*, 78, 81ff., 87, 130, 135ff., 159, 163, 216 (Anm. 167), 229, 263, 285 (Anm. 69), 299, 302, 305, 311, 314, 317, 327, 332
Geltungsreflexion, 168*, 231f.*, 311f., 315, 317, 331, 333f., 336, 341
Geltungsbezug, 305*, 314, 317
Gleichnis, 24 (Anm. 43), 27, 104 (Anm. 34), 211, 216, 226

Handlungsorientierung, 95, 155 (Anm. 63), 213, 216*, 225, 226-228*, 231, 341
Handlungstheorie, 66, 70ff., 258 (Anm. 84), 290 (Anm. 86)
Hermeneutik, 20, 22, 27, 33f., 89, 121, 128, 131f., 165ff., 228 (Anm. 201), 300ff.*
hermeneutischer Zirkel, 64, 85, 136, 300ff.*
Horizont, 21, 35 (Anm. 91), 73 (Anm. 80), 100, 135, 166, 180, 205, 227, 300-304, 306, 309f., 312, 315,
Erwartungshorizont, 215*, 318,
Horizonteröffnung, 131f.
Horizontverschmelzung, 78, 96, 300ff.*, 309, 315, 320, 322 (Anm. 183), 339
Hyperbel, 22, 170 (Anm. 6), 289

Idealsprache, 55, 115, 134, 138, 158 (Anm. 74), 264, 341
Identität(-sprinzip), 28f., 35-37, 43, 104, 126, 243, 260
Ikonizität, 18 (Anm. 16), 124 (Anm. 96), 140, 200 (Anm. 105), 236-242*, 256-260, 300, 304, 314, 335
Ikonoklasmus (s.a. Bilder-/Metaphernverbot), 30ff., 49, 154, 167*, 213, 218-222*
Illokution, 72ff., 88, 127, 130, 135, 278-287*, 295f., 301f., 313, 315f.,
Imagination, 34ff., 50, 157, 206, 241f.*
Implikation, 98ff., 169f., 175, 244, 255, 270 (Anm. 24), 292-296
Implikationensystem, 98-102*, 106, 118, 123f., 127, 129, 141f., 150, 169, 207f., 275f., 282, 291 (Anm. 87), 295f., 303, 333
Implikatur, konversationelle, 267, 287-291*, 297 (Anm. 108), 313
Induktion, 23 (Anm.37), 38, 62, 155, 270 (Anm. 75)
Ingenium, 25 (Anm. 48), 34f., 50, 111, 259
Inkommensurabilität, 77f.*, 83, 117
Intension, 121ff.*
Intention, 72, 99, 103, 122, 125, 127, 169, 210, 215, 263, 279, 287-291*, 296, 298f., 316-318, 336, 338

Sprecherintention, 263, 267, 283, 286, 300, 313, 336
Interaktion, metaphorische, 97-106*, 107, 118, 123, 128f.*, 133f.*, 150, 152, 155, 172, 173 (Anm. 14), 175 (Anm. 24), 176 (Anm. 26), 177-181, 203 (Anm. 115), 223, 238, 239 (Anm. 26), 245f., 251, 255, 258, 266, 280 (Anm. 53), 282, 284, 294ff.*, 322, 332f.
Interpretation, 22, 44ff., 61, 65, 96, 98, 100f., 105f., 110, 117f., 120, 124f., 128f., 132, 135, 140, 142, 144-147, 152, 156, 170f., 174, 178, 187, 193, 210, 213, 223, 227, 230, 238f., 249, 254, 257, 259, 261, 266, 275, 277, 290 (Anm. 86), 292-294*, 297, 300*, 304f., 306f., 309, 311, 315, 319-322, 341f.
Intuition, 46ff., 228, 255, 259, 261, 302-306*
Ironie, 22, 46ff.*, 51, 76f.*, 87, 102f., 116, 170 (Anm. 6), 172 (Anm. 12), 177, 181 (Anm. 47), 203, 221, 277, 280, 289, 299f. (Anm. 117), 340
Isomorphie, 99, 133, 139f., 152 (Anm. 55), 170 (Anm. 7), 179, 193 (Anm. 83), 198, 200 (Anm. 104), 201 (Anm. 108), 243
Isotopie, metaphorische, 95, 191-196*,197ff., 204, 338 (Anm. 8)

Katachrese, 14, 101, 145, 147-150*, 155, 161f., 165, 182, 198-204*, 224, 244, 245 (Anm. 48)
Katapher (s.a. Anapher), 193 (Anm. 84), 265, 319
Kategorienfehler, 104f.*, 109 (Anm. 53), 206f., 289f., 294, 317f.*, 338
Kategorienüberschreitung/Rekategorisierung, 55, 87, 100, 108f.*, 129, 134, 136, 148, 191, 233, 340
kognitiver Gehalt, 106, 112-121*, 135, 145-147, 271 (Anm. 27), 273, 319f., 332, 341f.
Kollektivsymbol, 183, 198-204*, 224, 245 (Anm. 48)
Kombination, 170f., 183-185*, 187, 194, 198, 231 (Anm. 213), 252, 262, 267, 276, 282, 317, 320
Kommunikabilität, 64, 85, 328
Kommunikation, 7, 65, 68-75*, 86-89, 109, 115, 132, 164 (Anm. 103), 178f., 223, 230f., 262-323*, 335-342
–, Anschließbarkeit von, 236, 261, 335, 339, 342

–, verständigungsorientierte, 73, 88, 137, 268, 297, 298-312*, 315f., 320, 336
–, strategische, 27, 73, 88, 228, 297, 299, 314-316*, 321, 328, 330, 336
Metaphernkommunikation, 4, 276 (Anm. 41), 298-312*, 315, 319ff.
Kommunikationskonflikt, metapherninduzierter, 4f., 309, 320f.*
Kommunikationstheorie, 70ff., 87, 89, 93, 96, 132, 263, 300, 308, 312, 336f.
kommunikativer Prozeß, 96, 135, 245, 277, 285, 310, 333, 335f., 342
kommunikatives Handeln, 59, 70-75*, 82-89, 285, 297, 298-312*, 314-317, 321, 336, 341
Kompetenz, 60, 73, 263, 299 (Anm. 117), 302-305
Metaphernkompetenz, 264,
Konnotation, 98, 127, 169-171, 174-180*, 197, 203 (Anm. 115), 206 (Anm. 127), 223, 270 (Anm. 24), 303, 308 (Anm. 146), 333
Konsistenz, 66, 74f., 78, 82, 87, 166, 149 (Anm. 45), 175, 245, 318
Konstellation, 241, 249, 254f., 256-261*, 335
Kontext, 120, 125, 128, 146, 157, 159, 164, 171, 177, 238, 245, 252, 262-323*, 328, 331,333f., 336f., 339
Kontextkomponente [MET], 282-287*, 294-296, 304f*, 313f.
Kontextualismus, 55, 63, 75-85*
kontextuelle Faktoren, 118f., 127, 130, 167, 260f., 262-265, 284, 292ff.*, 297 (Anm. 108), 304, 313, 318f., 333, 335
Kontiguität, 177 (Anm. 32), 183ff.*, 252
Kontingenz, 6, 52, 60, 72, 75-77*, 80f., 87, 115, 118f., 215f. 221f.*, 226f., 289, 338-340*
Kontingenzreflexion, 9, 339f.*
Konzeptverschiebung, metaphorische, 145-147*
Kooperationsprinzip, 287-291*, 313
Korrespondenzen, 102 (Anm. 27), 193f.*, 205

Lebenswelt, 61f., 73f.*, 96, 135-137, 156. 158, 183, 213, 215-217*, 223 (Anm. 191), 225-227*, 229, 231, 250, 260f.*, 265, 302-311*, 314f., 317f., 320, 334-336, 342

Sachregister

'linguistic turn', 93, 329
Logik des Unerhörten, 106-137*, 206, 317, 332
Lüge, 41ff.*, 63, 73, 163, 206 (Anm. 127), 221

Manipulation, rhetorische, 25f., 157, 183, 228-231, 317 (Anm. 167), 323, 334
'meaning' vs.' use', 112-121*, 128, 133, 283, 313f., 322
Metapher
– als Erkenntnishindernis, 156, 169ff.*, 219ff.*, 333
– als genuine Verständigungsform, 88, 268, 312-323*, 328, 336f.
– als intensionaler Kontext, 122ff.*, 126, 134, 141, 304
– als Kommunikationsstop, 115 (Anm. 176), 320
–, als Leitbild, 167-168*, 216
–, als Mittel der Komplexitätsreduktion, 143, 213, 271, 296 (Anm. 106), 308, 311, 320
–, als Prädikation, 36, 97-99*,104f.*, 113, 123f., 128, 133-135, 139, 144, 146, 150f., 160, 163f., 172, 173 (Anm. 14),, 176, 181, 240 (Anm. 29), 258 (Anm. 84), 268, 271, 274, 282, 332, 338
– als rationaler Vorgriff, 7, 9, 84, 95, 106, 133-137*, 139, 154-168*, 226-231*, 315, 317, 319, 331-334, 336-338, 340-342
–, als Rätsel, 18, 22, 39, 105f.,
–, Adäquatheit der, 130, 137, 142f.*, 151ff.*, 157, 161, 217, 226, 328
–, absolute, 138 (Anm. 3), 149 (Anm. 44), 190, 214-222*, 223, 225f., 241, 247 (Anm. 59), 251, 259, 289f. (Anm. 83), 306f., 334, 335
–, duale Struktur der, 106, 121-126*, 134, 273
–, emphatische, 100-102*, 108, 144, 170, 308, 332
–, Erschöpfung der, 165*, 333
–, Explikation der, 100 (Anm. 20), 118, 135, 260 (Anm. 90), 319 (Anm. 72.), 320
–, Evidenz der, 18, 22, 39, 141 (Anm. 13), 163, 165-168*, 206, 213, 216 (Anm. 166f.), 228, 250, 306, 317, 333, 342
–, Fenster-/Rahmenstruktur der, 125 (Anm. 98), 144, 286, 317
–, Funktionen der, s. Funktionen

–, innovative/starke, 49, 81, 102f.*, 111, 117, 126f., 133f., 144, 147, 174, 179-181*, 185, 191, 202, 205-207*, 223, 238, 290 (Anm. 84), 294f., 307, 317, 330-332, 334, 337f.
–, ironisch reflektierte, 177, 340*
–, irrationale 14, 22-32*, 40ff., 49f., 55, 104, 156*, 218, 220, 224, 231, 328
–, Kommentierung der, 100 (Anm. 20)*, 319f.
–, konventionelle/schwache (s.a. Gebrauchsmetapher), 101-103.*, 117, 133, 171, 179*, 181, 207, 212, 244, 277 (Anm. 84), 284 (Anm. 65), 290 (Anm. 84); 294f., 307, 322, 283, 332-334, 337f., 340 (Anm. 13)
–, konzeptuelle, 236, 243-251*, 256-261*, 310f., 340 (Anm. 13)
–, kühne 129f. (Anm. 110), 177, 205
–, lebendige, 49, 97, 99, 103-106*, 108, 118, 120, 128, 131, 133ff., 137f., 145, 164, 169-171, 180 (Anm. 42), 181, 184, 207, 208 (Anm. 130), 225, 244, 257, 262, 328, 331f., 334, 338, 341
–, lexikalisierte/tote, 101*, 133, 148, 169, 178f.*, 181, 207, 225, 244, 283, 294f., 307, 331-333, 337f.
–, literarische, 145-152*, 155, 158, 161
–, paradoxe, 104, 165f., 206f.*, 217*, 221, 317
–, Potential der, 33, 42, 47, 102f.*, 118, 120, 165f., 183, 200 (Anm. 105), 207f., 213, 215, 231, 331, 333f., 341
–, Rationalität der, 14f., 20f., 49ff., 52f., 63ff., 85-88, 93ff., 106f., 111f., 120, 127, 132-137*, 156ff.*, 183, 190, 216, 228-231*, 250, 257, 260*, 268, 312, 321-323*, 327-337, 339f.
–, resonante, 100-103*, 107f., 117, 120, 122, 133, 177, 308, 313, 315, 320, 332
–, suggestive Kraft der, 156*, 220, 231, 240, 248 (Anm. 65), 334, 340, 342
–, surrealistische, 195
–, Synthesiskraft der, 18f., 35ff., 99, 126, 232-261*, 330, 334
–, theoriekonstitutive, 95, 139, 143-150*, 155, 233 (Anm. 6), 332
–, Unersetzbarkeit der (s. a. Emphase), 93, 95, 103, 107, 116f., 146, 213, 216, 225, 307, 315, 328f., 332

–, usuelle/habitualisierte/verfestigte, 42-47*, 63, 68, 75, 82, 115ff., 135, 161, 163 (Anm. 99), 166, 177, 185, 196f, 221, 256f., 262 (Anm. 1), 270, 272, 276, 284, 306, 317, 321ff., 336, 339f., 342
–, Vielschichtigkeit der (s.a. Resonanz), 100*, 332
–, wissenschaftliche, 138-168*, 226, 249, 332
Analogiemetapher 17f., 179, 186, 275, 319 (Anm. 172)
Anschauungsmetapher, 33, 46, 233f., 237-239
Ex-Metapher, 117, 178f., 333
Gebrauchsmetapher 185, 207, 223, 338 (Anm. 8)
Negationsmetapher, 105 (Anm. 38), 318
Metaphernbegriff 3f., 48, 50, 111 (Anm. 62), 120, 124 (Anm. 95), 126 (Anm. 102), 168 (Anm. 122), 205 (Anm. 123), 237, 313, 316
Metaphernbildung, 42, 140, 141, 165ff.*, 169, 243 (Anm. 44), 322f. (Anm. 183), 333
Metaphernfeld (s.a. Bildfeld), 95, 148, 173, 191, 212, 228, 275 (Anm. 39)
Metaphernkette, 194f.*
Metaphernkriterium, 105 (Anm. 98), 117, 264, 281f., 289 (Anm. 83), 317, 332
Metaphernkritik (s.a. reflexive Metaphorisierung, Metaphernreflexion), 22ff., 32, 44, 213, 230, 250, 334
Metaphernmißbrauch, 28ff.*, 162f., 334, 336
Metaphernnetz, 95, 228, 331, 337
Metaphernreflexion (s.a. reflexive Metaphorisierung, Metaphernkritik), 7, 32, 84 (Anm. 117), 95, 139, 159, 163-168*, 221f., 224, 226, 231, 250, 257, 315 (Anm. 163), 319ff.*, 328, 333, 336, 339, 341f.
Metaphernsystem, 63, 171, 226
Metapherntheorie(n), 1ff., 37, 85, 154f., 163 (Anm. 96), 169 (Anm. 1), 173 (Anm. 14), 192 (Anm. 79), 233 (Anm. 8), 236, 262ff., 267, 280f., 283, 291, 295, 299, 303, 313, 311, 313, 327, 330f.
Abweichungstheorie der M., 17, 49
Bildfeldtheorie der M., 169-231*, 244 (Anm. 46), 251, 307
Emotionstheorie der M., 240 (Anm. 33)

historisch-hermeneutische Theorien der M., 95, 183f., 204-231*, 328f., 334
Interaktionstheorie der M., 6, 94, 97-106*, 107ff., 114ff., 124, 126f.,133, 135, 138, 150, 169, 172, 181, 216 (Anm. 166), 238, 243 (Anm. 43), 255, 258, 280, 282f., 284, 295, 312, 322 (Anm. 122), 327 (Anm. 2), 331, 338
kognitionslinguistische Theorie der M., 236, 243-251*, 257f., 309 (Anm. 147), 337
linguistisch-strukturale Theorien der M., 95, 182-204*, 328f., 337
Nahelegungstheorie der M.(s.a. Implikatur), 290 (Anm. 86), 313f., 336
Netzwerktheorie der M., 106-112*, 114, 117f., 121, 127, 134, 161, 266 (Anm. 13), 280, 283 (Anm. 64), 307, 312, 331f.
Präzedenztheorie der M., 4, 208*, 284 (Anm. 65), 307
Relevanztheorie der M., 291-298*, 314, 336
semiotische Theorie der M., 5, 236-242*, 258, 329, 334, 337
Spannungstheorie der M., 104 (Anm. 37)
sprachanalytische Theorie(n) der M., 94 (Anm. 4 u. 5), 97-137*, 244 (Anm. 46), 264, 268-297*, 328f., 331, 333, 337
Stimulustheorie der M., 106, 112-121*, 133
Substitutionstheorie der M., 1, 6, 14, 17-20, 24f., 32, 49, 94, 99, 100ff.*, 133, 160 (Anm. 82), 164 (Anm. 104)*, 172f., 194 (Anm. 86), 195, 239 (Anm. 36), 283 (Anm. 64), 280, 284, 290 (Anm. 86), 327 (Anm. 2), 338
synthetische Theorie der M., 1f., 7f.*, 94ff.*, 327-342*
Übertragungstheorie der M., 3, 16-18*, 25 (Anm. 48), 40, 89
Unersetzbarkeitstheorie, 93 (Anm. 3), 103 (Anm. 29)*, 329
Vergleichstheorie der M., 1, 4, 24, 94, 99ff.*, 126 (Anm. 102), 133f., 164 (Anm. 104)*, 239f., 243 (Anm. 43), 245 (Anm. 51), 280, 319 (Anm. 172), 327 (Anm. 2), 338
Metapherntypologie, 101ff.*, 133, 178ff.*, 207, 212, 223, 295, 330-332
Metaphernverbot (s.a. Ikonoklasmus) 218-220*, 226, 250

Sachregister

Metaphorik
  bildfeldgestützte M. (s.a. Bildfeld), 205f., 231, 284 (Anm. 55), 305
  Daseinsmetaphorik, 214ff.*, 225f., 289, 334
  Epochenmetaphorik, 196ff.*, 209, 212, 224f.
  Hintergrundmetaphorik, 140, 143, 148, 165, 190, 214-222*, 225f., 234, 246, 262, 302, 334f.
  materiale M., 204-214*, 222f., 225, 333f.
  Oberflächenmetaphorik, 177 (Anm. 33), 219f.*, 226,
  Tiefenmetaphorik, 177 (Anm. 33), 219f.*
Metaphorisierung, 3, 46, 165, 218, 237, 258 (Anm. 84), 310, 322
  –, reflexive, 165-168*, 213, 221, 226, 229, 319, 323, 333f., 341
Metaphorizität, 15, 43, 50, 95, 106, 111, 114, 118, 120, 134, 141f., 149, 153, 156, 160f., 217, 219-222, 244, 251, 273, 307, 331, 335f., 340
Metaphorologie, 1ff., 13, 32f., 40, 50f., 87 (Anm. 124), 93ff*, 103 (Anm. 29), 111, 132, 134, 138, 162 (Anm. 92), 176, 181ff.*, 189, 204ff., 214ff., 222f., 225f., 229f., 232, 239, 250, 317, 327-330, 333-335, 337
Metaphysik, 37, 53, 55, 118, 125 (Anm. 101), 209 (Anm. 136), 214, 219f.*, 232, 237f.
Metonymie, 17, 22, 42, 44, 170 (Anm. 6), 175, 182, 183-194*, 198, 223f., 252, 277 (Anm. 46)
Modell, 108f., 115 (Anm. 74), 138-145*, 149-151, 154-157, 161f., 167, 197 (Anm. 94), 240, 247-249, 257, 263, 266f., 274, 292 (Anm. 95), 297, 299 (Anm. 114), 300, 304f., 307 (Anm. 142), 312, 316, 322 (Anm. 122), 332f., 336, 341
Moderne, 6, 32, 52, 44, 83, 87, 100, 118f.*, 222*, 339
Mythos, 19f., 37, 183-191*, 197f., 214, 218-222*, 223f., 238 (Anm. 25)
  –, sekundärer, 162f.*, 168, 222, 226ff., 242, 333, 339

Netzwerk (der Sprache), 81, 106-121*, 134, 157, 161, 169, 179f., 265, 269
Neubeschreibung, metaphorische, 108ff.*, 116, 118, 121, 126, 132, 134-137*, 150-154*, 155, 163, 180, 261, 317, 338-340, 342

Orientierungssystem, metaphorisches, 216*, 226, 231, 334
Oxymoron, 205

Paradigma, 37f., 61, 63, 77f., 82, 87, 94 (Anm. 4),129, 138 (Anm. 3), 144f.*, 149, 154, 159, 166, 173, 176, 183ff., 252, 294 (Anm. 104), 297 (Anm. 109), 301, 328, 332
Paradoxiereflexion, 221, 226
Paraphrase/Paraphrasierbarkeit, 14, 100f.*, 110f., 114,* 122, 144, 146, 170, 271, 274 (Anm. 38), 280-282*, 307f., 319 (Anm. 172), 338
Perlokution, 88, 279, 315
performativer Widerspruch, 82, 221,
Perspektiveneröffnung, 21, 116f., 121-126*, 134f., 139, 141, 180, 241, 309f., 321, 332, 342
Perspektivität, 42-47*, 100, 115, 134, 142, 162, 166, 227, 240ff., 246, 338
Phrónesis, 20f., 25, 34, 38, 50
Poetik, 14, 16ff., 23, 28, 49, 111 (Anm. 62), 220, 328
Potentialität, topisch-metaphorische (s.a. Bildfeld), 142f., 154, 179f., 203, 205 (Anm. 123), 208, 225, 334
Pragmatik, 88, 109, 116, 122, 262ff., 279, 285, 291, 300ff., 318, 321, 332
pragmatische (In-)konsistenz, 82, 87, 281
pragmatische Abweichung/Störung (s.a. Differenz, –), 264, 284, 317ff., 335
Prämisse, implizite oder stille, 21f.*, 39, 306 (Anm. 137), 311f.*, 315, 317, 336
Präsupposition, 79f.*, 87, 227, 303, 311, 316f.
Präzedenzen, metaphorische, 208*, 284 (Anm. 65), 307, 337

rationale Akzeptierbarkeit, 80, 339
Rationalismus, 28ff., 34, 49f., 53f., 59, 85, 185 (Anm. 55), 328
Rationalität (s. a. Metapher, R. der), 14, 17, 50f., 52-89*, 156, 190f., 222, 261 (Anm. 91), 304, 315, 339
  –, normativer Begriff der, 53, 64ff.*, 68, 70ff.*, 327f.
  –, funktionale 67ff.*, 86f.
  –, instrumentelle, 53, 56ff*, 62, 85, 87
  –, kommunikative, 55, 60, 70-75*, 81-89, 268, 291, 298, 321, 328, 337

–, praktische, 51, 61f., 339
Handlungsrationalität, 20, 27, 50, 56, 61
Systemrationalität, 67ff.
Verhaltensrationalität, 65f.
Zweckrationalität, 56f*, 66, 73, 288, 290 (Anm. 86), 291f., 297-299, 313f., 336
Rationalitätskriterien, 52, 74, 85-89*, 157, 231, 328
Rationalitätstyp(en), 52, 55, 64ff*, 71ff., 85
Rechtfertigung (s.a. Begründung), 72, 82, 331, 341
Redefigur(en), 16, 22ff., 28, 36f., 48, 88, 108 (Anm. 50), 121, 142, 237 (Anm. 20), 244, 288, 293, 316
Referenz, 78f., 112, 122f., 127, 130-132*, 135f.*, 140, 142f., 151, 158, 192, 202, 252, 268-277*, 313, 319
–, anaphorische, 268-277*, 307 (Anm. 142), 313, 319, 335
Reflexion (s.a. Metaphernreflexion, s.a. Sinn- und Geltungsreflexion), 13, 32, 48, 52ff., 63f., 67, 85ff., 110, 118, 197, 221f. 224, 226, 229, 233f., 239, 319, 328, 332, 336, 339-342
Reflexivität, 67f.*, 86, 88, 157, 166, 266, 274, 313, 321, 328
Regel, 21, 31, 38f., 65, 74, 109f.*, 132 (Anm. 124), 144, 149, 152f., 158, 185, 191, 203, 211, 233f., 241f., 257, 274, 278f., 281, 285, 288 (Anm. 77 und 79), 316, 328, 335
Rekonstruktion, theoretische, 8, 55f., 60, 64ff.*, 71, 94f., 132, 189, 208, 212, 214, 220, 222, 225, 247, 248 (Anm. 65), 274 (Anm. 38), 279-281, 298, 300 (Anm. 122), 327, 329
Rekurrenz, 182, 195f.*, 223-225, 258 (Anm. 84), 277 (Anm. 46), 319, 338 (Anm. 8)
Relativierung, 60, 63, 119, 163 (Anm. 94), 221, 226, 248, 257
Relativismus, 45, 51, 79-85*, 163 (Anm. 99), 339
Relevanz, 21, 99f.*, 129ff., 180 (Anm. 42), 205, 216, 267, 287-301*, 309, 314f., 318
Relevanzsystem, 301, 314, 336
Relevanzuniversum, 392f.
Resonanz,100-103*, 107f., 117, 120, 122, 133, 170, 177, 238, 282, 307f., 313, 315, 320, 331f.
Rhetorik, 14f., 17ff., 21-32*, 33, 40, 44ff., 48f., 86, 94, 104, 144, 199

(Anm. 103), 205, 220, 233, 239, 276, 328, 334, 337f., 340
Richtigkeit, 13, 46, 72f.*, 80ff., 136f., 271, 285 (Anm. 69)
Rückgriff, 126, 139, 153, 181, 205, 229, 231, 309, 317, 320, 337

Sachbezug, 305*, 314
Schematransfer, metaphorischer, 111 (Anm. 63), 129 (Anm. 113), 243 (Anm. 44), 246, 267, 271-273*, 312, 322, 335, 342
Selbstreferentialität, 64, 67, 85f., 127, 131*
Sehen als, 124*, 134, 240-242*, 257
Selektion, 98f., 131 (Anm. 118), 150, 166, 184ff., 227, 242, 245, 252, 255, 257f., 309, 335
Semantik, 53, 93, 97f., 100, 109-115, 121ff., 166, 169ff., 124, 169-182, 239, 262-265, 287, 297 (Anm. 108), 299, 312, 316-318, 286, 342
Merkmalssemantik, 49, 169f., 262, 264 (Anm. 8), 338
Wörtlichkeitssemantik, 31, 335, 338
semantische Tiefe, 169-171*, 177, 308
semantisches Feld, 142, 148, 169-181*, 186, 188, 205, 222, 262, 284f., 322, 331-334
semantischer Raum, 169-171*, 176, 180, 188f., 197, 222-224*, 262, 307, 333
Setzung, intentionale, 99f, 105f., 240, 267, 307
Similarität (s.a. Ähnlichkeit), 186ff., 252
Sinn- und Geltungsreflexion, 168*, 229, 231f., 315, 321, 331, 333f., 336f., 341f.*
Sinnbezirk, 97, 173, 205
Sinnbezug, 96, 305-309*, 314, 316
Sinnerwartung, reflexive Brechung von, 87, 319, 321
Situation, 87, 100f., 107, 122, 136, 145, 167, 177, 180f., 194, 200, 206, 217, 223, 227f 241, 259, 260 (Anm. 90), 262-323*, 331
situative Faktoren, 96, 114f., 128, 171, 223, 262-265, 284, 287, 298, 303f., 313, 318f., 321, 335
Skeptizismus, 40ff., 50, 53, 55, 76, 114 (Anm. 73), 163 (Anm. 99), 237 (Anm. 22), 328
Sprachkonvention(en), 42ff., 63, 317f., 321, 323, 337
Sprachphilosophie, 30, 33, 40f., 74, 76,

Sachregister 381

83, 88, 93, 97, 111, 121, 138 (Anm. 2), 232, 329, 335
Sprachschöpfung, 33, 127
Sprachspiel, 41f., 61, 74, 75, 77, 79f., 84, 114-116, 118, 133, 135, 137, 229, 332, 340, 342
Sprachtheorie, 33, 185, 230, 263f., 277 (Anm. 46)
Sprechakt(-theorie), 71ff.*, 88, 96, 130, 173, 262, 267, 278-287*, 294-296, 298f., 303-305, 313, 335
Strukturalismus, 41, 49, 82, 95, 180 (Anm. 44), 183-204*, 277 (Anm. 46), 334
Substitution, 20, 42, 97, 122, 160, 173, 183ff.*, 193-195, 203, 233, 319 (Anm. 172)
Symbolfeld, 264-267, 276f., 287, 312, 335
Symbolsystem, 80, 83, 163, 157, 198-204, 267, 270, 318
Symboltheorie, 80-84*, 96, 111 (Anm. 62), 129 (Anm. 113), 132, 157, 230, 268-277*, 283, 312f., 335
synchrones Katachresennetz, 198-204*,
Synekdoche, 17, 22, 24 (Anm. 44), 184 (Anm. 54)
Synonymität, 114*
Syntagma, 129, 173, 183ff.*, 195f., 294 (Anm. 104)

Tabu (s.a. Ikonklasmus) 218
Tautologie, 43, 85, 152ff., 318
Täuschung, 13, 28f., 41, 46ff., 73, 237
Topik, 21-23*, 35ff., 200, 205, 225
Topos/Topoi, 21, 126, 166, 200, 205ff.*, 224f., 238, 246 (Anm. 54), 305f., 311, 312, 317f., 334
transzendental, 36, 52, 57, 73f., 64, 71ff., 82, 215, 305, 311
-e Sinnkritik, 78
-hermeneutisch, 5, 25, 33, 37, 40, 310 (Anm. 153), 318, 321
-philosophisch, 45, 60, 74 (Anm. 82), 218, 235
-pragmatisch, 74 (Anm. 82), 75 (Anm. 76), 84 (Anm. 118), 318, 321
Tropen 15, 17, 22, 93 (Anm. 3), 115 (Anm. 74), 156, 233
'type'/'token', 175-177

Umgangs/Alltagssprache, 17, 28f., 31, 102, 115, 140, 157, 160, 219f., 246 (Anm. 54), 266, 319, 341

Universalismus, 55, 63, 75-85*, 247, 250, 257, 298
Urteilskraft, 215 (Anm. 161), 233-235*, 240, 256, 259

Vernunft (s.a. Rationalität), 31, 45, 47, 51, 53f., 57f., 61-65, 68, 70-74, 76, 79, 83-85, 87, 232-235, 249, 256, 260f., 289f., 304f.
Vernunftkritik, 51, 53ff., 65, 85
Verständigung, 59, 70-75*, 78, 83, 87ff., 96, 178, 261, 263, 268, 278, 298-301*, 305, 308, 310f., 312-323*, 335-337, 340f.
Vorgriff (s.a. Metapher als rationaler Vorgriff), 7, 9, 83f., 95, 106, 132, 133ff.*, 138f., 154-168*, 215f., 226f.*, 228, 312, 317, 319, 331-342

Wahrhaftigkeit, 72ff.*, 136f., 285 (Anm. 69)
Wahrheit, 13 15, 19, 28f., 35, 38, 41-47*, 51, 63, 71f., 78ff.*, 84, 120, 123, 135ff., 138-168*, 181, 206 (Anm. 127), 214, 221, 227f., 239, 271, 280f., 288-290, 294, 313, 330, 333, 337
–, praktische W., 20, 23, 25, 27, 38, 216 (Anm. 167), 227
–, theoretische W., 27, 38, 138-168*, 219 (Anm. 178)
Wahrheitsanspruch, 25, 27, 71f.*, 260, 285 (Anm. 69)
Wahrheitsfähigkeit, 20, 23, 39, 95, 120, 136, 168, 181, 281, 285 (Anm. 69)
Wahrscheinlichkeit, 21, 31, 38, 44
Wiederbelebung toter Metaphern, 165, 169 (Anm. 2), 332
Wissen, 28, 36, 71, 80, 113, 134, 136, 148, 162, 178, 185, 193, 199, 205, 208, 227, 229, 238, 262-265, 291, 298-312, 334, 337
–, implizites, 259, 302-320*, 336, 342
Hintergrundwissen, 96, 177, 245, 263, 268, 276, 282, 291, 298-312*, 336, 341
Wissenschaftstheorie, 54, 55-62*, 88, 144, 150ff., 333, 337
Wissenschaftssprache, 29, 61f., 115, 138, 138-168, 183, 218ff.*, 261

Zeigfeld, 264-266*, 274, 276f., 287, 312, 335

HEINZ-DIETER HECKMANN

Mentales Leben und materielle Welt
Philosophische Studien zum Leib-Seele-Problem

Groß-Oktav. X, 313 Seiten. 1994. Ganzleinen. ISBN 3-11-013963-4
(Grundlagen der Kommunikation und Kognition/Foundations of Communication and Cognition)

Untersuchung materialistischer Theorien des Geistes.

Kritik reduktiver und eliminativer Intentionalitätskonzepte. Verteidigung eines nicht-naturalistischen Entwurfs propositionaler Einstellungen.

WOLFGANG HEYDRICH

Relevanzlogik und Situationssemantik

Groß-Oktav. VIII, 328 Seiten. 1995. Ganzleinen. ISBN 3-11-014399-2
(Grundlagen der Kommunikation und Kognition/Foundations of Communication and Cognition)

Entwurf einer neuen Bedeutungstheorie für natürliche Sprachen mit dem Versuch eines Brückenschlags zwischen referenzbezogenen (logischen, sprachphilosophischen) und repräsentationalen (linguistischen, psychologischen) Bedeutungstheorien.

„Relevanzlogik und Situationssemantik" enthält Erkundungen zur Syntax und Semantik relevanzlogischer Systeme im Lichte situationssemantischer Begriffsbildungen. Ziel ist die Erschließung der Dimension thematischen Gehalts für die Bedeutungstheorie natürlicher Sprachen. Im Zentrum steht dabei die Verstärkung des Folgerungsbegriffs und des Begriffs der semantischen Gleichwertigkeit: beim Übergang von den Prämissen zur Konklusion soll es nicht nur um den Erhalt von Wahrheit gehen, sondern zusätzlich auch um die Bewahrung des thematischen Gehalts.

Walter de Gruyter · Berlin · New York